LICITAÇÕES, CONTRATOS E CONTROLE ADMINISTRATIVO

DESCRIÇÃO SISTEMÁTICA DA LEI Nº 14.133/2021 NA PERSPECTIVA DO MODELO BRASILEIRO DE PROCESSO

CLAUDIO MADUREIRA

LICITAÇÕES, CONTRATOS E CONTROLE ADMINISTRATIVO

DESCRIÇÃO SISTEMÁTICA DA LEI Nº 14.133/2021 NA PERSPECTIVA DO MODELO BRASILEIRO DE PROCESSO

Belo Horizonte

CONHECIMENTO JURÍDICO

2021

© 2021 Editora Fórum Ltda.

É proibida a reprodução total ou parcial desta obra, por qualquer meio eletrônico, inclusive por processos xerográficos, sem autorização expressa do Editor.

Conselho Editorial

Adilson Abreu Dallari
Alécia Paolucci Nogueira Bicalho
Alexandre Coutinho Pagliarini
André Ramos Tavares
Carlos Ayres Britto
Carlos Mário da Silva Velloso
Cármen Lúcia Antunes Rocha
Cesar Augusto Guimarães Pereira
Clovis Beznos
Cristiana Fortini
Dinorá Adelaide Musetti Grotti
Diogo de Figueiredo Moreira Neto (*in memoriam*)
Egon Bockmann Moreira
Emerson Gabardo
Fabrício Motta
Fernando Rossi
Flávio Henrique Unes Pereira

Floriano de Azevedo Marques Neto
Gustavo Justino de Oliveira
Inês Virgínia Prado Soares
Jorge Ulisses Jacoby Fernandes
Juarez Freitas
Luciano Ferraz
Lúcio Delfino
Marcia Carla Pereira Ribeiro
Márcio Cammarosano
Marcos Ehrhardt Jr.
Maria Sylvia Zanella Di Pietro
Ney José de Freitas
Oswaldo Othon de Pontes Saraiva Filho
Paulo Modesto
Romeu Felipe Bacellar Filho
Sérgio Guerra
Walber de Moura Agra

CONHECIMENTO JURÍDICO

Luís Cláudio Rodrigues Ferreira
Presidente e Editor

Coordenação editorial: Leonardo Eustáquio Siqueira Araújo
Aline Sobreira de Oliveira

Av. Afonso Pena, 2770 – 15º andar – Savassi – CEP 30130-012
Belo Horizonte – Minas Gerais – Tel.: (31) 2121.4900 / 2121.4949
www.editoraforum.com.br – editoraforum@editoraforum.com.br

Técnica. Empenho. Zelo. Esses foram alguns dos cuidados aplicados na edição desta obra. No entanto, podem ocorrer erros de impressão, digitação ou mesmo restar alguma dúvida conceitual. Caso se constate algo assim, solicitamos a gentileza de nos comunicar através do *e-mail* editorial@editoraforum.com.br para que possamos esclarecer, no que couber. A sua contribuição é muito importante para mantermos a excelência editorial. A Editora Fórum agradece a sua contribuição.

Dados Internacionais de Catalogação na Publicação (CIP) de acordo com a AACR2

M183l	Madureira, Claudio
	Licitações, contratos e controle administrativo: descrição sistemática da Lei nº 14.133/2021 na perspectiva do Modelo Brasileiro de Processo / Claudio Madureira.– Belo Horizonte : Fórum, 2021.
	557 p.; 17x24cm
	ISBN: 978-65-5518-189-0
	1. Direito Administrativo. 2. Direito Constitucional. 3. Direito Processual. I. Título.
	CDD 341.3
	CDU 342.9

Elaborado por Daniela Lopes Duarte - CRB-6/3500

Informação bibliográfica deste livro, conforme a NBR 6023:2018 da Associação Brasileira de Normas Técnicas (ABNT):

MADUREIRA, Claudio. *Licitações, contratos e controle administrativo*: descrição sistemática da Lei nº 14.133/2021 na perspectiva do Modelo Brasileiro de Processo. Belo Horizonte: Fórum, 2021. 557 p. ISBN 978-65-5518-189-0.

Dedico este trabalho à memória do Professor Diogo de Figueiredo Moreira Neto, mestre de todos nós.

Para Brunela, Maria Luísa e Ana Maria, amores de minha vida.

Ipse se nihil scire id unum sciat [que significa, em tradução literal, "só sei que nada sei"].

(Sócrates)[1]

Quanto mais aprendemos sobre o direito, mais nos convencemos de que nada de importante sobre ele é incontestável.

(Ronald Dworkin)[2]

É muito fácil, sabemos muito bem [...] tornar-se crítico de obra feita. Quando se tem que fazer uma ação de governo ou uma medida de governo, nesse calor, [...] essa gente está submetida a essa tensão permanente. Por isso é que, quando vejo esses críticos de obra feita, [...] sempre faço essas ressalvas. [...] Posições desse tipo têm o condão de produzir ainda mais inibição num contexto de administração já absolutamente inibido.

(Ministro Gilmar Mendes)[3]

---

[1] Filósofo grego da Antiguidade.
[2] DWORKIN, Ronald. *O império do direito*. [s.l.]: [s.n.], [s.d.]. p. 13.
[3] STF, Plenário, MS nº 24.584, voto vista.

SUMÁRIO

NOTA DO AUTOR 23

INTRODUÇÃO 25

PARTE I
DISPOSIÇÕES GERAIS

CAPÍTULO 1
ÂMBITO DE APLICAÇÃO DA LEI Nº 14.133/2021 39
1.1	Licitações e contratações realizadas no Brasil	39
1.2	Licitações e contratações realizadas no exterior	44
1.3	Licitações e contratações realizadas com recursos provenientes do exterior	44
1.4	As contratações relativas às reservas internacionais do país	48
1.5	Os campos de incidência e exclusão da Lei nº 14.133/2021	48
1.6	O relacionamento entre a Lei nº 14.133/2021 e o regime jurídico das microempresas e das empresas de pequeno porte	50

CAPÍTULO 2
NORMAS FUNDAMENTAIS APLICÁVEIS AOS PROCESSOS DE LICITAÇÃO, DE CONTRATAÇÃO PÚBLICA E DE CONTROLE ADMINISTRATIVO 53
2.1	Princípios aplicáveis aos processos de licitação, contratação pública e de controle administrativo	54
2.1.1	Princípio da legalidade	54
2.1.2	Princípio da impessoalidade	55
2.1.3	Princípios da moralidade e da probidade	55
2.1.4	Princípios da publicidade e da transparência	56
2.1.5	Princípios da eficiência, da eficácia e do planejamento	56
2.1.6	Princípios da igualdade e da competitividade	57
2.1.7	Princípio da segregação de funções	58
2.1.8	Princípios da vinculação ao edital e do julgamento objetivo	59
2.1.9	Princípio da segurança jurídica	60
2.1.10	Princípios da razoabilidade e da proporcionalidade	62
2.1.11	Princípios da celeridade e da economicidade	63
2.1.12	Princípio do desenvolvimento nacional sustentável	64
2.1.13	Princípio da motivação	67
2.1.13.1	O estrito relacionamento entre a gestão pública e a aplicação do direito	68
2.1.13.2	O dever de motivação das decisões jurídicas	69

2.1.13.2.1	O dever de motivação como imposição constitucional	70
2.1.13.2.2	O modelo decisório instituído pelo Código de Processo Civil 2015 e a sua extensão aos processos de licitação e contratação pública	70
2.1.13.3	Descrição sistemática do modelo decisório aplicável aos processos de licitação, de contratação pública e de controle administrativo	71
2.1.13.3.1	A inobservância dos pressupostos mínimos necessários à veiculação do discurso jurídico	72
2.1.13.3.2	A ausência de enfrentamento das razões deduzidas no processo	74
2.1.13.3.3	A aplicação inadequada do modelo de precedentes	74
2.1.13.4	A extensão da incidência do princípio também à atividade de controle	83
2.1.14	Princípio do interesse público	83
2.1.14.1	O que é interesse público?	84
2.1.14.1.1	O que não é interesse público?	85
2.1.14.1.1.1	Ilegitimidade da conceituação do interesse público como interesse do Poder Público (ou do Estado)	85
2.1.14.1.1.2	Ilegitimidade da conceituação do interesse público como interesse do público (ou da sociedade)	88
2.1.14.1.2	Interesse público como realização da dignidade da pessoa humana	89
2.1.14.1.3	Interesse público como síntese dos interesses assimilados pelo ordenamento jurídico-positivo	91
2.1.14.1.4	Interesse público e legalidade administrativa	95
2.1.14.1.5	Princípios implícitos	97
2.1.14.1.5.1	A supremacia do interesse público sobre o privado	97
2.1.14.1.5.2	A indisponibilidade do interesse público	98
2.1.14.2	Interesse público na Lei nº 14.133/2021	99
2.1.14.3	A extensão da incidência do princípio do interesse público, dos seus princípios implícitos e das regras auxiliares previstas na Lei nº 14.133/2021 aos órgãos de controle	101
2.2	Normas da Lei de Introdução às Normas do Direito Brasileiro aplicáveis aos processos de licitação, de contratação pública e de controle administrativo	102
2.2.1	Deveres administrativos e limitações ao desfazimento de atos e à atribuição de sanções a agentes estatais	102
2.2.1.1	O dever administrativo de não decidir sem ter em consideração as consequências da decisão	103
2.2.1.2	O dever administrativo de indicar as condições para a regularização dos atos considerados irregulares e de não impor aos responsáveis ônus ou perdas excessivos	103
2.2.1.3	O dever administrativo de interpretar o direito mediante consideração das reais dificuldades do gestor, das exigências das políticas públicas implementadas e das circunstâncias práticas que interferiam na sua conduta	103
2.2.1.4	O dever administrativo de considerar, quando se cogitar da aplicação de sanções, a natureza e a gravidade da infração cometida, as circunstâncias agravantes e atenuantes e os antecedentes dos agentes estatais envolvidos	104
2.2.1.5	O dever administrativo de estabelecer regime de transição em caso de modificação de interpretação/orientação sobre norma de conteúdo indeterminado	104

2.2.1.6	O dever administrativo de avaliar os atos praticados com base nas orientações gerais disponíveis ao tempo da sua prática e de preservar as situações plenamente constituídas com base nas orientações gerais então disponíveis	104
2.2.1.7	O dever administrativo de considerar a possibilidade de realizar ajustamento de condutas para convalidar os atos questionados	105
2.2.1.8	O dever administrativo de compensar benefícios indevidos e prejuízos anormais ou injustos que resultem dos atos questionados	105
2.2.1.9	O dever administrativo de considerar a possibilidade de realizar consulta pública para manifestação dos interessados sobre os atos praticados em processos de licitação e de contratação pública	106
2.2.1.10	O dever administrativo de contribuir para a segurança na aplicação do direito na esfera administrativa	106
2.2.1.11	O condicionamento da responsabilização de agentes estatais à demonstração de dolo ou culpa grave fundada em erro grosseiro	107
2.2.2	Extensão desses deveres e limitações aos órgãos de controle	107

CAPÍTULO 3
DEFINIÇÕES JURÍDICAS APRESENTADAS PELA LEI Nº 14.133/2021 109

3.1	A opção político-normativa por estabelecer definições que orientam a aplicação da lei	116
3.2	A adoção anterior de estratégia legislativa semelhante no âmbito da legislação nacional	116
3.3	A estratégia adotada para a apresentação das definições neste trabalho	117

CAPÍTULO 4
DISPOSIÇÕES GERAIS SOBRE A INSERÇÃO DOS AGENTES ESTATAIS NOS PROCESSOS DE LICITAÇÃO E CONTRATAÇÃO PÚBLICA 119

4.1	Designação de agentes estatais e ordem de preferência	121
4.2	Agentes de contratação, pregoeiros e comissões de contratação	125
4.3	Vedações impostas aos agentes públicos que atuam no procedimento licitatório	132
4.4	A defesa de agentes estatais pela Advocacia Pública	133

PARTE II
O PROCESSO DE LICITAÇÃO

CAPÍTULO 5
A LICITAÇÃO COMO PROCESSO 139

5.1	Objetivos do processo licitatório	142
5.2	Regras gerais aplicáveis ao processo licitatório	144
5.3	Publicidade e sigilo no processo licitatório	146
5.4	Impedimentos no processo licitatório	149
5.5	A participação de consórcios no processo licitatório	152
5.6	A participação de cooperativas de trabalho no processo licitatório	154

CAPÍTULO 6
O PROCEDIMENTO DO PROCESSO LICITATÓRIO 159
6.1	Disposições gerais sobre o procedimento do processo licitatório 160	
6.1.1	Licitações eletrônicas *versus* licitações presenciais 160	
6.1.2	A exigência de certificação dos colaboradores dos licitantes 160	
6.2	As fases da licitação 161	
6.2.1	Etapa interna (ou fase preparatória) 161	
6.2.1.1	Disposições sobre a elaboração de estudo técnico preliminar 164	
6.2.1.2	Disposições sobre a administração de materiais, obras e serviços 166	
6.2.1.3	Disposições sobre especificação de qualidade e vedação da aquisição de artigos de luxo 167	
6.2.1.4	Disposições sobre audiências públicas e consultas públicas 168	
6.2.1.5	Disposições sobre previsão de matriz de alocação de risco 169	
6.2.1.6	Disposições sobre compatibilização do valor mínimo adotado pela Administração ao valor de mercado 171	
6.2.1.7	Disposições sobre publicidade e sigilo do orçamento estimado da contratação .. 175	
6.2.1.8	Disposições sobre conteúdo do edital 175	
6.2.1.9	Disposições sobre a adoção de margem de preferência para a aquisição de determinados bens e serviços 178	
6.2.2	A etapa externa e suas fases executórias 180	
6.2.2.1	A fase de divulgação do edital de licitação 180	
6.2.2.2	A fase de apresentação de propostas e lances 180	
6.2.2.3	A fase de julgamento 181	
6.2.2.4	A fase de habilitação 182	
6.2.2.5	A fase recursal 182	
6.2.2.6	A fase de homologação 182

CAPÍTULO 7
MODALIDADES DE LICITAÇÃO 185
7.1	Concorrência e pregão 187	
7.2	Concurso 189	
7.3	Leilão 190	
7.4	Diálogo competitivo 192

CAPÍTULO 8
CRITÉRIOS DE JULGAMENTO 197
8.1	Menor preço 200	
8.2	Maior desconto 200	
8.3	Melhor técnica ou conteúdo artístico 201	
8.4	Técnica e preço 203	
8.5	Maior lance 205	
8.6	Maior retorno econômico 205

CAPÍTULO 9
OS OBJETOS DO PROCESSO LICITATÓRIO 209
9.1	Licitação para compras	209
9.1.1	Disposições sobre especificidades do termo de referência	210
9.1.2	Disposições sobre parcelamento	211
9.1.3	Disposições sobre manutenção e assistência técnica	213
9.1.4	Disposições sobre qualidade do produto	213
9.1.5	Disposições sobre padronização	216
9.1.6	Disposições sobre estudo técnico preliminar	217
9.2	Licitação para obras e serviços	217
9.2.1	Disposições sobre obras e serviços de engenharia	217
9.2.1.1	Empreitada por preço unitário	221
9.2.1.2	Empreitada por preço global	221
9.2.1.3	Empreitada integral	222
9.2.1.4	Contratação por tarefa	222
9.2.1.5	Contratação integrada e semi-integrada	222
9.2.1.6	Fornecimento e prestação de serviço associado	225
9.2.2	Disposições sobre serviços em geral	226
9.2.2.1	Contratação de serviços de manutenção e assistência técnica	227
9.2.2.2	Possibilidade de execução por terceiros	227
9.2.2.3	Possibilidade de execução por mais de uma empesa	229
9.2.2.4	Regime de dedicação exclusiva de mão de obra	229
9.3	Licitação para locação de imóveis	230

CAPÍTULO 10
LICITAÇÕES INTERNACIONAIS 233
10.1	Disposições sobre exigência de compatibilidade com as diretrizes da política monetária internacional e do comércio exterior	234
10.2	Disposições sobre isonomia entre os licitantes estrangeiros e brasileiros	234
10.3	Disposições sobre exigência relativa a gravames incidentes sobre preços	235

CAPÍTULO 11
CONTROLE JURÍDICO E DIVULGAÇÃO DO EDITAL DE LICITAÇÃO 237
11.1	O controle jurídico realizado pela Advocacia Pública	237
11.1.1	Advocacia Pública brasileira: estado da arte	238
11.1.1.1	A Advocacia Pública na Federação brasileira	238
11.1.1.1.1	A Advocacia-Geral da União e seus órgãos vinculados	239
11.1.1.1.2	As procuradorias dos estados e do Distrito Federal	242
11.1.1.1.3	As procuradorias municipais	243
11.1.1.2	Atividades típicas de Advocacia Pública	245
11.1.1.2.1	A atividade consultiva	245
11.1.1.2.2	A atividade contenciosa	246

11.1.1.2.3	Atividade de controle jurídico	247
11.1.2	A amplitude do controle jurídico desenvolvido pela Advocacia Pública	251
11.1.2.1	Objeto do controle: legalidade ou juridicidade?	251
11.1.2.2	Objeto da atividade desempenhada: efetivo controle dos atos praticados ou simples veiculação de orientações jurídicas?	254
11.1.2.2.1	A prática consolidada na esfera administrativa	254
11.1.2.2.1.1	Sobre a ausência de configuração de controle jurídico na análise de minutas	255
11.1.2.2.1.2	Sobre a ausência de configuração de controle jurídico na resposta a consultas formuladas pela Administração	255
11.1.2.2.2	A lógica que está por trás dessa prática administrativa, a sua irrelevância/falsidade/ilegalidade e os riscos envolvidos: argumentos pragmático e jurídico	256
11.1.2.2.2.1	Sobre a irrelevância teórica do argumento pragmático construído nesse contexto	256
11.1.2.2.2.2	Sobre a falsidade do argumento pragmático construído nesse contexto	257
11.1.2.2.2.3	Sobre o risco de responsabilização pessoal dos agentes públicos e privados envolvidos pela prática de ato de improbidade administrativa	258
11.1.2.2.2.4	Sobre o equívoco do argumento jurídico construído	261
11.1.2.2.3	A Lei nº 14.133/2021 muda tudo	262
11.1.2.3	A circunscrição da análise desenvolvida aos aspectos jurídicos	267
11.1.3	Vinculatividade das manifestações jurídicas e responsabilização de agentes estatais	267
11.1.4	Minutas/manifestações padronizadas e dispensa de análise jurídica	274
11.2	A divulgação do edital de licitação	274

CAPÍTULO 12
APRESENTAÇÃO DE PROPOSTAS E LANCES 277

12.1	Disposições sobre prazos	277
12.2	Disposições sobre modos de disputa incidentes	279
12.2.1	Especificidades do modo aberto	280
12.2.2	Especificidades do modo fechado	280
12.2.3	Outras disposições sobre a incidência dos modos de disputa	280
12.3	Disposições sobre exigência de garantia da proposta	281

CAPÍTULO 13
JULGAMENTO DAS PROPOSTAS 283

13.1	Critérios de desclassificação	284
13.2	Critérios de desempate	285
13.3	Disposições sobre negociação de condições mais vantajosas	286

CAPÍTULO 14
HABILITAÇÃO DOS LICITANTES 287

14.1	Disposições sobre declaração de requisitos e exigência da apresentação de documentos	287

14.2	Disposições sobre realização de vistoria prévia no local da execução	288
14.3	Disposições sobre vedação quanto à substituição/apresentação de documentos	289
14.4	Disposições sobre definição das condições de habilitação	290
14.5	Disposições sobre habilitação por processo eletrônico	291
14.6	Disposições sobre habilitação jurídica	291
14.7	Disposições sobre habilitação técnica	291
14.8	Disposições sobre habilitação fiscal, social e trabalhista	295
14.9	Disposições sobre habilitação econômico-financeira	296
14.10	Disposições sobre apresentação da documentação necessária	298

CAPÍTULO 15
ENCERRAMENTO DO PROCESSO LICITATÓRIO 299

15.1	O retorno dos autos para saneamento de irregularidades	300
15.2	Revogação e anulação	301
15.2.1	A revogação como modalidade de extinção fundada em juízo de conveniência e oportunidade	302
15.2.2	A anulação como modalidade de extinção fundada em vício jurídico	302
15.3	Homologação e adjudicação	303
15.4	Extensão da aplicação do dispositivo à contratação direta	304

CAPÍTULO 16
O PROCESSO DE CONTRATAÇÃO DIRETA 307

16.1	Inexigibilidade de licitação	311
16.2	Dispensa de licitação	314
16.2.1	Dispensa de licitação relacionada ao valor da contratação	318
16.2.2	Dispensa de licitação relacionada a situações de emergência	319
16.2.3	Dispensa de licitação relacionada ao fracasso de licitação anterior	319
16.2.4	Dispensa de licitação relacionada à pesquisa, ao desenvolvimento e à inovação científica e tecnológica	320
16.2.5	Dispensa de licitação relacionada à segurança nacional e à manutenção da ordem	321
16.2.6	Dispensa de licitação relacionada à aquisição de bens e serviços diretamente do Poder Público	322
16.2.7	Dispensa de licitação relacionada à associação entre entes federados	322
16.2.8	Dispensa de licitação relacionada à saúde pública	322
16.2.9	Dispensa de licitação relacionada ao sistema prisional	323
16.2.10	Dispensa de licitação relacionada ao trabalho de pessoas com deficiência	323
16.2.11	Dispensa de licitação relacionada a outros objetos	323

CAPÍTULO 17
ALIENAÇÃO DE BENS PÚBLICOS 325

17.1	Licitação para alienação de bens públicos	327

17.1.1	Alienação de bens imóveis	328
17.1.2	Alienação de bens móveis	330
17.3	Disposições sobre doação com encargos	330
17.4	Disposições sobre direito de preferência para quem comprovar a ocupação do bem alienado	330

CAPÍTULO 18
PROCEDIMENTOS AUXILIARES ... 331

18.1	Credenciamento	332
18.2	Pré-qualificação	334
18.3	Manifestação de interesse	336
18.4	Registro de preços	337
18.4.1	Utilização do sistema de registro de preços como procedimento auxiliar de licitações	340
18.4.2	Compatibilização do registro de preços com o critério de julgamento por menor preço por grupo de itens (ou por lote)	342
18.4.3	Possibilidade da utilização do sistema registro de preços sem a indicação do total a ser adquirido	342
18.4.4	Utilização do sistema de registro de preços na contratação direta	342
18.4.5	Ausência de vinculação da Administração e vinculação do licitante/contratado	342
18.4.6	Atores processuais envolvidos e *modus operandi* da sua participação	343
18.4.7	Preferência da utilização do sistema de registro de preços sobre as licitações para compras	344
18.5	Registro cadastral	344

PARTE III
O PROCESSO DE CONTRATAÇÃO PÚBLICA

CAPÍTULO 19
FORMALIZAÇÃO DOS CONTRATOS ... 349

19.1	A convocação do licitante vencedor	351
19.2	As formalidades contratuais que precisam ser observadas	353
19.3	A positivação legislativa de cláusulas obrigatórias	354
19.4	A obrigatoriedade da cessão dos direitos patrimoniais relativos aos projetos e serviços técnicos contratados	357
19.5	A obrigatoriedade de divulgação dos contratos celebrados no Portal Nacional de Contratações Públicas	359
19.6	Obrigatoriedade e dispensa do instrumento contratual	360

CAPÍTULO 20
GARANTIAS CONTRATUAIS ... 363

| 20.1 | As modalidades de garantias | 365 |
| 20.1.1 | Caução | 365 |

20.1.2	Seguro-garantia	365
20.1.3	Fiança bancária	366
20.2	Disposições sobre a renovação da garantia	366
20.3	Disposições sobre o valor da garantia	367
20.4	Disposições sobre a restituição da garantia	367
20.5	Síntese esquemática	368

CAPÍTULO 21
ALOCAÇÃO DE RISCOS 369

21.1	A matriz de alocação de risco	370
21.2	A relação necessária entre a alocação de riscos e o equilíbrio econômico-financeiro do contrato	370
21.3	Disposições sobre a padronização na alocação de riscos	371

CAPÍTULO 22
CLÁUSULAS EXORBITANTES 373

22.1	A possibilidade de modificação unilateral do contrato pela Administração	375
22.2	A admissibilidade da extinção unilateral do contrato pela Administração	376
22.3	O poder-dever da Administração de exercer rigorosa fiscalização da execução do contrato	377
22.4	O poder-dever da Administração de aplicar sanções aos contratados que incorrerem em infrações administrativas	378
22.5	A viabilidade da ocupação de bens e utilização de pessoal e serviços vinculados ao contrato	378
22.6	A relação necessária entre as cláusulas exorbitantes e o equilíbrio da equação econômico-financeira do contrato	379

CAPÍTULO 23
DURAÇÃO DOS CONTRATOS 381

23.1	Regra geral sobre duração dos contratos	382
23.2	Regras específicas	383
23.2.1	Disposições sobre serviços e fornecimentos contínuos	383
23.2.2	Hipóteses específicas de contratação direta por dispensa de licitação	383
23.2.3	Disposições sobre contratação de serviço público exercido em regime de monopólio	385
23.2.4	Disposições sobre a formalização de contratos de eficiência que gerem economia para a Administração	385
23.2.5	Disposições sobre contratações com escopo predefinido	385
23.2.6	Disposições sobre associação de fornecimento de bens e prestação de serviços	385
23.2.7	Disposições sobre operação continuada de sistemas estruturantes de tecnologia da informação	386
23.3	Disposições sobre aproveitamento de prazos definidos em leis especiais	386

CAPÍTULO 24
EXECUÇÃO DOS CONTRATOS 389
24.1 Disposições sobre gestão de recursos humanos 390
24.1.1 A reserva de postos de trabalho 390
24.1.2 Os fiscais do contrato 391
24.1.3 O preposto do contratado 393
24.2 Disposições sobre responsabilização do contratado 394
24.2.1 Reparação, correção, remoção, reconstrução ou substituição de parcial do objeto do contrato 395
24.2.2 Responsabilidade civil do contratado *versus* fiscalização/acompanhamento pelo contratante 395
24.2.3 Responsabilidade exclusiva do contratado pelos encargos trabalhistas, previdenciários, fiscais e comerciais 395
24.3 Disposições sobre admissibilidade da subcontratação 396
24.4 Disposições sobre resolução administrativa de conflitos no curso da execução dos contratos 397
24.4.1 Obrigatoriedade de decisão 397
24.4.2 Afastamento da obrigatoriedade para requerimentos manifestamente impertinentes 398
24.4.3 Estabelecimento de prazo para decisão 398

CAPÍTULO 25
ALTERAÇÕES CONTRATUAIS 399
25.1 Alternações contratuais unilaterais 402
25.2 Alterações contratuais por acordo entre as partes 402
25.3 Limites impostos pelo legislador 403
25.4 Disposições sobre obras e serviços de engenharia 404
25.5 Disposições sobre supressão de obras, bens e serviços 404
25.6 Disposições sobre contratação integrada ou semi-integrada 404
25.7 Obrigatoriedade da formalização de termo aditivo 405
25.8 Restabelecimento do equilíbrio econômico-financeiro do contrato 406
25.9 Alteração nos preços 406

CAPÍTULO 26
EXTINÇÃO DOS CONTRATOS ADMINISTRATIVOS 409
26.1 Aspecto subjetivo (ou iniciativa) 411
26.1.1 Extinção pela Administração 411
26.1.1.1 O condicionamento da extinção do contrato por decisão da Administração à observância do contraditório e do dever de motivação das decisões jurídicas 411
26.1.1.2 As hipóteses em que é admitida a extinção do contrato pela Administração 414
26.1.2 Extinção pelo contratado 414
26.2 Aspecto objetivo (ou modalidades) 415
26.2.1 Extinção por ato unilateral 415

26.2.2	Extinção por acordo entre as partes	416
26.2.3	Extinção por decisão arbitral ou judicial	419

CAPÍTULO 27
RECEBIMENTO DO OBJETO DO CONTRATO 425

27.1	Recebimento de obras e serviços	426
27.2	Recebimento de compras	427
27.3	Recebimento de projetos de obra	427

CAPÍTULO 28
PAGAMENTOS RELATIVOS À CONTRATAÇÃO 429

28.1	A imposição de ordem cronológica de pagamento por fonte de recursos e categoria de contrato	431
28.2	Disposições sobre a possibilidade de modificação na ordem cronológica	432
28.3	Disposições sobre pagamento em conta vinculada ou por efetiva comprovação do fato gerador	432
28.4	Disposições sobre controvérsia sobre pagamento e liberação da parcela incontroversa	433
28.5	Disposições sobre remuneração variável vinculada ao desempenho do contratado	433
28.6	Disposições sobre pagamento antecipado	433
28.7	Disposições contábeis	434

CAPÍTULO 29
NULIDADES NOS CONTRATOS ADMINISTRATIVOS 435

29.1	Nulidade por ausência de caraterização do objeto do contrato e da indicação de créditos orçamentários que suportarão o custo da contratação	436
29.2	Nulidade e interesse público	436
29.3	Nulidade e indenização	440
29.4	Nulidade e preservação temporária da continuidade da execução do contrato	441
29.5	Nulidade e instrumentalidade das formas	441

CAPÍTULO 30
MÉTODOS ADEQUADOS DE RESOLUÇÃO DE CONTROVÉRSIAS 443

30.1	O tribunal multiportas e a sua recepção pelo direito brasileiro	444
30.2	A resolução de controvérsias pelo método autocompositivo	447
30.2.1	A técnica da conciliação	447
30.2.2	A técnica da mediação	448
30.2.3	A distinção conceitual entre a conciliação e a mediação	449
30.3	A resolução de controvérsias mediante intervenção de comitês de resolução de disputas (*dispute boards*)	451
30.4	A resolução de controvérsias por heterocomposição arbitral	452
30.5	Disposições sobre a escolha de árbitros, tribunais arbitrais e comitês de resolução de disputa	459

PARTE IV
O PROCESSO DE CONTROLE ADMINISTRATIVO

CAPÍTULO 31
O CONTROLE DOS ATOS DE LICITANTES E CONTRATADOS PELA ADMINISTRAÇÃO 465

31.1	Infrações e sanções administrativas	470
31.1.1	Infrações administrativas	470
31.1.2	Sanções administrativas	472
31.1.2.1	Advertência	472
31.1.2.2	Multa	472
31.1.2.3	Impedimento de licitar e contratar	473
31.1.2.4	Declaração de inidoneidade para licitar ou contratar	474
31.1.2.5	Cumulação de sanções	476
31.2	O relacionamento entre a Lei nº 14.133/2021 e a Lei Anticorrupção	476
31.3	Disposições sobre desconsideração da personalidade jurídica	476
31.4	Disposições sobre publicação das sanções aplicadas em cadastros nacionais	477
31.5	Disposições sobre multa moratória	477
31.6	Disposições sobre reabilitação do licitante/contratado	477

CAPÍTULO 32
O CONTROLE DOS ATOS DA ADMINISTRAÇÃO POR INICIATIVA DE PARTICULARES 479

32.1	Impugnações e pedidos de esclarecimentos	480
32.2	Recursos e pedidos de reconsideração	481
32.2.1	Recursos	481
32.2.1.1	Recursos interpostos no processo licitatório	481
32.2.1.2	Recursos interpostos em processos voltados à formalização/execução de contratações públicas	481
32.2.2	Pedidos de reconsideração	482
32.2.3	Efeito suspensivo e controle jurídico	482

CAPÍTULO 33
A DEFLAGRAÇÃO DO CONTROLE ADMINISTRATIVO PELA ADMINISTRAÇÃO E POR ÓRGÃOS EXTERNOS DE FISCALIZAÇÃO E CONTROLE 483

33.1	Modalidades de controle	486
33.1.1	Controle interno	486
33.1.2	Controle externo	487
33.2	Disposições sobre acesso a documentos e informações	487
33.3	Disposições sobre o *modus operandi* da atividade de controle	488
33.4	Disposições sobre a suspensão cautelar do processo licitatório por tribunais de contas	490

33.5	Sobre a exclusão dos dispositivos sobre formulação de consultas aos órgãos de controle e sobre suas possíveis consequências para eficiência/eficácia das licitações/contratações públicas caso eles tivessem sido mantidos no texto da Lei nº 14.133/2021	490

CAPÍTULO 34
A SEGURANÇA JURÍDICA NA ATIVIDADE DE CONTROLE: DECISÕES DOS TRIBUNAIS DE CONTAS *VERSUS* MODELO DE PRECEDENTES 495

34.1	Notas sobre o modelo brasileiro de precedentes	496
34.2	O problema levantado pela Presidência da República quando vetou os dispositivos	499
34.2.1	A extensão da vinculatividade dos precedentes e decisões persuasivas invocadas à Administração Pública	500
34.2.2	A extensão da vinculatividade dos precedentes e decisões persuasivas invocadas aos tribunais de contas	502
34.2.3	Limites conceituais à vinculatividade de precedentes e decisões persuasivas invocadas como antídoto ao problema levantado pela Presidência da República quando vetou os dispositivos	503
34.3	A vinculatividade das decisões proferidas pelos tribunais de contas em matéria de licitações e contratos administrativos	506

CAPÍTULO 35
A POLÍTICA DE CAPACITAÇÃO CAPITANEADA PELOS TRIBUNAIS DE CONTAS 509

35.1	Extensão da capacitação profissional reclamada pelo legislador	509
35.2	Controle administrativo e caráter pedagógico	510

PARTE V
DISPOSIÇÕES COMPLEMENTARES

CAPÍTULO 36
O PORTAL NACIONAL DE CONTRATAÇÕES PÚBLICAS 513

36.1	A veiculação de opção político-normativa pela centralização das informações em portal nacional	515
36.2	A possibilidade da instituição residual de portais correlatos no âmbito dos estados, do Distrito Federal e dos municípios	516
36.3	A possibilidade da instituição residual de portais privados integrados ao portal nacional	516
36.4	O estabelecimento de período de transição para os municípios de menor porte	517

CAPÍTULO 37
ALTERAÇÕES LEGISLATIVAS 519

37.1	Alterações no Código de Processo Civil de 2015	519
37.2	Alterações no Código Penal	520

37.3	Alterações na Lei Geral de Concessões	524
37.4	Alterações na Lei das Parcerias Público-Privadas	526

CAPÍTULO 38
DISPOSIÇÕES TRANSITÓRIAS E FINAIS 527

38.1	Centrais de compras	527
38.2	Critérios para a atualização de valores	528
38.3	Critérios para a contagem dos prazos	528
38.4	Extensão da aplicação da Lei nº 14.133/2021 a convênios, acordos, ajustes e outros instrumentos congêneres celebrados pela Administração Pública	529
38.5	Extensão da aplicação das alterações introduzidas pela Lei nº 14.133/2021 no Código Penal também às licitações e contratos regidos pela Lei das Estatais	530
38.6	Extensão da aplicação da Lei nº 14.133/2021 às concessões de serviços públicos, às parcerias público-privadas e à contratação de serviços de publicidade	530
38.7	Extensão da regulamentação da Lei nº 14.133/2021 pelo ente federal também aos estados e municípios	531
38.8	Extensão da aplicação da Lei nº 14.133/2021 a toda legislação anterior que faça referência aos diplomas legais revogados	531
38.9	Disposições sobre atos jurídicos perfeitos	531
38.10	Disposições sobre a convivência temporária entre o regime normativo revogado e o regime da Lei nº 14.133/2021	532
38.11	A aplicação apenas subsidiária da Lei nº 14.133/2021 a contratos relativos a patrimônio da União ou de suas autarquias e fundações públicas	535
38.12	A revogação do regime normativo pretérito	535
38.12.1	Revogação dos arts. 89 a 108 da Lei nº 8.666/1993	536
38.12.2	Revogação dos demais dispositivos da Lei nº 8.666/1993, da Lei do Pregão e dos arts. 1º a 47 da Lei do Regime Diferenciado de Contratações Públicas	539
38.13	O início da vigência e eficácia da Lei nº 14.133/2021	539

À GUISA DE CONCLUSÃO 541

REFERÊNCIAS 545

NOTA DO AUTOR

Este trabalho se associa à pesquisa financiada pela Fundação de Amparo à Pesquisa e Inovação do Espírito Santo (FAPES), que estudou autocomposição como método adequado à resolução de controvérsias jurídicas envolvendo a Fazenda Pública (Edital nº 06/2015), ao Grupo de Pesquisa "Fundamentos do Processo Civil Contemporâneo" (integrante da PROCNET, Rede Internacional de Pesquisa sobre Justiça Civil e Processo Contemporâneo), ao Laboratório de Processo e Constituição do Programa de Pós-Graduação em Direito da Universidade Federal do Espírito Santo (LAPROCON-PPGDIR-UFES) e à linha de pesquisa "Sistemas de Justiça, Constitucionalidade e Tutelas de Direitos Individuais e Coletivos", do mesmo Programa de Pós-Graduação, com área de concentração em "Justiça, Processo e Constituição", que assume como objetivo geral a estruturação do processo como meio adequado de garantia dos direitos fundamentais erigidos em estatura constitucional e traz entre os seus objetivos específicos a pesquisa dos fundamentos de hermenêutica jurídica voltados aos conceitos de teoria da norma por meio da crítica e do estudo dos diversos conceitos de justiça.

INTRODUÇÃO

Temos uma nova lei de licitações e contratos, aprovada pelo Congresso Nacional dezembro de 2020 e sancionada pela Presidência da República em abril de 2021: a Lei nº 14.133.

A *novatio legis* revoga a Lei nº 8.666/1993, a Lei do Pregão (Lei nº 10.520/2002) e parte da Lei do Regime Diferenciado de Contratações (Lei nº 12.462/2001), além de introduzir modificações no Código de Processo Civil de 2015, no Código Penal, na Lei Geral de Concessões (Lei nº 8.987/1995) e na Lei das Parcerias Público-Privadas (Lei nº 11.079/2004). A sua edição resulta, destarte, de inciativa do Parlamento por procurar consolidar a disciplina normativa do tema em um único diploma legal, aplicável tanto à União Federal, quanto aos estados, ao Distrito Federal e aos municípios, porque editado, tendo em vista o disposto no inc. XXVIII do art. 22 da Constituição da República,[1] como norma geral em matéria de licitações e contratos.

Também a Lei nº 8.666/1993 foi editada, a seu tempo, como lei geral voltada à centralização da disciplina jurídica das licitações e contratações públicas. Porém, com o decorrer dos anos, o seu texto passou a ser aplicado concomitantemente com outros diplomas legais, com destaque para a incidência da Lei Geral de Concessões (Lei nº 8.987/1995), da Lei do Pregão, da Lei do Regime Diferenciado de Contratações, da Lei das Parcerias Público-Privadas (Lei nº 11.079/2004) e da Lei das Estatais (Lei nº 13.303/2016), que foram aprovadas para resolver problemas específicos surgidos no ambiente administrativo, mas indiciam, quando analisadas conjuntamente, o envelhecimento de soluções concebidas pelo legislador há quase três décadas. Na prática, a despeito da sua gradativa atualização por leis esparsas, o regime normativo revogado enfrentava questionamentos por parte de governantes, gestores e servidores/empregados públicos que atuam na realização de licitações e na formalização e execução de contratos administrativos (que personificam os entes contratantes e seus órgãos/entidades), dos fornecedores do Poder Público (também chamados licitantes/contratados) e dos agentes estatais que desempenham atividades de controle interno e externo sobre a atividade administrativa (controladores).

Pode-se dizer, sem medo de errar, que a ineficiência do regime pretérito e, sobretudo, a sua ineficácia[2] para produzir bons resultados no campo das aquisições públicas era praticamente uma unanimidade entre esses profissionais. Porém, chama a

---

[1] CRFB: "Art. 22. Compete privativamente à União legislar sobre: [...] XXVII - normas gerais de licitação e contratação, em todas as modalidades, para as administrações públicas diretas, autárquicas e fundacionais da União, Estados, Distrito Federal e Municípios, obedecido o disposto no art. 37, XXI, e para as empresas públicas e sociedades de economia mista, nos termos do art. 173, §1º, III (Redação dada pela Emenda Constitucional nº 19, de 1998)".

[2] Para a diferenciação entre eficiência e eficácia, cf. o magistério de Eduardo de Carvalho Rêgo, para quem a eficiência se relaciona "com a realização do melhor resultado possível", enquanto que "a eficácia tem em vista o cumprimento das obrigações encetadas" (RÊGO, Eduardo de Carvalho. Princípios jurídicos previstos no Projeto da Nova Lei de Licitações, p. 25).

atenção nesse contexto que o descontentamento manifestado em cada uma dessas frentes ancorava-se em razões distintas e, por vezes, diametralmente opostas.

É nota comum no imaginário de contratantes e licitantes/contratados a crítica à rigidez do regime normativo pretérito, à consideração de que ele engessava a atividade administrativa, a ponto de criar embaraços à concepção de soluções criativas tendentes a otimizar procedimentos e reduzir custos. Todavia, mesmo concordando quanto a esse aspecto, contratantes e licitantes/contratados em geral apontam razões distintas para a origem do problema. Incomodam os contratantes as dificuldades impostas pelo enriquecimento procedimental imposto pela legislação revogada à realização das licitações e à formalização/execução dos contratos, enquanto que licitantes/contratados se ressentem da positivação em favor da Administração de prerrogativas processuais (também chamadas cláusulas exorbitantes) que do seu ponto de vista afetariam a segurança jurídica nas relações entre o Poder Público e seus fornecedores, tornando as prestações licitadas/contratadas artificialmente onerosas.

Há também quem argumente, em vista dessas dificuldades, ser oportuna a substituição do modelo de aquisição de bens e serviços adotado pelo direito brasileiro pela ampliação da delegação da atividade administrativa à iniciativa privada, que seria, segundo o imaginário popular,[3] naturalmente eficiente. Ocorre que, entre nós, essa ilação é desmentida pelos fatos, porque temos, no Brasil, importantes exemplos de eficiência administrativa, cujo caso mais emblemático talvez seja a "Operação Lava Jato", conduzida por exitosa conjugação de esforços da Polícia Federal e do Ministério Público Federal,[4] e que teve o mérito de identificar e desmantelar expressivo esquema de corrupção envolvendo agentes públicos e privados, com reflexos, inclusive, sobre o financiamento de campanhas políticas, recuperando bilhões de reais para os cofres públicos.[5] Além disso, esse tipo de afirmação não contribui para a resolução do problema;[6]

---

[3] Influenciado por construções teóricas difundidas pelo liberalismo no século passado.

[4] Que, como cediço, integram a Administração Pública.

[5] VALOR devolvido pela Lava Jato já ultrapassa os R$4 bilhões. *MPF*, 2 dez. 2019. Disponível em: http://www.mpf.mp.br/pr/sala-de-imprensa/noticias-pr/valor-devolvido-pela-lava-jato-ja-ultrapassa-os-r-4-bilhoes. Acesso em: 3 jan. 2021. Muito embora a Administração Pública brasileira comporte outros exemplos igualmente contundentes de eficiência administrativa, como o excelente trabalho desenvolvido pelos pesquisadores da Fundação Oswaldo Cruz – Fiocruz (fundação pública, instituída como pessoa jurídica de direito público, vinculada ao Ministério da Saúde) no enfrentamento da pandemia da Covid-19, amplamente reconhecido (MELLO, Bernardo; MALTCHIK, Roberto. Coronavírus: OMS aponta Fiocruz como laboratório de referência nas Américas. *O Globo*, 8 abr. 2020. Disponível em: https://oglobo.globo.com/sociedade/coronavirus-oms-aponta-fiocruz-como-laboratorio-de-referencia-nas-americas-24359839. Acesso em: 3 jan. 2021) pela Organização Mundial da Saúde – OMS (organismo internacional especializado em saúde mantido pela Organização das Nações Unidas – ONU), ou a atividade de igual modo eficiente e também elogiada no plano internacional (TSE firma acordos internacionais para repasse de conhecimento sobre organização de eleições. *Ibrade*. Disponível em: http://www.ibrade.org/2018/04/16/tse-firma-acordos-internacionais-para-repasse-de-conhecimento-sobre-organizacao-de-eleicoes/. Acesso em: 3 jan. 2021) desenvolvida pela nossa Justiça Eleitoral (que também integra a Administração Pública).

[6] Para além de não ser verdadeira a suposição de que a iniciativa privada é naturalmente eficiente (assim não fosse não teríamos, dia após dia, tantas empresas encerrando as suas atividades), não parece producente empregar, como estratégia voltada ao enfrentamento de um problema (no caso, do problema da eficiência administrativa), a prescrição do sacrifício do "paciente" (na hipótese, a Administração, que se pretende substituir por prestadores privados) como remédio adequado à obtenção da "cura" almejada (no ponto, a indução da sua eficiência). É que dela apenas resultaria a substituição de um problema por outro. Afinal, *mesmo quando prestados por operadores privados, os serviços públicos disponibilizados à população podem não corresponder às suas expectativas, dado o natural conflito de interesses que se instaura entre prestadores* (que esperam obter a maior lucratividade possível com a atividade, o que em geral pode ser obtida pelo aumento das tarifas e/ou pela redução dos seus custos operacionais) *e usuários* (que esperam receber o melhor atendimento – o que impacta o custo operacional dos prestadores – com menor custo possível – o que restringe a ampliação das tarifas).

seja porque nada impede que a Administração empregue, em suas atividades cotidianas, técnicas de gestão aplicadas com sucesso na atividade privada, tornando-se, assim, tão eficiente quanto poderia ser uma empresa privada quando atua na prestação de serviços públicos; seja porque, se é fato que os agentes estatais precisam observar, nesse cenário, os limites impostos pelo direito pátrio ao exercício da sua atividade administrativa (que induziam, na perspectiva da crítica formulada, a ineficiência da Administração), também os particulares que os substituiriam no outro cenário aventado estariam submetidos aos mesmos limites jurídicos. Trata-se, ademais, de afirmação perigosíssima, porque pode ser empregada, por um lado, como justificativa para a perpetuação da cultura da ineficiência que parece reinar soberana nas repartições públicas, e porque pode conduzir, por outro lado, à atribuição a particulares de atividades administrativas que por concepção não devem ser conferidas a operadores privados (como exemplo, aquelas relacionadas ao controle administrativo), sob pena e risco de que se verifique, em concreto, a redução da proteção do Estado aos menos favorecidos contra eventuais abusos praticados pelo poder econômico.

O fato é que, a despeito dos problemas que gera, *o rigor formal adotado nas licitações e contratações públicas* (que supõe a centralização das decisões nelas adotadas na própria Administração, a suscitar, inclusive, o estabelecimento das cláusulas exorbitantes que a beneficiam) *faz parte do jogo*. Afinal, recobrando a conhecida lição de Cirne Lima, administrar, na esfera pública, "é a atividade do que não é proprietário, do que não tem a disposição da cousa ou do negócio administrado".[7] Por isso a atividade administrativa, inclusive aquela desempenhada no contexto da realização de licitações e da formalização/execução de contratações públicas, é submetida a rígido controle, realizado, quer no âmbito interno da Administração, em que é exercitado diretamente pelas controladorias e pela Advocacia Pública, e de forma difusa pelos demais agentes estatais, quer como atividade de controle externo, contexto em que é desempenhado pelo Ministério Público, pelos Tribunais de Contas e pela própria sociedade, quando impugna a validade de atos praticados em sede administrativa e judicial.

Outro problema frequentemente relatado por contratantes e licitantes/contratados diz respeito ao seu relacionamento com os controladores. O que em geral se denuncia nesse âmbito é a configuração de irrefletida *confusão entre erro jurídico e infração administrativa*, a suscitar a responsabilização pessoal de agentes públicos e privados por simples divergência de interpretação jurídica.[8] Como decorrência disso, tornou-se cada vez mais difícil a atração, para ocupar posições de comando na gestão pública, de profissionais que se destacam por sua atuação anterior na iniciativa privada e/ou no meio acadêmico, que em muito poderiam contribuir para o aprimoramento da máquina administrativa. Com efeito, são cada vez mais frequentes entre nós relatos de ex-gestores que se arrependem de ter atendido ao chamado da Administração, à consideração de que esse tipo de experiência, para além de os submeter a políticas remuneratórias pouco

---

[7] LIMA, Rui Cirne. Princípios de direito administrativo, p. 22.
[8] A propósito, cf., a título de exemplo: BINENBOJM, Gustavo; CYRINO, André. O art. 28 da LINDB: a cláusula geral do erro administrativo, MADUREIRA, Claudio. Limites e consequências da responsabilização de advogados públicos pareceristas por suas opiniões jurídicas e MADUREIRA, Claudio. Ilegitimidade da aplicação a agentes estatais de sanções fundadas em simples "erros jurídicos".

atrativas[9] para profissionais de ponta,[10] ainda atrai o risco (muitas vezes concretizado) de precisarem responder, e com recursos próprios, pelos custos financeiros (a contratação de advogados envolve gastos significativos) e pessoais (inerentes ao abalo do seu conceito profissional na sociedade) de eventualmente virarem réus em ações de improbidade administrativa e/ou em processos instaurados pelas controladorias (controle interno) e pelos tribunais de contas (controle externo), tão somente porque não foram capazes de antecipar, ao tempo da prática de atos concretos muitas vezes embasados em pareceres jurídicos, como os controladores sobre eles se posicionariam no futuro. Esse estado de coisas também afeta o ambiente de negócios, visto que, como os agentes estatais, também os fornecedores do Poder Público e seus dirigentes podem ser alcançados pelos controladores, porque o art. 3º da Lei de Improbidade Administrativa (Lei nº 8.429/1992) estende a aplicação das sanções nela previstas àqueles que, mesmo não sendo servidores/empregados públicos, induzam ou concorram para a prática do ato de improbidade ou que dele se beneficiem direta ou indiretamente. O que com isso queremos dizer é que a confusão entre erro jurídico e infração administrativa (por vezes depreendida no ambiente do controle administrativo) impacta sobre os custos dos bens e serviços adquiridos, dada a incidência, também no ambiente privado, dos custos financeiros e pessoais/institucionais anteriormente referidos.

Abstraindo esse problema, embora sem excluí-lo do âmbito de nossas preocupações, também é fato que o rigor conferido pelo legislador (criticado por contratantes e licitantes/contratados, ainda que por razões distintas) jamais pareceu suficiente, sob a perspectiva dos controladores, a prevenir a contaminação de licitações e contratações públicas por atos de corrupção ou por desídia conducente à malversação de recursos públicos. É que a corrupção e a malversação de recursos em geral se associam, entre outras causas, ao superfaturamento dos preços dos bens e serviços adquiridos, que podem decorrer, inclusive, do direcionamento dos certames. Elas encerram, portanto, acontecimentos que vão de encontro (pelo menos no plano das ideias) à afirmação segundo a qual o procedimento é de tal maneira rígido que impede que contratantes e licitantes/contratados encontrem, na prática, soluções mais adequadas ao atendimento das necessidades da sociedade. Afinal, se o procedimento concebido pelo regime normativo pretérito mantinha abertura suficiente a que se verificasse, na casuística, a concretização de condutas claramente vedadas pelo ordenamento, com mais razão ele possibilitaria, na prática, a concepção/implementação das soluções criativas que contratantes e licitantes/contratados afirmam cerceadas.

Essas considerações sugerem que o problema não necessariamente reside na rigidez do procedimento empregado nas licitações e contratações públicas, resultando, talvez, do modo como ele vinha sendo conduzido pela Administração e, avançando na discussão, também na forma como controlados (categoria que abarca contratantes e licitantes/contratados) e controladores se relacionavam sob a égide do regime normativo pretérito. Assumindo como válido esse ponto de vista, talvez seja possível solucioná-lo mediante

---

[9] Porque os vencimentos/subsídios pagos aos agentes estatais estão sujeitos a teto remuneratório.

[10] Não tratamos, aqui, da tradicional estratégia de aparelhamento da Administração, que consiste na ocupação de cargos públicos por apadrinhados dos governantes eleitos ou de integrantes do seu grupo político, mas da contratação pelo Poder Público de pessoas que se destacam no mercado por sua formação acadêmica e/ou por sua experiência profissional.

intepretação sistemática do direito, que comporte, por exemplo, a compatibilização do rigoroso procedimento concebido pelo legislador ao *princípio da instrumentalidade das formas*, que condiciona a decretação da nulidade dos atos impugnados à configuração de relação necessária entre o vício apontado e a efetiva configuração de prejuízo às pessoas afetadas. Por força desse princípio, nem todo vício conduz à nulidade do processo, ou de qualquer dos seus atos, noção que se fundamenta na constatação inevitável de que o direito há muito assumiu como premissa a instrumentalidade das formas,[11] que impede a decretação da invalidade de atos com fundamento na simples inobservância da forma, mecanicamente constatada, para subordiná-la à relação, apreciada caso a caso, entre o vício detectado e a finalidade do ato praticado.[12]

Desse exercício de interpretação sistemática também poderia resultar a potencialização dos efeitos da incidência, nas licitações e contratações públicas, do *princípio do contraditório* e, sobretudo, da sua conjugação ao *princípio da cooperação*. O princípio do contraditório sobressai do próprio texto constitucional, que assegura aos litigantes, em processo judicial ou administrativo, o contraditório e a ampla defesa, com os meios e recursos a eles inerentes (CRFB, art. 5º, LV), mas também encontra previsão no Código de Processo Civil de 2015, mais especificamente no seu art. 7º, que confere às partes paridade de tratamento em relação ao exercício de direitos e faculdades processuais, aos meios de defesa, aos ônus, aos deveres e à aplicação de sanções processuais, impondo ao juiz zelar pelo efetivo contraditório, no seu art. 9º, que proíbe a prolação de decisão contra uma das partes sem que ela seja previamente ouvida (direito de ser ouvido) e do inc. IV do §1º do seu art. 489, que considera inadequadamente fundamentada a decisão que não enfrentar todos os argumentos deduzidos no processo capazes de, em tese, infirmar a conclusão adotada pelo julgador (direito de influir na resolução do problema).[13] Por sua vez, o princípio da cooperação encontra assento no art. 6º da lei processual civil, que enuncia que todos os sujeitos do processo devem cooperar entre si para que se obtenha, em tempo razoável, decisão de mérito justa e efetiva. Esse princípio guarda íntima relação com a garantia do contraditório. Afinal, da conjugação entre eles resulta não apenas que os interessados na resolução do conflito devem dialogar entre si (contraditório), mas, sobretudo, que devem fazê-lo cooperando entre si,[14] como forma

---

[11] Cf. BRASIL JÚNIOR, Samuel Meira. *Justiça, direito e processo*, p. 3-33. Sobre a sua incidência nos casos concretos, José Roberto dos Santos Bedaque leciona que "toda vez que um ato processual, não obstante praticado em desconformidade com o modelo legal, atingir o seu escopo, a nulidade não deve ser declarada", porque "o princípio da legalidade das formas e a necessidade de observância às regras do procedimento são garantia do resultado do processo", pelo que, "se este for alcançado, deixa de ter relevância o não atendimento à forma" (BEDAQUE, José Roberto dos Santos. *Direito e processo*, p. 113). Assim, decorre do princípio da instrumentalidade das formas a imposição de que somente se pronuncie a nulidade de ato viciado (irregularidade) quando o vício apontado vier a ocasionar prejuízo a uma das partes (*pas nullité sans grief*). Sobre o assunto, ler também: MADUREIRA, Claudio. *Direito, processo e justiça*, p. 50-51.

[12] Cf. LIEBMAN, Enrico Tullio. *Manual de direito processual civil*, v. I, p. 328.

[13] Tamanha foi a preocupação do legislador processual em conferir semelhante caráter dialético ao modelo de processo adotado a partir da edição do código de 2015 que vedou aos julgadores a prolação de decisões sobre fundamentos (CPC-2015, art. 10) e fatos (CPC-2015, art. 493, parágrafo único) sobre as quais não se tenha dado aos interessados oportunidade de se manifestar, impondo-lhes que os ouçam antes de proferir decisão que os considere, de modo a que mesmo as razões que não foram deduzidas no processo precisem ser enfrentadas por quem decide.

[14] A propósito, cf. DIDIER JÚNIOR, Fredie. Os três modelos de direito processual: inquisitivo, dispositivo e cooperativo e ZANETI JÚNIOR, Hermes. CPC/15: o Ministério Público como instituição de garantia e as normas fundamentais processuais. Em sentido contrário, cf. MITIDIERO, Daniel. *Colaboração no processo civil*:

de contribuir para que a resolução do problema seja obtida de forma justa e efetiva, e em tempo razoável.

O mesmo exercício teórico poderia comportar, de igual modo, a extensão da vinculatividade dos precedentes à esfera administrativa (que minimizaria a configuração de dissensos sobre como o direito deve ser aplicado nos casos concretos) e a adoção do modelo decisório concebido pelo legislador processual (que conferiria maior transparência às tomadas de posição, minimizando as chances de que se configure, na casuística, indesejada confusão entre erro jurídico e infração administrativa).

Esses elementos integram o que em doutrina se convencionou chamar modelo brasileiro de processo.[15] Consideramos que da sua aplicação aos processos de licitação e contratação pública resultaria, mesmo sob a vigência do regime normativo revogado, a atribuição de maior segurança a contratantes e licitantes/contratados, porque reúne as condições necessárias a que as licitações e contratações públicas possam se realizar sem interferência das dificuldades operacionais anteriormente mencionadas. Nessa perspectiva, é possível sustentar, em vista desses mesmos elementos, que, a despeito de suas limitações, o regime pretérito, quando conjugado ao modelo brasileiro de processo, tinha a potencialidade de conferir a juristas (professores de direito e autores jurídicos) e intérpretes (também chamados aplicadores do direito) as ferramentas jurídicas necessárias à concepção de modelagens de atuação que possibilitassem a superação dessas dificuldades.

Em rigor, não há muita novidade nessa proposta teórica, há muito sustentada, no plano da ciência, por autores da envergadura de José Cretella Júnior,[16] de Adilson Dallari e Sérgio Ferraz,[17] de Marçal Justen Filho,[18] de Odete Medauar,[19] de Diogo de Figueiredo Moreira Neto[20] e de Carlos Ari Sundfeld,[21] entre outros, que discorreram, em seus escritos, sobre a *processualidade no direito administrativo*. Destarte, apenas propomos, na esteira de posicionamento consolidado na literatura jurídica, que seria possível aspirar a resolução do problema também a partir da interpretação sistemática do direito.

Todavia, os efeitos de semelhante exercício teórico apenas se realizariam, na prática, se as soluções jurídicas por ele possibilitadas também pudessem influenciar a atuação dos órgãos de controle. Afinal, de nada adiantaria aplicar o princípio da instrumentalidade das formas com o propósito de minimizar os impactos negativos do rigor formal impresso pelo legislador às licitações e contratações públicas se os controladores não se dispusessem a aceitar essa iniciativa como solução jurídica adequada à resolução dos problemas enfrentados nesse contexto. Também não faria sentido a instauração de um diálogo franco entre contratantes e contratados/licitantes, pautado na incidência conjugada dos princípios processuais do contraditório e da cooperação, se os controladores, em lugar de buscarem subsídios para a sua atuação nas razões das

---

pressupostos sociais, lógicos e éticos, 3. ed. Sobre a dissenção entre os autores, cf. PIMENTA, Henrique de Souza. A cooperação no CPC-2015: colaboração, comparticipação ou cooperação para o processo?

[15] Ao ensejo, cf., por todos: MADUREIRA, Claudio. *Fundamentos do novo processo civil brasileiro*.
[16] CRETELLA JÚNIOR, José. Prática do processo administrativo.
[17] DALLARI, Adilson; FERRAZ, Sérgio. *Processo administrativo*.
[18] JUSTEN FILHO, Marçal. *Curso de direito administrativo*, 8. ed.
[19] MEDAUAR, Odete. A processualidade no direito administrativo.
[20] MOREIRA NETO, Diogo de Figueiredo. *Curso de direito administrativo*.
[21] SUNDFELD, Carlos Ari. A importância do procedimento administrativo.

partes, procurassem atribuir a esse diálogo conotação negativa, afirmando, por exemplo, que a sua tão só implementação na esfera administrativa denotaria a configuração de conluio entre o Poder Público e seus fornecedores. Também seria pouco efetivo o esforço de contratantes e licitantes/contratados por orientarem as suas manifestações jurídicas com base nos consensos hermenêuticos que sobressaem do modelo de precedentes e por procurarem motivar esses seus posicionamentos segundo o modelo decisório concebido pelo legislador processual se os controladores continuarem fechando os olhos para a distinção teórica entre erro jurídico e infração administrativa, há muito denunciada pela jurisprudência consolidada nos tribunais brasileiros[22] e que dificilmente sobreviveria ao escrutínio dos fatos[23] se eles (fatos) fossem efetivamente considerados no processo decisório, o que pressupõe (pelas razões dantes expostas) que seja garantido aos controlados o direito de serem ouvidos e de influenciarem as decisões proferidas pelos controladores.

Por certo, mesmo esse problema poderia ser resolvido mediante interpretação sistemática do direito, que atrairia para o universo do controle administrativo exercido sobre as licitações e contratações públicas a incidência dos dispositivos introduzidos na Lei de Introdução às Normas do Direito Brasileiro (Decreto-Lei nº 4.657/1942) pela Lei nº 13.655/2018 (editada com o propósito de inserir na lei de introdução "disposições sobre segurança jurídica e eficiência na criação e na aplicação do direito público"), que enunciam os deveres administrativos de não decidir sem ter consideração as consequências da decisão (art. 20, *caput* e parágrafo único, e art. 21), de indicar as condições para a regularização dos atos considerados irregulares e de não impor aos responsáveis ônus ou perdas excessivos (art. 21, parágrafo único), de interpretar o direito mediante consideração das reais dificuldades do gestor, das exigências das políticas públicas implementadas e das circunstâncias práticas que interfeririam na sua conduta (art. 22, *caput* e §1º), de considerar, quando se cogitar da aplicação de sanções, a natureza e a gravidade da infração cometida, as circunstâncias agravantes e atenuantes e os antecedentes dos agentes estatais envolvidos (art. 22, §§2º e 3º), de estabelecer regime de transição em caso de modificação de interpretação/orientação sobre norma de conteúdo indeterminado (art. 23, *caput*), de avaliar os atos praticados com base nas orientações gerais disponíveis ao tempo da sua prática e de preservar as situações plenamente constituídas com base nas orientações gerais então disponíveis (art. 24, *caput* e parágrafo único), de considerar a possibilidade de realizar ajustamento de condutas para convalidar os atos questionados (art. 26, *caput* e §1º), de compensar benefícios indevidos e prejuízos anormais ou injustos que resultem dos atos questionados (art. 27, *caput* e §§1º e 2º), de considerar a possibilidade de realizar consulta pública para manifestação dos interessados sobre os atos praticados em processos de licitação e de contratação pública (art. 29, *caput* e §1º) e de contribuir para a segurança na aplicação

---

[22] O Superior Tribunal de Justiça, Corte de Vértice incumbida entre nós de uniformizar a aplicação do direito nacional (CRFB, art. 105, III, "c"), posicionou-se nesse sentido em diversas oportunidades. A título de exemplo, a Corte Superior de Justiça assentou, no contexto dos julgamentos dos recursos especiais nºs 213.294 e 758.639 (relatados, respectivamente, pelos ministros Garcia Vieira e José Delgado), que "a lei alcança o administrador desonesto, não o inábil". O Tribunal afirmou, em outro caso emblemático, enfrentado por ocasião do julgamento do Recurso Especial nº 751.634 (relatado pelo Ministro Teori Albino Zavascki), que "nem todo o ato irregular ou ilegal configura ato de improbidade".

[23] Afinal, contra fatos não há argumentos.

do direito na esfera administrativa (art. 30, *caput* e parágrafo único), dispondo, ainda, sobre o condicionamento da responsabilização de agentes estatais à demonstração de dolo ou culpa grave fundada em erro grosseiro (art. 28, *caput*).[24]

Todavia, para tanto, os órgãos de controle precisariam estar dispostos a ter em conta (se não para aderir a elas, quando menos para afastar a aplicação de sanções a agentes públicos e privados) não apenas a interpretação jurídica que orienta a aplicação desses deveres e limitações à sua atuação profissional, mas também a interpretação sistemática do direito que teria conduzido contratantes e licitantes/contratados (por exemplo) a empregar o princípio da instrumentalidade das formas para superar o rigor imposto pelo legislador ao procedimento, tendo em vista (nesse contexto) apenas e tão somente a obtenção do melhor resultado possível para a Administração. Essa sua atuação, em rigor, também estaria a depender da sua adesão (dos controladores), fundada em intepretação sistemática do direito, à compreensão segundo a qual se encontram submetidos (como os julgadores e as partes processuais) ao modelo dialético de processo concebido pelo Código de Processo Civil de 2015, cuja interferência na realização das licitações e contratações públicas de igual modo resulta de intepretação sistemática do direito.

Por óbvio não podemos afastar a possibilidade de que essa expectativa se realize na casuística. Afinal, entre nós, o direito incide sobre todos, e por isso demanda de intérpretes/aplicadores (não importando se figuram como controlados ou controladores) que o apliquem de forma integral, portanto por meio da veiculação de intepretações sistemáticas que contemplem a incidência de todas as suas regras e princípios. Porém, a tão só possibilidade de essa expectativa não se concretizar na prática (que também não pode ser descartada) indica que a tentativa de resolução do problema mediante simples exercício hermenêutico talvez não traga a segurança necessária a que contratantes e licitantes/contratados concebam, nas licitações e contratações públicas, soluções criativas capazes de otimizar a sua eficiência e a sua eficácia.

Essa dificuldade parece ter sido superada, no regime normativo instituído pela Lei nº 14.133/2021, pela concepção de duas modificações de fundo aparentemente singelas, mas que podem revolucionar a prática administrativa realizada nesse âmbito. A primeira delas assenta-se sobre a opção político-normativa por estruturar as licitações e contratações públicas como verdadeiros processos administrativos, em evidente superação do tratamento normativo que lhes foi conferido pelo regime normativo revogado, que as designava como simples procedimento,[25] e que por isso desestimulava o estabelecimento do diálogo entre contratantes e licitantes/contratados. A outra, por sua vez, consiste na inclusão, em seu regramento, ao lado de disposições aplicáveis às licitações e contratações públicas, também de preceitos que vinculam atividade de

---

[24] Não há dúvidas quanto à extensão desses deveres administrativos e limites de atuação aos processos deflagrados para a realização de controle administrativo pelos órgãos de controle interno e pelos órgãos externos de fiscalização e controle (com destaque para a atuação dos Tribunais de Contas e do Ministério Público), seja porque o próprio legislador os estendeu às esferas administrativa, controladora e judicial, seja porque, como os órgãos/entidades controlados, também os órgãos externos de fiscalização integram a Administração, e por isso encontram-se submetidos ao princípio administrativo da legalidade, que lhes impõe, por consequência, irrestrita observância às normas gerais e abstratas que vinculam a atividade administrativa, inclusive das que sobressaem dos dispositivos legais que os enunciam.

[25] Sobre a distinção entre processo e procedimento, cf. as nossas considerações na parte introdutória do Capítulo 5.

controle administrativo realizada no seu entorno às disposições gerais que sobressaem do seu regime normativo, o que torna impositiva a observância, também nesse âmbito, de cuidados que na vigência do regime normativo pretérito estariam a depender da interpretação jurídica assumida por cada controlador.

Neste trabalho tomamos essas duas modificações de fundo como moldura para construção dos nossos comentários aos dispositivos da Lei nº 14.133/2021.

No que concerne à primeira dessas premissas, partimos do pressuposto de que o regime normativo pretérito, na medida em que concebia as licitações e contratações públicas como simples procedimento, desestimulava o diálogo entre contratantes e licitantes/contratados, tornando ineficiente e pouco eficaz a atividade administrativa desenvolvida nesse contexto. Quanto ao particular, a Lei nº 14.133/2021, muito embora tenha mantido rigor semelhante àquele imposto às licitações e contratações públicas pelo regime normativo pretérito, parece procurar solucionar o problema pela introdução do diálogo na atividade administrativa a ela correspondente. Essa opção político-normativa, expressada em diversos dos seus dispositivos, impõe observância, em seu corpo, da garantia do contraditório (afinal, o processo se apresenta, conceitualmente, como procedimento em contraditório),[26] além de possibilitar, dada a incidência da regra jurídica positivada no art. 15 do Código de Processo Civil de 2015,[27] a aplicação subsidiária de suas regras e princípios para a resolução de problemas verificados nos processos de licitação e de contratação pública, com destaque para a utilização, entre outros elementos, do princípio da instrumentalidade das formas (que condiciona a invalidação dos atos praticados à configuração de prejuízos aos interessados), do modelo de precedentes (que minimizaria a configuração de dissensos sobre como o direito deve ser aplicado nos casos concretos) e do modelo decisório concebido pelo legislador processual para a motivação adequada das decisões jurídicas (que conferiria maior transparência às tomadas de posição, minimizando as chances de que se configure, nos casos concretos, indesejada confusão entre "erro jurídico" e infração administrativa).

Além disso, o legislador, quando inseriu no novo regime normativo o controle administrativo incidente sobre as licitações e contratações públicas (e aqui ingressamos em nossa segunda premissa de análise), culmina por submeter os controladores às mesmas normas aplicáveis aos processos que analisa em sua atividade de controle, inclusive aquelas que orientam a introdução, nessa sede, de efetivo diálogo processual.

---

[26] Cf., por todos: FAZZALARI, Elio. Instituições de direito processual civil.

[27] CPC-2015: "Art. 15. Na ausência de normas que regulem processos eleitorais, trabalhistas ou administrativos, as disposições deste Código lhes serão aplicadas supletiva e subsidiariamente". Na lição de Hermes Zaneti Júnior, o Código de Processo Civil de 2015 tornou-se "a lei *processual* infraconstitucional mais importante no Estado Democrático Constitucional", porque não encerra "mera alteração cosmética", mas corporifica "uma mudança profunda de paradigmas", e já que se apresenta, dada a configuração do dispositivo anteriormente mencionado, como núcleo do sistema processual, no "entorno do qual gravitam os demais ordenamentos processuais" (ZANETI JÚNIOR, Hermes. Precedentes normativos formalmente vinculantes no processo penal e sua dupla função). Para Zaneti, "o CPC deve ser compreendido como um Código do movimento da (Re)Codificação, portanto, permeável, plástico e adaptável às novas exigências do ordenamento jurídico (IRTI, Natalino. *La edad de la descodificación*), a suscitar diálogo de fontes entre o CPC entre ele os demais diplomas processuais" (MARQUES, Cláudia Lima. O "diálogo das fontes" como método da nova teoria geral do direito: um tributo a Erik Jayme), o que evidencia que a sua aplicação é *transetorial* (MARINONI, Luiz Guilherme; ARENHART, Sérgio Cruz; MITIDIERO, Daniel. *Novo Código de Processo Civil comentado*, p. 113) (ZANETI JÚNIOR, Hermes. Precedentes normativos formalmente vinculantes no processo penal e sua dupla função, p. 312).

Assim, a *novatio legis* estrutura, ao lado dos processos de licitação e contratação pública, também um processo de controle administrativo, com todas as consequências que podem resultar dessa opção político-normativa, em especial a necessidade de observância, pelos controladores, não apenas das garantias processuais conferidas pela Constituição (art. 5º, LV) e pelas leis brasileiras (Lei nº 14.133/2021, Lei de Introdução às Normas de Direito Brasileiro, Código de Processo Civil de 2015 etc.) aos controlados, mas também o conjunto de soluções jurídicas que resultam do modelo brasileiro de processo. Essa opção político-normativa, se não fulmina a desconfiança dos órgãos de controle contra contratantes e licitantes/contratados, quando menos os impede de propor a aplicação de sanções fundadas em simples divergência de intepretação jurídica (erro jurídico) sem a instauração de efetivo contraditório sobre a configuração (ou não) de infração administrativa nos casos concretos, o que pressupõe, pelas razões dantes expostas, o efetivo enfrentamento das razões apresentadas no processo. Essa particularidade do novo regime normativo confere maior segurança ao relacionamento do Poder Público (contratante) com seus fornecedores de bens e serviços (licitantes/contratados) e, sobretudo, às relações estabelecidas entre eles (contratantes e licitantes/contratados) e os controladores, e por isso tem a potencialidade de criar, no plano dos fatos, ambiente mais propício ao desenvolvimento de soluções criativas que assegurem, ao mesmo tempo, a preservação da regularidade do procedimento e a obtenção do melhor resultado para a Administração e, *ultima ratio*, para a própria sociedade.

Por isso optamos, neste trabalho, por estruturar nossos comentários à Lei nº 14.133/2021 em vista da constatação segundo a qual o legislador, com a sua edição, passou a tratar não apenas as licitações e contratações públicas, mas também a atividade de controle exercida no seu entorno como verdadeiros processos administrativos; estimulando, com isso, a configuração de diálogo processual entre (por um lado) contratantes e licitantes/contratados e (por outro) entre controlados e controladores; e possibilitando, ainda, que as ferramentas jurídicas que integram o modelo brasileiro de processo (instrumentalidade, contraditório, cooperação, precedentes, modelo decisório etc.) sejam empregadas, na casuística, para a resolução de problemas e conflitos verificados nos processos de licitação, de contratação pública e de controle administrativo. *Disso resulta*, enfim, *a nossa opção por procurar construir*, neste trabalho, mais do que uma descrição formal do texto da lei comentada, *o que convencionamos chamar* (em seu subtítulo) *de descrição sistemática* (visto que resultante de interpretação sistemática do direito) *da Lei nº 14.133/2021* (mas) *na perspectiva do modelo brasileiro de processo* (visto que também nele essa intepretação sistemática se encontra ancorada).

Porém, informamos, desde logo, para que o leitor não se surpreenda com o que vai encontrar nas próximas páginas, que não cedemos à tentação de criticar o texto comentado, abordagem muito comum nesse formato de obra, mas que consideramos incompatível com o método científico.[28] De igual modo, evitamos nos estender em

---

[28] Com efeito, o objeto de análise da ciência do direito são as normas (regras e princípios) que compõem o ordenamento (cf. KELSEN, Hans. *Teoria pura do direito*, p. 79-119, *passim*), podendo ser estendido, ainda, ao modo como essas regras e princípios são aplicados. Sobre o assunto, cf. REALE, Miguel. *Lições preliminares de direito*, p. 64-65, FERRAZ JÚNIOR, Tércio Sampaio. *Teoria da norma jurídica*, p. 114, DINIZ, Maria Helena. *Compêndio de introdução à ciência do direito*, p. 116-143; 198-199 e MADUREIRA, Claudio. A ciência jurídica e sua função social, p. 2-7. Nesse sentido, eventual crítica ao texto normativo aprovado pelo Parlamento (por exemplo para efeito de afirmar que o legislador foi tímido quanto a certo ponto da norma construída, ou que não

considerações que envolvam a comparação entre o regime pretérito e o regime da Lei nº 14.133/2021, inclusive para não corrermos o risco de descrever o novo regime jurídico que se inaugura à imagem e semelhança do regime revogado. Muito embora esse tipo de abordagem também seja recorrente em trabalhos jurídicos, *optamos*, neste trabalho, *por um olhar voltado ao futuro. Afinal, se temos um novo regime normativo, precisamos trabalhar com ele, para procurar conferir ao seu texto uma aplicação ótima, mediante utilização das ferramentas características da análise jurídica, em especial da atividade hermenêutica.*

Com essas considerações introdutórias nos despedimos com um forte abraço, desejando a todos uma leitura proveitosa.

---

concebeu a melhor solução normativa para a resolução dos problemas enfrentados) soaria como desrespeito, ou abandono, por parte do pesquisador, ao seu objeto de análise. Esse tipo de crítica *seria adequado*, por exemplo, *em trabalhos construídos no âmbito da ciência política, que têm por objeto de análise a atividade desenvolvida pelo Parlamento.* Todavia, a admissibilidade da sua inserção em trabalhos jurídicos corresponderia a aceitar, *mutatis mutandi*, que pesquisadores no campo da biologia pudessem se valer da sua ciência para criticar a natureza (por exemplo, para dizer que a grama deveria ser azul, e não verde), ou que as pesquisas desenvolvidas no campo da medicina poderiam apontar como conclusão científica válida a afirmação de que há um equívoco na formação do corpo humano (de modo a propor, ainda exemplificativamente, que o homem deveria ter dois corações).

PARTE I

DISPOSIÇÕES GERAIS

CAPÍTULO 1

ÂMBITO DE APLICAÇÃO DA LEI Nº 14.133/2021

A Lei nº 14.133/2021 comporta espécie de Parte Geral, que reúne normas fundamentais aplicáveis aos processos que envolvem as licitações, as contratações públicas e o controle administrativo exercitado sobre elas, encartadas pelo legislador no título denominado "Disposições Gerais" (Título I). O primeiro capítulo desse título trata do âmbito de aplicação da *novatio legis* no que se refere à realização de licitações e à formalização e execução de contratos administrativos, e encerra considerações sobre *contratações realizadas no Brasil e no exterior*, sobre *contratações com recursos provenientes do exterior*, sobre *contratações relativas* às *reservas internacionais do país*, sobre os *campos de incidência e exclusão do regime normativo por ela instituído* e sobre o seu *relacionamento com o regime jurídico das microempresas e das empresas de pequeno porte*.

1.1 Licitações e contratações realizadas no Brasil

Art. 1º Esta Lei estabelece normas gerais de licitação e contratação para as administrações públicas diretas, autárquicas e fundacionais da União, dos Estados, do Distrito Federal e dos Municípios, e abrange:

I - os órgãos dos Poderes Legislativo e Judiciário da União, dos Estados e do Distrito Federal e os órgãos do Poder Legislativo dos Municípios, quando no desempenho de função administrativa;

II - os fundos especiais e as demais entidades controladas direta ou indiretamente pela Administração Pública.

§1º Não são abrangidas por esta Lei as empresas públicas, as sociedades de economia mista e as suas subsidiárias, regidas pela Lei nº 13.303, de 30 de junho de 2016, ressalvado o disposto no art. 178 desta Lei.

O art. 1º da Lei nº 14.133/2021 enuncia que o referido diploma legal estabelece *normas gerais para a realização de licitações públicas e para formalização e execução de contratos administrativos no Brasil*. O dispositivo se refere, primariamente, aos processos instaurados pela Administração Pública dos entes federados das três esferas[29] (União, estados, inclusive Distrito Federal, e municípios), abrangendo a Administração direta (entes federados e seus respectivos órgãos desconcentrados[30]) e a Administração indireta (órgão descentralizados, também chamados entidades[31]) dos três poderes da República (poderes Executivo, Legislativo e Judiciário da União, dos estados e do Distrito Federal, e poderes Executivo e Legislativo dos municípios).

No ponto, é importante recobrar que a distribuição de atribuições do Estado remonta a dois institutos distintos: o da *concentração* (ou *desconcentração*) e o da *centralização* (ou *descentralização*). O instituto da *desconcentração* possibilita a repartição de competências dentro de uma mesma pessoa jurídica, que corporifica a Administração direta,[32] ao passo que a *descentralização* a instrumentaliza mediante a criação de outras pessoas jurídicas, suscitando, portanto, a formação da Administração indireta.[33]

Porém, a Lei nº 14.133/2021 (art. 1º, §1º) exclui da incidência do novo regime normativo as *empresas estatais*,[34] gênero de que são espécies as *empresas públicas*, as *sociedades de economia mista* e as *sociedades controladas*. As *empresas públicas* são entidades dotadas "de personalidade jurídica de direito privado, com patrimônio próprio e capital exclusivo do poder público (DL nº 200/1967, art. 5º, II)".[35] As *sociedades de economia mista*,

---

[29] O Brasil é uma federação composta pela União Federal, pelos estados, pelo Distrito Federal e pelos municípios (CRFB, arts. 1º, 18 e 60, §4º, I), contexto em que o Distrito Federal se apresenta como figura híbrida, que assume caracteres próprios de estados e municípios (cf. TEMER, Michel. *Elementos de direito constitucional*, p. 102). Sobre o assunto, ler também: JAYME, Fernando Gonzaga. Comentários aos arts. 18 e 19, p. 531 e MADUREIRA, Claudio. *Royalties de petróleo e Federação*, p. 27-39.

[30] A Administração direta é composta pelas unidades federadas (União, estados, Distrito Federal e municípios) e por seus órgãos desconcentrados (ministérios, secretarias etc.), entre eles os poderes Legislativo e Judiciário, assim como as instituições a quem a Constituição atribuiu autonomia em relação aos poderes da República (Ministério Público, Defensoria Pública etc.) (cf. DI PIETRO, Maria Sylvia Zanella. *Direito administrativo*, 31. ed., p. 90). Os órgãos que a integram são instituídos com base no instituto da desconcentração, e por isso mantêm a mesma personalidade jurídica das unidades federadas a que se vinculam (cf. ROCHA, Silvio Luís Ferreira. *Manual de direito administrativo*, p. 118). Quanto ao particular, cf., ainda: MADUREIRA, Claudio. Administração Pública: agentes estatais, órgãos e entidades, p. 53-54.

[31] Já a Administração indireta resulta do fenômeno da descentralização, sendo composta por pessoas jurídicas de direito público (autarquias, fundações de direito público e consórcios públicos) e de direito privado (empresas públicas, sociedades de economia mista, fundações públicas, consórcios públicos privados e sociedades controladas) (cf. ROCHA, Silvio Luís Ferreira. *Manual de direito administrativo*, p. 119). As entidades que a compõem podem ter personalidade jurídica de direito público ou de direito privado. Ao ensejo, cf., também: MADUREIRA, Claudio. Administração Pública: agentes estatais, órgãos e entidades, p. 54-60, *passim*.

[32] A *desconcentração* refere-se à "distribuição de competências entre os órgãos de dada entidade", de maneira que "os órgãos com poderes desconcentrados, quanto ao exercício das suas competências, se sujeitam ao poder hierárquico dos órgãos superiores, a fim de ser mantida a unidade no aparelho governamental" (BANDEIRA DE MELLO, Oswaldo Aranha. *Princípios gerais de direito administrativo*, v. II, p. 145).

[33] A *descentralização*, por sua vez, comporta a distribuição de competências entre distintas pessoas jurídicas, "em virtude do qual se faz a distribuição de poderes entre diversas entidades", sendo que, nela, os entes descentralizados sujeitam-se, nos termos da lei, "ao poder de controle do ente maior, do qual se desdobrou, a fim de manter a unidade do todo, formado pelos diversos aparelhos governamentais" (BANDEIRA DE MELLO, Oswaldo Aranha. *Princípios gerais de direito administrativo*, v. II, p. 145-146). Sobre o assunto, ler também: ROCHA, Silvio Luís Ferreira. *Manual de direito administrativo*, p. 117 e MADUREIRA, Claudio. Administração Pública: agentes estatais, órgãos e entidades, p. 54.

[34] São empresas estatais as "pessoas jurídicas de direito privado que se encontram sob o controle direto ou indireto de um ente político" (JUSTEN FILHO, Marçal. *Curso de direito administrativo*, 8. ed., p. 250). Elas são criadas pela própria Administração, mediante autorização legislativa (CRFB, art. 37, XX), no que se distinguem das autarquias, que são criadas por lei (CRFB, art. 37, XIX). Integram essa categoria as empresas públicas, as sociedades de economia mista e as sociedades controladas (cf. MADUREIRA, Claudio. Administração Pública: agentes estatais, órgãos e entidades, p. 58-59).

[35] MADUREIRA, Claudio. Administração Pública: agentes estatais, órgãos e entidades, p. 58.

por sua vez, são empresas estatais instituídas "sob a forma de sociedade anônima, cujas ações com direito a voto pertençam em sua maioria" ao Poder Público (DL nº 200/1967, art. 5º, III).[36] Além delas, também são empresas estatais as *sociedades controladas* pelas empresas públicas e sociedades de economia mista (também chamadas *subsidiárias*), que se apresentam, em concreto, como pessoas jurídicas de direito privado constituídas, mediante autorização legislativa, como sociedades anônimas controladas por uma outra empresa estatal, e por isso se diferenciam das empresas privadas de que participa o Estado, mas sem controle acionário.[37]

Disso resulta que a lei apenas se aplica, no âmbito da Administração indireta, a entidades com personalidade jurídica de direito público (*autarquias, fundações de direito público* e *consórcios públicos*) e a entidades de direito privado não enquadradas no conceito de *empresas estatais* (*fundações públicas* e *consórcios públicos privados*).

Autarquia é "o serviço autônomo, criado por lei, com personalidade jurídica, patrimônio e receita próprios, para executar atividades típicas da Administração Pública", e "que requeiram, para seu melhor funcionamento, gestão administrativa e financeira descentralizada" (DL nº 200/1967, art. 5º, I).[38] Entre elas, destacam-se as chamadas *autarquias especiais*, cujas decisões "não são passíveis de apreciação por outros órgãos ou entidades da Administração Pública",[39] de que são exemplos as *agências*, as *universidades públicas* e as *autarquias reguladoras de categorias profissionais*.[40]

No entanto, é pertinente distingui-las (as autarquias) das *fundações de direito público*.[41] A propósito, Celso Antônio Bandeira de Mello sustenta que, "em rigor, *as chamadas fundações públicas são pura e simplesmente autarquias*, às quais foi dada a designação correspondente à base estrutural que têm".[42] É que as pessoas jurídicas em geral são classificadas tendo em vista os substratos básicos sobre o qual assentam, em dois tipos: *apresentando-se (i) ora como pessoas de base corporativa* (corporações, associações, sociedades), que tomam como substrato uma associação de pessoas, *(ii) ora como pessoas de base funcional* (fundações), cujo substrato é, "como habitualmente se diz, um patrimônio personalizado, ou, como mais corretamente dever-se-ia dizer, 'a do regime jurídico aplicado às autarquias".[43]

Também é relevante referir, nesse contexto, à diferenciação, proposta pela doutrina de Marçal Justen Filho, entre *fundações de direito público* (instituídas como pessoas jurídicas de direito público) e *fundações públicas* (instituídas como pessoas jurídicas de direito privado).[44] Conforme Justen Filho, são *fundações públicas* as pessoas jurídicas de

---

[36] MADUREIRA, Claudio. Administração Pública: agentes estatais, órgãos e entidades, p. 58-59.
[37] JUSTEN FILHO, Marçal. *Curso de direito administrativo*, 8. ed., p. 268-269. Sobre o assunto, ler também: MADUREIRA, Claudio. Administração Pública: agentes estatais, órgãos e entidades, p. 59.
[38] Cf. JUSTEN FILHO, Marçal. *Curso de direito administrativo*, 8. ed., p. 237.
[39] DI PIETRO, Maria Sylvia Zanella. *Parcerias na Administração Pública*, p. 179.
[40] Sobre o assunto, ler também: MADUREIRA, Claudio. Administração Pública: agentes estatais, órgãos e entidades, p. 55-57.
[41] Cf. MADUREIRA, Claudio. Administração Pública: agentes estatais, órgãos e entidades, p. 57.
[42] BANDEIRA DE MELLO, Celso Antônio. *Curso de direito administrativo*, 30. ed., p. 190.
[43] BANDEIRA DE MELLO, Celso Antônio. *Curso de direito administrativo*, 30. ed., p. 191.
[44] Conforme Marçal Justen Filho: "[...] questão problemática, inclusive em virtude de terminologia, envolve as fundações mantidas com recursos públicos. Há a possibilidade jurídica de tais fundações serem dotadas de personalidade jurídica de direito público ou de se submeterem ao regime de direito privado – hipótese em que a lei lhes atribui a denominação 'fundação pública'. Portanto, é necessário distinguir as fundações de direito

direito privado instituídas mediante autorização legislativa, e que assumem a forma de fundações e se destinam ao desempenho de "atividades de interesse coletivo, destituídas de cunho econômico", desde que mantidas "total ou parcialmente com recursos públicos".[45] Muito embora sejam criadas como pessoas jurídicas de direito privado, as *fundações públicas* estão inseridas no âmbito de incidência da Lei nº 14.133/2021, porque o legislador (art. 1º, §1º) apenas excluiu da sua incidência as empresas públicas, as sociedades de economia mista e as suas subsidiárias (regidas pela Lei nº 13.303/2016), e porque, como cediço, onde o legislador não restringiu não cabe ao intérprete fazê-lo (*ubi lex non distinguit, nec nos distinguere debemus*).

Por sua vez, os *consórcios públicos* são definidos pelo art. 2º do Decreto Federal nº 6.017/2007 como pessoas jurídicas formadas exclusivamente por unidades federadas "para estabelecer relações de cooperação federativa, inclusive a realização de objetivos de interesse comum", que podem ser constituídos "como associação pública com personalidade jurídica de direito público e natureza autárquica, ou como pessoa jurídica de direito privado sem fins econômicos".[46] Justen Filho os conceitua como:

> associação pública entre entes políticos diversos, constituída a partir de autorizações legislativas, investida na titularidade de atribuições e poderes públicos para relações de cooperação federativa, tendo por objeto o desenvolvimento de atividades permanentes e contínuas.[47]

Contudo, diferencia os *consórcios públicos* (instituídos como pessoas jurídicas de direito público) do que convencionou chamar *consórcios públicos privados*,[48] constituídos por "pessoas jurídicas sem fins econômicos, formadas tão somente por unidades federadas, com a finalidade de estabelecer relações de cooperação federativa".[49] As finalidades dos consórcios públicos e público-privados são semelhantes. Mas os últimos (diferentemente dos primeiros, que são instituídos como pessoas jurídicas de direito público) assumem a forma de pessoas jurídicas de direito privado.[50] A despeito disso, isto é, mesmo sendo instituídos como pessoas jurídicas de direito privado, também os *consórcios públicos-privados* estão sujeitos, como regra, ao regime normativo da Lei nº 14.133/2021 (regra geral), seja apenas porque o legislador excluiu da sua incidência as empresas públicas, as sociedades de economia mista e as suas subsidiárias (regidas pela Lei nº 13.303/2016), seja porque, como comezinho, onde o legislador não restringiu não cabe ao intérprete fazê-lo (*ubi lex non distinguit, nec nos distinguere debemus*).

Há, todavia, exceção legal a essa regra, colhida do disposto no §5º do art. 1º da Lei das Estatais (Lei nº 13.303/2016). É que esse dispositivo submete àquele diploma

---

público e as fundações públicas (que, insista-se, são dotadas de personalidade jurídica de direito privado" (JUSTEN FILHO, Marçal. *Curso de direito administrativo*, 8. ed., p. 225; 244).

[45] JUSTEN FILHO, Marçal. *Curso de direito administrativo*, 8. ed., p. 271. Sobre o assunto, ler também: MADUREIRA, Claudio. Administração Pública: agentes estatais, órgãos e entidades, p. 59.
[46] Cf. MADUREIRA, Claudio. Administração Pública: agentes estatais, órgãos e entidades, p. 57.
[47] JUSTEN FILHO, Marçal. *Curso de direito administrativo*, 8. ed., p. 246.
[48] JUSTEN FILHO, Marçal. *Curso de direito administrativo*, 8. ed., p. 446.
[49] JUSTEN FILHO, Marçal. *Curso de direito administrativo*, 8. ed., p. 271.
[50] JUSTEN FILHO, Marçal. *Curso de direito administrativo*, 8. ed., p. 446. Sobre o assunto, ler também: MADUREIRA, Claudio. Administração Pública: agentes estatais, órgãos e entidades JUSTEN FILHO, Marçal. *Curso de direito administrativo*, 8. ed., p. 58.

legal (portanto com a exclusão da incidência do regime geral aplicado às licitações e contratações públicas) a empresa pública e a sociedade de economia mista que participem de consórcio na condição de operadora. Assim, consórcios público-privados compostos e liderados por empresas públicas e sociedades de economia mista ficam submetidos ao regime da Lei das Estatais, com o afastamento da incidência da Lei nº 14.133/2021.

A Lei nº 14.133/2021 (art. 1º, II) também submete ao seu regime normativo, juntamente com os órgãos e entidades anteriormente mencionados e observadas as exclusões feitas pelo §1º do art. 1º, os chamados *fundos especiais* e as *demais entidades controladas direta ou indiretamente pela Administração*.

Os *fundos especiais* são disciplinados pela Lei nº 4.320/1964, que estatui normas gerais de direito financeiro para elaboração e controle dos orçamentos e balanços da União, dos estados, dos municípios e do Distrito Federal. Eles são compostos pelo "produto de receitas especificadas que por lei se vinculam à realização de determinados objetivos ou serviços, facultada a adoção de normas peculiares de aplicação" (Lei nº 4.320/1964, art. 71), cuja aplicação é feita "através de dotação consignada na Lei de Orçamento ou em créditos adicionais" (Lei nº 4.320/1964, art. 72), e por isso são destacados, na contabilidade pública, como unidades orçamentárias autônomas.

As *demais entidades controladas* a que referem o legislador não abarcam, por óbvio, as chamadas empresas controladas[51] (ou subsidiárias), e de igual modo não incluem as chamadas *empresas estatais de fato* (qualificadas por Justen Filho como "empresas privadas sob controle estatal, cuja criação não atendeu o princípio da legalidade", e que, mesmo tendo sido instituídas com vício de forma, integram a Administração Pública, sujeitando-se, portanto, "ao regime próprio das estatais regulares"),[52] porque essas entidades foram taxativamente excluídas do âmbito de incidência da Lei nº 14.133/2021 pelo §1º do seu art. 1º. Elas também não contemplam as chamadas *sociedades com participação estatal minoritária* (qualificadas por Justen Filho como pessoas jurídicas "de direito privado sob controle de particulares" e sujeitas "a regime de direito privado, de cujo capital participa minoritariamente um ente estatal"),[53] porque não se cogita, quanto a elas, de controle estatal sobre o seu capital.

O dispositivo se aplica, então, como sobressai da literalidade do seu texto, a *outras entidades*, portanto, a órgãos descentralizados que integram a Administração indireta, que podem deter personalidade jurídica de direito público ou privado, *desde que* (i) *não integrem o conceito de empresas estatais e* (ii) *sejam controladas* (direta ou indiretamente) *pela Administração*.

Destarte, ele também poderia ser empregado para fundamentar a incidência da Lei nº 14.133/2021 às *fundações públicas*, aos *consórcios públicos* e aos *consórcios público-privados*. Particularmente, entendemos que essas entidades já se encontram abarcadas pela conjugação do disposto no *caput* do art. 1º (que remete às "administrações públicas diretas, autárquicas e fundacionais da União, dos Estados, do Distrito Federal e dos Municípios") ao que prescreve o seu §1º (que apenas subtrai da incidência da lei "as empresas públicas, as sociedades de economia mista e as suas subsidiárias"). Porém,

---

[51] Cf. MADUREIRA, Claudio. Administração Pública: agentes estatais, órgãos e entidades, p. 59.
[52] JUSTEN FILHO, Marçal. *Curso de direito administrativo*, 8. ed., p. 278. Sobre o assunto, ler também: MADUREIRA, Claudio. Administração Pública: agentes estatais, órgãos e entidades, p. 59-60.
[53] JUSTEN FILHO, Marçal. *Curso de direito administrativo*, 8. ed., p. 275.

pode-se afirmar, sob certa ótica, que essas figuras (*fundações públicas, consórcios públicos* e *consórcios público-privados*), muito embora integrem a Administração Pública indireta, não se qualificariam, propriamente, como "Administração Pública Autárquica e Fundacional" (expressão utilizada pelo legislador), que seria composta, nessa perspectiva, tão somente por *autarquias* e fundações públicas (que Justen Filho convencionou chamar *fundações de direito público*, para distingui-las das fundações instituídas com recursos públicos, mas sob a forma de pessoas jurídicas de direito privado). Porém, mesmo se prevalecer esse entendimento, elas persistem inseridas no regime normativo da Lei nº 14.133/2021, porque se qualificariam, nesse cenário, como *outras entidades controladas direta ou indiretamente pela Administração* (art. 1º, II).

1.2 Licitações e contratações realizadas no exterior

Art. 1º [...]
§2º As contratações realizadas no âmbito das repartições públicas sediadas no exterior obedecerão às peculiaridades locais e aos princípios básicos estabelecidos nesta Lei, na forma de regulamentação específica a ser editada por Ministro de Estado.

A Lei nº 14.133/2021 também se aplica às licitações/contratações realizadas no âmbito das repartições públicas sediadas no exterior. Quanto ao particular, o legislador estabeleceu que essas contratações obedecerão aos princípios básicos e às demais disposições normativas que sobressaem do texto legal, mas que também precisam atender às peculiaridades locais dos países nos quais se realizam. Como forma de possibilitar a compatibilização entre o que diz a lei nacional e as especificidades do país onde se situam as repartições respectivas, o legislador remeteu o tema à expedição de regulamentação específica pelos ministérios, que, por taxativa disposição legal, colhida do art. 187, podem ser estendidas aos estados, ao Distrito Federal e os municípios.[54]

1.3 Licitações e contratações realizadas com recursos provenientes do exterior

Art. 1º [...]
§3º Nas licitações e contratações que envolvam recursos provenientes de empréstimo ou doação oriundos de agência oficial de cooperação estrangeira ou de organismo financeiro de que o Brasil seja parte, podem ser admitidas:
I - condições decorrentes de acordos internacionais aprovados pelo Congresso Nacional e ratificados pelo Presidente da República;

---

[54] *Vide* tópico 38.7.

II - condições peculiares à seleção e à contratação constantes de normas e procedimentos das agências ou dos organismos, desde que:

a) sejam exigidas para a obtenção do empréstimo ou doação;

b) não conflitem com os princípios constitucionais em vigor;

c) sejam indicadas no respectivo contrato de empréstimo ou doação e tenham sido objeto de parecer favorável do órgão jurídico do contratante do financiamento previamente à celebração do referido contrato;

d) VETADO

§4º A documentação encaminhada ao Senado Federal para autorização do empréstimo de que trata o §3º deste artigo deverá fazer referência às condições contratuais que incidam na hipótese do referido parágrafo.

O legislador tratou, ainda, das licitações e contratações, realizadas no país ou no exterior, com recursos captados mediante empréstimo ou doação oriundos de agência oficial de cooperação estrangeira ou de organismo financeiro de que o Brasil seja parte (art. 1º, §3º). Incidem, na espécie, conjuntamente com as disposições normativas positivadas na lei nacional, condições específicas que decorram de acordos internacionais aprovados pelo Congresso Nacional e ratificados pelo presidente da República (art. 1º, §3º, I) e/ou que sejam impostas por normas e procedimentos das agências ou dos organismos (art. 1º, §3º, II).

As condições resultantes de acordos internacionais internalizados no direito brasileiro podem ser exigidas sem maiores objeções de ordem jurídica, porque passam a integrar o ordenamento pátrio (CRFB, art. 49, I c/c art. 84, VIII). O mesmo não ocorre, todavia, com as condições impostas pelos órgãos financiadores. Por esse motivo, o legislador condicionou a sua incidência à observância de alguns requisitos.

O *primeiro requisito* é que a condição aventada seja exigida pelo órgão financiador como pressuposto necessário à obtenção do empréstimo ou doação (art. 1º, §3º, II, "a"). Portanto, ela precisa ser obrigatória, impeditiva mesmo da captação do recurso, o que impede, *contrario sensu*, a integração ao contrato de condição que resulte de simples recomendação do órgão/agência internacional.

O *segundo requisito* é que a condição imposta não pode ir de encontro aos *princípios constitucionais em vigor* (art. 1º, §3º, II, "b"). Note-se que o legislador não refere, no texto do dispositivo, a impedimento fundado em contrariedade a regras constitucionais, mas apenas a princípios. Esse registro é importante porque resta consolidado na doutrina jurídica o entendimento segundo o qual *regras* e *princípios* são normas jurídicas, embora assumam conformações e modos de aplicação distintos.[55] Posto isso, *questão relevante*

---

[55] A distinção teórica entre regras e princípios jurídicos foi inaugurada a partir da célebre dissensão entre Hart (HART, Herbet L. A. *O conceito de direito*) e Dworkin (DWORKIN, Ronald. *Levando os direitos a sério*). Quanto ao particular, recobramos a lição de Humberto Ávila quando afirma, referindo-se ao magistério de Dworkin, que "as regras são aplicadas ao modo tudo ou nada (*all-or-nothing*)", de maneira que, havendo colisão entre elas, uma delas deve ser considerada inválida; ao passo que os princípios "não determinam absolutamente a decisão, mas somente contêm fundamentos, os quais devem ser conjugados com outros fundamentos provenientes de outros princípios" (ÁVILA, Humberto. *Teoria dos princípios*, p. 28). Ávila expressa, nesse contexto, que os princípios

que se coloca é saber se é viável a admissão, entre nós, com fundamento no inc. II do §3º do art. 1º da Lei nº 14.133/2021, *de condições que contrariem preceitos constitucionais que não assumam a forma de princípios, mas de regras jurídicas*. Sem a pretensão de exaurir o tema, que certamente suscitará algum debate no plano da ciência, *consideramos que a resposta a esse questionamento deve ser negativa*.

Em primeiro lugar porque a Constituição brasileira consagra o princípio administrativo da legalidade (art. 37, *caput*), que vincula a Administração Pública e seus agentes ao cumprimento das regras e princípios positivados no ordenamento jurídico.[56] Por esse motivo, e porque a Carta de 1988 integra o direito brasileiro, também é impositivo o cumprimento, ao lado dos princípios constitucionais, também das regras jurídicas gravadas no texto da Constituição. Do contrário, ter-se-ia, em concreto, contrariedade ao princípio da legalidade.

Em segundo lugar porque o direito brasileiro adota, desde a nossa primeira Constituição republicana, o controle difuso de constitucionalidade das leis, que autoriza os juízes (em particular) e os intérpretes (num plano mais geral), em especial os agentes estatais (na medida em que vinculados, pela incidência do princípio administrativo da legalidade, ao efetivo e integral cumprimento do direito), a deixar de aplicar leis incompatíveis com o texto constitucional.[57] Em razão dessa particularidade do ordenamento jurídico-positivo brasileiro, não há espaço para a separação entre as leis e a Constituição como objetos a que se reportam a Administração e seus agentes no campo da aplicação do direito, o que faz com que não lhes seja possível aplicar o inc. II do §3º do art. 1º da Lei nº 14.133/2021 em dissonância com o que estabelece a Carta Política.

---

jurídicos introduzem os valores no campo da aplicação do direito, dispondo, a propósito, que "os *valores* constituem o aspecto axiológico das normas, na medida em que indicam que algo é bom e, por isso, digno de ser buscado ou preservado", ao passo que "os *princípios* constituem o aspecto deontológico dos valores, pois, além de demonstrarem que algo vale a pena ser buscado, determinam que esse estado de coisas deve ser promovido" (ÁVILA, Humberto. *Teoria dos princípios*, p. 95). Sobre o assunto, ler, também: MADUREIRA, Claudio. *Direito, processo e justiça*, p. 122-128, *passim* e MADUREIRA, Claudio. *Advocacia Pública*, p. 305.

[56] Por força desse princípio é que, na preciosa observação de Meirelles, "enquanto na administração particular é lícito fazer tudo o que a lei não proíbe, na Administração Pública só é permitido fazer o que a lei autoriza" (MEIRELLES, Hely Lopes. *Direito administrativo brasileiro*, 16. ed., p. 78). Ou, como expressa Bandeira de Mello, "ao contrário dos particulares, os quais podem fazer tudo que não lhes seja proibido, a Administração pode fazer apenas o que lhe seja de antemão permitido por lei" (BANDEIRA DE MELLO, Celso Antônio. Legalidade, discricionariedade: seus limites e controle, p. 57). Ou, ainda, como sintetiza Di Pietro, "a Administração Pública só pode fazer o que a lei permite" (DI PIETRO, Maria Sylvia Zanella. *Direito administrativo*, 13. ed., p. 68).

[57] Recobramos, a propósito, que o modelo brasileiro de controle judicial da constitucionalidade das leis, em sua conformação atual, assume duas distintas modalidades de intervenção jurisdicional. Temos, por um lado, o controle concentrado, reflexo da experiência constitucional austríaca, exercido de forma abstrata, isto é, com o intuito de retirar do ordenamento jurídico aquelas normas que se mostrarem incompatíveis com a Lei Maior ou, quando menos, de modular a sua interpretação, conformando-as ao texto constitucional; e, por outro, o controle difuso, dito incidental, recepcionado da tradição jurídica norte-americana e efetivado no curso de processos judiciais mantidos entre particulares, ou entre eles e a Administração Pública, com a finalidade específica de promover a escorreita aplicação do direito no caso concreto. Disso resulta que em nosso modelo jurídico-constitucional o controle da constitucionalidade das leis pode ser exercido, ainda que *incidenter tantum*, por todo e qualquer magistrado difuso ao longo do território nacional, por provocação da parte ou *ex-officio*. Nesse contexto, a inconstitucionalidade será reconhecida (ou rejeitada) de forma incidental, figurando, assim, na fundamentação das decisões proferidas em ações judiciais que comportam pedidos específicos. Além do modo de exercício, distinguem essa modalidade de controle os seus efeitos, já que, diversamente do que ocorre no controle concentrado, em que a eficácia da decisão proferida pelo Poder Judiciário impõe-se *erga ommes*, no controle difuso os efeitos da decisão operam-se, via de regra, exclusivamente *inter partes*. Sobre o assunto, ler também: MADUREIRA, Claudio. *Direito, processo e justiça*, p. 147-155, *passim*.

Em terceiro lugar porque, posto isso, a regra jurídica encartada no dispositivo é claramente desnecessária para induzir a prevalência dos princípios constitucionais sobre as condições porventura impostas por órgãos/agencias internacional para a captação de recursos financeiros destinados à realização de licitações e contratações públicas. Afinal, ao menos sob a ótica da Administração Pública brasileira, esses princípios prevalecem sobre normas e procedimentos das agências ou dos organismos pela simples razão de encontrarem previsão no texto constitucional.

Em quarto lugar porque, assim, também as regras constitucionais constituem impedimento jurídico à inserção, no regime de licitações e contratos públicos, de condições impostas por órgãos/agências internacionais como requisito necessário à captação de recursos financeiros e que com elas não sejam compatíveis. Com efeito, também elas prevalecem sobre as normas e procedimentos das agências ou dos organismos, porque de igual modo estão previstas no texto constitucional.

Disso resulta a necessidade da atribuição ao dispositivo de *interpretação conforme a Constituição*,[58] de modo a fixar que *a interpretação segundo a qual o inc. II do §3º do art. 1º da Lei nº 14.133/2021 (na medida em que somente ressalva a necessidade de observância de princípios constitucionais) possibilitaria a inclusão (no regime de licitações e contratações públicas) de condições que se contraponham a regras jurídicas encartadas na Carta Política padece de vício de inconstitucionalidade, porque contraria essas mesmas regras constitucionais.*

O *terceiro* e último *requisito* é que as condições impostas sejam indicadas no respectivo contrato de empréstimo ou doação e que elas tenham sido objeto de parecer favorável do órgão jurídico do contratante do financiamento previamente à celebração do referido contrato (art. 1º, §3º, "c"). Esse preceito, na medida em que condiciona a inclusão da condição a parecer favorável do órgão jurídico do órgão ou entidade que contrata o financiamento (portanto, a Advocacia Pública), também impede, na prática, a admissão de condições que se contraponham a regras constitucionais. É que os advogados públicos se encontram vinculados, como os demais agentes estatais, às regras e princípios que compõem o direito brasileiro, entre eles as regras constitucionais que poderiam vir a ser contrariadas pela condição aventada,[59] o que os impede de proferir pareceres que contemplem a admissão de condições que as contradigam.[60]

---

[58] Método interpretativo de ampla utilização no âmbito da jurisprudência do Supremo Tribunal Federal, quer em controle difuso, quer em controle concentrado de constitucionalidade, que visa à preservação do princípio da constitucionalidade das leis. Com efeito, se é certo que uma norma legal não tem validade quando estiver em choque com o que prescreve a Constituição, também é verdade que os intérpretes (também chamados operadores do Direito) devem evitar, a todo custo, afirmar a invalidade constitucional das prescrições normativas abstratas que dela sobressaem, em favor das quais milita presunção de constitucionalidade. Diante desse paradoxo, surgiu, na Alemanha, a *teoria da interpretação conforme a Constituição*, que prescreve que, diante de normas com várias significações possíveis, caberá ao intérprete encontrar um significado que apresente conformidade com o ordenamento constitucional, evitando, assim, a declaração da sua inconstitucionalidade (a propósito, Cf., por todos: MENDES, Gilmar Ferreira. *Jurisdição constitucional*, p. 346-349).

[59] Cf. MADUREIRA, Claudio. *Advocacia Pública*, p. 36-40, *passim*.

[60] O projeto de lei aprovado pelo Congresso Nacional trazia, ainda, um quarto requisito para a incidência, na espécie, de condições impostas pelos órgãos financiadores, quando dispôs que as operações em questão de igual modo pressuporiam despacho motivado pela autoridade superior da administração do financiamento (art. 1º, §3º, "d"). Todavia, esse dispositivo, que poderia atribuir maior eficiência e segurança jurídica à captação dos recursos financeiros, porque teria o condão de prevenir a realização de atos administrativos desnecessários (como seriam, por exemplo, aqueles praticados, na pendência dessa autorização superior, nos casos em que ela não é conferida ao final da tramitação do processo no órgão internacional), acabou sendo vetado pela Presidência da República, à consideração de que, muito embora seja louvável a intenção do legislador, "a medida contraria

Esses requisitos serão verificados, num primeiro momento, no âmbito interno da Administração Pública, portanto, em controle interno. Porém, o legislador também teve o cuidado de atribuir o seu exame ao Poder Legislativo, de modo a possibilitar o controle externo a seu encargo, quanto dispôs, no §4º do art. 1º da Lei nº 14.133/2021, sobre o encaminhamento ao Senado Federal da documentação necessária à autorização do empréstimo cogitado com referência expressa às condições contratuais impostas pelo órgão financiador.

1.4 As contratações relativas às reservas internacionais do país

> Art. 1º [...]
> §5º As contratações relativas à gestão, direta e indireta, das reservas internacionais do País, inclusive as de serviços conexos ou acessórios a essa atividade, serão disciplinadas em ato normativo próprio do Banco Central do Brasil, assegurada a observância dos princípios estabelecidos no *caput* do art. 37 da Constituição Federal.

Por sua vez, as contratações relativas à gestão das reservas internacionais do país (inclusive as de serviços que lhe são conexos ou acessórios) são regidas pela Lei nº 14.133/2021, pelas peculiaridades locais do país em que se verificar a contratação (contratações internacionais), pelas condições impostas por tratados internacionais internalizados no Brasil, por órgãos ou agências internacionais (contratações com recursos provenientes do exterior, quanto aos quais se aplicam as ressalvas anteriormente formuladas) e por ato normativo próprio do Banco Central do Brasil (art. 1º, §5º). Essa norma administrativa deverá ser editada mediante observância aos princípios estabelecidos no *caput* do art. 37 da Carta da República. Por esse motivo, e porque o princípio administrativo da legalidade encontra-se inserido no contexto do mesmo dispositivo constitucional, o ato normativo a ser expedido pelo Banco Central também deverá ser compatível com os demais princípios constitucionais, com as regras jurídicas positivadas na Constituição e com as regras e princípios que sobressaem das leis brasileiras.

1.5 Os campos de incidência e exclusão da Lei nº 14.133/2021

> Art. 2º Esta Lei aplica-se a:
> I - alienação e concessão de direito real de uso de bens;
> II - compra, inclusive por encomenda;

---

o interesse público, uma vez que a exigência do despacho motivado deve ser da autoridade superior do órgão executor do programa ou projeto e não do órgão que representa o mutuário tão somente para fins do contrato financeiro externo".

III - locação;

V - concessão e permissão de uso de bens públicos;

VI - prestação de serviços, inclusive os técnico-profissionais especializados;

VII - obras e serviços de arquitetura e engenharia;

VIII - contratações de tecnologia da informação e de comunicação

Art. 3º Não se subordinam ao regime desta Lei:

I - contratos que tenham por objeto operação de crédito, interno ou externo, e gestão de dívida pública, incluídas as contratações de agente financeiro e a concessão de garantia relacionadas a esses contratos;

II - contratações sujeitas a normas previstas em legislação própria.

⋯⋯⋯⋯⋯⋯⋯⋯⋯⋯⋯⋯⋯⋯⋯⋯⋯⋯⋯⋯⋯⋯⋯⋯⋯⋯⋯⋯⋯⋯⋯⋯⋯⋯⋯

Conforme expusemos anteriormente,[61] o legislador teve o cuidado de identificar, textualmente, os órgãos estatais que estão submetidos ao regime normativo da Lei nº 14.133/2021. Inserem-se nesse contexto a *Administração direta e seus órgãos desconcentrados*, bem como a maior parte dos órgãos descentralizados que compõem a *Administração indireta*, também chamadas entidades (art. 1º, I). É que o legislador apenas excluiu da sua incidência as *empresas estatais*, gênero do qual são espécies as *empresas públicas*, as *sociedades de economia mista* e as *sociedades controladas* (art. 1º, §1º), em previsão extensível, *mutatis mutandi*, às chamadas *empresas estatais de fato*. Disso resulta que estão abrangidas pelo seu regime normativo não apenas pessoas jurídicas de direito público (*autarquias, fundações de direito público e consórcios públicos*), mas, inclusive, pessoas jurídicas de direito privado, mas que não se enquadram no conceito de empresas estatais (*fundações públicas e consórcios público-privados*). A Lei nº 14.133/2021 (art. 1º, II) também previu a sua aplicação aos chamados fundos especiais, compostos pelo produto de receitas especificadas que por lei se vinculam à realização de determinados objetivos ou serviços, facultada a adoção de normas peculiares de aplicação (Lei nº 4.320/1964, art. 71) e demais entidades controladas direta ou indiretamente pela Administração. Esses dispositivos descrevem os *campos de incidência e de exclusão da Lei nº 14.133/2021 em sua perspectiva subjetiva*.

Também o fazem os seus arts. 2º e 3º, embora na *perspectiva objetiva*, quando elencam, respectivamente, as prestações que lhe são submetidas e aquelas que não estão sujeitas ao seu regime normativo. Situam-se entre as prestações selecionáveis por licitações públicas e submetidas ao regime de contratações administrativas estruturados pelo legislador a *alienação* e a *concessão de direito real de uso de bens*, a *compra* (inclusive por encomenda), a *locação*, a *concessão* e a *permissão de uso de bens públicos*, a *prestação de serviços* (inclusive dos serviços técnico-profissionais especializados), as *obras e serviços de arquitetura e engenharia* e as *contratações de tecnologia da informação e de comunicação*. Por outro lado, não se subordinam a esse regime os *contratos que tenham por objeto operação de crédito* (interno ou externo), a *gestão de dívida pública* (incluídas as contratações de agente financeiro e a concessão de garantia relacionadas a esses contratos) e *as contratações sujeitas a normas previstas em legislação própria*.

---

[61] A propósito, cf. as nossas observações no tópico 1.1.

Os campos de incidência e exclusão da Lei nº 14.133/2021 podem ser sintetizados, quando considerados os seus aspectos subjetivo e objetivo, nos seguintes termos:

Campo/aspecto	Aspecto subjetivo	Aspecto objetivo
Campo de incidência	a) Administração direta: a.1) entes federados: a.1.1) União a.1.2) estados a.1.3) Distrito Federal a.1.4) municípios a.2) órgãos desconcentrados: a.2.1) ministérios a.2.2) secretarias b) Administração indireta: b.1) pessoas jurídicas de direito público b.1.1) autarquias b.1.2) fundações de direito público b.1.3) consórcios públicos b.2) pessoas jurídicas de direito privado b.2.1) fundações públicas b.2.2) consórcios público-privados b.3) outras entidades controladas direta ou indiretamente pela Administração c) fundos especiais	a) alienação e concessão de direito real de uso de bens públicos b) compra (inclusive por encomenda) c) locação d) concessão e permissão de uso de bens públicos e) prestação de serviços (inclusive dos serviços técnico-profissionais especializados) f) as obras e serviços de arquitetura e engenharia g) contratações de tecnologia da informação e de comunicação
Campo de exclusão	a) Empresas estatais (todas elas): a.1) empresas públicas a.2) sociedade de economia mista a.3) sociedades controladas	a) contratos que tenham por objeto operação de crédito (interno ou externo) b) gestão de dívida pública (incluídas as contratações de agente financeiro e a concessão de garantia relacionadas a esses contratos) c) contratações sujeitas a normas previstas em legislação própria

1.6 O relacionamento entre a Lei nº 14.133/2021 e o regime jurídico das microempresas e das empresas de pequeno porte

> Art. 4º Aplicam-se às licitações e contratos disciplinados por esta Lei as disposições constantes dos arts. 42 a 49 da Lei Complementar nº 123, de 14 de dezembro de 2006.
>
> §1º As disposições a que se refere o *caput* deste artigo não são aplicadas:
>
> I - no caso de licitação para aquisição de bens ou contratação de serviços em geral, ao item cujo valor estimado for superior à receita bruta máxima admitida para fins de enquadramento como empresa de pequeno porte;
>
> II - no caso de contratação de obras e serviços de engenharia, às licitações cujo valor estimado for superior à receita bruta máxima admitida para fins de enquadramento como empresa de pequeno porte.

§2º A obtenção de benefícios a que se refere o *caput* deste artigo fica limitada às microempresas e às empresas de pequeno porte que, no ano-calendário de realização da licitação, ainda não tenham celebrado contratos com a Administração Pública cujos valores somados extrapolem a receita bruta máxima admitida para fins de enquadramento como empresa de pequeno porte, devendo o órgão ou entidade exigir do licitante declaração de observância desse limite na licitação.

§3º Nas contratações com prazo de vigência superior a 1 (um) ano, será considerado o valor anual do contrato na aplicação dos limites previstos nos §§1º e 2º deste artigo.

· ·

A Lei nº 14.133/2021 (art. 4º) prevê a aplicação do disposto nos arts. 42 a 49 do Estatuto Nacional da Microempresa e da Empresa de Pequeno Porte (LC nº 123/2006) às licitações e contratos por ela disciplinados. Esses dispositivos estabelecem condições especiais para a aquisição pública de obras, bens e serviços junto a microempresas e empresas de pequeno porte, atinentes, entre outros elementos:

a) à comprovação de regularidade fiscal e trabalhista (LC nº 123/2006, arts. 42 e 43);

b) ao estabelecimento de critério de desempate que lhes favorece (LC nº 123/2006, arts. 44 a 46);

c) ao estabelecimento de tratamento diferenciado e simplificado a elas (LC nº 123/2006, art. 47);

d) à reserva da sua participação exclusiva em processos licitatórios de valores menos expressivos (LC nº 123/2006, art. 48, I);

e) à exigência da sua subcontratação por licitantes em outros processos licitatórios (LC nº 123/2006, art. 48, II); e

f) ao estabelecimento de quota para a sua participação exclusiva em certames para aquisição de bens de natureza divisível (LC nº 123/2006, art. 48, III).

Porém, esse tratamento normativo mais benéfico instituído em favor das microempresas e das empresas de pequeno porte não foi estendido pela *novatio legis* a todas as operações.

Ele não se aplica, nos precisos termos da lei:

a) às licitações para aquisição de bens ou contratação de serviços em geral (art. 4º, §1º, I);

b) ao item cujo valor estimado for superior à receita bruta máxima admitida para fins de enquadramento como empresa de pequeno porte (art. 4º, §1º, I, parte final);

c) às contratações de obras e serviços de engenharia (art. 4º, §1º, II); e

d) às licitações cujo valor estimado for superior à receita bruta máxima admitida para fins de enquadramento como empresa de pequeno porte (art. 4º, §1º, II, parte final).

Além disso, a fruição do tratamento mais benéfico instituído pelo Estatuto das Microempresas e das Empresas de Pequeno Porto acabou sendo limitada, pelo legislador, às microempresas e às empresas de pequeno porte que, no ano-calendário de realização da licitação, não tiverem celebrado com a Administração Pública contratos cujos valores somados extrapolem a receita bruta máxima admitida para fins de enquadramento como empresa de pequeno porte (art. 4º, §2º), cuja formalização demanda a consideração desses mesmos limites pela Administração (art. 4º, §3º). O aferimento do cumprimento desse requisito será feito mediante declaração, pelo licitante, de que o observou (art. 4º, §2º, parte final), sem prejuízo de ulterior checagem pelos órgãos administrativos competentes.[62] Essas disposições se aplicam, inclusive, aos contratos com vigência superior a um ano, cuja formalização também demanda a consideração desses limites (art. 4º, §3º).

---

[62] Que se impõe, a despeito de inexistir previsão nesse sentido na Lei nº 14.133/2021, como exigência do princípio administrativo da legalidade.

CAPÍTULO 2

NORMAS FUNDAMENTAIS APLICÁVEIS AOS PROCESSOS DE LICITAÇÃO, DE CONTRATAÇÃO PÚBLICA E DE CONTROLE ADMINISTRATIVO

> Art. 5º Na aplicação desta Lei, serão observados os princípios da legalidade, da impessoalidade, da moralidade, da publicidade, da eficiência, do interesse público, da probidade administrativa, da igualdade, do planejamento, da transparência, da eficácia, da segregação de funções, da motivação, da vinculação ao edital, do julgamento objetivo, da segurança jurídica, da razoabilidade, da competitividade, da proporcionalidade, da celeridade, da economicidade e do desenvolvimento nacional sustentável, assim como as disposições do Decreto-Lei nº 4.657, de 4 de setembro de 1942 (Lei de Introdução às Normas do Direito Brasileiro).

Esse dispositivo remete a aplicação da Lei nº 14.133/2021 à observância dos princípios que menciona (*legalidade, impessoalidade, moralidade, publicidade, eficiência, interesse público, probidade administrativa, igualdade, planejamento, transparência, eficácia, segregação de funções, motivação, vinculação ao edital, julgamento objetivo, segurança jurídica, razoabilidade, competitividade, proporcionalidade, celeridade, economicidade* e *desenvolvimento nacional sustentável*) e das disposições da Lei de Introdução às Normas do Direito Brasileiro (Decreto-Lei nº 4.657/1942) que com ela (Lei nº 14.133/2021) sejam compatíveis. Em vista do seu texto, Eduardo de Carvalho Rêgo sustenta que "o legislador fez questão de indicar que as disposições constantes na Lei de Introdução às Normas do Direito Brasileiro integram, para todos os fins, a principialística da novel lei de licitações".[63] Todavia, elas não necessariamente encerram *princípios jurídicos*. Com efeito, parte considerável das disposições da Lei de Introdução às Normas do Direito Brasileiro aplicável às licitações e contratações públicas (se não todas elas) se apresenta, em rigor, como *regras* jurídicas.[64] Por esse motivo, optamos por designá-las, neste capítulo, tão

---

[63] RÊGO, Eduardo de Carvalho. Princípios jurídicos previstos no Projeto da Nova Lei de Licitações, p. 18.

[64] A propósito, reportamo-nos à tradicional distinção teórica entre regras e princípios jurídicos, inaugurada a partir da célebre dissensão entre Hart (HART, Herbet L. A. *O conceito de direito*) e Dworkin (DWORKIN, Ronald. *Levando os direitos a sério*). Quanto ao particular, recobramos a lição de Humberto Ávila quando afirma,

somente como *normas* da Lei de Introdução às Normas do Direito Brasileiro aplicáveis às licitações públicas e aos contratos administrativos.

Assim, nos tópicos que se seguem, buscaremos apresentar, separadamente, os princípios mencionados pelo dispositivo comentado e as *normas* da Lei de Introdução às Normas do Direito Brasileiro em tese aplicáveis às licitações públicas e aos contratos administrativos.

2.1 Princípios aplicáveis aos processos de licitação, contratação pública e de controle administrativo

Como alguns dos princípios mencionados pelo legislador se relacionam entre si, tomamos a liberdade de, no contexto da sua apresentação ao leitor, modificar a ordem em que eles foram listados no dispositivo e, além disso, de aglutinar alguns deles em tópicos voltados à sua descrição conjunta.

2.1.1 Princípio da legalidade

É comum que se diga, inclusive fora do ambiente jurídico, que o direito é um instrumento de ordenação social, porque dele resultam as normas gerais e abstratas (encartadas em textos legais) que a própria sociedade (por meio de seus representantes eleitos) impõem ao cidadão e ao Poder Público. Essas normas suscitam, entre nós, dois distintos regimes de legalidade: a *legalidade comum*, voltada ao cidadão, autorizado pela Constituição brasileira (art. 5º, II) a fazer tudo que o direito não proíbe e a deixar de fazer o que o direito não lhe impõe; e a *legalidade estrita*, voltada ao Poder Público, que somente pode fazer o que o direito autoriza.[65] Porém, a despeito dessa distinção teórica

---

referindo-se ao magistério de Dworkin, que "as regras são aplicadas ao modo tudo ou nada (*all-or-nothing*)", de maneira que, havendo colisão entre elas, uma delas deve ser considerada inválida; ao passo que os princípios "não determinam absolutamente a decisão, mas somente contêm fundamentos, os quais devem ser conjugados com outros fundamentos provenientes de outros princípios" (ÁVILA, Humberto. *Teoria dos princípios*, p. 28). Ávila expressa, nesse contexto, que os princípios jurídicos introduzem os valores no campo da aplicação do direito, dispondo, a propósito, que "os *valores* constituem o aspecto axiológico das normas, na medida em que indicam que algo é bom e, por isso, digno de ser buscado ou preservado", ao passo que "os *princípios* constituem o aspecto deontológico dos valores, pois, além de demonstrarem que algo vale a pena ser buscado, determinam que esse estado de coisas deve ser promovido" (ÁVILA, Humberto. *Teoria dos princípios*, p. 95). Sobre o assunto, ler, também: MADUREIRA, Claudio. *Direito, processo e justiça*, p. 122-128, *passim* e MADUREIRA, Claudio. *Advocacia Pública*, p. 305.

[65] Dalmo de Abreu Dallari conceitua o Estado como "ordem jurídica soberana que tem por fim o bem comum de um povo situado em um território" (DALLARI, Dalmo de Abreu. *Elementos de teoria geral do Estado*, p. 118). Ora, se o Estado, como institucionalização política de uma sociedade, resulta de uma ordem jurídica, por óbvio não lhe assiste, sob qualquer perspectiva, desafiá-la. Destarte, a sua atuação ante a sociedade pressupõe atenção aos limites que lhe atribui essa mesma ordem jurídica. Afinal, como ensina Maria Sylvia Zanella Di Pietro, "a lei [...] estabelece também os limites da atuação administrativa que tenha por objeto a restrição ao exercício de [...] direitos em benefício da coletividade" (DI PIETRO, Maria Sylvia Zanella. *Direito administrativo*, 13. ed., p. 67). Disso decorre a noção de legalidade, que, na feliz observação de Celso Antônio Bandeira de Mello, traduz o propósito político "de submeter os exercentes do poder em concreto – o administrativo – a um quadro normativo que embargue favoritismos, perseguições e desmandos" (BANDEIRA DE MELLO, Celso Antônio. *Curso de direito administrativo*, 27. ed., p. 100). Até porque, como lecionam Eduardo García de Enterría e Tomás-Ramón Fernández, "a legalidade a que a Administração está sujeita é antes de tudo uma técnica para garantir a liberdade", de tal sorte que "a violação à legalidade que leve o cidadão a suportar o que a lei não permite é uma agressão à sua liberdade e sua oposição a isto é uma defesa dela" (GARCÍA DE ENTERRÍA, Eduardo; FERNÁNDEZ, Tomás-Ramón. *Curso de Derecho administrativo*, v. II, p. 48, *apud* BANDEIRA DE MELLO, Celso

entre *legalidade comum* e *legalidade estrita*, é fato que (ao menos no plano das ideias)[66] tanto o licitante/contratado (submetido à *legalidade comum*) quanto o poder público/contratante (submetido à *legalidade estrita*) devem obediência e acatamento aos textos normativos aprovados pelo Parlamento.

Para a Administração o princípio da legalidade impõe a irrestrita vinculação dos agentes estatais ao direito; extensível inclusive aos processos que encartam licitações e contratações públicas e àqueles instaurados, em âmbito interno ou externo, para exercício de controle sobre essa atividade administrativa; não importando, em rigor, se esses agentes estatais atuam, nesse contexto, como controlados ou controladores.

2.1.2 Princípio da impessoalidade

O princípio da impessoalidade impede que fatores subjetivos ou pessoais interfiram nos atos praticados nos processos de licitação e contratação pública.[67] Sua finalidade, então, é prevenir a configuração de "favoritismos ou escolhas em razão da pessoa a celebrar o contrato".[68]

2.1.3 Princípios da moralidade e da probidade

O princípio da moralidade impõe que o procedimento licitatório se desenvolva mediante observância, pela Administração e pelos licitantes, de "comportamento escorreito, liso, honesto, de parte a parte".[69] No que concerne especificamente à

Antônio. A noção jurídica de "interesse público", p. 186). Nessa senda, Bandeira de Mello acentua que "através da norma geral, abstrata e por isso mesmo impessoal", isto é, da "lei, editada, pois, pelo Poder Legislativo – que é o colégio representativo de todas as tendências (inclusive minoritárias) do corpo social", pretendeu-se "garantir que a atuação do Executivo nada mais seja senão a concretização dessa vontade geral" (BANDEIRA DE MELLO, Celso Antônio. *Curso de direito administrativo*, 27. ed., p. 100). Por esse motivo é que os agentes públicos têm a sua atuação vinculada aos estritos limites do que lhes determinam a lei e a Constituição. Cumpre-lhes, pois, em suas atividades cotidianas, aplicar corretamente o direito, servindo, assim, aos interesses juridicizados pelos legítimos representantes do povo. Por força desse princípio é que, na preciosa observação de Meirelles, "enquanto na administração particular é lícito fazer tudo o que a lei não proíbe, na Administração Pública só é permitido fazer o que a lei autoriza" (MEIRELLES, Hely Lopes. *Direito administrativo brasileiro*, 16. ed., p. 78). Ou, como expressa Bandeira de Mello, "ao contrário dos particulares, os quais podem fazer tudo que não lhes seja proibido, a Administração pode fazer apenas o que lhe seja de antemão permitido por lei" (BANDEIRA DE MELLO, Celso Antônio. *Curso de direito administrativo*, 27. ed., p. 76; 101). Ou, ainda, como sintetiza Di Pietro, "a Administração Pública só pode fazer o que a lei permite" (DI PIETRO, Maria Sylvia Zanella. *Direito administrativo*, 13. ed., p. 68). Sobre o assunto, ler também MADUREIRA, Claudio. *Advocacia Pública*, p. 33-34.

[66] No ponto, é importante recobrar que o discurso científico não se ocupa das patologias. Com efeito, o objeto de análise da ciência jurídica são normas que compõem o ordenamento (direito), que em geral são editadas pelo Parlamento (muito embora também aufiram essa condição as normas administrativas, como os atos regulamentares, e as chamadas normas individuais, como a sentença, o contrato etc.). Quando as analisam, os juristas (professores e autores jurídicos) procuram descrever o direito, criando um sistema (cf. DINIZ, Maria Helena. *Compêndio de introdução à ciência do direito*, p. 199-204, *passim*). Este é um trabalho científico, e por isso deve se ater, por imperativo lógico, à descrição do direito tal como positivado pelas autoridades competentes. Destarte, se os destinatários das normas de conduta aprovadas pelo Parlamento a elas se encontram vinculados (como, de fato, eles se encontram), não é adequado supor, no plano da ciência, que eles virão a descumpri-las. O máximo que se pode fazer, nesse campo, é apontar as sanções impostas pelo ordenamento àqueles que descumprirem o direito.

[67] MEDAUAR, Odete. *Direito administrativo moderno*, 21. ed., p. 178.

[68] CARVALHO, Matheus. *Manual de direito administrativo*, 4. ed., p. 444.

[69] BANDEIRA DE MELLO, Celso Antônio. *Curso de direito administrativo*, 32. ed., p. 552.

Administração, esse princípio se associa "ao princípio da probidade administrativa", que enuncia "que o certame haverá de ser por ela conduzido em estrita obediência a pautas de moralidade", o inclui, para os agentes estatais, "não só a correção defensiva dos interesses de quem a promove, mas também as exigências de lealdade e boa-fé no trato com os licitantes".[70]

2.1.4 Princípios da publicidade e da transparência

O princípio da publicidade impõe que a licitação seja amplamente divulgada, de modo a possibilitar o conhecimento de suas regras a um maior número possível de pessoas, precisamente porque "quanto maior for a quantidade de pessoas que tiverem conhecimento da licitação, mais eficiente poderá ser a forma de seleção, e, por conseguinte, mais vantajosa poderá ser a proposta vencedora".[71] Ele desempenha, portanto, duas funções: por um lado, "permite o amplo acesso dos interessados ao certame" ("universalidade da participação no processo licitatório"); e por outro possibilita "a verificação da regularidade dos atos praticados" ("pressuposto de que as pessoas tanto mais se preocuparão em seguir a lei e a moral quanto maior for a possibilidade de fiscalização de sua conduta").[72]

A primeira dessas duas funções (universalidade) associa o princípio da publicidade ao princípio da transparência. Da conjugação entre esses princípios resulta que a regra geral é a publicidade (ou transparência) dos atos praticados pela Administração (inclusive daqueles relativos às licitações e contratações públicas, e também do controle administrativo sobre eles realizados), e que essa regra somente pode ser afastada nas hipóteses textualmente previstas pelo legislador,[73] e ainda assim desde que a sua edição se compatibilize com o disposto no inc. XXXIII do art. 5º da Constituição da República, que apenas admite o seu afastamento (mesmo com base em previsão legal) quando o sigilo for imprescindível à segurança da sociedade e do Estado.

2.1.5 Princípios da eficiência, da eficácia e do planejamento

Também se associam os princípios da eficiência, da eficácia e do planejamento.

O princípio da eficiência se destina a "alcançar os melhores resultados na prestação do serviço público".[74] Por sua vez, a eficácia dos atos da Administração pressupõe a sua eficiência, visto que o princípio a ela correspondente (princípio da eficácia) "tem por escopo a garantia de um resultado satisfatório, do cumprimento de uma meta".[75] Quando se tem em vista o regime jurídico das licitações e contratações públicas, "um certame eficaz seria aquele que atingiu o objetivo final pretendido, que

---

[70] BANDEIRA DE MELLO, Celso Antônio. *Curso de direito administrativo*. 32. ed., p. 552.
[71] CARVALHO FILHO, José dos Santos. *Manual de direito administrativo*, 31. ed., p. 186.
[72] JUSTEN FILHO, Marçal. *Curso de direito administrativo*, 10. ed., p. 446-447.
[73] A propósito, cf., a título de exemplo, as disposições contidas na Lei nº 12.527/2011, comumente chamada de Lei de Acesso à Informação.
[74] DI PIETRO, Maria Sylvia Zanella. *Direito administrativo*, 13. ed., p. 83.
[75] RÊGO, Eduardo de Carvalho. Princípios jurídicos previstos no Projeto da Nova Lei de Licitações, p. 25.

é a contratação pública";[76] conceituação que pode ser estendida, *mutatis mutandi*, ao controle administrativo realizado em seu entorno; que, quando avalia a conduta dos controlados, deve ter em vista a finalidade pública almejada (efetivação à contratação pública); e que, intrinsecamente, também deve se circunscrever à sua própria finalidade (da atividade de controle), que consiste em prevenir ou (quando isso não for possível) reprimir a prática de atos incompatíveis com essa finalidade pública (ilegitimidade da realização de controle pelo controle) e com as normas jurídicas que compõem o ordenamento (vinculação também dos controladores ao direito).

Os princípios se diferenciam porque a eficiência se relaciona "com a realização do melhor resultado possível", enquanto que "a eficácia tem em vista o cumprimento das obrigações encetadas".[77] Ocorre que, nas licitações e contratações públicas, a realização desses princípios (eficiência e eficácia) está a demandar da Administração efetivo planejamento. Nesse âmbito, "o princípio do planejamento incide, sobretudo, na chamada fase interna", em que são efetuados os procedimentos preparatórios para a licitação visando uma contratação específica.[78] Nela "a Administração Pública identificará e justificará a necessidade do objeto a ser licitado e formalizará a autorização para abertura do certame".[79] Enfim, o princípio do planejamento é empregado, "para garantir que não sejam empreendidas licitações aventureiras, sem o devido planejamento",[80] viabilizando, por essa via, a incidência dos princípios da eficiência e da eficácia.

2.1.6 Princípios da igualdade e da competitividade

O princípio da igualdade encontra fundamento de validade no inc. XXI do art. 37 da Constituição da República, que demanda a realização, pela Administração Pública, de processo de licitação "que assegure igualdade de condições a todos os concorrentes". Ele implica não apenas o dever "de tratar isonomicamente todos os que afluírem ao certame, mas também o de ensejar oportunidade de disputá-lo a quaisquer interessados que, desejando dele participar, podem oferecer as indispensáveis condições de garantia".[81]

Por esse motivo, o princípio da isonomia se associa ao princípio da competitividade, voltado à seleção da proposta mais vantajosa para a Administração Pública, e que determina "que os procedimentos licitatórios devem ser estruturados e conduzidos visando à atração do maior número possível de interessados".[82] Afinal, "quanto mais propostas houver, maior a competitividade instalada e, por consequência, maior a chance de seleção de uma proposta satisfatória".[83] Por isso, aliás, a observância desse princípio pelos contratantes é matéria que merece especial atenção dos órgãos de controle.

---

[76] RÊGO, Eduardo de Carvalho. Princípios jurídicos previstos no Projeto da Nova Lei de Licitações, p. 25.
[77] RÊGO, Eduardo de Carvalho. Princípios jurídicos previstos no Projeto da Nova Lei de Licitações, p. 25.
[78] RÊGO, Eduardo de Carvalho. Princípios jurídicos previstos no Projeto da Nova Lei de Licitações, p. 25.
[79] RÊGO, Eduardo de Carvalho. Princípios jurídicos previstos no Projeto da Nova Lei de Licitações, p. 25.
[80] RÊGO, Eduardo de Carvalho. Princípios jurídicos previstos no Projeto da Nova Lei de Licitações, p. 25.
[81] BANDEIRA DE MELLO, Celso Antônio. *Curso de direito administrativo*, 32. ed., p. 547.
[82] RÊGO, Eduardo de Carvalho. Princípios jurídicos previstos no Projeto da Nova Lei de Licitações, p. 24.
[83] RÊGO, Eduardo de Carvalho. Princípios jurídicos previstos no Projeto da Nova Lei de Licitações, p. 24.

2.1.7 Princípio da segregação de funções

O princípio da segregação de funções "indica que as licitações não são conduzidas de forma centralizada, por apenas uma autoridade que identifica a necessidade de licitação, elabora o edital e julga as propostas apresentadas selecionando a mais vantajosa".[84] A sua incidência também é proporcionada, no regime normativo que sobressai da Lei nº 14.133/2021, pelas regras auxiliares positivadas nos §§1º e 2º do seu art. 7º.

O primeiro desses dispositivos (art. 7º, §1º) estabelece que a autoridade administrativa competente "deverá observar o princípio da segregação de funções", e que é "vedada a designação do mesmo agente público para atuação simultânea em funções mais suscetíveis a riscos". Esses cuidados se fazem necessários, na dicção do texto legal, como forma de "reduzir a possibilidade de ocultação de erros e de ocorrência de fraudes na respectiva contratação".

O outro (art. 7º, §2º), por sua vez, estende essas imposições aos órgãos de assessoramento jurídico (portanto, à Advocacia Pública) e de controle interno (portanto, às controladorias, auditorias ou ministérios/secretarias de controle e transparência) da Administração, que também precisam observar o mesmo imperativo de divisão de tarefas. Dele resulta que os pareceres proferidos pelos advogados públicos e também as manifestações técnicas lavradas pelos servidores que atuam nos órgãos centrais de controle interno demandam, necessariamente, a aprovação pelos seus superiores hierárquicos. Mais do que isso, é *preciso que haja*, nos processos de licitação e contratação pública, (i) *pareceres/manifestações técnicas dos procuradores/servidores que atuam no controle interno* e (ii) *ato de aprovação desses pareceres/manifestações técnicas*. Com efeito, *a existência dos pareceres/manifestações técnicas limita a atividade desenvolvida pelos dirigentes das procuradorias e controladorias*, porque os obriga a dialogar com as razões jurídicas/técnicas neles consignadas, ao mesmo tempo em que *o ato de aprovação* desses pareceres/manifestações técnicas *limita a atividade dos procuradores/controladores*, na medida em que funciona como filtro necessário contra a prática de equívocos e irregularidades.

Essas imposições jurídico-normativas se justificam porque "as licitações são procedimentos complexos, compostos por diversos agentes espalhados por diversas repartições".[85] Nesse sentido, a segregação de funções "garante, por exemplo, que um mesmo servidor não será o responsável pela fiscalização de um ato por ele mesmo produzido, o que revelaria nítido conflito de interesses".[86]

A observância desse princípio pela Administração confere maior conforto aos controladores, porque possibilita a exteriorização e justificação dos atos praticados no curso dos processos respectivos (legitimação pelo procedimento). Portanto, da sua incidência poderá resultar modificação contundente na relação entre eles e os controlados, apontada na introdução deste trabalho como uma das principais dificuldades encontradas na vigência do regime normativo revogado para que os processos de licitação e contratações públicas se desenvolvam de forma eficiente e

---

[84] RÊGO, Eduardo de Carvalho. Princípios jurídicos previstos no Projeto da Nova Lei de Licitações, p. 25.
[85] RÊGO, Eduardo de Carvalho. Princípios jurídicos previstos no Projeto da Nova Lei de Licitações, p. 25.
[86] RÊGO, Eduardo de Carvalho. Princípios jurídicos previstos no Projeto da Nova Lei de Licitações, p. 25.

eficaz.⁸⁷ Afinal, quando perceberem que os agentes estatais, jungidos que estão ao princípio administrativo da legalidade, estabeleceram mútuo controle sobre os atos que praticaram e dos quais tiveram o cuidado de apresentar as suas razões no processo, a tendência é que os controladores passem a enxergá-los não mais como adversários, mas como colaboradores do exercício de suas funções institucionais. Essa mudança de paradigma, que tem a potencialidade de conferir maior segurança à Administração e a seus fornecedores, pode ser acelerada, no plano dos fatos, se a Administração assimilar a proposta teórica que formulamos em comentários ao art. 7º, quanto a apenas poderem atuar nos processos de licitações e contratos servidores/empregados públicos efetivos.⁸⁸

2.1.8 Princípios da vinculação ao edital e do julgamento objetivo

O princípio da vinculação ao instrumento convocatório demanda "que todo o processo licitatório se submeta integralmente às regras que forem especificamente baixadas para regular a licitação, apregoada sob a forma de edital", inclusive "as que definam os critérios para julgamento".⁸⁹ Por força desse princípio, "nenhuma decisão, interlocutória ou final, poderá ser tomada pela Administração se não estiver rigorosamente vinculada à Constituição, à lei, ao regulamento e aos termos desse específico ato convocatório".⁹⁰ Trata-se, pois, de garantia voltada ao administrador e aos administrados,⁹¹ precisamente porque, por força dele, "o procedimento se torna inválido

---

⁸⁷ Com efeito, como observamos naquela sede, problema frequentemente relatado por contratantes e licitantes/contratados diz respeito ao seu relacionamento com os controladores, mais especificamente no que concerne à configuração, nesse âmbito, de irrefletida *confusão entre erro jurídico e infração administrativa*, a suscitar a responsabilização pessoal de agentes públicos e privados por simples divergência de interpretação jurídica, o que torna cada vez mais difícil a atração, para ocupar posições de comando na gestão pública, de profissionais que se destacam por sua atuação anterior na iniciativa privada e/ou no meio acadêmico, que em muito poderiam contribuir para o aprimoramento da máquina administrativa. A propósito, cf. BINENBOJM, Gustavo; CYRINO, André. O art. 28 da LINDB: a cláusula geral do erro Administrativo, MADUREIRA, Claudio. Limites e consequências da responsabilização de advogados públicos pareceristas por suas opiniões jurídicas e MADUREIRA, Claudio. Ilegitimidade da aplicação a agentes estatais de sanções fundadas em simples "erros jurídicos".

⁸⁸ Em apertada síntese, o que argumentamos, quanto ao particular, é que, (i) a Lei nº 14.133/2021 confere à autoridade máxima do órgão ou da entidade (ou a quem as normas de organização administrativa indicarem) que promova a gestão por competências e designe os profissionais que desempenharão as funções essenciais à execução das tarefas (art. 7º, *caput*); (ii) mas impõe que essa designação seja feita preferencialmente a servidor efetivo ou empregado público (ii.1) que componham os quadros permanentes da Administração (art. 7º, I), (ii.2) que tenham atribuições relacionadas a licitações e contratos, ou que possuam formação compatível ou qualificação atestada por certificação profissional emitida por escola de governo criada e mantida pelo Poder Público (art. 7º, II) e (ii.3) que não sejam cônjuge ou companheiro de licitantes ou contratados habituais da Administração nem tenham com eles vínculo de parentesco, colateral ou por afinidade, até o terceiro grau, ou de natureza técnica, comercial, econômica, financeira, trabalhista e civil (art. 7º, III); (iii) o que faz com que *apenas quando não existirem*, nos quadros da Administração, *servidores* (ou *empregados*) *públicos que detenham a qualificação necessária* (formação compatível) *e que não mantenham relação familiar com licitantes ou contratados habituais* é *que se justificaria*, em concreto, *a designação de servidores/empregados públicos comissionados ou temporários para atuação em processos que encartem licitações e contratações públicas* (seja porque a Administração pode realocar servidores efetivos de seu quadro para o exercício dessa função, seja porque, ainda que não existam servidores efetivos disponíveis, quando muito somente se poderia admitir que servidores comissionados e/ou temporários com atribuições relacionadas a licitações e contratos continuem atuando nesse contexto pelo período necessário a que a Administração realize concurso público para a investidura de servidores efetivos capazes de exercer essas funções). A propósito, cf. o que dissemos no tópico 4.1 do Capítulo 4.

⁸⁹ MOREIRA NETO, Diogo de Figueiredo. *Curso de direito administrativo*, p. 199.

⁹⁰ MOREIRA NETO, Diogo de Figueiredo. *Curso de direito administrativo*, p. 199.

⁹¹ Nesse mesmo sentido se posiciona Maria Sylvia Zanella Di Pietro, para quem "o princípio dirige-se tanto à Administração, como se verifica pelos artigos citados, como aos licitantes, pois estes não podem deixar de

e suscetível de correção na via administrativa ou judicial" se as regras anteriormente traçadas não forem respeitadas.[92]

Por sua vez, o princípio do julgamento objetivo é "corolário do princípio da vinculação ao instrumento convocatório", na medida em que impõe "que os critérios e fatores seletivos previstos no edital devem ser adotados inafastavelmente para o julgamento, evitando-se, assim, qualquer surpresa para os participantes da competição".[93] Ele também se associa ao princípio da legalidade, porque as decisões administrativas proferidas no contexto dos processos de licitação e contratações públicas também se encontram vinculadas ao ordenamento jurídico.[94] Por isso, dele decorre, como imposição jurídico-normativa, que o ato decisório por meio do qual a Administração seleciona a proposta mais vantajosa empregue os critérios quantitativos e qualitativos previstos na lei, no regulamento e no ato convocatório.[95]

Também a incidência desses princípios é operativa para a ressignificação do relacionamento entre controlados e controladores, precisamente porque a vinculação da Administração ao edital e a garantia de que as propostas dos licitantes sejam julgadas de forma objetiva funcionam como poderoso antídoto à configuração, nos casos concretos, de atos de corrupção ou, quando menos, da malversação de recursos públicos.

2.1.9 Princípio da segurança jurídica

O princípio da segurança jurídica resta consagrado no inc. XXXVI do art. 5º da Constituição brasileira, que veda a interferência legislativa no direito adquirido, no ato jurídico perfeito e na coisa julgada.[96] A segurança "é um dos valores que informa o direito positivo", e assume, *lato sensu*, "o sentido geral de garantia, proteção, estabilidade de situação ou pessoa em vários campos, dependente do adjetivo que a qualifica", porque "consiste na garantia de estabilidade e de certeza dos negócios jurídicos, de sorte que as pessoas saibam de antemão que, uma vez envolvidas em determinada relação jurídica, esta se mantém estável, mesmo se modificar a base legal sob a qual se estabeleceu".[97] Sob essa ótica, a segurança jurídica relaciona-se com a boa-fé objetiva.[98]

Mas ela também se reveste da condição de instrumento de proteção do indivíduo contra o abuso estatal. É que "a ideia de segurança jurídica está ligada à concepção de Estado de Direito", relacionando-se, portanto, à "noção de que em um determinado

---

atender aos requisitos do instrumento convocatório [...]", porque "se deixarem de apresentar a documentação exigida, serão considerados inabilitados e receberão de volta, fechado, o envelope-proposta [...]", e porque "se deixarem de atender às exigências concernentes à proposta, serão desclassificados [...]" (DI PIETRO, Maria Sylvia Zanella. *Direito administrativo*, 30. ed., p. 425).

[92] CARVALHO FILHO, José dos Santos. *Manual de direito administrativo*, 31. ed., p. 186.
[93] CARVALHO FILHO, José dos Santos. *Manual de direito administrativo*, 31. ed., p. 186.
[94] DI PIETRO, Maria Sylvia Zanella. *Direito administrativo*, 30. ed., p. 425-426.
[95] Cf. MOREIRA NETO, Diogo de Figueiredo. *Curso de direito administrativo*, p. 199.
[96] CRFB: "Art. 5º Todos são iguais perante a lei, sem distinção de qualquer natureza, garantindo-se aos brasileiros e aos estrangeiros residentes no País a inviolabilidade do direito à vida, à liberdade, à igualdade, à segurança e à propriedade, nos termos seguintes: [...] XXXVI – a lei não prejudicará o direito adquirido, o ato jurídico perfeito e a coisa julgada".
[97] SILVA, José Afonso. *Constituição e segurança jurídica*, p. 15-17.
[98] A propósito, cf., por todos: MARTINS-COSTA. *A boa-fé no direito privado*: sistema e tópica no processo obrigacional.

Estado, a lei nasce por todos e para todos e submete todos", e alcançando, assim, também o Poder Público, o que indica que "a legitimidade do exercício do poder repousa na legalidade, na sua juridicidade".[99] Mesmo o abuso cometido sob a forma da edição de atos legislativos encontra-se sobre a censura desse princípio jurídico, vez que, como exposto, a Constituição veda qualquer intervenção legislativa no direito adquirido, no ato jurídico perfeito e na coisa julgada (art. 5º, XXXVI).

Da sua aplicação aos processos de licitação e contratação pública resulta, a título de exemplo, que "certame impugnado judicialmente e declarado regular por sentença transitada em julgado não pode ser posteriormente questionado por conta de simples mudança de jurisprudência".[100]

Sob a ótica da atividade de controle administrativo, esse princípio se relaciona com o atributo de predeterminação formal do direito, exigência da teoria geral do direito que tem por finalidade assegurar a necessária segurança nas relações interpessoais.[101] A propósito dela, Miguel Reale leciona que, "de todas as espécies de experiência social, o Direito é a que mais exige forma predeterminada e certa em suas regras",[102] porque não pode ser compreendido "sem um mínimo de legislação escrita, de certeza, de tipificação da conduta e de previsibilidade genérica", precisamente porque, quando faculta aos seus destinatários "a possibilidade de escolha entre o adimplemento ou não dos seus preceitos", culmina por situá-los "no âmbito de uma escolha já objetivamente feita pela sociedade, escolha esta revelada através de um complexo sistema de fontes".[103] Posto isso, configura-se, na hipótese, o que Celso Antônio Bandeira de Mello convencionou chamar "princípio da exigência de voluntariedade para incursão na infração".[104] Quanto ao particular, Bandeira de Mello observa que "o Direito propõe-se a oferecer às pessoas uma garantia de segurança, assentada na previsibilidade de que certas condutas podem ou devem ser praticadas e suscitam dados efeitos", enquanto "outras não podem sê-lo, acarretando consequências diversas, gravosas para quem nelas incorrer".[105] Disso decorre, para o publicista, a impropriedade da qualificação de "alguém como incurso em infração quando inexista a possibilidade de prévia ciência e prévia eleição, *in concreto*, do comportamento que o livraria da incidência na infração e, pois, na sujeição às sanções para tal caso previstas".[106] Essa compreensão, que, para Bandeira de Mello, é externa a considerações sobre a culpabilidade do agente (investigação de dolo ou culpa),[107] vez que incide "meramente no *animus* de praticar dada conduta",[108] é argumento suficiente ao afastamento da responsabilização de agentes estatais quando se está diante tão somente

---

[99] FERRARI, Regina Maria Macedo Nery. O ato jurídico perfeito e a segurança jurídica no controle de constitucionalidade, p. 215.
[100] RÊGO, Eduardo de Carvalho. Princípios jurídicos previstos no Projeto da Nova Lei de Licitações, p. 22.
[101] Cf. REALE, Miguel. *O direito como experiência*: introdução à epistemologia jurídica, p. 273.
[102] REALE, Miguel. *O direito como experiência*: introdução à epistemologia jurídica, p. 273.
[103] REALE, Miguel. *O direito como experiência*: introdução à epistemologia jurídica, p. 273. Sobre a exigência de predeterminação formal das normas jurídicas, cf., ainda, a doutrina de Márcio Cammarosano (CAMMAROSANO, Márcio. *O princípio constitucional na moralidade e o exercício da função administrativa*, p. 42; 63-64).
[104] BANDEIRA DE MELLO, Celso Antônio. *Curso de direito administrativo*, 32. ed., p. 855.
[105] BANDEIRA DE MELLO, Celso Antônio. *Curso de direito administrativo*, 32. ed., p. 855.
[106] BANDEIRA DE MELLO, Celso Antônio. *Curso de direito administrativo*, 32. ed., p. 855.
[107] De que me ocuparei no tópico subsequente.
[108] BANDEIRA DE MELLO, Celso Antônio. *Curso de direito administrativo*, 32. ed., p. 855.

de divergência entre o posicionamento jurídico por eles externado e as manifestações ulteriores dos controladores (confusão entre erro jurídico e infração).

2.1.10 Princípios da razoabilidade e da proporcionalidade

O princípio da razoabilidade tem origem no direito norte-americano, e se relaciona "com a produção de atos públicos conforme a razão, equilibrado moderado e harmoniosos",[109] enquanto que o princípio da proporcionalidade tem origem no direito alemão, e "exige do intérprete mais do que a aferição sobre a mera razoabilidade de um determinado ato jurídico".[110]

A razoabilidade encerra "averiguação mais rústica, que leva em consideração o senso comum, sem maiores sofisticações jurídicas".[111] Dela pode decorrer, por exemplo, a consideração pelo intérprete de que a exigência de apresentação de documento em duplicidade é desarrazoada.[112]

A proporcionalidade, por sua vez, comporta análise mais refinada, que emprega três critérios básicos, desenvolvidos pela doutrina e pela jurisprudência: adequação, necessidade e proporcionalidade em sentido estrito do ato jurídico analisado.[113] Quanto a ela, cumpre ao aplicador do direito indagar, em vista das particularidades do caso concreto, (i) sobre a *adequação* da restrição a um ou outro interesse em cotejo, que consiste em verificar se o meio eleito (a restrição a um dos interesses) promove adequadamente o fim projetado (a realização do outro interesse), (ii) sobre a *necessidade* dessa restrição, que consiste em verificar se entre os meios disponíveis e igualmente adequados para promover o fim projetado (a realização de um dos interesses) não há outro meio menos restritivo do interesse afetado, e (iii) sobre a *proporcionalidade em sentido estrito* da restrição cogitada, que consiste em verificar se as vantagens trazidas pela promoção do fim projetado (a realização de um dos interesses) correspondem (e se superam) às desvantagens provocadas pela adoção do meio empregado (restrição ao outro interesse).[114]

Também os controladores devem observar esses princípios, seja para compreender a atividade administrativa desenvolvida pelos controlados em atendimento a eles, seja na estruturação da própria atividade de controle que exercem. Quanto a esse último aspecto, o controle administrativo desenvolvido precisa se ater, por taxativa disposição legal, aos deveres administrativos de não decidir sem ter consideração as consequências da decisão (LINDB, art. 21),[115] de indicar as condições para a regularização dos atos considerados irregulares e de não impor aos responsáveis ônus ou perdas excessivos (LINDB, art. 21, parágrafo único),[116] de interpretar o direito mediante consideração das reais dificuldades do gestor, das exigências das políticas públicas implementadas e das circunstâncias

---

[109] RÊGO, Eduardo de Carvalho. Princípios jurídicos previstos no Projeto da Nova Lei de Licitações, p. 22.
[110] RÊGO, Eduardo de Carvalho. Princípios jurídicos previstos no Projeto da Nova Lei de Licitações, p. 22.
[111] RÊGO, Eduardo de Carvalho. Princípios jurídicos previstos no Projeto da Nova Lei de Licitações, p. 22.
[112] RÊGO, Eduardo de Carvalho. Princípios jurídicos previstos no Projeto da Nova Lei de Licitações, p. 22.
[113] RÊGO, Eduardo de Carvalho. Princípios jurídicos previstos no Projeto da Nova Lei de Licitações, p. 23.
[114] Cf. ÁVILA, Humberto. *Teoria dos princípios*, p. 112-113.
[115] *Vide* tópico 2.2.1.1.
[116] *Vide* tópico 2.2.1.2.

práticas que interferiam na sua conduta (LINDB, art. 22 e §1º),[117] de considerar, quando se cogitar da aplicação de sanções, a natureza e a gravidade da infração cometida, as circunstâncias agravantes e atenuantes e os antecedentes dos agentes estatais envolvidos (LINDB, art. 22, §§2º e 3º),[118] de estabelecer regime de transição em caso de modificação de interpretação/orientação sobre norma de conteúdo indeterminado (LINDB, art. 23),[119] de avaliar os atos praticados com base nas orientações gerais disponíveis ao tempo da sua prática e de preservar as situações plenamente constituídas com base nas orientações gerais então disponíveis (LINDB, art. 24 e parágrafo único),[120] de considerar a possibilidade de realizar ajustamento de condutas para convalidar os atos questionados (LINDB, art. 26 e §1º),[121] de compensar benefícios indevidos e prejuízos anormais ou injustos que resultem dos atos questionados (LINDB, art. 27 e §§1º e 2º),[122] de considerar a possibilidade de realizar consulta pública para manifestação dos interessados sobre os atos praticados em processos de licitação e de contratação pública (LINDB, art. 29 e §1º)[123] e de contribuir para a segurança na aplicação do direito na esfera administrativa (LINDB, art. 30 e parágrafo único),[124] e ao condicionamento da responsabilização de agentes estatais à demonstração de dolo ou culpa grave fundada em erro grosseiro (LINDB, art. 28).[125]

2.1.11 Princípios da celeridade e da economicidade

O princípio da celeridade tem por finalidade "dinamizar o trâmite dos certames licitatórios", impondo aos "responsáveis pelas licitações que sejam mais dinâmicos em suas providências e decisões".[126] Já o princípio da economicidade é voltado à indução de economia no curso dos processos de licitações e contratações públicas, que pode se instrumentalizar não apenas pela "busca por um preço menor nos contratos", mas também "por meio da supressão de etapas inúteis nos procedimentos licitatórios".[127]

É precisamente quanto a esse último aspecto (supressão de etapas inúteis) que o princípio da economicidade se relaciona com o princípio da celeridade.[128] Da sua incidência conjugada pode resultar, por exemplo, a rejeição de pedidos considerados impertinentes ou meramente protelatórios pelo presidente da comissão, o indeferimento de requerimento de prova pericial quando não houver interesse para o esclarecimento dos fatos ou quando a sua comprovação não depender de conhecimento especial de perito.[129]

A compreensão, pelos controladores, *de que a Administração se encontra submetida*

---

[117] *Vide* tópico 2.2.1.3.
[118] *Vide* tópico 2.2.1.4.
[119] *Vide* tópico 2.2.1.5.
[120] *Vide* tópico 2.2.1.6.
[121] *Vide* tópico 2.2.1.7.
[122] *Vide* tópico 2.2.1.8.
[123] *Vide* tópico 2.2.1.9.
[124] *Vide* tópico 2.2.1.10.
[125] *Vide* tópico 2.2.1.11.
[126] RÊGO, Eduardo de Carvalho. Princípios jurídicos previstos no Projeto da Nova Lei de Licitações, p. 24.
[127] RÊGO, Eduardo de Carvalho. Princípios jurídicos previstos no Projeto da Nova Lei de Licitações, p. 24.
[128] RÊGO, Eduardo de Carvalho. Princípios jurídicos previstos no Projeto da Nova Lei de Licitações, p. 24.
[129] Cf. CARVALHO, Matheus. *Manual de direito administrativo*, 5. ed., p. 1.174.

(porque a lei assim prevê e porque o princípio administrativo da legalidade impõe aos seus agentes o cumprimento da lei) *a esses princípios é fundamental para que se possa obter, em vista da sua incidência, maior eficiência e eficácia nas licitações e contratações públicas*. Mas há mais. É que esses princípios de igual modo vinculam (também por imposição do princípio da legalidade) a atividade de controle administrativo exercitada sobre as licitações e contratações públicas, impondo aos controladores que, para não se contraporem a eles, abstenham-se de impor aos agentes estatais (a pretexto de induzir atendimento ao princípio da legalidade) a observância de formalismo incompatível com a sua incidência (dos princípios da celeridade e da economicidade), sob pena e risco de contribuírem para a inobservância deles e do próprio princípio da legalidade, e de incorrerem, eles próprios, em contrariedade ao direito.

2.1.12 Princípio do desenvolvimento nacional sustentável

O princípio do desenvolvimento nacional sustentável, também chamado princípio da sustentabilidade, liga-se "à ideia de que é possível, por meio do procedimento licitatório, incentivar a preservação do meio ambiente".[130] Mas ele também incide sobre outras áreas do conhecimento jurídico, como exemplo, o direito administrativo, inclusive em matéria de licitações e contratos.[131] Nesse campo, a sua incidência induziu a construção de uma série de regras derivadas, inerentes "à esfera dos atos, procedimentos e contratos administrativos, que precisam contribuir para a qualidade de vida das gerações presentes, sem a supressão do bem-estar das gerações futuras".[132]

Por força dele, as licitações precisam incorporar critérios paramétricos de sustentabilidade, que permitam a ponderação entre os benefícios da contratação projetada e os custos diretos e indiretos da sua implementação.[133] Além disso, ele orienta que as licitações e contratações públicas somente sejam instrumentalizadas para implementação de políticas públicas que propiciem o bem-estar das gerações presentes e futuras.[134] Disso decorre, entre outras coisas, a necessidade de os agentes estatais, antes de realizarem uma licitação, investigarem "se existe conveniência motivada para iniciar o certame", em especial para verificar se, na prática, "a decisão administrativa de licitar é compatível com o princípio da sustentabilidade em todas as suas dimensões", bem como se "a licitação pode auxiliar o cumprimento das variadas regras protetivas, gerais ou individuais, da sustentabilidade".[135]

A Lei Federal nº 8.666/1993 já trazia disposições nesse sentido. O seu art. 3º (com redação dada pela Lei Federal nº 12.349/2010) determinava que fosse observada nas licitações, entre outros princípios, "a promoção do desenvolvimento nacional

---

[130] DI PIETRO, Maria Sylvia Zanella. *Direito administrativo*, 30. ed., p. 427.
[131] Cf. FREITAS, Juarez. Licitações sustentáveis e o fim inadiável da miopia temporal na avaliação das propostas, p. 52.
[132] FREITAS, Juarez. Licitações sustentáveis e o fim inadiável da miopia temporal na avaliação das propostas, p. 54.
[133] FREITAS, Juarez. Licitações sustentáveis e o fim inadiável da miopia temporal na avaliação das propostas, p. 51.
[134] FREITAS, Juarez. Licitações sustentáveis e o fim inadiável da miopia temporal na avaliação das propostas, p. 52.
[135] FREITAS, Juarez. Licitações sustentáveis e o fim inadiável da miopia temporal na avaliação das propostas, p. 58-66, *passim*.

sustentável".[136] Disposições semelhantes são encontradas na Lei do Regime Diferenciado de Contratações (Lei Federal nº 12.462/2011),[137] mais especificamente em seu art. 3º, que reitera essas disposições da Lei nº 8.666/1993, quando estabelece que as licitações e contratações devem observar, entre outros princípios, o princípio do desenvolvimento nacional sustentável.[138] Além disso, o legislador fez constar do inc. III do art. 4º desse último diploma legal que os licitantes devem buscar a maior vantagem possível no que se refere aos "custos e benefícios, diretos e indiretos, de natureza econômica, social ou ambiental, inclusive os relativos à manutenção, ao desfazimento de bens e resíduos, ao índice de depreciação econômica e a outros fatores de igual relevância".[139] Trata-se, pois, de exigir dos agentes estatais responsáveis pela realização de licitações e contratações públicas avaliação que considere, na tomada de posição por licitar ou não licitar (assim como por contratar ou por não contratar) os custos diretos (e também os indiretos) de cada operação.[140]

A Lei nº 14.133/2021 também traz uma série de disposições que visam promover a sustentabilidade nas licitações e contratações públicas. O inc. IV do seu art. 11 identifica como objetivo do processo licitatório incentivar a inovação e o desenvolvimento nacional sustentável. Além disso, os seus arts. 6º, XIII, 11, I, 18, VIII e 34, §1º demandam da Administração a consideração, nos processos de licitações e contratações públicas, a observância do ciclo de vida do objeto contratado. Por sua vez, o inc. II do seu art. 26 contempla a possibilidade da definição, pela Administração, de margem de preferência para bens reciclados, recicláveis ou biodegradáveis, conforme regulamento, instituindo, assim, exceção à regra geral prevista na alínea "b" do inc. I do seu art. 9º, que veda aos agentes públicos designados para atuar na área de licitações e contratos "admitir, prever, incluir ou tolerar, nos atos que praticar, situações que [...] estabeleçam preferências ou distinções em razão da naturalidade, da sede ou do domicílio dos licitantes".[141] Outra disposição relativa à sustentabilidade do processo licitatório é a que sobressai do inc. III do seu art. 42, que estabelece que "a prova de qualidade de produto apresentado pelos proponentes como similar ao das marcas eventualmente indicadas no edital"

---

[136] Lei 8.666: "Art. 3º A licitação destina-se a garantir a observância do princípio constitucional da isonomia, a seleção da proposta mais vantajosa para a administração e a promoção do desenvolvimento nacional sustentável e será processada e julgada em estrita conformidade com os princípios básicos da legalidade, da impessoalidade, da moralidade, da igualdade, da publicidade, da probidade administrativa, da vinculação ao instrumento convocatório, do julgamento objetivo e dos que lhes são correlatos. (Redação dada pela Lei nº 12.349, de 2010)".

[137] Cf. FREITAS, Juarez. Licitações sustentáveis e o fim inadiável da miopia temporal na avaliação das propostas, p. 60.

[138] Lei nº 12.462: "Art. 3º As licitações e contratações realizadas em conformidade com o RDC deverão observar os princípios da legalidade, da impessoalidade, da moralidade, da igualdade, da publicidade, da eficiência, da probidade administrativa, da economicidade, do desenvolvimento nacional sustentável, da vinculação ao instrumento convocatório e do julgamento objetivo".

[139] Cf., a propósito, a redação integral do dispositivo: "Art. 4º Nas licitações e contratos de que trata esta Lei serão observadas as seguintes diretrizes: [...] III - busca da maior vantagem para a administração pública, considerando custos e benefícios, diretos e indiretos, de natureza econômica, social ou ambiental, inclusive os relativos à manutenção, ao desfazimento de bens e resíduos, ao índice de depreciação econômica e a outros fatores de igual relevância".

[140] FREITAS, Juarez. Licitações sustentáveis e o fim inadiável da miopia temporal na avaliação das propostas, p. 60.

[141] Ao ensejo, recobramos a advertência de Maria Sylvia Zanella Di Pietro, no sentido de que "o princípio da licitação sustentável autoriza a previsão, nos instrumentos convocatórios, de exigências que podem ser vistas como discriminatórias, mas que se harmonizam com o princípio da isonomia" (DI PIETRO, Maria Sylvia Zanella. *Direito administrativo*, 30. ed., p. 431).

será admitida, inclusive, por meio da "certificação, certificado, laudo laboratorial ou documento similar que possibilite a aferição da qualidade e da conformidade do produto ou do processo de fabricação, inclusive sob o aspecto ambiental". Disposições relativas à sustentabilidade também são encontradas no seu art. 45, que prescreve que "as licitações de obras e serviços de engenharia devem respeitar, especialmente, as normas relativas a" (i) "disposição final ambientalmente adequada dos resíduos sólidos gerados pelas obras contratadas", (ii) "mitigação por condicionantes e compensação ambiental, que serão definidas no procedimento de licenciamento ambiental", (iii) "utilização de produtos, de equipamentos e de serviços que, comprovadamente, favoreçam a redução do consumo de energia e de recursos naturais", (iv) "avaliação de impacto de vizinhança, na forma da legislação urbanística", (v) "proteção do patrimônio histórico, cultural, arqueológico e imaterial, inclusive por meio da avaliação do impacto direto ou indireto causado pelas obras contratadas" e (vi) "acessibilidade para pessoas com deficiência ou com mobilidade reduzida". Por fim, mencionamos, sem a pretensão de exaurir o conteúdo do regramento do tema no texto da *novatio legis*, que o seu art. 144 dispõe sobre a possibilidade do estabelecimento, "na contratação de obras, fornecimentos e serviços, inclusive de engenharia", de "remuneração variável vinculada ao desempenho do contratado", a ser fixada "com base em metas, padrões de qualidade, critérios de sustentabilidade ambiental e prazos de entrega definidos no edital de licitação e no contrato". Esses dispositivos encerram, como o art. 3º da Lei nº 8.666/1993 e os arts. 3º e 4º, III da Lei do Regime Diferenciado de Contratações,[142] regras associadas que conferem melhor aplicabilidade ao princípio do desenvolvimento econômico sustentável.

Esses elementos jurídicos permitem concluir que, por força desse princípio, "as licitações precisam, sem protelação, incorporar, ao escrutínio das propostas, critérios paramétricos de sustentabilidade para ponderar custos (diretos e indiretos) e os benefícios sociais, ambientais e econômicos".[143] A observância dessas diretrizes não se reveste "de uma simples faculdade (exposta a juízos de conveniência e oportunidade), tampouco de modismo passageiro", mas pressupõe que se assuma, de uma vez por todas, "que, em qualquer processo licitatório, o Estado tem de implementar políticas públicas constitucionalizadas, com o desempenho da função indutora de boas práticas sustentáveis, ao lado da função isonômica de oferecer igualação formal e substancial de oportunidades".[144] Por isso é que "as licitações, com a observância justificada dos critérios de sustentabilidade", precisam "conferir, desde a tomada de decisão, prioridade fática e jurídica máxima às políticas públicas que ensejam o bem-estar das gerações presentes, sem impedir que as gerações futuras produzam o seu próprio bem-estar".[145] Sob essa ótica, cumpre ao gestor "promover a reconformação da arquitetura das instituições e dos comportamentos", de modo a que se promova, em todas as relações de administração,

---

[142] Anteriormente mencionados com o propósito de descrever a sua incidência no regime normativo pretérito.
[143] FREITAS, Juarez. Licitações sustentáveis e o fim inadiável da miopia temporal na avaliação das propostas, p. 51.
[144] FREITAS, Juarez. Licitações sustentáveis e o fim inadiável da miopia temporal na avaliação das propostas, p. 51.
[145] FREITAS, Juarez. Licitações sustentáveis e o fim inadiável da miopia temporal na avaliação das propostas, p. 52. Essa conclusão é absolutamente compatível com a moderna tendência do ordenamento jurídico-brasileiro, destacada Horácio Augusto Mendes de Souza, no sentido da "ampliação do papel regulatório e fomentador da licitação, dos contratos e demais pactos e parcerias do Estado, de modo a atender a outros interesses públicos, primários e secundários" (SOUZA, Horácio Augusto Mendes de. Novos rumos das parcerias do Estado para muito além da proposta economicamente mais vantajosa, p. 110).

o bem-estar das gerações presentes e futuras, "cujos direitos fundamentais são, desde logo, plenamente reconhecidos pelo ordenamento jurídico".[146] Assim, antes de o certame ser levado a efeito, os agentes estatais responsáveis por sua execução devem se acercar de que a licitação é realmente necessária e, sobretudo, de que a sua realização induz benefícios que superem os seus custos diretos e indiretos.[147] Ou seja, é necessário investigar, ao ensejo, se "a decisão administrativa de licitar coaduna-se com o princípio da sustentabilidade em todas as suas dimensões, inclusive sociais e econômicas", e se a sua realização, em concreto, "favorece a visão sistêmica ou contribui para formação de gargalos que só dificultam a vida de todos".[148] Nessa perspectiva, "os critérios de sustentabilidade passam a ser concebidos [...] como instrumentos redefinidores do estilo, do modo e do tempo da gestão pública, mediante o redesenho do bloco de sindicabilidade e dos elementos vinculados dos julgamentos administrativos".[149]

Esse princípio, embora não afete primariamente a atividade de controle, merece especial atenção dos controladores, porque da sua inobservância pela Administração pode resultar prejuízo à eficiência e à eficácia das suas licitações/contratações, com consequente contrariedade aos princípios que lhes são correspondentes (eficiência e eficácia), ao princípio do desenvolvimento nacional sustentável e (porque o legislador impõe aos agentes estatais que os observem) ao próprio princípio da legalidade. Por esse motivo, e porque também os controladores são agentes estatais, eventual inércia de sua parte em fiscalizar a sustentabilidade das licitações e contratações públicas também configura violação, por sua parte, aos mesmos princípios e, inclusive, ao princípio da legalidade. Afinal, o dispositivo comentado (art. 5º) determina que os princípios nele mencionados (desenvolvimento nacional sustentável, eficiência, eficácia etc.) sejam efetivamente atendidos na aplicação do seu texto ("na aplicação desta Lei, serão observados os princípios"), o que faz com que da sua inobservância resulte, ainda, contrariedade ao direito e, portanto, ao princípio da legalidade.

2.1.13 Princípio da motivação

O princípio da motivação suscita, para a Administração, "o dever de justificar seus atos, apontando-lhes os fundamentos de direito e de fato, assim como a correlação lógica entre os eventos e situações que deu por existentes e a providência tomada".[150] Todavia, é preciso algum cuidado para não se confundir *motivo* e *motivação* do ato. A motivação "é a exposição dos motivos, ou seja, é a demonstração, por escrito, de que os pressupostos de fato realmente existiram".[151] Ela se relaciona "à forma do ato administrativo e consiste na exposição formal do motivo", que encerra, por sua vez, "processo mental interno

---

[146] FREITAS, Juarez. Licitações sustentáveis e o fim inadiável da miopia temporal na avaliação das propostas, p. 57-58.
[147] FREITAS, Juarez. Licitações sustentáveis e o fim inadiável da miopia temporal na avaliação das propostas, p. 64.
[148] FREITAS, Juarez. Licitações sustentáveis e o fim inadiável da miopia temporal na avaliação das propostas, p. 64.
[149] FREITAS, Juarez. Licitações sustentáveis e o fim inadiável da miopia temporal na avaliação das propostas, p. 67.
[150] BANDEIRA DE MELLO, Celso Antônio. *Curso de direito administrativo*, 30. ed., p. 115. Em mesma direção se manifesta Marçal Justen Filho, para quem o princípio "acarreta o dever de a autoridade julgadora expor, de modo explícito, os fundamentos de fato e de direito em que alicerça sua decisão" (JUSTEN FILHO, Marçal. *Curso de direito administrativo*, 10. ed., p. 347).
[151] DI PIETRO, Maria Sylvia Zanella. *Direito administrativo*, 30. ed., p. 227.

ao agente que pratica o ato".[152] Enfim, "a motivação consiste na exteriorização formal do motivo, visando propiciar o controle quanto à regularidade do ato", ou, ainda, "na exposição por escrito da representação mental do agente relativamente aos fatos e ao direito, indicando os fundamentos que o conduziram a agir em determinado sentido".[153]

A motivação pode vir expressada no próprio ato praticado, ou então em parecer, laudo ou relatório em que o ato se baseia.[154] O importante é que ela seja veiculada, porque do contrário não se cogitaria da demonstração da legalidade dos atos praticados.[155]

A sua incidência remonta, então, ao estrito relacionamento entre a gestão pública e a aplicação do direito, o que circunscreve a sua estruturação também ao campo do dever de motivação das decisões jurídicas, que decorre, entre nós, de imposição constitucional (CRFB, art. 93, IX e X c/c art. 37, *caput* e art. 5º, LV), explicitada, em regulamentação legislativa, pelo modelo decisório adotado pelo Código de Processo Civil de 2015 (art. 489, §1º), extensível aos processos administrativos (inclusive àqueles que encartam licitações e contratações públicas) por taxativa disposição da lei processual (art. 15).

2.1.13.1 O estrito relacionamento entre a gestão pública e a aplicação do direito

De um modo geral, a motivação dos atos administrativos (inclusive daqueles praticados nas licitações/contratações públicas) encerra conteúdo jurídico. É que, na lição de Humberto Ávila, "a Administração não possui autonomia da vontade", devendo, portanto, "executar a finalidade instituída pelas normas jurídicas constantes na lei dando-lhes ótima aplicação concreta".[156] Em suas próprias palavras, "a Administração não exerce atividade desvinculada, mas apenas exerce, nos fundamentos e limites instituídos pelo Direito, uma função".[157] Nesse mesmo sentido se posiciona, em doutrina, Ricardo Marcondes Martins, quando acentua que o regime privado, porque "baseado na liberdade individual e na autonomia da vontade, na assegurada possibilidade de busca de interesses egoísticos", incompatibiliza-se "com a natureza do Estado, que, por definição, é um ente instrumental", isto é, "existe para o cumprimento de uma função, vale dizer, para a busca do bem comum, para a concretização do interesse público".[158]

Disso resulta a advertência de Hely Lopes Meirelles quanto a não poder um agente estatal "deixar de cumprir os deveres que a lei lhe impõe, nem renunciar a qualquer parcela dos poderes e prerrogativas que lhes são conferidos", precisamente porque "os deveres, poderes e prerrogativas não lhe são outorgados em consideração pessoal, mas sim, para serem utilizados em benefício da comunidade administrada".[159]

---

[152] JUSTEN FILHO, Marçal. *Curso de direito administrativo*, 10. ed., p. 405.
[153] JUSTEN FILHO, Marçal. *Curso de direito administrativo*, 10. ed., p. 405.
[154] DI PIETRO, Maria Sylvia Zanella. *Direito administrativo*, 30. ed., p. 227.
[155] DI PIETRO, Maria Sylvia Zanella. *Direito administrativo*, 30. ed., p. 227.
[156] ÁVILA, Humberto. Repensando o princípio da supremacia do interesse público sobre o particular, p. 173.
[157] ÁVILA, Humberto. Repensando o princípio da supremacia do interesse público sobre o particular, p. 173.
[158] MARTINS, Ricardo Marcondes. Arbitragem e administração pública, p. 200. Sobre o assunto, ler também: MADUREIRA, Claudio. *Advocacia Pública*.
[159] MEIRELLES, Hely Lopes. *Direito administrativo brasileiro*, 16. ed., p. 77.

Daí falar-se em legalidade estrita, a vincular a Administração Pública e seus agentes, que, conforme observa Celso Antônio Bandeira de Mello, é "fruto da submissão do Estado à lei",[160] e que se encontra positivada, entre nós, como princípio de sede constitucional, na medida em que restou assentada pelo poder constituinte originário no *caput* do art. 37 da Constituição.[161]

Maria Sylvia Zanella Di Pietro destaca a absoluta importância da legalidade para o regime jurídico-administrativo, quando afirma que "este princípio juntamente com o de controle da Administração pelo Poder Judiciário, nasceu com o Estado de Direito e constitui uma das principais garantias de respeito aos direitos individuais".[162] Nesse mesmo sentido se posiciona Romeu Felipe Bacellar Filho, quando expõe que esse princípio decorre "do Estado de Direito, respeitadas as nuances da construção do significado desse conceito em cada país".[163] Trata-se, pois, como ensinam José Joaquim Gomes Canotilho e Vital Moreira, de "instrumento normativo de vinculação jurídico-constitucional da Administração".[164]

Por força desse princípio é que, na preciosa observação de Meirelles, "enquanto na administração particular é lícito fazer tudo o que a lei não proíbe, na Administração Pública só é permitido fazer o que a lei autoriza".[165] Ou, como expressa Bandeira de Mello, "ao contrário dos particulares, os quais podem fazer tudo que não lhes seja proibido, a Administração pode fazer apenas o que lhe seja de antemão permitido por lei".[166] Ou, ainda, como sintetiza Di Pietro, "a Administração Pública só pode fazer o que a lei permite".[167]

2.1.13.2 O dever de motivação das decisões jurídicas

Essas considerações põem em evidência que o princípio da motivação adere, intrinsecamente, ao dever de motivação das decisões jurídicas, que encontra fundamento de validade nos incs. IX e X do art. 93 da Constituição da República. Esse princípio é extensível à Administração por força dos princípios da legalidade, da publicidade e do contraditório, e pode ser exercitado, inclusive na esfera administrativa, mediante aplicação subsidiária do modelo decisório concebido pelo §1º do art. 489 do Código de Processo Civil de 2015.

---

[160] BANDEIRA DE MELLO, Celso Antônio. *Curso de direito administrativo*, 27. ed., p. 100.

[161] CRFB: "Art. 37. A administração pública direta e indireta de qualquer dos Poderes da União, dos Estados, do Distrito Federal e dos Municípios obedecerá aos princípios de *legalidade*, impessoalidade, moralidade, publicidade e eficiência e, também, ao seguinte: (Redação dada pela Emenda Constitucional nº 19, de 1998)" (grifos nossos). Sobre o assunto, ler também: Cf. BACELLAR FILHO, Romeu Felipe. A noção jurídica de interesse público no direito administrativo brasileiro, p. 96.

[162] DI PIETRO, Maria Sylvia Zanella. *Direito administrativo*, 13. ed., p. 67.

[163] BACELLAR FILHO, Romeu Felipe. A noção jurídica de interesse público no direito administrativo brasileiro, p. 96.

[164] CANOTILHO, José Joaquim Gomes de; MOREIRA, Vital. *Fundamentos da Constituição*, p. 84.

[165] MEIRELLES, Hely Lopes. *Direito administrativo brasileiro*, 16. ed., p. 78.

[166] BANDEIRA DE MELLO, Celso Antônio. Legalidade, discricionariedade: seus limites e controle, p. 57. Sobre o assunto, consulte-se, ainda: BANDEIRA DE MELLO, Celso Antônio. *Curso de direito administrativo*, 27. ed., p. 76 e 101.

[167] DI PIETRO, Maria Sylvia Zanella. *Direito administrativo*, 13. ed., p. 68.

2.1.13.2.1 O dever de motivação como imposição constitucional

A Constituição brasileira estabelece, textualmente, que "todos os julgamentos dos órgãos do Poder Judiciário serão públicos", e que todas as decisões serão fundamentadas, sob pena de nulidade" (art. 93, IX). Também prescreve que de igual modo serão motivadas "as decisões administrativas dos Tribunais" (art. 93, X).

Esses dispositivos impõem aos julgadores que demonstrem, por meio de motivação adequada, a conformidade das suas decisões com os textos normativos aplicados, vinculando-se, portanto, à ideia de legalidade. Eles possibilitam, ainda, que se confira a necessária transparência (ou publicidade) às razões de decidir, sem a qual não poderiam ser exercidos os direitos fundamentais dos jurisdicionados ao contraditório e à ampla defesa.

Muito embora eles não se apliquem diretamente à Administração Pública, a circunstância de os atos que ela pratica resultarem de tomadas de posição em sua gênese jurídica faz com que, na prática, também se possa impor às autoridades administrativas o dever de motivação adequada das suas decisões. Em primeiro lugar porque a motivação adequada é pressuposto necessário a que se estabeleça o necessário controle da juridicidade sobre os atos administrativos,[168] imposto à Administração e aos seus agentes pelo princípio administrativo da legalidade, positivado no *caput* do art. 37 da Constituição brasileira. Em segundo lugar porque a sua veiculação está intrinsicamente ligada à observância do princípio administrativo da publicidade, também extraído do mesmo dispositivo da Lei Maior, porque é a motivação que possibilita, nos casos concretos, a publicização dos motivos que levaram à prática de determinado ato administrativo. Em terceiro lugar porque, se ela não for implementada nos processos administrativos, não serão atendidos, na casuística, os direitos ao contraditório e à ampla defesa, assegurados aos litigantes pelo inc. LV do art. 5º da Carta de 1988 tanto nos processos judiciais quanto nos administrativos.

2.1.13.2.2 O modelo decisório instituído pelo Código de Processo Civil 2015 e a sua extensão aos processos de licitação e contratação pública

Posto isso, questão relevante que se coloca é saber em que consiste a motivação adequada reclamada pelo constituinte.

No ponto, é *mais fácil definir*, no plano das ideias, *em que consiste uma fundamentação inadequada*. Afinal, *se o princípio da motivação tem por finalidade* (pelas razões dantes expostas) *possibilitar o controle da juridicidade sobre os atos administrativos* (incidência do princípio administrativo da legalidade), *assegurar a publicização dos motivos que conduziram à sua prática* (incidência do princípio administrativo da publicidade) *e criar as condições necessárias ao exercício dos direitos fundamentais do cidadão ao contraditório e à ampla defesa* (incidência do inc. LV do art. 5º da Constituição), *certamente, será inadequada a fundamentação que não atender a esses objetivos.*

---

[168] DI PIETRO, Maria Sylvia Zanella. *Direito administrativo*, 32. ed., p. 109.

Destarte, é possível afirmar, *contrario sensu*, que *será adequada a motivação suficiente ao atendimento desses objetivos*. Posto isso, e considerando que os mesmos objetivos permeiam a fundamentação das decisões judiciais, e que, quanto a elas, já existe disposição normativa portadora de parâmetros voltados ao seu atendimento, positivados no §1º do art. 489 do Código de Processo Civil de 2015, entendemos que *esse modelo decisório é mais adequado a orientar as tomadas de posição na esfera administrativa do que as opiniões pessoais e individuais de cada agente estatal chamado a motivar os atos que pratica*.

Essa conclusão se impõe, ante o problema, por razões de segurança jurídica, princípio constitucional anteriormente analisado, porque também inserido pelo legislador entre os princípios jurídicos que orientam a aplicação da Lei nº 14.133/2021. Isso não bastasse, a própria lei processual civil projeta, em seu art. 15, a aplicação das suas disposições aos processos administrativos. Esse dispositivo processual orienta, no plano normativo, a extensão do modelo decisório construído pelo legislador processual também aos processos administrativos, inclusive àqueles que instrumentalizam a realização de licitações e a formalização e execução de contratações públicas, que não contemplam disposições específicas sobre o tema. Ela também se justifica porque, na precisa observação de Hermes Zaneti Júnior, o Código de Processo Civil de 2015 "é a lei *processual* infraconstitucional mais importante no Estado Democrático Constitucional", na medida em que não encerra "mera alteração cosmética", mas corporifica "uma mudança profunda de paradigmas", apresentando-se, assim, dada a configuração do dispositivo anteriormente mencionado, com núcleo do sistema processual, no "entorno do qual gravitam os demais ordenamentos processuais".[169]

2.1.13.3 Descrição sistemática do modelo decisório aplicável aos processos de licitação, de contratação pública e de controle administrativo

O legislador registrou, no §1º do art. 489 da lei processual, que considera desprovida de regular fundamentação:
  a) a decisão que se limita a indicar, reproduzir ou parafrasear ato normativo, sem explicar sua relação com a causa ou a questão decidida (CPC-2015, art. 489, §1º, I);
  b) aquela que emprega conceitos jurídicos indeterminados sem explicar o motivo concreto de sua incidência no caso (CPC-2015, art. 489, §1º, II);
  c) a que invoca motivos que se prestariam a justificar qualquer outra decisão (CPC-2015, art. 489, §1º, III);
  d) a que não enfrenta as razões deduzidas pelas partes no processo (CPC-2015, art. 489, §1º, I);

---

[169] ZANETI JÚNIOR, Hermes. *Precedentes normativos formalmente vinculantes no processo penal e sua dupla função*. Para Zaneti, "o CPC deve ser compreendido como um Código do movimento da (Re)Codificação, portanto, permeável, plástico e adaptável às novas exigências do ordenamento jurídico (IRTI, Natalino. *La edad de la descodificación*), a suscitar diálogo de fontes entre o CPC entre ele os demais diplomas processuais" (MARQUES, Cláudia Lima. O "diálogo das fontes" como método da nova teoria geral do direito), o que evidencia que a sua aplicação é *transetorial* (MARINONI, Luiz Guilherme; ARENHART, Sérgio Cruz; MITIDIERO, Daniel. *Novo Código de Processo Civil comentado*, p. 113) (ZANETI JÚNIOR, Hermes. *Precedentes normativos formalmente vinculantes no processo penal e sua dupla função*, p. 312).

e) a que se limita a invocar precedente ou enunciado de súmula, mas sem identificar seus fundamentos determinantes nem demonstrar que o caso sob julgamento se ajusta àqueles fundamentos (CPC-2015, art. 489, §1º, IV); e

f) a que deixa de seguir enunciado de súmula, jurisprudência ou precedente invocado pela parte, sem demonstrar a existência de distinção no caso em julgamento ou a superação do entendimento pretoriano (CPC-2015, art. 489, §1º, VI).

Esses vícios de fundamentação contaminam não apenas as decisões jurídicas proferidas pelo Poder Judiciário, mas, pelas razões dantes expostas, também a motivação de decisões jurídicas proferidas nos processos administrativos, inclusive naqueles relativos a licitações e contratações públicas, e por isso a sua efetiva compreensão e enfrentamento tornam-se relevantes para a estruturação da incidência, nesse âmbito, do princípio da motivação. Assim, optamos por dividi-los, por efeito didático, em três grupos distintos, tendo em vista a sua natureza.

2.1.13.3.1 A inobservância dos pressupostos mínimos necessários à veiculação do discurso jurídico

O *primeiro grupo* comporta decisões em que a deficiência de fundamentação decorre da circunstância de o *intérprete/aplicador do direito não haver observado os pressupostos mínimos necessários à veiculação do discurso jurídico*,[170] que demanda, impreterivelmente, a identificação do dispositivo legal ou constitucional incidente no caso e, bem assim, a explicitação dos motivos pelos quais esse enunciado prescritivo deve ser aplicado para solucionar a contenda.[171]

Esses pressupostos não são atendidos quando a decisão se limita a indicar, reproduzir ou parafrasear ato normativo, sem explicar sua relação com a causa ou a questão decidida. É o que ocorre, no processo judicial, quando o julgador, na decisão que aprecia requerimento de tutela de urgência, assenta simplesmente que estão presentes os requisitos legais, e que por isso se impõe o deferimento da medida liminar. Essa decisão é desprovida de regular fundamentação não apenas porque o juiz não logrou especificar quais são os requisitos legais e em qual dispositivo eles estão previstos (embora isso seja intuitivo para quem conhece a lei, o legislador impôs a sua taxativa especificação pelo intérprete/aplicador), mas, sobretudo, porque ele não expôs porque motivo entende que esses requisitos estão presentes, de modo a justificar a concessão da medida liminar (elemento de convicção que não é nem pode ser intuitivo, devendo ser taxativamente minudenciado na decisão).

Também não lhes atende a decisão que emprega conceitos jurídicos indeterminados (por exemplo, expondo que a solução que atribuiu ao litígio é a mais justa), *mas não tem o*

---

[170] Quanto ao particular, Gerson Lira refere-se às figuras da "motivação contraditória e perplexa", que se verificam quando a conclusão do julgador está em flagrante divergência com a exposição da contenda pelas partes, e da "motivação insuficiente", qualificada pela circunstância de a decisão omitir ponto fundamental da demanda, deixando, assim, de examinar satisfatoriamente as questões suscitadas, ambas ofensivas à determinação colhida do inc. IX do art. 93 da Constituição da República, que estabelece, taxativamente, que os julgamentos proferidos pelos órgãos judiciais devem ser públicos e que devem ser fundamentadas todas as suas decisões, sob pena de nulidade (LIRA, Gerson. A motivação na apreciação do direito, p. 275-276).

[171] Sobre a argumentação que se segue, cf. MADUREIRA, Claudio. *Fundamentos do novo processo civil brasileiro*, p. 178-181, *passim*.

cuidado de explicitar as razões pelas quais o dispositivo legal ou constitucional que os porta (que, no caso da justiça, resulta do aspecto substancial do princípio do devido processo legal)[172] *tem aplicação ao caso concreto* (no mesmo exemplo, para expor porque a solução empregada atende à realização da justiça).

O mesmo deve ser dito da decisão que emprega fundamentos genéricos, na medida que invoca motivos que se prestariam a justificar qualquer outra decisão. No particular, o legislador também estabelece que, quando houver colisão entre normas, o intérprete/aplicador deve justificar, em suas decisões, o objeto e os critérios gerais da ponderação efetuada, tendo o cuidado de enunciar as razões que autorizam a interferência na norma afastada e as premissas fáticas que fundamentam a sua conclusão (CPC-2015, art. 489, §2º).[173] [174]

Essas decisões, porque não expõem aos seus destinatários, com clareza compatível com a segurança que governa (ou pelo menos deveria governar) as relações jurídicas, as razões pelas quais a decisão foi adotada, vão de encontro aos princípios constitucionais do devido processo legal, do contraditório e da ampla defesa (art. 5º, LIV e LV),[175] visto

---

[172] Como cediço, o aspecto substancial do devido processo legal impõe a realização concreta do direito material deduzido em juízo (Cf. CANOTILHO, José Joaquim Gomes. *Direito constitucional e teoria da Constituição*, p. 494-495) não apenas a partir da tão só subsunção dos fatos concretos ao direito positivo abstrato, mas por meio de uma aplicação temperada dos textos jurídicos às peculiaridades do caso concreto analisado, com vistas à realização da justiça (cf. ZANETI JÚNIOR, Hermes. *Processo constitucional*, p. 187-188). Sobre o assunto, ler também: NERY JÚNIOR, Nelson. *Princípios do processo civil na constituição federal*, p. 37.

[173] CPC-2015. "Art. 489 [...] §2º No caso de colisão entre normas, o juiz deve justificar o objeto e os critérios gerais da ponderação efetuada, enunciando as razões que autorizam a interferência na norma afastada e as premissas fáticas que fundamentam a conclusão".

[174] Ao ensejo, Gustavo Binenbojm leciona que "toda e qualquer limitação a direitos fundamentais deve ser justificada à luz do princípio da proporcionalidade", e que "é o emprego de tal princípio que auxilia o intérprete aplicador do direito a alcançar a justa proporção na ponderação entre os valores constitucionais envolvidos na limitação a qualquer direito fundamental" (BINENBOJM, Gustavo. Da supremacia do interesse público ao dever de proporcionalidade, p. 162). Ocorre que, como observa, na sequência, o publicista, há situações "em que o próprio constituinte antecipou o juízo de ponderação entre interesses individuais e coletivos, dispondo sobre como os conflitos devem ser tratados" (BINENBOJM, Gustavo. Da supremacia do interesse público ao dever de proporcionalidade, p. 162). Nas hipóteses em que a Constituição não realiza por completo a ponderação entre os interesses conflitantes, também o legislador poderá fazê-lo preferencialmente ao intérprete/aplicador (BINENBOJM, Gustavo. Da supremacia do interesse público ao dever de proporcionalidade, p. 164). Nesse mesmo sentido se manifesta Alexandre Santos de Aragão, quando se refere à existência de atos legislativos que realizam uma preponderação entre os valores envolvidos, optando, conforme a hipótese fática descrita em seus enunciados prescritivos, pela preponderância de determinado interesse (ARAGÃO, Alexandre Santos de. A "supremacia do interesse público" no advento do estado de direito e na hermenêutica do direito público contemporâneo, p. 4). Aragão argumenta, ainda, que essa a preponderação efetuada pelo legislador é presumidamente constitucional, e por isso deve ser acatada pelos intérpretes/aplicadores (ARAGÃO, Alexandre Santos de. A "supremacia do interesse público" no advento do estado de direito e na hermenêutica do direito público contemporâneo, p. 5). Destarte, apenas quando nem a Constituição nem a lei realizam, por completo, a ponderação entre os interesses conflitantes, é que caberá ao intérprete/aplicador fazê-lo (cf. BINENBOJM, Gustavo. Da supremacia do interesse público ao dever de proporcionalidade, p. 164 e ARAGÃO, Alexandre Santos de. A "supremacia do interesse público" no advento do estado de direito e na hermenêutica do direito público contemporâneo, p. 5). Porém, mesmo nessas hipóteses, cumpre-lhe, nas palavras de Binenbojm, percorrer em concreto todas "as etapas de adequação, necessidade e proporcionalidade em sentido estrito para encontrar o ponto arquimediano de justa ponderação entre direitos individuais e metas coletivas" (BINENBOJM, Gustavo. Da supremacia do interesse público ao dever de proporcionalidade, p. 164). Nesse mesmo sentido se manifestou Aragão na seguinte passagem doutrinária: "Quando o intérprete se deparar com situações para as quais não exista norma abstrata pré-ponderando os interesses envolvidos, em que não há como se pressupor uma necessária supremacia de alguns desses interesses sobre outros, deve realizar a ponderação de interesses *in concreto*, à luz dos valores constitucionais envolvidos" (ARAGÃO, Alexandre Santos de. A "supremacia do interesse público" no advento do estado de direito e na hermenêutica do direito público contemporâneo, p. 5).

[175] CRFB: "Art. 5º Todos são iguais perante a lei, sem distinção de qualquer natureza, garantindo-se aos brasileiros e aos estrangeiros residentes no País a inviolabilidade do direito à vida, à liberdade, à igualdade, à segurança e à propriedade, nos termos seguintes: [...] LIV - ninguém será privado da liberdade ou de seus bens sem o

que o conhecimento prévio dessas razões é pressuposto indispensável para o exercício do direito de defesa.

2.1.13.3.2 A ausência de enfrentamento das razões deduzidas no processo

O *segundo grupo* é integrado por decisões em que o *intérprete/aplicador do direito queda-se inerte em enfrentar as razões deduzidas no processo*,[176] traduzida pelo legislador processual na expressão "argumentos deduzidos no processo que em tese possam infirmar a conclusão adotada".

O vício detectado é grave e insanável. Ora, nada adianta aos destinatários da decisão conhecerem os motivos pelos quais sua pretensão foi rejeitada, pois, nesse caso, não lhe terá sido possível desafiar essa decisão com base no efetivo e integral conhecimento da sua fundamentação, do que resulta ofensa aos princípios constitucionais do devido processo legal, do contraditório e da ampla defesa. Posto isso, é inoportuna e também contrária ao direito a hipotética tentativa de intérpretes/aplicadores de proferir, nos casos concretos, decisões jurídicas que contenham semelhante vício de fundamentação.

2.1.13.3.3 A aplicação inadequada do modelo de precedentes

O *terceiro grupo* de vícios de fundamentação apontados pelo legislador processual agrega *decisões que aplicam de forma inadequada o modelo de precedentes*.[177]

Entre nós, os precedentes obrigam os julgadores. A sua vinculatividade resulta do disposto no art. 927 do Código de Processo Civil de 2015, que impõe a juízes e aos tribunais que observem as decisões proferidas pelo Supremo Tribunal Federal em controle concentrado de constitucionalidade, os seus enunciados de súmula vinculante, os acórdãos firmados em incidente de assunção de competência ou de resolução de demandas repetitivas e em julgamento de recursos extraordinário e especial repetitivos, as súmulas não vinculantes do Supremo Tribunal Federal em matéria constitucional e do Superior Tribunal de Justiça em matéria infraconstitucional e as orientações do Plenário ou do órgão especial aos quais estiverem vinculados. Esses pronunciamentos jurisdicionais-tipo encartam o que Hermes Zaneti Júnior convencionou chamar precedentes normativos formalmente vinculantes,[178] porque a sua obrigatoriedade decorre de taxativa imposição legal.

Todavia, também há vinculatividade fora do âmbito desses pronunciamentos-tipo.

Em primeiro lugar porque os tribunais de cúpula podem manter turmas/câmaras/sessões especializadas para julgamento de matérias específicas (direito administrativo,

---

devido processo legal; LV - aos litigantes, em processo judicial ou administrativo, e aos acusados em geral são assegurados o contraditório e ampla defesa, com os meios e recursos a ela inerentes".

[176] Sobre a argumentação que se segue, cf. MADUREIRA, Claudio. *Fundamentos do novo processo civil brasileiro*, p. 181-182.

[177] Sobre a argumentação que se segue, cf. MADUREIRA, Claudio. *Fundamentos do novo processo civil brasileiro*, p. 182-184.

[178] ZANETI JÚNIOR, Hermes. O valor vinculante dos precedentes.

direito previdenciário etc.), que culminam por enfrentar questões constitucionais e de direito nacional que muitas vezes não chegam a ser conduzidas aos seus plenários/ órgãos especiais. Esses pronunciamentos jurisdicionais, na medida em que não se encontram referidos no art. 927 do Código de Processo Civil de 2015, não integram o que Zaneti designou como *precedentes normativos formalmente vinculantes*, mas podem ser incorporados ao conceito de precedentes sob a forma *precedentes normativos vinculantes*, cuja vinculatividade não resulta de taxativa imposição normativa, mas da circunstância de o ordenamento jurídico reconhecer "o papel de cortes supremas às cortes de vértice" e de levar "a sério os seus tribunais e suas decisões", que configura "uma 'presunção a favor do precedente', de cunho normativo, muito embora não conte com uma previsão formal (legal) de vinculatividade expressa e explícita dos textos legais".[179] É precisamente nesse contexto que se situam as decisões uniformizadoras proferidas pelas turmas/ câmaras/sessões especializadas dos Tribunais de Vértice (e também pelos Tribunais de Segunda Instância), que, por deterem essa característica (pretensão de uniformização), impõem-se, nos casos concretos, como *precedentes vinculantes sem previsão legal*.

Em segundo lugar porque a lei processual conferiu vinculatividade também às decisões persuasivas invocadas, quando estabeleceu, no inc. VI do §1º do seu art. 489, que "não se considera fundamentada qualquer decisão judicial, seja ela interlocutória, sentença ou acórdão" (art. 489, §1º), que deixar de seguir (não apenas precedentes, mas também) enunciado de súmula e jurisprudência "invocado pela parte, sem demonstrar a existência de distinção no caso em julgamento ou a superação do entendimento" (art. 489, §1º, VI).[180] Vê-se, pois, que o dispositivo enuncia (i) quanto aos precedentes, tão

---

[179] ZANETI JÚNIOR, Hermes. *O valor vinculante dos precedentes*, p. 325. Zaneti defendia a adoção da teoria dos precedentes pelo direito brasileiro mesmo antes da edição do código de 2015 (ZANETI JÚNIOR, Hermes. *Processo constitucional*, p. 50). Porém, em suas próprias palavras, o Brasil apresentava até então "um modelo fraco de precedentes judiciais", pois "muito embora em alguns casos houvesse vinculatividade (ex.: súmulas vinculantes) não havia uma regra geral de *stare decisis* e a recepção do modelo de *stare decisis* tinha sido até o presente momento apenas uma recepção parcial e mitigada" (ZANETI JÚNIOR, Hermes. *O valor vinculante dos precedentes*, p. 357). Existia, então, "uma ideologia que, do ponto de vista cultural e normativo, compreendia os precedentes como instrumentos fracos de persuasão e não como normas vinculantes de nosso sistema", num contexto em que "a teoria das fontes reconhecia aos precedentes um papel de fontes secundárias e a prática judicial lhes emprestava o caráter de argumentos de reforço, muitas vezes relevantes, mas não vinculantes em relação às decisões dos casos-atuais" (ZANETI JÚNIOR, Hermes. *O valor vinculante dos precedentes*, p. 357). Esse quadro se modificou com a edição do código de 2015, quer porque o seu art. 927 vincula os juízes e tribunais ao cumprimento de precedentes extraídos pelos intérpretes de determinados pronunciamentos jurisdicionais-tipo (*precedentes normativos formalmente vinculantes* e *precedentes normativos formalmente vinculantes fortes*), quer porque o inc. VI do §1º de seu art. 489 a eles impõe seguir (entre outros pronunciamentos jurisdicionais) os precedentes invocados pelas partes em suas manifestações no processo; aqui incluídos não apenas os *precedentes normativos formalmente vinculantes*, mas também os chamados *precedentes normativos vinculantes* (ZANETI JÚNIOR, Hermes. *O valor vinculante dos precedentes*, p. 325). Afinal, é "sinal de maturidade jurídica o ordenamento levar em consideração os precedentes de outras cortes em casos análogos" (ZANETI JÚNIOR, Hermes. *O valor vinculante dos precedentes*, p. 324).

[180] Não prospera, ao ensejo, a suposição de que o legislador, quando empregou, no texto do código, a frase "enunciado de súmula, jurisprudência ou precedente invocado", quis referir tão somente aos precedentes extraídos dos pronunciamentos jurisdicionais elencados em seu art. 927, ou, quando menos, que estaria se reportando a eles e aos precedentes normativos sem previsão legal (firmados por turmas/câmaras/sessões especializadas dos Tribunais). A uma porque a confirmação dessa intepretação jurídica pressupõe que se admita que, em direito, a lei contém (ou que poderia conter) palavras inúteis, suposição amplamente rejeitada pela tradição jurídica; *como se a opção do legislador por impor aos julgadores que sigam enunciado de súmula, jurisprudência ou precedente invocado pelas partes sempre que não lograrem demonstrar a configuração de distinção ou superação nos casos concretos significasse*, na prática, *que apenas os precedentes invocados mereceriam semelhante acatamento*; sobretudo quando se tem em vista que se o legislador tivesse efetivamente desejado que apenas os precedentes invocados precisassem ser observados no curso do processo bastaria que ele somente tivesse empregado, no dispositivo, o

somente a possibilidade do afastamento da sua obrigatoriedade (imposta pelo art. 927 do código de 2015) quando o julgador puder demonstrar a configuração de distinção ou superação, prevendo, (ii) quanto aos enunciados de súmula e à jurisprudência invocados pelas partes,[181] que esses pronunciamentos (ii.1) precisam observados pelos julgadores[182] e que, como os precedentes, (ii.2) somente podem ter a sua aplicação afastada nos casos concretos quando o julgador vier a demonstrar a existência distinção ou superação.[183]

Em terceiro lugar porque há quem defensa, inclusive, a existência de *precedentes administrativos*, que seriam aqueles formados por decisões jurídicas firmadas por determinados órgãos administrativos. No ponto, Rafael Carvalho Oliveira Rezende sustenta que a exigência de coerência no exercício da atividade estatal justificaria a extensão da vinculatividade inerente aos precedentes judiciais também aos processos administrativos,[184] de modo a que decisões por ele qualificadas como precedentes administrativos passassem a ser observadas na resolução administrativa de casos futuros e semelhantes.[185] Para o autor, o precedente administrativo pode ser conceituado como a norma jurídica retirada de decisão administrativa em caso concreto anterior, que, sendo válida e compatível com o interesse público, deveria ser ulteriormente observada pela Administração Pública.[186] Em mesmo sentido se posiciona Gustavo Marinho de Carvalho, para quem o precedente administrativo é a norma jurídica extraída por indução de um ato administrativo individual e concreto, de tipo decisório, ampliativo ou restritivo da esfera jurídica dos administrados, e que vincula o comportamento da Administração Pública, inclusive órgãos de controle, para todos os casos posteriores e substancialmente similares.[187] Muito embora não estejamos convencidos de que os atos decisórios referidos

---

signo *precedente*, deixando de fora do texto legal a referência feita aos signos *enunciado de súmula* e *jurisprudência*. A duas porque também desmente essa ilação a própria inclusão, no texto normativo, da preposição *ou*, que por si só indica que o legislador considerou abarcados pela regra formulada cada um dos três tipos de pronunciamentos mencionados (enunciado de súmula, jurisprudência ou precedente), e não apenas um deles (precedente). A três porque a adstrição de juízes e tribunais aos precedentes já resulta do texto do art. 927 da lei processual, que projeta a obrigatoriedade que têm os julgadores de, independentemente da sua invocação nas manifestações processuais, observá-los em suas decisões/sentenças/acórdãos.

[181] Ambos situados por Zaneti no contexto do que ele convencionou chamar *jurisprudência persuasiva*, mas que, por efeito didático, convencionamos chamar, simplesmente, de *decisões persuasivas invocadas*.

[182] Como ocorre com os precedentes, embora quanto a eles sequer seja necessária a sua invocação pelas partes, dada a imposição jurídico-normativa que sobressai do art. 927 da lei processual.

[183] Por óbvio, a noção de superação aplicada às decisões persuasivas invocadas (que se diferenciam dos precedentes por não possuírem caráter uniformizador) precisa ser a adequada à sua natureza, sob pena e risco de que se configure, na casuística, imposição a que os julgadores observem, ao mesmo tempo, posicionamentos jurídicos contraditórios (o que se verificaria, por exemplo, se autor e réu invocarem acórdãos de Tribunais distintos proferidos em sentido diametralmente opostos). Porém, isso é assunto para estudo mais aprofundado, quando ao que recomendamos a leitura da Dissertação de Mestrado apresentada por Gabriel Sardenberg Cunha ao Programa de Pós-Graduação em Direito da Ufes, e que foi aprovada com distinção por banca composta, juntamente com o autor (orientador da pesquisa), pelos professores Hermes Zaneti Júnior, Daniel Mitidiero e Samuel Meira Brasil Júnior, que certamente se inserem entre os principais especialistas na matéria no âmbito do direito brasileiro. A propósito, cf.: CUNHA, Gabriel Sardenberg. *Precedentes e decisões (potencialmente) vinculantes*, p. 208-211, *passim*.

[184] Sobre a vinculatividade dos precedentes judiciais à Administração Pública, cf. MADUREIRA, Claudio. *Royalties de Petróleo e Federação*, p. 194-201, *passim*.

[185] OLIVEIRA, Rafael Carvalho Rezende. *Precedentes no direito administrativo*, p. 96.

[186] OLIVEIRA, Rafael Carvalho Rezende. *Precedentes no direito administrativo*, p. 95.

[187] CARVALHO, Gustavo Marinho de. Precedentes administrativos no direito brasileiro, p. 121.

por Rezende e Oliveira efetivamente se apresentam como precedentes,[188] não há dúvidas de que existem, no regime processual vigente, decisões administrativas uniformizadoras que afetam o resultado final dos processos judiciais.

O principal exemplo deste fenômeno são as chamadas orientações vinculantes firmadas no âmbito administrativo, cuja formação obsta, nos precisos termos do inc. IV do §4º do art. 496 do Código de Processo Civil de 2015,[189] a incidência da remessa necessária (também chamada reexame obrigatório) nos casos concretos. Observe-se que o dispositivo, em seus incisos antecedentes,[190] afasta a remessa necessária quando estamos diante de sentenças fundadas em precedentes. Destarte, essas orientações administrativas vinculantes, conquanto não vinculem julgamentos proferidos nos processos judiciais (no ponto, sua eficácia é meramente persuasiva), obstam o prosseguimento do feito em reexame necessária, apresentando-se, portanto, como espécie anômala de decisão persuasiva (embora, claramente não se qualifique, na linha do posicionamento de Zaneti, como jurisprudência persuasiva).[191]

Essas considerações põem em evidência que o modelo de precedentes concebido pelo legislador processual vai além dos precedentes normativos formalmente vinculantes, porque também inclui as decisões proferidas pelas turmas/câmaras/seções especializadas desses Tribunais de Cúpula (*precedentes vinculantes sem previsão legal*) e as *decisões persuasivas invocadas* (CPC-2015, art. 489, §1º, VI), que também abarcam, com os ajustes que se fizerem necessários, as *orientações administrativas vinculantes* (CPC-2015, art. 496, §4º, IV). Todos esses pronunciamentos orientam, em maior ou menor medida, o julgamento dos processos judiciais.

Porém, em rigor, eles também vinculam a atividade administrativa. Afinal, muito embora o Código de Processo Civil de 2015 somente disponha sobre a vinculação dos julgadores aos precedentes e decisões persuasivas invocadas, é equivocada a suposição de que a sua obrigatoriedade não se estende aos jurisdicionados e (sobretudo) à Administração Pública. É que, conquanto a lei processual não traga disposição expressa nesse sentido, os precedentes firmados pelos Tribunais brasileiros (inclusive o que convencionamos chamar precedentes sem previsão legal) e também as súmulas e a jurisprudência invocadas pelas partes (ainda que não configurem precedentes) estendem

---

[188] Assim compreendidos os pronunciamentos jurisdicionais uniformizadores a que os juízes devem observância por imposição legal (*precedentes normativos formalmente vinculantes* e *precedentes normativos formalmente vinculantes fortes*; cf. ZANETI JÚNIOR, Hermes. *O valor vinculante dos precedentes*) ou por imperativo lógico (*precedentes normativos vinculantes*, que convencionamos chamar, por efeito didático, *precedentes vinculantes sem previsão legal*; cf. MADUREIRA, Claudio. *Fundamentos do novo processo civil brasileiro*, *passim*).

[189] CPC-2015: "Art. 496. Está sujeita ao duplo grau de jurisdição, não produzindo efeito senão depois de confirmada pelo tribunal, a sentença: [...] §4º Também não se aplica o disposto neste artigo quando a sentença estiver fundada em: [...] IV - entendimento coincidente com orientação vinculante firmada no âmbito administrativo do próprio ente público, consolidada em manifestação, parecer ou súmula administrativa".

[190] CPC-2015: "Art. 496. Está sujeita ao duplo grau de jurisdição, não produzindo efeito senão depois de confirmada pelo tribunal, a sentença: [...] §4º Também não se aplica o disposto neste artigo quando a sentença estiver fundada em: I - súmula de tribunal superior; II - acórdão proferido pelo Supremo Tribunal Federal ou pelo Superior Tribunal de Justiça em julgamento de recursos repetitivos; III - entendimento firmado em incidente de resolução de demandas repetitivas ou de assunção de competência [...]".

[191] Talvez seja possível reuni-las, juntamente com as decisões jurídicas proferidas (por exemplo) pelos Tribunais de Contas e pelos Conselhos de Contribuintes (que tem efeitos concretos evidentes sobre a Administração Pública), quando invocadas no curso do processo judicial, como espécie do gênero decisões persuasivas invocadas, de que seriam espécies a jurisprudência persuasiva e as decisões persuasivas administrativas. Mas isso é assunto para outro estudo.

seus efeitos também aos jurisdicionados (a todos eles), por aplicação do disposto nos arts. 5º e 77, II da lei processual civil, em especial àqueles que se qualificarem como órgãos e entidades da Administração Pública, dada a incidência, juntamente com esses dispositivos processuais, dos princípios administrativos da legalidade e da eficiência.[192]

O art. 5º do Código de Processo Civil de 2015 estabelece, textualmente, que "aquele que de qualquer forma participa do processo deve comportar-se de acordo com a boa-fé".[193] Por sua vez, o inc. II do seu art. 77 elenca entre os deveres das partes, de seus procuradores e de todos aqueles que de qualquer forma participem do processo de não formular pretensão ou de apresentar defesa quando cientes de que são destituídas de fundamento (dever processual de não litigar contrariamente ao direito). A conjugação desses dispositivos processuais à constatação (a partir do texto da lei processual) de que as decisões/sentenças/acórdãos invariavelmente observarão os precedentes e decisões persuasivas invocadas[194] não deixa alternativa aos jurisdicionados. Afinal, *não se pode dizer que atua com boa-fé (art. 5º) ou que se abstém de formular pretensão/defesa destituídas de fundamento (art. 77, II) aquele que se recusa a conferir cumprimento voluntário à pretensão fundada em precedente/decisão persuasiva invocada, ou que insiste em veicular/manter pretensão refutada por precedente/decisão persuasiva invocada*. Em rigor, somente é legítimo litigar, nesse contexto, enquanto houver dúvida sobre quem vai vencer o processo. Porém, se o deslinde da *vexata quaestio* estiver a depender exclusivamente da definição sobre se deve prevalecer, enquanto interpretação jurídica, a tese (pretensão do autor) ou a antítese (resistência do réu a essa pretensão), a simples invocação de precedente vinculante (ressalvada, evidentemente, a hipótese de configuração de distinção ou superação) afasta qualquer dúvida neste sentido (precedentes vinculam os julgadores, que, posto isso, precisam adotá-los em suas decisões/sentenças/acórdãos), tornando ilegítimo o ato de litigar/prosseguir litigando. O fato é que, presentes essas precondições, ter-se-á a certeza da derrota na demanda, o que faz com que o ato de litigar (ou prosseguir litigando) contraponha-se, ao mesmo tempo, aos deveres processuais de agir com boa-fé no processo (art. 5º) e de não litigar contrariamente ao direito (CPC-2015, art. 77, II).[195]

O mesmo raciocínio se aplica à Fazenda Pública, sobre a qual também incidem os precitados deveres processuais (agir com boa-fé no processo e não litigar contrariamente ao direito). Porém, quanto a ela, são aplicáveis, ainda, os princípios administrativos da legalidade e da eficiência.[196]

A legalidade administrativa distingue-se da legalidade comum, voltada ao cidadão, autorizado pela Constituição brasileira (art. 5º, II) a fazer tudo que o direito não proíbe e a deixar de fazer o que o direito não lhe impõe, porque se qualifica como

---

[192] Cf. MADUREIRA, Claudio. *Royalties de petróleo e Federação*, p. 194-195.
[193] Sobre a argumentação que se segue, cf.: MADUREIRA, Claudio. *Royalties de petróleo e Federação*, p. 195-196.
[194] Como expusemos, o legislador processual (art. 927) foi muito claro ao determinar aos julgadores que observem precedentes, visto que a expressão empregada (*observarão*) não deixa espaço para que se veicule interpretação que atribua a esses precedentes eficácia meramente persuasiva.
[195] Cf. MADUREIRA, Claudio. Fundamentos do novo processo civil brasileiro.
[196] Positivados, nos termos seguintes, no *caput* do art. 37 da Constituição da República: "Art. 37. A administração pública direta e indireta de qualquer dos Poderes da União, dos Estados, do Distrito Federal e dos Municípios obedecerá aos princípios *legalidade*, impessoalidade, moralidade, publicidade e *eficiência* e, também, ao seguinte: (Redação dada pela Emenda Constitucional nº 19, de 1998)".

legalidade estrita,[197] que impõe à Administração e a seus agentes que atuem dentro dos estritos limites do que o direito lhe autoriza.[198] Todavia, o direito de nosso tempo tornou-se mais flexível, ou talvez mais "suave", como sugere Gustavo Zagrebelsky;[199] o que faz com que, conforme variam os intérpretes, da interpretação do direito possam resultar diferentes soluções jurídicas para um mesmo problema.[200] Os precedentes (e também

---

[197] Com efeito, o agente estatal, na lição de Hely Lopes Meirelles, "não pode [...] deixar de cumprir os deveres que a lei lhe impõe, nem renunciar a qualquer parcela dos poderes e prerrogativas que lhes são conferidos", precisamente porque "os deveres, poderes e prerrogativas não lhe são outorgados em consideração pessoal, mas sim, para serem utilizados em benefício da comunidade administrada" (MEIRELLES, Hely Lopes. *Direito administrativo brasileiro*, 16. ed., p. 77). Daí falar-se em legalidade estrita, a vincular a Administração Pública e seus agentes, que, conforme observa Celso Antônio Bandeira de Mello, é "fruto da submissão do Estado à lei" (BANDEIRA DE MELLO, Celso Antônio. *Curso de direito administrativo*, 27. ed., p. 100). Maria Sylvia Zanella Di Pietro destaca a absoluta importância da legalidade para o regime jurídico-administrativo, quando afirma que "este princípio juntamente com o de controle da Administração pelo Poder Judiciário, nasceu com o Estado de Direito e constitui uma das principais garantias de respeito aos direitos individuais" (DI PIETRO, Maria Sylvia Zanella. *Direito administrativo*, 13. ed., p. 67). Nesse mesmo sentido se posiciona Romeu Felipe Bacellar Filho, quando expõe que esse princípio decorre "do Estado de Direito, respeitadas as nuances da construção do significado desse conceito em cada país" (BACELLAR FILHO, Romeu Felipe. A noção jurídica de interesse público no direito administrativo brasileiro, p. 96). Trata-se, pois, como ensinam José Joaquim Gomes Canotilho e Vital Moreira, de "instrumento normativo de vinculação jurídico-constitucional da Administração" (CANOTILHO, José Joaquim Gomes de; MOREIRA, Vital. *Fundamentos da Constituição*, p. 84). Por força desse princípio é que, na preciosa observação de Meirelles, "enquanto na administração particular é lícito fazer tudo o que a lei não proíbe, na Administração Pública só é permitido fazer o que a lei autoriza" (MEIRELLES, Hely Lopes. *Direito administrativo brasileiro*, 16. ed., p. 78). Ou, como expressa Bandeira de Mello, "ao contrário dos particulares, os quais podem fazer tudo que não lhes seja proibido, a Administração pode fazer apenas o que lhe seja de antemão permitido por lei" (BANDEIRA DE MELLO, Celso Antônio. Legalidade, discricionariedade: seus limites e controle, p. 57. Sobre o assunto, consulte-se, ainda: BANDEIRA DE MELLO, Celso Antônio. *Curso de direito administrativo*, 27. ed., p. 76; 101). Ou, ainda, como sintetiza Di Pietro, "a Administração Pública só pode fazer o que a lei permite" (DI PIETRO, Maria Sylvia Zanella. *Direito administrativo*, 13. ed., 2001, p. 68). Sobre o assunto, ler também: MADUREIRA. *Advocacia Pública*, p. 36-41 e MADUREIRA, Claudio. *Royalties de petróleo e Federação*, p. 196-199.

[198] Orienta, de igual modo, a vinculação dos agentes estatais a uma correta aplicação do direito, a necessidade que tem a Administração Pública de promover a realização do interesse público. A propósito, Bandeira de Mello expressa que "a noção de interesse público [...] impede que se incida no equívoco muito grave de supor que o interesse público é exclusivamente um interesse do Estado", lapso de compreensão "que faz resvalar fácil e naturalmente para a concepção simplista e perigosa de identificá-lo com quaisquer interesses da entidade que representa o todo" (BANDEIRA DE MELLO, Celso Antônio. *A noção jurídica de "interesse público"*, p. 187. A propósito, cf., ainda: BANDEIRA DE MELLO, Celso Antônio. *Curso de direito administrativo*, 27. ed., p. 65). Para esse professor paulista "o Estado, tal como os demais particulares, é, também ele, uma pessoa jurídica, que, pois, existe e convive no universo jurídico em concorrência com todos os demais sujeitos de direito", e que, por isso, "independentemente do fato de ser, por definição, encarregado de interesses públicos", pode ter, como qualquer outra pessoa, "interesses que lhe são particulares, individuais, e que, tal como os interesses delas, concebidas em suas meras individualidades, se encarnam no Estado enquanto pessoa" (BANDEIRA DE MELLO, Celso Antônio. *A noção jurídica de "interesse público"*, p. 188. Sobre o assunto, ler também: BANDEIRA DE MELLO, Celso Antônio. *Curso de direito administrativo*, 27. ed., p. 65-66). Esses últimos interesses não são, conforme Bandeira de Mello, "interesses públicos", mas se qualificam, na verdade, como "interesses individuais do Estado" (por exemplo, cobrar tributos) (BANDEIRA DE MELLO, Celso Antônio. *A noção jurídica de "interesse público"*, p. 188). Esses interesses particulares do Estado só merecem proteção jurídica quando instrumentais ao interesse público (BANDEIRA DE MELLO, Celso Antônio. *A noção jurídica de "interesse público"*, p. 188) (por exemplo, cobrar tributos dentro dos limites legais, para tornar viável o fornecimento de serviços públicos). Por isso é que, na acepção teórica adotada por Bandeira de Mello, o interesse público consiste no interesse do Estado e da sociedade na observância da ordem jurídica estabelecida, pressupondo, assim, uma correta aplicação do direito. Ao ensejo, cf., também: MADUREIRA, Claudio. Poder público, litigiosidade e responsabilidade social e MADUREIRA, Claudio. *Advocacia Pública*, p. 45-96, *passim*.

[199] ZAGREBELSKY, Gustavo. *Il diritto mitte*. Sobre o assunto, ler também: MADUREIRA, Claudio. *Advocacia Pública*, p. 300-306, *passim* e MADUREIRA, Claudio. *Fundamentos do novo processo civil brasileiro*, p. 36-50, *passim*.

[200] Com efeito, na precisa alegoria construída por Eros Roberto Grau, "dá-se na interpretação de textos normativos algo análogo ao que se passa na interpretação musical" (GRAU, Eros Roberto. *Ensaio e discurso sobre a interpretação/ aplicação do direito*, p. 36). Grau observa, quanto a esse pormenor, que "não há uma única interpretação correta

as decisões persuasivas invocadas) se apresentam, nesse contexto, como elementos que possibilitam o fechamento do sistema, de modo a conferir as necessárias segurança e isonomia aos jurisdicionados.[201] Por esse motivo é que, ressalvada a configuração de distinção ou superação, os precedentes firmados pelos tribunais brasileiros (e também as decisões persuasivas invocadas) encerram, para a Administração Pública, a ideia de legalidade. É que, ao largo deles, não há espaço para uma vitória processual da Fazenda Pública na eventualidade de o prejudicado vir a se socorrer do Poder Judiciário. Afinal, os precedentes/decisões persuasivas invocadas vinculam (pelas razões dantes expostas) a atividade jurisdicional. Destarte, da sua contrariedade na esfera administrativa, sobretudo quando não se cogita da configuração de distinção ou superação, resulta ofensa ao princípio administrativo da legalidade.

Dela também decorre violação ao princípio da eficiência, que se destina, na lição de Maria Silvia Zanella Di Pietro, a "alcançar os melhores resultados na prestação do serviço público".[202] É que, se os precedentes/decisões persuasivas invocadas vinculam os julgadores,[203] da iniciativa dos agentes estatais por lhes recusar observância na esfera administrativa pode resultar a condução ao Poder Judiciário de litígios com resultado claramente previsível, qual seja: a derrota do Poder Público. Semelhante escolha administrativa por óbvio não traduz "o melhor resultado da prestação".[204] Em especial quando se considera que os custos do processo são suportados pela Administração Pública, que paga os salários de juízes, promotores e procuradores, bem como dos serventuários da Justiça, do Ministério Público e das procuradorias, além de arcar com as demais despesas inerentes à execução da função jurisdicional com relação à tramitação dos processos em que são partes os entes estatais (despesas com diligências de oficiais de justiça, honorários de advogado, honorários periciais etc.). O que se dá é que, como ressalta Di Pietro em outro trabalho, a Administração, quando posterga (inclusive quando deixa de seguir interpretações jurídicas uniformizadoras gravadas em precedentes/decisões persuasivas invocadas) compromissos financeiros a seu cargo (por exemplo "no afã de deixar para governos futuros o pagamento de precatórios judiciais"), estará "sobrecarregando os cofres públicos com todos os ônus decorrentes da demanda judicial",[205] incorrendo, destarte, em violação ao princípio administrativo da eficiência.

Posto isso, questão relevante que se coloca é saber como aplicar o modelo de precedentes.

Para tanto, é preciso deixar claro, desde logo, que *os precedentes não devem ser confundidos com os pronunciamentos-tipo* enumerados no art. 927 do Código de Processo

---

(exata) da Sexta Sinfonia de Beethoven", aduzindo, ao ensejo, que "a Pastoral regida por Toscano, com a Sinfônica de Milão, é diferente da Pastoral regida por Von Karajan, com a Filarmônica de Berlim", e que "não obstante uma seja mais romântica, mais derramada, a outra mais longilínea, as duas são autênticas – e corretas" (GRAU, Eros Roberto. *Ensaio e discurso sobre a interpretação/aplicação do direito*, p. 36). Com essas considerações, esse professor paulista rejeita "a existência de uma única resposta correta (verdadeira, portanto) para o caso jurídico – ainda que o intérprete esteja, através dos princípios, vinculado pelo sistema jurídico" (GRAU, Eros Roberto. *Ensaio e discurso sobre a interpretação/aplicação do direito*, p. 36).

[201] MADUREIRA, Claudio. *Fundamentos do novo processo civil brasileiro*, p. 124-177, *passim*.
[202] DI PIETRO, Maria Sylvia Zanella. *Direito administrativo*, 13. ed., p. 83. Sobre a argumentação que se segue, cf.: MADUREIRA, Claudio. *Royalties de petróleo e Federação*, p. 200.
[203] E a lei processual deixou isso muito claro ao empregar, em seu art. 927, a expressão "observarão".
[204] Cf. DI PIETRO, Maria Sylvia Zanella. *Direito administrativo*, p. 83.
[205] DI PIETRO, Maria Sylvia Zanella. Advocacia Pública, p. 24.

Civil de 2015. É que, nas palavras de Zaneti, os precedentes "consistem no resultado da densificação de normas estabelecidas a partir da compreensão de um caso e suas circunstâncias fáticas e jurídicas", dispondo, a propósito, que "no momento da aplicação deste caso-precedente, analisado no caso-atual, se extrai a *ratio decidendi* ou *holding* como o *core* do precedente".[206] O precedente é, então, "solução jurídica explicitada argumentativamente pelo intérprete a partir da unidade fático-jurídica do caso-precedente (*material facts* somados à solução dada para o caso) com o caso-atual".[207] Eles também não se confundem com a jurisprudência, seja porque não traduzem tendências do Tribunal, mas a sua própria decisão (ou decisões) a respeito da matéria, seja porque obrigam o próprio Tribunal que decidiu, que é responsável, como as cortes inferiores, por sua manutenção e estabilidade.[208] De igual modo os distinguem a circunstância de eles poderem "ser identificados a partir de apenas uma decisão, mesmo que possam ser compreendidos à luz de uma série de decisões, cadeia de precedentes, bastando um *leading case* que modifique ou crie uma nova tese jurídica para formar um precedente", enquanto que a formação da jurisprudência pressupõe "decisões reiteradas dos Tribunais".[209] Entretanto, essas notas distintivas, embora relevantes para a compreensão do problema, não possibilitam por si só a precisa definição, nos casos concretos, sobre se determinada decisão judicial encerra ou não precedente. Essa definição somente pode ser feita quando se tem em vista que *os precedentes têm função normativa*. Conforme Zaneti, "não será precedente a decisão que aplicar lei ao objeto de controvérsia", limitando-se, assim, "a indicar a subsunção de fatos ao texto legal, sem apresentar conteúdo interpretativo relevante para o caso-atual e para casos-futuros", isto é, "que apenas refletir a interpretação dada a uma norma legal vinculativa pela própria força da lei", hipótese em que o cumprimento da regra "não depende da força do precedente para ser vinculativa", mas resulta, em rigor, da própria norma abstrata aplicada.[210] De igual modo, não constitui precedente a decisão que cita decisão anterior, mas "sem fazer qualquer especificação nova ao caso", contexto em que a vinculação decorrerá "do precedente anterior, do caso-precedente, e não da situação presente no caso-atual".[211] Assim, somente será precedente "a decisão que resultar efeitos jurídicos normativos para os casos futuros",[212] ou que constituir "acréscimos (ou glosas) aos textos legais relevantes para a solução de questões jurídicas".[213] *Os precedentes encerram, portanto, normas jurídicas extraídas pelos intérpretes dos pronunciamentos jurisdicionais referidos pelo art. 927 da lei processual.*

Atento a isso, Gabriel Sardenberg Cunha diferencia precedentes dos pronunciamentos-tipo capazes de gerá-los, quando propõe, em doutrina, a distinção entre a *norma-precedente* e o *texto-precedente*.[214] Em suas próprias palavras:

---

[206] ZANETI JÚNIOR, Hermes. *O valor vinculante dos precedentes*, p. 304.
[207] ZANETI JÚNIOR, Hermes. *O valor vinculante dos precedentes*, p. 305-306.
[208] ZANETI JÚNIOR, Hermes. *O valor vinculante dos precedentes*, p. 306-307.
[209] ZANETI JÚNIOR, Hermes. *O valor vinculante dos precedentes*, p. 308.
[210] ZANETI JÚNIOR, Hermes. *O valor vinculante dos precedentes*, p. 309.
[211] ZANETI JÚNIOR, Hermes. *O valor vinculante dos precedentes*, p. 309.
[212] ZANETI JÚNIOR, Hermes. *O valor vinculante dos precedentes*, p. 309.
[213] ZANETI JÚNIOR, Hermes. *O valor vinculante dos precedentes*, p. 310
[214] CUNHA, Gabriel Sardenberg. Precedentes e decisões (potencialmente) vinculantes, p. 107-109, *passim*.

[...] o precedente pode ser compreendido a partir tanto da ideia de uma decisão judicial em si, quanto da ideia de norma jurídica de caráter geral que provém da interpretação dessa decisão. Para o primeiro caso definiu-se o conceito de precedente em sentido amplo (sentido próprio) e, para o segundo, o conceito de precedente em sentido estrito (sentido impróprio).

No primeiro caso, o precedente, visto como espécie de decisão judicial proferida em momento certo e específico do passado, assume a característica de texto normativo, proferido com autoridade, e, agregar aos textos que servem de objeto para ser interpretado de modo a resultar nas normas que compõem esse ordenamento.

Já no segundo caso, o precedente é a norma em si mesma. Ou seja, é a *ratio decidendi*, equivale às razões determinantes utilizadas e universalizadas pelo julgador do caso precedente para solucionar determinada questão concreta. Ao formar-se a solução dessa questão, no passado, promulga-se uma norma de decisão, uma norma individual e concreta capaz de solucionar a controvérsia factual ou interpretativa que seja. Todavia, no particular dos precedentes, como essas razões determinantes para promulgar-se referida norma de decisão foram construídas em pretensão de universalidade e valendo-se de uma interpretação operativa dos textos já existentes, elas mesmas serão normas gerais e concretas a serem aplicadas na resolução de questões futuras.[215]

Enfim, os pronunciamentos-tipo elencados no art. 927 do código de 2015 (que se apresentam como decisões judiciais que se lançam como recorte textual de textos legais ou constitucionais)[216] encerram o que Cunha convencionou chamar *texto-precedente*, ao passo que da sua interpretação futura (mediante consideração de outros textos igualmente vigentes)[217] resulta a formação daquilo que por ele foi designado como *norma-precedente*. Destarte, *precedente*, tal como anteriormente delineado com base na doutrina de Zaneti, que lhe atribui vinculatividade formal, é *aquele que Cunha designou como norma-precedente*, o que significa dizer que os pronunciamentos-tipo (textos-precedentes, na classificação de Cunha) não ostentam, por si só, eficácia vinculante.

Esses mesmos parâmetros podem ser aplicados, *mutatis mutandi*, para a identificação, nos casos concretos, da *rato decidendi* de precedentes normativos sem previsão legal e de decisões persuasivas invocadas. Para tanto, basta que se convencione que eles encerram (como os pronunciamentos-tipo elencados no art. 927 do código de 2015) *texto-precedente* e que da sua interpretação futura resulta a formação da *norma-precedente*.

Essa interpretação é voltada à extração da *ratio decidendi* de precedentes e decisões persuasivas invocadas, composta, na lição de José Rogério Cruz e Tucci, pelas circunstâncias de fato que embasam a controvérsia e pela tese ou princípio jurídico assentado na motivação (*ratio decidendi*) do provimento decisório.[218] É que, quando se cogita da aplicação do modelo de precedentes, intérpretes/aplicadores não se encontram submetidos ao que foi decidido pelos Tribunais (parte dispositiva da decisão), mas aos fundamentos por eles empregados nas decisões precedentes (assumam elas a forma de precedentes ou decisões persuasivas invocadas).[219]

---

[215] CUNHA, Gabriel Sardenberg. Precedentes e decisões (potencialmente) vinculantes, p. 107-108.
[216] CUNHA, Gabriel Sardenberg. Precedentes e decisões (potencialmente) vinculantes, p. 107-109, p. 107.
[217] CUNHA, Gabriel Sardenberg. Precedentes e decisões (potencialmente) vinculantes, p. 108.
[218] TUCCI, José Rogério Cruz e. *Precedente judicial como fonte do direito*, p. 12.
[219] TUCCI, José Rogério Cruz e. *Precedente judicial como fonte do direito*, p. 175-176.

Por isso é impróprio que, no campo da motivação jurídica, não apenas o julgador, mas também o intérprete/aplicador, em especial aquele que atua na esfera administrativa, recorra a precedente/decisão persuasiva invocada sem identificar seus fundamentos determinantes (*ratio decidendi*). De igual modo é inadequada a sua utilização quando não se demonstra que o caso sob julgamento se ajusta àqueles fundamentos. Afinal, *podem se verificar*, nos casos concretos, *as figuras do distinguishing* (que ocorre quando há distinção entre o caso concreto e o caso paradigma, "seja porque não há coincidência entre os fatos fundamentais discutidos e aqueles que serviram de base à *ratio decidendi* [...] constante do precedente, seja porque, a despeito de existir uma aproximação entre eles, alguma peculiaridade no caso em julgamento afasta a aplicação do precedente")[220] *e da superação* (técnica por meio da qual o precedente perde a sua força vinculante, sendo substituído por outro precedente),[221] que pode ser total ou parcial.[222] Somente mediante a invocação da existência da distinção ou da superação do precedente/decisões persuasivas invocadas[223] é que o intérprete/aplicador poderá deixar de aplicar a *ratio decidendi* dos precedentes (cuja vinculatividade se impõe independentemente da sua alegação nos autos) e das decisões persuasivas invocadas (que somente obrigam os julgadores quando adotados pelas partes em suas razões).[224]

2.1.13.4 A extensão da incidência do princípio também à atividade de controle

Este princípio também incide sobre a atividade de controle administrativo exercida sobre as licitações e contratações públicas, seja porque o art. 5º da Lei nº 14.133/2021 impõe a sua aplicação, juntamente com os demais princípios por ele mencionados, na aplicação do seu texto ("na aplicação desta Lei, serão observados os princípios"), seja porque também essa atividade de controle foi taxativamente disciplina por esse diploma legislativo.[225]

2.1.14 Princípio do interesse público

O art. 5º da Lei nº 14.133/2021 também remete ao princípio do interesse público. Todavia, para aplicá-lo aos processos que encartam licitações e contratações públicas, é preciso observar o cuidado de distinguir o que é interesse público para a Administração e o que o legislador quis dizer, na *novatio legis*, quando empregou essa expressão.

---

[220] DIDIER JÚNIOR, Fredie; BRAGA, Paula Sarno; OLIVEIRA, Rafael. *Curso de direito processual civil*, v. 2, p. 353.
[221] DIDIER JÚNIOR, Fredie; BRAGA, Paula Sarno; OLIVEIRA, Rafael. *Curso de direito processual civil*, v. 2, p. 354.
[222] DIDIER JÚNIOR, Fredie; BRAGA, Paula Sarno; OLIVEIRA, Rafael. *Curso de direito processual civil*, v. 2, p. 355.
[223] Também se cogita da superação do precedente, técnica por meio da qual ele perde a sua força vinculante, sendo substituído por outro precedente, bem como da sua superação parcial, que se refere à situação em que o Tribunal apenas limita o âmbito da sua incidência, em função da superveniência de uma regra ou princípio legal (DIDIER JÚNIOR, Fredie; BRAGA, Paula Sarno; OLIVEIRA, Rafael. *Curso de direito processual civil*, v. 2, p. 354-355).
[224] Com efeito, na lição de Zaneti, "constitui vício na motivação judicial, patente de anulação da decisão, a falta de menção aos fundamentos determinantes da decisão e a demonstração de que os elementos determinantes do caso-precedente se ajustam ao caso-atual (art. 489, *caput*, p. 1º, V; art. 1.022, p. 1º, II)" (ZANETI JÚNIOR, Hermes. *O valor vinculante dos precedentes*, p. 351).
[225] A propósito, reportamo-nos às nossas considerações nos capítulos 31, 32 e 33.

2.1.14.1 O que é interesse público?

Guilhermo Andrés Muñoz, em conferência ministrada em maio de 2003 no V Congresso de La Asociación de Derecho Público del MERCOSUR,[226] optou por não definir o conceito de interesse público,[227] preferindo dizer que "o interesse público é como o amor".[228] Nessa oportunidade, esse professor argentino observou que, muito embora as pessoas de um modo geral animem-se a dizer que sabem o que é o amor, poucos conseguiriam expressar o seu significado; e por isso concluiu que o melhor, então, seria não defini-lo.[229]

Em direção semelhante posicionou-se Tércio Sampaio Ferraz Júnior em palestra proferida no ano de 1995, reproduzida na *Revista da Procuradoria do Ministério Público do Trabalho de São Paulo*.[230] Na ocasião, Ferraz Júnior expressou que o interesse público é um lugar-comum, e que "sendo um lugar-comum, é algo que em tese e por princípio não admite definição".[231] Conforme Ferraz Júnior, os lugares comuns se singularizam por constituírem "expressões abertas, difusas e, assim, aceitáveis por muitos, independentemente de divergências quanto a detalhes".[232] A sua força reside, então, "exatamente numa espécie de aceitação silenciosa", de modo que "quanto mais temos que explicitar o lugar-comum, menos força ele tem",[233] vez que, "levantada esta ou aquela outra característica, o lugar-comum deixa de ser lugar-comum, porque aí alguns aceitam um lado, mas outros não vão aceitar o outro".[234] Daí que, para Ferraz Júnior, não se definindo o interesse público, o seu uso torna-se mais eficiente.[235]

Essa proposição de Muñoz e Ferraz Júnior é absolutamente tentadora, dadas as dificuldades inerentes ao enfrentamento desse relevante problema teórico. Todavia, a

---

[226] Doravante publicada na coletânea "Direito administrativo e interesse público: estudos em homenagem ao Professor Celso Antônio Bandeira de Mello" (MUÑOZ, Guilhermo Andrés. El interés público es como el amor, p. 21-31).

[227] Sobre a argumentação que se segue, cf. MADUREIRA, Claudio. *Advocacia Pública*, p. 45-47, *passim*.

[228] Por óbvio, Muñoz não rejeita a importância da definição do conceito de interesse público, mas apenas quis realçar as dificuldades inerentes à execução dessa tarefa intelectiva. Tanto que expressou, na sequência de sua fala, os cinco dilemas que parecem dividir a doutrina jurídica quanto a esse particular: o primeiro desses dilemas consiste em investigar o que é interesse público, isto é, qual o seu conteúdo; o segundo, comporta a discussão sobre a coincidência entre o interesse público e o interesse geral, a utilidade pública, bem comum, o interesse geral do Estado e/ou o interesse geral da sociedade; o terceiro, refere-se à dificuldade de identificação de a quem compete definir o que é interesse público (se os juízes, a Administração Pública, o legislador ou constituinte); o quarto, demanda a verificação de se interesse público pode ser depreendido em abstrato ou se apenas quando da apreciação de casos concretos; o quinto, comporta a identificação de quem são os destinatários do interesse público (MUÑOZ, Guilhermo Andrés. El interés público es como el amor, p. 23-27).

[229] MUÑOZ, Guilhermo Andrés. El interés público es como el amor, p. 30. *Ipsis literis*: "quién no se anima a decir que ha sentido que conoce lo que es el amor, que su venas ha latido a través del amor, que el ritmo de su pulso se ha movido a través de esa cosa ancestral que es el amor? Sin embargo cuando al amor se lo quiere definir, es como si desapareciera, como si perdiera fuerzas, como si perdiera todos. Entonces, es mejor non definirlo".

[230] FERRAZ JÚNIOR, Tércio Sampaio. Interesse público.

[231] FERRAZ JÚNIOR, Tércio Sampaio. Interesse público, p. 10.

[232] FERRAZ JÚNIOR, Tércio Sampaio. Interesse público, p. 10.

[233] FERRAZ JÚNIOR, Tércio Sampaio. Interesse público, p. 10.

[234] FERRAZ JÚNIOR, Tércio Sampaio. Interesse público, p. 10.

[235] FERRAZ JÚNIOR, Tércio Sampaio. Interesse público, p. 10. Como Guilhermo Muñoz (MUÑOZ, Guilhermo Andrés. El interés público es como el amor), Ferraz Júnior não ignora a importância da definição do conceito de interesse público, apenas não se propôs a tanto na oportunidade, quando aduziu, textualmente, que não discutia o conceito sob ótica da dogmática jurídica, mas como preliminar prequestionadora situada no plano da zetética (FERRAZ JÚNIOR, Tércio Sampaio. Interesse público, p. 19).

necessidade de compreender, no plano da ciência, como se processa a aplicação do direito na esfera administrativa[236] impõe ao pesquisador que (correndo todos os riscos)[237] procure identificar conceito de interesse público que se compatibilize aos ditames da legalidade, de modo a que, na prática, os agentes estatais possam, a um só tempo, observar esse princípio e induzir a realização do interesse público.

2.1.14.1.1 O que não é interesse público?

Antes de definir o que é interesse público cumpre destacar, desde logo, o que não é interesse público, ou, quando menos, o que não pode ser qualificado como tal para orientar as atividades desenvolvidas pelos agentes estatais. Nessa perspectiva, *não constituem interesse público*, pelas razões que serão expostas na sequência, *o interesse do poder público (ou do Estado) e o interesse do público (ou da sociedade)*.

2.1.14.1.1.1 Ilegitimidade da conceituação do interesse público como interesse do Poder Público (ou do Estado)

Marçal Justen Filho leciona que "a tradição jurídica costuma identificar interesse público e interesse do Estado", denunciando "uma espécie de circularidade", pela qual "o interesse é público porque atribuído ao Estado e é atribuído ao Estado porque público".[238] A conhecida crítica formulada por Humberto Ávila,[239] Alexandre Santos de Aragão,[240] Daniel Sarmento,[241] Gustavo Binenbojm[242] e Paulo Ricardo Schier[243] à supremacia do interesse público sobre o privado parece incidir nesse ponto, na medida

---

[236] Sobre os contornos da minha pesquisa, cf., por todos: MADUREIRA, Claudio. *Advocacia Pública*.

[237] Em especial o risco, antevisto por Tércio Sampaio Ferraz Júnior, de a explicitação desse conceito conduzir a uma sua correspondente crise de aceitação, à consideração de que se "levantada esta ou aquela ou aquela outra característica, o lugar-comum deixa de ser lugar-comum, porque aí alguns aceitam um lado, mas outros não vão aceitar o outro" (FERRAZ JÚNIOR, Tércio Sampaio. Interesse público, p. 10). Essa dificuldade foi manifestada por Ferraz Júnior, na sequência de sua fala, quando questionado sobre se o método tópico-problemático é o único caminho para alcançar a delimitação conceitual do interesse público: "Vocês invocam o interesse público. Ninguém define interesse público, o interesse público é alguma coisa para ser invocada, não para ser definida. Diante do fato concreto vocês chegam e dizem 'isto aqui é interesse público'. E ninguém se obriga a dizer o que é interesse público. Nós discutimos se aquele caso é de interesse público, mas não discutimos interesse público. Na hora em que vocês, no entanto, se dispõem a discutir o que é interesse público, a força do lugar-comum vai cair um pouco, vai cair dentro de um círculo pequeno. Porque na hora em que vocês definem, isto é, dão limites, vocês passam de um projeto tópico, pragmático, voltado à argumentação e para o convencimento e para a persuasão, para um projeto de racionalização. É possível fazer isso? Claro que é possível. É possível encontrarmos definições, para não dizer a definição de interesse público. É possível encontrarmos isso. E postulamos esta definição plausível. Só que o que vai acontecer depois? Na hora em que vocês usarem a definição, a capacidade argumentativa dela, vocês vão sentir, vai cair" (FERRAZ JÚNIOR, Tércio Sampaio. Interesse público, p. 22).

[238] JUSTEN FILHO, Marçal. Conceito de interesse público e a "personalização" do direito administrativo, p. 72-74, *passim*.

[239] ÁVILA, Humberto. Repensando o princípio da supremacia do interesse público sobre o particular.

[240] ARAGÃO, Alexandre Santos de. A "supremacia do interesse público" no advento do estado de direito e na hermenêutica do direito público contemporâneo.

[241] SARMENTO, Daniel. Interesses públicos vs. interesses privados na perspectiva da teoria e da filosofia constitucional.

[242] BINENBOJM, Gustavo. Da supremacia do interesse público ao dever de proporcionalidade.

[243] SCHIER, Paulo Ricardo. Ensaio sobre a supremacia do interesse público sobre o privado e o regime jurídico dos direitos fundamentais.

em que se assenta na suposição de que os intérpretes/aplicadores poderiam se servir desse princípio, quando das suas tomadas de posições nos casos concretos, para afastar a realização de direitos subjetivos individuais (interesses privados) em favor da realização de interesses coletivos (ou públicos). Dessa premissa resulta a qualificação, por esses autores, da supremacia do interesse público sobre o privado como regra de preferência que estaria a impor, sempre, a prevalência dos interesses coletivos sobre os individuais, e que por isso iria de encontro à positivação, no art. 5º da Carta da República, de direitos fundamentais individuais.[244]

Ocorre que, tecnicamente, o interesse público não deve ser confundido com o interesse do Estado. Tal se infere sem maiores dificuldades da doutrina de Celso Antônio Bandeira de Mello, da qual se extrai que, ao lado do interesse público, por ele qualificado como interesse do Estado e da sociedade na observância da ordem jurídica estabelecida,[245] o Poder Público também manifesta interesses particulares (por exemplo, cobrar tributos), designados por Renato Alessi[246] como interesses secundários e adiante qualificados por Bandeira de Mello como interesses individuais (ou particulares) do Estado.[247] Para esse professor paulista, os interesses particulares do Estado somente merecem proteção jurídica quando instrumentais ao interesse público (por exemplo, cobrar tributos dentro dos limites legais, para tornar viável o fornecimento de serviços públicos). Portanto, a realização do interesse público, tal como conceituado por Bandeira de Mello, não induz em concreto a prevalência do *público* sobre o *privado*, e por isso não inibe a realização dos direitos subjetivos individuais que decorrem das regras e princípios que compõem o ordenamento jurídico-positivo.[248]

Esse posicionamento de Bandeira de Mello quanto a não se confundirem o interesse público e o interesse do Poder Público encontra amplo respaldo na doutrina jurídica. Quanto ao particular, Sérgio Ferraz expressa que "não é a natureza da pessoa que determina a natureza do direito ou do interesse abordado".[249] Nesse mesmo sentido se manifestam Maria Sylvia Zanella Di Pietro, para quem o interesse público refere-se "aos beneficiários da atividade administrativa e não aos entes que a exercem",[250] e Marçal Justen Filho, que adverte que a construção do conceito de interesse público a partir da identidade do seu titular traduziria "inversão lógica e axiológica insuperável e frustração da sua função".[251] Aliás, para esse professor paranaense, "definir o interesse como público porque titularizado pelo Estado significa assumir uma certa escala de valores", num contexto em que "deixa de indagar-se acerca do conteúdo do interesse para dar-se destaque à titularidade estatal", o que "corresponde à concepção de que o

---

[244] Cf. MADUREIRA, Claudio. *Advocacia Pública*, p. 59-71. Sobre o assunto, ler também: MADUREIRA, Claudio. Supremacia do interesse público sobre o privado.
[245] BANDEIRA DE MELLO, Celso Antônio. *Curso de direito administrativo*, 27. ed., p. 72.
[246] Cf. ALESSI, Renato. Sistema instituzionale del diritto amministrativo italiano, p. 197.
[247] BANDEIRA DE MELLO, Celso Antônio. A noção jurídica de "interesse público", p. 188.
[248] Retomaremos esse ponto na sequência.
[249] FERRAZ, Sérgio. Regulação da economia e livre concorrência: uma hipótese.
[250] DI PIETRO, Maria Sylvia Zanella. *Discricionariedade administrativa na Constituição de 1988*, p. 163. Conforme observa Di Pietro em outro trabalho, "embora o vocábulo 'público' seja equívoco, pode-se dizer que, quando utilizado na expressão 'interesse público' ele se refere aos beneficiários da atividade administrativa e não aos entes que a exercem", visto que "a Administração Pública não é a titular do interesse público, mas apenas a sua guardiã" (DI PIETRO, Maria Sylvia Zanella. Advocacia Pública, p. 15).
[251] JUSTEN FILHO, Marçal. Conceito de interesse público e a "personalização" do direito administrativo, p. 117.

Estado é mais importante do que a comunidade e que detém interesses peculiares".²⁵² Ocorre que, sendo o Estado um instrumento para a realização dos interesses públicos, deve-se reconhecer "que o conceito de interesse público é anterior ao conceito de interesse do Estado", e que por isso "o interesse é público não porque atribuído ao Estado, mas é atribuído ao Estado por ser público".²⁵³ Assim, "a titularidade pelo Estado representa, quando muito, um indício de ser público o interesse", indício que conduz, "como não poderia deixar de ser, a uma presunção relativa".²⁵⁴

A distinção entre interesse público e interesse da Administração (ou interesse do Poder Público) também é encontrada na obra de Clovis Beznos, para quem o interesse da Administração resta circunscrito às manifestações volitivas do corpo administrativo, que não necessariamente serão coincidentes com o interesse público.²⁵⁵ Como Bandeira de Mello, Beznos reporta-se à doutrina de Renato Alessi, para advertir que os chamados interesses secundários "somente podem realizar-se em caso de coincidirem com os interesses públicos", isto é, com os interesses primários, e observa que "com frequência podem se atritar ambas as espécies, decorrendo *ipso facto* a ilegitimidade desses interesses secundários".²⁵⁶ A propósito, Romeu Felipe Bacellar Filho lembra que é próprio do exercício da função administrativa a realização de interesses coletivos.²⁵⁷ Mas observa que "estes interesses coletivos, dos quais a Administração deve buscar satisfação, não são necessariamente os interesses da Administração enquanto aparato organizativo autônomo, mas sim o interesse coletivo primário, ou seja, o interesse da coletividade".²⁵⁸ Para Bacellar Filho, "somente esse interesse é público".²⁵⁹ Nessa perspectiva, "o interesse do aparato administrativo é simplesmente um dos interesses secundários, assim como os demais interesses meramente individuais".²⁶⁰

---

²⁵² JUSTEN FILHO, Marçal. Conceito de interesse público e a "personalização" do direito administrativo, p. 117.
²⁵³ JUSTEN FILHO, Marçal. Conceito de interesse público e a "personalização" do direito administrativo, p. 117.
²⁵⁴ JUSTEN FILHO, Marçal. Conceito de interesse público e a "personalização" do direito administrativo, p. 118.
²⁵⁵ BEZNOS, Clovis. Procuradoria Geral do Estado e defesa dos interesses públicos, p. 138.
²⁵⁶ BEZNOS, Clovis. Procuradoria Geral do Estado e defesa dos interesses públicos, p. 138.
²⁵⁷ BACELLAR FILHO, Romeu Felipe. A noção jurídica de interesse público no direito administrativo brasileiro, p. 92.
²⁵⁸ BACELLAR FILHO, Romeu Felipe. A noção jurídica de interesse público no direito administrativo brasileiro, p. 92.
²⁵⁹ BACELLAR FILHO, Romeu Felipe. A noção jurídica de interesse público no direito administrativo brasileiro, p. 92.
²⁶⁰ BACELLAR FILHO, Romeu Felipe. A noção jurídica de interesse público no direito administrativo brasileiro, p. 92. Também defendem a distinção teórica entre interesse público e interesse do poder público, entre outros, Cristiana Fortini, Maria Fernanda Pires de Carvalho Pereira, Tatiana Martins da Costa Camarão (FORTINI, Cristiana; PEREIRA, Maria Fernanda Pires de Carvalho; CAMARÃO, Tatiana Martins da Costa. *Processo administrativo*: comentários à Lei nº 9.784/1999, p. 48), Francisco das Chagas Gil Messias (MESSIAS, Francisco das Chagas Gil. Interesse público e interesse estatal, p. 1.415) e Derly Barreto Silva Filho (SILVA FILHO, Derly Barreto. O controle da legalidade diante da remoção e inamovibilidade dos advogados públicos, p. 49). Esse posicionamento é absolutamente com a conhecida lição Cirne Lima, no sentido de que a "Administração [...] é a atividade do que não é proprietário, do que não tem à disposição da cousa ou do negócio administrado" (LIMA, Rui Cirne. *Princípios de direito administrativo*, p. 22). Afinal, se o administrador não é "proprietário" do interesse público, não tendo, assim, disposição sobre ele, é inadmissível que, em concreto, o interesse público seja tomado como sinônimo de interesse do poder público (ou do Estado).

2.1.14.1.1.2 Ilegitimidade da conceituação do interesse público como interesse do público (ou da sociedade)

Marçal Justen Filho expressa, ainda, que uma outra proposta para definir interesse público relaciona-se "a uma espécie de generalização indutiva dos interesses privados",[261] contexto em que "o interesse público se configuraria a partir do interesse privado", e corresponderia, nessa perspectiva, "ao interesse comum e homogêneo da totalidade ou da maior parte do povo".[262] Assim, a diferença entre o interesse privado e o interesse público não seria qualitativa, mas meramente quantitativa, pois todo e qualquer interesse privado poderia "configurar-se como público desde que configurada uniformidade dos interesses da maioria".[263]

Outra corrente de pensamento relaciona o interesse público ao interesse da sociedade,[264] acepção sob a qual o interesse público não se confunde "com o mero somatório dos indivíduos", dada a pressuposição de "que o todo (conjunto de indivíduos) é mais do que o produto da soma das unidades".[265] O que se afirma, sob essa ótica, é que "os interesses individuais não são produzidos autonomamente por cada ser humano, mas são o resultado da conjugação da individualidade com o ambiente (social, inclusive) circundante", o que faz com que o interesse público se desvincule "dos interesses que, de modo concreto, algum particular detenha".[266]

Hely Lopes Meirelles parece aderir a essa linha de pensamento, quando relaciona o interesse público aos fins da Administração, dispondo, a propósito, que esses fins compreendem "aquelas aspirações ou vantagens licitamente almejadas por toda a comunidade administrada, ou por parte expressiva de seus membros".[267] Desse ponto de vista, o interesse público corresponderia a determinadas aspirações sociais, qualificando-se, assim, como interesse do público, ou interesse da sociedade.

O problema é que essas aspirações sociais nem sempre são homogêneas. Vejamos, a título de exemplo, a questão relativa à união homoafetiva, que é conduzida ao campo

---

[261] Sobre a argumentação que se segue, cf. MADUREIRA, Claudio. *Advocacia Pública*, p. 47-48.
[262] JUSTEN FILHO, Marçal. Conceito de interesse público e a "personalização" do direito administrativo, p. 119.
[263] JUSTEN FILHO, Marçal. Conceito de interesse público e a "personalização" do direito administrativo, p. 119. Em referência às acepções de interesse público expostas nos tópicos precedentes, Justen Filho denuncia "o equívoco da concepção aritmética de interesse público", à consideração de que a adoção de "um critério quantitativo se revela insuficiente e inadequado, eis que interesse público não é sinônimo de interesse da maioria" (JUSTEN FILHO, Marçal. Conceito de interesse público e a "personalização" do direito administrativo, p. 122). O que ocorre é que, se "muitas vezes, as maiorias são titulares do interesse público", noutras "vezes, porém, o interesse público coincide com o da minoria" (JUSTEN FILHO, Marçal. Conceito de interesse público e a "personalização" do direito administrativo, p. 122-123). Nesses casos, "o interesse é qualificado como público não por razões meramente quantitativas", mas porque "existem interesses que não são gerais e continuam a ser públicos" (JUSTEN FILHO, Marçal. Conceito de interesse público e a "personalização" do direito administrativo, p. 123).
[264] Sobre a argumentação que se segue, cf.: MADUREIRA, Claudio. *Advocacia Pública*, p. 48.
[265] JUSTEN FILHO, Marçal. Conceito de interesse público e a "personalização" do direito administrativo, p. 120.
[266] JUSTEN FILHO, Marçal. Conceito de interesse público e a "personalização" do direito administrativo, p. 120. Porém isso não significa aceitar, sem maiores objeções, a qualificação do interesse público como interesse da sociedade, vez que essa acepção de interesse público ostenta duas dificuldades fundamentais: a primeira delas "reside no risco de surgir um interesse social desvinculado de qualquer interesse individual concreto", numa "espécie de cristalização social, em que a tradição superaria a dimensão da realidade concreta"; a outra "refere-se à identificação do conteúdo do interesse", pois se "não há compromisso com os interesses individuais concretos, surge o problema de determinar o interesse social", pelo que "seria necessário atribuir a algum sujeito o poder de diagnosticar a existência e determinar o conteúdo do interesse público" (JUSTEN FILHO, Marçal. Conceito de interesse público e a "personalização" do direito administrativo, p. 122).
[267] MEIRELLES, Hely Lopes. *Direito administrativo brasileiro*, 16. ed., p. 77.

de análise do direito administrativo quando se cogita da pretensão de um casal em registrar sua união junto à repartição administrativa competente. Chamada a se manifestar sobre o tema, com o propósito de aferir no que consistiria o interesse social na hipótese aventada, uma pessoa mais conservadora poderia dizer, mantendo-se fiel à sua particular visão de mundo, que a união entre pessoas de mesmo sexo não interessa à sociedade, por exemplo porque subverteria o conceito de família, enquanto que outra, mais liberal, poderia afirmar tratar-se de situação absolutamente normal nos dias de hoje, dada a gradativa modificação do conceito de família no âmbito da sociedade. Assim, se pudéssemos tomar o interesse público como interesse da sociedade, para o primeiro entrevistado a união homoafetiva seria contrária ao interesse público, enquanto que para o outro entrevistado a união entre pessoas do mesmo sexo a ele se conformaria. Esse exemplo põe a claro que a definição do interesse público como interesse do público (ou da sociedade) transporta para o campo da aplicação do direito instabilidade cognitiva absolutamente incompatível com a segurança que deve governar as relações entre a Administração e os administrados.

Outro problema decorrente dessa proposição teórica é a possibilidade de, nos casos concretos, não haver coincidência entre o que se entende por interesse público no ambiente social e o que resta prescrito nos textos legais.[268] Nessa hipótese, os agentes estatais teriam de optar entre realizar o interesse público e atender aos ditames da legalidade administrativa. Ocorre que, nas palavras de Romeu Felipe Bacellar Filho, "não é por outro motivo, senão para alcançar o interesse público, que a Administração Pública, antes de tudo, está presa ao princípio da legalidade".[269] O que se dá é que a legalidade se apresenta, conforme Celso Antônio Bandeira de Mello, como decorrência natural do interesse público, bem como da sua indisponibilidade pela Administração.[270] Disso resulta que, sob a ótica da atuação da Administração Pública e de seus agentes, a realização do interesse público deve guardar irrestrita compatibilidade com o direito, adequando-se, portanto, à legalidade administrativa.

2.1.14.1.2 Interesse público como realização da dignidade da pessoa humana

Atento a esse problema, Marçal Justen Filho propõe a vinculação do interesse público ao direito, mais especificamente à dignidade da pessoa humana,[271] por ele considerada "princípio fundamental, de que todos os demais princípios derivam e que norteia todas as regras jurídicas", inclusive dos princípios que enunciam a supremacia do interesse público sobre o privado e a sua indisponibilidade pela Administração.[272] Justen Filho admite que "a dignidade da pessoa humana não poderia realizar-se plenamente se as relações intersubjetivas fossem deixadas ao sabor dos esforços individuais", e por isso destaca a intervenção, no contexto da sua realização, de organizações intersubjetivas

---

[268] Cf. MADUREIRA, Claudio. *Advocacia Pública*, p. 85-86, *passim*.
[269] BACELLAR FILHO, Romeu Felipe. A noção jurídica de interesse público no direito administrativo brasileiro, p. 95.
[270] BANDEIRA DE MELLO, Celso Antônio. *Curso de direito administrativo*, 27. ed., p. 75.
[271] Sobre a argumentação que se segue, cf. MADUREIRA, Claudio. *Advocacia Pública*, p. 48-52, *passim*.
[272] JUSTEN FILHO, Marçal. Conceito de interesse público e a "personalização" do direito administrativo, p. 125.

compostas pelo Estado e pelas instituições jurídicas, que atuam no sentido de "conjugar os esforços individuais e disciplinar o exercício da força".[273] Mas expressa que também a "sua estruturação e funcionamento tem de ser disciplinada pelo princípio da dignidade da pessoa humana".[274]

Nessa ótica, não se concebe, ainda que a pretexto de realizar o interesse público, sacrifício à dignidade de um único particular, "pois não há interesse público que autorize o desmerecimento da dignidade de um sujeito privado".[275] Disso decorre que o que é (ou não é) interesse público deverá ser afirmado por essas organizações intersubjetivas (Estado e outras instituições jurídicas); que devem sempre ter em consideração a dignidade da pessoa humana, pois sua satisfação não pode ser objeto de transigência; o que pressupõe, igualmente, a impossibilidade de se impor ao indivíduo, mesmo que com o propósito de realizar interesses da coletividade, prejuízo à sua dignidade humana.

Entretanto, esse posicionamento de Justen Filho não é imune a críticas. A propósito, reporto-me ao magistério de Raquel Dias Silveira, que censura a redução do conceito de interesse público à dignidade da pessoa humana.[276] Em suas próprias palavras:

> Quanto se diz que o Direito Administrativo é o ramo do direito que tem por escopo a realização dignidade da pessoa humana, está-se, consciente ou inconscientemente, retirando da órbita de relevância e de disciplina do Direito Administrativos outros interesses públicos primários e bens comuns políticos da mesma força e importância para os cidadãos brasileiros, notadamente, a cidadania; os valores sociais do trabalho e da livre iniciativa; a liberdade, a justiça e a solidariedade social; o desenvolvimento nacional; a erradicação da pobreza e da marginalização, com a diminuição das desigualdades sociais e regionais; a igualdade entre os cidadãos; e a prevalência dos direitos humanos, entre outros já citados.[277]

Silveira contesta, ainda, a operatividade de semelhante construção teórica, à consideração de que "a dignidade da pessoa humana é conceito tão ou mais indeterminado que o conceito de interesse público, pois certamente o que é dignidade para uns pode não ser dignidade para outros".[278] E aduz, a propósito, que se pode conjecturar, a título de exemplo, "que determinados cidadãos 'catadores de lixo' alcançarão a sua dignidade quando deixarem de exercer essa função", enquanto que por outro lado "muitos desses cidadãos podem perfeitamente almejar, como realização plena, o reconhecimento da atividade pelo Estado, valorizando-os como profissionais, com vínculo de trabalho confessado pelo poder público".[279]

---

[273] JUSTEN FILHO, Marçal. Conceito de interesse público e a "personalização" do direito administrativo, p. 125.

[274] JUSTEN FILHO, Marçal. Conceito de interesse público e a "personalização" do direito administrativo, p. 125-126.

[275] JUSTEN FILHO, Marçal. Conceito de interesse público e a "personalização" do direito administrativo, p. 128. É que, para Justen Filho, o "interesse público não é um valor compreensível ou bastante em si mesmo, [...] eis que o único fim em si mesmo é a pessoa humana" (JUSTEN FILHO, Marçal. Conceito de interesse público e a "personalização" do direito administrativo, p. 128).

[276] SILVEIRA, Raquel Dias. Princípio da supremacia do interesse público como fundamento das relações de trabalho entre servidores públicos e o Estado, p. 364.

[277] SILVEIRA, Raquel Dias. Princípio da supremacia do interesse público como fundamento das relações de trabalho entre servidores públicos e o Estado, p. 364.

[278] SILVEIRA, Raquel Dias. Princípio da supremacia do interesse público como fundamento das relações de trabalho entre servidores públicos e o Estado, p. 364.

[279] SILVEIRA, Raquel Dias. Princípio da supremacia do interesse público como fundamento das relações de trabalho entre servidores públicos e o Estado, p. 364.

Voltamos, então, ao mesmo problema depreendido no contexto da qualificação do interesse público como interesse do público (ou da sociedade): a configuração de instabilidade cognitiva incompatível com a segurança que deve governar as relações jurídicas entre Administração e administrados.

Isso não bastasse, o resultado que Justen Filho procura promover quando propõe a utilização da dignidade da pessoa humana como norte teórico para a depreensão do conteúdo do interesse público pode ser extraído tão somente de uma aplicação integral do direito aos casos concretos. Afinal, esse princípio jurídico resta contemplado pelo direito positivo (CRFB, art. 1º, III),[280] o que faz com que a sua incidência se imponha independentemente da confirmação dessa proposta teórica pela vinculação do interesse público à sua concretização. O que com isso queremos dizer é que é suficiente à realização da dignidade da pessoa humana a vinculação do interesse público à juridicidade.

2.1.14.1.3 Interesse público como síntese dos interesses assimilados pelo ordenamento jurídico-positivo

Clovis Beznos conceitua o interesse público como "síntese dos interesses da coletividade, emanados das normas e princípios constantes do ordenamento jurídico, de onde decorrem os valores prevalentes relativos à mesma coletividade".[281] Esse posicionamento doutrinário vai ao encontro do magistério de Celso Antônio Bandeira de Mello, que deduz o interesse público a partir dos interesses individuais, mas refuta a sua qualificação como somatório desses interesses, ou como espécie de objetivação dos interesses sociais,[282] para designá-los como interesse do Estado e da sociedade na observância da ordem jurídica estabelecida.[283]

Bandeira de Mello leciona que, "ao se pensar em interesse público, pensa-se, habitualmente, em uma categoria contraposta à de interesse privado, individual, isto é, ao interesse pessoal de cada um".[284] Mas destaca a necessidade de se prevenir "contra o erro de, consciente ou inconsciente, promover uma separação absoluta entre ambos", em vez de "acentuar, como se deveria, que o interesse público, ou seja, o interesse do todo, é 'função' qualificada dos interesses das partes, um aspecto, uma forma específica,

---

[280] CRFB: "Art. 1º A República Federativa do Brasil, formada pela união indissolúvel dos Estados e Municípios e do Distrito Federal, constitui-se em Estado Democrático de Direito e tem como fundamentos: [...] III - a dignidade da pessoa humana".

[281] BEZNOS, Clovis. Procuradoria Geral do Estado e defesa dos interesses públicos, p. 138.

[282] Segundo Bandeira de Mello, "acerta-se em dizer que se constitui no interesse do todo, ou seja, do próprio conjunto social, assim como acerta-se também em sublinhar que não se confunde com a somatória dos interesses individuais, peculiares de cada qual" (BANDEIRA DE MELLO, Celso Antônio. A noção jurídica de "interesse público", p. 181). No entanto, adverte o publicista, dizer isto "é dizer muito pouco para compreender-se verdadeiramente o que é interesse público" (BANDEIRA DE MELLO, Celso Antônio. A noção jurídica de "interesse público", p. 181). Conforme Bandeira de Mello, a adesão dos intérpretes e juristas à "noção altanto obscura de que transcende os interesses próprios de cada um, sem se aprofundar a compostura deste interesse tão amplo" conduz à suposição de "um falso antagonismo entre o interesse das partes e o interesse do todo, propiciando-se a errônea suposição de que se trata de um interesse *a se stante*, autônomo, desvinculado dos interesses de cada uma das partes que compõem o todo" (BANDEIRA DE MELLO, Celso Antônio. A noção jurídica de "interesse público", p. 181).

[283] BANDEIRA DE MELLO, Celso Antônio. *Curso de direito administrativo*, 27. ed., p. 72.

[284] BANDEIRA DE MELLO, Celso Antônio. *Curso de direito administrativo*. 27. ed., p. 59. Sobre a argumentação que se segue, cf.: MADUREIRA, Claudio. *Advocacia Pública*, p. 52-58, *passim*.

de sua manifestação".[285] É que, conquanto possa existir, em concreto, "interesse público contraposto a um dado interesse individual",[286] não há interesse público que seja discordante do interesse de cada um dos membros da sociedade.[287] E isso, porque, conforme Bandeira de Mello, é "inconcebível um interesse do todo que fosse, ao mesmo tempo, contrário ao interesse de cada uma das partes que o compõem", ou que "o bom para todos fosse o mal de cada um, isto é, que o interesse de todos fosse um anti-interesse de cada um".[288]

Com essas considerações, Bandeira de Mello atesta "a existência de uma relação íntima, indissolúvel, entre o chamado interesse público e os interesses ditos individuais".[289] Para o publicista, "o interesse público, o interesse do todo, do conjunto social, nada mais é que a dimensão pública dos interesses individuais", que é composta, em suas próprias palavras, pelos "interesses de cada indivíduo enquanto partícipe da sociedade (entificada juridicamente no Estado)".[290] Noutra passagem, Bandeira de Mello assenta que essa dimensão pública dos interesses individuais "consiste no plexo dos interesses dos indivíduos enquanto partícipes da sociedade".[291]

Exemplificando, Bandeira de Mello expressa que "um indivíduo pode ter, e provavelmente terá, pessoal – e máximo – interesse em não ser desapropriado", mas "não pode, individualmente, ter interesse em que não haja o instituto da desapropriação, conquanto este, eventualmente, venha a ser utilizado em seu desfavor".[292] Com efeito, ele terá "pessoal interesse em que exista dito instituto", pois é membro do corpo social, e por isso necessitará, por exemplo, "que sejam liberadas áreas para abertura de ruas, estradas ou espaços onde se instalarão aeródromos, escolas, hospitais, hidroelétricas, canalizações necessárias aos serviços públicos", entre outras utilidades públicas "cuja disponibilidade não poderia ficar à mercê da vontade dos proprietários em comercializá-los".[293] Bandeira de Mello destaca, então, a existência de dois tipos de interesses que podem ser assumidos pelos indivíduos: "o interesse individual, particular, atinente às conveniências de cada um no que concerne aos assuntos de sua vida particular" (interesse da pessoa ou grupo de pessoas singularmente consideradas) e "o interesse igualmente pessoal destas mesmas pessoas ou grupos, mas que compareçam enquanto partícipes de uma coletividade maior na qual estão inseridos".[294]

Em vista desse exemplo proposto por Bandeira de Mello, não há dúvidas de que os indivíduos podem ser convencidos com relativa facilidade da necessidade do instituto da desapropriação, pois muito embora possa lhes parecer atraente, numa perspectiva pragmática, não correrem o risco de ser expropriados, não lhes será possível sustentar racionalmente, como membros de uma comunidade, a impertinência da desapropriação

---

[285] BANDEIRA DE MELLO, Celso Antônio. *Curso de direito administrativo*, 27. ed., p. 59.
[286] BANDEIRA DE MELLO, Celso Antônio. *Curso de direito administrativo*. 27. ed., p. 60.
[287] BANDEIRA DE MELLO, Celso Antônio. *Curso de direito administrativo*. 27. ed., p. 59.
[288] BANDEIRA DE MELLO, Celso Antônio. *Curso de direito administrativo*, 27. ed., p. 59.
[289] BANDEIRA DE MELLO, Celso Antônio. *Curso de direito administrativo*, 27. ed., p. 60.
[290] BANDEIRA DE MELLO, Celso Antônio. *Curso de direito administrativo*. 27. ed., p. 60. Quanto ao particular, cf., ainda: BANDEIRA DE MELLO, Celso Antônio. A noção jurídica de "interesse público", p. 182.
[291] BANDEIRA DE MELLO, Celso Antônio. A noção jurídica de "interesse público", p. 188.
[292] BANDEIRA DE MELLO, Celso Antônio. A noção jurídica de "interesse público", p. 182.
[293] BANDEIRA DE MELLO, Celso Antônio. A noção jurídica de "interesse público", p. 182.
[294] BANDEIRA DE MELLO, Celso Antônio. *Curso de direito administrativo*, 27. ed., p. 60.

das áreas necessárias ao desenvolvimento e reprodução de um melhor ambiente social. Esse segundo grupo de interesses foi considerado relevante pelo legislador, sendo, assim, assimilado pelo ordenamento jurídico-positivo, que contempla o instituto da desapropriação.[295] Com isso, o interesse pessoal de um indivíduo, ou de um grupo isolado deles, de que não exista o instituto da desapropriação não está apto as gerar direitos subjetivos (e por isso não constitui interesse jurídico), precisamente porque não foi acatado pelo Poder Legislativo, qualificando-se, assim, como simples interesse individual de cunho pragmático.

Essa pretensão pragmática manifestada no exemplo relativo ao instituto da desapropriação, conquanto encerre, sob certa ótica, interesse privado, não caracteriza, no confronto com o ordenamento jurídico-positivo, interesse do todo, ou interesse público, e por isso não está apta a induzir direitos subjetivos individuais. Por sua vez, o interesse pessoal de cada um dos membros da comunidade (portanto, um interesse individual, ou particular) de que exista o instituto da desapropriação, concebido em função das suas necessidades enquanto integrantes do corpo social, porque foi integrado ao direito positivo, qualifica-se como interesse do todo, ou interesse público, e por isso está apto a induzir direitos subjetivos de cunho individual. Com essa ressalva, mesmo interesses individuais (ou particulares) podem ser qualificados, conforme Bandeira de Mello, como interesse do todo, ou interesse público.[296]

Há, pois, em concreto, interesses privados que podem conflitar com o interesse público (não contemplados pelo ordenamento) e interesses privados coincidentes com o interesse público (contemplados pelo ordenamento). Porém, não se observará, nessa perspectiva, conflito entre o interesse público e os direitos subjetivos individuais. É que os interesses individuais contemplados pelo ordenamento (que são os que induzem direitos subjetivos) integram o conceito de interesse público, porque a ele são instrumentais, constituindo, destarte, o que Bandeira de Mello convencionou chamar dimensão pública dos interesses individuais.[297]

Assim, para Bandeira de Mello, o interesse público somente se justifica como categoria jurídica "na medida em que se constitui em veículo de realização dos interesses das partes que o integram no presente e das que o integrarão no futuro".[298] Disso decorre a sua conceituação como "interesse resultante do conjunto dos interesses que os indivíduos pessoalmente têm quando considerados em sua qualidade de membros da sociedade e pelo simples fato de o serem".[299] Vê-se, pois, que o publicista procura identificar o interesse público com a realização dos interesses individuais, quando o apresenta

---

[295] A começar pela Carta da República, que refere o instituto no inc. XXVI do seu art. 5º (que trata da desapropriação por utilidade pública), no §4º do seu art. 182 (que trata da desapropriação pelo não aproveitamento adequado do solo urbano), no *caput* de seu art. 184 (que trata da desapropriação por interesse social para fins de reforma agrária) e no §1º de seu art. 216 (que trata da desapropriação para proteção do patrimônio cultural brasileiro).

[296] BANDEIRA DE MELLO, Celso Antônio. *Curso de direito administrativo*, 27. ed., p. 61. Sobre o assunto, ler também: BANDEIRA DE MELLO, Celso Antônio. A noção jurídica de "interesse público", p. 183.

[297] Cf. BANDEIRA DE MELLO, Celso Antônio. *Curso de direito administrativo*, 27. ed., p. 60; 182 e BANDEIRA DE MELLO, Celso Antônio. A noção jurídica de "interesse público", p. 182.

[298] BANDEIRA DE MELLO, Celso Antônio. *Curso de direito administrativo*, 27. ed., p. 61.

[299] BANDEIRA DE MELLO, Celso Antônio. *Curso de direito administrativo*. 27. ed., p. 61. Ao ensejo, cf., ainda: BANDEIRA DE MELLO, Celso Antônio. A noção jurídica de "interesse público", p. 183.

(o interesse público) como faceta deles (dos interesses individuais).[300] A importância dessa compreensão reside, conforme Bandeira de Mello, em um duplo aspecto.[301]

Em primeiro lugar "enseja mais facilmente desmascarar o mito de que interesses qualificados como públicos são insuscetíveis de serem defendidos por particulares [...] mesmo quando seu desatendimento produz agravo pessoalmente sofrido pelo administrado",[302] o que desmente a "indevida suposição de que os particulares são estranhos a tais interesses".[303] Ao ensejo, Bandeira de Mello denuncia "o errôneo entendimento de que as normas que os contemplam foram editadas em atenção a interesses coletivos, que não lhes diriam respeito, por irrelatos a interesses individuais".[304]

Em segundo lugar mitiga "a falsa desvinculação absoluta entre uns e outros", refutando a ilação de que "sendo os interesses públicos interesses do Estado, todo e qualquer interesse do Estado (e demais pessoas de Direito Público) seria *ipso facto* um interesse público".[305] A propósito, Bandeira de Mello expressa que "a noção de interesse público [...] impede que se incida no equívoco muito grave de supor que o interesse público é exclusivamente um interesse do Estado", lapso de compreensão "que faz resvalar fácil e naturalmente para a concepção simplista e perigosa de identificá-lo com quaisquer interesses da entidade que representa o todo".[306] Para esse professor paulista, "o Estado, tal como os demais particulares, é, também ele, uma pessoa jurídica, que, pois, existe e convive no universo jurídico em concorrência com todos os demais sujeitos de direito", e que, por isso, "independentemente do fato de ser, por definição, encarregado de interesses públicos", pode ter, como qualquer outra pessoa, "interesses que lhe são particulares, individuais, e que, tal como os interesses delas, concebidas em suas meras individualidades, se encarnam no Estado enquanto pessoa".[307] Esses últimos interesses (interesses do Poder Público, ou do Estado) não são, conforme Bandeira de Mello, "interesses públicos", mas se qualificam, na verdade, como interesses individuais (ou particulares) do Estado, que só podem ser perseguidos pelos agentes estatais quando coincidem com a realização do interesse público.[308]

---

[300] BANDEIRA DE MELLO, Celso Antônio. *Curso de direito administrativo*, 27. ed., p. 61.
[301] BANDEIRA DE MELLO, Celso Antônio. *Curso de direito administrativo*, 27. ed., p. 61.
[302] BANDEIRA DE MELLO, Celso Antônio. *Curso de direito administrativo*, 27. ed., p. 61.
[303] BANDEIRA DE MELLO, Celso Antônio. *Curso de direito administrativo*, 27. ed., p. 61.
[304] BANDEIRA DE MELLO, Celso Antônio. *Curso de direito administrativo*, 27. ed., p. 61.
[305] BANDEIRA DE MELLO, Celso Antônio. *Curso de direito administrativo*, 27. ed., p. 61-62. Quanto a isso, cf., ainda: BANDEIRA DE MELLO, Celso Antônio. *Curso de direito administrativo*, 27. ed., p. 72, FERRAZ, Sérgio. Regulação da economia e livre concorrência: uma hipótese, p. 203, DI PIETRO, Maria Sylvia Zanella. *Discricionariedade administrativa na Constituição de 1988*, p. 163 e JUSTEN FILHO, Marçal. Conceito de interesse público e a "personalização" do direito administrativo, p. 117. Sobre o assunto, ler também: MADUREIRA, Claudio. *Advocacia Pública*, p. 72-74.
[306] BANDEIRA DE MELLO, Celso Antônio. A noção jurídica de "interesse público", p. 187. A propósito, cf., ainda: BANDEIRA DE MELLO, Celso Antônio. *Curso de direito administrativo*, 27. ed., p. 65.
[307] BANDEIRA DE MELLO, Celso Antônio. A noção jurídica de "interesse público", p. 188. Sobre o assunto, ler também: BANDEIRA DE MELLO, Celso Antônio. *Curso de direito administrativo*, 27. ed., p. 65-66.
[308] BANDEIRA DE MELLO, Celso Antônio. A noção jurídica de "interesse público", p. 188. Essas considerações de Celso Antônio Bandeira de Mello vão ao encontro da classificação consagrada na doutrina italiana por Renato Alessi (ALESSI, Renato. *Sistema instituzionale del diritto amministrativo italiano*, p. 197), que tem ampla aplicação entre nós em sede doutrinária (cf., por todos, BANDEIRA DE MELLO, Celso Antônio. *Curso de direito administrativo*, 27. ed., p. 33) e pretoriana (*vide* STJ, REsp nº 787.967-SE. Rel. Min. Luiz Fux. DJ, 23 ago. 2007). Alessi distingue os interesses do Estado em primários e secundários, e leciona que determinados interesses transitoriamente defendidos por órgãos estatais (interesses secundários) podem não corresponder ao interesse público (primário),

Em novos exemplos, Bandeira de Mello refere à possibilidade de divergência de pensamento entre as múltiplas pessoas que "considerarão de interesse público que haja, em dado tempo e lugar, monopólio estatal do petróleo, que se outorgue tratamento privilegiado a empresas brasileiras de capital nacional ou que se reserve a exploração mineral exclusivamente a brasileiros" e aquelas outras que por serem talvez "estrangeiras ou mais obsequiosas a interesses alienígenas que aos nacionais" manifestar-se-ão em sentido diametralmente oposto.[309] Ao ensejo, o publicista leciona que "encarada a questão de um ângulo político, sociológico, social ou patriótico, poderá assistir razão aos primeiros e sem-razão completa aos segundos", mas adverte que, do ponto de vista estritamente jurídico, "será de interesse público a solução que haja sido adotada pela Constituição ou pelas leis quando editadas em consonância com as diretrizes da Lei Maior".[310]

Com essas considerações, Bandeira de Mello procura por a claro que "uma coisa é a estrutura do interesse público" e outra, completamente diferente, é "a inclusão e o próprio delineamento, no sistema normativo, de tal ou qual interesse que, perante este mesmo sistema, será reconhecido como dispondo desta qualidade".[311] Nessa concepção, não necessariamente constitui "interesse público a norma, medida ou providência que tal ou qual pessoa ou grupo de pessoas estimem que deva sê-lo" (interesse do público, ou da sociedade), "mas aquele interesse que como tal haja sido qualificado em dado sistema normativo".[312] O interesse público terá, então, conforme Bandeira de Mello, a conotação que o direito lhe atribuir. Afinal, "tratando-se de um conceito jurídico [...], é óbvio que a concreta individualização dos diversos interesses qualificáveis como públicos só pode ser encontrada no próprio direito positivo".[313]

Disso decorre a sua observação, em doutrina, com o propósito de definir o conceito desse importante instituto jurídico, quanto a corresponder o interesse público ao interesse do Estado e da sociedade na observância da ordem jurídica estabelecida,[314] portanto ao cumprimento do direito, tal como positivado no ordenamento. Assim, como para Clovis Beznos, também para Bandeira de Mello o interesse público se qualifica como síntese dos interesses assimilados pelo ordenamento jurídico-positivo.

2.1.14.1.4 Interesse público e legalidade administrativa

Essa definição de conceito, para além de ostentar maior amplitude e aplicação que a acepção teórica, manifestada por Marçal Justen Filho, quanto a circunscrever-

---

sobretudo quando representarem pretensão circunstancial cuja realização se mostra incompatível com os limites impostos pelo legislador à intervenção do Estado na esfera de disponibilidades jurídicas dos indivíduos. Assim, aqueles interesses designados por Bandeira de Mello como interesses individuais (ou particulares) do Estado correspondem aos interesses secundários referidos por Alessi, ao passo que a dimensão pública desses interesses individuais, que o professor paulista qualifica como interesse público, corresponde ao que Alessi convencionou chamar interesse primário.

[309] BANDEIRA DE MELLO, Celso Antônio. A noção jurídica de "interesse público", p. 190.
[310] BANDEIRA DE MELLO, Celso Antônio. A noção jurídica de "interesse público", p. 190-191. No pormenor, cf. ainda: BANDEIRA DE MELLO, Celso Antônio. *Curso de direito administrativo*, 27. ed., p. 68.
[311] BANDEIRA DE MELLO, Celso Antônio. A noção jurídica de "interesse público", p. 190.
[312] BANDEIRA DE MELLO, Celso Antônio. A noção jurídica de "interesse público", p. 190. Quanto ao particular, ler também: BANDEIRA DE MELLO, Celso Antônio. *Curso de direito administrativo*, 27. ed., p. 68.
[313] BANDEIRA DE MELLO, Celso Antônio. *Curso de direito administrativo*, 27. ed., p. 67.
[314] BANDEIRA DE MELLO, Celso Antônio. *Curso de direito administrativo*, 27. ed., p. 72.

se o interesse público à observância do princípio da dignidade da pessoa humana,[315] permite compatibilizar a sua realização nos casos concretos aos ditames da legalidade administrativa.[316] Disso resulta a correção da observação de Bandeira de Mello quanto a qualificar-se o interesse público como interesse do Estado e da sociedade na observância da ordem jurídica estabelecida,[317] assim como do posicionamento de Clovis Beznos quando o relaciona à "síntese dos interesses da coletividade, emanados das normas e princípios constantes do ordenamento jurídico".[318] Nessa perspectiva, o interesse público identifica-se com a juridicidade, com o cumprimento dos enunciados prescritivos que compõem o ordenamento jurídico-positivo.[319]

A despeito da crítica que se possa fazer à doutrina desses autores, é inegável que a noção de interesse público por eles manifestada confere maior segurança às relações jurídicas. Trata-se, quando menos, de relevante instrumento para a proteção dos direitos subjetivos individuais em face de pretensões circunstanciais do Poder Público, qualificadas por Alessi como interesses secundários[320] e doravante designadas por Bandeira de Mello como interesses individuais (ou particulares) do Estado.[321] Em especial quando se compara esse seu magistério ao posicionamento de doutrinadores que refutam a possibilidade de instituição de um semelhante conceito unívoco de interesse público.[322] Afinal, quando se considera que cotidianamente agentes públicos e privados são chamados a realizar o interesse público, não há dúvidas sobre a funcionalidade do estabelecimento de parâmetro objetivo para a definição do conceito de interesse público. Sob um ponto de vista mais geral, qualquer parâmetro objetivo mostrar-se-ia operativo. No entanto, quando se analisa o problema sob a ótica da atuação do Estado (que não pode, em suas relações, escusar-se à realização do interesse público),[323] esse parâmetro objetivo não pode ser outro que não a vinculação do interesse público à juridicidade. Do contrário, os agentes estatais teriam dificuldades para realizá-lo, pois, em concreto, poderiam ser chamados a optar entre ele e a legalidade administrativa.[324]

---

[315] Sobre a argumentação que se segue, cf.: MADUREIRA, Claudio. *Advocacia Pública*, p. 34-38.

[316] A propósito, cf. as nossas observações nos tópicos 2.1.1 e 2.1.14.1.

[317] BANDEIRA DE MELLO, Celso Antônio. *Curso de direito administrativo*, 27. ed., p. 72.

[318] BEZNOS, Clovis. Procuradoria Geral do Estado e defesa dos interesses públicos, p. 138.

[319] BACELLAR FILHO, Romeu Felipe. A noção jurídica de interesse público no direito administrativo brasileiro, p. 95.

[320] Cf. ALESSI, Renato. Sistema instituzionale del diritto amministrativo italiano, p. 197.

[321] Cf. BANDEIRA DE MELLO, Celso Antônio. A noção jurídica de "interesse público", p. 188.

[322] Ao ensejo, reportamo-nos, a título de exemplo, ao magistério de Odete Medauar, para quem "a uma concepção de homogeneidade do interesse público, segue-se [...] uma situação de heterogeneidade", que induz uma "concreta existência de multiplicidade de interesses públicos" (MEDAUAR, Odete. *O direito administrativo em evolução*, p. 181). A propósito, Medauar rejeita "prefixação do interesse público", invocando, ao ensejo, a "relatividade de todo padrão de comparação", e observa que "a indeterminação e dificuldade de definição do interesse público", somada à "sua difícil e incerta avaliação e hierarquização", põe em crise a sua objetividade (MEDAUAR, Odete. *O direito administrativo em evolução*, p. 181). Também refere uma suposta multiplicidade de interesses públicos Conrado Hübner Mendes, para quem "curvar-se à retórica do interesse público, sem atentar para a existência de uma multiplicidade de interesses públicos, é submeter-se a um discurso político perverso e dissimulador" (MENDES, Conrado Hübner. Reforma do Estado e agências reguladoras, p. 104).

[323] Quanto a esse pormenor, recobre-se, com Bandeira de Mello, "que a Administração Pública está, por lei, adstrita ao cumprimento de certas finalidades, sendo-lhe obrigatório objetivá-las para colimar interesse de outrem: o da coletividade", e que "é em nome do interesse público – o do corpo social – que tem de agir, fazendo-o na conformidade da *intentio legis*" (BANDEIRA DE MELLO, Celso Antônio. *Curso de direito administrativo*, 27. ed., p. 98).

[324] Sobre o assunto, ler também: MADUREIRA, Claudio. *Advocacia Pública*, p. 85-86.

Nesse sentido, a consideração, quer no plano da ciência, quer no campo da aplicação do direito, de que o interesse público poderia corresponder a outra coisa que não a observância das regras e princípios que compõem o ordenamento poderia induzir, em concreto, um hiato entre a necessidade de sua realização pelos agentes estatais e a vinculação da Administração ao direito. Posto isso, se é verdade que é missão do Estado realizar o interesse público, mas sem descurar dos ditames da legalidade, a conclusão que se impõe é que a única definição de interesse público que pode ser empregada no âmbito administrativo é aquela que o circunscreve à efetiva e integral aplicação do direito pátrio tal como positivado nas leis do país e em sua Constituição.

2.1.14.1.5 Princípios implícitos

Esse é o conceito de interesse público que embasa os princípios da supremacia do interesse público sobre o privado e da indisponibilidade do interesse público.[325]

2.1.14.1.5.1 A supremacia do interesse público sobre o privado

A supremacia do interesse público sobre o privado proclama, segundo Celso Antônio Bandeira de Mello, "a superioridade do interesse da coletividade, firmando a prevalência dele sobre o particular, como condição, até mesmo, da sobrevivência e asseguramento deste último".[326] Ela "é pressuposto de uma ordem social estável, em que todos e cada um possam sentir-se garantidos e resguardados",[327] da qual resultam, como consequências (ou princípios subordinados), a *posição de privilegiada* da Administração em relação aos particulares e a sua *posição de supremacia*.

A *posição privilegiada* "encarta os benefícios que a ordem jurídica confere a fim de assegurar conveniente proteção aos interesses públicos instrumentando os órgãos que representam para um bom, fácil, expedito e resguardado desempenho de suas funções".[328] Ela se reflete, por exemplo, na presunção de veracidade e legitimidade dos atos administrativos e no estabelecimento de prazos maiores para atuação em processos judiciais e de prazos especiais de prescrição.

Por sua vez, a *posição de supremacia* é metaforicamente expressada pela "afirmação de que vigora a verticalidade nas relações entre Administração e particular, ao contrário da horizontalidade típica das relações entres estes últimos",[329] e "significa que o poder público se encontra em situação de autoridade, de comando relativamente aos particulares, com indispensável condição para gerir os interesses públicos postos em confronto".[330] Dela decorre, exemplificativamente, a possibilidade da Administração de constituir privados em obrigações por ato unilateral, como ocorre nas execuções fiscais,[331]

---

[325] Tratam-se, conforme Celso Antônio Bandeira de Mello, de princípios implícitos, isto é, inferidos do texto constitucional (cf. BANDEIRA DE MELLO, Celso Antônio. *Curso de direito administrativo*, 27. ed., p. 96).
[326] BANDEIRA DE MELLO, Celso Antônio. *Curso de direito administrativo*, 27. ed., p. 69.
[327] BANDEIRA DE MELLO, Celso Antônio. *Curso de direito administrativo*, 27. ed., p. 69.
[328] BANDEIRA DE MELLO, Celso Antônio. *Curso de direito administrativo*, 27. ed., p. 70.
[329] BANDEIRA DE MELLO, Celso Antônio. *Curso de direito administrativo*, 27. ed., p. 70.
[330] BANDEIRA DE MELLO, Celso Antônio. *Curso de direito administrativo*, 27. ed., p. 70.
[331] BANDEIRA DE MELLO, Celso Antônio. *Curso de direito administrativo*, 27. ed., p. 70.

e de igual modo a prerrogativa "de modificar, também unilateralmente, relações já estabelecidas".³³²

Da conjugação entre a posição privilegiada e a posição de supremacia "resulta a exigibilidade dos atos administrativos", a sua executoriedade ("muitas vezes até com recurso a compulsão material sobre pessoa ou coisa, como a chamada execução de ofício"),³³³ e também "a possibilidade, nos limites da lei, da revogação de seus próprios atos através de manifestação unilateral de vontade" e da "decretação da nulidade deles, quando viciados" (autotutela).³³⁴

Porém, isso não quer dizer, em absoluto, que o princípio da supremacia do interesse público sobre o privado orienta que, em conflitos de interesses surgidos entre Administração e administrados, prevaleça, sempre, ou como regra, a posição do poder público.³³⁵ Em primeiro lugar porque "esses caracteres, que sem dúvida informam a atuação administrativa", não "autorizariam a supor que a Administração Pública, escudada na supremacia do interesse público sobre o interesse privado, pode expressar tais prerrogativas com a mesma autonomia e liberdade com que os particulares exercitam seus direitos"; porque ela exerce função, a função administrativa, que incide "quando alguém está investido no dever de satisfazer dadas finalidades em prol do interesse de outrem, necessitando, para tanto, manejar os poderes requeridos para supri-las"; num contexto em que "tais poderes são instrumentais ao alcance das sobreditas finalidades".³³⁶ Em segundo lugar porque o princípio se refere ao interesse público, qualificado, nas palavras de Bandeira de Mello, como "aquele que a lei aponta como sendo o interesse da coletividade", que consiste na observância da ordem jurídica estabelecida a título de bem curar o interesse de todos.³³⁷ Assim, a posição privilegiada e a posição de supremacia apenas possibilitam que a Administração, sob a invocação do princípio da supremacia do interesse público sobre o privado, oriente-se para conferir razão a quem tem razão, de modo a assegurar a realização do interesse público, que não se confunde com os seus próprios interesses (interesses do Poder Público), porque se reporta aos interesses juridicizados pelo legislador, voltando-se, assim, à realização, nos casos concretos, de direitos subjetivos individuais e coletivos.³³⁸

2.1.14.1.5.2 A indisponibilidade do interesse público

A indisponibilidade do interesse público incide, segundo Celso Antônio Bandeira de Mello, sobre "interesses qualificados como próprios da coletividade", e por isso "não se

---

³³² BANDEIRA DE MELLO, Celso Antônio. *Curso de direito administrativo*, 27. ed., p. 70.
³³³ BANDEIRA DE MELLO, Celso Antônio. *Curso de direito administrativo*, 27. ed., p. 70.
³³⁴ BANDEIRA DE MELLO, Celso Antônio. *Curso de direito administrativo*, 27. ed., p. 70-71.
³³⁵ Nesse sentido, cf. ÁVILA, Humberto. Repensando o princípio da supremacia do interesse público sobre o particular; ARAGÃO, Alexandre Santos de. A "supremacia do interesse público" no advento do estado de direito e na hermenêutica do direito público contemporâneo; (SARMENTO, Daniel. Interesses públicos vs. interesses privados na perspectiva da teoria e da filosofia constitucional; BINENBOJM, Gustavo. Da supremacia do interesse público ao dever de proporcionalidade; e SCHIER, Paulo Ricardo. Ensaio sobre a supremacia do interesse público sobre o privado e o regime jurídico dos direitos fundamentais. Sobre o assunto, ler também: MADUREIRA, Claudio. *Advocacia Pública*, p. 62-75, *passim*.
³³⁶ BANDEIRA DE MELLO, Celso Antônio. *Curso de direito administrativo*, 27. ed., p. 71.
³³⁷ BANDEIRA DE MELLO, Celso Antônio. *Curso de direito administrativo*, 27. ed., p. 71.
³³⁸ A propósito, cf. MADUREIRA, Claudio. *Advocacia Pública*, p. 75-83, *passim*.

encontram à livre disposição de quem quer que seja".[339] Mesmo os órgãos administrativos encarregados de realizar o interesse público não têm disponibilidade sobre ele, porque "lhes incumbe apenas curá-los – o que é também um dever – na estrita conformidade do que predispuser a *intentio legis*".[340] Disso resulta a observação de Bandeira de Mello no sentido de que, na Administração Pública, "os bens e os interesses não se acham entregues à livre disposição de vontade do administrador", pois quem os titulariza "é o Estado, que, em certa esfera, os protege e exercita através da função administrativa, mediante o conjunto de órgãos", por ele qualificados como "veículos da vontade estatal consagrada em lei".[341]

Destarte, muito embora os agentes estatais em geral não possam, por deliberação própria, reverter, com fundamento na sua própria vontade, atos concretos construídos na esfera administrativa, a Administração poderá fazê-lo, sempre que verificar que a adoção dessa medida corresponde ao que Bandeira de Mello convencionou chamar "vontade estatal consagrada em lei".[342] Assim, o dogma da indisponibilidade não tem aplicação quando se depreende, em concreto, que a posição sustentada pelo Poder Público vai de encontro ao direito pátrio, contrapondo-se, assim, a essa vontade estatal consagrada em lei.[343] Aliás, na hipótese, esse seu interesse circunstancial ou transitório não se qualificará como interesse público, apresentando-se, em verdade, como simples interesse particular do Estado,[344] que só pode ser perseguido pelo Poder Público quando instrumental à realização do interesse público.[345]

Posto isso, a incidência do princípio da indisponibilidade do interesse público, longe de constituir impedimento jurídico à fruição dos direitos individuais e coletivos titularizados por particulares, torna impositivo o seu atendimento pelos agentes estatais. Em primeiro lugar porque esses interesses transitórios, na medida em que se demonstram contrários ao direito, não correspondem ao interesse público, e por isso não são interesses indisponíveis. Em segundo lugar porque a constatação de que a equívoca aplicação do direito pela Administração induz, na face oposta, negativa a direitos subjetivos assegurados pelo ordenamento (que resultam da observância da ordem jurídica estabelecida)[346] faz com que, em concreto, o interesse público resida, justamente, na disponibilidade desses interesses transitórios.

2.1.14.2 Interesse público na Lei nº 14.133/2021

A Lei nº 14.133/2021 emprega a expressão *interesse público* em doze dispositivos. O primeiro deles é o seu art. 5º, objeto dos comentários feitos neste capítulo, que determina

---

[339] BANDEIRA DE MELLO, Celso Antônio. *Curso de direito administrativo*, 27. ed., p. 73. Sobre a argumentação que se segue, cf. MADUREIRA, Claudio. *Advocacia Pública*, p. 338-339.
[340] BANDEIRA DE MELLO, Celso Antônio. *Curso de direito administrativo*, 27. ed., p. 73-74.
[341] BANDEIRA DE MELLO, Celso Antônio. *Curso de direito administrativo*, 27. ed., p. 74.
[342] BANDEIRA DE MELLO, Celso Antônio. *Curso de direito administrativo*, 27. ed., p. 74.
[343] BANDEIRA DE MELLO, Celso Antônio. *Curso de direito administrativo*, 27. ed., p. 74.
[344] Afinal, conforme Bandeira de Mello, o Estado "independentemente do fato de ser, por definição, encarregado de interesses públicos, [...] pode ter, tanto quanto às demais pessoas, interesses que lhe são particulares, individuais, e que, tal como os interesses delas, concebidas em suas meras individualidades, se encarnam no Estado enquanto pessoa" (BANDEIRA DE MELLO, Celso Antônio. A noção jurídica de "interesse público", p. 188).
[345] BANDEIRA DE MELLO, Celso Antônio. A noção jurídica de "interesse público", p. 188.
[346] BANDEIRA DE MELLO, Celso Antônio. *Curso de direito administrativo*, 27. ed., p. 72.

a aplicação do princípio do interesse público e, por consequência, dos princípios implícitos da supremacia do interesse público sobre o privado e da indisponibilidade do interesse público aos processos que encartam licitações e contratações públicas. Porém, o legislador também concebeu, na *novatio legis*, regras auxiliares voltadas à realização do princípio, que enunciam, em apertada síntese:

    a) que é viável a contratação de serviços técnicos especializados de natureza predominantemente intelectual, entre eles a construção de *estudo técnico preliminar voltado* à *caracterização do interesse público* de que se cogita na primeira etapa do planejamento de uma contratação (art. 6º, XVIII, "j");

    b) que a Administração precisa descrever, já na fase preparatória do processo licitatório, a necessidade da contratação fundamentada em *estudo técnico preliminar que caracterize o interesse público* envolvido (art. 18, I);

    c) que esse estudo técnico preliminar deverá evidenciar o problema a ser resolvido e a sua melhor solução, cuidando inclusive de *justificar a necessidade da contratação sob a perspectiva do interesse público* (art. 18, §1º, I);

    d) que a *alienação de bens* da Administração Pública fica *subordinada à existência de interesse público* devidamente justificado (art. 76, *caput*);

    e) que fica *dispensada a licitação nas doações* com encargo *em caso* de *interesse público* devidamente justificado (art. 76, §6º);

    f) que a Administração pode *modificar unilateralmente os contratos* por ela celebrados para *melhor adequação* às *finalidades de interesse público* (art. 104, I);

    g) que ela também pode *extingui-los por razões de interesse público*, justificadas pela autoridade máxima do órgão ou da entidade contratante (art. 137, VIII);

    h) que decisões administrativas pela *suspensão da execução ou pela anulação do contrato* somente serão adotadas nas hipóteses em que *se revelarem medida de interesse público* (art. 147, *caput*);

    i) que *quando* a paralisação ou anulação *não se revelar medida de interesse público*, a Administração deverá *optar pela continuidade do contrato e pela solução da irregularidade* por meio de indenização por perdas e danos (art. 147, parágrafo único);

    j) que a *declaração de nulidade do contrato* administrativo requererá *análise prévia do interesse público* envolvido (art. 148, *caput*); e

    k) que, no caso de objetos essenciais ou de contratação por emergência, as *decisões* definitivas dos tribunais de contas *sobre o mérito de irregularidades* apontadas em suas medidas cautelares *precisam definir*, objetivamente, *o modo como será garantido o atendimento do interesse público* obstado pela suspensão da licitação (art. 171, §1º, I).

Essas regras auxiliares (todas elas) reportam-se, em rigor, aos interesses que o Poder Público (na maioria deles) e os tribunais de contas (no art. 171, §1º, I) considerem correlatos com as aspirações da sociedade. Não se cogita, pois, ao menos primariamente, da realização do interesse público, em sua acepção jurídica, mas de interesses coletivos.

O risco que se corre, em vista desse seu conteúdo, é que a Administração e também os tribunais de contas procurem extrair delas o dever administrativo de induzir a prevalência, sobre os interesses particulares envolvidos, dos seus próprios interesses (interesse do poder público) ou, quando menos, dos interesses da coletividade (ou da sociedade). Porém, mesmo a identificação, pela Administração e pelos tribunais de contas, do que configura, na casuística, interesse coletivo, demanda referência dos seus integrantes, como intérpretes/aplicadores, ao direito positivo, porque todos eles se encontram vinculados, dada a incidência do princípio administrativo da legalidade, às regras e princípios que sobressaem do ordenamento jurídico. Assim, muito embora o seu ponto de partida nas análises que promoverá para procurar induzir (em concreto) a realização do interesse público seja (efetivamente) o interesse do todo social (que deveria coincidir com os seus próprios interesses), o próprio delineamento desse interesse demanda, pelas razões dantes expostas, investigação jurídica sobre qual interesse foi eleito pelo legislador como merecedor de acatamento. O que com isso queremos dizer é que a incidência das regras auxiliares voltadas à realização do princípio do interesse público precisa ser conciliada ao conteúdo desse princípio, para que não se instrumentalize, nos casos concretos, atividade administrativa, ainda que desenvolvida com o propósito de atender às expectativas da sociedade, que atente contra direitos subjetivos assegurados pelo ordenamento.

Por isso é imperativo que a Administração, quando se desincumbir, na casuística, da concretização do conteúdo dessas regras auxiliares e do próprio princípio do interesse público, estabeleça um diálogo franco com os particulares com quem se relaciona (licitantes, contratados etc.) e (sobretudo) que observe o cuidado de motivar adequadamente as suas decisões. Do contrário, não poderá afirmar estar atendendo ao interesse público, mas tão somente aos seus próprios interesses (interesse do poder público) ou, na melhor das hipóteses, os interesses da maioria, em detrimento da efetivação de direitos subjetivos individuais e coletivos taxativamente reconhecidos pelo legislador.

2.1.14.3 A extensão da incidência do princípio do interesse público, dos seus princípios implícitos e das regras auxiliares previstas na Lei nº 14.133/2021 aos órgãos de controle

O princípio do interesse público, juntamente com os princípios implícitos da supremacia do interesse público sobre o privado e da indisponibilidade do interesse público, orienta, ainda, a atividade de controle administrativo realizada sobre os atos praticados nos processos de licitação e contratações públicas, inclusive para efeito de balizar a incidência das regras auxiliares positivadas no texto da Lei nº 14.133/2021. Em primeiro lugar porque esse diploma legislativo não disciplina exclusivamente esses objetos (licitações e contratações públicas), mas também abarca a atividade de controle desenvolvida em seu entorno. Em segundo lugar porque os controladores não podem se furtar ao cumprimento dos seus preceitos (da Lei nº 14.133/2021), porque se situam entre os agentes estatais, e por isso se encontram vinculados, dada a incidência do princípio administrativo da legalidade, ao cumprimento do direito.

Por isso, como os servidores que atuam na condução das licitações e contratações públicas, também os controladores se reportam ao princípio do interesse público quando se manifestam, em concreto, sobre o conteúdo e a extensão das regras auxiliares anteriormente referidas. Essa sua atividade, aliás, é sumamente importante, porque tem a funcionalidade de evitar que a Administração faça prevalecer os seus interesses particulares (interesse do Poder Público) sobre o interesse público, compreendido por

Celso Antônio Bandeira de Mello como interesse do Estado e da sociedade na observância da ordem jurídica estabelecida.[347]

No entanto, a atividade de controle realizada quanto a esse aspecto não pode perder de vista que o direito de nosso tempo é flexível, e que da sua aplicação podem resultar, conforme variam os intérpretes, diferentes respostas para um mesmo problema jurídico. Assim, nesse campo, não necessariamente configura ilícito caracterizador da responsabilização pessoal do agente estatal envolvido a adoção de interpretação diferente daquela empregada pelo controlador. Mais do que buscar atribuir responsabilidade a quem quer que seja – o que pressupõe a demonstração de que o agente estatal teve meios de saber que a sua intepretação não coincidiria com a intepretação ulteriormente manifestada pelos controladores (exigência de voluntariedade para incursão na infração) e também do elemento subjetivo da conduta (dolo ou erro grosseiro) –, *a importância da atividade de controle desenvolvida nesse contexto reside na prevenção* (por exemplo, pelo controle jurídico realizado pela Advocacia Pública no âmbito interno da Administração, a teor do que prescrevem o art. 53 e seu §4º) *e correção* (que pode resultar, ainda exemplificativamente, da atividade de controle externo desenvolvida pelo Ministério Público ou pelos tribunais de contas) *dos atos praticados* (inclusive por referência às regras auxiliares enunciadas pelo legislador) *em contrariedade ao princípio do interesse público*.

2.2 Normas da Lei de Introdução às Normas do Direito Brasileiro aplicáveis aos processos de licitação, de contratação pública e de controle administrativo

Além desses princípios mencionados no art. 5º, também devem ser observadas no contexto da aplicação da Lei nº 14.133/2021 "as disposições do Decreto-Lei nº 4.657, de 4 de setembro de 1942 (Lei de Introdução às Normas do Direito Brasileiro)" que sejam aplicáveis aos seus objetos, que abarcam, pelas razões expostas na introdução deste trabalho, não apenas as licitações e contratações públicas, mas também a atividade de controle administrativo realizada no seu entorno. Esse diploma legislativo, originalmente editado como Lei de Introdução ao Código Civil, foi alterado, no ano de 2018, pela Lei nº 13.655/2018, que introduziu em seu texto uma série de dispositivos relativos à Administração Pública e aos processos administrativos.

2.2.1 Deveres administrativos e limitações ao desfazimento de atos e à atribuição de sanções a agentes estatais

Esses dispositivos introduzidos pela Lei nº 13.655/2018 na Lei de Introdução às Normas do Direito Brasileiro encerram, por sua vez, *deveres administrativos* e *limitações ao desfazimento de atos* e à *imputação de sanções* a particulares e agentes estatais.

---

[347] Cf. BANDEIRA DE MELLO, Celso Antônio. *Curso de direito administrativo*, 27. ed., p. 72.

2.2.1.1 O dever administrativo de não decidir sem ter em consideração as consequências da decisão

O primeiro desses deveres/limitações sobressai dos textos do art. 20 da Lei de Introdução às Normas do Direito Brasileiro, de seu parágrafo único e do art. 21 do mesmo diploma legal, que impõem à Administração e a seus agentes que sempre tenham em vista as consequências práticas de suas decisões. É que o legislador estabelece, no pormenor:
   a) que não se decidirá, nas esferas administrativa, controladora e judicial, com base em valores jurídicos abstratos sem que sejam consideradas as consequências práticas da decisão (LINDB, art. 20);
   b) que a motivação das decisões proferidas nesses âmbitos precisa demonstrar a necessidade e a adequação da medida imposta ou da invalidação de ato, contrato, ajuste, processo ou norma administrativa, inclusive em face das possíveis alternativas (LINDB, art. 20, parágrafo único); e
   c) que a decisão que, nas esferas administrativa, controladora ou judicial, decretar a invalidação de ato, contrato, ajuste, processo ou norma administrativa deverá indicar de modo expresso suas consequências jurídicas e administrativas (LINDB, art. 21).

2.2.1.2 O dever administrativo de indicar as condições para a regularização dos atos considerados irregulares e de não impor aos responsáveis ônus ou perdas excessivos

A Lei de Introdução às Normas do Direito Brasileiro também impõe à Administração e a seus agentes que indiquem, em suas decisões, as condições para a regularização dos atos considerados irregulares e que não imponha aos responsáveis ônus ou perdas excessivos. Com efeito, nos precisos termos da lei, as decisões administrativas deverão, "quando for o caso, indicar as condições para que a regularização ocorra de modo proporcional e equânime e sem prejuízo aos interesses gerais", vedada a imposição "aos sujeitos atingidos ônus ou perdas que, em função das peculiaridades do caso, sejam anormais ou excessivos" (LINDB, art. 21, parágrafo único).

2.2.1.3 O dever administrativo de interpretar o direito mediante consideração das reais dificuldades do gestor, das exigências das políticas públicas implementadas e das circunstâncias práticas que interferiam na sua conduta

Outra imposição que sobressai do regime normativo da Lei de Introdução às Normas do Direito Brasileiro diz respeito ao dever administrativo de interpretar o direito mediante consideração das reais dificuldades do gestor, das exigências das políticas públicas implementadas e das circunstâncias práticas que interferiam na sua conduta. No ponto, o legislador fixou, textualmente:
   a) que devem ser considerados, na interpretação de normas sobre gestão pública, os obstáculos e as dificuldades reais do gestor e as exigências das políticas públicas a seu cargo, sem prejuízo dos direitos dos administrados (art. 22); e

b) que as decisões sobre regularidade de conduta ou validade de ato, contrato, ajuste, processo ou norma administrativa também devem considerar as circunstâncias práticas que houverem imposto, limitado ou condicionado a ação do agente (art. 22, §1º).

2.2.1.4 O dever administrativo de considerar, quando se cogitar da aplicação de sanções, a natureza e a gravidade da infração cometida, as circunstâncias agravantes e atenuantes e os antecedentes dos agentes estatais envolvidos

Além disso, a Lei de Introdução às Normas do Direito Brasileiro obriga a Administração e seus agentes a considerarem, quando cogitarem da aplicação de sanções, a natureza e a gravidade da infração cometida, as circunstâncias agravantes e atenuantes e os antecedentes dos agentes estatais envolvidos (art. 22, §2º) e, no que concerne à dosimetria das sanções de mesma natureza e relativas ao mesmo fato, também as sanções anteriormente aplicadas ao agente (art. 22, §3º).

2.2.1.5 O dever administrativo de estabelecer regime de transição em caso de modificação de interpretação/orientação sobre norma de conteúdo indeterminado

A Administração e seus agentes também têm o dever administrativo de estabelecer regime de transição em caso de modificação de interpretação/orientação sobre norma de conteúdo indeterminado; insculpido no art. 23 da Lei de Introdução às Normas do Direito Brasileiro. Quanto a isso, o legislador previu, textualmente, que "a decisão administrativa, controladora ou judicial que estabelecer interpretação ou orientação nova sobre norma de conteúdo indeterminado", impondo (com isso) "novo dever ou novo condicionamento de direito", deverá observar o cuidado de "prever regime de transição quando indispensável para que o novo dever ou condicionamento de direito seja cumprido de modo proporcional, equânime e eficiente e sem prejuízo aos interesses gerais".

2.2.1.6 O dever administrativo de avaliar os atos praticados com base nas orientações gerais disponíveis ao tempo da sua prática e de preservar as situações plenamente constituídas com base nas orientações gerais então disponíveis

De igual modo devem ser consideradas, nas esferas administrativa, controladora ou judicial, as orientações gerais disponíveis ao tempo da sua prática e as situações plenamente constituídas com base nelas. A propósito, o legislador estabeleceu:
a) que a revisão quanto à validade de ato, contrato, ajuste, processo ou norma administrativa cuja produção já se houver completado precisa levar em conta as orientações gerais da época (LINDB, art. 24);

b) que é vedado que, com base em mudança posterior de orientação geral, sejam consideradas inválidas situações plenamente constituídas (LINDB, art. 24, parte final); e
c) que as interpretações e especificações contidas em atos públicos de caráter geral ou em jurisprudência judicial ou administrativa majoritária, e também as adotadas por prática administrativa reiterada e de amplo conhecimento público são consideradas orientações gerais para esse efeito (LINDB, art. 24, parágrafo único).

2.2.1.7 O dever administrativo de considerar a possibilidade de realizar ajustamento de condutas para convalidar os atos questionados

A Administração também precisa considerar, nas relações que mantém com particulares, a possibilidade de realizar ajustamento de condutas para convalidar atos por ela praticados. Quanto a isso, o legislador previu:
a) que a autoridade administrativa poderá, após oitiva do órgão jurídico e (quando for o caso) após realização de consulta pública, sempre que presentes razões de relevante interesse geral e desde que observada a legislação aplicável, celebrar compromisso com os interessados para eliminar irregularidade, incerteza jurídica ou situação contenciosa na aplicação do direito público, inclusive no caso de expedição de licença, o qual só produzirá efeitos a partir de sua publicação oficial (LINDB, art. 26);
b) que esse compromisso:
 b.1) deve buscar solução jurídica proporcional, equânime, eficiente e compatível com os interesses gerais (LINDB, art. 26, §1º, I);
 b.2) não pode conferir desoneração permanente de dever ou condicionamento de direito reconhecidos por orientação geral (LINDB, art. 26, §1º, III); e
 b.3) deve prever com clareza as obrigações das partes, o prazo para seu cumprimento e as sanções aplicáveis em caso de descumprimento (LINDB, art. 26, §1º, IV).

2.2.1.8 O dever administrativo de compensar benefícios indevidos e prejuízos anormais ou injustos que resultem dos atos questionados

Outro dever administrativo imposto pela Lei de Introdução às Normas do Direito Brasileiro se relaciona à necessidade de compensação dos benefícios indevidos e dos prejuízos anormais ou injustos que resultem dos atos questionados. No ponto, o legislador assentou:
a) que a decisão do processo poderá impor compensação por benefícios indevidos ou prejuízos anormais ou injustos resultantes do processo ou da conduta dos envolvidos (LINDB, art. 27);
b) que essa decisão (sobre a compensação) deverá ser motivada, e que os interessados deverão ser ouvidos previamente sobre seu cabimento, sua forma e (se for o caso) sobre seu valor (LINDB, art. 27, §1º); e

c) que poderá ser celebrado compromisso processual entre os envolvidos para prevenir ou regular a compensação (LINDB, art. 27, §2º).

2.2.1.9 O dever administrativo de considerar a possibilidade de realizar consulta pública para manifestação dos interessados sobre os atos praticados em processos de licitação e de contratação pública

A Administração de igual modo tem o dever administrativo de considerar a possibilidade de realizar consulta pública para manifestação dos interessados sobre atos praticados pela Administração. Ao ensejo, o legislador previu:

a) que a edição de atos normativos por autoridade administrativa, salvo os de mera organização interna, poderá ser precedida de consulta pública para manifestação de interessados, preferencialmente por meio eletrônico, a qual será considerada na decisão (LINDB, art. 29); e

b) que a convocação dos interessados precisa conter a minuta do ato normativo e fixar o prazo e demais condições da consulta pública, observadas as normas legais e regulamentares específicas (LINDB, art. 29, §1º).

Essa providência guarda relação com o disposto no art. 21 da Lei nº 14.133/2021, que disciplina a realização de audiência públicas e consultas públicas no processo licitatório.[348]

2.2.1.10 O dever administrativo de contribuir para a segurança na aplicação do direito na esfera administrativa

Demais disso, as autoridades públicas devem atuar para aumentar a segurança jurídica na aplicação das normas, inclusive por meio da edição de regulamentos, súmulas administrativas e respostas a consultas (LINDB, art. 30), que, até ulterior revisão, terão caráter vinculante em relação ao órgão ou entidade a que se destinam (LINDB, art. 30, parágrafo único).

---

[348] Ambos os instrumentos possibilitam o estabelecimento de desejável diálogo entre a Administração e a sociedade, que tem a potencialidade de induzir, pela via da atribuição de maior transparência ao certame, a antecipação e resolução de problemas que apenas surgiriam no momento da execução do objeto licitado. Trata-se, portanto, de instrumentos voltados à atribuição de maior segurança jurídica às licitações públicas. A diferença entre eles está na forma de execução. A *audiência pública* é realizada em momento e local específico, em que os interessados comparecem para se manifestar sobre o tema debatido. A *consulta pública*, por sua vez, pressupõe a disponibilização de espaço de discussão por dado período de tempo, dentro do qual os interessados podem se manifestar sobre as informações disponibilizadas. Porém, eles podem ser empregados de forma conjugada, como, aliás, vêm fazendo, entre nós, as agências reguladoras. Nesse modelo, a Administração pode abrir *consulta pública* sobre licitação que pretende realizar, disponibilizando os seus elementos aos interessados e fixando prazo para o recebimento das suas manifestações e sugestões, prevendo, todavia, no próprio ato que a inicia, que ao final desse prazo realizará audiência pública para apresentação presencial dos documentos submetidos à consulta pública e das manifestações dos interessados que tiverem interesse em fazê-la, bem como para os esclarecimentos que se fizerem necessários. Quanto ao particular, cf. as nossas observações no tópico 6.2.1.4 do Capítulo 6.

2.2.1.11 O condicionamento da responsabilização de agentes estatais à demonstração de dolo ou culpa grave fundada em erro grosseiro

Por fim, a Lei de Introdução às Normas do Direito Brasileiro estabelece que os agentes estatais somente responderão pessoalmente por suas decisões ou opiniões técnicas em caso de *dolo* ou *erro grosseiro* (LINDB, art. 28). Esse dispositivo foi descrito por Gustavo Binenbojm e André Cyrino como *cláusula geral do erro administrativo*.[349] Em suas próprias palavras, "o art. 28 da LINDB constitui espécie de cláusula geral do erro administrativo" que tem por escopo oferecer segurança jurídica ao gestor com boas intenções, mas falível como qualquer pessoa, criando, assim, "incentivos institucionais necessários à promoção da inovação e à atração de gestores capacitados".[350] Afinal, "admitir o erro, salvo quando grosseiro, não faz sentido num regime jurídico que pretenda viabilizar soluções inovadoras e impedir que as carreiras públicas se tornem armadilhas para pessoas honestas, capazes e bem intencionadas".[351] Para esses professores fluminenses, o dispositivo foi introduzido no ordenamento com o propósito de conferir maior conforto ao "gestor que quer fazer uma boa administração a partir de abordagens inovadoras, mas tem medo de agir".[352] É que "o rigoroso sistema de controles administrativos, que nem sempre é suficiente para inibir casos graves de má gestão e corrupção, acaba por dissuadir a ação daqueles que poderiam sugerir mudanças".[353]

2.2.2 Extensão desses deveres e limitações aos órgãos de controle

Esses deveres e limitações não se aplicam exclusivamente aos processos que encartam licitações e contratações administrativas, mas estendem-se, em rigor, também aos processos deflagrados para a realização de controle administrativo pelos órgãos de controle interno e pelos órgãos externos de fiscalização e controle (em especial, pelos tribunais de contas e pelo Ministério Público). Em primeiro lugar porque a própria Lei de Introdução às Normas do Direito Brasileiro os estende às *esferas administrativa, controladora e judicial*. Em segundo lugar porque, assim como os órgãos/entidades controlados,

---

[349] Cf. BINENBOJM, Gustavo; CYRINO, André. O art. 28 da LINDB: a cláusula geral do erro administrativo.
[350] BINENBOJM, Gustavo; CYRINO, André. O art. 28 da LINDB: a cláusula geral do erro administrativo, p. 221.
[351] BINENBOJM, Gustavo; CYRINO, André. O art. 28 da LINDB: a cláusula geral do erro administrativo, p. 221.
[352] BINENBOJM, Gustavo; CYRINO, André. O art. 28 da LINDB: a cláusula geral do erro administrativo, p. 206.
[353] BINENBOJM, Gustavo; CYRINO, André. O art. 28 da LINDB: a cláusula geral do erro administrativo, p. 206. No ponto, é importante registrar que o projeto de lei aprovado pelo Congresso Nacional, e que deu origem à Lei nº 14.133/2021, instituía regras distintas para a responsabilização pessoal de advogados públicos, quando dispunha que eles só podem ser responsabilizados, diretamente ou mediante ação de regresso, quando agirem com dolo ou fraude na elaboração de pareceres jurídicos. Todavia, o dispositivo, muito embora guarde simetria com o disposto no art. 184 do Código de Processo Civil de 2015 (que estabelece, textualmente, que o membro da Advocacia Pública será civil e regressivamente responsável quando agir com dolo ou fraude no exercício de suas funções), foi vetado pela Presidência da República, à consideração de que "o advogado, público ou privado, já conta com diversas outras disposições sobre a sua responsabilização profissional" (como exemplo, a Lei nº 8.906/1994, o art. 184 do CPC-2015, e, para os integrantes da AGU, também a Lei nº 13.327/2016), que não foram revogadas nem harmonizadas com a *novatio legis*, de que ele "não faz referência a eventual responsabilização administrativa ou mesmo penal daquele advogado, o que pode causar incerteza jurídica quanto à eventual instituição de responsabilidade cível", além da exclusão "das possíveis responsabilidades administrativa e/ou penal, em indevido recrudescimento do sistema atualmente vigente", e de que "parece potencializar a geração de celeuma acerca do nível de responsabilização dos pareceristas jurídicos junto aos procedimentos licitatórios".

também os órgãos externos de fiscalização integram a Administração Pública,[354] e por isso se encontram submetidos ao princípio administrativo da legalidade, que lhes impõe, por consequência, irrestrita observância das normas gerais e abstratas que vinculam a atividade administrativa.

---

[354] Com efeito, o Constituição da República estabelece, no *caput* de seu art. 37, que "*a Administração Pública* direta e indireta *de qualquer dos Poderes* da União, dos Estados, do Distrito Federal e dos Municípios *obedecerá aos princípios de legalidade*, impessoalidade, moralidade, publicidade e eficiência". Vê-se, pois, que a legalidade administrativa conforma a atuação de todos os poderes da República e, por extensão, dos órgãos dotados de autonomia em relação ao Executivo, ao Legislativo e ao Judiciário, situação em que se encontram os Tribunais de Contas e o Ministério Público.

CAPÍTULO 3

DEFINIÇÕES JURÍDICAS APRESENTADAS PELA LEI Nº 14.133/2021

Art. 6º Para os fins desta Lei, consideram-se:

I - órgão: unidade de atuação integrante da estrutura da Administração Pública;

II - entidade: unidade de atuação dotada de personalidade jurídica;

III - Administração Pública: administração direta e indireta da União, dos Estados, do Distrito Federal e dos Municípios, inclusive as entidades com personalidade jurídica de direito privado sob controle do poder público e as fundações por ele instituídas ou mantidas;

IV - Administração: órgão ou entidade por meio do qual a Administração Pública atua;

V - agente público: indivíduo que, em virtude de eleição, nomeação, designação, contratação ou qualquer outra forma de investidura ou vínculo, exerce mandato, cargo, emprego ou função em pessoa jurídica integrante da Administração Pública;

VI - autoridade: agente público dotado de poder de decisão;

VII - contratante: pessoa jurídica integrante da Administração Pública responsável pela contratação;

VIII - contratado: pessoa física ou jurídica, ou consórcio de pessoas jurídicas, signatária de contrato com a Administração Pública;

IX - licitante: pessoa física ou jurídica, ou consórcio de pessoas jurídicas, que participa ou manifesta a intenção de participar de processo licitatório, sendo-lhe equiparável, para os fins desta Lei, o fornecedor ou o prestador de serviço que, em atendimento à solicitação da Administração, oferece proposta;

X - compra: aquisição remunerada de bens para fornecimento de uma só vez ou parceladamente, considerada imediata aquela com prazo de entrega de até 30 (trinta) dias da ordem de fornecimento;

XI - serviço: atividade ou conjunto de atividades destinadas a obter determinada utilidade, intelectual ou material, de interesse da Administração;

XII - obra: toda atividade estabelecida, por força de lei, como privativa das profissões de arquiteto e engenheiro que implica intervenção no meio ambiente por meio de um conjunto harmônico de ações que, agregadas, formam um todo que inova o espaço físico da natureza ou acarreta alteração substancial das características originais de bem imóvel;

XIII - bens e serviços comuns: aqueles cujos padrões de desempenho e qualidade podem ser objetivamente definidos pelo edital, por meio de especificações usuais de mercado;

XIV - bens e serviços especiais: aqueles que, por sua alta heterogeneidade ou complexidade, não podem ser descritos na forma do inciso XIII do *caput* deste artigo, exigida justificativa prévia do contratante;

XV - serviços e fornecimentos contínuos: serviços contratados e compras realizadas pela Administração Pública para a manutenção da atividade administrativa, decorrentes de necessidades permanentes ou prolongadas;

XVI - serviços contínuos com regime de dedicação exclusiva de mão de obra: aqueles cujo modelo de execução contratual exige, entre outros requisitos, que:

a) os empregados do contratado fiquem à disposição nas dependências do contratante para a prestação dos serviços;

b) o contratado não compartilhe os recursos humanos e materiais disponíveis de uma contratação para execução simultânea de outros contratos;

c) o contratado possibilite a fiscalização pelo contratante quanto à distribuição, controle e supervisão dos recursos humanos alocados aos seus contratos;

XVII – serviços não contínuos ou contratados por escopo: aqueles que impõem ao contratado o dever de realizar a prestação de um serviço específico em período predeterminado, podendo ser prorrogado, desde que justificadamente, pelo prazo necessário à conclusão do objeto;

XVIII - serviços técnicos especializados de natureza predominantemente intelectual: aqueles realizados em trabalhos relativos a:

a) estudos técnicos, planejamentos, projetos básicos e projetos executivos;

b) pareceres, perícias e avaliações em geral;

c) assessorias e consultorias técnicas e auditorias financeiras e tributárias;

d) fiscalização, supervisão e gerenciamento de obras e serviços;

e) patrocínio ou defesa de causas judiciais e administrativas;

f) treinamento e aperfeiçoamento de pessoal;

g) restauração de obras de arte e de bens de valor histórico;

h) controles de qualidade e tecnológico, análises, testes e ensaios de campo e laboratoriais, instrumentação e monitoramento de parâmetros específicos de obras e do meio ambiente e demais serviços de engenharia que se enquadrem na definição deste inciso;

XIX - notória especialização: qualidade de profissional ou de empresa cujo conceito, no campo de sua especialidade, decorrente de desempenho anterior, estudos, experiência, publicações, organização, aparelhamento, equipe técnica ou outros requisitos relacionados com suas atividades, permite inferir que o seu trabalho é essencial e reconhecidamente adequado à plena satisfação do objeto do contrato;

XX - estudo técnico preliminar: documento constitutivo da primeira etapa do planejamento de uma contratação que caracteriza o interesse público envolvido e a sua melhor solução e dá base ao anteprojeto, ao termo de referência ou ao projeto básico a serem elaborados caso se conclua pela viabilidade da contratação;

XXI - serviço de engenharia: toda atividade ou conjunto de atividades destinadas a obter determinada utilidade, intelectual ou material, de interesse para a Administração e que, não enquadradas no conceito de obra a que se refere o inciso XII do *caput* deste artigo, são estabelecidas, por força de lei, como privativas das profissões de arquiteto e engenheiro ou de técnicos especializados, que compreendem:

a) serviço comum de engenharia: todo serviço de engenharia que tem por objeto ações, objetivamente padronizáveis em termos de desempenho e qualidade, de manutenção, de adequação e de adaptação de bens móveis e imóveis, com preservação das características originais dos bens;

b) serviço especial de engenharia: aquele que, por sua alta heterogeneidade ou complexidade, não pode se enquadrar na definição constante da alínea "a" deste inciso;

XXII - obras, serviços e fornecimentos de grande vulto: aqueles cujo valor estimado supera R$ 200.000.000,00 (duzentos milhões de reais);

XXIII - termo de referência: documento necessário para a contratação de bens e serviços, que deve conter os seguintes parâmetros e elementos descritivos:

a) definição do objeto, incluídos sua natureza, os quantitativos, o prazo do contrato e, se for o caso, a possibilidade de sua prorrogação;

b) fundamentação da contratação, que consiste na referência aos estudos técnicos preliminares correspondentes ou, quando não for possível divulgar esses estudos, no extrato das partes que não contiverem informações sigilosas;

c) descrição da solução como um todo, considerado todo o ciclo de vida do objeto;

d) requisitos da contratação;

e) modelo de execução do objeto, que consiste na definição de como o contrato deverá produzir os resultados pretendidos desde o seu início até o seu encerramento;

f) modelo de gestão do contrato, que descreve como a execução do objeto será acompanhada e fiscalizada pelo órgão ou entidade;

g) critérios de medição e de pagamento;

h) forma e critérios de seleção do fornecedor;

i) estimativas do valor da contratação, acompanhadas dos preços unitários referenciais, das memórias de cálculo e dos documentos que lhe dão suporte, com os parâmetros utilizados para a obtenção dos preços e para os respectivos cálculos, que devem constar de documento separado e classificado;

j) adequação orçamentária;

XXIV - anteprojeto: peça técnica com todos os subsídios necessários à elaboração do projeto básico, que deve conter, no mínimo, os seguintes elementos:

a) demonstração e justificativa do programa de necessidades, avaliação de demanda do público-alvo, motivação técnico-econômico-social do empreendimento, visão global dos investimentos e definições relacionadas ao nível de serviço desejado;

b) condições de solidez, de segurança e de durabilidade;

c) prazo de entrega;

d) estética do projeto arquitetônico, traçado geométrico e/ou projeto da área de influência, quando cabível;

e) parâmetros de adequação ao interesse público, de economia na utilização, de facilidade na execução, de impacto ambiental e de acessibilidade;

f) proposta de concepção da obra ou do serviço de engenharia;

g) projetos anteriores ou estudos preliminares que embasaram a concepção proposta;

h) levantamento topográfico e cadastral;

i) pareceres de sondagem;

j) memorial descritivo dos elementos da edificação, dos componentes construtivos e dos materiais de construção, de forma a estabelecer padrões mínimos para a contratação;

XXV - projeto básico: conjunto de elementos necessários e suficientes, com nível de precisão adequado para definir e dimensionar a obra ou o serviço, ou o complexo de obras ou de serviços objeto da licitação, elaborado com base nas indicações dos estudos técnicos preliminares, que assegure a viabilidade técnica e o adequado tratamento do impacto ambiental do empreendimento e que possibilite a avaliação do custo da obra e a definição dos métodos e do prazo de execução, devendo conter os seguintes elementos:

a) levantamentos topográficos e cadastrais, sondagens e ensaios geotécnicos, ensaios e análises laboratoriais, estudos socioambientais e demais dados e levantamentos necessários para execução da solução escolhida;

b) soluções técnicas globais e localizadas, suficientemente detalhadas, de forma a evitar, por ocasião da elaboração do projeto executivo e da realização das obras e montagem, a necessidade de reformulações ou variantes quanto à qualidade, ao preço e ao prazo inicialmente definidos;

c) identificação dos tipos de serviços a executar e dos materiais e equipamentos a incorporar à obra, bem como das suas especificações, de modo a assegurar os melhores resultados para o empreendimento e a segurança executiva na utilização do objeto, para os fins a que se destina, considerados os riscos e os perigos identificáveis, sem frustrar o caráter competitivo para a sua execução;

d) informações que possibilitem o estudo e a definição de métodos construtivos, de instalações provisórias e de condições organizacionais para a obra, sem frustrar o caráter competitivo para a sua execução;

e) subsídios para montagem do plano de licitação e gestão da obra, compreendidos a sua programação, a estratégia de suprimentos, as normas de fiscalização e outros dados necessários em cada caso;

f) orçamento detalhado do custo global da obra, fundamentado em quantitativos de serviços e fornecimentos propriamente avaliados, obrigatório exclusivamente para os regimes de execução previstos nos incisos I, II, III, IV e VII do *caput* do art. 46 desta Lei;

XXVI - projeto executivo: conjunto de elementos necessários e suficientes à execução completa da obra, com o detalhamento das soluções previstas no projeto básico, a identificação de serviços, de materiais e de equipamentos a serem incorporados à obra, bem como suas especificações técnicas, de acordo com as normas técnicas pertinentes;

XXVII - matriz de riscos: cláusula contratual definidora de riscos e de responsabilidades entre as partes e caracterizadora do equilíbrio econômico-financeiro inicial do contrato, em termos de ônus financeiro decorrente de eventos supervenientes à contratação, contendo, no mínimo, as seguintes informações:

a) listagem de possíveis eventos supervenientes à assinatura do contrato que possam causar impacto em seu equilíbrio econômico-financeiro e previsão de eventual necessidade de prolação de termo aditivo por ocasião de sua ocorrência;

b) no caso de obrigações de resultado, estabelecimento das frações do objeto com relação às quais haverá liberdade para os contratados inovarem em soluções metodológicas ou tecnológicas, em termos de modificação das soluções previamente delineadas no anteprojeto ou no projeto básico;

c) no caso de obrigações de meio, estabelecimento preciso das frações do objeto com relação às quais não haverá liberdade para os contratados inovarem em soluções metodológicas ou tecnológicas, devendo haver obrigação de aderência entre a execução e a solução predefinida no anteprojeto ou no projeto básico, consideradas as características do regime de execução no caso de obras e serviços de engenharia;

XXVIII - empreitada por preço unitário: contratação da execução da obra ou do serviço por preço certo de unidades determinadas;

XXIX - empreitada por preço global: contratação da execução da obra ou do serviço por preço certo e total;

XXX - empreitada integral: contratação de empreendimento em sua integralidade, compreendida a totalidade das etapas de obras, serviços e instalações necessárias, sob inteira responsabilidade do contratado até sua entrega ao contratante em condições de entrada em operação, com características adequadas às finalidades para as quais foi contratado e atendidos os requisitos técnicos e legais para sua utilização com segurança estrutural e operacional;

XXXI - contratação por tarefa: regime de contratação de mão de obra para pequenos trabalhos por preço certo, com ou sem fornecimento de materiais;

XXXII - contratação integrada: regime de contratação de obras e serviços de engenharia em que o contratado é responsável por elaborar e desenvolver os projetos básico e executivo, executar obras e serviços de engenharia, fornecer bens ou prestar serviços especiais e realizar montagem, teste, pré-operação e as demais operações necessárias e suficientes para a entrega final do objeto;

XXXIII - contratação semi-integrada: regime de contratação de obras e serviços de engenharia em que o contratado é responsável por elaborar e desenvolver o projeto executivo, executar obras e serviços de engenharia, fornecer bens ou prestar serviços especiais e realizar montagem, teste, pré-operação e as demais operações necessárias e suficientes para a entrega final do objeto;

XXXIV - fornecimento e prestação de serviço associado: regime de contratação em que, além do fornecimento do objeto, o contratado responsabiliza-se por sua operação, manutenção ou ambas, por tempo determinado;

XXXV - licitação internacional: licitação processada em território nacional na qual é admitida a participação de licitantes estrangeiros, com a possibilidade de cotação de preços em moeda estrangeira, ou licitação na qual o objeto contratual pode ou deve ser executado no todo ou em parte em território estrangeiro;

XXXVI - serviço nacional: serviço prestado em território nacional, nas condições estabelecidas pelo Poder Executivo federal;

XXXVII - produto manufaturado nacional: produto manufaturado produzido no território nacional de acordo com o processo produtivo básico ou com as regras de origem estabelecidas pelo Poder Executivo federal;

XXXVIII - concorrência: modalidade de licitação para contratação de bens e serviços especiais e de obras e serviços comuns e especiais de engenharia, cujo critério de julgamento poderá ser:

a) menor preço;

b) melhor técnica ou conteúdo artístico;

c) técnica e preço;

d) maior retorno econômico;

e) maior desconto;

XXXIX - concurso: modalidade de licitação para escolha de trabalho técnico, científico ou artístico, cujo critério de julgamento será o de melhor técnica ou conteúdo artístico, e para concessão de prêmio ou remuneração ao vencedor;

XL - leilão: modalidade de licitação para alienação de bens imóveis ou de bens móveis inservíveis ou legalmente apreendidos a quem oferecer o maior lance;

XLI - pregão: modalidade de licitação obrigatória para aquisição de bens e serviços comuns, cujo critério de julgamento poderá ser o de menor preço ou o de maior desconto;

XLII - diálogo competitivo: modalidade de licitação para contratação de obras, serviços e compras em que a Administração Pública realiza diálogos com licitantes previamente selecionados mediante critérios objetivos, com o intuito de desenvolver uma ou mais alternativas capazes de atender às suas necessidades, devendo os licitantes apresentar proposta final após o encerramento dos diálogos;

XLIII - credenciamento: processo administrativo de chamamento público em que a Administração Pública convoca interessados em prestar serviços ou fornecer bens para que, preenchidos os requisitos necessários, credenciem-se no órgão ou na entidade para executar o objeto quando convocados;

XLIV - pré-qualificação: procedimento seletivo prévio à licitação, convocado por meio de edital, destinado à análise das condições de habilitação, total ou parcial, dos interessados ou do objeto;

XLV - sistema de registro de preços: conjunto de procedimentos para realização, mediante contratação direta ou licitação nas modalidades pregão ou concorrência, de registro formal de preços relativos a prestação de serviços, a obras e a aquisição e locação de bens para contratações futuras;

XLVI - ata de registro de preços: documento vinculativo e obrigacional, com característica de compromisso para futura contratação, no qual são registrados o objeto, os preços, os fornecedores, os órgãos participantes e as condições a serem praticadas, conforme as disposições contidas no edital da licitação, no aviso ou instrumento de contratação direta e nas propostas apresentadas;

XLVII - órgão ou entidade gerenciadora: órgão ou entidade da Administração Pública responsável pela condução do conjunto de procedimentos para registro de preços e pelo gerenciamento da ata de registro de preços dele decorrente;

XLVIII - órgão ou entidade participante: órgão ou entidade da Administração Pública que participa dos procedimentos iniciais da contratação para registro de preços e integra a ata de registro de preços;

XLIX - órgão ou entidade não participante: órgão ou entidade da Administração Pública que não participa dos procedimentos iniciais da licitação para registro de preços e não integra a ata de registro de preços;

L - comissão de contratação: conjunto de agentes públicos indicados pela Administração, em caráter permanente ou especial, com a função de receber, examinar e julgar documentos relativos às licitações e aos procedimentos auxiliares;

LI - catálogo eletrônico de padronização de compras, serviços e obras: sistema informatizado, de gerenciamento centralizado e com indicação de preços, destinado a permitir a padronização de itens a serem adquiridos pela Administração Pública e que estarão disponíveis para a licitação;

LII - sítio eletrônico oficial: sítio da internet, certificado digitalmente por autoridade certificadora, no qual o ente federativo divulga de forma centralizada as informações e os serviços de governo digital dos seus órgãos e entidades;

LIII - contrato de eficiência: contrato cujo objeto é a prestação de serviços, que pode incluir a realização de obras e o fornecimento de bens, com o objetivo de proporcionar economia ao contratante, na forma de redução de despesas correntes, remunerado o contratado com base em percentual da economia gerada;

LIV - seguro-garantia: seguro que garante o fiel cumprimento das obrigações assumidas pelo contratado;

LV - produtos para pesquisa e desenvolvimento: bens, insumos, serviços e obras necessários para atividade de pesquisa científica e tecnológica, desenvolvimento de tecnologia ou inovação tecnológica, discriminados em projeto de pesquisa;

LVI - sobrepreço: preço orçado para licitação ou contratado em valor expressivamente superior aos preços referenciais de mercado, seja de apenas 1 (um) item, se a licitação ou a contratação for por preços unitários de serviço, seja do valor global do objeto, se a licitação ou a contratação for por tarefa, empreitada por preço global ou empreitada integral, semi-integrada ou integrada;

LVII - superfaturamento: dano provocado ao patrimônio da Administração, caracterizado, entre outras situações, por:

a) medição de quantidades superiores às efetivamente executadas ou fornecidas;

b) deficiência na execução de obras e de serviços de engenharia que resulte em diminuição da sua qualidade, vida útil ou segurança;

c) alterações no orçamento de obras e de serviços de engenharia que causem desequilíbrio econômico-financeiro do contrato em favor do contratado;

d) outras alterações de cláusulas financeiras que gerem recebimentos contratuais antecipados, distorção do cronograma físico-financeiro, prorrogação injustificada do prazo contratual com custos adicionais para a Administração ou reajuste irregular de preços;

LVIII - reajustamento em sentido estrito: forma de manutenção do equilíbrio econômico-financeiro de contrato consistente na aplicação do índice de correção monetária previsto no contrato, que deve retratar a variação efetiva do custo de produção, admitida a adoção de índices específicos ou setoriais;

LIX - repactuação: forma de manutenção do equilíbrio econômico-financeiro de contrato utilizada para serviços contínuos com regime de dedicação exclusiva de mão de obra ou predominância de mão de obra, por meio da análise da variação dos custos contratuais, devendo estar prevista no edital com data vinculada à apresentação das propostas, para os custos decorrentes do mercado, e com data vinculada ao acordo, à convenção coletiva ou ao dissídio coletivo ao qual o orçamento esteja vinculado, para os custos decorrentes da mão de obra;

LX - agente de contratação: pessoa designada pela autoridade competente, entre servidores efetivos ou empregados públicos dos quadros permanentes da Administração Pública, para tomar decisões, acompanhar o trâmite da licitação, dar impulso ao procedimento licitatório e executar quaisquer outras atividades necessárias ao bom andamento do certame até a homologação.

Esse dispositivo destaca alguns conceitos que são instrumentais à aplicação do regime normativo instituído pela Lei nº 14.133/2021. Ele define e diferencia órgãos e entidades, *Administração e Administração Pública, agente público e autoridade, contratante, contratado e licitante, compra, serviço e obra*, entre outros elementos indispensáveis à compreensão e aplicação do texto legal.

3.1 A opção político-normativa por estabelecer definições que orientam a aplicação da lei

O que com isso queremos dizer é que o legislador optou por centralizar em um único dispositivo, constante da sua Parte Geral, e por isso aplicável não apenas às licitações e às contratações públicas, mas também ao controle administrativo que se estabelece sobre elas, uma série de definições que orientam a aplicação da Lei nº 14.133/2021.

3.2 A adoção anterior de estratégia legislativa semelhante no âmbito da legislação nacional

Esse tipo de opção político-normativa já vem sendo adotado no país há algum tempo. Quanto a isso, destacamos, a título de exemplo, as leis editadas pelo Parlamento para disciplinar a exploração e produção de petróleo e gás (leis nºs 9.478/1997 e 12.351/2010) e o transporte, tratamento, processamento, estocagem, liquefação, regaseificação e comercialização de gás natural (Lei nº 11.909/2009), que mantêm, em seu texto, dispositivos contendo definições a serem empregadas na sua aplicação.

3.3 A estratégia adotada para a apresentação das definições neste trabalho

Como as definições colhidas desse dispositivo orientam a aplicação e interpretação de outros preceitos da lei comentada, optamos, para não haver redundância em nossos comentários, e também para não incorrermos em simples repetição do que foi estabelecido pelo legislador, por referir a elas nos capítulos e tópicos destinados à descrição desses outros preceitos. Por agora, é suficiente a orientar a compreensão do leitor a leitura do dispositivo, anteriormente transcrito em sua literalidade.

CAPÍTULO 4

DISPOSIÇÕES GERAIS SOBRE A INSERÇÃO DOS AGENTES ESTATAIS NOS PROCESSOS DE LICITAÇÃO E CONTRATAÇÃO PÚBLICA

São agentes estatais as pessoas físicas que atuam "produzindo ou manifestando a vontade do Estado".[355] Trata-se, com efeito, de expressão mais ampla que aquela empregada para designar os servidores públicos (espécie do gênero agentes estatais), que qualifica "genérica e indistintamente os sujeitos que servem ao Poder Público como instrumentos expressivos de sua vontade ou ação, ainda quando o façam apenas ocasional ou episodicamente".[356] Celso Antônio Bandeira de Mello os divide em quatro grandes grupos: (i) os agentes políticos, (ii) os agentes onoríficos, (iii) os servidores estatais, que abrangem as categorias de (iii.1) servidores públicos e (iii.2) servidores das pessoas governamentais de direito privado, e (iv) os particulares em atuação colaboradora com o Poder Público.[357]

São *agentes políticos* "os titulares dos cargos estruturais à organização política do país", que "integram o arcabouço constitucional do Estado, o esquema fundamental do poder", e que por isso "se constituem nos formadores da vontade superior do Estado".[358] Integram essa categoria "o Presidente da República, os Governadores, Prefeitos e respectivos vices, os auxiliares imediatos dos Chefes de Executivo, isto é, Ministros e Secretários das diversas Pastas, bem como os Senadores, Deputados federais e estaduais e os Vereadores".[359] Também a compõem os membros do Poder Judiciário e os integrantes do Ministério Público e dos tribunais de contas.

Os *servidores públicos*, por sua vez, "são aqueles investidos em cargo público, que se caracteriza como uma posição jurídica sujeita a um regime próprio e diferenciado", o regime estatutário.[360] Bandeira de Mello os qualifica como espécie do gênero servidores estatais, que congrega todos aqueles que mantêm relação de trabalho de natureza profissional e de caráter não eventual com a Administração Pública, de que seriam

---

[355] JUSTEN FILHO, Marçal. *Curso de direito administrativo*, 8. ed., p. 817. Sobre a argumentação que se segue, cf. MADUREIRA, Claudio. Administração Pública: agentes estatais, órgãos e entidades, p. 51-53.
[356] BANDEIRA DE MELLO, Celso Antônio. *Curso de direito administrativo*, 30. ed., p. 248.
[357] BANDEIRA DE MELLO, Celso Antônio. *Curso de direito administrativo*, 30. ed., p. 251.
[358] BANDEIRA DE MELLO, Celso Antônio. *Curso de direito administrativo*, 30. ed., p. 251.
[359] BANDEIRA DE MELLO, Celso Antônio. *Curso de direito administrativo*, 30. ed., p. 251-252.
[360] JUSTEN FILHO, Marçal. *Curso de direito administrativo*, 8. ed., p. 849.

exemplos os servidores públicos (vinculados a pessoas jurídicas de direito público) e os servidores das pessoas governamentais de direito privado (vinculados a pessoas jurídicas de direito privado).[361] Todavia, optamos, em sintonia com o posicionamento doutrinário predominante,[362] por qualificar esta última categoria (designada por Bandeira de Mello como servidores das pessoas governamentais de direito privado e por ele situada como espécie do gênero servidores estatais) simplesmente como empregados públicos.

São *servidores públicos* (i) os agentes estatais *investidos em seus cargos em virtude de prévia aprovação em concursos públicos* (comumente chamados servidores efetivos), (ii) os que *ocupam cargos de livre nomeação e destituição* (comumente chamados servidores comissionados) e (iii) aqueles *contratados por tempo determinado, para atender à necessidade temporária de excepcional interesse público* (comumente chamados servidores temporários).

O inc. II do art. 37 da Constituição brasileira condiciona o acesso aos cargos públicos à prévia aprovação em *concurso público* de provas ou de provas e títulos, de acordo com a natureza e a complexidade do cargo ou emprego, sempre observada a forma prevista em lei. Essa é, pois, a *regra geral* para a contratação de servidores, da qual o texto constitucional apenas ressalvou, como *exceções*, (i) *as nomeações para cargo em comissão declarado em lei de livre nomeação e exoneração* (art. 37, II, parte final) e (ii) *as contratações por tempo determinado para atender à necessidade temporária de excepcional interesse público* (art. 37, IX). Essa opção político-normativa encerra, segundo Bandeira de Mello, iniciativa do constituinte por procurar "ensejar a todos iguais oportunidades de disputar cargos ou empregos na *Administração Direta e Indireta*",[363] enunciando o que em doutrina se convencionou chamar *princípio da ampla acessibilidade aos cargos e empregos*.[364] É que o concurso público se apresenta, nas palavras de Hely Lopes Meirelles, como "prova de habilitação para escolha dos melhores", ou como meio técnico destinado a "obter-se moralidade, eficiência e aperfeiçoamento do serviço público, e, ao mesmo tempo, proporcionar igual oportunidade a todos os interessados que atendam aos requisitos da lei", com o afastamento dos ineptos e dos apaniguados.[365]

A *primeira das exceções* à regra do concurso público diz respeito à contratação de *servidores comissionados*. Quanto a eles, a Constituição ressalva, na parte final do inc. II do seu art. 37, a possibilidade da nomeação de profissionais não aprovados em concurso públicos para cargo em comissão declarado em lei de livre nomeação e exoneração, mas adverte, no inc. V do mesmo dispositivo, que a sua investidura *somente* pode se dar *para cargos com atribuições de direção, chefia e assessoramento*. Fora desse âmbito, não é admitida a contratação de servidores comissionados.

A *outra exceção* feita pelo constituinte é relativa à *contratação por tempo determinado* para atender à *necessidade temporária* de excepcional interesse público (art. 37, X). No ponto, é importante atentar ao texto constitucional, que deixa muito claro que a necessidade invocada para a contratação deve ser, ao mesmo tempo, *temporária* (o que significa dizer que a contratação não pode se perdurar no tempo) e *de excepcional interesse público* (o que significa dizer que ela supõe situação de exceção à normalidade das coisas).

---

[361] BANDEIRA DE MELLO, Celso Antônio. *Curso de direito administrativo*, 30. ed., p. 253.
[362] A propósito, cf., por todos: DI PIETRO, Maria Sylvia Zanella. *Direito administrativo*, 31. ed., p. 681.
[363] BANDEIRA DE MELLO, Celso Antônio. *Curso de direito administrativo*, 30. ed., p. 285-286.
[364] ROCHA, Silvio Luís Ferreira. *Manual de direito administrativo*, p. 235.
[365] MEIRELLES, Hely Lopes. *Direito administrativo brasileiro*, 38. ed., p. 475.

Posto isso, é claramente inconstitucional a prorrogação por períodos subsequentes de contratos de designação temporária firmados com base nessa exceção constitucional (por contraposição ao requisito da temporalidade), num contexto em que essa modalidade de contratação, que é singularizada por sua excepcionalidade, acaba sendo empregada, em evidente desvio de finalidade, em substituição ao regime geral da investidura de servidores mediante prévia aprovação em concurso público.

Todavia, também há na Administração servidores ocupantes de empregos, que atuam nas pessoas jurídicas de direito privado que integram a Administração indireta, "isto é, nas empresas públicas e sociedades de economia mista e fundações governamentais de direito privado", em que há empregos, e não cargos.[366] Portanto, são empregados públicos (ou servidores das pessoas governamentais de direito privado, como Bandeira de Mello prefere chamá-los) "os empregados de empresas públicas, sociedades de economia mista e fundações de Direito Privado instituídas pelo Poder Público", que atuam, "obrigatoriamente, sob regime trabalhista".[367] Como os servidores efetivos, os empregados públicos também devem ser admitidos (como regra)[368] mediante prévia aprovação em concurso público.[369]

4.1 Designação de agentes estatais e ordem de preferência

Art. 7º Caberá à autoridade máxima do órgão ou da entidade, ou a quem as normas de organização administrativa indicarem, promover gestão por competências e designar agentes públicos para o desempenho das funções essenciais à execução desta Lei que preencham os seguintes requisitos:

I - sejam, preferencialmente, servidor efetivo ou empregado público dos quadros permanentes da Administração Pública;

II - tenham atribuições relacionadas a licitações e contratos ou possuam formação compatível ou qualificação atestada por certificação profissional emitida por escola de governo criada e mantida pelo poder público; e

III - não sejam cônjuge ou companheiro de licitantes ou contratados habituais da Administração nem tenham com eles vínculo de parentesco, colateral ou por afinidade, até o terceiro grau, ou de natureza técnica, comercial, econômica, financeira, trabalhista e civil.

§1º A autoridade referida no *caput* deste artigo deverá observar o princípio da segregação de funções, vedada a designação do mesmo agente público para atuação simultânea em funções mais suscetíveis a riscos, de modo a reduzir a possibilidade de ocultação de erros e de ocorrência de fraudes na respectiva contratação.

---

[366] BANDEIRA DE MELLO, Celso Antônio. *Curso de direito administrativo*, 30. ed., p. 261.
[367] BANDEIRA DE MELLO, Celso Antônio. *Curso de direito administrativo*, 30. ed., p. 255.
[368] Ressalvadas tão somente as hipóteses previstas em lei, desde que observem, como limite, as exceções admitidas pelo constituinte ao modelo geral.
[369] Afinal, o constituinte (art. 37, II) condiciona à "aprovação prévia em concurso público de provas ou de provas e títulos, de acordo com a natureza e a complexidade do cargo ou emprego, na forma prevista em lei", não apenas a investidura em cargo, mas também em emprego público.

§2º O disposto no *caput* e no §1º deste artigo, inclusive os requisitos estabelecidos, também se aplica aos órgãos de assessoramento jurídico e de controle interno da Administração.

••

No que diz respeito aos agentes estatais, a Lei nº 14.133/2021 confere à autoridade[370] máxima do órgão ou da entidade, ou a quem as normas de organização administrativa indicarem, que promova a gestão por competências e designe os profissionais que desempenharão as funções essenciais à execução das tarefas (art. 7º, *caput*). Todavia, essa designação deve ser feita preferencialmente a servidor efetivo ou empregado público (i) que componham os quadros permanentes da Administração[371] (art. 7º, I), (ii) que tenham atribuições relacionadas a licitações e contratos, ou que possuam formação compatível ou qualificação atestada por certificação profissional emitida por escola de governo criada e mantida pelo Poder Público (art. 7º, II) e (iii) que não sejam cônjuge ou companheiro de licitantes ou contratados habituais da Administração nem tenham com eles vínculo de parentesco, colateral ou por afinidade, até o terceiro grau, ou de natureza técnica, comercial, econômica, financeira, trabalhista e civil (art. 7º, III). Disso resulta que *apenas quando não existirem*, nos quadros da Administração, *servidores (ou empregados) públicos que detenham a qualificação necessária* (formação compatível) *e que não mantenham relação familiar com licitantes ou contratados habituais é que se justificaria*, em concreto, *a designação de servidores/empregados públicos comissionados ou temporários* para atuação em processos que encartem licitações e contratações públicas.

Em rigor, mesmo a previsão, no inc. II do art. 7º, de que as designações devem recair *preferencialmente* sobre servidores/empregados públicos com atribuição relacionada a licitações e contratos não altera esse quadro. Em primeiro lugar porque a Administração pode realocar servidores efetivos de seu quadro para o exercício dessa função. Em segundo lugar porque, ainda que não existam servidores efetivos disponíveis, quando muito somente seria viável admitir que servidores comissionados e/ou temporários com atribuições relacionadas a licitações e contratos continuem atuando nesse contexto pelo período necessário a que a Administração realize concurso público para a investidura de servidores efetivos capazes de exercer essas funções.

Essa compreensão resulta da intepretação conjugada do dispositivo comentado com o disposto no inc. I do art. 169 da Lei nº 14.133/2021, que situa os servidores e empregados públicos e agentes de licitação (juntamente com as autoridades que atuam na estrutura de governança do órgão ou entidade) como *primeira linha de defesa* da Administração contra a configuração de irregularidades nas contratações públicas. As outras linhas de defesa mencionadas pelo legislador são compostas pelas unidades de assessoramento jurídico (Advocacia Pública) e de controle interno do próprio órgão ou entidade (*segunda linha de defesa*, de que trata o inc. II do art. 169) e pelo órgão central de

---

[370] Autoridade, nos termos do inc. VI do art. 6º do mesmo diploma, é o agente público dotado de poder de decisão.
[371] Composta, tendo em vista o disposto no inc. IV do art. 6º, pelos órgãos ou entidades por meio da qual a atua. A Administração Pública, por sua vez, é definida pelo inc. III do art. 6º como sendo a administração direta e indireta da União, dos estados, do Distrito Federal e dos municípios, inclusive as entidades com personalidade jurídica de direito privado sob controle do Poder Público e as fundações por ele instituídas ou mantidas.

controle interno da Administração (controladorias, auditorias, ministérios/secretarias de controle e transparência etc.) juntamente com os tribunais de contas (*terceira linha de defesa*, de que trata o inc. III do art. 169). Disso resulta que os servidores e empregados públicos que atuam nas licitações e contratações públicas compõem, ao lado da Advocacia Pública, dos órgãos de controle interno e dos próprios tribunais de constas, a rede integrada encarregada pelo legislador de controlar as atividades administrativas desenvolvidas nesse contexto. Assim, a ilação de que servidores/empregados públicos comissionados e temporários poderiam atuar nesse campo supõe que se possa afirmar, com segurança, que esses profissionais dispõem do distanciamento e da independência necessários a que possam exercer efetivo controle sobre atos praticados por governantes e gestores, o que é incompatível com a conformação da sua investidura nos cargos que ocupam.

No pormenor, recobramos a advertência de César do Vale Kirch quanto a se comprometerem os ocupantes de cargos comissionados e os servidores contratados em designação temporária muito mais com a satisfação dos interesses de quem os nomeou do que com o interesse público, o que atrai para a Administração, em vista de potencial conflito entre os interesses do administrador e o direito, o risco de esses profissionais preferirem buscar "a maléfica satisfação da necessidade execrável do gestor mal intencionado em vez de pugnar pela salutar proteção e preservação do interesse público", temendo que, "se não o fizer, poderá ser exonerado no dia seguinte, para que outro sem vínculo venha substituí-lo e, quiçá, realizar o desejo inconfessável do mau administrador".[372] Infelizmente situações desse tipo são recorrentes na prática administrativa, inclusive nos processos relativos a licitações e contratações públicas. A propósito, Ricardo Marcondes Martins aduz que "se alguém precisa se corromper para manter seu ganha-pão, como regra geral, se corrompe", porque "ninguém é santo ou herói".[373] Ao contrário, "raros são os que abrem mão do seu ganha-pão por idealismo".[374] Até porque não se pode presumir "um comportamento sobre-humano de quem exerce função pública".[375] Enfim, não se deve trabalhar "com sonho ou utopia, mas com a realidade".[376] Exemplificando, Martins refere a atuação dos "servidores encarregados de numerar as folhas dos processos administrativos e rubricá-las" que, por não possuírem estabilidade, veem-se obrigados por superior hierárquico a reordená-las, "com vistas a acobertar a ilegalidade ou, pior, ato de corrupção".[377] Nessa hipótese, ao servidor se impõe um dilema: "ou se recusa a obedecer e perde seu ganha-pão ou obedece e mantém-se no cargo".[378] Disso resulta que, onde não há estabilidade, o servidor fica nas mãos dos superiores hierárquicos, bastando-lhe "se recusar a cometer uma ilegalidade, se recusar a praticar um ato de corrupção e pronto", que "estaria 'na rua', seria exonerado".[379]

---

[372] KIRCH, César do Vale. A alavancagem da AGU para a consolidação e o sucesso da advocacia pública de Estado no Brasil, p. 418.
[373] MARTINS, Ricardo Marcondes. Regime estatutário e Estado de direito, p. 144.
[374] MARTINS, Ricardo Marcondes. Regime estatutário e Estado de direito, p. 144.
[375] MARTINS, Ricardo Marcondes. Regime estatutário e Estado de direito, p. 144.
[376] MARTINS, Ricardo Marcondes. Regime estatutário e Estado de direito, p. 144.
[377] MARTINS, Ricardo Marcondes. Regime estatutário e Estado de direito, p. 148.
[378] MARTINS, Ricardo Marcondes. Regime estatutário e Estado de direito, p. 148.
[379] MARTINS, Ricardo Marcondes. Regime estatutário e Estado de direito, p. 148.

Não sobeja lembrar, a propósito, que, para o caso, "nem do Judiciário o servidor poderia se socorrer, pois, inexistindo estabilidade, a dispensa seria *ad nutum* a critério do superior hierárquico".[380]

Além de designar servidores efetivos (ou empregados públicos efetivos) para atuar em licitações e contratações públicas, a autoridade administrativa competente precisa observar, nesse âmbito, o *princípio da segregação de funções* (art. 7º, §1º). Esse princípio indica, conforme Eduardo de Carvalho Rêgo, que as licitações não devem ser "conduzidas de forma centralizada, por apenas uma autoridade que identifica a necessidade de licitação, elabora o edital e julga as propostas apresentadas selecionando a mais vantajosa".[381] Em atenção a esse princípio, o legislador vedou a designação de um mesmo agente estatal para atuação simultânea nas funções mais suscetíveis a riscos, como forma de reduzir a possibilidade de ocultação de erros e de ocorrência de fraudes na respectiva contratação. Destarte, a Administração precisará designar, para atuação nos processos de licitação e contratações públicas, tantos servidores efetivos quantas forem as funções que precisarem ser exercidas nesse contexto.

O mesmo raciocínio foi aplicado pelo legislador aos órgãos de assessoramento jurídico (portanto, à Advocacia Pública) e de controle interno (portanto, às controladorias, auditorias, aos ministérios/às secretarias de controle e transparência etc.), que também precisam observar o imperativo de divisão de tarefas (art. 7º, §1º). Assim, os pareceres proferidos pelos advogados públicos, e também as manifestações técnicas lavradas pelos servidores que atuam no controle interno demandam, necessariamente, aprovação por seus superiores hierárquicos. Em rigor, essa opção político-normativa culmina por exigir que tenham lugar, nos processos que encartam licitações e contratações públicas, (i) pareceres/manifestações técnicas dos procuradores/servidores que atuam no controle interno e (ii) seus respectivos atos de aprovação. É que a tão só existência desses pareceres/manifestações técnicas limita a atividade desenvolvida pelos dirigentes das procuradorias e controladorias, porque os obriga a dialogar com as razões jurídicas/técnicas neles consignadas; ao mesmo tempo em que o ato de aprovação desses pareceres/manifestações técnicas limita a atividade dos procuradores/controladores, na medida em que funciona como filtro necessário contra a prática de equívocos e irregularidades. Essas imposições jurídico-normativas se justificam, então, porque "as licitações são procedimentos complexos, compostos por diversos agentes espalhados por diversas repartições".[382] Nesse sentido, a segregação de funções "garante, por exemplo, que um mesmo servidor não será o responsável pela fiscalização de um ato por ele mesmo produzido, o que revelaria nítido conflito de interesses".[383]

Mas há mais. Esses dispositivos impõem, em concreto, a profissionalização dos quadros administrativos; expectativa que também encontra fundamento de validade nos *princípios da moralidade e da probidade* (porque é mais fácil corromper servidor/empregado público que não mantenha vínculo permanente com a Administração do que servidores/empregados públicos efetivos), nos *princípios da eficiência e da eficácia* (porque a atribuição

---

[380] MARTINS, Ricardo Marcondes. Regime estatutário e Estado de direito, p. 148. Sobre o assunto, cf., ainda: MADUREIRA, Claudio. *Advocacia Pública*, p. 279-298.

[381] RÊGO, Eduardo de Carvalho. Princípios jurídicos previstos no Projeto da Nova Lei de Licitações, p. 25.

[382] RÊGO, Eduardo de Carvalho. Princípios jurídicos previstos no Projeto da Nova Lei de Licitações, p. 25.

[383] RÊGO, Eduardo de Carvalho. Princípios jurídicos previstos no Projeto da Nova Lei de Licitações, p. 25.

dessas funções a servidores/empregados públicos que permanecerão nos quadros da Administração permitirá a formação de espécie de memória administrativa, tendente a prevenir que os problemas verificados no presente se repitam no futuro) e nos *princípios da celeridade e da economicidade* (porque a tendência é que repetição das tarefas pelos mesmos servidores/empregados públicos também induza à formação de expertise que possibilite a prevenção da prática de atos inúteis ou defeituosos que podem atrasar a condução dos processos); todos eles extensíveis às licitações e contratações públicas por disposição expressa do art. 5º da Lei nº 14.133/2021.

4.2 Agentes de contratação, pregoeiros e comissões de contratação

> Art. 8º A licitação será conduzida por agente de contratação, pessoa designada pela autoridade competente, entre servidores efetivos ou empregados públicos dos quadros permanentes da Administração Pública, para tomar decisões, acompanhar o trâmite da licitação, dar impulso ao procedimento licitatório e executar quaisquer outras atividades necessárias ao bom andamento do certame até a homologação.
>
> §1º O agente de contratação será auxiliado por equipe de apoio e responderá individualmente pelos atos que praticar, salvo quando induzido a erro pela atuação da equipe.
>
> §2º Em licitação que envolva bens ou serviços especiais, desde que observados os requisitos estabelecidos no art. 7º desta Lei, o agente de contratação poderá ser substituído por comissão de contratação formada de, no mínimo, 3 (três) membros, que responderão solidariamente por todos os atos praticados pela comissão, ressalvado o membro que expressar posição individual divergente fundamentada e registrada em ata lavrada na reunião em que houver sido tomada a decisão.
>
> §3º As regras relativas à atuação do agente de contratação e da equipe de apoio, ao funcionamento da comissão de contratação e à atuação de fiscais e gestores de contratos de que trata esta Lei serão estabelecidas em regulamento, e deverá ser prevista a possibilidade de eles contarem com o apoio dos órgãos de assessoramento jurídico e de controle interno para o desempenho das funções essenciais à execução do disposto nesta Lei.
>
> §4º Em licitação que envolva bens ou serviços especiais cujo objeto não seja rotineiramente contratado pela Administração, poderá ser contratado, por prazo determinado, serviço de empresa ou de profissional especializado para assessorar os agentes públicos responsáveis pela condução da licitação.
>
> §5º Em licitação na modalidade pregão, o agente responsável pela condução do certame será designado pregoeiro.

A Lei nº 14.133/2021 também estabelece que a licitação deve ser conduzida por *agente de contratação* (art. 8º, *caput*), também denominado *pregoeiro* quando a licitação é realizada na modalidade pregão (art. 8º, §5º). Trata-se de *profissional designado* pela autoridade administrativa competente *entre servidores efetivos ou empregados públicos pertencentes aos quadros permanentes* da Administração. Portanto, *não se cogita*, quanto a ele, *da incidência da regra de preferência enunciada pelo inc. I do art. 7º*, porque, nos precisos termos da lei (art. 8º, *caput*), *apenas servidores/empregados públicos efetivos podem exercer esse múnus*.

Cumpre ao agente de contratação/pregoeiro tomar decisões no processo licitatório, acompanhar o seu trâmite, dar impulso ao procedimento e executar quaisquer outras atividades necessárias ao seu bom andamento. Porém, o legislador (art. 8º, §1º) admite que ele seja auxiliado, nessa atividade, por *equipe de apoio*; que em princípio pode ser composta mediante observância da regra de preferência prevista no inc. I do art. 7º; com a ressalva (manifestada no tópico precedente) de que apenas é admissível engajar servidores comissionados e temporários dentro do período necessário a que a Administração realize concurso público para a investidura de servidores/empregados públicos efetivos capazes de exercer essas funções.

O agente de contratação/pregoeiro responde individualmente pelos atos que praticar no curso do processo licitatório, inclusive quando emprega equipe de apoio para auxiliá-lo. Entretanto, a sua responsabilidade pessoal pode ser afastada quando ficar demonstrado que foi induzido a erro por sua equipe, hipótese em que a responsabilização recairá sobre os servidores que a compõem e que tenham contribuído para a irregularidade do ato praticado (art. 8º, §1º, parte final).

O legislador também previu, ao lado da figura do agente de contratação (que também pode ser designado como pregoeiro) e da sua equipe de apoio, a possibilidade da sua substituição por *comissão de contratação* (art. 8º, §2º). No entanto, a substituição cogitada somente é viável em licitações que envolvam bens ou serviços especiais, qualificados pelo inc. XIV do art. 6º como aqueles que, por sua alta heterogeneidade ou complexidade, não podem ser descritos como bens e serviços comuns, associados, pelo inc. XIII do mesmo dispositivo, aos bens e serviços cujos padrões de desempenho e qualidade podem ser objetivamente definidos no edital mediante referência a especificações usuais de mercado.

Essa comissão de contratação será formada por pelo menos três membros, que devem ser indicados pela autoridade competente mediante observância dos requisitos estabelecidos no art. 7º. Portanto, também ela deve ser *composta exclusivamente por agentes estatais* (preferencialmente servidores efetivos ou empregados públicos efetivos que componham os quadros permanentes da Administração, mas que poderão ser substituídos, transitoriamente, por servidores comissionados e/ou temporários, pelo período necessário à realização de concurso público para a investidura de servidores/empregados públicos efetivos), *que tenham atribuições relacionadas a licitações e contratos, ou que possuam formação compatível ou qualificação atestada* por certificação profissional emitida por escola de governo criada e mantida pelo Poder Público e *que não sejam cônjuge ou companheiro de licitantes ou contratados habituais* da Administração nem tenham com eles vínculo de parentesco, colateral ou por afinidade, até o terceiro grau, ou de natureza técnica, comercial, econômica, financeira, trabalhista e civil.

Como regra, os seus membros respondem solidariamente por todos os atos praticados. Todavia, o legislador admitiu o afastamento da responsabilidade do membro que expressar posição individual divergente, desde que fundamentada e registrada em ata lavrada na reunião em que houver sido tomada a decisão. Essa regra jurídica é operativa não apenas para afastar responsabilização do servidor que manifestar discordância com o ato praticado, mas, sobretudo, porque possibilita, dada a exigência de motivação da divergência e do seu registro em ata, uma melhor reflexão dos membros da comissão sobre a sua validade e regularidade.

A atuação dos agentes de contratação, dos pregoeiros, das suas equipes de apoio e das comissões de contratação porventura instituídas em licitações que envolvam bens ou serviços especiais é regida pela Lei nº 14.133/2021. Porém, o legislador remeteu a procedimentalização das suas atividades a regulamento expedido pela Administração (art. 8º, §3º).

Também foi conferido ao regulamento dispor sobre o seu assessoramento pela Advocacia Pública e pelos órgãos de controle interno (auditorias, controladorias, ministérios/secretarias de transparência e controle etc.) (art. 8º, §2º, parte final). Não se admite, pois, pelo menos como regra geral, que esse assessoramento seja prestado por prestadores terceirizados.

O tema foi objeto de amplo debate jurídico no que diz respeito à terceirização de atividades conferidas pelo constituinte à Advocacia Pública.[384] O que ocorre é que a Constituição da República (arts. 131 e 132), muito embora tenha conferido aos advogados públicos atividades consultiva (consistente na orientação do agir administrativo quanto aos aspectos jurídicos)[385] e contenciosa (consistente na representação jurídica do Poder Público)[386] que em tese poderiam ser exercidas por advogados privados,[387] também concebeu extenso aparato de controle da atividade administrativa, composto por órgãos externos e internos (art. 70), que induz a realização, no âmbito interno da Administração, do controle da juridicidade das posturas administrativas.[388] Destarte, o exercício das atividades de consultoria jurídica e contencioso judicial apresenta-se, nesse contexto, como o instrumento por meio do qual esse controle interno de juridicidade é realizado. Assim, o seu desempenho por advogados contratados ou por escritórios de advocacia (sobretudo se for realizado de forma reiterada, de modo a que esses profissionais assumam por completo a consultoria jurídica e o contencioso judicial dos entes públicos) converteria essa atividade de controle, que se supõe controle interno, em controle realizado com auxílio externo, em evidente subversão do regime jurídico concebido pelo constituinte.[389] Soma-se a isso a circunstância, manifestada por Marçal

---

[384] Sobre a argumentação que se segue, cf. MADUREIRA, Claudio. *Advocacia Pública*, p. 270-276, *passim*.

[385] Cf. MADUREIRA, Claudio. *Advocacia Pública*, p. 100-107, *passim*.

[386] Cf. MADUREIRA, Claudio. *Advocacia Pública*, p. 107-108.

[387] Afinal, consoante se verifica do texto do art. 3º do Estatuto da Advocacia (Lei nº 8.906/1994), "são atividades privativas de advocacia" (*caput*) "a postulação a órgão do Poder Judiciário e aos juizados especiais" (inc. I) e "as atividades de consultoria, assessoria e direção jurídicas" (inc. II).

[388] Cf. MADUREIRA, Claudio. *Advocacia Pública*, p. 109-113, *passim*.

[389] Acrescente-se, em reforço, o argumento exposto por Ronny Charles Lopes Torres, para quem "admitir tal ajuste para a defesa ordinária ou consultoria jurídica rotineira da entidade fere a determinação constitucional de que a investidura em cargo ou emprego público depende de aprovação prévia em concurso público de provas ou de provas e títulos" (TORRES, Ronny Charles Lopes de. A responsabilidade do advogado de Estado em sua função consultiva, p. 145). No pormenor, Torres defende que "as atividades de consultoria jurídica e de patrocínio rotineiro das diversas causas judiciais propostas em favor ou em face dos entes e órgãos da Administração [...] caracterizam-se como atividades próprias de carreira funcional que recebeu *status* específico da Carta Política", e que "a concepção constitucional prevista no inciso II do artigo 37 da Constituição Federal exige o provimento desses cargos mediante aprovação prévia em concurso, seja pela União, Estados, Distrito Federal ou Municípios", pelo que se reputa "impreterível a existência de quadro de carreira, para cumprir tais atribuições"

Justen Filho, de a atuação dos profissionais que atuam no controle jurídico exercitado no âmbito interno da Administração exigir "não apenas o domínio do conhecimento técnico-jurídico e uma espécie de sensibilidade acerca de eventos futuros", mas também "o conhecimento das praxes administrativas e o domínio acerca de fatos passados".[390] Por isso é que, para Justen Filho, "é extremamente problemático obter atuação satisfatória de advogado que não conhece o passado da instituição e desconhece a origem dos problemas enfrentados".[391]

Por essas razões, não se admite, entre nós, a contratação de advogados, ou de escritórios de advocacia, para assumir os serviços jurídicos das unidades federadas, bem como de seus órgãos e entidades. Porém, isso não impede, consoante posicionamento consolidado na literatura jurídica e na jurisprudência do Supremo Tribunal Federal, a contratação de serviços especializados de advocacia para solução de problemas pontuais da Administração. Assim se manifesta, em doutrina, Roberto Luís Luchi Demo, quando observa que o constituinte, conquanto tenha atribuído aos membros da Advocacia Pública o exercício das atividades consultiva e contenciosa, não tolheu do Poder Público "a capacidade de conferir mandato *ad judicia* a outros advogados para causas especiais".[392] Nesse mesmo sentido vem se posicionando do Supremo Tribunal Federal, conforme se verifica, nos termos seguintes, da manifestação da Ministra Cármen Lúcia em voto proferido no curso do julgamento da Ação Direta de Inconstitucionalidade nº 484:

> [...] realço o que já assentado por este Supremo Tribunal, no sentido de que "o art. 132 da Constituição veicula norma de organização administrativa", não sendo vedado, portanto, em situações específicas e a critério das entidades federadas, o exercício, por outros advogados, sempre em caráter excepcional, das atribuições constitucionalmente atribuídas aos Procuradores de Estado (PET n. 408-AgR, Redator para o acórdão Ministro Sepúlveda Pertence, DJ 26.6.1990).[393]

Deve estar claro, então, que a contratação cogitada somente pode ser feita em hipóteses excepcionais. Disso resulta a observação de Roberto Demo quanto a se inserir esse excepcional atendimento do Poder Público por advogados contratados "no campo da legitimação extraordinária", enquanto o exercício da consultoria e do contencioso "por qualquer advogado público está no campo da legitimação ordinária".[394]

Conforme Demo, essa situação de excepcionalidade exigida para a contratação de advogados, ou de escritórios de advocacia, para desempenhar as atividades jurídicas conferidas pela Carta da República aos advogados públicos está a exigir do poder contratante a demonstração, em concreto, da impossibilidade de a Advocacia Pública nelas vir a atuar.[395] Nessa perspectiva, a contratação apenas se justifica, como observa

---

(TORRES, Ronny Charles Lopes de. A responsabilidade do advogado de Estado em sua função consultiva, p. 145).

[390] JUSTEN FILHO, Marçal. Comentários à Lei de Licitações e Contratos Administrativos, 11. ed., p. 285.
[391] JUSTEN FILHO, Marçal. Comentários à Lei de Licitações e Contratos Administrativos, 11. ed., p. 285.
[392] DEMO, Roberto Luís Luchi. Advocacia Pública, p. 145.
[393] STF, Tribunal Pleno. ADI nº 484. Rel. Min. Eros Grau. Rel. p/ acórdão Min. Ricardo Lewandowski, j. 10.11.2011. DJe, 022, divulg. 31.1.2012, pub. 1º.2.2012, ement vol-02642-01 PP-00001.
[394] DEMO, Roberto Luís Luchi. Advocacia Pública, p. 727.
[395] DEMO, Roberto Luís Luchi. Advocacia Pública, p. 727.

o autor na sequência de sua fala, (i) em *situações circunstanciais*, como se verificou, por exemplo, "quando o Banco Nacional de Crédito Cooperativo – BNCC foi extinto mediante liquidação", contexto em que "a União recebeu uma carteira de créditos, porque o liquidante havia omitido a transferência daquela carteira para outra instituição bancária", que "foi transferida ao Banco do Brasil", juntamente com "a representação da União para a execução desses créditos"; (ii) em *situações funcionais*, como ocorre, exemplificativamente, diante da necessidade da contratação de advogados estrangeiros para postular os interesses do ente público em outros países; e (iii) em *situações técnicas*, que se verificam "quando a questão é altamente complexa e exige conhecimentos especialíssimos, além do estado atual da arte".[396]

Com o intuito de aclarar os limites impostos pelo ordenamento à contração de advogados e escritórios de advocacia, permitimo-nos aprofundar essas *situações excepcionais de natureza técnica* mencionadas por Demo mediante a apresentação de exemplos bastante simples. Imagine-se que determinado município não possua procuradoria nem procuradores concursados.[397] Nessa hipótese, ainda que sejam poucos os problemas jurídicos enfrentados pela municipalidade, a contratação de advogados/escritórios de advocacia para atender à integralidade de suas necessidades com a prestação de serviços de advocacia será inconstitucional, por ofensa ao art. 70 da Constituição, na medida em que induz a completa subversão do regime concebido por essa Carta Política para o exercício das atividades de consultoria, contencioso e controle interno da juridicidade no âmbito administrativo. Situação completamente distinta se verifica quando determinado município, assim como um estado-membro, ou até mesmo a própria União Federal,

---

[396] DEMO, Roberto Luís Luchi. Advocacia Pública, p. 727.

[397] Sobre a obrigatoriedade da instituição de procuradorias ou, quando menos, da investidura de procuradores concursados no âmbito da Advocacia Pública Municipal, consideramos razoável supor que o constituinte originário tenha deixado a critério do poder constituinte derivado decorrente estabelecer, considerando as proporções territoriais de seus respectivos municípios, as suas disponibilidades financeiras, além de outras peculiaridades que lhe são próprias, a disciplina normativa para exercício das atividades típicas de advocacia pública em âmbito municipal, vez que o desempenho do controle interno da juridicidade do agir administrativo (art. 70), também conferido pela Carta de 1988 aos municípios (STF, ADI nº 4416, Rel. Min. Ricardo Lewandowski), pressupõe plena autonomia do advogado para interpretar o direito aplicável em âmbito administrativo, seja quando atua na consultoria jurídica, em que lhe cabe orientar a aplicação do direito pela Administração Pública, seja quando exerce atividade contenciosa, contexto em que lhe é dado investigar, à luz do ordenamento jurídico-positivo, se o Poder Público deve resistir às pretensões que lhe são dirigidas por membros da sociedade, apresentando defesas e recursos no processo, ou se deve reconhecer o pedido formulado, ou compor com a parte adversária. Assim, como o exercício da consultoria jurídica e do contencioso judicial são meios necessários ao desenvolvimento dessa atividade de controle, é recomendável que essas funções sejam atribuídas exclusivamente a servidores efetivos, pela sua condição de estabilidade no serviço público, que lhes permite opor-se, quando tal se fizer necessário, à vontade pessoal de gestores públicos. Disso decorre que os municípios (i) devem instituir, a partir de suas respectivas leis orgânicas, procuradorias com modelagem semelhante àquela conferida pela Carta da República à Advocacia-Geral da União e às procuradorias dos estados e do Distrito Federal (conforme, aliás, decidiu o Tribunal de Justiça do Estado do Espírito Santo por ocasião dos julgamentos da Ação Direta de Inconstitucionalidade nº 0000159-27.2012.8.08.0000, relatada pelo Desembargador Sérgio Bizzotto Pessoa de Mendonça, do Mandado de Segurança nº 0801007-96.2008.8.08.0007, relatado pelo Desembargador José Paulo Calmon Nogueira da Gama, da Ação Direta de Inconstitucionalidade nº 0000165-34.2012.8.08.0000, relatada pelo Desembargador José Luiz Barreto Vivas, e do Agravo de Instrumento nº 0021687-75.2012.8.08.0014, relatado pelo Desembargador Telêmaco Antunes de Abreu Filho), (ii) ou, quando menos, se não tiverem meios materiais para fazê-lo, em vista de suas particularidades locais (extensão territorial, escassez de disponibilidades financeiras etc.), que cuidem para que os profissionais que ordinariamente exerçam em suas respectivas estruturas administrativas as atividades de consultoria jurídica e de contencioso judicial sejam procuradores detentores de cargos efetivos. Sobre o assunto, ler também: MADUREIRA, Claudio. Instituição de procuradorias jurídicas no âmbito dos municípios.

mantendo procuradores concursados, verifica que esses profissionais não dispõem de conhecimentos técnicos suficientes para atuar, com a necessária segurança, na resolução de problema jurídico específico surgido na esfera administrativa. Nesse caso, será viável a contratação de advocacia especializada, porque ancorada em situação excepcional.

No entanto, mesmo quando se tem em vista semelhantes hipóteses excepcionais, é preciso estabelecer alguns parâmetros, para que abusos não sejam cometidos. Se a atividade contratada se referir a problema pontual, que não irá se repetir com habitualidade no âmbito da unidade federada, a tão só contratação do serviço de advocacia especializada será suficiente à sua resolução. Porém, quando se tratar de uma atividade nova, e por isso ainda não assimilada pelo corpo de procuradores, mas que passará a ser exercida com habitualidade no âmbito administrativo, a contratação de serviços especializados de advocacia deverá ser conjugada à capacitação técnica dos integrantes da Advocacia Pública (transferência de tecnologia). Nesse caso, decorrido interregno em que seria razoável supor que advogados públicos poderiam ser treinados para exercer essa atividade jurídica, tornar-se-á inconstitucional, pelos fundamentos dantes elencados, a contratação de advocacia especializada.

Excepcionam-se, todavia, os serviços cuja complexidade, ou especificidade, não permita o seu atendimento, com a necessária qualidade, pelos profissionais vinculados ao Poder Público, mesmo depois de treinados. Tal se verifica, por exemplo, quando a resolução do problema enfrentado pelo Poder Público estiver a exigir manifestação técnica específica, construída, ainda a título de exemplo, por profissional que se singularizou pela sua difusão em sede doutrinária. Quanto a isso, a contratação terá por fundamento a *singularidade da prestação*, que funda, na hipótese, na *marca pessoal* do advogado contratado.

Além disso, a contratação de serviços especializados de advocacia também poderá decorrer, na prática, de particularidades da formação jurídica na região em que se situa a unidade federada contratante, ou, ainda, das dificuldades (que devem ser reais e não meramente hipotéticas) de atração, para atuação na esfera administrativa, de profissionais que detenham os conhecimentos necessários ao desempenho da prestação jurídica necessária. Com efeito, há regiões do país em que são escassos (quando não inexistentes) advogados habilitados a atuar em processos relativos a atividades bastante corriqueiras no âmbito da Administração, como ocorre, por exemplo, na área de licitações e contratos (tema deste livro), com relação à qual é crescente a preocupação, e a pressão, dos órgãos de controle externo por uma atuação administrativa rigorosamente vinculada ao direito. Essa escassez de profissionais, conjugada à incapacidade de algumas unidades federadas, sobretudo dos pequenos municípios, de estabelecer padrões remuneratórios capazes de atrair profissionais habilitados para suas respectivas procuradorias também poderá justificar, em concreto, a contratação de advocacia especializada.

Outra situação que deve ser destacada, nesse contexto, diz respeito à representação judicial das unidades federadas, sobretudo de municípios, na capital da República, na capital dos seus respectivos estados e em foros e tribunais situados em outros estados. Sabe-se que a Advocacia-Geral da União hoje está presente em todas as unidades federadas, a começar pelo Distrito Federal. Ademais, é relativamente comum as procuradorias-gerais dos estados manterem escritórios de representação jurídica em Brasília, para atuação nos Tribunais Superiores e no Tribunal de Contas da União. Mas são poucos os municípios que têm condições financeiras e, sobretudo, volume processual para manter advogados na capital da República, bem como nas cidades onde têm sede os Tribunais Federais, que processam demandas havidas entre estados/municípios e órgãos federais.[398] Na verdade, em estados de maior extensão territorial há municípios que têm dificuldades inclusive para manter advogados nas suas respectivas capitais, onde têm sede dos Tribunais de Justiça. Assim, desde que a demanda detectada não possa ser suprida adequadamente mediante simples contratação de serviços de apoio (para extrair cópias, fazer carga de processos etc.), que não realizam, por exemplo, "despachos" com juízes, desembargadores e ministros, tampouco estão habilitados a fazer sustentação oral das teses veiculadas pela unidade federada, também para o atendimento dessas necessidades consideramos viável a contratação de advogados e escritórios de advocacia, que se justifica, na espécie, inclusive por razões de economicidade.

Por derradeiro, observamos, ainda tendo em vista as *situações circunstanciais* e *funcionais* destacadas por Roberto Demo, ser viável a contratação de advogados para representação da unidade federada em causas em que forem interessados todos os procuradores. Para a hipótese, a contratação teria por fundamento hipotética suspeição do corpo de procuradores, preordenada pelo interesse pessoal da integralidade de seus membros no deslinde da contenda.

O mesmo raciocínio pode ser aplicado, *mutatis mutandi*, às atividades desenvolvidas pelos demais órgãos que atuam no controle interno, em especial pelos seus órgãos centrais (auditorias, controladorias, ministérios/secretarias de controle e transparência etc.). É que, como os advogados públicos, os servidores/empregados públicos que neles atuam também não podem ser substituídos, em suas atividades de controle, por profissionais terceirizados.

Em atenção a essa peculiaridade do regime normativo instituído pelo direito brasileiro para o exercício do controle administrativo, a Lei nº 14.133/2021, muito embora tenha estabelecido que a Administração pode contratar serviço de empresa ou de profissional especializado para atuação em licitação que envolva bens ou serviços especiais cujo objeto não seja rotineiramente contratado, teve o cuidado de especificar que essa contratação deve ser feita (i) por prazo determinado e (ii) tão somente para atuar no assessoramento dos agentes públicos responsáveis pela sua condução (art. 8º, §4º). *Não se cogita*, pois, *da substituição dos agentes de contratação/pregoeiros, das suas respectivas equipes de apoio e das comissões de contratação* anteriormente referidos *por profissionais terceirizados*. O que com isso queremos dizer é que *processos que encartam licitações e contratações públicas continuarão sendo conduzidos por agentes estatais*, num contexto em que *a autoridade administrativa pode*, se assim entender pertinente, *contratar profissionais terceirizados para coadjuvá-los, mas sem qualquer poder de decisão* nesse contexto, e *ainda assim exclusivamente para a aquisição de bens ou serviços especiais* (que são aqueles que não são rotineiramente contratados pela Administração) *e por prazo determinado*.

---

[398] Talvez por esse motivo, alguns estados autorizem o atendimento de municípios por suas respectivas Procuradorias-Gerais; como se depreende das legislações dos estados do Mato Grosso (CEMT, art. 112, V), do Mato Grosso do Sul (LCE 95, art. 3º, IV), do Paraná (CEPR, art. 124, V), do Rio de Janeiro (LCE 15, art. 2º, §2º), de Santa Catarina (LCE 317, art. 4º, XXI), de São Paulo (CESP, art. 99, VIII), de Tocantins (LCE 7, art. 1º, III) e do Rio Grande do Sul (CERS, art. 115, V).

4.3 Vedações impostas aos agentes públicos que atuam no procedimento licitatório

> Art. 9º É vedado ao agente público designado para atuar na área de licitações e contratos, ressalvados os casos previstos em lei:
>
> I - admitir, prever, incluir ou tolerar, nos atos que praticar, situações que:
>
> a) comprometam, restrinjam ou frustrem o caráter competitivo do processo licitatório, inclusive nos casos de participação de sociedades cooperativas;
>
> b) estabeleçam preferências ou distinções em razão da naturalidade, da sede ou do domicílio dos licitantes;
>
> c) sejam impertinentes ou irrelevantes para o objeto específico do contrato;
>
> II - estabelecer tratamento diferenciado de natureza comercial, legal, trabalhista, previdenciária ou qualquer outra entre empresas brasileiras e estrangeiras, inclusive no que se refere a moeda, modalidade e local de pagamento, mesmo quando envolvido financiamento de agência internacional;
>
> III - opor resistência injustificada ao andamento dos processos e, indevidamente, retardar ou deixar de praticar ato de ofício, ou praticá-lo contra disposição expressa em lei.
>
> §1º Não poderá participar, direta ou indiretamente, da licitação ou da execução do contrato agente público de órgão ou entidade licitante ou contratante, devendo ser observadas as situações que possam configurar conflito de interesses no exercício ou após o exercício do cargo ou emprego, nos termos da legislação que disciplina a matéria.
>
> §2º As vedações de que trata este artigo estendem-se a terceiro que auxilie a condução da contratação na qualidade de integrante de equipe de apoio, profissional especializado ou funcionário ou representante de empresa que preste assessoria técnica.

Ainda com o propósito de assegurar a regularidade da atividade administrativa desenvolvida nos processos relativos a licitações e contratações públicas, o legislador positivou uma série de vedações impostas aos agentes estatais que nelas atuam (art. 9º, *caput*).

A primeira dessas proibições diz respeito à admissão, previsão, inclusão ou tolerância de situações que comprometam, restrinjam ou frustrem o caráter competitivo do processo licitatório (inclusive nos casos de participação de sociedades cooperativas), que estabeleçam preferências ou distinções em razão da naturalidade, da sede ou do domicílio dos licitantes e que sejam impertinentes ou irrelevantes para o objeto específico do contrato (art. 9º, I). Também lhes é vedado estabelecer tratamento diferenciado de natureza comercial, legal, trabalhista, previdenciária ou qualquer outra entre empresas brasileiras e estrangeiras, inclusive no que se refere à moeda, à modalidade e ao local de pagamento, e mesmo o processo de comportar financiamento de agência internacional (art. 9º, II). Eles de igual modo estão proibidos de opor resistência injustificada ao andamento dos processos, e de procurar retardar ou deixar de praticar ato de ofício, bem como de praticá-lo contra disposição expressa em lei (art. 9º, III).

Concomitantemente a essas proibições, impostas exclusivamente aos servidores que atuam diretamente nas licitações e nas contratações públicas, o legislador também concebeu vedações extensíveis a agentes estatais que, mesmo não tendo participação direta nos certames, vinculem-se ao órgão ou entidade licitante/contratante, que estão proibidos de participar, como particulares, das licitações e contratações realizadas por seus respectivos órgãos/entidades (art. 9º, §1º). Além disso, a Administração deve observar as situações que possam configurar conflito de interesses no exercício ou após o exercício do cargo ou emprego, observada a legislação que disciplina a matéria (art. 9º, §1º, parte final).

Essas vedações, impostas pelo legislador aos agentes estatais que atuam nas licitações e contratações públicas, e extensíveis (no que for cabível) também a servidores/empregados públicos vinculados aos órgãos/entidades licitantes/contratantes, de igual modo afetam os terceiros contratados (nos termos anteriormente mencionados) para auxiliar a condução da contratação (art. 9º, §2º).

4.4 A defesa de agentes estatais pela Advocacia Pública

Art. 10. Se as autoridades competentes e os servidores públicos que tiverem participado dos procedimentos relacionados às licitações e aos contratos de que trata esta Lei precisarem defender-se nas esferas administrativa, controladora ou judicial em razão de ato praticado com estrita observância de orientação constante em parecer jurídico elaborado na forma do §1º do art. 52 desta Lei, a advocacia pública promoverá, a critério do agente público, sua representação judicial ou extrajudicial.

§1º Não se aplica o disposto no *caput* deste artigo quando:

I - VETADO

II - provas da prática de atos ilícitos dolosos constarem nos autos do processo administrativo ou judicial.

§2º Aplica-se o disposto no *caput* deste artigo inclusive na hipótese de o agente público não mais ocupar o cargo, emprego ou função em que foi praticado o ato questionado.

Esses dispositivos (art. 10 e §§1º e 2º) trazem importante inovação no regime normativo das licitações e contratações públicas, porque conferem aos agentes estatais que nelas atuam a possibilidade de serem defendidos pela Advocacia Pública nas esferas administrativa, controladora e judicial (art. 10, *caput*). Porém, eles ressalvam que a fruição da benesse somente terá lugar quando o ato questionado tiver sido praticado com estrita observância de orientação constante em parecer jurídico elaborado por advogado público (art. 10, parte final).

O próprio agente estatal é quem decidirá se deseja (ou não) valer-se da prestação jurídica aventada pelo legislador, conforme se verifica da assertiva "a critério do agente público", colhida do *caput* do art. 10. Porém, a compatibilidade do ato por ele praticado ao parecer anteriormente lavrado (condição de procedibilidade à fruição da benesse) será aferida pela própria Advocacia Pública.

Outro registro importante que precisa ser feito quanto ao particular é que não se cogita da representação do agente estatal pela Advocacia Pública quando não houver parecer jurídico no processo. O legislador foi muito claro quanto a isso, ao dispor, no mesmo dispositivo (art. 10, *caput*), que ela apenas terá lugar em caso de ato praticado com estrita observância de orientação constante em parecer.

Também não haverá representação jurídica da Advocacia Pública quando o responsável pela elaboração do parecer jurídico (quanto menos pela sua aprovação) não for advogado público.

No ponto, o projeto de lei aprovado pelo Congresso Nacional previa, no inc. I do §1º do seu art. 10, que a Advocacia Pública não defenderia o agente estatal quando parecerista que não pertencer aos quadros permanentes da Administração. Esse dispositivo foi vetado pela Presidência da República, à consideração de que ele induziria contrariedade ao interesse público, porque faz referência a preceito de lei que "trata da elaboração do parecer por 'órgão de assessoramento jurídico da Administração', de modo que independentemente de o parecerista em si ser servidor público permanente ou eventualmente um comissionado (nos casos de Municípios, por exemplo)", o parecer seria originário do órgão e por isso teria caráter público, "inclusive em razão das providências de aprovação a que usualmente tais opinativos se submetem". Assim, *pelo que sobressai das próprias razões do veto, o dispositivo foi vetado porque seria desnecessário*, e ele seria desnecessário *porque remete ao art. 53 da Lei nº 14.133/2021 e a seus parágrafos, que*, por sua vez, *reportam-se*, textualmente, *ao órgão de assessoramento jurídico da Administração*, portanto à *Advocacia Pública*.

Isso não bastasse, é entendimento pacífico na doutrina jurídica[399] e na jurisprudência do Supremo Tribunal Federal[400] que, ressalvadas as situações excepcionalíssimas referidas no tópico anterior, apenas advogados públicos podem exercer atividade consultiva na esfera administrativa. Posto isso, questão relevante que se coloca é saber como conferir a proteção aventada pelo legislador nas hipóteses em que o agente estatal praticar atos concretos orientados por pareceres proferidos por advogados terceirizados nas situações excepcionais em que esse tipo de contratação é admitido. A solução para o problema foi dada pelo próprio legislador quando concebeu, no texto da Lei nº 14.133/2021, regras auxiliares que concretizam o princípio da segregação de funções. Com efeito, o §1º do seu art. 7º proíbe a designação do mesmo agente público para atuação simultânea em funções mais suscetíveis a riscos, como forma de reduzir a possibilidade de ocultação de erros e de ocorrência de fraudes na respectiva contratação. Por sua vez, o §2º do mesmo artigo estende essas imposições aos órgãos de assessoramento jurídico (portanto, à Advocacia Pública) e de controle interno (portanto, às controladorias, auditorias, ministérios/secretarias de controle e transparência etc.) da Administração, que também precisam observar o mesmo imperativo de divisão de tarefas. Deles resultam que os pareceres proferidos pelos advogados públicos (e também as manifestações técnicas lavradas pelos servidores que atuam no controle interno) demandam, necessariamente, aprovação por seus superiores hierárquicos. Esse mesmo raciocínio pode ser aplicado

---

[399] A propósito, cf., por todos: MADUREIRA, Claudio. *Advocacia Pública*, p. 270-276, *passim*.

[400] Ao ensejo, cf., a título de exemplo, a manifestação da Ministra Cármen Lúcia, anteriormente transcrita, nas Petição nº 408-AgR (redator para o acórdão Ministro Sepúlveda Pertence, *DJ*, 26 jun. 1990).

aos pareceres proferidos por advogados terceirizados, desde que a sua contratação tenha sido feita nas hipóteses excepcionais admitidas pelo ordenamento. Destarte, também os seus pareceres se encontram submetidos à aprovação no âmbito da Advocacia Pública, e por isso se revestem da condição de parecer proveniente do órgão de assessoramento jurídico da Administração, a justificar a representação jurídica do agente estatal nos termos anteriormente aventados.

Mas isso não quer dizer, em absoluto, que a Advocacia Pública estaria autorizada, pelo legislador, a exercer a representação jurídica de agentes estatais que praticaram atos com base em pareceres lavrados por servidores comissionados/temporários vinculados a órgãos (ministérios, secretarias e suas repartições) e entidades (autarquias, fundações públicas etc.) e que não integram a Advocacia Pública. Afinal, o legislador, quando concebeu essa hipótese anômala de representação jurídica remeteu ao art. 53 da Lei nº 14.133/2021, e com isso condicionou o seu exercício à verificação, nos casos concretos, de que o ato tenha sido praticado com estrita observância de orientação constante em parecer jurídico lavrado (ou quando menor aprovado) pela Advocacia Pública.

A representação jurídica de agentes estatais pela Advocacia Pública também não terá lugar quando constarem dos autos do processo administrativo ou judicial provas da prática de atos ilícitos dolosos (art. 10, §1º, II). Se essas provas surgirem ao tempo da imputação, cumprirá à Advocacia Pública recursar-se, desde logo, a exercer a representação jurídica do agente estatal. Todavia, pode acontecer, na casuística, de elas apenas serem reveladas no curso dos processos, hipótese em que a Advocacia Pública deverá retirar-se da causa, observando, contudo, o disposto na lei processual civil, que estabelece que o advogado poderá renunciar ao mandato a qualquer tempo, desde que prove que comunicou a renúncia ao mandante, a fim de que este nomeie sucessor (CPC-2105, art. 112) e que continue a representá-lo durante os 10 (dez) dias seguintes quando isso for necessário para lhe evitar prejuízo (CPC-2105, art. 112, §2º).

Por fim, o legislador estabeleceu que a representação jurídica prevista no dispositivo tem aplicação mesmo depois que o agente estatal deixar o cargo, emprego ou função em que foi praticado o ato questionado (art. 10, §2º). Disso resulta que a previsão legal não guarda relação com a situação funcional do acusado, apresentando-se, em verdade, como cláusula de proteção direcionada à prática de atos concernentes a licitações e contratações públicas. Sua função, portanto, é blindar aquele que praticou o ato, e não somente os agentes estatais que ainda integram a equipe engajada nos processos de licitação e contratação pública. Não se trata, pois, de privilégio, mas de salvaguarda estabelecida pelo legislador não apenas para aqueles que exercem função administrativa (que, por suas caraterísticas e peculiaridades e pela própria conformação do modelo de controle administrativo concebido pelo direito brasileiro, vem se transformado numa atividade de risco), mas também para os que a exerceram no passado.

PARTE II

O PROCESSO DE LICITAÇÃO

CAPÍTULO 5

A LICITAÇÃO COMO PROCESSO

O Título II da Lei nº 14.133/2021, que trata "Das Licitações", inicia-se por capítulo dedicado (nas palavras do legislador) ao "Processo de Licitação". Muito embora a Lei nº 8.666/1993 tenha utilizado essa mesma expressão no §5º do seu art. 3º, no inc. XII do seu art. 24 e no §1º do seu art. 40, como regra as licitações vinham qualificadas em seu texto como simples procedimento, conforme se verifica, a título de exemplo, do disposto no parágrafo único do seu art. 4º, no §3º do seu art. 13, no inc. III do seu art. 19, no seu art. 38, no seu art. 49, nos §§1º e 2º do mesmo art. 49, no seu art. 50, no seu art. 90, no seu art. 93, no seu art. 94 e no seu art. 122. Essa lógica se inverteu na *novatio legis*. Nela, apenas três dispositivos referem-se às licitações como procedimento. O primeiro deles é o inc. LX do art. 6º, que define os agentes de contratação como as pessoas designadas pela autoridade competente para tomar decisões, acompanhar o trâmite da licitação, *dar impulso ao procedimento licitatório* e executar quaisquer outras atividades necessárias ao bom andamento do certame até a homologação. O segundo é o seu art. 8º, que prescreve que as licitações serão conduzidas por agentes de contratação, e que por isso reitera a definição feita pelo inc. LX do art. 6º, dispondo tratarem-se das pessoas designadas pela autoridade competente para tomar decisões, acompanhar o trâmite da licitação, *dar impulso ao procedimento licitatório* e executar quaisquer outras atividades necessárias ao bom andamento do certame até a homologação. E o terceiro e último deles é o art. 147, que enuncia que, quando for constatada alguma irregularidade no *procedimento licitatório* ou na execução contratual, caso não seja possível o saneamento, a decisão sobre a suspensão da execução ou anulação do contrato pode ser evitada quando não atender ao interesse público. Porém, *todos esses preceitos se referem*, claramente, *ao procedimento do processo licitatório*, ou seja, ao encadeamento de atos praticados no curso daquele processo.

O que com isso queremos dizer é que o legislador promoveu relevante modificação no tratamento normativo conferido às licitações públicas. Com efeito, se no regime da Lei nº 8.666/1993 as licitações eram encaradas tão somente como procedimento, na lei nova elas passaram a assumir a conotação de autêntico processo administrativo.

A distinção entre processo e procedimento insere-se entre os objetos de análise do direito processual. Quanto ao particular, reportamo-nos ao magistério de Hermes Zaneti Júnior, para quem o processo "é o caminho para a realização com justiça do direito material resistido, controverso", visto que é por meio dele que "fazemos a escrita, pelo poder estatal[401] da nova ordem jurídica, pacificando o conflito e entregando a cada um o que é seu".[402] Conforme Zaneti, o processo é compreendido, nessa perspectiva, como o *procedimento em contraditório*, num contexto em que o contraditório "o qualifica não mais como gênero, mas sim como *espécie de procedimento*", o que valoriza a participação dos interessados na formação da decisão e possibilita a efetiva realização do direito fundamental positivado no inc. LV do art. 5º da Constituição da República,[403] que enuncia, em literalidade, que aos litigantes, *em processo* judicial ou *administrativo*, e aos acusados em geral são assegurados o contraditório e a ampla defesa, com os meios e recursos a ela inerentes.

Zaneti reporta-se, no ponto, ao magistério de Elio Fazzalari,[404] professor italiano que qualifica o *processo*, em seus escritos, *como procedimento em contraditório*. Esse seu posicionamento guarda estrita relação com a doutrina do formalismo-valorativo, concebida no âmbito da escola processual gaúcha sob a liderança de Carlos Alberto Alvaro de Oliveira,[405] adiante propagada, na mesma escola, por Daniel Mitidiero,[406] e posteriormente assimilada, por influência de Zaneti, pela escola processual capixaba,[407] segundo a qual a realização da justiça no processo pressupõe a efetiva consideração (contraditório formal)[408] e (mais do que isso) o necessário enfrentamento (contraditório material)[409] das razões deduzidas no curso do procedimento pelos interessados na decisão que nele será proferida.[410] Essa proposição teórica acabou sendo assimilada pelo texto

---

[401] O autor refere-se, nessa passagem, às decisões proferidas pelo Poder Judiciário, mas a sua fala também se aplica, por similitude de premissas, às decisões administrativas.

[402] ZANETI JÚNIOR. Hermes. *Processo constitucional*, p. 204.

[403] ZANETI JÚNIOR. Hermes. *Processo constitucional*, p. 190.

[404] Cf., a propósito: FAZZALARI, Elio. Instituições de direito processual civil.

[405] A propósito, cf., por todos: OLIVEIRA, Carlos Alberto Alvaro de. *Do formalismo no processo civil*.

[406] A ensejo, cf., a título de exemplo: MITIDIERO, Daniel. *Colaboração no processo civil*: pressupostos sociais, lógicos e éticos.

[407] Entre os trabalhos produzidos nesse âmbito sobre o formalismo-valorativo, cf., ainda exemplificativamente: MADUREIRA, Claudio. *Direito, processo e justiça*; MADUREIRA, Claudio. Fundamentos do novo processo civil brasileiro; MADUREIRA, Claudio; ZANETI JÚNIOR, Hermes. Formalismo-valorativo e o novo processo civil e MADUREIRA, Claudio; ZANETI JÚNIOR, Hermes. Processos estruturais e formalismo-valorativo. Sobre a configuração de uma Escola Capixaba de Direito Processual, cf. JOBIM, Marco Felix. Cultura, escolas e fases metodológicas do processo, p. 122-124, *passim*. Nas palavras do autor: "[...] há, na obra de Claudio Madureira, uma curiosidade a ser ressaltada desde já, em especial quando anuncia que no Mestrado em Direito da Universidade Federal do Espírito Santo, Hermes Zaneti Júnior tem levado os ensinamentos de Carlos Alberto Alvaro de Oliveira, tendo, inclusive, sido influenciado pelo processualista gaúcho (hoje praticamente mais capixaba em suas atividades acadêmicas e profissionais) durante as aulas para assumir, na defesa de sua tese, referida fase cultural como sendo a que realmente explica o processo civil contemporâneo. Mas se existe uma vinculação entre o formalismo-valorativo e Hermes Zaneti, o que faria da Universidade Federal do Espírito Santo o berço de uma Escola de Processo? A resposta parece estar na linha de pesquisa que o Programa de Pós-Graduação em Direito oferece aos seus mestrandos s obre Sistema de Justiça, Constitucionalidade e Tutela de Direito Individuais e Coletivos, que propõe uma leitura do fenômeno processual atento às necessidades, por meio da judicialização dos conflitos sociais e coletivos, promovendo a justiça social, ou seja, o diferencial é o estudo da coletivização dos direitos e sua tutela" (JOBIM, Marco Felix. Cultura, escolas e fases metodológicas do processo, p. 122-123).

[408] Cf. DIDIER JÚNIOR, Fredie. *Curso de direito processual civil*, v. I, p. 78-79.

[409] Cf. DIDIER JÚNIOR, Fredie. *Curso de direito processual civil*, v. I, p. 79

[410] Conforme Zaneti, "é justamente no contraditório, ampliado pela Carta do Estado Democrático brasileiro, que se irá apoiar a noção de processo democrático, o processo como procedimento em contraditório, que tem na sua matriz substancial a 'máxima da cooperação' (*Kooperationsmaxima*). Trata-se de '*extrair do próprio direito fundamental de participação a base constitucional para o princípio da colaboração*'. O contraditório surge então renovado, não mais unicamente como garantia do direito de resposta, mas sim como direito de influência e dever de debate" (ZANETI JÚNIOR, Hermes. *Processo constitucional*, p. 191-192).

do Código de Processo Civil de 2015, mais especificamente pelo inc. IV do §1º do seu art. 489, que considera inadequadamente fundamentadas as decisões jurídicas que não enfrentarem todos os argumentos deduzidos no processo capazes de, em tese, infirmar a conclusão adotada pelo julgador.[411]

Esse dispositivo processual (art. 489, §1º, IV) também tem aplicação à Administração Pública, inclusive nos processos relativos a licitações e contratos;[412] seja porque a metódica de fundamentação jurídica nele consignada é mais adequada a orientar as tomadas de posição na esfera administrativa do que as opiniões pessoais e individuais de cada agente estatal que é chamado a motivar os atos que pratica sobre como esses atos devem ser motivados;[413] seja porque o art. 15 do Código de Processo Civil de 2015 possibilita a aplicação das suas disposições aos processos administrativos.[414] Destarte, a conceituação do processo como procedimento em contraditório, extraída dos estudos do direito processual, acaba estendida aos processos administrativos, de modo que também nessa seara a realização dos direitos e da justiça pressupõe a observância do contraditório.

Talvez por esse motivo o legislador o tenha mencionado, no texto da Lei nº 14.133/2021, em diversos de seus dispositivos. A ele se referem, a título de exemplo, o art. 21 (que disciplina a realização de audiência pública que possibilite a manifestação de todos os interessados), o §3º do seu art. 71 (que condiciona a prolação de decisão sobre anulação ou revogação da licitação à prévia manifestação dos interessados), o seu art. 137 (que condiciona a extinção dos contratos administrativos à observância do contraditório e da ampla defesa) e os seus arts. 157, 158 e 160 (que aplicam essas garantias em matéria de atribuição de sanções a licitantes/contratados).

Neste capítulo, procuraremos descrever os conteúdos do art. 11 da Lei nº 14.133/2021 (que trata dos objetivos do processo licitatório), do seu art. 12 e respectivos parágrafos (que comportam as regras gerais aplicáveis ao processo licitatório), do seu

---

[411] Disso resultou, aliás, a afirmação, em doutrina, de que o novo processo civil brasileiro parece ter assimilado a doutrina do formalismo-valorativo (cf. MADUREIRA, Claudio. *Fundamentos do novo processo civil brasileiro*), ou que, quando menos, adota o conceito de processo enunciado por Fazzalari (cf. GRINOVER, Ada Pellegrini. *Ensaio sobre a processualidade*: fundamentos para uma nova teoria geral do processo, p. 15-20).

[412] Conforme acentuamos nos nossos comentários relativos ao princípio da motivação (*vide* tópico 2.1.14) e, mais especificamente, naqueles relativos à extensão do modelo decisório instituído pelo Código de Processo Civil de 2015 (*vide* tópico 2.1.14.2.2). Demais disso, também os contratos administrativos mereceram do legislador contemporâneo tratamento normativo compatível com essa definição de Fazzalari e com o modelo de processo concebido pelo Código de Processo Civil de 2015, conforme teremos a oportunidade de demonstrar na Parte III deste trabalho.

[413] Conclusão que se impõe, ante o problema, por razões de segurança jurídica. Com efeito, se o princípio da motivação tem por finalidades (i) possibilitar o controle da juridicidade sobre os atos administrativos (incidência do princípio da legalidade), assegurar a publicização dos motivos que conduziram à sua prática (incidência do princípio administrativo da publicidade) e criar as condições necessárias ao exercício dos direitos fundamentais do cidadão ao contraditório e à ampla defesa (incidência do inc. LV do art. 5º da Constituição), certamente será inadequada a fundamentação que não atender a esses objetivos.

[414] Quanto a isso, recobramos a advertência de Zaneti quanto a constituir-se o Código de Processo Civil de 2015 na "lei *processual* infraconstitucional mais importante no Estado Democrático Constitucional", visto que não encerra "mera alteração cosmética", mas corporifica "uma mudança profunda de paradigmas", e já que se apresenta, dada a configuração do dispositivo anteriormente mencionado, como núcleo do sistema processual, no "entorno do qual gravitam os demais ordenamentos processuais" (ZANETI JÚNIOR, Hermes. *Precedentes normativos formalmente vinculantes no processo penal e sua dupla função*, p. 312). Sobre o assunto, cf., ainda: MARQUES, Cláudia Lima. O "diálogo das fontes" como método da nova teoria geral do direito e MARINONI, Luiz Guilherme; ARENHART, Sérgio Cruz; MITIDIERO, Daniel. *Novo Código de Processo Civil comentado*, p. 113.

art. 13 (que disciplina publicidade e sigilo no processo licitatório), do seu art. 14 e respectivos parágrafos (que dispõem sobre a configuração de impedimentos no processo licitatório), do seu art. 15 e respectivos parágrafos (que normatizam a participação de consórcios no processo licitatório) e do seu art. 16 (que aborda a possibilidade da participação de cooperativas de trabalho no processo licitatório); mas sempre tendo em vista que estamos diante (pelas razões dantes expostas) de autêntico processo administrativo, portanto de procedimento em contraditório; precisamente porque voltado não apenas a instrumentalizar a realização das licitações públicas que possibilitarão (após concluídas) a formalização de contratos administrativos, mas (sobretudo) à realização dos direitos e da justiça no relacionamento entre o Poder Público (contratante) e seus fornecedores (licitantes/contratados).

5.1 Objetivos do processo licitatório

Art. 11. O processo licitatório tem por objetivos:

I - assegurar a seleção da proposta apta a gerar o resultado de contratação mais vantajoso para a Administração Pública, inclusive no que se refere ao ciclo de vida do objeto;

II - assegurar tratamento isonômico entre os licitantes, bem como a justa competição;

III - evitar contratações com sobrepreço ou com preços manifestamente inexequíveis e superfaturamento na execução dos contratos;

IV - incentivar a inovação e o desenvolvimento nacional sustentável.

Parágrafo único. A alta administração do órgão ou entidade é responsável pela governança das contratações e deve implementar processos e estruturas, inclusive de gestão de riscos e controles internos, para avaliar, direcionar e monitorar os processos licitatórios e os respectivos contratos, com o intuito de alcançar os objetivos estabelecidos no *caput* deste artigo, promover um ambiente íntegro e confiável, assegurar o alinhamento das contratações ao planejamento estratégico e às leis orçamentárias e promover eficiência, efetividade e eficácia em suas contratações.

Nos precisos termos da lei, são objetivos do processo licitatório assegurar a seleção da proposta apta a gerar o resultado de contratação mais vantajoso para a Administração Pública, inclusive no que se refere ao ciclo de vida do objeto (art. 11, I), evitar contratações com sobrepreço ou com preços manifestamente inexequíveis e superfaturamento na execução dos contratos (art. 11, III) e incentivar a inovação e o desenvolvimento nacional sustentável (art. 11, IV). Esses objetivos são voltados à produção do melhor resultado possível na aquisição de bens e serviços, bem como na alienação e locação de bens públicos, que não necessariamente se consubstancia na obtenção do melhor preço, porque também abarca a necessidade (neles ressaltada pela preocupação do legislador com o ciclo de vida do objeto contratado, com o estabelecimento de contratações inexequíveis e com a promoção do desenvolvimento econômico sustentável) de se conferir a sustentabilidade ao objeto do contrato. Quanto ao particular, Pedro Niebuhr leciona, em referência à avaliação do ciclo de vida do produto, que ela "tem aptidão, pelo menos em tese, para repercutir na vantajosidade de dada solução", porque "produtos e serviços mais baratos, quando analisados ao longo de todo seu percurso na cadeia, podem se revelar ao final mais dispendiosos por serem menos eficientes e duráveis".[415] Para o autor, "a vantajosidade não necessariamente se expressa em termos de economicidade", pelo menos não diretamente, porque, "sob dada perspectiva pode ser reputada mais vantajosa uma solução economicamente mais cara que, em contrapartida, demande menos matéria-prima em seu processo produtivo e/ou gere menor volume de resíduos não aproveitáveis e, por consequência, menor passivo ambiental".[416] Enfim, "as externalidades negativas de dado processo/produto são, decisivamente, elementos de vantajosidade, ainda que auferidos de forma mais complexa ou indireta".[417]

O outro objetivo previsto na Lei nº 14.133/2021, consistente na garantia de tratamento isonômico entre os licitantes, bem como a justa competição (art. 11, II), guarda estrita relação com a orientação normativa que sobressai do inc. XXI do art. 37 da Constituição brasileira, que prescreve que, ressalvados os casos especificados na legislação, relativos (por exemplo) às hipóteses de contratação direta por inexigibilidade[418] e dispensa[419] de licitação, as obras, serviços, compras e alienações serão contratados mediante *processo de licitação pública que assegure igualdade de condições a todos os concorrentes*, impondo, ainda, que somente sejam formuladas exigências de qualificação técnica e econômica indispensáveis à garantia do cumprimento das obrigações.

O cumprimento desses objetivos demanda a implementação, pela alta administração do órgão ou entidade responsável pela governança das contratações, de estratégias de gestão de riscos e de controle interno, que possibilitem o efetivo monitoramento dos processos licitatórios e respectivos contratos (art. 11, parágrafo único). Esses instrumentos também devem ser empregados para promover um ambiente íntegro e confiável, para assegurar o alinhamento das contratações ao planejamento estratégico e às leis orçamentárias e para promover eficiência, efetividade e eficácia em suas contratações. Eles também resultam, portanto, da incidência dos princípios da eficiência (que se destina a "alcançar os melhores resultados na prestação do serviço público"),[420] da eficácia (que "tem por escopo a garantia de um resultado satisfatório, do cumprimento de uma meta")[421] [422] e do planejamento (que incide sobretudo na chamada fase interna das licitações, em que são efetuados procedimentos voltados à realização de contratações

---

[415] NIEBUHR, Pedro. Licitações sustentáveis, p. 50.
[416] NIEBUHR, Pedro. Licitações sustentáveis, p. 50.
[417] NIEBUHR, Pedro. Licitações sustentáveis, p. 50.
[418] Uma licitação é inexigível quando não for possível a contratação (cf. DI PIETRO, Maria Sylvia Zanella. *Direito administrativo*, 30. ed., p. 433). Sobre o assunto, cf. as nossas considerações no tópico 16.1 do Capítulo 16.
[419] Já nas hipóteses de dispensa a licitação é possível, porque é viável a concorrência, mas o legislador considera pertinente, por razões de interesse público, dispensar a sua realização (cf. DI PIETRO, Maria Sylvia Zanella. *Direito administrativo*, 30. ed., p. 433). Ao ensejo, cf. o que observamos no tópico 16.2 o Capítulo 16.
[420] DI PIETRO, Maria Sylvia Zanella. *Direito administrativo*, 13. ed., p. 83.
[421] RÊGO, Eduardo de Carvalho. Princípios jurídicos previstos no Projeto da Nova Lei de Licitações, p. 25.
[422] O princípio da eficácia se diferencia do da eficiência porque a eficiência se relaciona "com a realização do melhor resultado possível", enquanto que "a eficácia tem em vista o cumprimento das obrigações encetadas" (RÊGO, Eduardo de Carvalho. Princípios jurídicos previstos no Projeto da Nova Lei de Licitações, p. 25).

específicas, sendo empregado, portanto, "para garantir que não sejam empreendidas licitações aventureiras, sem o devido planejamento").[423]

5.2 Regras gerais aplicáveis ao processo licitatório

> Art. 12. No processo licitatório, observar-se-á o seguinte:
>
> I - os documentos serão produzidos por escrito, com data e local de sua realização e assinatura dos responsáveis;
>
> II - os valores, os preços e os custos utilizados terão como expressão monetária a moeda corrente nacional, ressalvado o disposto no art. 51 desta Lei;
>
> III - o desatendimento de exigências meramente formais que não comprometam a aferição da qualificação do licitante ou a compreensão do conteúdo de sua proposta não importará seu afastamento da licitação ou a invalidação do processo;
>
> IV - a prova de autenticidade de cópia de documento público ou particular poderá ser feita perante agente da Administração, mediante apresentação de original ou de declaração de autenticidade por advogado, sob sua responsabilidade pessoal;
>
> V - o reconhecimento de firma somente será exigido quando houver dúvida de autenticidade, salvo imposição legal;
>
> VI - os atos serão preferencialmente digitais, de forma a permitir que sejam produzidos, comunicados, armazenados e validados por meio eletrônico;
>
> VII - a partir de documentos de formalização de demandas, os órgãos responsáveis pelo planejamento de cada ente federativo poderão, na forma de regulamento, elaborar plano de contratações anual, com o objetivo de racionalizar as contratações dos órgãos e entidades sob sua competência, garantir o alinhamento com o seu planejamento estratégico e subsidiar a elaboração das respectivas leis orçamentárias.
>
> §1º O plano de contratações anual de que trata o inciso VII do *caput* deste artigo deverá ser divulgado e mantido à disposição do público em sítio eletrônico oficial e será observado pelo ente federativo na realização de licitações e na execução dos contratos.
>
> §2º É permitida a identificação e assinatura digital por pessoa física ou jurídica em meio eletrônico, mediante certificado digital emitido em âmbito da Infraestrutura de Chaves Públicas Brasileira (ICP-Brasil).

O legislador também estabeleceu, ao lado dos objetivos descritos no tópico precedente, uma série de regras gerais aplicáveis ao processo licitatório; dispondo, no particular:

a) que os documentos nele empregados devem ser produzidos por escrito, e conter a data e o local de sua realização e a assinatura dos responsáveis (art. 12, I);

---

[423] RÊGO, Eduardo de Carvalho. Princípios jurídicos previstos no Projeto da Nova Lei de Licitações, p. 25.

b) que os valores, preços e custos utilizados serão expressos em moeda corrente nacional, ressalvando-se tão somente as licitações internacionais, em que é viável a cotação de preços em moeda estrangeira[424] (art. 12, II);

c) que o desatendimento de exigências meramente formais que não comprometam a aferição da qualificação do licitante ou a compreensão do conteúdo de sua proposta não importará seu afastamento da licitação ou a invalidação do processo (art. 12, III), em clara opção pela aplicação, nesse contexto, do princípio processual da instrumentalidade das formas;[425]

d) que a prova de autenticidade de cópia de documento público ou particular poderá ser feita pela própria Administração, mediante apresentação de original para conferência ou de declaração de autenticidade subscrita por advogado, sob sua responsabilidade pessoal (art. 12, IV);

e) que o reconhecimento de firma somente será exigido quando houver dúvida de autenticidade e quando houver taxativa imposição legal (art. 12, V);

f) que os atos praticados em seu curso serão preferencialmente digitais, sendo permitidas, ainda, como forma de possibilitar que eles sejam produzidos, comunicados, armazenados e validados por meio eletrônico (art. 12, VI), a identificação e a assinatura digital por pessoa física ou jurídica em meio eletrônico, mediante certificado digital emitido em âmbito da ICP-Brasil[426] (art. 12, §2º); e

g) que os órgãos responsáveis pelo planejamento de cada ente federativo poderão empregar os documentos de formalização de demandas para elaborar plano de contratações anual (que deverá ser divulgado e mantido à disposição do público em sítio eletrônico oficial e será observado pelo ente na realização de suas licitações e na execução dos seus contratos), com os objetivos de racionalizar as contratações dos órgãos e entidades sob sua competência, de garantir o alinhamento com o seu planejamento estratégico e de subsidiar a elaboração das respectivas leis orçamentárias, observado o disposto em regulamento (art. 12, VII c/c §1º).

---

[424] *Vide* tópico 10.2 do Capítulo 10.

[425] Esse princípio que condiciona a decretação da nulidade dos atos impugnados à configuração de relação necessária entre o vício apontado e a efetiva configuração de prejuízo às pessoas afetadas. O que ocorre é que nem todo vício é capaz de preordenar a nulidade do processo, ou de qualquer dos seus atos; noção que se fundamenta na constatação inevitável de que o direito processual há muito assumiu como premissa a instrumentalidade das formas (cf. BRASIL JÚNIOR, Samuel Meira. *Justiça, direito e processo*, p. 3-33); o que subordina a invalidade de um ato processual não à simples inobservância da forma, mecanicamente constatada, mas à relação, apreciada por caso, entre o vício e a finalidade do ato (cf. LIEBMAN, Enrico Tullio. *Manual de direito processual civil*, v. I, p. 328). Com efeito, "toda vez que um ato processual, não obstante praticado em desconformidade com o modelo legal, atingir o seu escopo, a nulidade não deve ser declarada", porque "o princípio da legalidade das formas e a necessidade de observância às regras do procedimento são garantia do resultado do processo", pelo que, "se este for alcançado, deixa de ter relevância o não atendimento à forma" (BEDAQUE, José Roberto dos Santos. *Direito e processo*, p. 113). Enfim, decorre do princípio da instrumentalidade das formas a imposição a que somente se pronuncie a nulidade de ato processual quando o vício apontado vier a ocasionar prejuízo a uma das partes (*pas nullité sans grief*) (MADUREIRA, Claudio. *Direito, processo e justiça*, p. 50-51).

[426] Infraestrutura de Chaves Públicas Brasileira.

5.3 Publicidade e sigilo no processo licitatório

> Art. 13. Os atos praticados no processo licitatório são públicos, ressalvadas as hipóteses de informações cujo sigilo seja imprescindível à segurança da sociedade e do Estado, na forma da lei.
> Parágrafo único. A publicidade será diferida:
> I - quanto ao conteúdo das propostas, até a respectiva abertura;
> II - quanto ao orçamento da Administração, nos termos do art. 24 desta Lei.

A Lei nº 14.133/2021 também traz disposições sobre publicidade e sigilo no processo licitatório. No pormenor, o legislador estabeleceu que como regra são públicos os atos nele praticados, apenas ressalvando, como exceções a essa regra geral, as informações cujo sigilo seja imprescindível à segurança da sociedade e do Estado (art. 13, *caput*). O dispositivo repete a fórmula empregada pelo constituinte no texto do inc. XXXIII do art. 5º da Constituição da República, que apenas admite o afastamento da publicidade dos atos administrativos quando o sigilo for "imprescindível à segurança da sociedade e do Estado". Mas emprega, na parte final de seu texto, a expressão "na forma da lei", indicando que as exceções à regra da publicidade devem comportar taxativa previsão legal.

Essas disposições legais a que referiu o constituinte são encontradas, entre outros diplomas, na Lei de Acesso à Informação (Lei nº 12.527/2011), cujas regras são aplicáveis aos processos de licitação e contratação pública por taxativa disposição normativa, colhida do inc. VI do seu art. 7º desse mesmo diploma legal, que prescreve que o direito de acesso à informação compreende (entre outros pontos) o acesso a informações relativas à licitações e contratos administrativos. No que concerne ao nosso objeto de análise o legislador especificou, no texto desse ato legislativo:

a) que cabe aos órgãos e entidades do Poder Público (observadas as normas e procedimentos específicos aplicáveis) (Lei nº 12.527/2011, art. 6º, *caput*):

    a.1) assegurar a gestão transparente da informação, de modo a garantir amplo acesso a ela, a sua divulgação/proteção e a sua disponibilidade, autenticidade e integridade (Lei nº 12.527/2011, art. 6º, I);

    a.2) proteger a informação sigilosa e a informação pessoal, observada a sua disponibilidade, autenticidade, integridade e eventual restrição de acesso (Lei nº 12.527/2011, art. 6º, II).

b) que o direito de acesso à informação compreende os direitos de obter, dos órgãos e entidades públicas, além de informações relativas a licitações e contratos administrativos (Lei nº 12.527/2011, art. 7º, *caput*):

    b.1) orientações sobre os procedimentos para a obtenção do acesso e sobre o local onde poderão ser encontradas ou obtidas as informações almejadas (Lei nº 12.527/2011, art. 7º, I);

    b.2) informações contidas em registros/documentos produzidos/acumulados por seus órgãos ou entidades, estejam eles recolhidos ou não a arquivos públicos (Lei nº 12.527/2011, art. 7º, II);

b.3) informações produzidas/custodiadas por pessoa física ou entidade privada como decorrência de vínculo que mantenham com órgãos ou entidades públicas, mesmo que esse vínculo já tenha cessado (Lei nº 12.527/2011, art. 7º, III);

b.4) informações primárias, íntegras, autênticas e atualizadas (Lei nº 12.527/2011, art. 7º, IV);

b.5) informações sobre atividades exercidas por órgãos e entidades públicas, inclusive as relativas à sua política, organização e serviços (Lei nº 12.527/2011, art. 7º, V);

b.6) informações pertinentes à administração do patrimônio público e à utilização de recursos públicos (Lei nº 12.527/2011, art. 7º, VI);

b.7) informações relativas (Lei nº 12.527/2011, art. 7º, VII) à implementação, acompanhamento e resultados dos programas, projetos e ações dos órgãos e entidades públicas, inclusive com relação às metas e indicadores propostos (Lei nº 12.527/2011, art. 7º, VII, "a") e ao resultado de inspeções, auditorias, prestações e tomadas de contas realizadas pelos órgãos de controle interno e externo, inclusive prestações de contas relativas a exercícios anteriores (Lei nº 12.527/2011, art. 7º, VII, "b");

c) que o acesso à informação somente pode ser negado nas hipóteses consideradas imprescindíveis à segurança da sociedade ou do Estado (Lei nº 12.527/2011, art. 23, *caput*), que são aquelas que têm a potencialidade de:

c.1) pôr em risco a defesa e a soberania nacionais ou a integridade do território nacional (Lei nº 12.527/2011, art. 23, I);

c.2) prejudicar ou pôr em risco a condução de negociações ou as relações internacionais do país, ou as que tenham sido fornecidas em caráter sigiloso por outros Estados e organismos internacionais (Lei nº 12.527/2011, art. 23, II);

c.3) pôr em risco a vida, a segurança ou a saúde da população (Lei nº 12.527/2011, art. 23, III);

c.4) oferecer elevado risco à estabilidade financeira, econômica ou monetária do país (Lei nº 12.527/2011, art. 23, IV);

c.5) prejudicar ou causar risco a planos ou operações estratégicos das Forças Armadas (Lei nº 12.527/2011, art. 23, V);

c.6) prejudicar ou causar risco a projetos de pesquisa e desenvolvimento científico ou tecnológico, assim como a sistemas, bens, instalações ou áreas de interesse estratégico nacional (Lei nº 12.527/2011, art. 23, VI);

c.7) pôr em risco a segurança de instituições ou de altas autoridades nacionais ou estrangeiras e seus familiares (Lei nº 12.527/2011, art. 23, VII); ou

c.8) comprometer atividades de inteligência, bem como de investigação ou fiscalização em andamento, relacionadas com a prevenção ou repressão de infrações (Lei nº 12.527/2011, art. 23, VIII);

d) que, todavia, o direito de acesso a essas informações não compreende informações referentes a projetos de pesquisa e desenvolvimento científicos ou tecnológicos cujo sigilo seja imprescindível à segurança da sociedade e do Estado (Lei nº 12.527/2011, art. 7º, §1º);

e) que, a despeito disso, quando não for autorizado acesso integral à informação, à consideração de que ela é parcialmente sigilosa, será assegurado ao interessado o acesso à parte não sigilosa, por meio de certidão, extrato ou cópia com ocultação da parte sob sigilo (Lei nº 12.527/2011, art. 7º, §2º);

f) que o órgão ou entidade pública deverá autorizar ou conceder o acesso imediato à informação disponível (Lei nº 12.527/2011, art. 11);

g) que, quando não for autorizado o acesso, por se tratar de informação total ou parcialmente sigilosa, o requerente deverá ser informado sobre a possibilidade de recurso, prazos e condições para sua interposição e sobre qual é a autoridade competente para a apreciação desse recurso (Lei nº 12.527/2011, art. 11, §4º);

h) que esse recurso poderá ser interposto perante a Controladoria-Geral da União (atualmente denominada Ministério de Controle e Transparência) quando o acesso à informação for negado por órgãos ou entidades do Poder Executivo Federal (Lei nº 12.527/2011, art. 16); e

i) que as previsões nela contidas não excluem as demais hipóteses legais de sigilo e de segredo de justiça, nem as hipóteses de segredo industrial decorrentes da exploração direta de atividade econômica pelo Estado ou por pessoa física ou entidade privada que tenha qualquer vínculo com o Poder Público (Lei nº 12.527/2011, art. 22).

Em perfeita consonância com esse último dispositivo, a Lei nº 14.133/2021 também traz disposições sobre publicidade e sigilo, quando enuncia, ainda exemplificativamente:

a) que a publicidade será diferida (art. 13, parágrafo único):

    a.1) quanto ao conteúdo das propostas, até a respectiva abertura; e

    a.2) quanto ao orçamento da Administração, quando decisão motivada da Administração atribuir a ele caráter sigiloso;

b) que o orçamento da contratação poderá ter caráter sigiloso quando houver justificativa para tanto (art. 24, *caput*), com a ressalva de que, nesse caso, o sigilo cogitado não se estende aos órgãos de controle interno e externo (art. 24, I);[427]

c) que o processo licitatório (assim como as contratações públicas e a atividade de controle administrativo exercida em um e outro âmbito) será regido (entre outros) pelo princípio da publicidade (art. 5º, *caput*);

d) que a Administração poderá optar por preservar o sigilo da estimativa do valor da contratação (acompanhada dos preços unitários referenciais, das memórias de cálculo e dos documentos) que dá suporte do estudo técnico preliminar realizado na fase preparatória do processo licitatório até a conclusão da licitação (art. 18, §1º, IV);

e) que, na modalidade diálogo competitivo, a Administração não poderá revelar a outros licitantes as soluções propostas ou as informações sigilosas comunicadas por um licitante sem o seu consentimento (art. 32, §1º, IV);

---

[427] O projeto de lei aprovado pelo Congresso Nacional também previa que o sigilo do orçamento somente pode ser mantido até a fase de julgamento (art. 24, II). No entanto, esse dispositivo foi vetado pela Presidência da República, à consideração de que "a medida contraria o interesse público, tendo em vista que estabelece de maneira rígida que o orçamento deve ser tornado público após o julgamento das propostas" e por isso "resulta na impossibilidade, por exemplo, que ele seja utilizado na fase de negociação, fase essa posterior a de julgamento e estratégica para a definição da contratação".

f) que as propostas apresentadas pelos licitantes nas licitações realizadas no modo de disputa fechado[428] permanecerão em sigilo até a data e hora designadas para sua divulgação (art. 56, II);
g) que é dispensável a licitação para aquisição/locação de equipamentos destinados ao rastreamento e à obtenção de provas nos procedimentos de ação controlada e interceptação de comunicações telefônicas e telemáticas[429] quando houver necessidade justificada de manutenção de sigilo sobre a investigação (art. 75, IV, "l");
h) que será admitida a manutenção em sigilo de contratos e de termos aditivos quando imprescindível à segurança da sociedade e do Estado (art. 91, §1º);
i) que as arbitragens (método de resolução de conflitos como regra sigiloso)[430] realizadas para solucionar litígios relativos a licitações e contratos observarão o princípio da publicidade (art. 151, *caput*);
j) que as sanções aplicadas em matéria de licitações e contratos pelos órgãos e entidades dos três poderes (Executivo, Legislativo e Judiciários) de todos os entes federativos (União, estados, Distrito Federal e municípios, com a ressalva de que esses últimos não detêm Poder Judiciário) deverão ser publicadas no Cadastro Nacional de Empresas Inidôneas e Suspensas (CEIS) e no Cadastro Nacional de Empresas Punidas (CNEP), instituídos no âmbito do Poder Executivo Federal (art. 161, *caput*); e
k) que os órgãos de controle deverão ter acesso irrestrito aos documentos e às informações necessárias à realização dos trabalhos, ficando, todavia, corresponsáveis pela preservação das informações sigilosas porventura compartilhadas (art. 169, §2º).

5.4 Impedimentos no processo licitatório

Art. 14. Não poderão disputar licitação ou participar da execução de contrato, direta ou indiretamente:

I - autor do anteprojeto, do projeto básico ou do projeto executivo, pessoa física ou jurídica, quando a licitação versar sobre obra, serviços ou fornecimento de bens a ele relacionados;

II - empresa, isoladamente ou em consórcio, responsável pela elaboração do projeto básico ou do projeto executivo, ou empresa da qual o autor do projeto seja dirigente,

---

[428] Diversamente do que ocorre no modo aberto, em que os licitantes apresentam suas propostas por meio de lances públicos e sucessivos, crescentes ou decrescentes (art. 56, I), no modo de disputa fechado as propostas permanecem em sigilo até a data e hora designadas para sua divulgação (art. 56, II). A propósito, cf. as nossas observações no tópico 12.2 do Capítulo 12.

[429] De que tratam os incs. II e V do art. 3º da Lei de Organizações Criminosas (Lei nº 12.850/2013).

[430] A propósito, basta ver que, muito embora a regra seja a tramitação pública dos atos processuais, o Código de Processo Civil de 2015 reconhece a possibilidade de tramitação sigilosa dos processos que envolvam arbitragem, em que se tenha pactuado a confidencialidade das informações relativas à transação; conforme se verifica do seguinte dispositivo: "Art. 189. Os atos processuais são públicos, todavia tramitam em segredo de justiça os processos: [...] IV - que versem sobre arbitragem, inclusive sobre cumprimento de carta arbitral, desde que a confidencialidade estipulada na arbitragem seja comprovada perante o juízo".

gerente, controlador, acionista ou detentor de mais de 5% (cinco por cento) do capital com direito a voto, responsável técnico ou subcontratado, quando a licitação versar sobre obra, serviços ou fornecimento de bens a ela necessários;

III - pessoa física ou jurídica que se encontre, ao tempo da licitação, impossibilitada de participar da licitação em decorrência de sanção que lhe foi imposta;

IV - aquele que mantenha vínculo de natureza técnica, comercial, econômica, financeira, trabalhista ou civil com dirigente do órgão ou entidade contratante ou com agente público que desempenhe função na licitação ou atue na fiscalização ou na gestão do contrato, ou que deles seja cônjuge, companheiro ou parente em linha reta, colateral ou por afinidade, até o terceiro grau, devendo essa proibição constar expressamente do edital de licitação;

V - empresas controladoras, controladas ou coligadas, nos termos da Lei nº 6.404, de 15 de dezembro de 1976, concorrendo entre si;

VI - pessoa física ou jurídica que, nos 5 (cinco) anos anteriores à divulgação do edital, tenha sido condenada judicialmente, com trânsito em julgado, por exploração de trabalho infantil, por submissão de trabalhadores a condições análogas às de escravo ou por contratação de adolescentes nos casos vedados pela legislação trabalhista.

§1º O impedimento de que trata o inciso III do *caput* deste artigo será também aplicado ao licitante que atue em substituição a outra pessoa, física ou jurídica, com o intuito de burlar a efetividade da sanção a ela aplicada, inclusive a sua controladora, controlada ou coligada, desde que devidamente comprovado o ilícito ou a utilização fraudulenta da personalidade jurídica do licitante.

§2º A critério da Administração e exclusivamente a seu serviço, o autor dos projetos e a empresa a que se referem os incisos I e II do *caput* deste artigo poderão participar no apoio das atividades de planejamento da contratação, de execução da licitação ou de gestão do contrato, desde que sob supervisão exclusiva de agentes públicos do órgão ou entidade.

§3º Equiparam-se aos autores do projeto as empresas integrantes do mesmo grupo econômico.

§4º O disposto neste artigo não impede a licitação ou a contratação de obra ou serviço que inclua como encargo do contratado a elaboração do projeto básico e do projeto executivo, nas contratações integradas, e do projeto executivo, nos demais regimes de execução.

§5º Em licitações e contratações realizadas no âmbito de projetos e programas parcialmente financiados por agência oficial de cooperação estrangeira ou por organismo financeiro internacional com recursos do financiamento ou da contrapartida nacional, não poderá participar pessoa física ou jurídica que integre o rol de pessoas sancionadas por essas entidades ou que seja declarada inidônea nos termos desta Lei.

....

O art. 14 da Lei nº 14.133/2021 enumera impedimentos para submissão de propostas ao processo licitatório.

Por força dele, ficam proibidos de participar de licitação ou da execução do contrato a ela correspondente (art. 14, *caput*):

a) o autor do *anteprojeto*, do *projeto básico* ou do *projeto executivo*, seja ele pessoa física ou jurídica (art. 14, I);
b) a empresa que, isoladamente ou como integrante de consórcio, for responsável pela elaboração do *projeto básico* ou do *projeto executivo* (art. 14, II); e
c) a empresa da qual o autor do projeto seja dirigente, gerente, controlador, acionista ou detentor de mais de cinco por cento do capital com direito a voto, responsável técnico ou subcontratado, quando a licitação versar sobre obra, serviços ou fornecimento de bens a ela necessários (art. 14, III).[431]

O *anteprojeto* é peça técnica que antecede o projeto básico, contendo todos os subsídios necessários à sua elaboração (art. 6º, XXIV). O *projeto básico*, por sua vez, é composto pelo conjunto de elementos necessários e suficientes para definir e dimensionar a prestação contratada (art. 6º, XXV). Já o *projeto executivo* encarta o conjunto de elementos necessários e suficientes à execução completa da obra, e contém o detalhamento das soluções previstas no projeto básico, a identificação de serviços, de materiais e de equipamentos a serem incorporados à obra, bem como suas especificações técnicas, de acordo com as normas técnicas pertinentes (art. 6º, XXVI). Nos precisos termos da lei, a pessoa ou empresa que os elaborar não poderá participar da licitação a eles correspondes, tampouco se beneficiar da execução do contrato.

Contudo, isso não impede a sua participação no apoio das atividades de planejamento da contratação, de execução da licitação ou de gestão do contrato, desde que atuem sob supervisão exclusiva de agentes públicos do órgão ou entidade (art. 14, §2º). Além disso, esses impedimentos não obstam a licitação ou a contratação de obra ou serviço que inclua como encargo do contratado a elaboração do projeto básico e do projeto executivo nas contratações integradas (art. 14, §4º), regime de contratação de obras e serviços de engenharia em que o contratado é responsável por elaborar e desenvolver os projetos básico e executivo, executar obras e serviços de engenharia, fornecer bens ou prestar serviços especiais e realizar montagem, teste, pré-operação e as demais operações necessárias e suficientes para a entrega final do objeto (art. 6º, XXXII). E de igual modo não tornam proibitiva a realização de licitação e posterior contratação de obra ou serviço que contemple a elaboração do projeto executivo sob os demais regimes de execução (art. 14, §4º, parte final): *empreitada por preço unitário*,[432] *empreitada por preço global*,[433] *empreitada integral*,[434] *contratação por tarefa*,[435] *contratação semi-integrada*[436] e *fornecimento e prestação de serviço associado*.[437]

---

[431] Para esse feito, equiparam-se aos autores de projetos às empresas integrantes do mesmo grupo econômico (art. 14, §3º).

[432] A *empreitada por preço unitário* consiste na contratação da execução da obra ou do serviço por preço certo de unidades determinadas (art. 6º, XXVIII).

[433] A *empreitada por preço global* consiste na contratação da execução da obra ou do serviço por preço certo e total (art. 6º, XXIX).

[434] A *empreitada integral* consiste na contratação de empreendimento em sua integralidade, compreendida a totalidade das etapas de obras, serviços e instalações necessárias, sob inteira responsabilidade do contratado até sua entrega ao contratante em condições de entrada em operação, com características adequadas às finalidades para as quais foi contratado e atendidos os requisitos técnicos e legais para sua utilização com segurança estrutural e operacional (art. 6º, XXX).

[435] A *contratação por tarefa* se apresenta como regime de contratação de mão de obra para pequenos trabalhos por preço certo, com ou sem fornecimento de materiais (art. 6º, XXXI).

[436] A *contratação semi-integrada* compreende a contratação de obras e serviços de engenharia em que o contratado é responsável por *elaborar e desenvolver o projeto executivo* (mas não o projeto básico, como ocorre na *contratação*

[437]Também são impedidas de participar de licitação e/ou de se beneficiar da execução de contrato a ela correspondente:

   a) as pessoas físicas ou jurídicas que se encontrem, ao tempo da licitação, impossibilitadas de participar da licitação em decorrência de sanção que lhe foi imposta (art. 14, III), impedimento que se estende ao licitante que atue em substituição a outra pessoa física ou jurídica com o intuito de burlar a efetividade da sanção a ela aplicada, inclusive em lugar da sua controladora, empresa por ela controlada ou de empresa coligada, desde que devidamente comprovado o ilícito ou a utilização fraudulenta da personalidade jurídica do licitante (art. 14, §1º);
   b) aquele que mantenha vínculo de natureza técnica, comercial, econômica, financeira, trabalhista ou civil com dirigente do órgão ou entidade contratante, bem como com agente público que desempenhe função na licitação ou que atue na fiscalização ou na gestão do contrato, ou, ainda, que deles seja cônjuge, companheiro ou parente em linha reta, colateral ou por afinidade, até o terceiro grau (art. 14, IV);
   c) empresas controladoras, controladas ou coligadas concorrendo entre si (art. 14, V);
   d) pessoa física ou jurídica que, nos cinco anos anteriores à divulgação do edital, tenha sido condenada judicialmente, com trânsito em julgado, por exploração de trabalho infantil, por submissão de trabalhadores a condições análogas às de escravo ou por contratação de adolescentes nos casos vedados pela legislação trabalhista (art. 14, VI); e
   e) para licitações e contratações realizadas no âmbito de projetos e programas parcialmente financiados por agência oficial de cooperação estrangeira ou por organismo financeiro internacional com recursos do financiamento ou da contrapartida nacional, também a pessoa física ou jurídica que integre o rol de pessoas sancionadas por essas entidades ou que seja declarada inidônea com base nos critérios estabelecidos na Lei nº 14.133/2021 (art. 14, §5º).

5.5 A participação de consórcios no processo licitatório

Art. 15. Salvo vedação devidamente justificada no processo licitatório, pessoa jurídica poderá participar de licitação em consórcio, observadas as seguintes normas:

I - comprovação de compromisso público ou particular de constituição de consórcio, subscrito pelos consorciados;

II - indicação da empresa líder do consórcio, que será responsável por sua representação perante a Administração;

---

integrada), executar obras e serviços de engenharia, fornecer bens ou prestar serviços especiais e realizar montagem, teste, pré-operação e as demais operações necessárias e suficientes para a entrega final do objeto (art. 6º, XXXIII).

[437] *Fornecimento e prestação de serviço associado* é o regime de contratação em que, além do fornecimento do objeto, o contratado responsabiliza-se por sua operação, manutenção ou ambas, por tempo determinado (art. 6º, XXXIV).

III - admissão, para efeito de habilitação técnica, do somatório dos quantitativos de cada consorciado e, para efeito de habilitação econômico-financeira, do somatório dos valores de cada consorciado;

IV - impedimento de a empresa consorciada participar, na mesma licitação, de mais de um consórcio ou de forma isolada;

V - responsabilidade solidária dos integrantes pelos atos praticados em consórcio, tanto na fase de licitação quanto na de execução do contrato.

§1º O edital deverá estabelecer para o consórcio acréscimo de 10% (dez por cento) a 30% (trinta por cento) sobre o valor exigido de licitante individual para a habilitação econômico-financeira, salvo justificação.

§2º O acréscimo previsto no §1º deste artigo não se aplica aos consórcios compostos, em sua totalidade, de microempresas e pequenas empresas, assim definidas em lei.

§3º O licitante vencedor é obrigado a promover, antes da celebração do contrato, a constituição e o registro do consórcio, nos termos do compromisso referido no inciso I do *caput* deste artigo.

§4º Desde que haja justificativa técnica aprovada pela autoridade competente, o edital de licitação poderá estabelecer limite máximo para o número de empresas consorciadas.

§5º A substituição de consorciado deverá ser expressamente autorizada pelo órgão ou entidade contratante e condicionada à comprovação de que a nova empresa do consórcio possui, no mínimo, os mesmos quantitativos para efeito de habilitação técnica e os mesmos valores para efeito de qualificação econômico-financeira apresentados pela empresa substituída para fins de habilitação do consórcio no processo licitatório que originou o contrato.

• •

Esse dispositivo inova no tratamento normativo conferido pelo regime normativo pretérito aplicável à participação de consórcios em licitações e contratações públicas.

É que a Lei nº 8.666/1993 deixava a critério da Administração admitir a participação de consórcios de empresas, porque o seu art. 33 (substituído no regime normativo atual pelo art. 15 da Lei nº 14.133/2021) instituía normas a serem observadas quando permitida na licitação a participação de empresas em consórcio. Assim, a sua inserção no processo licitatório flertava com a discricionariedade administrativa, definida por Celso Antônio Bandeira de Mello como "certa margem de liberdade de avaliação ou decisão segundo critérios de conveniência e oportunidade formulados por ela mesma, ainda que adstrita à lei reguladora da expedição deles".[438] A regra, então, era o afastamento da participação de consórcios, que apenas seria admitida quando a Administração assim o considerasse pertinente.

Já a Lei nº 14.133/2021 inverte essa premissa, quando estabelece que a pessoa jurídica poderá participar de licitação em consórcio, impondo à Administração, caso considere necessário limitar a participação de consórcios em dado certame, que emita

---

[438] BANDEIRA DE MELLO, Celso Antônio. *Curso de direito administrativo*, 27. ed., p. 430.

justificativa pata tanto (art. 15, *caput*). Essa justificativa poderá ser empregada, por exemplo, para o estabelecimento, no edital, de limite máximo ao número de empresas consorciadas.

Porém, nela, o próprio legislador (a exemplo do que se depreendia no regime normativo pretérito) estabeleceu algumas condições para a participação de consórcios, quando exigiu dos licitantes consorciados que demonstrem a formalização de compromisso público ou particular de constituição de consórcio (art. 15, I), que precisará ser efetivamente concluído e registrado pelo licitante vencedor antes da celebração do contrato (art. 15, §3º), indicando, ainda, a empresa líder do consórcio, que será responsável por sua representação perante a Administração (art. 15, II). O consórcio também precisa informar, no momento da licitação, o somatório dos quantitativos de cada consorciado (para efeito da habilitação técnica) e a soma dos valores que serão dispendidos por cada um deles (para efeito da habilitação econômico-financeira) (art. 15, III). Ainda quando a habilitação econômico-financeira na participação de consórcios, o edital deverá estabelecer acréscimo de dez a trinta por cento sobre o valor exigido de licitante individual para a habilitação econômico-financeira (art. 15, §1º). Esse acréscimo, todavia, poderá ser afastado mediante apresentação de justificativa técnica pela Administração e não se aplica, ademais, aos consórcios compostos, em sua totalidade, por micro e pequenas empresas (art. 15, §2º).

O legislador também instituiu proibição a que empresas consorciadas participem da mesma licitação, isoladamente ou por meio de mais de um consórcio, em concorrência com o consórcio licitante (art. 15, IV), e estabeleceu a responsabilidade solidária dos consorciados pelos atos praticados em consórcio (art. 15, V). Além disso, consignou restrições à substituição dos consorciados, dispondo que ela precisa ser expressamente autorizada pelo contratante e que fica condicionada à comprovação de que a nova empresa do consórcio possui, no mínimo, os mesmos quantitativos para efeito de habilitação técnica e os mesmos valores para efeito de qualificação econômico-financeira apresentados pela empresa substituída para fins de habilitação do consórcio no processo licitatório que originou o contrato (art. 15, §5º).

5.6 A participação de cooperativas de trabalho no processo licitatório

Art. 16. Os profissionais organizados sob a forma de cooperativa poderão participar de licitação quando:

I - a constituição e o funcionamento da cooperativa observarem as regras estabelecidas na legislação aplicável, em especial a Lei nº 5.764, de 16 de dezembro de 1971, a Lei nº 12.690, de 19 de julho de 2012, e a Lei Complementar nº 130, de 17 de abril de 2009;

II - a cooperativa apresentar demonstrativo de atuação em regime cooperado, com repartição de receitas e despesas entre os cooperados;

III - qualquer cooperado, com igual qualificação, for capaz de executar o objeto contratado, vedado à Administração indicar nominalmente pessoas;

IV - o objeto da licitação referir-se, em se tratando de cooperativas enquadradas na Lei nº 12.690, de 19 de julho de 2012, a serviços especializados constantes do objeto social da cooperativa, a serem executados de forma complementar à sua atuação.

• •

Outra novidade importante trazida pela Lei nº 14.133/2021 foi a pacificação da discussão à viabilidade (ou não) de cooperativas de trabalho de participarem de licitações e celebrarem contratos administrativos.

O Tribunal de Contas da União já considerou irregular a contratação de cooperativas de trabalho pela Administração Pública.[439] Tamanha é a pacificação do tema entre seus integrantes que a corte nacional de contas editou verbete de súmula (Súmula nº 281) em que afirma ser vedada "a participação de cooperativas em licitação quando, pela natureza do serviço ou pelo modo como é usualmente executado no mercado em geral, houver necessidade de subordinação jurídica entre o obreiro e o contratado, bem como de pessoalidade e habitualidade".

Conforme Thiago Zagatto, essa intepretação jurídica relaciona-se "fortemente com o rigor da aplicação da responsabilidade subsidiária da Administração Pública pelos débitos trabalhistas das empresas que contrata, entendimento veiculado na Súmula 331 do Tribunal Superior do Trabalho".[440] No que se refere à responsabilização da Administração Pública, o inc. IV do verbete enunciava, em sua redação original, que "o inadimplemento das obrigações trabalhistas, por parte do empregador, implica a responsabilidade subsidiária do tomador dos serviços" pelo pagamento dessas obrigações,

> *inclusive quanto aos órgãos da administração direta, das autarquias, das fundações públicas, das empresas públicas e das sociedades de economia mista*, desde que hajam participado da relação processual e constem também do título executivo judicial (art. 71 da Lei nº 8.666, de 21.06.1993).

Esse entendimento pretoriano contribuiu, em vista do risco de responsabilização da Administração por débitos trabalhistas das empresas contratadas, para o "afastamento das cooperativas de trabalho das contratações públicas, ou, pelo menos, do universo de serviços terceirizados com dedicação exclusiva de mão de obra".[441]

Todavia, mais recentemente, o Supremo Tribunal Federal passou a afirmar a inconstitucionalidade da redação original do inc. IV da Súmula nº 331 do Tribunal Superior do Trabalho,[442] o que ensejou a modificação do texto do verbete por meio da edição da Resolução-TST nº 174/2011. Na versão atual do enunciado, o tema passou a ser tratado no inc. V, que prescreve que "os entes integrantes da Administração Pública

---

[439] A propósito, cf., a título de exemplo, o Acórdão nº 2.260/2017, lavrado por sua Primeira Câmara sob a relatoria do Ministro Walton Alencar Rodrigues.
[440] ZAGATTO, Thiago. Cooperativas em contratações públicas e a amplitude da responsabilidade subsidiária da Administração Pública.
[441] ZAGATTO, Thiago. Cooperativas em contratações públicas e a amplitude da responsabilidade subsidiária da Administração Pública.
[442] Quanto ao pormenor, cf., a título de exemplo: STF, Plenário. RE nº 760.931. Red. Min. Luiz Fux. *DJe*, 12 set. 2017.

direta e indireta respondem subsidiariamente [...] *caso evidenciada a sua conduta culposa no cumprimento das obrigações"* decorrentes do regime jurídico das licitações e contratações administrativas, especialmente no que concerne à *ausência de "fiscalização do cumprimento das obrigações contratuais e legais da prestadora de serviço como empregadora"*, num contexto em que *"a aludida responsabilidade não decorre"* tão somente, nem automaticamente, *"de mero inadimplemento das obrigações trabalhistas"* assumidas pela empresa contratada.

Oito anos depois, em 2019, os "ventos de mudança passaram pelo Tribunal de Contas da União", quando, no Acórdão nº 2.463, relatado pelo Ministro Bruno Dantas, a 1ª sua Câmara considerou "indevida a vedação apriorística da participação das cooperativas de trabalho em licitações", e por isso "encaminhou a referida decisão para a sua Comissão de Uniformização de Jurisprudência, a fim de que a Súmula 281 fosse revisitada".[443] Na oportunidade, o colegiado entendeu que a vedação da participação de cooperativas em licitações não deve ter em conta a natureza do serviço contratado, sob pena e risco de incorrer em contrariedade ao disposto no art. 10 da Lei nº 12.690/2012 (Lei das Cooperativas de Trabalho), que admite a prestação por cooperativas de qualquer gênero de serviço, operação ou atividade que estejam previstos em seu objeto social.

Muito embora o entendimento sumulado ainda não tenha sido alterado, as razões jurídicas empregadas pela 1ª Câmara do Tribunal de Contas da União são suficientemente sólidas para induzir a sua revisão. Afinal, elas revelam a configuração da *superação (overruled)*[444] da intepretação jurídica nela contida por modificação legislativa ulterior,[445] condição suficiente, no regime normativo do Código de Processo Civil de 2015, ao afastamento de precedentes firmados por Tribunais.[446]

Também orienta a *superação* do entendimento consolidado pelo Tribunal de Contas da União na sua Súmula nº 281 a redação conferida pelo legislador ao art. 16 da Lei nº 14.133/2021. Esse dispositivo, na verdade, coloca uma pá de cal sobre a discussão. Em primeiro lugar porque estabelece, textualmente, que os profissionais organizados sob a forma de cooperativa poderão participar de licitação (art. 16, *caput*). Em segundo lugar porque enunciou que a sua participação em processos licitatórios demanda a verificação, nos casos concretos, (i) de que a constituição e o funcionamento da cooperativa observam as regras estabelecidas na legislação aplicável, em especial na Lei nº 5.764/1971 (que define a Política Nacional de Cooperativismo e institui o regime jurídico das sociedades cooperativas), na Lei nº 12.690/2012 (que dispõe sobre a

---

[443] ZAGATTO, Thiago. Cooperativas em contratações públicas e a amplitude da responsabilidade subsidiária da Administração Pública.

[444] Técnica por meio da qual ele (ela) perde a sua força vinculante, sendo substituído (substituída) por outro precedente (ou decisão persuasiva invocada) (cf. DIDIER JÚNIOR, Fredie; BRAGA, Paula Sarno; OLIVEIRA, Rafael. *Curso de direito processo civil*, v. 2, p. 354).

[445] A superação também pode decorrer da superveniência de uma regra ou princípio legal (cf. DIDIER JÚNIOR, Fredie; BRAGA, Paula Sarno; OLIVEIRA, Rafael. *Curso de direito processo civil*, v. 2, p. 355). Em mesmo sentido se posiciona Hermes Zaneti Júnior, quando adverte que "os precedentes não são imutáveis", porque podem "ser modificados, alterados, superados pelo tribunal que os estabeleceu ou por tribunal superior", e acrescenta que "a existência de uma nova lei, válida substancial e formalmente, determina o afastamento do precedente" (ZANETI JÚNIOR, Hermes. *O valor vinculante dos precedentes*, p. 355-356).

[446] Quanto ao particular, recobramos que o inc. VI do §1º do art. 489 do CPC-2015 considera inadequadamente fundamentada a decisão judicial "que deixar de seguir enunciado de súmula, jurisprudência ou precedente invocado pela parte", mas ressalva, contudo, que *a sua aplicação pode ser afastada quando* "for demonstrada a existência de distinção no caso em julgamento ou *a superação do entendimento"*. Sobre o assunto, cf., ainda, as nossas considerações no tópico 34.2 do Capítulo 34.

organização e o funcionamento das Cooperativas de Trabalho) e a Lei Complementar nº 130/2009 (que dispõe sobre o Sistema Nacional de Crédito Cooperativo) (art. 16, I), (ii) de que a cooperativa efetivamente atua em regime cooperado, mediante apresentação de elementos que comprovem a repartição de receitas e despesas entre os cooperados (art. 16, II), (iii) de que qualquer cooperado, com igual qualificação, é capaz de executar o objeto contratado, sendo vedado à Administração indicar nominalmente as pessoas que serão engajadas na prestação contratada (art. 16, III), e (iv) de que, para as cooperativas de trabalho, o objeto da licitação integra os serviços especializados constantes do seu objeto social (art. 16, IV).

Essas nossas considerações sobre a *superação* do posicionamento pretoriano encartado na Súmula nº 281 do Tribunal de Contas da União são importantes, quando se tem em vista a aplicação do dispositivo comentado. É que a lei processual, quando tornou obrigatória a observância, por juízes e tribunais, de precedentes/decisões persuasivas invocadas firmados pelos tribunais brasileiros (arts. 489, §1º, V e VI, 926 e 927),[447] concebendo vinculatividade que consideramos extensível à Administração Pública,[448] ressalva, expressamente, que esses entendimentos podem ser afastados mediante apresentação de motivos relevantes devidamente justificados, que resulta, precisamente, da demonstração de que o entendimento, ou não se aplica à hipótese analisada (distinção), ou, então, que se encontra superado.[449]

---

[447] Vide tópico 34.1 do Capítulo 34.
[448] Dada a incidência conjugada do princípio processual da boa-fé (CPC-2015, art. 5º), do dever processual de não litigar contrariamente ao direito (CPC-2015, art. 77, II) e dos princípios constitucionais da legalidade e da eficiência (CRFB, art. 37, *caput*). Vide tópico 34.3 do Capítulo 34.
[449] Vide tópico 34.4 do Capítulo 34.

CAPÍTULO 6

O PROCEDIMENTO DO PROCESSO LICITATÓRIO

Art. 17. O processo de licitação observará as seguintes fases, em sequência:

I - preparatória;

II - de divulgação do edital de licitação;

III - de apresentação de propostas e lances, quando for o caso;

IV - de julgamento;

V - de habilitação;

VI - recursal;

VII - de homologação.

§1º A fase referida no inciso V do *caput* deste artigo poderá, mediante ato motivado com explicitação dos benefícios decorrentes, anteceder as fases referidas nos incisos III e IV do *caput* deste artigo, desde que expressamente previsto no edital de licitação.

§2º As licitações serão realizadas preferencialmente sob a forma eletrônica, admitida a utilização da forma presencial, desde que motivada, devendo a sessão pública ser registrada em ata e gravada em áudio e vídeo.

§3º Desde que previsto no edital, na fase a que se refere o inciso IV do *caput* deste artigo, o órgão ou entidade licitante poderá, em relação ao licitante provisoriamente vencedor, realizar análise e avaliação da conformidade da proposta, mediante homologação de amostras, exame de conformidade e prova de conceito, entre outros testes de interesse da Administração, de modo a comprovar sua aderência às especificações definidas no termo de referência ou no projeto básico.

§4º Nos procedimentos realizados por meio eletrônico, a Administração poderá determinar, como condição de validade e eficácia, que os licitantes pratiquem seus atos em formato eletrônico.

§5º Na hipótese excepcional de licitação sob a forma presencial a que refere o §2º deste artigo, a sessão pública de apresentação de propostas deverá ser gravada em áudio e vídeo, e a gravação será juntada aos autos do processo licitatório depois de seu encerramento.

§6º A Administração poderá exigir certificação por organização independente acreditada pelo Instituto Nacional de Metrologia, Qualidade e Tecnologia (Inmetro) como condição para aceitação de:

I - estudos, anteprojetos, projetos básicos e projetos executivos;

II - conclusão de fases ou de objetos de contratos;

III - material e corpo técnico apresentados por empresa para fins de habilitação.

* * *

A Lei nº 14.133/2021 também contempla dispositivo (art. 17, *caput*) que enumera as fases do processo licitatório; a saber: *fase preparatória, fase de divulgação do edital* de licitação, *fase de apresentação de propostas e lances, fase de julgamento, fase de habilitação, fase recursal* e *fase de homologação*. Neste capítulo, partiremos delas para procurar descrever o procedimento delineado pelo legislador para a condução do processo licitatório pelos agentes estatais.

6.1 Disposições gerais sobre o procedimento do processo licitatório

Antes, porém, abordaremos as disposições gerais (que sobressaem dos parágrafos do art. 17) sobre o modo de realização das licitações (eletrônico ou presencial) e sobre a exigência de certificação de colaboradores dos licitantes.

6.1.1 Licitações eletrônicas *versus* licitações presenciais

A Lei nº 14.133/2021 estabelece que as licitações devem ser realizadas preferencialmente sob a forma eletrônica (art. 17, §2º), hipótese em que a Administração poderá determinar, como condição de validade e eficácia, que os licitantes pratiquem seus atos em formato eletrônico (art. 17, §4º). Dispondo desse modo, o legislador fez com que a realização de licitações eletrônicas figure como regra geral, relegando as licitações presenciais à condição de exceção a essa regra. Por esse motivo, a opção por uma licitação presencial exige dos agentes estatais responsáveis pela condução do procedimento que veiculem motivação suficiente (art. 17, §2º, cont.) para justificar a inviabilidade da sua realização pelo modo eletrônico e/ou a maior vantajosidade da sua realização pelo modo presencial. Além disso, a licitação presencial, quando admitida, nos termos da motivação apresentada pela Administração, deverá ter a sua sessão pública registrada em ata e gravada em áudio e vídeo, para oportuna juntada aos autos do processo licitatório após o de seu encerramento (art. 17, §2º, parte final c/c §5º).

6.1.2 A exigência de certificação dos colaboradores dos licitantes

O legislador também estabeleceu, como regra geral aplicável ao procedimento do processo de licitação, que a Administração poderá exigir certificação por organização independente acreditada pelo Inmetro[450] como condição para aceitação de estudos,

---

[450] Instituto Nacional de Metrologia, Qualidade e Tecnologia.

anteprojetos, projetos básicos e projetos executivos, para conclusão de fases ou de objetos de contratos e para adequação do material e do corpo técnico apresentados por empresa para fins de habilitação (art. 17, §6º).

6.2 As fases da licitação

Marçal Justen Filho sustentava, ainda sob o regime da Lei nº 8.666/1993, que a licitação comporta uma etapa interna e outra externa.[451] A etapa interna encerra, conforme Justen Filho,[452] procedimento prévio, que pode redundar (ou não) em licitação, e que comporta atividades voltadas a identificar objetivamente as atividades que precisam ser realizadas, conceber a melhor solução técnica para o seu aperfeiçoamento, determinar a viabilidade econômica da contratação cogitada, elaborar minuta do instrumento contratual, verificar a viabilidade (ou não) de competição e aferir (a partir dela) a necessidade (ou não) da licitação. Ao final dessa etapa, a Administração toma uma decisão por licitar (hipótese em que estabelecerá os requisitos de habilitação, determinará a modalidade/tipo e elaborará o edital) ou por contratar diretamente (hipótese em que identificará os particulares em condições de executar a prestação e escolherá a alternativa mais adequada para a contratação). A etapa externa, por sua vez, "é aquela em que se desenvolve a licitação propriamente dita, com os atos administrativos destinados a instaurar a competição entre os interessados".[453]

A Lei nº 14.133/2021 parece adotar o mesmo modelo, na medida em que estabelece que as licitações comportam uma *fase preparatória* (correlata à etapa interna delineada por Justen Filho), dedicada ao seu planejamento, e seis fases executórias (albergadas pela etapa externa referida por Justen Filho), dedicadas à *divulgação do edital* de licitação, à *apresentação de propostas e lances* (quando for o caso), ao *julgamento das propostas*, à *habilitação da proposta vencedora*, à *apresentação e julgamento de recursos* e à *homologação do resultado do certame*.

6.2.1 Etapa interna (ou fase preparatória)

> Art. 18. A fase preparatória do processo licitatório é caracterizada pelo planejamento e deve compatibilizar-se com o plano de contratações anual de que trata o inciso VII do *caput* do art. 12 desta Lei, sempre que elaborado, e com as leis orçamentárias, bem como abordar todas as considerações técnicas, mercadológicas e de gestão que podem interferir na contratação, compreendidos:
>
> I - a descrição da necessidade da contratação fundamentada em estudo técnico preliminar que caracterize o interesse público envolvido;
>
> II - a definição do objeto para o atendimento da necessidade, por meio de termo de referência, anteprojeto, projeto básico ou projeto executivo, conforme o caso;

---

[451] JUSTEN FILHO, Marçal. *Curso de direito administrativo*, 8. ed., p. 438.
[452] JUSTEN FILHO, Marçal. *Curso de direito administrativo*, 8. ed., p. 438-439.
[453] JUSTEN FILHO, Marçal. *Curso de direito administrativo*, 8. ed., p. 438.

III - a definição das condições de execução e pagamento, das garantias exigidas e ofertadas e das condições de recebimento;

IV - o orçamento estimado, com as composições dos preços utilizados para sua formação;

V - a elaboração do edital de licitação;

VI - a elaboração de minuta de contrato, quando necessária, que constará obrigatoriamente como anexo do edital de licitação;

VII - o regime de fornecimento de bens, de prestação de serviços ou de execução de obras e serviços de engenharia, observados os potenciais de economia de escala;

VIII - a modalidade de licitação, o critério de julgamento, o modo de disputa e a adequação e eficiência da forma de combinação desses parâmetros, para os fins de seleção da proposta apta a gerar o resultado de contratação mais vantajoso para a Administração Pública, considerado todo o ciclo de vida do objeto;

IX - a motivação circunstanciada das condições do edital, tais como justificativa de exigências de qualificação técnica, mediante indicação das parcelas de maior relevância técnica ou valor significativo do objeto, e de qualificação econômico-financeira, justificativa dos critérios de pontuação e julgamento das propostas técnicas, nas licitações com julgamento por melhor técnica ou técnica e preço, e justificativa das regras pertinentes à participação de empresas em consórcio;

X - a análise dos riscos que possam comprometer o sucesso da licitação e a boa execução contratual;

XI - a motivação sobre o momento da divulgação do orçamento da licitação, observado o art. 24 desta Lei.

・・

A fase preparatória concebida pelo legislador é voltada ao planejamento do processo licitatório (art. 18, *caput*). Os atos nela praticados devem compatibilizar-se (art. 18, cont.):

    a) quando for o caso, com o *plano de contratações anual*, elaborado com o objetivo de racionalizar as contratações dos órgãos e entidades sob sua competência, garantir o alinhamento com o seu planejamento estratégico e subsidiar a elaboração das respectivas leis orçamentárias;[454] e

    b) em todas as licitações realizadas, com as leis orçamentárias editadas pelos entes respectivos.

Também tem lugar nessa fase a concepção de todas as considerações técnicas, mercadológicas e de gestão que podem interferir na contratação (art. 18, parte final), entre as quais o legislador destacou:

    a) a descrição da necessidade da contratação fundamentada em *estudo técnico preliminar* (documento que caracteriza o interesse público envolvido e a sua melhor solução,[455] e que serve à elaboração do *anteprojeto*,[456] do *termo de*

---

[454] *Vide* art. 12, VIII.
[455] *Vide* art. 6º, XX.
[456] Peça técnica com todos os subsídios necessários à elaboração do projeto básico (art. 6º, XXIV).

referência[457] ou do *projeto básico*)[458] que caracterize o interesse público envolvido (art. 18, I);

b) a definição do objeto para o atendimento da necessidade, por meio da elaboração (conforme o caso) de *termo de referência, anteprojeto, projeto básico* ou *projeto executivo*[459] (art. 18, II);

c) a definição das condições de execução e pagamento, das garantias exigidas e ofertadas e das condições de recebimento (art. 18, III);

d) a elaboração do orçamento estimado, com as composições dos preços utilizados para sua formação (art. 18, IV);

e) a elaboração do edital de licitação (art. 18, V);

f) a elaboração, quando necessária, da minuta de contrato, que constará obrigatoriamente como anexo do edital de licitação (art. 18, VI);

g) a especificação dos regimes de fornecimento de bens, de prestação de serviços e/ou de execução de obras e serviços de engenharia, observados os potenciais de economia de escala (art. 18, VII);

h) a especificação da modalidade de licitação, do critério de julgamento, do modo de disputa e da adequação e eficiência da forma de combinação desses parâmetros, para os fins de seleção da proposta apta a gerar o resultado de contratação mais vantajoso para a Administração Pública, considerado, para esse efeito, todo o ciclo de vida do objeto (art. 18, VIII);

i) a motivação circunstanciada das condições do edital (art. 18, IX), como:

    i.1) justificativa de exigências de qualificação técnica (mediante indicação das parcelas de maior relevância técnica ou valor significativo do objeto) e de qualificação econômico-financeira;

    i.2) justificativa dos critérios de pontuação e julgamento das propostas técnicas, nas licitações com julgamento por melhor técnica ou técnica e preço; e

    i.3) justificativa das regras pertinentes à participação de empresas em consórcio;

j) a apresentação de análise sobre os riscos que possam comprometer o sucesso da licitação e a boa execução contratual (art. 18, X); e

k) a apresentação, nas hipóteses em que se atribuir caráter sigiloso ao orçamento da licitação, de motivação relativa ao momento adequado para a sua divulgação (art. 18, XI).

---

[457] Documento necessário para a contratação de bens e serviços (art. 6º, XXIII).

[458] Composto pelo conjunto de elementos necessários e suficientes, com nível de precisão adequado para definir e dimensionar a obra ou o serviço, ou o complexo de obras ou de serviços objeto da licitação, elaborado com base nas indicações dos estudos técnicos preliminares, que assegure a viabilidade técnica e o adequado tratamento do impacto ambiental do empreendimento e que possibilite a avaliação do custo da obra e a definição dos métodos e do prazo de execução (art. 6º, XXV).

[459] Composto pelo conjunto de elementos necessários e suficientes à execução completa da obra, com o detalhamento das soluções previstas no projeto básico, a identificação de serviços, de materiais e de equipamentos a serem incorporados à obra, bem como suas especificações técnicas, de acordo com as normas técnicas pertinentes (art. 6º, XXVI).

6.2.1.1 Disposições sobre a elaboração de estudo técnico preliminar

Art. 18. [...]

§1º O estudo técnico preliminar a que se refere o inciso I do *caput* deste artigo deverá evidenciar o problema a ser resolvido e a sua melhor solução, de modo a permitir a avaliação da viabilidade técnica e econômica da contratação, e conterá os seguintes elementos:

I - a descrição da necessidade da contratação fundamentada em estudo técnico preliminar que caracterize o interesse público envolvido;

II - demonstração da previsão da contratação no plano de contratações anual, sempre que elaborado, de modo a indicar o seu alinhamento com o planejamento da Administração;

III - requisitos da contratação;

IV - estimativas das quantidades para a contratação, acompanhadas das memórias de cálculo e dos documentos que lhes dão suporte, que considerem interdependências com outras contratações, de modo a possibilitar economia de escala;

V - levantamento de mercado, que consiste na análise das alternativas possíveis, e justificativa técnica e econômica da escolha do tipo de solução a contratar;

VI - estimativa do valor da contratação, acompanhada dos preços unitários referenciais, das memórias de cálculo e dos documentos que lhe dão suporte, que poderão constar de anexo classificado, se a Administração optar por preservar o seu sigilo até a conclusão da licitação;

VII - descrição da solução como um todo, inclusive das exigências relacionadas à manutenção e à assistência técnica, quando for o caso;

VIII - justificativas para o parcelamento ou não da contratação;

IX - demonstrativo dos resultados pretendidos em termos de economicidade e de melhor aproveitamento dos recursos humanos, materiais ou financeiros disponíveis;

X - providências a serem adotadas pela Administração previamente à celebração do contrato, inclusive quanto à capacitação de servidores ou de empregados para fiscalização e gestão contratual;

XI - contratações correlatas e/ou interdependentes;

XII – descrição de possíveis impactos ambientais e respectivas medidas mitigadoras, incluídos requisitos de baixo consumo de energia e de outros recursos, bem como logística reversa para desfazimento e reciclagem de bens e refugos, quando aplicável;

XIII - posicionamento conclusivo sobre a adequação da contratação para o atendimento da necessidade a que se destina.

§2º O estudo técnico preliminar deverá conter ao menos os elementos previstos nos incisos I, IV, VI, VIII e XIII do §1º deste artigo e, quando não contemplar os demais elementos previstos no referido parágrafo, apresentar as devidas justificativas.

§3º Em se tratando de estudo técnico preliminar para contratação de obras e serviços comuns de engenharia, se demonstrada a inexistência de prejuízo para a aferição dos padrões de desempenho e qualidade almejados, a especificação do objeto poderá ser realizada apenas em termo de referência ou em projeto básico, dispensada a elaboração de projetos.

••

O estudo técnico preliminar cuja elaboração é demandada nessa fase deverá evidenciar o problema a ser resolvido e a sua melhor solução (art. 18, §1º), de modo a permitir a avaliação da viabilidade técnica e econômica da contratação, e deverá conter:
a) obrigatoriamente (art. 18, §2º), considerações sobre:
  a.1) a necessidade da contratação, considerado o problema a ser resolvido sob a perspectiva do interesse público (art. 18, §1º, I);
  a.2) as estimativas das quantidades para a contratação, acompanhadas das memórias de cálculo e dos documentos que lhes dão suporte, que considerem interdependências com outras contratações, de modo a possibilitar economia de escala (art. 18, §1º, IV);
  a.3) a estimativa do valor da contratação, acompanhada dos preços unitários referenciais, das memórias de cálculo e dos documentos que lhe dão suporte, que poderão constar de anexo classificado se a Administração optar por preservar o seu sigilo até a conclusão da licitação (art. 18, §1º, VI);
  a.4) o parcelamento ou não da contratação (art. 18, §1º, VIII);
  a.5) a adequação da contratação para o atendimento da necessidade a que se destina (art. 18, §1º, XIII);
b) facultativamente, desde que apresentadas as devidas justificativas para o seu afastamento (art. 18, §2º, *contrario sensu*), considerações relativas:
  b.1) à previsão da contratação no plano de contratações anual (sempre que elaborado), de modo a indicar o seu alinhamento com o planejamento da Administração (art. 18, §1º, II);
  b.2) a requisitos da contratação (art. 18, §1º, III);
  b.3) ao levantamento de mercado (que consiste na análise das alternativas possíveis) e justificativa técnica e econômica da escolha do tipo de solução a contratar (art. 18, §1º, V);
  b.4) à descrição da solução como um todo, inclusive das exigências relacionadas à manutenção e à assistência técnica, quando for o caso (art. 18, §1º, VII);
  b.5) aos resultados pretendidos em termos de economicidade e de melhor aproveitamento dos recursos humanos, materiais ou financeiros disponíveis (art. 18, §1º, IX);
  b.6) às providências que precisam ser adotadas pela Administração previamente à celebração do contrato, inclusive quanto à capacitação de servidores ou de empregados para fiscalização e gestão contratual (art. 18, §1º, X);
  b.7) as contratações correlatas e/ou interdependentes (art. 18, §1º, XI); e
  b.8) os possíveis impactos ambientais e respectivas medidas mitigadoras, incluídos requisitos de baixo consumo de energia e de outros recursos, bem como logística reversa para desfazimento e reciclagem de bens e refugos, quando aplicável (art. 18, §1º, XII).

Nas contratações de obras e serviços comuns de engenharia a especificação do objeto poderá ser realizada apenas em termo de referência ou em projeto básico (dispensando-se, portanto, a elaboração de projeto executivo) sempre que demonstrada a inexistência de prejuízos para aferição dos padrões de desempenho e qualidade almejados (art. 18, §3º).

6.2.1.2 Disposições sobre a administração de materiais, obras e serviços

> Art. 19. Os órgãos da Administração com competências regulamentares relativas às atividades de administração de materiais, de obras e serviços e de licitações e contratos deverão:
>
> I - instituir instrumentos que permitam, preferencialmente, a centralização dos procedimentos de aquisição e contratação de bens e serviços;
>
> II - criar catálogo eletrônico de padronização de compras, serviços e obras, admitida a adoção do catálogo do Poder Executivo federal por todos os entes federativos;
>
> III - instituir sistema informatizado de acompanhamento de obras, inclusive com recursos de imagem e vídeo;
>
> IV - instituir, com auxílio dos órgãos de assessoramento jurídico e de controle interno, modelos de minutas de editais, de termos de referência, de contratos padronizados e de outros documentos, admitida a adoção das minutas do Poder Executivo federal por todos os entes federativos;
>
> V - promover a adoção gradativa de tecnologias e processos integrados que permitam a criação, a utilização e a atualização de modelos digitais de obras e serviços de engenharia.
>
> §1º O catálogo referido no inciso II do *caput* deste artigo poderá ser utilizado em licitações cujo critério de julgamento seja o de menor preço ou o de maior desconto e conterá toda a documentação e os procedimentos próprios da fase interna de licitações, assim como as especificações dos respectivos objetos, conforme disposto em regulamento.
>
> §2º A não utilização do catálogo eletrônico de padronização de que trata o inciso II do *caput* ou dos modelos de minutas de que trata o inciso IV do *caput* deste artigo deverá ser justificada por escrito e anexada ao respectivo processo licitatório.
>
> §3º Nas licitações de obras e serviços de engenharia e arquitetura, sempre que adequada ao objeto da licitação, será preferencialmente adotada a Modelagem da Informação da Construção (*Building Information Modelling* – BIM) ou tecnologias e processos integrados similares ou mais avançados que venham a substituí-la.

O legislador também conferiu aos órgãos da Administração com competências regulamentares relativas às atividades de administração de materiais, de obras e serviços e de licitações e contratos (art. 19, *caput*):

a) que instituam instrumentos que permitam, preferencialmente, a centralização dos procedimentos de aquisição e contratação de bens e serviços (art. 19, I);

b) que criem catálogo eletrônico de padronização de compras, serviços e obras, admitida a adoção do catálogo do Poder Executivo Federal por todos os entes federativos; destacando, a propósito (art. 19, II):
  b.1) que esse catálogo poderá ser utilizado em licitações cujo critério de julgamento seja o de menor preço ou o de maior desconto, e que ele conterá toda a documentação e os procedimentos próprios da fase interna de licitações, assim como as especificações dos respectivos objetos, observado o disposto em regulamento (art. 19, §1º);
  b.2) que ele somente poderá deixar de ser utilizado mediante justificativa por escrito e anexada ao respectivo processo licitatório (art. 19, §2º);
c) que instituam sistema informatizado de acompanhamento de obras, inclusive com recursos de imagem e vídeo (art. 19, III);
d) que instituam, com auxílio dos órgãos de assessoramento jurídico e de controle interno, modelos de minutas (minutas padronizadas) de editais, de termos de referência, de contratos padronizados e de outros documentos, admitida, inclusive, a adoção das minutas do Poder Executivo Federal por todos os entes federativos (art. 19, IV), num contexto em que essas minutas apenas poderão deixar de ser utilizadas mediante justificativa por escrito e anexada ao respectivo processo licitatório (art. 19, §2º, parte final); e
e) que promovam a adoção gradativa de tecnologias e processos integrados que permitam a criação, a utilização e a atualização de modelos digitais de obras e serviços de engenharia (art. 19, V).

Esses cuidados revelam opção legislativa por padronizar os atos praticados nos processos licitatórios. Com o mesmo objetivo, o legislador conferiu à Administração a adoção preferencial (isto é, sempre que adequada ao seu objeto) nas licitações de obras e serviços de engenharia da Modelagem da Informação da Construção (*Building Information Modelling – BIM*) ou de tecnologias e processos integrados similares ou mais avançados que venham a substituí-la (art. 19, §3º).

6.2.1.3 Disposições sobre especificação de qualidade e vedação da aquisição de artigos de luxo

Art. 20. Os itens de consumo adquiridos para suprir as demandas das estruturas da Administração Pública deverão ser de qualidade comum, não superior à necessária para cumprir as finalidades às quais se destinam, vedada a aquisição de artigos de luxo.

§1º Os Poderes Executivo, Legislativo e Judiciário definirão em regulamento os limites para o enquadramento dos bens de consumo nas categorias comum e luxo.

§2º A partir de 180 (cento e oitenta) dias contados da promulgação desta Lei, novas compras de bens de consumo só poderão ser efetivadas com a edição, pela autoridade competente, do regulamento a que se refere o §1º deste artigo.

§3º VETADO

O legislador estabeleceu, ainda, que os itens de consumo adquiridos para suprir as demandas das estruturas da Administração Pública deverão ser de *qualidade comum*, assim compreendida a qualidade não superior à necessária para cumprir as finalidades a que se destinam (art. 20, *caput*). Porém, conforme Joel de Menezes Niebuhr, não resulta desse dispositivo "proibição à contratação de objetos de qualidade ótima, de ótimo desempenho e performance".[460] Em rigor, a vedação nele contida, tal como expressada, mais adiante, em seu próprio texto, é à "contratação de artigos de luxo, supérfluos e, nessa medida, desnecessários e desproporcionais".[461]

O enquadramento dos bens de consumo nessas categorias (*qualidade comum* e *bens de luxo*) será definido mediante observância dos limites estabelecidos em regulamento editado pelo Poder Público (art. 20, §1º). Esse regulamento precisa ser editado pela Administração Pública dos três poderes (Executivo, Legislativo e Judiciário) em até cento e oitenta dias, sob pena de ficarem proibidos de adquirir bens de consumo (art. 20, §2º).[462]

6.2.1.4 Disposições sobre audiências públicas e consultas públicas

> Art. 21. A Administração poderá convocar, com antecedência mínima de 8 (oito) dias úteis, audiência pública, presencial ou a distância, na forma eletrônica, sobre licitação que pretenda realizar, com disponibilização prévia de informações pertinentes, inclusive de estudo técnico preliminar, elementos do edital de licitação e outros, e com possibilidade de manifestação de todos os interessados.
>
> Parágrafo único. A Administração também poderá submeter a licitação a prévia consulta pública, mediante a disponibilização de seus elementos a todos os interessados, que poderão formular sugestões no prazo fixado.

Também há previsão legislativa quanto à possibilidade de a Administração vir a convocar, na fase preparatória, *audiência pública* para debater licitação que pretenda realizar (art. 21, *caput*). A audiência pública pode ser presencial ou à distância (na forma eletrônica), e deve ser convocada antecedência mínima de oito dias úteis (art. 21, cont.). Além disso, a sua realização pode ser precedida pela disponibilização prévia de informações relativas à licitação planejada, inclusive do estudo técnico preliminar, de elementos do seu edital de licitação, entre outros (art. 21, cont.). Porém, ainda que não se verifique a disponibilização prévia de informações, deve ser assegurada, em seu curso, a possibilidade de manifestação de todos os interessados (art. 21, parte final).

---

[460] NIEBUHR, Joel de Menezes. Fase preparatória das licitações, p. 37.
[461] NIEBUHR, Joel de Menezes. Fase preparatória das licitações, p. 37.
[462] O projeto de lei aprovado pelo Congresso Nacional previa, ainda, que os valores de referência empregados nos respectivos regulamentos não poderão ser superiores àqueles estabelecidos pelo Executivo Federal (art. 20, §3º). Todavia, esse dispositivo foi vetado pela Presidência da República, à consideração de que "o dispositivo, ao limitar a organização administrativa e as peculiaridades dos demais poderes e entes federados, viola o princípio da separação dos poderes, nos termos do art. 2º da Constituição da República, e do pacto federativo, inscrito no art. 18 da Carta Magna".

A Administração de igual modo poderá submeter a licitação à *consulta pública* (art. 21, parágrafo único). Opera-se, nela, a disponibilização dos elementos da licitação a todos os interessados, que poderão formular sugestões no prazo estabelecido pela Administração (art. 21, parágrafo único, parte final).

Ambos os instrumentos (*audiência pública* e *consulta pública*) possibilitam o estabelecimento de desejável diálogo entre a Administração e a sociedade, que tem a potencialidade de induzir, pela via da atribuição de maior transparência ao certame, a antecipação e resolução de problemas que apenas surgiriam no momento da execução do objeto licitado. Tratam-se, portanto, de instrumentos voltados a conferir maior segurança jurídica às licitações públicas.

A *diferença* entre eles está na *forma de execução*: a *audiência pública* é realizada em momento e local específico, em que os interessados comparecem para se manifestar sobre o tema debatido; enquanto que a *consulta pública* pressupõe a disponibilização de espaço de discussão por dado período de tempo, dentro do qual os interessados podem se manifestar sobre as informações previamente disponibilizadas. Porém, eles podem ser empregados de forma conjugada, como, aliás, vêm fazendo, entre nós, as agências reguladoras. Nesse modelo, a Administração pode abrir *consulta pública* sobre licitação que pretende realizar (disponibilizando os seus elementos aos interessados e fixando prazo para o recebimento das suas manifestações e sugestões), e, além disso, fixar, no próprio ato que a inicia, que ao final desse prazo realizará *audiência pública* para apresentação presencial dos documentos submetidos à consulta e das manifestações dos interessados que tiverem interesse em fazê-la, bem como para os esclarecimentos que se fizerem necessários.

6.2.1.5 Disposições sobre previsão de matriz de alocação de risco

Art. 22. O edital poderá contemplar matriz de alocação de riscos entre o contratante e o contratado, hipótese em que o cálculo do valor estimado da contratação poderá considerar taxa de risco compatível com o objeto da licitação e os riscos atribuídos ao contratado, de acordo com metodologia predefinida pelo ente federativo.

§1º A matriz de que trata o *caput* deste artigo deverá promover a alocação eficiente dos riscos de cada contrato e estabelecer a responsabilidade que caiba a cada parte contratante, bem como os mecanismos que afastem a ocorrência do sinistro e mitiguem os seus efeitos, caso este ocorra durante a execução contratual.

§2º O contrato deverá refletir a alocação realizada pela matriz de riscos, especialmente quanto:

I - às hipóteses de alteração para o restabelecimento da equação econômico-financeira do contrato nos casos em que o sinistro seja considerado na matriz de riscos como causa de desequilíbrio não suportada pela parte que pretenda o restabelecimento;

II - à possibilidade de resolução quando o sinistro majorar excessivamente ou impedir a continuidade da execução contratual;

III - à contratação de seguros obrigatórios previamente definidos no contrato, integrado o custo de contratação ao preço ofertado.

§3º Quando a contratação se referir a obras e serviços de grande vulto ou forem adotados os regimes de contratação integrada e semi-integrada, o edital obrigatoriamente contemplará matriz de alocação de riscos entre o contratante e o contratado.

§4º Nas contratações integradas ou semi-integradas, os riscos decorrentes de fatos supervenientes à contratação associados à escolha da solução de projeto básico pelo contratado deverão ser alocados como de sua responsabilidade na matriz de riscos.

Outra providência que pode (na verdade deve, nos casos em que for aplicável) ser adotada pela Administração na fase preparatória do processo licitatório é a concepção de matriz de alocação de risco para a contratação (art. 22, *caput*). Trata-se de cláusula contratual definidora de riscos e de responsabilidades entre as partes e caracterizadora do equilíbrio econômico-financeiro inicial do contrato, em termos de ônus financeiro decorrente de eventos supervenientes à contratação (art. 6º, XXVII); que deve conter, pelo menos:

a) a listagem de possíveis eventos supervenientes à assinatura do contrato que possam causar impacto em seu equilíbrio econômico-financeiro e previsão de eventual necessidade de prolação de termo aditivo por ocasião de sua ocorrência (art. 6º, XXVII, "a");

b) no caso de obrigações de resultado, estabelecimento das frações do objeto com relação às quais haverá liberdade para os contratados inovarem em soluções metodológicas ou tecnológicas, em termos de modificação das soluções previamente delineadas no anteprojeto ou no projeto básico (art. 6º, XXVII, "b"); e

c) no caso de obrigações de meio, estabelecimento preciso das frações do objeto com relação às quais não haverá liberdade para os contratados inovarem em soluções metodológicas ou tecnológicas, devendo haver obrigação de aderência entre a execução e a solução predefinida no anteprojeto ou no projeto básico, consideradas as características do regime de execução no caso de obras e serviços de engenharia (art. 6º, XXVII, "c").

Sua finalidade é promover a alocação eficiente dos riscos de cada contrato, além de estabelecer as responsabilidades atribuídas a cada parte contratante e os mecanismos que afastem a ocorrência do sinistro e mitiguem os seus efeitos, caso ocorra durante a execução contratual (art. 22, §1º). A sua inclusão no edital possibilita que o cálculo do valor estimado da contratação possa considerar taxa de risco compatível com o objeto da licitação e com os riscos atribuídos ao contratado, observados os parâmetros previamente estabelecidos pela Administração (art. 22, parte final).

Ela é obrigatória quando a contratação se referir a obras e serviços de grande vulto (art. 22, §3º) ou quando forem adotados os regimes de contratação integrada e semi-integrada (nos quais os riscos decorrentes de fatos supervenientes à contratação associados à escolha da solução de projeto básico pelo contratado deverão ser alocados como de sua responsabilidade na matriz de riscos) (art. 22, §4º), e facultativa nos demais casos. Porém, quando empregada, o contrato deverá refletir a alocação realizada pela matriz de riscos (art. 22, §2º); especialmente no que concerne:

a) às hipóteses de alteração para o restabelecimento da equação econômico-financeira nos casos em que o sinistro seja considerado na matriz de riscos como causa de desequilíbrio não suportada pela parte que pretenda o restabelecimento (art. 22, §2º, I);
b) à possibilidade de resolução quando o sinistro majorar excessivamente ou impedir a continuidade da execução contratual (art. 22, §2º, II); e
c) à contratação de seguros obrigatórios previamente definidos no contrato, integrado o custo de contratação ao preço ofertado (art. 22, §2º, III).

A principal consequência da adoção da matriz de alocação de riscos é que a sua tão só previsão no contrato supõe a manutenção do equilíbrio econômico-financeiro (art. 103, §5º). É que, com a sua especificação, as partes renunciam aos pedidos de restabelecimento do equilíbrio relacionados aos riscos assumidos, ressalvadas tão somente as hipóteses de alteração unilateral do contrato pela Administração (art. 103, §5º, I) e de aumento ou redução, por legislação superveniente, dos tributos diretamente pagos pelo contratado como decorrência do contrato (art. 103, §5º, II), precisamente porque tiveram a oportunidade de considerar, ao tempo da formulação da sua proposta, também os custos relativos ao risco assumido.

Disso resulta a conclusão de Luiz Eduardo Altenburg de Assis no sentido de que "a matriz de riscos emerge como verdadeiro preceito definidor do equilíbrio econômico-financeiro e regulamentador de sua recomposição".[463] Para Assis, não há conflito entre ela e o princípio do equilíbrio econômico-financeiro, "já que a alocação dos riscos estipulada de antemão no edital da licitação está contemplada dentre as constituições efetivas da proposta".[464]

Deve estar claro, contudo, que a Administração não "goza de competência amplamente discricionária para distribuir os riscos como bem lhe aprouver".[465] Nesse campo, cumpre-lhe "planejar a contratação em atenção aos princípios da eficiência e da motivação, o que importa no dever de fundamentação adequada e racional na definição da matriz de riscos".[466] Até porque "a distribuição equivocada dos riscos pode se revelar extremamente problemática para a Administração, desaguando na obtenção de propostas mais onerosas e em contratações malsucedidas".[467]

6.2.1.6 Disposições sobre compatibilização do valor mínimo adotado pela Administração ao valor de mercado

Art. 23. O valor previamente estimado da contratação deverá ser compatível com os valores praticados pelo mercado, considerados os preços constantes de bancos de dados públicos e as quantidades a serem contratadas, observadas a potencial economia de escala e as peculiaridades do local de execução do objeto.

---

[463] ASSIS, Luiz Eduardo Altenburg de. Alteração dos contratos administrativos, p. 99.
[464] ASSIS, Luiz Eduardo Altenburg de. Alteração dos contratos administrativos, p. 99.
[465] ASSIS, Luiz Eduardo Altenburg de. Alteração dos contratos administrativos, p. 99.
[466] ASSIS, Luiz Eduardo Altenburg de. Alteração dos contratos administrativos, p. 99.
[467] ASSIS, Luiz Eduardo Altenburg de. Alteração dos contratos administrativos, p. 99.

§1º No processo licitatório para aquisição de bens e contratação de serviços em geral, conforme regulamento, o valor estimado será definido com base no melhor preço aferido por meio da utilização dos seguintes parâmetros, adotados de forma combinada ou não:

I - composição de custos unitários menores ou iguais à mediana do item correspondente no painel para consulta de preços ou no Banco de Preços em Saúde disponíveis no Portal Nacional de Contratações Públicas (PNCP);

II - contratações similares feitas pela Administração Pública, em execução ou concluídas no período de 1 (um) ano anterior à data da pesquisa de preços, inclusive mediante sistema de registro de preços, observado o índice de atualização de preços correspondente;

III - utilização de dados de pesquisa publicada em mídia especializada, de tabela de referência formalmente aprovada pelo Poder Executivo federal e de sítios eletrônicos especializados ou de domínio amplo, desde que contenham a data e hora de acesso;

IV - pesquisa direta com no mínimo 3 (três) fornecedores, mediante solicitação formal de cotação, desde que seja apresentada a justificativa da escolha desses fornecedores e que não tenham sido obtidos os orçamentos com mais de 6 (seis) meses de antecedência da data de divulgação do edital;

V - pesquisa na base nacional de notas fiscais eletrônicas, na forma de regulamento.

§2º No processo licitatório para contratação de obras e serviços de engenharia, conforme regulamento, o valor estimado, acrescido do percentual de Benefícios e Despesas Indiretas (BDI) de referência e dos Encargos Sociais (ES) cabíveis, será definido por meio da utilização de parâmetros na seguinte ordem:

I - composição de custos unitários menores ou iguais à mediana do item correspondente do Sistema de Custos Referenciais de Obras (Sicro), para serviços e obras de infraestrutura de transportes, ou do Sistema Nacional de Pesquisa de Custos e Índices de Construção Civil (Sinapi), para as demais obras e serviços de engenharia;

II - utilização de dados de pesquisa publicada em mídia especializada, de tabela de referência formalmente aprovada pelo Poder Executivo federal e de sítios eletrônicos especializados ou de domínio amplo, desde que contenham a data e a hora de acesso;

III - contratações similares feitas pela Administração Pública, em execução ou concluídas no período de 1 (um) ano anterior à data da pesquisa de preços, observado o índice de atualização de preços correspondente;

IV - pesquisa na base nacional de notas fiscais eletrônicas, na forma de regulamento.

§3º Nas contratações realizadas por Municípios, Estados e Distrito Federal, desde que não envolvam recursos da União, o valor previamente estimado da contratação a que se refere o *caput* deste artigo poderá ser definido por meio da utilização de outros sistemas de custos adotados pelo respectivo ente federativo.

§4º Nas contratações diretas por inexigibilidade ou por dispensa, quando não for possível estimar o valor do objeto na forma estabelecida nos §§1º, 2º e 3º deste artigo, o contratado deverá comprovar previamente que os preços estão em conformidade com os praticados em contratações semelhantes de objetos de mesma natureza, por meio da apresentação de notas fiscais emitidas para outros contratantes no período de até 1 (um) ano anterior à data da contratação pela Administração ou por outro meio idôneo.

§5º No processo licitatório para contratação de obras e serviços de engenharia sob os regimes de contratação integrada ou semi-integrada, o valor estimado da contratação será calculado nos termos do §2º deste artigo, acrescido ou não de parcela referente à remuneração do risco, e, sempre que necessário e o anteprojeto o permitir, a estimativa de preço será baseada em orçamento sintético, balizado em sistema de custo definido no inciso I do §2º deste artigo, devendo a utilização de metodologia expedita ou paramétrica e de avaliação aproximada baseada em outras contratações similares ser reservada às frações do empreendimento não suficientemente detalhadas no anteprojeto.

§6º Na hipótese do §5º deste artigo, será exigido dos licitantes ou contratados, no orçamento que compuser suas respectivas propostas, no mínimo, o mesmo nível de detalhamento do orçamento sintético referido no mencionado parágrafo.

* * *

Também sobressai do texto da Lei nº 14.133/2021 a preocupação do legislador com o estabelecimento da necessária compatibilidade entre o valor mínimo adotado pela Administração no planejamento da licitação (que tem lugar na fase preparatória) e o efetivo valor de mercado dos bens e serviços que se pretendem adquirir (art. 23, *caput*). Para atingir esse objetivo, os agentes estatais que atuam no processo de licitação devem adotar como parâmetros os preços constantes de bancos de dados públicos e as quantidades a serem contratadas, observadas a potencial economia de escala e as peculiaridades do local de execução do objeto (art. 27, parte final). Essa é a *regra geral* aplicável à aquisição de todos os tipos de prestação). Porém, ao lado dela, a *novatio legis* também concebeu *regras específicas* para a *aquisição de bens*, para a *contratação de serviços em geral* e para a *contratação de obras e serviços de engenharia*.

No que diz respeito à *aquisição de bens e contratação de serviços em geral*, o valor estimado será definido com base no melhor preço aferido por meio da utilização dos seguintes parâmetros (que podem ser adotados de forma combinada ou não) (art. 23, §1º):

a) composição de custos unitários menores ou iguais à mediana do item correspondente no painel para consulta de preços ou no Banco de Preços em Saúde disponíveis no Portal Nacional de Contratações Públicas (art. 23, §1º, I);

b) contratações similares feitas pela Administração Pública, em execução ou concluídas no período de um ano anterior à data da pesquisa de preços, inclusive mediante sistema de registro de preços, observado o índice de atualização de preços correspondente (art. 23, §1º, II);

c) utilização de dados de pesquisa publicada em mídia especializada, de tabela de referência formalmente aprovada pelo Poder Executivo Federal e de sítios eletrônicos especializados ou de domínio amplo, desde que contenham a data e hora de acesso (art. 23, §1º, III);

d) pesquisa direta com no mínimo três fornecedores, mediante solicitação formal de cotação, desde que seja apresentada a justificativa da escolha desses fornecedores e que não tenham sido obtidos os orçamentos com mais de seis meses de antecedência da data de divulgação do edital (art. 23, §1º, IV); e

e) pesquisa na base nacional de notas fiscais eletrônicas, observado o disposto em regulamento (art. 23, §1º, V).

Já no que concerne à *contratação de obras e serviços de engenharia*, o valor estimado, acrescido do percentual de Benefícios e Despesas Indiretas (BDI) de referência e dos Encargos Sociais (ES) cabíveis, será definido por meio da utilização desses outros parâmetros, observada a seguinte ordem (art. 23, §2º):

    a) composição de custos unitários menores ou iguais à mediana do item correspondente do Sistema de Custos Referenciais de Obras (Sicro), para serviços e obras de infraestrutura de transportes, ou do Sistema Nacional de Pesquisa de Custos e Índices de Construção Civil (Sinapi), para as demais obras e serviços de engenharia (art. 23, §2º, I);

    b) utilização de dados de pesquisa publicada em mídia especializada, de tabela de referência formalmente aprovada pelo Poder Executivo Federal e de sítios eletrônicos especializados ou de domínio amplo, desde que contenham a data e a hora de acesso (art. 23, §2º, II);

    c) contratações similares feitas pela Administração Pública, em execução ou concluídas no período de um ano anterior à data da pesquisa de preços, observado o índice de atualização de preços correspondente (art. 23, §2º, III); e

    d) pesquisa na base nacional de notas fiscais eletrônicas, observado o disposto em regulamento (art. 23, §2º, IV).

Ainda sobre as contratações relativas a obras e serviços de engenharia, o legislador traz disposições mais específicas aplicáveis quando a contratação é feita sob os regimes de contratação integrada ou semi-integrada (art. 23, §5º). Nesse caso, o valor estimado da contratação será calculado com base nos parâmetros especificados para as demais contratações de obras e serviços de engenharia, que poderão ser acrescidos (ou não) de parcela referente à remuneração do risco. Além disso, a estimativa de preço poderá ser baseada em orçamento sintético, balizado no Sistema de Custos Referenciais de Obras (para serviços e obras de infraestrutura de transportes) ou no Sistema Nacional de Pesquisa de Custos e Índices de Construção Civil (para as demais obras e serviços de engenharia) sempre que o anteprojeto assim o permitir, reservada a utilização de metodologia expedita ou paramétrica e de avaliação aproximada baseada em outras contratações similares às frações do empreendimento que não estiverem suficientemente detalhadas no anteprojeto. Nessa hipótese, será exigido, no mínimo, o mesmo nível de detalhamento do orçamento sintético (art. 23, §6º).

Contudo, o legislador estabeleceu *duas exceções* à regra geral anteriormente enunciada (adoção dos preços constantes de bancos de dados públicos e das quantidades a serem contratadas como parâmetros para a fixação do valor mínimo para a contratação) *e às regras específicas* incidentes sobre a aquisição de bens e contratação de serviços em geral e sobre a contratação de obras e serviços de engenharia.

A *primeira* delas diz respeito às contratações realizadas pelas demais unidades federadas (estados, Distrito Federal e municípios) e que não envolvam recursos da União. Para essas contratações, o valor previamente estimado da contratação poderá ser definido por meio da utilização de outros sistemas de custos adotados pelo respectivo ente federativo (art. 23, §3º).

A *outra* incide sobre as contratações diretas por inexigibilidade ou por dispensa em que não for possível estimar o valor do objeto com base nelas (na regra geral e nas regras específicas anteriormente mencionadas). Nessas hipóteses, o contratado deverá comprovar previamente que os preços estão em conformidade com os praticados em contratações semelhantes de objetos de mesma natureza, por meio da apresentação de notas fiscais emitidas para outros contratantes no período de até um ano anterior à data da contratação pela Administração ou (se não puder fazê-lo) por outro meio idôneo (art. 23, §4º).

6.2.1.7 Disposições sobre publicidade e sigilo do orçamento estimado da contratação

> Art. 24. Desde que justificado, o orçamento estimado da contratação poderá ter caráter sigiloso, sem prejuízo da divulgação do detalhamento dos quantitativos e das demais informações necessárias para a elaboração das propostas, e, nesse caso:
>
> I - o sigilo não prevalecerá para os órgãos de controle interno e externo;
>
> II - VETADO
>
> Parágrafo único. Na hipótese de licitação em que for adotado o critério de julgamento por maior desconto, o preço estimado ou o máximo aceitável constará do edital da licitação.

O legislador também concebeu disposições específicas sobre publicidade e sigilo do orçamento estimado na fase preparatória (art. 24, *caput*). Nos precisos termos da lei, o orçamento estimado poderá ter caráter sigiloso, sem prejuízo da divulgação anterior do detalhamento dos quantitativos e das demais informações necessárias para a elaboração das propostas. Porém, o sigilo aventado não é extensível aos órgãos de controle interno e externo (art. 24, I) e às licitações que adotem o critério de julgamento por maior desconto (para as quais o preço estimado ou o máximo aceitável deverá constar do edital da licitação) (art. 24, parágrafo único).[468]

6.2.1.8 Disposições sobre conteúdo do edital

> Art. 25. O edital deverá conter o objeto da licitação e as regras relativas à convocação, ao julgamento, à habilitação, aos recursos e às penalidades da licitação, à fiscalização e à gestão do contrato, à entrega do objeto e às condições de pagamento.
>
> §1º Sempre que o objeto permitir, a Administração adotará minutas padronizadas de edital e de contrato com cláusulas uniformes.
>
> §2º Desde que, conforme demonstrado em estudo técnico preliminar, não sejam causados prejuízos à competitividade do processo licitatório e à eficiência do respectivo

---

[468] O projeto de lei aprovado pelo Congresso Nacional também previa que o sigilo do orçamento somente pode ser mantido até a fase de julgamento (art. 24, II). No entanto, esse dispositivo foi vetado pela Presidência da República, à consideração de que "a medida contraria o interesse público, tendo em vista que estabelece de maneira rígida que o orçamento deve ser tornado público após o julgamento das propostas" e por isso "resulta na impossibilidade, por exemplo, que ele seja utilizado na fase de negociação, fase essa posterior a de julgamento e estratégica para a definição da contratação".

contrato, o edital poderá prever a utilização de mão de obra, materiais, tecnologias e matérias-primas existentes no local da execução, conservação e operação do bem, serviço ou obra.

§3º Todos os elementos do edital, incluídos minuta de contrato, termos de referência, anteprojeto, projetos e outros anexos, deverão ser divulgados em sítio eletrônico oficial na mesma data de divulgação do edital, sem necessidade de registro ou de identificação para acesso.

§4º Nas contratações de obras, serviços e fornecimentos de grande vulto, o edital deverá prever a obrigatoriedade de implantação de programa de integridade pelo licitante vencedor, no prazo de 6 (seis) meses, contado da celebração do contrato, conforme regulamento que disporá sobre as medidas a serem adotadas, a forma de comprovação e as penalidades pelo seu descumprimento.

§5º O edital poderá prever a responsabilidade do contratado:

I - pela obtenção do licenciamento ambiental; e

II - realização da desapropriação autorizada pelo poder público.

§6º Os licenciamentos ambientais de obras e serviços de engenharia licitados e contratados nos termos desta Lei terão prioridade de tramitação nos órgãos e entidades integrantes do Sistema Nacional do Meio Ambiente (Sisnama) e deverão ser orientados pelos princípios da celeridade, da cooperação, da economicidade e da eficiência.

§7º Independentemente do prazo de duração do contrato, será obrigatória a previsão no edital de índice de reajustamento de preço com data-base vinculada à data do orçamento estimado e com a possibilidade de ser estabelecido mais de um índice específico ou setorial, em conformidade com a realidade de mercado dos respectivos insumos.

§8º Nas licitações de serviços contínuos, observado o interregno mínimo de 1 (um) ano, o critério de reajustamento será por:

I - reajustamento em sentido estrito, quando não houver regime de dedicação exclusiva de mão de obra ou predominância de mão de obra, mediante previsão de índices específicos ou setoriais;

II - repactuação, quando houver regime de dedicação exclusiva de mão de obra ou predominância de mão de obra, mediante demonstração analítica da variação dos custos.

§9º O edital poderá, na forma disposta em regulamento, exigir que percentual mínimo da mão de obra responsável pela execução do objeto da contratação seja constituído por:

I - mulheres vítimas de violência doméstica;

II - oriundos ou egressos do sistema prisional.

....

Uma das tarefas desempenhadas pela Administração na fase preparatória do processo licitatório é a elaboração do edital de licitação (art. 18, V). Ele deve conter o objeto da licitação e as regras relativas à convocação, ao julgamento, à habilitação, aos recursos e às penalidades da licitação, à fiscalização/gestão do contrato, à entrega do objeto e às condições de pagamento (art. 25, *caput*). Além disso, sempre que o objeto permitir, a Administração deverá adotar minutas padronizadas, contendo cláusulas uniformes (art. 25, §1º). Todos os seus elementos (inclusive a minuta de contrato, os termos de referência, o anteprojeto, os projetos e outros anexos) deverão ser divulgados em sítio eletrônico oficial na mesma data da sua divulgação (art. 25, §3º).

O edital também poderá prever a utilização de mão de obra, materiais, tecnologias e matérias-primas existentes no local da execução, conservação e operação do bem, serviço ou obra (conteúdo local), mas apenas quando estudo técnico preliminar aponte que disso não resultarão prejuízos à competitividade do processo licitatório e à eficiência do respectivo contrato (art. 25, §2º); e de igual modo poderá exigir que o contratado destine um percentual mínimo da mão de obra responsável pela execução do objeto da contratação a mulheres vítimas de violência doméstica e a oriundos ou egressos do sistema prisional, na forma estabelecida em regulamento (discriminação positiva), observado o disposto em regulamento (art. 25, §9º).

Outro ponto que merece destaque é que o legislador impôs à Administração que preveja no edital a obrigatoriedade de implantação de programa de integridade pelo licitante vencedor nas contratações de obras, serviços e fornecimentos de grande vulto (art. 25, §4º). Essa providência deve ser adotada em até seis meses, contados da celebração do contrato, sob pena e risco da imposição ao contratado de medidas administrativas e penalidades, observado o disposto no regulamento, que também disporá sobre o procedimento a ser empregado, inclusive para efeito de disciplinar a forma de comprovação da irregularidade (art. 25, §4º, parte final).

No que concerne à execução da prestação, o edital também poderá atribuir ao contratado a obtenção dos licenciamentos ambientais necessários (que terão prioridade de tramitação nos órgãos e entidades integrantes do Sistema Nacional do Meio Ambiente e deverão ser orientados pelos princípios da celeridade, da cooperação, da economicidade e da eficiência) e a realização da desapropriação autorizada pelo Poder Público (art. 25, §§5º e 6º).

A lei estabelece, ainda, que é obrigatória a previsão no edital de índice de reajustamento de preço, com data-base vinculada à data do orçamento estimado, independentemente do prazo de duração do contrato (art. 25, §7º). Mas admite a utilização de mais de um índice específico ou setorial, em conformidade com a realidade de mercado dos respectivos insumos (art. 25, §7º, parte final). Especificamente nas licitações para a execução serviços contínuos com interregno mínimo de um ano (art. 25, §8º), a preservação do valor contratado será feita:

    a) quando não houver regime de dedicação exclusiva de mão de obra[469] ou predominância de mão de obra, por reajustamento em sentido estrito mediante previsão de índices específicos ou setoriais (art. 25, §8º, I); e

    b) quando houver regime de dedicação exclusiva de mão de obra ou predominância de mão de obra, por repactuação, mediante demonstração analítica da variação dos custos (art. 25, §8º, II).

---

[469] Conforme se verifica nos chamados *serviços contínuos com regime de dedicação exclusiva de mão de obra*, definidos pelo inc. XVI do art. 6º como sendo aqueles cujo modelo de execução contratual exige, entre outros requisitos, que os empregados do contratado fiquem à disposição nas dependências do contratante para a prestação dos serviços, que o contratado não compartilhe os recursos humanos e materiais disponíveis de uma contratação para execução simultânea de outros contratos e que o contratado possibilite a fiscalização pelo contratante quanto à distribuição, ao controle e à supervisão dos recursos humanos alocados aos seus contratos.

6.2.1.9 Disposições sobre a adoção de margem de preferência para a aquisição de determinados bens e serviços

Art. 26. No processo de licitação, poderá ser estabelecida margem de preferência para:

I - bens manufaturados e serviços nacionais que atendam a normas técnicas brasileiras;

II - bens reciclados, recicláveis ou biodegradáveis, conforme regulamento.

§1º A margem de preferência de que trata o *caput* deste artigo:

I - será definida em decisão fundamentada do Poder Executivo federal, no caso do inciso I do *caput* deste artigo;

II - poderá ser de até 10% (dez por cento) sobre o preço dos bens e serviços que não se enquadrem no disposto nos incisos I ou II do *caput* deste artigo;

III - poderá ser estendida a bens manufaturados e serviços originários de Estados Partes do Mercado Comum do Sul (Mercosul), desde que haja reciprocidade com o País prevista em acordo internacional aprovado pelo Congresso Nacional e ratificado pelo Presidente da República.

§2º Para os bens manufaturados nacionais e serviços nacionais resultantes de desenvolvimento e inovação tecnológica no País, definidos conforme regulamento do Poder Executivo federal, a margem de preferência a que se refere o *caput* deste artigo poderá ser de até 20% (vinte por cento).

§3º VETADO

§4º VETADO

§5º A margem de preferência não se aplica aos bens manufaturados nacionais e aos serviços nacionais se a capacidade de produção desses bens ou de prestação desses serviços no País for inferior:

I - à quantidade a ser adquirida ou contratada; ou

II - aos quantitativos fixados em razão do parcelamento do objeto, quando for o caso.

§6º Os editais de licitação para a contratação de bens, serviços e obras poderão, mediante prévia justificativa da autoridade competente, exigir que o contratado promova, em favor de órgão ou entidade integrante da Administração Pública ou daqueles por ela indicados a partir de processo isonômico, medidas de compensação comercial, industrial ou tecnológica ou acesso a condições vantajosas de financiamento, cumulativamente ou não, na forma estabelecida pelo Poder Executivo federal.

§7º Nas contratações destinadas à implantação, à manutenção e ao aperfeiçoamento dos sistemas de tecnologia de informação e comunicação considerados estratégicos em ato do Poder Executivo federal, a licitação poderá ser restrita a bens e serviços com tecnologia desenvolvida no País produzidos de acordo com o processo produtivo básico de que trata a Lei nº 10.176, de 11 de janeiro de 2001.

Art. 27. Será divulgada, em sítio eletrônico oficial, a cada exercício financeiro, a relação de empresas favorecidas em decorrência do disposto no art. 26 desta Lei, com indicação do volume de recursos destinados a cada uma delas.

Outra providência que pode ser adotada pela Administração na fase preparatória das licitações é o estabelecimento de margem de preferência para a aquisição de *bens manufaturados e serviços nacionais que atendam a normas técnicas brasileiras* e de *bens reciclados, recicláveis ou biodegradáveis* (art. 26, *caput*), que pode ser estendida a bens manufaturados e serviços originários de Estados-Partes que compõem o Mercosul,[470] desde que haja reciprocidade com o país prevista em acordo internacional aprovado pelo Congresso Nacional e ratificado pelo presidente da República (art. 26, §1º, III). Todavia, ela não se aplica aos bens manufaturados nacionais e aos serviços nacionais se a sua capacidade de produção for inferior à quantidade a ser adquirida ou contratada e/ou aos quantitativos fixados (quando for o caso) em razão do parcelamento do objeto[471] (art. 26, §5º).

A definição de margem de preferência observará o limite máximo de dez por cento sobre o preço dos bens e serviços quando realizada (art. 26, §1º, II):

a) pelo Poder Executivo Federal, para a aquisição de *bens manufaturados e serviços nacionais que atendam a normas técnicas brasileiras* (art. 26, §1º, I); e

b) por todas as unidades federadas para a aquisição de *serviços nacionais que atendam a normas técnicas brasileiras* e de *bens reciclados, recicláveis ou biodegradáveis* (art. 26, §1º, I, *contrario sensu*).[472]

Esse limite poderá ser estendido para vinte por cento nas licitações realizadas pelo Executivo Federal para aquisição de *bens manufaturados nacionais e serviços nacionais resultantes de desenvolvimento e inovação tecnológica no país* (art. 26, §2º). Nesse âmbito, a Administração poderá restringir as licitações que precedem contratações destinadas à implantação, à manutenção e ao aperfeiçoamento dos sistemas de tecnologia de informação e comunicação considerados estratégicos em ato do Poder Executivo Federal a bens e serviços com tecnologia desenvolvida no país e produzidos de acordo com o processo produtivo básico de que trata a Lei nº 10.176/2001, que dispõe sobre a capacitação e competitividade do setor de tecnologia da informação (art. 26, §7º).

Outro ponto de destaque quanto ao tema é que o legislador admite que a Administração estabeleça, como decorrência da instituição de margem de preferência, medidas de compensação comercial, industrial ou tecnológica ou acesso a condições vantajosas de financiamento como decorrência da instituição de margem de preferência (art. 26, §6º). Essas medidas compensatórias, quando implementadas, devem ser previstas nos editais de licitação para a contratação de bens, serviços e obras, e além disso pressupõem prévia justificativa da autoridade competente, na forma estabelecida pelo Poder Executivo Federal (art. 26, §6º, parte final).

Por fim, o legislador, como forma de conferir a necessária transparência e publicidade ao procedimento, previu a divulgação anual ("a cada exercício financeiro"),

---

[470] Mercado Comum do Sul.

[471] Ao ensejo, cf. as nossas observações no tópico 9.1.2 do Capítulo 9.

[472] O projeto de lei aprovado pelo Congresso Nacional também previu que "os Estados e o Distrito Federal poderão estabelecer margem de preferência de até 10% (dez por cento) para bens manufaturados nacionais produzidos em seus territórios, e os Municípios poderão estabelecer margem de preferência de até 10% (dez por cento) para bens manufaturados nacionais produzidos nos Estados em que estejam situados" (art. 26, §3º) e que "os Municípios com até 50.000 (cinquenta mil) habitantes poderão estabelecer margem de preferência de até 10% (dez por cento) para empresas neles sediadas" (art. 26, §4º). No entanto, esses dispositivos foram vetados pela Presidência da República, à consideração de que seus enunciados violam "a vedação de criação de distinção entre brasileiros ou preferências entre si, consoantes art. 19, III, da Constituição da República", e contrariam "o interesse público ao trazer percentual da margem de preferência a fornecedores sediados no Estado, Distrito Federal ou Município sendo um forte limitador da concorrência, em especial nas contratações de infraestrutura".

em sítio eletrônico oficial, da relação de empresas favorecidas por ato de definição de margem de preferência e dos volumes de recursos destinados a cada uma delas (art. 27, *caput*).

6.2.2 A etapa externa e suas fases executórias

Encerrada a fase preparatória da licitação (que Justen Filho convencionou chamar etapa interna),[473] tem lugar, no procedimento do processo licitatório, uma série de etapas executórias, compostas pelas fases de *divulgação do edital de licitação*, de *apresentação de propostas e lances*, de *julgamento*, de *habilitação*, de *apresentação/julgamento de recursos* (fase recursal) e de *homologação* (art. 17).

6.2.2.1 A fase de divulgação do edital de licitação

A fase de divulgação do edital tem início com a publicitação do seu inteiro teor em sítio eletrônico oficial e/ou no Portal Nacional de Contratações Públicas, facultada a sua divulgação direta a interessados devidamente cadastrados para esse fim e com a publicação de extrato dele na imprensa oficial (art. 54 e §§1º, 2º e 3º). Porém, no regime da Lei nº 14.133/2021, a divulgação do edital somente tem lugar após realização de controle prévio de legalidade (controle jurídico) pelo órgão de assessoramento jurídico da Administração, portanto pela Advocacia Pública (art. 53, *caput*). Assim, entre a primeira fase (planejamento) e a segunda (divulgação do edital), o processo segue para a Advocacia Pública para elaboração de parecer jurídico que deverá apreciar o processo licitatório conforme critérios objetivos prévios de atribuição de prioridade (art. 53, §1º, I) e ser redigido em linguagem simples e compreensível, que exponha a manifestação jurídica de forma clara e objetiva, e que aprecie todos os elementos indispensáveis à contratação e os pressupostos de fato e de direito levados em consideração na análise jurídica (art. 53, §1º, II).[474]

6.2.2.2 A fase de apresentação de propostas e lances

Com a publicação do edital, e a subsequente manifestação da Advocacia Pública em controle jurídico, tem início a fase de apresentação de propostas e lances. Quanto a ela, o legislador estabeleceu prazos diferenciados para apresentação de propostas e lances para aquisição de bens, para a aquisição de serviços e obras, para licitações que adotem o critério de julgamento de maior lance, de técnica e preço ou de melhor técnica ou conteúdo artístico, cuja contagem como regra se reinicia quando se verifica qualquer modificação no edital (exceto quando a alteração não comprometer a formulação das propostas) e que poderão ser reduzidos até a metade nas licitações realizadas pelo Ministério da Saúde no âmbito do SUS,[475] sempre mediante decisão fundamentada (art. 55 e §§1º e 2º).[476]

---

[473] JUSTEN FILHO, Marçal. *Curso de direito administrativo*, 8. ed., p. 438-439.
[474] O tema será tratado com maior detalhamento no Capítulo 11.
[475] Sistema Único de Saúde.
[476] O tema será tratado com maior detalhamento no Capítulo 12.

6.2.2.3 A fase de julgamento

Na sequência, as propostas e lances dos licitantes são julgados pela Administração, mediante observância dos critérios de *menor preço*[477], *maior desconto*,[478] *melhor técnica ou conteúdo artístico*,[479] *técnica e preço*,[480] *maior lance*[481] (no caso de leilão) e *maior retorno econômico*[482] (arts. 33 a 39 e respectivos parágrafos).[483] Nessa fase, o órgão ou entidade licitante poderá, em relação ao licitante provisoriamente vencedor, realizar análise e avaliação da conformidade das propostas, mediante homologação de amostras, exame de conformidade e prova de conceito, entre outros testes de interesse da Administração, de modo a comprovar sua aderência às especificações definidas no termo de referência ou no projeto básico (art. 17, §3º).

---

[477] Esse critério de julgamento tem por finalidade, como o próprio nome sugere, obter o melhor preço para a Administração, a ser aferido, nos precisos termos da lei, também mediante a consideração do menor dispêndio (*vide* tópico 8.1 do Capítulo 8).

[478] Esse critério funciona, nas palavras de Isaac Kofi Medeiros, "de modo que se sagra vencedor o licitante que oferecer o maior desconto percentual a um valor previamente fixado pela Administração Pública", num contexto em que "a disputa entre os interessados [...] se resume a quem ofertar o percentual mais vantajoso à Administração Pública" (MEDEIROS, Isaac Kofi. Critérios de julgamento das propostas, p. 82). Ele também possibilita, *mutatis mutandi*, a apuração o menor preço, e por isso o legislador também ancorou a sua apuração, como ocorre na apuração do menor preço, à investigação sobre o menor dispêndio para a Administração (*vide* tópico 8.2 do Capítulo 8).

[479] Esse critério considera exclusivamente as propostas técnicas ou artísticas apresentadas pelos licitantes, o que significa dizer que "não haverá atribuição de nota relativamente aos preços formulados pelos interessados" (MEDEIROS, Isaac Kofi. Critérios de julgamento das propostas, p. 82-83). Nele, as propostas serão avaliadas, após verificação da capacitação e da experiência do licitante, comprovadas por meio da apresentação de atestados de obras, produtos ou serviços previamente realizados, por banca especialmente designada para esse fim, de acordo com orientações e limites definidos em edital, e considerados a demonstração de conhecimento do objeto, a metodologia e o programa de trabalho, a qualificação das equipes técnicas e a relação dos produtos que serão entregues (*vide* tópico 8.3 do Capítulo 8).

[480] O procedimento empregado nas licitações realizadas por técnica e preço para a avaliação das propostas técnicas é o mesmo aplicado ao critério de melhor técnica. Todavia, diferentemente do que ocorre nas licitações por melhor técnica, em que o resultado do certame contempla a escolha da melhor proposta técnica, no julgamento por técnica e preço são avaliadas e ponderadas as propostas técnicas e financeiras. Nele, o vencedor é obtido a partir da média ponderada entre as notas atribuídas às propostas, observados os critérios de ponderação previstos no edital, mas respeitada a proporção máxima de setenta por cento de valoração para a proposta técnica. Porque também considera, na avaliação das propostas, o elemento preço, o julgamento por critério técnica e preço também deverá considerar como parâmetro de julgamento o menor dispêndio para a Administração (*vide* tópico 8.4 do Capítulo 8).

[481] Esse critério de julgamento é aplicado às licitações na modalidade de leilão, voltadas à alienação de bens imóveis ou de bens móveis inservíveis ou legalmente apreendidos a quem oferecer o maior lance (*vide* tópico 8.5 do Capítulo 8).

[482] Esse critério de julgamento tem aplicação restrita à celebração de contrato de eficiência, em que os agentes estatais encarregados do processo licitatório devem buscar a maior economia para a Administração, pela via da fixação de remuneração percentual, que incidirá de forma proporcional à economia efetivamente obtida na execução do contrato. Nele, o julgamento incide sobre as propostas de trabalho (que contemplam as obras, os serviços ou os bens, com os respectivos prazos de realização ou fornecimento, e também a economia que se estima gerar, expressa em unidade de medida associada à obra, ao bem ou ao serviço e em unidade monetária) e de preço (que corresponderá a percentual sobre a economia que se estima gerar durante determinado período, expressa em unidade monetária) apresentadas pelos licitantes. Essas propostas são formuladas em atenção a parâmetros objetivos de mensuração da economia gerada com a execução do contrato previamente previstos edital, que servirão de base de cálculo para a remuneração devida ao contratado. Cada proposta de trabalho deve detalhar o retorno econômico que ela proporciona para a Administração, apurado tendo em vista o resultado da economia que se estima gerar com a sua execução, sendo que o resultado do certame será dado pela diferença entre o retorno econômico estimado pela proposta de trabalho e os ônus financeiros que resultam da proposta de preço (*vide* tópico 8.6 do Capítulo 8).

[483] O tema será tratado com maior detalhamento no Capítulo 8.

6.2.2.4 A fase de habilitação

É na fase de habilitação que tem lugar a verificação do conjunto de informações e documentos necessários e suficientes para demonstrar a capacidade do licitante de realizar o objeto da licitação. Ela se divide em *habilitação jurídica*, *habilitação técnica*, *habilitação fiscal, social e trabalhista* e *habilitação econômico-financeira* (art. 62, *caput*).[484]

Acerca dela, Rodrigo Augusto Lazzari Lahoz destaca como novidade implementada pela Lei nº 14.133/2021 a consolidação da inversão de fases.[485] Com efeito, se no regime da Lei nº 8.666/1993 a fase de habilitação antecedia a fase de julgamento das propostas, agora, com a edição da *novatio legis*, o julgamento das propostas passa a anteceder a análise de documentação do licitante vencedor. A despeito disso, o legislador admite espécie de *inversão da inversão de fases*, quando autoriza a Administração a realizar fase de habilitação anterior às fases de apresentação de propostas/lances e de julgamento, mediante ato motivado com explicitação dos benefícios decorrentes, e desde que expressamente previsto no edital (art. 17, §3º).

6.2.2.5 A fase recursal

Também fase recursal foi objeto de modificação importante no procedimento do processo licitatório. É que, diferentemente do que ocorria no regime normativo da Lei nº 8.666/1993, que admitia a interposição de dois recursos distintos (um primeiro, desafiando a decisão o resultado da habilitação dos licitantes, e um outro, para impugnação do resultando do julgamento das propostas), a Lei nº 14.133/2021 prevê a interposição de um único recurso contra essas duas decisões (*fase recursal única*), que tem lugar após a conclusão da fase de habilitação.[486]

6.2.2.6 A fase de homologação

O procedimento do processo licitatório se encerra (quando não for o caso de retorno dos autos para saneamento de irregularidades ou de revogação/anulação da licitação), com a fase de homologação. Nela, o processo é encaminhado à autoridade superior, que poderá adjudicar o objeto e homologar a licitação (art. 71, IV).[487] Nas palavras de Celso Antônio Bandeira de Mello, a *adjudicação* é o "ato pelo qual é selecionado o proponente que haja apresentado proposta havida como satisfatória".[488] Trata-se, conforme Maria

---

[484] O tema será tratado com maior detalhamento no Capítulo 14.
[485] LAHOZ, Rodrigo Augusto Lazzari. Modalidades de licitação e procedimentos auxiliares, p. 71.
[486] O tema será tratado com maior detalhamento no tópico 32.2.1 do Capítulo 32.
[487] Se entender que não há necessidade de determinar o retorno dos autos para saneamento de irregularidades, de revogar a licitação por motivo de conveniência e oportunidade, de proceder à sua anulação, de ofício ou mediante provocação de terceiros, por motivo ilegalidade insanável. O tema será tratado com maior detalhamento no tópico 15.3 do Capítulo 15.
[488] BANDEIRA DE MELLO, Celso Antônio. *Curso de direito administrativo*, 30. ed., p. 595. Nesse mesmo sentido, se posiciona Maria Sylvia Zanella Di Pietro, para quem "a adjudicação é o ato pelo qual a Administração, pela mesma autoridade competente para homologar, atribui ao vencedor o objeto da licitação" (DI PIETRO, Maria Sylvia Zanella. *Direito administrativo*, 30. ed., p. 398). Sobre o assunto, ler também: MEDAUAR, Odete. *Direito administrativo moderno*, 19. ed., p. 239; ROCHA, Sílvio Luís Ferreira da. *Manual de direito administrativo*, p. 409; CARVALHO FILHO, José dos Santos. *Manual de direito administrativo*, 32. ed., p. 360.

Sylvia Zanella Di Pietro, do ato final do procedimento,[489] mas que não se confunde "com a celebração do contrato", já que a Administração pode anular ou revogar o procedimento (art. 71, I), ou então baixar o processo em diligência (art. 71, II). Por meio dela (adjudicação) a Administração proclama que o objeto da licitação é entregue ao vencedor,[490] para, na sequência, convocá-lo para assinar o contrato.[491]

---

[489] DI PIETRO, Maria Sylvia Zanella. *Direito administrativo*, 30. ed., p. 398.
[490] No ponto, deve estar claro que ele somente pode ser entregue ao vencedor, dada a incidência do princípio da adjudicação compulsória, que enuncia que a Administração não pode, concluído o procedimento, atribuir o objeto da licitação a outra pessoa que não o vencedor. Conforme Di Pietro, "a adjudicação ao vencedor é obrigatória, salvo se este desistir expressamente do contrato ou o não firmar no prazo prefixado, a menos que comprove justo motivo", num contexto em que "a compulsoriedade veda também que se abra nova licitação enquanto válida a adjudicação anterior" (DI PIETRO, Maria Sylvia Zanella. *Direito administrativo*, 30. ed., p. 426). Porém, "o direito do vencedor limita-se à adjudicação, ou seja, à atribuição a ele do objeto da licitação, e não ao contrato imediato", visto que "a Administração pode, licitamente, revogar ou anular o procedimento ou, ainda, adiar o contrato, quando ocorram motivos para essas condutas", mas não está autorizada a "contratar com outrem, enquanto válida a adjudicação, nem revogar o procedimento ou protelar indefinidamente a adjudicação ou a assinatura do contrato sem justa causa" (DI PIETRO, Maria Sylvia Zanella. *Direito administrativo*, 30. ed., p. 426).
[491] DI PIETRO, Maria Sylvia Zanella. *Direito administrativo*, 30. ed., p. 398.

CAPÍTULO 7

MODALIDADES DE LICITAÇÃO

Art. 28. São modalidades de licitação:

I - pregão;

II - concorrência;

III - concurso;

IV - leilão;

V - diálogo competitivo.

§1º Além das modalidades referidas no *caput* deste artigo, a Administração pode servir-se dos procedimentos auxiliares previstos no art. 78 desta Lei.

§2º É vedada a criação de outras modalidades de licitação ou, ainda, a combinação daquelas referidas no *caput* deste artigo.

A Lei nº 14.133/2021 (art. 28, *caput*) adota cinco modalidades de licitação: o *pregão*, a *concorrência*, o *concurso*, o *leilão* e o *diálogo competitivo*. Em relação ao regime normativo pretérito,[492] foram *excluídas as modalidades de convite*[493] *e tomada de preços*,[494] foram *mantidas as modalidades de concorrência, pregão, concurso e leilão*, e foi *inserido, como nova modalidade de licitação, o diálogo competitivo*.

Essas são as únicas modalidades de licitação admitidas no regime da *novatio legis*. É que o legislador, em disposição muito semelhante a que sobressaía do §8º do art. 22

---

[492] Cf. OLIVEIRA, Rafael Carvalho Rezende. *Licitações e contratos administrativos*, p. 92-93.

[493] Procedimento mais simplificado entre as modalidades de licitação adotadas pela Lei nº 8.666/1993, e destinado à realização de contratações de pequena monta, por meio do qual a Administração podia escolher potenciais interessados, observado o mínimo de três convidados, que não precisavam estar cadastrados previamente, desde que fixasse cópia do instrumento convocatório em local apropriado, de modo a estender a participação no certame aos prestadores previamente cadastrados na correspondente especialidade que manifestassem o seu interesse com antecedência de até vinte e quatro horas da apresentação das propostas (cf. DI PIETRO, Maria Sylvia Zanella. *Direito administrativo*, 32. ed., p. 820-821).

[494] Designada por José dos Santos Carvalho Filho como "modalidade de licitação entre interessados previamente cadastrados nos registros dos órgãos públicos e pessoas administrativas, ou que atendam a todas as exigências para cadastramento até o terceiro dia anterior à data do recebimento das propostas", e que, comparativamente, "é menos formal que a concorrência, e isso em virtude de se destinar a contratações de vulto médio" (CARVALHO FILHO, José dos Santos. *Manual de direito administrativo*, 33. ed., p. 470).

da Lei nº 8.666/1993, veda a criação de outras modalidades de licitação e a combinação entre elas (art. 28, §2º).

Isso não impede, por óbvio, a instituição de outras modalidades por lei federal, que, nessa hipótese, aditaria as disposições colhidas da Lei nº 14.133/2021, figurando, portanto, ao lado dela, como norma geral em matéria de licitações e contratos.[495] A propósito, basta ver que o legislador nacional instituiu, na vigência do regime normativo pretérito,[496] nova modalidade de licitação: o pregão, até então disciplinado pela Lei nº 10.520/2002.[497] Porém, o dispositivo impede que novas modalidades resultem quer da edição de leis estaduais e municipais,[498] quer de atos normativos de natureza administrativa concebidos pela Administração Pública das três esferas da Federação, quer de atividade interpretativa desenvolvida no âmbito administrativo.

Além disso, a lei autoriza, e de forma expressa, que a Administração empregue, juntamente com essas modalidades, os procedimentos auxiliares disciplinados em seu texto da *novatio legis* (art. 28, §1º). Esses procedimentos auxiliares são o *credenciamento*,[499] a *pré-qualificação*,[500] o *procedimento de manifestação de interesse*,[501] o sistema de registro de preços[502] e o registro cadastral[503] (art. 17). Voltaremos a eles em nossos comentários ao dispositivo, encartados no Capítulo 18, porque o que importa, neste capítulo, é procurar descrever as modalidades de licitação adotadas pelo novo regime normativo.

---

[495] A propósito, recobramos que a Constituição brasileira conferiu tão somente à União a competência (privativa) para legislar sobre (entre outras matérias) normas gerais de licitação e contratação, em todas as modalidades, para as administrações públicas diretas, autárquicas e fundacionais da União, estados, Distrito Federal e municípios, bem como para as suas empresas públicas e sociedades de economia mista (art. 22, XXVII).

[496] Que, como dito, também comportava vedação semelhante.

[497] Cf. BANDEIRA DE MELLO, Celso Antônio. *Curso de direito administrativo*, 25. ed., p. 543.

[498] Afinal, os estados, o Distrito Federal e os municípios não detêm competência para legislar sobre normas gerais em matéria de licitações e contratos, atribuída em regime de exclusividade (competência privativa) pelo inc. XXVII do art. 22 da Carta de 1988 ao ente federal.

[499] Procedimento auxiliar que encerra processo administrativo de chamamento público, por meio do qual a Administração convoca interessados em prestar serviços ou fornecer bens para que, preenchidos os requisitos necessários, credenciem-se no órgão ou na entidade para executar o objeto quando convocados (art. 6º, XLIII), minudenciado no tópico 18.1 do Capítulo 18.

[500] Procedimento auxiliar que comporta seleção prévia à licitação, instrumentalizada mediante convocação, por meio de edital, destinada à análise das condições de habilitação, total ou parcial, dos interessados ou do objeto (art. 6, XLIV), e que por isso é empregado para selecionar previamente licitantes que reúnam condições de habilitação para participar de futura licitação ou de licitação vinculada a programas de obras ou de serviços objetivamente definidos e bens que atendam às exigências técnicas ou de qualidade estabelecidas pela Administração (*vide* tópico 18.2 do Capítulo 18).

[501] Procedimento auxiliar que consiste na deflagração, pela Administração, de procedimento voltado ao chamamento público a empresas e pessoas que compõem a iniciativa privada, para que proponham e realizem de estudos, investigações, levantamentos e projetos de soluções inovadoras que contribuam com questões de relevância pública, num contexto em que a sua atividade somente será remunerada, e pelo vencedor do certame, se houver licitação (*vide* tópico 18.3 do Capítulo 18).

[502] Que encerra conjunto de procedimentos voltado à realização de registro formal de preços relativos à prestação de serviços, a obras e à aquisição e locação de bens para contratações futuras (art. 6º, XLV), e que pode ser empregado nas contratações direta ou nas licitações realizadas nas modalidades de pregão ou concorrência (art. 6º, XLV), do qual resulta a confecção da *ata de registro de preços*, documento vinculativo e obrigacional, com característica de compromisso para futura contratação, no qual são registrados o objeto, os preços, os fornecedores, os órgãos participantes e as condições a serem praticadas, conforme as disposições contidas no edital da licitação, no aviso ou no instrumento de contratação direta e nas propostas apresentadas (art. 6º, XLVI), abordado no tópico 18.4 do Capítulo 18.

[503] Procedimento auxiliar que envolve a construção, por órgãos e entidades da Administração, de cadastro unificado de licitantes, que possibilita a realização de licitações restritas a fornecedores cadastrados (*vide* tópico 18.5 do Capítulo 18).

7.1 Concorrência e pregão

> Art. 29. A concorrência e o pregão seguem o rito procedimental comum a que se refere o art. 17 desta Lei, adotando-se o pregão sempre que o objeto possuir padrões de desempenho e qualidade que possam ser objetivamente definidos pelo edital, por meio de especificações usuais de mercado.
>
> Parágrafo único. O pregão não se aplica às contratações de serviços técnicos especializados de natureza predominantemente intelectual e de obras e serviços de engenharia, exceto os serviços de engenharia de que trata a alínea *a* do inciso XXI do *caput* do art. 6º desta Lei.

A *concorrência* é modalidade de licitação voltada à contratação de *bens e serviços especiais*, assim considerados aqueles que, por sua alta heterogeneidade ou complexidade, não podem ser descritos como bens e serviços comuns (art. 6º, XIV), assim como de *obras e serviços comuns e especiais de engenharia* (art. 6º, XXXVIII). O *pregão*, por sua vez, é modalidade específica, e por isso mesmo considerada obrigatória pelo legislador, para *aquisição de bens e serviços comuns* (art. 6º, XLI), que são aqueles cujos padrões de desempenho e qualidade podem ser objetivamente definidos pelo edital, por meio de especificações usuais de mercado (art. 6º, XIII).

Assim, a primeira diferença verificada entre os regimes reside no objeto da prestação (art. 29, *caput*).

Modalidade	Objeto da prestação
Concorrência	Aquisição de bens e serviços *especiais* e de obras e serviços comuns e *especiais* de engenharia
Pregão	Aquisição de bens e serviços *comuns*

Outra distinção que pode ser feita diz respeito aos critérios de julgamentos empregados e uma e outra modalidade de licitação. É que, enquanto a *concorrência* admite os critérios de *menor preço*,[504] *melhor técnica ou conteúdo artístico*,[505] *técnica e preço*,[506] *maior*

---

[504] Esse critério de julgamento tem por finalidade, como o próprio nome sugere, obter o melhor preço para a Administração, a ser aferido, nos precisos termos da lei, também mediante a consideração do menor dispêndio (*vide* tópico 8.1 do Capítulo 8).

[505] Esse critério de julgamento funciona, nas palavras de Isaac Kofi Medeiros, "de modo que se sagra vencedor o licitante que oferecer o maior desconto percentual a um valor previamente fixado pela Administração Pública", num contexto em que "a disputa entre os interessados [...] se resume a quem ofertar o percentual mais vantajoso à Administração Pública" (MEDEIROS, Isaac Kofi. Critérios de julgamento das propostas, p. 82). Ele também possibilita, *mutatis mutandi*, a apuração do menor preço, e por isso o legislador também ancorou a sua apuração, como ocorre na apuração do menor preço, à investigação sobre o menor dispêndio para a Administração (*vide* tópico 8.2 do Capítulo 8).

[506] Esse critério de julgamento considera exclusivamente as propostas técnicas ou artísticas apresentadas pelos licitantes, o que significa dizer que "não haverá atribuição de nota relativamente aos preços formulados pelos interessados" (MEDEIROS, Isaac Kofi. Critérios de julgamento das propostas, p. 82-83). Nele, as propostas serão

retorno econômico[507] e *maior desconto*[508] (art. 6º, XXXVIII), os únicos critérios de julgamento que podem ser empregados no *pregão* são os de *menor preço* ou de *maior desconto* (art. 6º, XLI).

Modalidade	Critérios de julgamento admitidos
Concorrência	– *menor preço* – *melhor técnica ou conteúdo artístico* – *técnica e preço* – *maior retorno econômico* – *maior desconto*
Pregão	– *menor preço* – *maior desconto*

Porém, as singularidades dessas duas modalidades de licitação se encerram por aí. Não se cogita, para esse efeito, de diferenciação fundada no valor do objeto contratado, como se fazia no regime normativo pretérito para distinguir a concorrência da tomada de preços e do convite.[509] Também já não incide, como ocorria no regramento anterior, distinção entre os procedimentos empregados na concorrência e no pregão, que foram unificados na Lei nº 14.133/2021, porque ambos seguem o rito procedimental descrito no seu art. 17, objeto de nossos comentários no capítulo antecedente, comportando, assim, e na seguinte ordem, fase preparatória, fase de divulgação do edital de licitação, fase

---

avaliadas, após verificação da capacitação e da experiência do licitante, comprovadas por meio da apresentação de atestados de obras, produtos ou serviços previamente realizados, por banca especialmente designada para esse fim, de acordo com orientações e limites definidos em edital, e considerados a demonstração de conhecimento do objeto, a metodologia e o programa de trabalho, a qualificação das equipes técnicas e a relação dos produtos que serão entregues (*vide* tópico 8.3 do Capítulo 8).

[507] O procedimento empregado, nas licitações realizadas por técnica e preço, para a avaliação das propostas técnicas, é o mesmo aplicado ao critério de melhor técnica. Todavia, diferentemente do que ocorre nas licitações por melhor técnica, em que o resultado do certame contempla a escolha da melhor proposta técnica, no julgamento por técnica e preço são avaliadas e ponderadas as propostas técnicas e financeiras. Nele, o vencedor é obtido a partir da média ponderada entre as notas atribuídas às propostas, observados os critérios de ponderação previstos no edital, mas observada a proporção máxima de setenta por cento de valoração para a proposta técnica. Porque também considera, na avaliação das propostas, o elemento preço, o critério técnica e preço também deverá considerar, como parâmetro de julgamento, o menor dispêndio para a Administração (*vide* tópico 8.4 do Capítulo 8).

[508] Esse critério de julgamento tem aplicação restrita à celebração de contrato de eficiência, na qual os agentes estatais encarregados do processo licitatório devem buscar a maior economia para a Administração, pela via da fixação de remuneração percentual, que incidirá de forma proporcional à economia efetivamente obtida na execução do contrato. Nele, o julgamento incide sobre as propostas de trabalho (que contemplam as obras, os serviços ou os bens, com os respectivos prazos de realização ou fornecimento, e também a economia que se estima gerar, expressa em unidade de medida associada à obra, ao bem ou ao serviço e em unidade monetária) e de preço (que corresponderá a percentual sobre a economia que se estima gerar durante determinado período, expressa em unidade monetária) apresentadas pelos licitantes. Essas propostas são formuladas em atenção a parâmetros objetivos de mensuração da economia gerada com a execução do contrato previamente previstos edital, que servirão de base de cálculo para a remuneração devida ao contratado. Cada proposta de trabalho deve detalhar o retorno econômico que ela proporciona para a Administração, apurado tendo em vista o resultado da economia que se estima gerar com a sua execução, sendo que o resultado do certame será dado pela diferença entre o retorno econômico estimado pela proposta de trabalho e os ônus financeiros que resultam da proposta de preço (*vide* tópico 8.6 do Capítulo 8).

[509] Modalidades de licitação que no regime normativo pretérito podiam ser empregadas nas mesmas hipóteses que a concorrência, mas tinham procedimentos mais simples e eram aplicáveis a contratações de menor monta.

de apresentação de propostas e lances (quando for o caso), fase de julgamento, fase de habilitação, fase recursal e fase de homologação.[510]

Posto isso, questão relevante que se coloca, quanto a essas modalidades de licitação, é saber quando empregar a concorrência e quando utilizar o pregão. No ponto, além das distinções anteriormente alinhavadas, são operativas as advertências do legislador no sentido de que o pregão:

a) deve ser adotado sempre que o objeto possuir padrões de desempenho e qualidade que possam ser objetivamente definidos pelo edital, por meio de especificações usuais de mercado, portanto quando se tem em vista contratação de bens e serviços comuns (art. 6º, XLI);

b) não se aplica:

b.1) às contratações de serviços técnicos especializados de natureza predominantemente intelectual, textualmente qualificadas pelo legislador como serviços especiais (art. 29, parágrafo único); e

b.2) aos chamados serviços especiais de engenharia (art. 6º, XLI, *contrario sensu*), que são aqueles que, por sua alta heterogeneidade ou complexidade, não podem ser enquadrados como serviços comuns de engenharia (art. 6º, XXI, "a");

c) somente pode ser aplicado, nas contratações relativas a obras e serviços de engenharia (art. 6º, XXVIII), para a aquisição dos chamados serviços comuns de engenharia, que são aqueles que tem por objeto ações objetivamente padronizáveis em termos de desempenho e qualidade, de manutenção, de adequação e de adaptação de bens móveis e imóveis, com preservação das características originais dos bens (art. 6º, XXI, "b").[511]

A concorrência, por sua vez, tem aplicação residual: quando não couber pregão, e a licitação for destinada à aquisição de bens e serviços (o que afasta a incidência do concurso e do leilão) não abarcados pelo diálogo competitivo, a modalidade de licitação aplicável será a concorrência.

7.2 Concurso

Art. 30. O concurso observará as regras e condições previstas em edital, que indicará:

I - a qualificação exigida dos participantes;

II - as diretrizes e formas de apresentação do trabalho;

---

[510] Quanto a isso, como novidade implementada pela *novatio legis*, há a consolidação da inversão de fases. Com efeito, se no regime da Lei nº 8.666/1993 a fase de habilitação da concorrência antecedia a fase de julgamento das propostas, agora, com a edição da *novatio legis*, o julgamento das propostas passa a anteceder a análise de documentação do licitante vencedor. A despeito disso, o legislador admite espécie de *inversão da inversão de fases*, quando autoriza a Administração a realizar fase de habilitação anteriormente às fases de apresentação de propostas/lances e de julgamento, mediante ato motivado com explicitação dos benefícios decorrentes, e desde que expressamente previsto no edital (art. 17, §3º).

[511] Esse dispositivo guarda consonância com o entendimento firmado pelo Tribunal de Contas da União na vigência do regime normativo revogado, quanto a ser viável a utilização do pregão para aquisição de serviços comuns de engenharia. A propósito, cf. TCU, Plenário, Acórdão nº 713/2019.

III - as condições de realização e o prêmio ou remuneração a ser concedida ao vencedor.

Parágrafo único. Nos concursos destinados à elaboração de projeto, o vencedor deverá ceder à Administração Pública, nos termos do art. 93 desta Lei, todos os direitos patrimoniais relativos ao projeto e autorizar sua execução conforme juízo de conveniência e oportunidade das autoridades competentes.

• •

O concurso se diferencia da concorrência e do pregão porque aquele não é voltado à aquisição de bens e serviços, mas à escolha de trabalho técnico, científico ou artístico, mediante incidência do critério de julgamento de melhor técnica ou conteúdo artístico, para concessão de prêmio ou remuneração ao vencedor (art. 6º, XXXIX). Portanto, nele não se verifica, como ocorre na concorrência e no pregão, escolha fundada na proposta financeira construída pelos licitantes, que são remunerados por meio de valores previamente estabelecidos pela Administração.

Essa modalidade de licitação também pode ser empregada para contratar a elaboração de projetos (art. 30, parágrafo único). Nesse caso, o vencedor deverá ceder à Administração Pública os direitos patrimoniais relativos ao projeto e autorizar sua execução conforme juízo de conveniência e oportunidade das autoridades competentes (art. 30, parágrafo único, parte final).[512]

Também quanto ao procedimento o concurso se diferencia da concorrência e do pregão. É que a ele não se aplica o procedimento descrito no art. 17 da Lei nº 14.133/2021, mas procedimento simplificado especificado no próprio edital do certame, que, todavia, deverá indicar, obrigatoriamente, a qualificação exigida dos participantes, as diretrizes e formas de apresentação do trabalho e as condições de realização e o prêmio ou a remuneração a ser concedido ao vencedor (art. 30, *caput*).

7.3 Leilão

• •

Art. 31. O leilão poderá ser cometido a leiloeiro oficial ou a servidor designado pela autoridade competente da Administração, e regulamento deverá dispor sobre seus procedimentos operacionais.

§1º Se optar pela realização de leilão por intermédio de leiloeiro oficial, a Administração deverá selecioná-lo mediante credenciamento ou licitação na modalidade pregão e adotar o critério de julgamento de maior desconto para as comissões a serem cobradas, utilizados como parâmetro máximo os percentuais definidos na lei que regula a referida profissão e observados os valores dos bens a serem leiloados.

§2º O leilão será precedido da divulgação do edital em sítio eletrônico oficial, que conterá:

I - a descrição do bem, com suas características, e, no caso de imóvel, sua situação e suas divisas, com remissão à matrícula e aos registros;

---

[512] Voltaremos ao tema no tópico 19.4 do Capítulo 19.

II - o valor pelo qual o bem foi avaliado, o preço mínimo pelo qual poderá ser alienado, as condições de pagamento e, se for o caso, a comissão do leiloeiro designado;

III - a indicação do lugar onde estiverem os móveis, os veículos e os semoventes;

IV - o sítio da internet e o período em que ocorrerá o leilão, salvo se excepcionalmente for realizado sob a forma presencial por comprovada inviabilidade técnica ou desvantagem para a Administração, hipótese em que serão indicados o local, o dia e a hora de sua realização;

V - a especificação de eventuais ônus, gravames ou pendências existentes sobre os bens a serem leiloados.

§3º Além da divulgação no sítio eletrônico oficial, o edital do leilão será afixado em local de ampla circulação de pessoas na sede da Administração, e poderá, ainda, ser divulgado por outros meios necessários para ampliar a publicidade e a competitividade da licitação.

§4º O leilão não exigirá registro cadastral prévio, não terá fase de habilitação e deverá ser homologado assim que concluída a fase de lances, superada a fase recursal e efetivado o pagamento pelo licitante vencedor, na forma definida no edital.

• •

Também o leilão se diferencia das demais modalidades de licitação pela natureza do objeto da prestação licitada. Trata-se, com efeito, de modalidade voltada à alienação de bens imóveis ou de bens móveis inservíveis ou legalmente apreendidos a quem oferecer o maior lance (art. 6º, XL), e por isso não pode ser empregado para a aquisição de bens e serviços (campo de incidência da concorrência e do pregão) ou para a escolha de trabalho técnico, científico ou artístico (campo de incidência do concurso).

Ele poderá ser realizado por leiloeiro oficial (particular contratado pela Administração) ou por servidor designado pela Administração (art. 31, *caput*). Todavia, se optar por conferir a realização de leilão a leiloeiro oficial, a Administração deverá selecioná-lo mediante credenciamento (procedimento auxiliar de que trata o inc. I do art. 78)[513] ou licitação na modalidade pregão, adotando o critério de julgamento de maior desconto para as comissões a serem cobradas, utilizando como parâmetro máximo os percentuais definidos na lei que regula a referida profissão e observados os valores dos bens a serem leiloados (art. 31, §1º).

Como o concurso, o leilão não emprega o procedimento previsto no art. 17 (incidente sobre a concorrência e ao pregão), mas procedimento especificado em regulamento (art. 31, parte final). Entretanto, em que pese essa abertura à atividade normativa suplementar da Administração, o legislador impõe, no que concerne ao procedimento:

    a) que o leilão seja precedido da divulgação do edital em sítio eletrônico oficial (art. 31, §2º);

---

[513] Procedimento auxiliar que encerra processo administrativo de chamamento público, por meio do qual a Administração convoca interessados em prestar serviços ou fornecer bens para que, preenchidos os requisitos necessários, credenciem-se no órgão ou na entidade para executar o objeto quando convocados (art. 6º, XLIII), minudenciado, neste trabalho, no tópico 18.1 do Capítulo 18.

b) que constem do edital:
- b.1) a descrição do bem, com suas características, e, no caso de imóvel, sua situação e suas divisas, com remissão à matrícula e aos registros (art. 31, §2º, I);
- b.2) o valor pelo qual o bem foi avaliado, o preço mínimo pelo qual poderá ser alienado, as condições de pagamento e, se for o caso, a comissão do leiloeiro designado (art. 31, §2º, II);
- b.3) a indicação do lugar onde estiverem os móveis, os veículos e os semoventes (art. 31, §2º, III);
- b.4) o sítio da internet e o período em que ocorrerá o leilão, salvo se excepcionalmente for realizado sob a forma presencial por comprovada inviabilidade técnica ou desvantagem para a Administração, hipótese em que serão indicados o local, o dia e a hora de sua realização (art. 31, §2º, IV); e
- b.5) a especificação de eventuais ônus, gravames ou pendências existentes sobre os bens a serem leiloados (art. 31, §2º, V);

c) que, além da sua divulgação no sítio eletrônico oficial, o edital do leilão também seja afixado em local de ampla circulação de pessoas na sede da Administração, sem prejuízo da sua divulgação (em caráter facultativo) por outros meios necessários para ampliar a publicidade e a competitividade da licitação (art. 31, §3º); e

d) que o leilão não exigirá registro cadastral prévio, não terá fase de habilitação e deverá ser homologado, na forma definida no edital, assim que concluída a fase de lances, superada a fase recursal e efetivado o pagamento pelo licitante vencedor (art. 31, §4º).

7.4 Diálogo competitivo

Art. 32. A modalidade diálogo competitivo é restrita a contratações em que a Administração:

I - vise a contratar objeto que envolva as seguintes condições:

a) inovação tecnológica ou técnica;

b) impossibilidade de o órgão ou entidade ter sua necessidade satisfeita sem a adaptação de soluções disponíveis no mercado; e

c) impossibilidade de as especificações técnicas serem definidas com precisão suficiente pela Administração;

II - verifique a necessidade de definir e identificar os meios e as alternativas que possam satisfazer suas necessidades, com destaque para os seguintes aspectos:

a) a solução técnica mais adequada;

b) os requisitos técnicos aptos a concretizar a solução já definida;

c) a estrutura jurídica ou financeira do contrato;

III - VETADO

§1º Na modalidade diálogo competitivo, serão observadas as seguintes disposições:

I - a Administração apresentará, por ocasião da divulgação do edital em sítio eletrônico oficial, suas necessidades e as exigências já definidas e estabelecerá prazo mínimo de 25 (vinte e cinco) dias úteis para manifestação de interesse de participação na licitação;

II - os critérios empregados para pré-seleção dos licitantes deverão ser previstos em edital, e serão admitidos todos os interessados que preencherem os requisitos objetivos estabelecidos;

III - a divulgação de informações de modo discriminatório que possa implicar vantagem para algum licitante será vedada;

IV - a Administração não poderá revelar a outros licitantes as soluções propostas ou as informações sigilosas comunicadas por um licitante sem o seu consentimento;

V - a fase de diálogo poderá ser mantida até que a Administração, em decisão fundamentada, identifique a solução ou as soluções que atendam às suas necessidades;

VI - as reuniões com os licitantes pré-selecionados serão registradas em ata e gravadas mediante utilização de recursos tecnológicos de áudio e vídeo;

VII - o edital poderá prever a realização de fases sucessivas, caso em que cada fase poderá restringir as soluções ou as propostas a serem discutidas;

VIII - a Administração deverá, ao declarar que o diálogo foi concluído, juntar aos autos do processo licitatório os registros e as gravações da fase de diálogo, iniciar a fase competitiva com a divulgação de edital contendo a especificação da solução que atenda às suas necessidades e os critérios objetivos a serem utilizados para seleção da proposta mais vantajosa e abrir prazo, não inferior a 60 (sessenta) dias úteis, para todos os licitantes pré-selecionados na forma do inciso II deste parágrafo apresentarem suas propostas, que deverão conter os elementos necessários para a realização do projeto;

IX - a Administração poderá solicitar esclarecimentos ou ajustes às propostas apresentadas, desde que não impliquem discriminação nem distorçam a concorrência entre as propostas;

X - a Administração definirá a proposta vencedora de acordo com critérios divulgados no início da fase competitiva, assegurada a contratação mais vantajosa como resultado;

XI - o diálogo competitivo será conduzido por comissão de contratação composta de pelo menos 3 (três) servidores efetivos ou empregados públicos pertencentes aos quadros permanentes da Administração, admitida a contratação de profissionais para assessoramento técnico da comissão;

XII - VETADO

§2º Os profissionais contratados para os fins do inciso XI do §1º deste artigo assinarão termo de confidencialidade e abster-se-ão de atividades que possam configurar conflito de interesses.

....

O diálogo competitivo é nova modalidade de licitação positivada na Lei nº 14.133/2021. Segundo Rafael Sérgio Lima de Oliveira, essa modalidade de licitação tem origem no direito europeu, mais especificamente na Diretiva nº 2004/18/UE, editada pelo Parlamento Europeu e pelo Conselho em 31.3.2004, posteriormente substituída pela Diretiva 2014/24/UE, editada em 26.2.2014.[514] No regime da Lei nº 14.133/2021, a sua aplicação é restrita a contratações em que a Administração (art. 32, *caput*):

a) vise a contratar *objeto* que envolva inovação tecnológica ou técnica, num contexto em que é impossível ao órgão ou entidade ter sua necessidade satisfeita sem a adaptação de soluções disponíveis no mercado e definir as especificações técnicas com precisão suficiente (art. 32, I); e

b) verifique a necessidade de definir e identificar os *meios* e as alternativas que possam satisfazer suas necessidades, em especial para encontrar a solução técnica mais adequada, os requisitos técnicos aptos a concretizar a solução já definida e a estrutura jurídica ou financeira do contrato (art. 32, II).[515]

O diálogo competitivo é voltado, portanto, à contratação de bens e serviços, como na concorrência e no pregão, mas tem aplicação mais restrita do que essas duas outras modalidades de licitação. Além disso, ele tem procedimento próprio (como o concurso e o leilão), mas a sua descrição foi feita no próprio texto legal (diversamente do que acontece no concurso, que tem procedimento especificado no edital, e no leilão, cujo procedimento é previsto em regulamento, embora precise observar as disposições mínimas especificadas pelo legislador).

Nessa modalidade, a licitação é conduzida por comissão composta por pelo menos três servidores/empregados públicos efetivos (art. 32, §1º, I). Essa disposição é perfeitamente compatível com a opção político-normativa, expressada no art. 7º da Lei nº 14.133/2021, no sentido de que as atividades desenvolvidas nesse âmbito sejam conduzidas por integrantes do quadro permanente da Administração Pública. O legislador admite que a comissão seja assessorada por profissionais técnicos especializados especialmente contratados para esse efeito (art. 32, §1º, XI, parte final). Todavia, impõe aos profissionais contratados que assinem termo de confidencialidade e que se abstenham da realização de atividades que possam configurar conflito de interesses (art. 32, §2º).

O procedimento se inicia com a *fase de diálogo*, deflagrada a partir da divulgação do edital em sítio eletrônico oficial. É nessa fase que a Administração divulgará as suas necessidades e exigências, e estabelecerá prazo mínimo de vinte e cinco dias úteis para que possíveis prestadores possam manifestar o seu interesse em participar da licitação (art. 23, §1º, I).

Como forma de prevenir a apreciação de propostas inexequíveis, o edital também deverá especificar critérios para a pré-seleção dos licitantes (art. 32, §1º, II). Porém, devem ser admitidos todos os interessados que preencherem os requisitos objetivos

---

[514] OLIVEIRA, Rafael Sérgio Lima de. O diálogo competitivo do Projeto de Lei de licitação e contrato brasileiro.

[515] O projeto de lei aprovado pelo Congresso Nacional também circunscrevia a aplicação do diálogo competitivo a contratações em que a Administração considerasse que a utilização dos modos de disputa aberto e fechado não permitiria apreciação adequada das variações entre propostas (art. 32, IIII). Todavia, o dispositivo foi vetado pela Presidência da República, à consideração de que essa proposição legislativa condiciona a utilização dessa modalidade de licitação aos modos de disputa aberto e fechado, "medida contraria o interesse público, pois não é adequado vincular o Diálogo Competitivo ao modo de disputa para a apreciação adequada das variações entre propostas, tampouco à solução de eventuais deficiências com modos de disputa", porque essa modalidade "requer avanço com licitantes selecionados, para que a Administração identifique a melhor solução existente para atender a necessidade pública".

estabelecidos. As manifestações dos potenciais interessados serão elaboradas a partir dos elementos que forem divulgados pela Administração. Por esse motivo, é vedada a divulgação de informações de modo discriminatório, que possa implicar vantagem para algum licitante (art. 32, §1º, III). Isso não bastasse, a Administração não pode revelar a outros licitantes as soluções propostas ou as informações sigilosas comunicadas por dado licitante sem o seu consentimento (ar. 132, §1º, IV).

Nessa fase (diálogo), "a Administração Pública interage com cada particular interessado", instando-o a apresentar soluções que atendam ao seu interesse na contratação, mediante realização de reuniões registradas em ata e gravadas em áudio e vídeo, para posterior juntada ao processo administrativo.[516] Além disso, o edital poderá prever a realização de etapas sucessivas, "restringindo as soluções ou propostas que serão discutidas a cada fase" (art. 32, §1º, XVII).[517]

A fase de diálogo poderá se estender até que a Administração, em decisão fundamentada, identifique a(s) solução/soluções que atenda(m) às suas necessidades (art. 32, §1º, XVIII). Nesse momento, a Administração declara que o diálogo foi concluído, juntando aos autos do processo licitatório os registros e as gravações da fase de diálogo.

O passo seguinte do procedimento é a instauração da *fase competitiva*, que se inicia com a divulgação de um segundo edital, contendo a especificação da solução que atenda às necessidades da Administração e os critérios objetivos a serem utilizados para seleção da proposta mais vantajosa (art. 32, §1º, XVIII, cont.). Rodrigo Augusto Lazzari Lahoz sustenta que esse novo edital deve especificar, inclusive, o critério de julgamento empregado, "como se fosse uma licitação na modalidade concorrência".[518]

Na oportunidade, a Administração conferirá prazo não inferior a sessenta dias úteis para todos os licitantes apresentarem suas propostas, que deverão conter os elementos necessários para a realização do projeto (art. 32, §1º, XVIII, parte final). Porém, somente podem apresentar propostas nessa fase os licitantes que participaram da fase de diálogo; embora o licitante cuja solução foi escolhida pela Administração ao fim da fase de diálogo "não possui qualquer espécie de vantagem ou benefício na fase competitiva, competindo em iguais condições com os demais interessados".[519]

Na *fase competitiva*, a Administração poderá solicitar esclarecimentos ou ajustes às propostas apresentadas (art. 32, §1º, IX). Entretanto, desses esclarecimentos não pode resultar discriminação entre os licitantes nem distorções na concorrência entre as propostas (art. 32, §1º, IX, parte final). Essa fase se encerra quando a Administração define a proposta vencedora, o que precisa ser feito de acordo com critérios divulgados ao seu início e de modo a que seja contratada a proposta mais vantajosa (art. 32, §1º, X).[520]

---

[516] LAHOZ, Rodrigo Augusto Lazzari. Modalidades de licitação e procedimentos auxiliares, p. 76.
[517] LAHOZ, Rodrigo Augusto Lazzari. Modalidades de licitação e procedimentos auxiliares, p. 76.
[518] LAHOZ, Rodrigo Augusto Lazzari. Modalidades de licitação e procedimentos auxiliares, p. 76.
[519] LAHOZ, Rodrigo Augusto Lazzari. Modalidades de licitação e procedimentos auxiliares, p. 76.
[520] O projeto de lei aprovado pelo Congresso Nacional também estabelecia que todo o procedimento poderia ser acompanhado e monitorado pelo órgão de controle externo, a quem competiria opinar, ainda antes da celebração do contrato, no prazo máximo de quarenta dias úteis, sobre a legalidade, a legitimidade e a economicidade da licitação (art. 32, §1º, XII). Entretanto, esse dispositivo foi vetado pela Presidência da República, à consideração de que ele, "ao atribuir aos Tribunais de Contas o controle da legalidade sobre atos internos da Administração dos três poderes da República, extrapola as competências a eles conferidas pelo constituinte, por intermédio do art. 71 da Carta Magna, e também viola o princípio da separação dos poderes, inscrito no art. 2º da Constituição Federal".

CAPÍTULO 8

CRITÉRIOS DE JULGAMENTO

Art. 33. O julgamento das propostas será realizado de acordo com os seguintes critérios:

I - menor preço;

II - maior desconto;

III - melhor técnica ou conteúdo artístico;

IV - técnica e preço;

V - maior lance, no caso de leilão;

VI - maior retorno econômico.

Art. 34. O julgamento por menor preço ou maior desconto e, quando couber, por técnica e preço considerará o menor dispêndio para a Administração, atendidos os parâmetros mínimos de qualidade definidos no edital de licitação.

§1º Os custos indiretos, relacionados com as despesas de manutenção, utilização, reposição, depreciação e impacto ambiental do objeto licitado, entre outros fatores vinculados ao seu ciclo de vida, poderão ser considerados para a definição do menor dispêndio, sempre que objetivamente mensuráveis, conforme disposto em regulamento.

§2º O julgamento por maior desconto terá como referência o preço global fixado no edital de licitação, e o desconto será estendido aos eventuais termos aditivos.

Art. 35. O julgamento por melhor técnica ou conteúdo artístico considerará exclusivamente as propostas técnicas ou artísticas apresentadas pelos licitantes, e o edital deverá definir o prêmio ou a remuneração que será atribuída aos vencedores.

Parágrafo único. O critério de julgamento de que trata o *caput* deste artigo poderá ser utilizado para a contratação de projetos e trabalhos de natureza técnica, científica ou artística.

Art. 36. O julgamento por técnica e preço considerará a maior pontuação obtida a partir da ponderação, segundo fatores objetivos previstos no edital, das notas atribuídas aos aspectos de técnica e de preço da proposta.

§1º O critério de julgamento de que trata o *caput* deste artigo será escolhido quando estudo técnico preliminar demonstrar que a avaliação e a ponderação da qualidade técnica das propostas que superarem os requisitos mínimos estabelecidos no edital forem relevantes aos fins pretendidos pela Administração nas licitações para contratação de:

I - serviços técnicos especializados de natureza predominantemente intelectual, caso em que o critério de julgamento de técnica e preço deverá ser preferencialmente empregado;

II - serviços majoritariamente dependentes de tecnologia sofisticada e de domínio restrito, conforme atestado por autoridades técnicas de reconhecida qualificação;

III - bens e serviços especiais de tecnologia da informação e de comunicação;

IV - obras e serviços especiais de engenharia;

V - objetos que admitam soluções específicas e alternativas e variações de execução, com repercussões significativas e concretamente mensuráveis sobre sua qualidade, produtividade, rendimento e durabilidade, quando essas soluções e variações puderem ser adotadas à livre escolha dos licitantes, conforme critérios objetivamente definidos no edital de licitação.

§2º No julgamento por técnica e preço, deverão ser avaliadas e ponderadas as propostas técnicas e, em seguida, as propostas de preço apresentadas pelos licitantes, na proporção máxima de 70% (setenta por cento) de valoração para a proposta técnica.

§3º O desempenho pretérito na execução de contratos com a Administração Pública deverá ser considerado na pontuação técnica, observado o disposto nos §§3º e 4º do art. 88 desta Lei e em regulamento.

Art. 37. O julgamento por melhor técnica ou por técnica e preço deverá ser realizado por:

I - verificação da capacitação e da experiência do licitante, comprovadas por meio da apresentação de atestados de obras, produtos ou serviços previamente realizados;

II - atribuição de notas a quesitos de natureza qualitativa por banca designada para esse fim, de acordo com orientações e limites definidos em edital, considerados a demonstração de conhecimento do objeto, a metodologia e o programa de trabalho, a qualificação das equipes técnicas e a relação dos produtos que serão entregues;

III – atribuição de notas por desempenho do licitante em contratações anteriores aferida nos documentos comprobatórios de que trata o §3º do art. 88 desta Lei e em registro cadastral unificado disponível no Portal Nacional de Contratações Públicas (PNCP).

§1º A banca referida no inciso II do *caput* deste artigo terá no mínimo 3 (três) membros e poderá ser composta de:

I - servidores efetivos ou empregados públicos pertencentes aos quadros permanentes da Administração Pública;

II - profissionais contratados por conhecimento técnico, experiência ou renome na avaliação dos quesitos especificados em edital, desde que seus trabalhos sejam supervisionados por profissionais designados conforme o disposto no art. 7º desta Lei.

§2º VETADO

Art. 38. No julgamento por melhor técnica ou por técnica e preço, a obtenção de pontuação devido à capacitação técnico-profissional exigirá que a execução do respectivo contrato tenha participação direta e pessoal do profissional correspondente.

Art. 39. O julgamento por maior retorno econômico, utilizado exclusivamente para a celebração de contrato de eficiência, considerará a maior economia para a Administração, e a remuneração deverá ser fixada em percentual que incidirá de forma proporcional à economia efetivamente obtida na execução do contrato.

§1º Nas licitações que adotarem o critério de julgamento de que trata o *caput* deste artigo, os licitantes apresentarão:

I - proposta de trabalho, que deverá contemplar:

a) as obras, os serviços ou os bens, com os respectivos prazos de realização ou fornecimento;

b) a economia que se estima gerar, expressa em unidade de medida associada à obra, ao bem ou ao serviço e em unidade monetária;

II - proposta de preço, que corresponderá a percentual sobre a economia que se estima gerar durante determinado período, expressa em unidade monetária.

§2º O edital de licitação deverá prever parâmetros objetivos de mensuração da economia gerada com a execução do contrato, que servirá de base de cálculo para a remuneração devida ao contratado.

§3º Para efeito de julgamento da proposta, o retorno econômico será o resultado da economia que se estima gerar com a execução da proposta de trabalho, deduzida a proposta de preço.

§4º Nos casos em que não for gerada a economia prevista no contrato de eficiência:

I - a diferença entre a economia contratada e a efetivamente obtida será descontada da remuneração do contratado;

II - se a diferença entre a economia contratada e a efetivamente obtida for superior ao limite máximo estabelecido no contrato, o contratado sujeitar-se-á, ainda, a outras sanções cabíveis.

••

A Lei nº 14.133/2021 emprega a denominação *critérios de julgamentos* para se referir ao que no regime normativo pretérito havia sido designado como *tipos de licitação* (Lei nº 8.666/1993, art. 45, §4º).[521] [522] As licitações se realizavam, com base na antiga Lei Geral de Licitações e Contratos Administrativos, pelos critérios de *menor preço, melhor técnica, técnica e preço* e *maior lance ou oferta*. A *novatio legis* (art. 33) os manteve integralmente, acrescentando a expressão "ou conteúdo artístico" ao critério de melhor técnica e concebendo, ainda, *dois novos critérios* de julgamento: *maior desconto* e *maior retorno econômico*.

---

[521] Lei nº 8.666/1993: "Art. 45. O julgamento das propostas será objetivo, devendo a Comissão de licitação ou o responsável pelo convite realizá-lo em conformidade com os *tipos de licitação*, os critérios previamente estabelecidos no ato convocatório e de acordo com os fatores exclusivamente nele referidos, de maneira a possibilitar sua aferição pelos licitantes e pelos órgãos de controle. [...] §1º Para os efeitos deste artigo, constituem *tipos de licitação*, exceto na modalidade concurso: (Redação dada pela Lei nº 8.883, de 1994) I - a de menor preço – quando o critério de seleção da proposta mais vantajosa para a Administração determinar que será vencedor o licitante que apresentar a proposta de acordo com as especificações do edital ou convite e ofertar o menor preço; II - a de melhor técnica; III - a de técnica e preço; IV - a de maior lance ou oferta - nos casos de alienação de bens ou concessão de direito real de uso (Incluído pela Lei nº 8.883, de 1994)" (grifos nossos).

[522] Cf. MEDEIROS, Isaac Kofi. Critérios de julgamento das propostas, p. 80. Sobre o assunto, ler também: BANDEIRA DE MELLO, Celso Antônio. *Curso de direito administrativo*, 32. ed., p. 619.

8.1 Menor preço

Isaac Kofi Medeiros leciona que "o critério de menor preço permaneceu tal como na Lei n. 8.666/1993".[523] Assim, continuam operativas, para descrevê-la, as observações doutrinárias tecidas sob a égide do regime normativo pretérito. Posto isso, recobramos a lição de Marçal Justen Filho, firmada ainda na vigência da Lei nº 8.666/1993, no sentido de que a licitação por menor preço é a mais adequada para os casos em que a variação de qualidade técnica da prestação for irrelevante, além de um limite mínimo aceitável para a satisfação das necessidades estatais.[524] Porém, é incorreto afirmar que esse critério de julgamento é aplicável aos casos em que a qualidade técnica é irrelevante, precisamente porque, nele, sempre terá que ser observado um mínimo de qualidade técnica a ser especificada no edital.[525] Além disso, o menor preço não necessariamente corresponde ao menor valor monetário nominal, seja porque em alguns casos uma proposta de menor valor exigirá outros desembolsos, seja porque também existe o problema relativo aos objetos de qualidade imprestável.[526]

Medeiros destaca, todavia, a introdução de uma exigência interessante, que consiste em que também seja levado em conta nesse critério de julgamento o menor dispêndio para a Administração.[527] Esse elemento sobressai dos textos do art. 34 da Lei nº 14.133/2021, que determina a consideração do menor dispêndio nas licitações realizadas pelo critérios de menor preço, e do §1º do mesmo dispositivo, que orienta a consideração dos custos indiretos, relacionados com as despesas de manutenção, utilização, reposição, depreciação e impacto ambiental do objeto licitado, entre outros fatores vinculados ao seu ciclo de vida, sempre que objetivamente mensuráveis, para a definição do menor dispêndio. Quanto a isso, Medeiros adverte que "a Administração Pública deve estar atenta a outras características da proposta que possam configurar materialmente um melhor preço de contratação", com o propósito de "evitar a adjudicação de ofertas de qualidade ruim, que necessitem de constante manutenção ou que estejam na contramão de medidas que garantam sustentabilidade ambiental".[528] Enfim, "o menor preço não poderá ser considerado critério absoluto, devendo ser equacionado com parâmetros objetivos de menor dispêndio".[529]

Enfim, esse critério de julgamento tem por finalidade, como o próprio nome sugere, obter o melhor preço para a Administração, a ser aferido, nos precisos termos da lei, também mediante a consideração do menor dispêndio.

8.2 Maior desconto

O critério de maior desconto, muito embora não tenha sido contemplado pela Lei nº 8.666/1993, já havia sido previsto pelo legislador na Lei do Regime Diferenciado de

---

[523] MEDEIROS, Isaac Kofi. Critérios de julgamento das propostas, p. 81.
[524] JUSTEN FILHO, Marçal. Curso de direito administrativo, 8. ed., p. 467.
[525] JUSTEN FILHO, Marçal. Curso de direito administrativo, 8. ed., p. 468.
[526] JUSTEN FILHO, Marçal. Curso de direito administrativo, 8. ed., p. 467-468.
[527] MEDEIROS, Isaac Kofi. Critérios de julgamento das propostas, p. 81.
[528] MEDEIROS, Isaac Kofi. Critérios de julgamento das propostas, p. 82.
[529] MEDEIROS, Isaac Kofi. Critérios de julgamento das propostas, p. 82.

Contratações (Lei nº 12.462/2011), na Lei das Estatais (Lei nº 13.303/2016) e no Decreto nº 10.024/2019 (que regulamentou a Lei do Pregão, Lei nº 10.520/2002). Nesse critério "se sagra vencedor o licitante que oferecer o maior desconto percentual a um valor previamente fixado pela Administração Pública", num contexto em que "a disputa entre os interessados [...] se resume a quem ofertar o percentual mais vantajoso à Administração Pública".[530]

Em rigor, esse critério também possibilita, *mutatis mutandi*, a apuração o menor preço.[531] Por esse motivo, o legislador (art. 34 e §1º) de igual modo ancorou a apuração do menor desconto (como ocorre na apuração do menor preço) à investigação sobre o menor dispêndio para a Administração (art. 34, *caput*).

Outra particularidade importante, relativa ao critério de maior desconto, é sua vinculação ao preço global fixado no edital da licitação (art. 34, §2º). Isso significa que, "em se tratando de fornecimento de bens, o licitante não poderá indicar desconto sobre itens individualmente considerados", devendo fazê-lo "sobre o todo da licitação".[532]

Além disso, o legislador determina que o mesmo desconto concedido no momento da licitação seja estendido aos termos aditivos (art. 34, §2º, parte final). Disso resulta que os eventuais aditamentos contratuais devem "seguir a mesma racionalidade econômica que norteou a contratação do particular".[533]

8.3 Melhor técnica ou conteúdo artístico

No regime normativo pretérito, as licitações por melhor técnica pressupunham uma avaliação conjunta de atributos de qualidade e preço. Nelas, era exigido dos licitantes a apresentação de duas propostas: a proposta técnica e a proposta comercial. Nesse cenário, eram julgadas primeiramente as propostas técnicas, com a possibilidade do estabelecimento de um mínimo de qualidade, capaz de inabilitar quem não o atingir. Depois disso, eram avaliadas as propostas comerciais. Se a proposta técnica mais bem classificada fosse a de menor preço, ela era declarada vencedora; do contrário, a Administração deveria convocar o ofertante de melhor proposta técnica para tentar obter dele uma redução do preço até o valor da melhor proposta comercial. Havendo recusa, passava-se ao segundo classificado na avaliação técnica, e assim sucessivamente. Assim, nada impedia, nesse modelo, que fosse vencedor o licitante que tenha formulado a pior proposta técnica, mas a melhor proposta comercial, bastando-se, para tanto, que nenhum outro licitante mais bem classificado sob o prisma técnico aceitasse reduzir o preço.[534]

Esse quadro se alterou substancialmente no regime da Lei nº 14.133/2021. É que, nos precisos termos da lei, o julgamento por melhor técnica ou conteúdo artístico considera exclusivamente as propostas técnicas ou artísticas apresentadas pelos licitantes (art. 35, *caput*), o que significa dizer que "não haverá atribuição de nota relativamente aos

---

[530] MEDEIROS, Isaac Kofi. Critérios de julgamento das propostas, p. 82.
[531] A propósito, cf. MEDEIROS, Isaac Kofi. Critérios de julgamento das propostas, p. 82 e NIEBUHR, Joel de Menezes. *Licitação pública e contrato administrativo*, p. 496.
[532] MEDEIROS, Isaac Kofi. Critérios de julgamento das propostas, p. 82.
[533] MEDEIROS, Isaac Kofi. Critérios de julgamento das propostas, p. 82.
[534] Cf. JUSTEN FILHO, Marçal. *Curso de direito administrativo*, 8. ed., p. 468.

preços formulados pelos interessados".⁵³⁵ Essa opção político-normativa é perfeitamente compatível com a previsão, no mesmo diploma, de que esse critério de julgamento tem utilização circunscrita à contratação de projetos e trabalhos de natureza técnica, científica ou artística (art. 35, parágrafo único), e que, portanto, não se relaciona, no que concerne à seleção das propostas, com os preços nelas inseridos.

Após verificação da capacitação e da experiência do licitante, comprovadas por meio da apresentação de atestados de obras, produtos ou serviços previamente realizados, as propostas são avaliadas por banca especialmente designada para esse fim, de acordo com orientações e limites definidos em edital, e considerados a demonstração de conhecimento do objeto, a metodologia e o programa de trabalho, a qualificação das equipes técnicas e a relação dos produtos que serão entregues (art. 37, II). Essa banca terá no mínimo três membros, podendo ser composta por servidores/empregados públicos efetivos (art. 37, §1º, I), e por profissionais contratados por conhecimento técnico, experiência ou renome na avaliação dos quesitos especificados em edital (art. 37, §1º, II). Porém, quanto a esses profissionais contratados (terceirização da avaliação), o legislador impõe que seus trabalhos sejam supervisionados por profissionais designados entre servidores efetivos ou empregados públicos dos quadros permanentes da Administração, que não tenham atribuições relacionadas a licitações e contratos ou possuam formação compatível ou qualificação atestada por certificação profissional e que tenham parentesco com licitantes ou contratados habituais⁵³⁶ (art. 37, §1º, II, parte final). Destarte, mesmo diante dessa abertura ao chamamento de atores privados para colaborar com a realização de licitações (perfeitamente admissível nas contratações atinentes a esse critério de julgamento, visto que não se pode esperar que a Administração mantenha profissionais habilitados em todas as áreas de conhecimento), o legislador teve o cuidado de manter o controle do procedimento nas mãos de agentes estatais, preservando, assim, a eficácia da atividade de controle interno exercida pelo que o inc. I do art. 169⁵³⁷ convencionou chamar *primeira linha de defesa* da Administração contra a configuração de irregularidades nas contratações públicas, composta (juntamente com as autoridades que atuam na estrutura de governança do órgão ou entidade) por servidores/empregados públicos (inclusive por agentes de contratação/pregoeiros).

Compete à banca instituída pela Administração para conduzir o julgamento pelo critério de melhor técnica atribuir aos licitantes notas concernentes:

a) aos quesitos de natureza qualitativa previamente estabelecidos no edital (art. 37, II); e

b) ao seu desempenho em contratações anteriores, aferido nos documentos comprobatórios da avaliação realizada (com menção ao seu desempenho na execução contratual, baseado em indicadores objetivamente definidos e aferidos, e a eventuais penalidades aplicadas)⁵³⁸ e em registro cadastral unificado disponível no Portal Nacional de Contratações Públicas (art. 37, II, parte final).

---

[535] MEDEIROS, Isaac Kofi. Critérios de julgamento das propostas, p. 82-83.
[536] *Vide* art. 7º, comentado no tópico 4.1 do Capítulo 4.
[537] Comentado no tópico 4.1 do Capítulo 4 e no Capítulo 33.
[538] *Vide* art. 82, comentado tópico 18.4 do Capítulo 18.

Nesse critério de julgamento (assim como no critério de técnica e preço), a pontuação relativa à capacitação técnico-profissional demanda que a execução do respectivo contrato tenha participação direta e pessoal do profissional correspondente (art. 38, *caput*). Em vista dessa opção político-normativa, Isaac Kofi Medeiros recobra que "dispositivo semelhante foi vetado quando da aprovação da Lei n. 8.666/1993" e que, a despeito disso, é recorrente, na prática, "a exigência de atestados técnicos para comprovação de experiência pretérita sob a sua égide".[539]

Esse regime de julgamento é obrigatório (juntamente como o regime de técnica e preço) na licitação para contratação dos serviços técnicos especializados de natureza predominantemente intelectual que comportem a elaboração de "estudos técnicos, planejamentos, projetos básicos e projetos executivos" (art. 6º, XVIII, "a"), a efetivação de "fiscalização, supervisão e gerenciamento de obras e serviços" (art. 6º, XVIII, "d") e a realização de "controles de qualidade e tecnológico, análises, testes e ensaios de campo e laboratoriais, instrumentação e monitoramento de parâmetros específicos de obras e do meio ambiente e demais serviços de engenharia que se enquadrem na definição deste inciso" (art. 6º, XVIII, "h").[540] Porém, as suas aquisições também poderão ser feitas, mesmo superados esses limites, mediante contratação direta por inexigibilidade de licitação,[541] desde que, evidentemente, estejam presentes os requisitos legais, em especial a inviabilidade de concorrência.

8.4 Técnica e preço

Também as licitações por técnica e preço consideravam, no regime normativo pretérito, avaliação conjunta de atributos de qualidade e preço.[542] Contudo, nelas o vencedor era encontrado por uma média entre as notas atribuídas às propostas técnicas e comerciais, com base nos critérios de ponderação estabelecidos no edital.[543] Essa metodologia foi mantida pela Lei nº 14.133/2021, que estabelece que será considerado, no julgamento por técnica e preço, a maior pontuação obtida a partir da ponderação, segundo fatores objetivos previstos no edital, das notas atribuídas aos aspectos de técnica e de preço da proposta.

Contudo, restou superada, no novo regime, a compreensão segundo a qual a opção, pela Administração, entre os critérios de julgamento por *melhor técnica* e por

---

[539] MEDEIROS, Isaac Kofi. Critérios de julgamento das propostas, p. 83.

[540] O projeto de lei aprovado pelo Congresso Nacional limitava o valor estimado da contratação a trezentos mil reais, e impunha aplicação do critério de julgamento por melhor técnica ou por técnica e preço, para o caso observada a proporção de setenta por cento de valoração da proposta técnica (art. 37, §2º). No entanto, a Presidência da República vetou o dispositivo, à consideração de que "a medida contraria o interesse público, já que cabe ao gestor, analisando caso a caso, vocacionado no poder discricionário e com base na Lei, decidir, a depender do objeto a adoção do critério de julgamento", de que "esta imposição, vinculada – critério de julgamento com base na melhor técnica ou técnica e preço –, não se mostra a mais adequada e fere o interesse público, tendo em vista que não se opera para todos os casos possíveis de contratação", e que, pelo contrário, "poderá haver um descompasso entre a complexidade/rigor da forma de julgamento versus objeto de pouca complexidade que prescindem de valoração por técnica e preço".

[541] *Vide* art. 74, comentado no tópico 16.1 do Capítulo 16.

[542] Cf. JUSTEN FILHO, Marçal. *Curso de direito administrativo*, 8. ed., p. 469.

[543] Cf. JUSTEN FILHO, Marçal. *Curso de direito administrativo*, 8. ed., p. 469.

técnica e preço seria discricionária.⁵⁴⁴ É que, nos precisos termos da lei, a escolha da Administração pela aplicação do critério de julgamento por técnica e preço decorre da constatação, em estudo técnico preliminar, de que a avaliação/ponderação da qualidade técnica das propostas que superarem os requisitos mínimos estabelecidos no edital é relevante para os fins pretendidos nas licitações para contratação (art. 36, §1º):

  a) de serviços técnicos especializados de natureza predominantemente intelectual, caso em que o critério de julgamento de técnica e preço deverá ser preferencialmente empregado (art. 36, §1º, I);
  b) de serviços majoritariamente dependentes de tecnologia sofisticada e de domínio restrito, conforme atestado por autoridades técnicas de reconhecida qualificação (art. 36, §1º, II);
  c) de bens e serviços especiais de tecnologia da informação e de comunicação (art. 36, §1º, III);
  d) de obras e serviços especiais de engenharia (art. 36, §1º, IV); e
  e) de objetos que admitam soluções específicas e alternativas e variações de execução, com repercussões significativas e concretamente mensuráveis sobre sua qualidade, produtividade, rendimento e durabilidade, quando essas soluções e variações puderem ser adotadas à livre escolha dos licitantes, conforme critérios objetivamente definidos no edital de licitação (art. 36, §1º, V).

O procedimento empregado nas licitações realizadas por técnica e preço para a avaliação das propostas técnicas é o mesmo aplicado ao critério de melhor técnica. Assim, em apertada síntese, após verificação da capacitação e da experiência do licitante, comprovadas por meio da apresentação de atestados de obras, produtos ou serviços previamente realizados, as propostas serão avaliadas por banca especialmente designada para esse fim; composta por no mínimo três membros, escolhidos entre servidores/empregados públicos efetivos, embora também possam integrá-las profissionais contratados com atuação supervisionada por profissionais designados entre servidores/empregados públicos efetivos; a quem compete atribuir aos licitantes notas concernentes aos quesitos de natureza qualitativa previamente estabelecidos no edital e ao seu desempenho em contratações anteriores.

Além disso, como ocorre nas licitações por melhor técnica, também nos certames que adotam o critério de julgamento por técnica e preço a pontuação relativa à capacitação técnico-profissional demanda que a execução do respectivo contrato tenha participação direta e pessoal do profissional correspondente. Outra singularidade entre os critérios de julgamento é que o julgamento por técnica e preço é obrigatório (juntamente com o regime de melhor técnica) na licitação para contratação dos serviços técnicos especializados de natureza predominantemente intelectual que comportem a elaboração de estudos técnicos, planejamentos, projetos básicos e projetos executivos (art. 6º, XVIII, "a"), a efetivação de fiscalização, supervisão e gerenciamento de obras e serviços (art. 6º, XVIII, "d") e a realização de controles de qualidade e tecnológico, análises, testes e ensaios

---

⁵⁴⁴ Com efeito, na precisa observação de Marçal Justen Filho, dirigida ao regime normativo pretérito, como "a lei não distinguiu os casos em que caberia a licitação por técnica e preço e aqueles em que se aplicaria a licitação por melhor técnica", a conclusão que se impõe é que o legislador referiu "ao cabimento indistinto de ambas as modalidades, incumbindo à Administração a escolha discricionária entre os dois tipos" (JUSTEN FILHO, Marçal. *Curso de direito administrativo*, 8. ed., p. 469).

de campo e laboratoriais, instrumentação e monitoramento de parâmetros específicos de obras e do meio ambiente e demais serviços de engenharia que se enquadrem na definição deste inciso (art. 6º, XVIII, "h"); com a ressalva de que a aquisição poderá ser feita, mesmo superado esse limite, mediante contratação direta por inexigibilidade de licitação,[545] naturalmente quando presentes os seus requisitos legais, em especial a inviabilidade de concorrência.

Todavia, diferentemente do que ocorre nas licitações por melhor técnica, em que o resultado do certame contempla a escolha da melhor proposta técnica, no julgamento por técnica e preço são avaliadas e ponderadas as propostas técnicas e financeiras. Nele, o vencedor é obtido a partir da média ponderada entre as notas atribuídas às propostas, observados os critérios de ponderação previstos no edital e a proporção máxima de setenta por cento de valoração para a proposta técnica.

Porque também considera, na avaliação das propostas, o elemento preço, o critério técnica e preço também deverá considerar, como parâmetro de julgamento, o menor dispêndio para a Administração (art. 34, *caput*). Quanto ao pormenor, as licitações por técnica e preço se aproximam daquelas realizadas mediante aplicação dos critérios de menor preço e maior desconto.

8.5 Maior lance

A licitação por maior lance é aquela aplicada à modalidade de leilão, que é voltada à alienação de bens imóveis ou de bens móveis inservíveis ou legalmente apreendidos (art. 6º, XL). Quanto a ela, Isaac Kofi Medeiros afirma que a *novatio legis* adota sistemática similar à da Lei nº 8.666/1993, porque restringe "o alcance do critério de maior lance apenas para os leilões",[546] e com isso parece ter deixado de assimilar a compreensão expressada pelo Tribunal de Contas da União sob a égide do regime normativo pretérito,[547] quanto a ser viável a aplicação desse critério de julgamento a outras modalidades de licitação. Destarte, se a intenção do legislador foi consolidar práticas estabelecidas, talvez o seu silêncio quanto a esse particular possa ser interpretado como um opção político-normativa por rejeitar o uso desse critério (por exemplo) em pregões, o que pode suscitar dúvidas na hora da sua aplicação.[548]

8.6 Maior retorno econômico

O critério de maior retorno econômico, muito embora não tenha sido previsto na Lei nº 8.666/1993, já havia sido introduzido no direito brasileiro pela Lei do Regime Diferenciado de Contratações Públicas (Lei nº 12.462/2011) e pela Lei das Estatais (Lei nº 13.303/2016). Com a edição da Lei nº 14.133/2021, ele passa a integrar o regime geral

---

[545] *Vide* art. 74, comentado no tópico 16.1 do Capítulo 16.
[546] MEDEIROS, Isaac Kofi. Critérios de julgamento das propostas, p. 85.
[547] A propósito, cf., a título de exemplo: TCU, Plenário. Acórdão nº 2.844/2010. Rel. Min. Alencar Rodrigues, j. 1º.11.2010 e TCU, Plenário. Acórdão nº 3.042/2008. Rel. Min. Augusto Nardes, j. 10.12.2008.
[548] MEDEIROS, Isaac Kofi. Critérios de julgamento das propostas, p. 85.

de licitações. Porém, a sua aplicação é restrita à celebração de contratos de eficiência,[549] nos quais os agentes estatais encarregados do processo licitatório devem buscar a maior economia para a Administração, pela via da fixação de remuneração percentual, que incidirá de forma proporcional à economia efetivamente obtida na execução do contrato (art. 39, *caput*).

Trata-se, conforme Isaac Kofi Medeiros, "de modelo contratual condizente com o princípio constitucional da eficiência da Administração Pública",[550] que orienta, nas palavras de Alexandre de Moraes,[551] a "adoção dos critérios legais e morais necessários para a melhor utilização possível dos recursos públicos, de maneira a evitar desperdícios e garantir uma maior rentabilidade social".[552]

O julgamento incide (art. 39, §1º):

a) sobre a *proposta de trabalho*, que contempla as obras, os serviços ou os bens, com os respectivos prazos de realização ou fornecimento, e também a economia que se estima gerar, expressa em unidade de medida associada à obra, ao bem ou ao serviço e em unidade monetária; e

b) sobre a *proposta de preço*, que corresponderá a percentual sobre a economia que se estima gerar durante determinado período (expressa em unidade monetária) apresentada pelos licitantes (art. 39, §1º).

Essas propostas são formuladas em atenção a parâmetros objetivos de mensuração da economia gerada com a execução do contrato previamente previstos edital, que servirão de base de cálculo para a remuneração devida ao contratado (art. 39, §2º).

A proposta de trabalho deve detalhar o retorno econômico que ela proporciona para a Administração, apurado tendo em vista o resultado da economia que se estima gerar com a sua execução. O resultado do certame será dado pela diferença entre o retorno econômico estimado pela proposta de trabalho e os ônus financeiros que resultam da proposta de preço. A execução desse procedimento pode ser inferida sem maiores dificuldades da seguinte observação construída por Medeiros com base na apresentação de exemplo prático:

> Por sua vez, a proposta de preço do particular será feita com base na estimativa de economia. Então, se determinada empresa projetar uma economia aos cofres públicos de uma cifra, por exemplo, de R$300.000,00, deve necessariamente fixar a sua proposta de preço com base num percentual dessa projeção. Ao julgar as propostas, os agentes públicos encarregados deverão aferir o maior retorno econômico a partir da dedução entre a proposta de preço e a economia que o licitante estima gerar.[553]

Quando acontecer, na prática, de a economia prevista no contrato de eficiência não se concretizar, a diferença entre ela e a economia efetivamente obtida será descontada da remuneração do contratado (art. 39, §4º, I). Disso resulta, conforme Medeiros, a

---

[549] Definidos pelo inc. LII do art. 6º como aqueles que têm por objeto a prestação de serviços, que pode incluir a realização de obras e o fornecimento de bens, com o objetivo de proporcionar economia ao contratante, na forma de redução de despesas correntes, remunerado o contratado com base em percentual da economia gerada.

[550] MEDEIROS, Isaac Kofi. Critérios de julgamento das propostas, p. 86.

[551] Também citado por Medeiros.

[552] MORAES, Alexandre de. Princípio da eficiência e controle jurisdicional dos atos discricionários, p. 22.

[553] MEDEIROS, Isaac Kofi. Critérios de julgamento das propostas, p. 86.

configuração, a partir desse critério de julgamento, de "sistema de incentivos econômicos bem articulado, onde um particular recebe um 'empurrão' (*nudge*) para operar em favor do interesse público consubstanciado pela economia de recursos", num contexto em que, "quanto menor for a economia para a Administração Pública, menor é a remuneração do contratado", que, assim, precisa procurar otimizar o seu trabalho ao máximo como forma de garantir a lucratividade do negócio.[554] Em rigor, o contratado, se não estiver atento a essa peculiaridade do procedimento, pode inclusive ficar sem remuneração, e ainda vir a sofrer sanções administrativas, que têm lugar, por expressa disposição legal, quando a diferença entre a economia contratada e a efetivamente obtida for superior ao limite máximo estabelecido no contrato (art. 39, §4º, II).

---

[554] MEDEIROS, Isaac Kofi. Critérios de julgamento das propostas, p. 86-87.

CAPÍTULO 9

OS OBJETOS DO PROCESSO LICITATÓRIO

São objetos do processo licitatório, no regime da Lei nº 14.133/2021, as *compras*, as *obras*, os *serviços* e a *locação* de imóveis. Neste capítulo, analisaremos esses objetos separadamente, a partir de comentários aos dispositivos que disciplinam as licitações a eles correspondentes.

9.1 Licitação para compras

Art. 40. O planejamento de compras deverá considerar a expectativa de consumo anual e observar o seguinte:

I - condições de aquisição e pagamento semelhantes às do setor privado;

II - processamento por meio de sistema de registro de preços, quando pertinente;

III - determinação de unidades e quantidades a serem adquiridas em função de consumo e utilização prováveis, cuja estimativa será obtida, sempre que possível, mediante adequadas técnicas quantitativas, admitido o fornecimento contínuo;

IV - condições de guarda e armazenamento que não permitam a deterioração do material;

V - atendimento aos princípios:

a) da padronização, considerada a compatibilidade de especificações estéticas, técnicas ou de desempenho;

b) do parcelamento, quando for tecnicamente viável e economicamente vantajoso;

c) da responsabilidade fiscal, mediante a comparação da despesa estimada com a prevista no orçamento.

O primeiro objeto de nossa análise são as *compras*, ou seja, as *licitações voltadas à aquisição de bens*. Acerca delas, a Lei nº 14.133/2021 estabelece que o seu planejamento deverá considerar a expectativa de consumo anual (art. 40), observando, nesse contexto:

a) condições de aquisição e pagamento semelhantes às do setor privado (art. 40, I);

b) o seu processamento (sempre que pertinente) por meio de sistema de registro de preços (art. 40, II);

c) a determinação de unidades e quantidades que serão adquiridas em função de consumo e utilização prováveis, estimados, sempre que possível, mediante utilização de técnicas quantitativas adequadas, e admitindo, ainda, o fornecimento contínuo (art. 40, III);
d) a manutenção de condições de guarda e armazenamento que não permitam a deterioração do material (art. 40, IV); e
e) o atendimento aos *princípios* (art. 40, V) *da padronização*, considerada a compatibilidade de especificações estéticas, técnicas ou de desempenho (art. 40, V, "a"), *do parcelamento*, quando for tecnicamente viável e economicamente vantajoso (art. 40, V, "b"), e *da responsabilidade fiscal*, mediante a comparação da despesa estimada com a prevista no orçamento (art. 40, V, "c").

O legislador também enunciou, no que diz respeito à licitação para compras, disposições específicas sobre o *termo de referência* nela empregado (art. 40, §1º), sobre *parcelamento* (art. 40, §§2º e 3º), sobre *manutenção e assistência técnica* (art. 40, §4º), sobre *prova de qualidade* (art. 42 e parágrafos), sobre *padronização dos bens adquiridos* (art. 43 e parágrafos) e sobre *estudo técnico preliminar* (art. 44, *caput*).

9.1.1 Disposições sobre especificidades do termo de referência

Art. 40. [...]

§1º O termo de referência deverá conter os elementos previstos no inciso XXIII do *caput* do art. 6º desta Lei, além das seguintes informações:

I - especificação do produto, preferencialmente conforme catálogo eletrônico de padronização, observados os requisitos de qualidade, rendimento, compatibilidade, durabilidade e segurança;

II - indicação dos locais de entrega dos produtos e das regras para recebimentos provisório e definitivo, quando for o caso;

III - especificação da garantia exigida e das condições de manutenção e assistência técnica, quando for o caso.

O *termo de referência* é documento necessário para a contratação de bens e serviços (art. 6º, XXIII), que deve conter (art. 40, §1º):
a) a definição do objeto licitado, nela incluída a indicação da sua natureza, dos quantitativos, do prazo do contrato e (se for o caso) da possibilidade de sua prorrogação (art. 6º, XXIII, "a");
b) a fundamentação da contratação, que consiste na referência aos *estudos técnicos preliminares*[555] correspondentes ou (quando não for possível divulgá-los) no extrato das partes que não contiverem informações sigilosas (art. 6º, XXIII, "b");

---

[555] Qualificados pelo inc. XX do art. 6º como documentos constitutivos da primeira etapa do planejamento de uma contratação, e que caracteriza o interesse público envolvido e a sua melhor solução. Ele serve de base à

c) a integral descrição da solução cogitada, considerado o ciclo de vida do objeto licitado (art. 6º, XXIII, "c");
d) os requisitos da contratação (art. 6º, XXIII, "d");
e) informações relativas (art. 40, §1º, parte final):

  e.1) às especificações do produto que se pretende adquirir, preferencialmente conforme catálogo eletrônico de padronização, e observados os requisitos de qualidade, rendimento, compatibilidade, durabilidade e segurança (art. 40, §1º, I);
  e.2) à indicação dos seus locais de entrega e das regras para recebimentos provisório e definitivo (art. 40, §1º, II); e
  e.3) à especificação da garantia exigida e das condições de manutenção e assistência técnica (art. 40, §1º, III).

9.1.2 Disposições sobre parcelamento

Art. 40. [...]

§2º Na aplicação do princípio do parcelamento, referente às compras, deverão ser considerados:

I - a viabilidade da divisão do objeto em lotes;

II - o aproveitamento das peculiaridades do mercado local, com vistas à economicidade, sempre que possível, desde que atendidos os parâmetros de qualidade; e

III - o dever de buscar a ampliação da competição e de evitar a concentração de mercado.

§3º O parcelamento não será adotado quando:

I - a economia de escala, a redução de custos de gestão de contratos ou a maior vantagem na contratação recomendar a compra do item do mesmo fornecedor;

II - o objeto a ser contratado configurar sistema único e integrado e houver a possibilidade de risco ao conjunto do objeto pretendido;

III - o processo de padronização ou de escolha de marca levar a fornecedor exclusivo.

O *parcelamento* consiste na divisão do objeto a ser licitado no maior número possível de parcelas (também chamadas lotes), observada a viabilidade técnica e econômica da medida, e sempre tendo em vista a ampliação da competitividade. Ele não se confunde, todavia, com a figura do *fracionamento* do objeto contratado, consistente na sua divisão arbitrária com o objetivo de utilizar modalidade de licitação mais simplificada[556] e

---

elaboração, além do *termo de referência*, também do *anteprojeto* (conceituado pelo inc. XXIV do art. 6º como peça técnica que contém todos os subsídios necessários à elaboração do projeto básico) e do *projeto básico* (designado pelo inc. XXV do art. 6º como conjunto de elementos necessários e suficientes para assegurar a viabilidade técnica e o adequado tratamento do impacto ambiental do empreendimento e para possibilitar a avaliação do custo da obra e a definição dos métodos e do prazo de execução).

[556] A propósito, recobramos que no regime normativo pretérito também tínhamos as modalidades de *convite* e *tomada de preços*, com requisitos mais simples, mas que apenas podiam ser aplicadas para *contratações de menor valor*.

incompatível com integralidade do objeto ou de induzir, indevidamente, a viabilidade da contratação direta por dispensa de licitação.

Para verificar, nos casos concretos, se parcelamento do objeto da licitação para compras é viável sob os pontos de vista técnico e econômico a Administração:

a) deve avaliar (art. 40, §2º) se é operativa a sua divisão em lotes (art. 40, §2º, I);
b) deve aproveitar (sempre que possível) as peculiaridades do mercado local, de modo a alcançar a economicidade da contratação, mas apenas se puderem ser atendidos os parâmetros de qualidade (art. 40, §2º, II); e
c) deve procurar ampliar a competição e evitar a concentração de mercado (art. 40, §2º, III).

Além disso, o legislador estabeleceu que o parcelamento não pode ser adotado pela Administração (art. 40, §3º):

a) quando a economia de escala, a redução de custos de gestão de contratos ou a maior vantagem na contratação recomendarem a compra do item do mesmo fornecedor (art. 40, §3º, I);
b) quando o objeto a ser contratado configurar sistema único e integrado, o que faria com que a sua aquisição parcelada configurasse risco à aquisição do conjunto do objeto pretendido (art. 40, §3º, II); e
c) quando o processo de padronização ou de escolha de marca levar a fornecedor exclusivo (art. 40, §3º, III).

O Tribunal de Contas da União entende que a decisão de dividir ou não a solução em parcelas (ou lotes) deve ser adequadamente motivada.[557] Para atender a essa exigência, que também resulta da incidência do princípio da motivação (art. 5º, *caput*) e da imposição jurídico-normativa quanto a deverem ser motivadas todas as decisões jurídicas (inclusive as proferidas na esfera administrativa, que como regra tem conteúdo jurídico),[558] os agentes estatais que atuam no planejamento do processo licitatório precisam (além de considerar os elementos referidos pelo §2º do art. 40 e de descartar a sua realização nas hipóteses do §3º do mesmo dispositivo) avaliar todas as formas de parcelamento possíveis e escolher a que melhor se adequa à contratação pretendida. É que, ainda segundo a Corte Nacional de Contas,[559] há quatro métodos para proceder ao parcelamento do objeto da licitação, a saber:

a) a realização de licitações distintas, uma para cada parcela do objeto (parcelamento formal);
b) a realização de uma única licitação, com cada parcela do objeto sendo adjudicada em um lote (ou grupo de itens) distinto (parcelamento formal);
c) a realização de uma única licitação, com todo o objeto adjudicado a um único licitante, mas havendo permissão para que as licitantes disputem o certame em consórcios (parcelamento material); e
d) a realização de uma única licitação, com todo o objeto adjudicado a um único licitante, mas havendo permissão para que a licitante vencedora subcontrate uma parte específica do objeto (parcelamento material).

---

[557] Cf. BRASIL. Tribunal de Contas da União. *Guia de boas práticas em contratação de soluções de tecnologia da informação – Riscos e controles para o planejamento da contratação*, p. 101.
[558] A propósito, cf. as nossas observações no tópico 2.1.14 do Capítulo 2.
[559] Cf. BRASIL. Tribunal de Contas da União. *Justificativas para o parcelamento ou não da solução*.

9.1.3 Disposições sobre manutenção e assistência técnica

> Art. 40. [...]
>
> §4º Em relação à informação de que trata o inciso III do §1º deste artigo, desde que fundamentada em estudo técnico preliminar, a Administração poderá exigir que os serviços de manutenção e assistência técnica sejam prestados mediante deslocamento de técnico ou disponibilizados em unidade de prestação de serviços localizada em distância compatível com suas necessidades.

A parte final do inc. III do §1º do art. 40 da Lei nº 14.133/2021 (anteriormente comentada) prescreve que o *termo de referência*[560] deverá conter, entre outros elementos (art. 6º, XXIII) e informações (art. 40, §1º, I, II e III), a especificação das condições de manutenção e assistência técnica. Quanto a elas, o legislador estabeleceu, ainda, que a Administração poderá exigir, mediante decisão administrativa fundamentada em *estudo técnico preliminar*,[561] que os serviços de manutenção e assistência técnica sejam prestados mediante deslocamento de técnico ou disponibilizados em unidade de prestação de serviços localizada em distância compatível com suas necessidades (art. 40, §4º).

9.1.4 Disposições sobre qualidade do produto

> Art. 41. No caso de licitação que envolva o fornecimento de bens, a Administração poderá excepcionalmente:
>
> I - indicar uma ou mais marcas ou modelos, desde que formalmente justificado, nas seguintes hipóteses:
>
> a) em decorrência da necessidade de padronização do objeto;
>
> b) em decorrência da necessidade de manter a compatibilidade com plataformas e padrões já adotados pela Administração;
>
> c) quando determinada marca ou modelo comercializados por mais de um fornecedor forem os únicos capazes de atender às necessidades do contratante;
>
> d) quando a descrição do objeto a ser licitado puder ser mais bem compreendida pela identificação de determinada marca ou determinado modelo aptos a servir apenas como referência;

---

[560] Qualificado pelo inc. XXIII do art. 6º como documento necessário para a contratação de bens e serviços.

[561] Qualificado pelo inc. XX do art. 6º como documento constitutivo da primeira etapa do planejamento de uma contratação, que caracteriza o interesse público envolvido e a sua melhor solução, e que serve de base para a elaboração (além do termo de referência) também do *anteprojeto* (conceituado pelo inc. XXIV do art. 6º como peça técnica que contém todos os subsídios necessários à elaboração do projeto básico) e do *projeto básico* (designado pelo inc. XXV do art. 6º como conjunto de elementos necessários e suficientes para assegurar a viabilidade técnica e o adequado tratamento do impacto ambiental do empreendimento e para possibilitar a avaliação do custo da obra e a definição dos métodos e do prazo de execução) a serem elaborados caso se conclua pela viabilidade da contratação.

II - exigir amostra ou prova de conceito do bem no procedimento de pré-qualificação permanente, na fase de julgamento das propostas ou de lances, ou no período de vigência do contrato ou da ata de registro de preços, desde que previsto no edital da licitação e justificada a necessidade de sua apresentação;

III - vedar a contratação de marca ou produto, quando, mediante processo administrativo, restar comprovado que produtos adquiridos e utilizados anteriormente pela Administração não atendem a requisitos indispensáveis ao pleno adimplemento da obrigação contratual;

IV - solicitar, motivadamente, carta de solidariedade emitida pelo fabricante, que assegure a execução do contrato, no caso de licitante revendedor ou distribuidor.

Parágrafo único. A exigência prevista no inciso II do caput deste artigo restringir-se-á ao licitante provisoriamente vencedor quando realizada na fase de julgamento das propostas ou de lances.

Art. 42. A prova de qualidade de produto apresentado pelos proponentes como similar ao das marcas eventualmente indicadas no edital será admitida por qualquer um dos seguintes meios:

I - comprovação de que o produto está de acordo com as normas técnicas determinadas pelos órgãos oficiais competentes, pela Associação Brasileira de Normas Técnicas (ABNT) ou por outra entidade credenciada pelo Inmetro;

II - declaração de atendimento satisfatório emitida por outro órgão ou entidade de nível federativo equivalente ou superior que tenha adquirido o produto;

III - certificação, certificado, laudo laboratorial ou documento similar que possibilite a aferição da qualidade e da conformidade do produto ou do processo de fabricação, inclusive sob o aspecto ambiental, emitido por instituição oficial competente ou por entidade credenciada;

IV - carta de solidariedade emitida pelo fabricante, que assegure a execução do contrato, no caso de licitante revendedor ou distribuidor.

§1º O edital poderá exigir, como condição de aceitabilidade da proposta, certificação de qualidade do produto por instituição credenciada pelo Conselho Nacional de Metrologia, Normalização e Qualidade Industrial (Conmetro).

§2º A Administração poderá, nos termos do edital de licitação, oferecer protótipo do objeto pretendido e exigir, na fase de julgamento das propostas, amostras do licitante provisoriamente vencedor, para atender a diligência ou, após o julgamento, como condição para firmar contrato.

§3º No interesse da Administração, as amostras a que se refere o §2º deste artigo poderão ser examinadas por instituição com reputação ético-profissional na especialidade do objeto, previamente indicada no edital.

....

A Lei nº 14.133/2021 admite, nas licitações que envolvam o fornecimento de bens, a possibilidade de a Administração, excepcionalmente (art. 41, *caput*), indicar uma ou mais marcas ou modelos, sempre mediante justificativa formal (art. 41, I):

a) quando isso for necessário para padronizar o objeto que pretende contratar (art. 41, I, "a") ou para manter a sua compatibilidade com plataformas e padrões por ela adotados (art. 41, I, "b");
b) quando determinada marca/modelo comercializados por mais de um fornecedor forem os únicos capazes de atender às suas necessidades (art. 41, I, "c"); ou
c) quando a descrição do objeto a ser licitado puder ser mais bem compreendida pela identificação de determinada marca ou determinado modelo aptos a servir apenas como referência (art. 41, I, "d").

Porém, mesmo nesse caso é viável a aquisição de produto de outras marcas (que o legislador convencionou chamar de *produto similar*); hipótese em que o proponente precisará apresentar a prova da sua qualidade (art. 42, *caput*), que poderá resultar:
a) da comprovação de que o produto está de acordo com as normas técnicas determinadas pelos órgãos oficiais competentes, pela ABNT[562] ou por outra entidade credenciada pelo Inmetro[563] (art. 42, I);
b) de declaração de atendimento satisfatório emitida por outro órgão ou entidade de nível federativo equivalente ou superior que tenha adquirido o produto (art. 42, II);
c) de certificação, certificado, laudo laboratorial ou documento similar, emitido por instituição oficial competente ou por entidade credenciada, que possibilite a aferição da qualidade e da conformidade do produto ou do processo de fabricação, inclusive sob o aspecto ambiental (art. 42, III); ou
d) de carta de solidariedade emitida pelo fabricante ao licitante revendedor ou distribuidor, que assegure a execução do contrato (art. 42, IV).

O edital também poderá exigir, como condição de aceitabilidade da proposta, certificação de qualidade do produto por instituição credenciada pelo Conmetro[564] (art. 42, §1º).

Outra possibilidade excepcional aberta para a Administração no que diz respeito à demonstração da qualidade do produto é a solicitação (que pressupõe previsão no edital e motivação adequada) de amostra ou prova de conceito do bem, exigível apenas do licitante provisoriamente vencedor quando realizada na fase de julgamento das propostas ou de lances (art. 42, §5º), que poderá ter lugar no procedimento de pré-qualificação permanente, na fase de julgamento das propostas ou de lances, bem como no período de vigência do contrato ou da ata de registro de preços (art. 41, II). A Administração também poderá oferecer (nos termos do edital) protótipo do objeto pretendido e exigir amostras do licitante provisoriamente vencedor na fase de julgamento das propostas, ou então demanda-las, após o julgamento, como condição para firmar contrato (art. 42, §2º). Essas amostras poderão ser examinadas por instituição com reputação ético-profissional na especialidade do objeto, previamente indicada no edital (art. 42, §3º).

A Administração de igual modo poderá (ainda excepcionalmente) vedar a contratação de marca ou produto, quando for comprovado, mediante regular processo administrativo, que produtos anteriormente adquiridos e utilizados por ela não atendem a requisitos indispensáveis ao pleno adimplemento da obrigação contratual (art. 41, III).

---

[562] Associação Brasileira de Normas Técnicas.
[563] Instituto Nacional de Metrologia, Qualidade e Tecnologia.
[564] Conselho Nacional de Metrologia, Normalização e Qualidade Industrial.

9.1.5 Disposições sobre padronização

> Art. 43. O processo de padronização deverá conter:
> I - parecer técnico sobre o produto, considerados especificações técnicas e estéticas, desempenho, análise de contratações anteriores, custo e condições de manutenção e garantia;
> II - despacho motivado da autoridade superior, com a adoção do padrão;
> III - síntese da justificativa e descrição sucinta do padrão definido, divulgadas em sítio eletrônico oficial.
> §1º É permitida a padronização com base em processo de outro órgão ou entidade de nível federativo igual ou superior ao do órgão adquirente, devendo o ato que decidir pela adesão a outra padronização ser devidamente motivado, com indicação da necessidade da Administração e dos riscos decorrentes dessa decisão, e divulgado em sítio eletrônico oficial.
> §2º As contratações de soluções baseadas em *software* de uso disseminado serão disciplinadas em regulamento que defina processo de gestão estratégica das contratações desse tipo de solução.

A Lei nº 14.133/2021 também dispõe sobre a padronização dos bens contratados, a ser instrumentalizada mediante processo que deve conter (art. 43, *caput*):

a) parecer técnico sobre o produto, que abarque considerações sobre especificações técnicas e estéticas, desempenho, análise de contratações anteriores, custo e condições de manutenção e garantia (art. 43, I);
b) despacho motivado da autoridade superior pela adoção do padrão (art. 43, II); e
c) divulgação em sítio eletrônico oficial de síntese da justificativa, além da descrição sucinta do padrão definido (art. 43, III).

A padronização também pode ser feita por referência da Administração a processo anterior realizado por outro órgão ou entidade de nível federativo igual ou superior ao do órgão adquirente (art. 43, §1º). Mas, para tanto, precisa proferir decisão fundamentada que indique a sua necessidade e os riscos que dela decorrem (art. 43, §1º, cont.). Além disso, o ato que circunscreve a padronização a produto anterior deve ser previamente divulgado em sítio eletrônico oficial (art. 43, §1º, final).

Outra possibilidade aberta para a Administração, no que concerne à padronização dos bens contratados, diz respeito às licitações para aquisição de soluções baseadas em *software* de uso disseminado. Porém, o legislador não concebeu regras específicas quanto a elas, remetendo a sua normatização a regulamento que defina processo de gestão estratégica para contratação desse tipo de solução (art. 43, §2º).

9.1.6 Disposições sobre estudo técnico preliminar

> Art. 44. Quando houver a possibilidade de compra ou de locação de bens, o estudo técnico preliminar deverá considerar os custos e os benefícios de cada opção, com indicação da alternativa mais vantajosa.

A Lei nº 14.133/2021 impõe que o *estudo técnico preliminar* considere, nas licitações para compras,[565] os custos e os benefícios de cada opção, e que indique a alternativa mais vantajosa para a Administração (art. 44, *caput*). Trata-se, como já exposto, de documento constitutivo da primeira etapa do planejamento de uma contratação (art. 6º, XX), no qual a Administração caracteriza o interesse público envolvido e a sua melhor solução, e que serve de base à elaboração do *anteprojeto* (conceituado pelo inc. XXIV do art. 6º como peça técnica que contém todos os subsídios necessários à elaboração do projeto básico), do *termo de referência* (qualificado pelo inc. XXIII do art. 6º como documento necessário para a contratação de bens e serviços) ou do *projeto básico* (designado pelo inc. XXV do art. 6º como conjunto de elementos necessários e suficientes para assegurar a viabilidade técnica e o adequado tratamento do impacto ambiental do empreendimento e para possibilitar a avaliação do custo da obra e a definição dos métodos e do prazo de execução).

9.2 Licitação para obras e serviços

Outros dois objetos dos processos licitatórios são as *obras* e os *serviços*, distinguidos pela Lei nº 14.133/2021 entre *obras e serviços de engenharia* e *serviços em geral*.

9.2.1 Disposições sobre obras e serviços de engenharia

> Art. 45. As licitações de obras e serviços de engenharia devem respeitar, especialmente, as normas relativas a:
>
> I - disposição final ambientalmente adequada dos resíduos sólidos gerados pelas obras contratadas;
>
> II - mitigação por condicionantes e compensação ambiental, que serão definidas no procedimento de licenciamento ambiental;
>
> III - utilização de produtos, de equipamentos e de serviços que, comprovadamente, favoreçam a redução do consumo de energia e de recursos naturais;
>
> IV - avaliação de impacto de vizinhança, na forma da legislação urbanística;
>
> V - proteção do patrimônio histórico, cultural, arqueológico e imaterial, inclusive por meio da avaliação do impacto direto ou indireto causado pelas obras contratadas;

---

[565] Assim como naquela voltada à locação de bens, abordada no tópico 9.3.

VI - acessibilidade para pessoas com deficiência ou com mobilidade reduzida.

Art. 46. Na execução indireta de obras e serviços de engenharia, são admitidos os seguintes regimes:

I - empreitada por preço unitário;

II - empreitada por preço global;

III - empreitada integral;

IV - contratação por tarefa;

V - contratação integrada;

VI - contratação semi-integrada;

VII - fornecimento e prestação de serviço associado.

§1º É vedada a realização de obras e serviços de engenharia sem projeto executivo, ressalvada a hipótese prevista no §3º do art. 18 desta Lei.

§2º A Administração é dispensada da elaboração de projeto básico nos casos de contratação integrada, hipótese em que deverá ser elaborado anteprojeto de acordo com metodologia definida em ato do órgão competente, observados os requisitos estabelecidos no inciso XXIV do art. 6º desta Lei.

§3º Na contratação integrada, após a elaboração do projeto básico pelo contratado, o conjunto de desenhos, especificações, memoriais e cronograma físico-financeiro deverá ser submetido à aprovação da Administração, que avaliará sua adequação em relação aos parâmetros definidos no edital e conformidade com as normas técnicas, vedadas alterações que reduzam a qualidade ou a vida útil do empreendimento e mantida a responsabilidade integral do contratado pelos riscos associados ao projeto básico.

§4º Nos regimes de contratações integrada e semi-integrada, o edital e o contrato, sempre que for o caso, deverão prever as providências necessárias para a efetivação de desapropriação autorizada pelo poder público, bem como:

I - o responsável por cada fase do procedimento expropriatório;

II - a responsabilidade pelo pagamento das indenizações devidas;

III - a estimativa do valor a ser pago a título de indenização pelos bens expropriados, inclusive de custos correlatos;

IV - a distribuição objetiva de riscos entre as partes, incluído o risco pela variação do custo da desapropriação em relação à estimativa de valor e aos eventuais danos e prejuízos ocasionados por atraso na disponibilização dos bens expropriados;

V - em nome de quem deverá ser promovido o registro de imissão provisória na posse e o registro de propriedade dos bens a serem desapropriados.

§5º Na contratação semi-integrada, mediante prévia autorização da Administração, o projeto básico poderá ser alterado, desde que demonstrada a superioridade das inovações propostas pelo contratado em termos de redução de custos, de aumento da qualidade, de redução do prazo de execução ou de facilidade de manutenção ou operação, assumindo o contratado a responsabilidade integral pelos riscos associados à alteração do projeto básico.

§6º A execução de cada etapa será obrigatoriamente precedida da conclusão e da aprovação, pela autoridade competente, dos trabalhos relativos às etapas anteriores.

§7º VETADO

§8º VETADO

§9º Os regimes de execução a que se referem os incisos II, III, IV, V e VI do *caput* deste artigo serão licitados por preço global e adotarão sistemática de medição e pagamento associada à execução de etapas do cronograma físico-financeiro vinculadas ao cumprimento de metas de resultado, vedada a adoção de sistemática de remuneração orientada por preços unitários ou referenciada pela execução de quantidades de itens unitários.

••

A Lei nº 14.133/2021 conceitua obras e serviços de engenharia no seu art. 6º, voltado à apresentação de definições operativas à sua aplicação. Nos precisos termos da lei, as *obras* são todas as atividades estabelecidas, por força de lei, como privativas das profissões de arquiteto e engenheiro, que implicam intervenção no meio ambiente por meio de um conjunto harmônico de ações que, agregadas, formam um todo, e que inovam o espaço físico da natureza ou acarretam alteração substancial das características originais de bem imóvel (art. 6º, XII). Por sua vez, os *serviços de engenharia* comportam atividade ou conjunto de atividades destinadas a obter determinada utilidade, intelectual ou material, de interesse para a Administração, também estabelecidas, por força de lei, como privativas das profissões de arquiteto e engenheiro ou de técnicos especializados, mas que não se qualifiquem como obras (art. 6º, XXI).

Os *serviços de engenharia* assumem duas distintas modalidades: os chamados *serviços comuns de engenharia*, que remetem à execução de ações objetivamente padronizáveis em termos de desempenho/qualidade, de manutenção, de adequação e de adaptação de bens móveis e imóveis, e demandam, ainda, a preservação das características originais dos bens (art. 6º, XXI, "a"); e os denominados *serviços especiais de engenharia*, que são aqueles dotados de maior heterogeneidade ou complexidade, e que por isso não se enquadram como serviços comuns de engenharia (art. 6º, XXI, "a").

A classificação, então, é residual: serão serviços especiais de engenharia aqueles que não se enquadrarem, nos termos da lei, como serviços comuns de engenharia.

Como regra, a contratação de obras e serviços de engenharia demanda a elaboração de *projeto executivo* (art. 46, §1º). Trata-se, por taxativa definição legal, de documento elaborado na etapa interna do processo licitatório,[566] composto pelo conjunto de elementos necessários e suficientes à execução completa da obra, e que traz em seu corpo o detalhamento das soluções previstas no *projeto básico* (documento que o antecede no processo licitatório),[567] a identificação de serviços, de materiais e de equipamentos

---

[566] Que abordamos no tópico 6.2.1 do Capítulo 6.

[567] Qualificado pelo inc. XXV do art. 6º como conjunto de elementos necessários e suficientes para definir e dimensionar a obra/serviço ou o complexo de obras/serviços objeto da licitação, que deve ser elaborado com base em indicações contidas em *estudos técnicos preliminares* (conceituado pelo inc. XX do mesmo dispositivo como documento constitutivo da primeira etapa do planejamento de uma contratação, e que caracteriza o interesse público envolvido e a sua melhor solução, servindo de base, inclusive, à elaboração do projeto básico), de modo a assegurar a viabilidade técnica e o adequado tratamento do impacto ambiental do empreendimento e a possibilitar a avaliação do custo da obra e a definição dos métodos e do prazo de execução. Nos precisos termos da lei, o projeto básico deve conter levantamentos topográficos e cadastrais, sondagens e ensaios geotécnicos, ensaios e análises laboratoriais, estudos socioambientais e demais dados e levantamentos necessários para

a serem incorporados à obra e as suas especificações técnicas, elaboradas de acordo com as normas técnicas pertinentes (art. 6º, XXVI). Essa regra, todavia, não se aplica à contratação de obras e serviços comuns de engenharia em que não se cogite de prejuízos para aferição dos padrões de desempenho e qualidade almejados, hipótese em que a especificação do objeto poderá ser indicada apenas em termo de referência ou projeto básico, ficando dispensada, portanto, a elaboração de projeto executivo (art. 46, §1º, parte final c/c art. 18, §3º).

Outro ponto de destaque é que a Lei nº 14.133/2021 condiciona a contratação de obras e serviços de engenharia à observância de requisitos de sustentabilidade, guardando, portanto, coerência com a previsão, no *caput* do seu art. 5º, quanto à incidência (entre outros princípios) do princípio do desenvolvimento nacional sustentável,[568] também designado como princípio da sustentabilidade.[569] Nos precisos termos da lei, as licitações de obras e serviços de engenharia devem respeitar normas relativas (art. 45, *caput*):

a) à disposição final ambientalmente adequada dos resíduos sólidos gerados pelas obras contratadas (art. 44, I);
b) à mitigação por condicionantes e compensação ambiental, que serão definidas no procedimento de licenciamento ambiental (art. 45, II);
c) à utilização de produtos, de equipamentos e de serviços que (comprovadamente) favoreçam a redução do consumo de energia e de recursos naturais (art. 45, III);
d) à avaliação de impacto de vizinhança, na forma da legislação urbanística (art. 45, IV);
e) à proteção do patrimônio histórico, cultural, arqueológico e imaterial, inclusive por meio da avaliação do impacto direto ou indireto causado pelas obras contratadas (art. 45, V); e
f) à acessibilidade para pessoas com deficiência ou com mobilidade reduzida (art. 45, VI).

A sua execução por particulares (execução indireta), portanto por terceiros contratados mediante processo licitatório, pode ser feita pelos regimes de *empreitada por preço unitário*, de *empreitada por preço global*, de *empreitada integral*, de *contratação por tarefa*, de *contratação integrada*, de *contratação semi-integrada* e de *fornecimento e prestação de serviço associado* (art. 46, *caput*).

---

execução da solução escolhida (art. 6º, XXV, "a"), soluções técnicas globais e localizadas, suficientemente detalhadas, de forma a evitar, por ocasião da elaboração do projeto executivo e da realização das obras e montagem, a necessidade de reformulações ou variantes quanto à qualidade, ao preço e ao prazo inicialmente definidos (art. 6º, XXV, "b"), a identificação dos tipos de serviços a executar e dos materiais e equipamentos a incorporar à obra, bem como das suas especificações, de modo a assegurar os melhores resultados para o empreendimento e a segurança executiva na utilização do objeto, para os fins a que se destina, considerados os riscos e os perigos identificáveis, sem frustrar o caráter competitivo para a sua execução (art. 6º, XXV, "c"), informações que possibilitem o estudo e a definição de métodos construtivos, de instalações provisórias e de condições organizacionais para a obra, sem frustrar o caráter competitivo para a sua execução (art. 6º, XXV, "d"), subsídios para montagem do plano de licitação e gestão da obra, compreendidos a sua programação, a estratégia de suprimentos, as normas de fiscalização e outros dados necessários em cada caso (art. 6º, XXV, "e") e orçamento detalhado do custo global da obra, fundamentado em quantitativos de serviços e fornecimentos propriamente avaliados, obrigatório exclusivamente para os regimes de execução previstos nos incs. I, II, III, IV e VII do *caput* do art. 46 desta lei (art. 6º, XXV, "f").

[568] Sobre a conformação desse princípio, cf. as nossas considerações no tópico 2.1.13 do Capítulo 2.

[569] A propósito, cf., por todos: FREITAS, Juarez. Licitações sustentáveis e o fim inadiável da miopia temporal na avaliação das propostas.

9.2.1.1 Empreitada por preço unitário

A *empreitada por preço unitário* é contratação voltada à execução da obra ou do serviço por preço certo de unidades determinadas (art. 6º, XXVIII). Ela é empregada quando a Administração "não dispõe de elementos suficientes para determinar de antemão os quantitativos do objeto" pretendido,[570] como ocorre, no exemplo empregado por Joel de Menezes Niebuhr,[571] na contratação de obra para perfuração de poço artesiano em situação fática em que não é possível definir a profundidade adequada para a perfuração até que se alcance a água, o que justifica a contratação por unidades de medida, no caso, por metro perfurado ou equivalente.[572] E também pode ser utilizada "quando o objeto admite a sua individualização e fracionamento (contratações moduláveis)", como ocorre, ainda exemplificativamente, na construção de unidades residenciais autônomas.[573]

9.2.1.2 Empreitada por preço global

Por sua vez, a *empreitada por preço global* encerra a contratação da execução da obra ou do serviço por preço certo e total (art. 6º, XXIX). Ela é empregada quando a Administração já conhece de antemão os quantitativos e já possui o projeto a ser executado.[574]

Nesse regime de contratação[575] as licitações são realizadas por preço global, e adotarão sistemática de medição e pagamento associada à execução de etapas do cronograma físico-financeiro vinculadas ao cumprimento de metas de resultado (art. 46, §9º). Além disso, é vedada a adoção de sistemática de remuneração orientada por preços unitários ou referenciada pela execução de quantidades de itens unitários (art. 46, §9º, parte final).

O que singulariza empreitada por preço global é a contratação do particular "para executar uma obra ou serviço por um preço global predeterminado".[576] Porém, a principal diferença entre ela e a empreitada por preço unitário não reside no resultado, mas na forma como a Administração mede a execução da obra/serviço contratada(o) e remunera o particular.[577]

---

[570] QUINT, Gustavo Ramos da Silva. Regime de execução, p. 60.
[571] Citado por Gustavo Ramos da Silva Quint (QUINT, Gustavo Ramos da Silva. Regime de execução, p. 60.
[572] Cf. NIEBUHR, Joel de Menezes. *Licitações e contratos das estatais*, p. 124-125.
[573] Cf. QUINT, Gustavo Ramos da Silva. Regime de execução, p. 60. Nas palavras do autor: "A segunda hipótese é cabível quando o objeto admite a sua individualização e fracionamento (contratações moduláveis). Na construção de um centro de eventos ou de um hospital, por exemplo, não faria sentido a adoção do regime por preço unitário dado que o único resultado possível é a entrega do centro de eventos ou do hospital como um todo. Não é possível fracionar em partes. No entanto, seria perfeitamente possível a adoção do regime de empreitada por preço unitário na construção de unidades residências autônomas" (QUINT, Gustavo Ramos da Silva. Regime de execução, p. 60).
[574] QUINT, Gustavo Ramos da Silva. Regime de execução, p. 60.
[575] Assim como na empreitada integral, na contratação por tarefa, na contratação integrada e na contratação semi-integrada.
[576] QUINT, Gustavo Ramos da Silva. Regime de execução, p. 61.
[577] QUINT, Gustavo Ramos da Silva. Regime de execução, p. 61.

9.2.1.3 Empreitada integral

A *empreitada integral* também encerra contratação de empreendimento em sua integralidade, compreendida a totalidade das etapas de obras, serviços e instalações necessárias, com a ressalva de que ela (art. 6º, XXX):

    a) é feita sob inteira responsabilidade do contratado até sua entrega ao contratante em condições de entrada em operação; e

    b) deve ser entregue com características adequadas às finalidades para as quais o empreendimento foi contratado e atendidos os requisitos técnicos e legais para sua utilização com segurança estrutural e operacional.

Ela se diferencia do regime de empreitada por preço unitário ou por preço global porque, nela, a Administração contrata não apenas a obra/serviço de engenharia (como ocorre na empreitada), mas "a entrega do objeto absolutamente pronto para uso".[578]

Além disso, como na empreitada por preço global,[579] as licitações por empreitada integral (art. 46, §9º):

    a) são realizadas por preço global;

    b) adotam sistemática de medição e pagamento associada à execução de etapas do cronograma físico-financeiro vinculadas ao cumprimento de metas de resultado; e

    c) não admitem a adoção de sistemática de remuneração orientada por preços unitários ou referenciada pela execução de quantidades de itens unitários.

9.2.1.4 Contratação por tarefa

Já a *contratação por tarefa* é o regime de contratação de mão de obra para pequenos trabalhos por preço certo, com ou sem fornecimento de materiais (art. 6º, XXXI). Ela se aplica, portanto, para a execução "de serviços simples, geralmente executados por uma única empresa, sem utilização de equipamentos ou técnicas complexas, em contratações tipicamente de valores reduzidos".[580] A exemplo do que também se verifica com relação à empreitada por preço global e à empreitada integral,[581] as contratações por tarefas devem ser realizadas por preço global, adotam sistemática de medição e pagamento associada à execução de etapas do cronograma físico-financeiro vinculadas ao cumprimento de metas de resultado e não admitem a adoção de sistemática de remuneração orientada por preços unitários ou referenciada pela execução de quantidades de itens unitários (art. 46, §9º).

9.2.1.5 Contratação integrada e semi-integrada

A Lei nº 14.133/2021 também contempla a realização de licitações de obra e serviços de engenharia sob os regimes de *contratação integrada e semi-integrada*. A *contratação*

---

[578] QUINT, Gustavo Ramos da Silva. Regime de execução, p. 61.
[579] Assim como na empreitada integral, na contratação por tarefa, na contratação integrada e na contratação semi-integrada.
[580] QUINT, Gustavo Ramos da Silva. Regime de execução, p. 63.
[581] E, como se verá adiante, também nas contratações integradas e semi-integradas.

integrada é o regime de contratação em que o contratado é responsável por elaborar e desenvolver os *projetos básico e executivo*, por executar obras e serviços de engenharia, por fornecer bens ou prestar serviços especiais e por realizar montagem, teste, pré-operação e as demais operações necessárias e suficientes para a entrega final do objeto (art. 6º, XXXII). Já na *contratação semi-integrada* o contratado elabora e desenvolve o *projeto executivo*, executa obras e serviços de engenharia, fornece bens ou presta serviços especiais e realiza montagem, teste, pré-operação e as demais operações necessárias e suficientes para a entrega final do objeto (art. 6º, XXXIII).

Os regimes se distinguem, então, porque *na contratação integrada o licitante/contratado é responsável pela elaboração do projeto básico e do projeto executivo*, enquanto que *na contratação semi-integrada apenas lhe toca elaborar o projeto executivo*. Todavia, a Lei nº 14.133/2021 admite a contratação integrada sem elaboração de projeto básico, mediante substituição desse documento por anteprojeto elaborado de acordo com metodologia definida em ato do órgão competente (art. 46, §2º).

O *anteprojeto* precede o *projeto básico*, que, por sua vez, antecede o *projeto executivo*. Trata-se, com efeito, de peça técnica que contém todos os subsídios necessários à elaboração do projeto básico (art. 6º, XXIV), e que deve conter, pelo menos:

a) a demonstração e justificativa do programa de necessidades, avaliação de demanda do público-alvo, motivação técnico-econômico-social do empreendimento, visão global dos investimentos e definições relacionadas ao nível de serviço desejado (art. 6º, XXIV, "a");

b) a indicação:
b.1) das condições de solidez, de segurança e de durabilidade (art. 6º, XXIV, "b");
b.2) do prazo de entrega (art. 6º, XXIV, "c");
b.3) da estética do projeto arquitetônico, traçado geométrico e/ou projeto da área de influência, quando cabível (art. 6º, XXIV, "d");
b.4) de parâmetros de adequação ao interesse público, de economia na utilização, de facilidade na execução, de impacto ambiental e de acessibilidade (art. 6º, XXIV, "e");
b.5) da proposta de concepção da obra ou do serviço de engenharia (art. 6º, XXIV, "f");
b.6) de projetos anteriores ou estudos preliminares que embasaram a concepção proposta (art. 6º, XXIV, "g");
b.7) de levantamento topográfico e cadastral (art. 6º, XXIV, "h");
b.8) de pareceres de sondagem (art. 6º, XXIV, "i"); e
b.9) do memorial descritivo dos elementos da edificação, dos componentes construtivos e dos materiais de construção, que permitam estabelecer padrões mínimos para a contratação (art. 6º, XXIV, "j").

De seu turno, o *projeto básico* é composto pelo conjunto de elementos necessários e suficientes para definir e dimensionar a obra/serviço ou o complexo de obras/serviços objeto da licitação, de modo a assegurar a viabilidade técnica e o adequado tratamento do impacto ambiental do empreendimento, possibilitando, ainda, a avaliação do custo da obra e a definição dos métodos e do prazo de execução, devendo conter os seguintes elementos (art. 6º, XXV). Ele é elaborado com base nas indicações contidas nos *estudos técnicos preliminares*, definidos pelo inc. XX do art. 6º como documentos constitutivos da primeira etapa do planejamento de uma contratação, que caracterizam o interesse público envolvido e a sua melhor solução, e que servem de base à elaboração (além do anteprojeto e do *termo de referência*[582]) também do projeto básico.

O *projeto executivo*, por sua vez, é formado pelo conjunto de elementos necessários e suficientes à execução completa da obra (art. 6º, XXVI). Ele deve conter, ainda, o detalhamento das soluções previstas no projeto básico, a identificação de serviços, de materiais e de equipamentos a serem incorporados à obra, bem como suas especificações técnicas, de acordo com as normas técnicas pertinentes (art. 6º, XXVI, parte final).

Na contratação integrada, o conjunto de desenhos, especificações, memoriais e cronograma físico-financeiro disponibilizado pelo contratado deverá ser submetido à aprovação da Administração após a elaboração do projeto básico, para avalição da sua adequação em relação aos parâmetros definidos no edital e conformidade com as normas técnicas, vedadas alterações que reduzam a qualidade ou a vida útil do empreendimento e mantida a responsabilidade integral do contratado pelos riscos associados ao projeto básico (art. 42, §3º). Essa providência, todavia, não se aplica à contratação semi-integrada, porque nela não se cogita da elaboração de projeto básico.

Outra distinção relativa ao procedimento diz respeito à possibilidade de alteração, na contratação semi-integrada, do projeto básico elaborado pela Administração, desde que ela assim o autorize e que seja demonstrada a superioridade das inovações propostas pelo contratado em termos de redução de custos, de aumento da qualidade, de redução do prazo de execução ou de facilidade de manutenção ou operação (art. 42, parágrafo único). Nesse caso, o contratado assume a responsabilidade integral pelos riscos associados à modificação que realizou (art. 42, parágrafo único, parte final). Essa regra não se aplica à contratação integrada, na qual o projeto básico ou é elaborado pelo licitante/contratado (art. 6º, XXXII), ou é substituído por *anteprojeto* elaborado de acordo com metodologia definida em ato do órgão competente (art. 46, §2º).

Porém, em tudo mais o procedimento empregado em um e outro regime de contratação se assemelha. Em ambos os regimes (isto é, nas contratações integradas e semi-integradas) a execução de cada etapa será obrigatoriamente precedida da conclusão e da aprovação, pela autoridade competente, dos trabalhos relativos às etapas anteriores (art. 47, §6º). Além disso, sempre que for o caso, o edital e o contrato deverão prever as providências necessárias para a efetivação de desapropriação autorizada pelo Poder Público (art. 46, §4º), cuidando de especificar, ainda:

    a) o responsável por cada fase do procedimento expropriatório (art. 46, §4º, I);
    b) a responsabilidade pelo pagamento das indenizações devidas (art. 46, §4º, II);
    c) a estimativa do valor a ser pago a título de indenização pelos bens expropriados, inclusive de custos correlatos (art. 46, §4º, III);
    d) a distribuição objetiva de riscos entre as partes, incluído o risco pela variação do custo da desapropriação em relação à estimativa de valor e aos eventuais danos e prejuízos ocasionados por atraso na disponibilização dos bens expropriados (art. 46, §4º, IV); e

---

[582] Qualificado pelo inc. XXIII do art. 6º como documento necessário à contratação de bens e serviços, inclusive de obras e serviços de engenharia.

e) em nome de quem deverá ser promovido o registro de imissão provisória na posse e o registro de propriedade dos bens a serem desapropriados (art. 46, §4º, V).

Como ocorre na empreitada por preço global, na empreitada integral e na contratação por tarefa, também as contratações integradas e semi-integradas devem ser realizadas por preço global, adotam sistemática de medição e pagamento associada à execução de etapas do cronograma físico-financeiro vinculadas ao cumprimento de metas de resultado e não admitem a adoção de sistemática de remuneração orientada por preços unitários ou referenciada pela execução de quantidades de itens unitários (art. 46, §9º).[583]

9.2.1.6   Fornecimento e prestação de serviço associado

O sétimo e último regime de contratação aplicável às licitações voltadas à contratação de obras e serviços de engenharia é o regime de *fornecimento e prestação de serviço associado*. Nele, além do fornecimento do objeto, o contratado responsabiliza-se pela sua operação, pela sua manutenção, ou por ambas (art. 6º, XXXIV). Entretanto, a operação e/ou manutenção do objeto, como serviço(s) associado(s), só pode ser assumida pelo contratado por prazo determinado (art. 6º, XXXIV, parte final).

Sua vigência máxima corresponde ao somatório entre prazo fixado para o fornecimento inicial ou para a entrega da obra e o prazo relativo à execução do(s) serviço(s) de operação e/ou manutenção, que, por sua vez, fica limitado a cinco anos contados da data de recebimento do objeto inicial (art. 113, *caput*). Porém, o legislador admite a sua prorrogação (art. 113, parte final) sucessiva, desde que respeitada a vigência máxima decenal, que haja previsão em edital e que a autoridade competente ateste que as condições e os preços permanecem vantajosos para a Administração (art. 107, *caput*). Nesse caso, opera-se a negociação com o contratado ou a extinção contratual sem ônus para qualquer das partes (art. 107, parte final).

Conforme Gustavo Ramos da Silva Quint, o objetivo desse regime de contratação parece ser o de garantir a otimização de custos e eficiência nas contratações de objetos que exigem manutenções constantes (como exemplo, salas de refrigeração e salas de alta segurança) ou que demandam, por sua própria natureza, operação associada (como

---

[583] O projeto de lei aprovado pelo Congresso Nacional também previa que esses regimes somente poderiam ser aplicados nas licitações para a contratação de obras, serviços e fornecimentos cujos valores superassem aquele previsto para os contratos regidos pela Lei nº 11.079/2004 (art. 46, §7º), quantificado em dez milhões de reais (Lei nº 11.079/2004, art. 2º, §4º), e que esse limite poderia ser afastado tão somente quando a contratação integrada ou semi-integrada fosse voltada a viabilizar projetos de ciência, tecnologia e inovação e de ensino técnico ou superior (art. 46, §8º). Todavia, a Presidência da República vetou esses dispositivos, à consideração de que eles contrariam o interesse público na medida, porque restringem a utilização dos regimes de contratação integrada e semi-integrada "para obras, serviços e fornecimentos de pequeno e médio valor, em prejuízo à eficiência na Administração, além do potencial aumento de custos com a realização de posteriores aditivos contratuais", porque, "considerando o conceito estabelecido no art. 6º, incisos XXXII e XXXIII, do Projeto de Lei, para os regimes de execução em questão", ter-se-ia, ainda, "o risco de que tecnologias diferenciadas fiquem impossibilitadas de serem internalizadas em obras de médio e menor porte" ("tais como: obras de estabelecimentos penais e de unidades de atendimento socioeducativo, no âmbito da segurança pública, melhorias na mobilidade urbana ou ampliação de infraestrutura logística, SUS e PAC"), e porque impactam "negativamente em diversas políticas públicas sociais que hoje utilizam a contratação integrada como meio mais efetivo para a realização dos fins traçados no planejamento estatal".

exemplo, centros comerciais e complexos esportivos).[584] Ele assume, portanto, lógica semelhante à das concessões.[585]

Na prática, o fornecimento com prestação de serviço associado vai além do que é demandado do contratante na empreitada integral, que, por sua vez, ultrapassa o que dele é requerido nas empreitadas por preço unitário e por preço global. Com efeito, se a empreitada por preço unitário ou por preço global incide sobre a obra/serviço de engenharia contratados; a empreitada integral abarca, além deles (obra/serviço de engenharia), a entrega do objeto absolutamente pronto para uso (montagem do objeto); enquanto que o fornecimento com prestação de serviço associado alcança, além dessas prestações (obra/serviço de engenharia e montagem do objeto), também a sua operação e manutenção.

9.2.2 Disposições sobre serviços em geral

Art. 47. As licitações de serviços atenderão aos princípios:

I - da padronização, considerada a compatibilidade de especificações estéticas, técnicas ou de desempenho;

II - do parcelamento, quando for tecnicamente viável e economicamente vantajoso;

§1º Na aplicação do princípio do parcelamento deverão ser considerados:

I - a responsabilidade técnica;

II - o custo para a Administração de vários contratos frente às vantagens da redução de custos, com divisão do objeto em itens;

III - o dever de buscar a ampliação da competição e de evitar a concentração de mercado.

Após tratar, nesses termos, das licitações para contratação de obras e serviços de engenharia, a Lei nº 14.133/2021 também trouxe disposições específicas sobre as licitações voltadas à contratação de serviços em geral.

Aplicam-se a elas os princípios da *padronização* e do *parcelamento* (art. 47, *caput*).

A *padronização* dos bens contratados é feita em processo que encarte parecer técnico sobre o produto (art. 43, I) e despacho motivado da autoridade superior pela adoção do padrão (art. 43, II). Ela também demanda a divulgação em sítio eletrônico oficial de síntese da justificativa construída, além da descrição sucinta do padrão definido (art. 43, III), e pode ser feita por referência da Administração a processo anterior realizado por outro órgão ou entidade de nível federativo igual ou superior ao do órgão adquirente (art. 43, §1º). Porém, a sua utilização deve sempre ter em vista a compatibilidade de especificações estéticas, técnicas ou de desempenho (art. 47, I).[586]

---

[584] QUINT, Gustavo Ramos da Silva. Regime de execução, p. 66.
[585] QUINT, Gustavo Ramos da Silva. Regime de execução, p. 66.
[586] Sobre padronização do objeto, cf., ainda, as nossas observações no tópico 9.1.5.

O *parcelamento*, por sua vez, consiste na divisão do objeto a ser licitado no maior número possível de parcelas (também chamadas lotes), observada a viabilidade técnica e econômica da medida, e sempre tendo em vista a ampliação da competitividade; mas não se confunde com a figura do *fracionamento* do objeto contratado, consistente na sua divisão arbitrária com o objetivo de utilizar modalidade de licitação mais simplificada[587] e incompatível com integralidade do objeto ou de induzir, indevidamente, a viabilidade da contratação direta por dispensa de licitação. No regime da Lei nº 14.133/2021, o parcelamento apenas é admitido quando for tecnicamente viável e economicamente vantajoso (art. 47, II), e deve considerar a responsabilidade técnica, o custo para a Administração de vários contratos ante as vantagens da redução de custos, com divisão do objeto em itens e o dever de buscar a ampliação da competição e de evitar a concentração de mercado (art. 47, §1º).[588]

Além de enunciar esses princípios, o legislador concebeu, no que concerne às licitações para contratação de serviços em geral, disposições sobre *manutenção e assistência técnica*, sobre a *possibilidade de execução por terceiros*, sobre a *possibilidade de execução por mais de uma empesa* e sobre *regime de dedicação exclusiva de mão de obra*.

9.2.2.1 Contratação de serviços de manutenção e assistência técnica

Art. 47. [...]
§2º Na licitação de serviços de manutenção e assistência técnica, o edital deverá definir o local de realização dos serviços, admitida a exigência de deslocamento de técnico ao local da repartição ou a exigência de que o contratado tenha unidade de prestação de serviços em distância compatível com as necessidades da Administração.

Na contratação de serviços de manutenção e assistência técnica, o edital deverá definir o local da sua realização, podendo, ainda, exigir o deslocamento de técnico ao local da repartição ou, quando menos, que o contratado tenha unidade de prestação de serviços em distância compatível com as necessidades da Administração (art. 47, §2º).

9.2.2.2 Possibilidade de execução por terceiros

Art. 48. Poderão ser objeto de execução por terceiros as atividades materiais acessórias, instrumentais ou complementares aos assuntos que constituam área de competência legal do órgão ou da entidade, vedado à Administração ou a seus agentes, na contratação do serviço terceirizado:

---

[587] A propósito, reiteramos que no regime normativo pretérito também tínhamos as modalidades de *convite* e *tomada de preços*, com requisitos mais simples, mas que apenas podiam ser aplicadas para *contratações de menor valor*.
[588] Sobre o parcelamento do objeto, cf., também, o que dissemos no tópico 9.1.2.

I - indicar pessoas expressamente nominadas para executar direta ou indiretamente o objeto contratado;

II - fixar salário inferior ao definido em lei ou em ato normativo a ser pago pelo contratado;

III - estabelecer vínculo de subordinação com funcionário de empresa prestadora de serviço terceirizado;

IV - definir forma de pagamento mediante exclusivo reembolso dos salários pagos;

V - demandar a funcionário de empresa prestadora de serviço terceirizado a execução de tarefas fora do escopo do objeto da contratação;

VI - prever em edital exigências que constituam intervenção indevida da Administração na gestão interna do contratado.

Parágrafo único. Durante a vigência do contrato, é vedado ao contratado contratar cônjuge, companheiro ou parente em linha reta, colateral ou por afinidade, até o terceiro grau, de dirigente do órgão ou entidade contratante ou de agente público que desempenhe função na licitação ou atue na fiscalização ou na gestão do contrato, devendo essa proibição constar expressamente do edital de licitação.

••

Como regra, as prestações licitadas devem ser executadas pelo licitante vencedor. Contudo, a Lei nº 14.133/2021 admite a execução por terceiros (subcontratação) de atividades materiais acessórias, instrumentais ou complementares aos assuntos que constituam área de competência legal do órgão ou da entidade (art. 48, *caput*).

Nesse caso, fica vedado à Administração e a seus agentes interferir na contratação do serviço terceirizado (art. 48, parte final):

 a) seja para indicar pessoas expressamente nominadas para executar direta ou indiretamente o objeto contratado (art. 48, I);

 b) seja para fixar salário inferior ao definido em lei ou em ato normativo a ser pago pelo contratado (art. 48, II);

 c) seja para estabelecer vínculo de subordinação com funcionário de empresa prestadora de serviço terceirizado (art. 48, III);

 d) seja para definir forma de pagamento mediante exclusivo reembolso dos salários pagos (art. 48, IV);

 e) seja para demandar a funcionário de empresa prestadora de serviço terceirizado a execução de tarefas fora do escopo do objeto da contratação (art. 48, V);

 f) seja para prever em edital exigências que constituam intervenção indevida da Administração na gestão interna do contratado (art. 48, VI).

Além disso, é proibido ao contratado, durante a vigência do contrato, contratar cônjuge, companheiro ou parente em linha reta, colateral ou por afinidade, até o terceiro grau, de dirigente do órgão ou entidade contratante ou de agente estatal que desempenhe função na licitação ou atue na fiscalização ou na gestão do contrato (art. 48, parágrafo único). Essa proibição deverá constar expressamente do edital de licitação (art. 48, parágrafo único, parte final).

9.2.2.3 Possibilidade de execução por mais de uma empesa

> Art. 49. A Administração poderá, mediante justificativa expressa, contratar mais de uma empresa ou instituição para executar o mesmo serviço, desde que essa contratação não implique perda de economia de escala, quando:
>
> I - o objeto da contratação puder ser executado de forma concorrente e simultânea por mais de um contratado; e
>
> II - a múltipla execução for conveniente para atender à Administração.
>
> Parágrafo único. Na hipótese prevista no *caput* deste artigo, a Administração deverá manter o controle individualizado da execução do objeto contratual relativamente a cada um dos contratados.

Também é viável a contratação, mediante justificativa expressa, de mais de uma empresa ou instituição para executar o mesmo serviço, desde que disso não resulte perda de economia de escala (art. 49, *caput*). Não se cogita, no ponto, de prestação conjunta (conforme se verifica na contratação de consórcios de empresas para realizar dada prestação), mas da contratação concorrente e simultânea de duas ou mais empresas (num contexto em que mais de um licitante é selecionado) para a prestação (igualmente concorrente e simultânea) do mesmo serviço.

Porém, esse tipo de contratação apenas é admitido quando o seu objeto puder ser executado de forma concorrente e simultânea por mais de um contratado (art. 49, I) e quando a múltipla execução for conveniente para atender às necessidades da Administração (art. 49, II). Além disso, a Administração, quando contrata (observados esses limites e cuidados) mais de um prestador para executar o mesmo serviço, deve manter o controle individualizado da execução do objeto contratual relativamente a cada um dos contratados (art. 49, parágrafo único).

9.2.2.4 Regime de dedicação exclusiva de mão de obra

> Art. 50. Nas contratações de serviços com regime de dedicação exclusiva de mão de obra, o contratado deverá apresentar, quando solicitado pela Administração, sob pena de multa, comprovação do cumprimento das obrigações trabalhistas e com o Fundo de Garantia do Tempo de Serviço (FGTS) em relação aos empregados diretamente envolvidos na execução do contrato, em especial quanto ao:
>
> I - registro de ponto;
>
> II - recibo de pagamento de salários, adicionais, horas extras, repouso semanal remunerado e décimo terceiro salário;
>
> III - comprovante de depósito do FGTS;
>
> IV - recibo de concessão e pagamento de férias e do respectivo adicional;

V - recibo de quitação de obrigações trabalhistas e previdenciárias dos empregados dispensados até a data da extinção do contrato;

VI - recibo de pagamento de vale-transporte e vale- alimentação, na forma prevista em norma coletiva.

A Lei nº 14.133/2021 também dispõe sobre a possibilidade de contratação de serviços sob *regime de dedicação exclusiva de mão de obra*, definidos pelo inc. XVI do art. 6º como aqueles cujo modelo de execução contratual exige, entre outros requisitos:

a) que os empregados do contratado fiquem à disposição nas dependências do contratante para a prestação dos serviços (art. 6º, XVI, "a");

b) que o contratado não compartilhe os recursos humanos e materiais disponíveis de uma contratação para execução simultânea de outros contratos (art. 6º, XVI, "b"); e

c) que o contratado possibilite a fiscalização pelo contratante quanto à distribuição, controle e supervisão dos recursos humanos alocados aos seus contratos (art. 6º, XVI, "c").

Nesse modelo, o contratado, na forma prevista em norma coletiva e sob pena de multa, sempre que solicitado pela Administração, deverá apresentar a comprovação do cumprimento das obrigações trabalhistas e com o FGTS[589] em relação aos empregados diretamente envolvidos na execução do contrato, em especial quanto ao registro de ponto, ao recibo de pagamento de salários, adicionais, horas extras, repouso semanal remunerado e décimo terceiro salário, ao comprovante de depósito do FGTS, ao recibo de concessão e pagamento de férias e do respectivo adicional, ao recibo de quitação de obrigações trabalhistas e previdenciárias dos empregados dispensados até a data da extinção do contrato e ao recibo de pagamento de vale-transporte e vale-alimentação (art. 50, *caput*).

9.3 Licitação para locação de imóveis

Art. 51. Ressalvado o disposto no inciso V do *caput* do art. 74 desta Lei, a locação de imóveis deverá ser precedida de licitação e avaliação prévia do bem, do seu estado de conservação, dos custos de adaptações e do prazo de amortização dos investimentos necessários.

Além das compras e das obras e serviços, também a locação de imóveis se insere entre os objetos do processo licitatório. A Lei nº 14.133/2021 prescreve que como regra ela deve ser precedida de licitação e avaliação prévia do bem, do seu estado de conservação, dos custos de adaptações e do prazo de amortização dos investimentos necessários

---

[589] Fundo de Garantia do Tempo de Serviço.

(art. 51, *caput*), mas estabelece, como exceção a essa regra geral, a possibilidade de contração direta, por inexigibilidade de licitação, para a locação (e também para a aquisição) de imóvel cujas características de instalações e de localização tornem necessária sua escolha (art. 74, V).

CAPÍTULO 10

LICITAÇÕES INTERNACIONAIS

Art. 52. Nas licitações de âmbito internacional, o edital deverá ajustar-se às diretrizes da política monetária e do comércio exterior e atender às exigências dos órgãos competentes.

§1º Quando for permitido ao licitante estrangeiro cotar preço em moeda estrangeira, o licitante brasileiro igualmente poderá fazê-lo.

§2º O pagamento feito ao licitante brasileiro eventualmente contratado em virtude de licitação nas condições de que trata o §1º deste artigo será efetuado em moeda corrente nacional.

§3º As garantias de pagamento ao licitante brasileiro serão equivalentes àquelas oferecidas ao licitante estrangeiro.

§4º Os gravames incidentes sobre os preços constarão do edital e serão definidos a partir de estimativas ou médias dos tributos.

§5º As propostas de todos os licitantes estarão sujeitas às mesmas regras e condições, na forma estabelecida no edital.

§6º Observados os termos desta Lei, o edital não poderá prever condições de habilitação, classificação e julgamento que constituam barreiras de acesso ao licitante estrangeiro, admitida a previsão de margem de preferência para bens produzidos no País e serviços nacionais que atendam às normas técnicas brasileiras, na forma definida no art. 26 desta Lei.

Para além de dispor sobre as licitações e contratações realizadas no Brasil (art. 1º e §1º),[590] sobre as licitações e contratações realizadas no exterior (art. 1º, §2º),[591] sobre as licitações e contratações realizadas com recursos provenientes do exterior (art. 1º, §§3º e 4º)[592] e sobre as contratações relativas às reservas internacionais do país (art. 1º, §5º),[593] a Lei nº 14.133/2021 também aborda as licitações de âmbito internacional.

---

[590] Objeto de nossas considerações no tópico 1.1 do Capítulo 1.
[591] Objeto de nossas considerações no tópico 1.2 do Capítulo 1.
[592] Objeto de nossas considerações no tópico 1.3 do Capítulo 1.
[593] Objeto de nossas considerações no tópico 1.4 do Capítulo 1.

Elas assumem duas formas distintas, ambas referenciadas no inc. XXXV do art. 6º:
a) licitação processada em território nacional, mas que admite a participação de licitantes estrangeiros, e que por isso atrai a possibilidade de cotação de preços em moeda estrangeira; ou
b) licitação cujo objeto contratual pode ou deve ser executado, no todo ou em parte, em território estrangeiro.

Acerca delas, o legislador também dispõe sobre a exigência de *compatibilidade com as diretrizes da política monetária internacional e do comércio exterior*, sobre *isonomia entre os licitantes estrangeiros e brasileiros* e sobre a *definição dos gravames sobre os preços*.

10.1 Disposições sobre exigência de compatibilidade com as diretrizes da política monetária internacional e do comércio exterior

Nas licitações internacionais, o edital precisa se ajustar às diretrizes da política monetária e do comércio exterior, devendo, ainda, atender às exigências formuladas pelos órgãos competentes com base na Lei nº 14.133/2021 (art. 52, *caput*).

10.2 Disposições sobre isonomia entre os licitantes estrangeiros e brasileiros

Entre essas exigências, merece destaque a necessidade de atribuição de tratamento isonômico entre licitantes estrangeiros e brasileiros, que já resultaria da incidência do princípio da isonomia, extensível aos processos administrativos voltados à realização de licitações e contratações públicas, por disposição expressa que sobressai do art. 5º da Lei nº 14.133/2021. Contudo, o legislador também positivou regras auxiliares que estruturam a atividade administrativa quanto a esse específico particular. Delas, resultam:
a) que quando for permitido ao licitante estrangeiro cotar preço em moeda estrangeira, o licitante brasileiro também poderá fazê-lo (art. 52, §1º), com a ressalva de que os pagamentos feitos ao licitante brasileiro eventualmente contratado em licitação que admite a cotação de preços em moeda estrangeira serão efetuados em moeda corrente nacional (art. 52, §2º);
b) que as garantias de pagamento ao licitante brasileiro serão equivalentes àquelas oferecidas ao licitante estrangeiro (art. 52, §3º);
c) que as propostas de todos os licitantes estarão sujeitas às mesmas regras e condições (art. 52, §5º); e
d) que o edital não poderá prever condições de habilitação, classificação e julgamento que constituam barreiras de acesso ao licitante estrangeiro, admitida a previsão de margem de preferência para bens produzidos no país e serviços nacionais que atendam às normas técnicas brasileiras (art. 52, §6º), incidentes, nos termos do art. 26, sobre bens manufaturados e serviços nacionais que atendam a normas técnicas brasileiras e sobre bens reciclados, recicláveis ou biodegradáveis, conforme regulamento.

10.3 Disposições sobre exigência relativa a gravames incidentes sobre preços

Outra exigência formulada pelo legislador, no que concerne à realização de licitações internacionais, diz respeito à necessidade de que os gravames incidentes sobre os preços constem do edital e de que sejam definidos a partir de estimativas ou médias dos tributos (art. 52, §4º).

CAPÍTULO 11

CONTROLE JURÍDICO E DIVULGAÇÃO DO EDITAL DE LICITAÇÃO

A Lei nº 14.133/2021 condiciona a divulgação do edital da licitação, fase imediatamente subsequente à conclusão da sua etapa interna (que o legislador convencionou chamar fase preparatória),[594] a controle prévio de legalidade, a ser exercido mediante análise jurídica empreendida pela Advocacia Pública (art. 45 e parágrafos).

11.1 O controle jurídico realizado pela Advocacia Pública

Art. 53. Ao final da fase preparatória, o processo licitatório seguirá para o órgão de assessoramento jurídico da Administração, que realizará controle prévio de legalidade mediante análise jurídica da contratação.

§1º Na elaboração do parecer jurídico, o órgão de assessoramento jurídico da Administração deverá:

I - apreciar o processo licitatório conforme critérios objetivos prévios de atribuição de prioridade;

II - redigir sua manifestação em linguagem simples e compreensível e de forma clara e objetiva, com apreciação de todos os elementos indispensáveis à contratação e com exposição dos pressupostos de fato e de direito levados em consideração na análise jurídica;

III - VETADO

§2º VETADO

§3º Encerrada a instrução do processo sob os aspectos técnico e jurídico, a autoridade determinará a divulgação do edital de licitação conforme disposto no art. 54.

---

[594] Conforme observamos no tópico 6.2 do Capítulo 6, o legislador divide o procedimento do processo licitatório em uma etapa interna (fase preparatória) e uma etapa externa, composta por seis fases executórias: a fase de divulgação do edital de licitação, a fase de apresentação de propostas e lances, a fase de julgamento, a fase de habilitação, a fase recursal e a fase de homologação, todas elas listadas em seu art. 17.

§4º Na forma deste artigo, o órgão de assessoramento jurídico da Administração também realizará controle prévio de legalidade de contratações diretas, acordos, termos de cooperação, convênios, ajustes, adesões a atas de registro de preços, outros instrumentos congêneres e de seus termos aditivos.

§5º É dispensável a análise jurídica nas hipóteses previamente definidas em ato da autoridade jurídica máxima competente, que deverá considerar o baixo valor, a baixa complexidade da contratação, a entrega imediata do bem ou a utilização de minutas de editais e instrumentos de contrato, convênio ou outros ajustes previamente padronizados pelo órgão de assessoramento jurídico.

§6º VETADO

O art. 53 da Lei nº 14.133/2021 condiciona o prosseguimento do processo licitatório à realização de controle jurídico exercitado pela Advocacia Pública, inclusive para efeito da divulgação de editais de licitação (art. 53, §3º) e da conclusão de processos que encartem contratações diretas, acordos, termos de cooperação, convênios, ajustes e adesões a atas de registro de preços, bem como de outros instrumentos congêneres e de seus termos respectivos aditivos (art. 53, §4º).

11.1.1 Advocacia Pública brasileira: estado da arte

A compreensão do conteúdo dos dispositivos comentados (art. 53 e §§3º e 4º) demanda considerações sobre a Advocacia Pública, tal como ela atualmente se apresenta em seu estado da arte, que remetem, por sua vez, ao modo como ela se estrutura em cada esfera da Federação brasileira e à efetiva conformação das atividades profissionais exercitadas por seus integrantes.

11.1.1.1 A Advocacia Pública na Federação brasileira

O Brasil é uma Federação. A Constituição de 1988 refere-se a essa circunstância logo em seu art. 1º,[595] que estabelece que a República Federativa do Brasil é formada pela união indissolúvel dos estados, do Distrito Federal e dos municípios. Tamanha é a importância desse dado da estruturação do Estado brasileiro que a Carta Política prevê, no inc. I do §4º do seu art. 60,[596] que nem sequer serão objeto de deliberação parlamentar propostas de emendas constitucionais tendentes a abolir a forma federativa de Estado.

A Federação brasileira é composta pela União, pelos estados, pelo Distrito Federal e pelos municípios (CRFB, art. 18),[597] muito embora nesse contexto o Distrito Federal apresente-se como figura híbrida, que assume caracteres próprios de estados

---

[595] CRFB: "Art. 1º A República Federativa do Brasil, formada pela união indissolúvel dos Estados e Municípios e do Distrito Federal, constitui-se em Estado Democrático de Direito e tem como fundamentos [...]".

[596] CRFB: "Art. 60. A Constituição poderá ser emendada mediante proposta: [...] §4º Não será objeto de deliberação a proposta de emenda tendente a abolir: I - a forma federativa de Estado".

[597] CRFB: "Art. 18. A organização político-administrativa da República Federativa do Brasil compreende a União, os Estados, o Distrito Federal e os Municípios, todos autônomos, nos termos desta Constituição".

e municípios.[598] Há, pois, no Brasil, "uma organização político-administrativa de três níveis, com elevado grau de descentralização do poder político", que confere "maiores possibilidades de participação democrática densificadoras do poder decisório dos cidadãos sobre os destinos da comunidade política em que estão inseridos".[599]

Em cada uma dessas esferas da Federação brasileira foram estruturados serviços jurídicos que compõem o que em doutrina se convencionou chamar Advocacia Pública.[600] Operam nesse contexto a *Advocacia-Geral da União* (que tem estrutura tripartite), as *procuradorias-gerais* (ou advocacias-gerais) *dos estados e do Distrito Federal* e as *procuradorias municipais*.

11.1.1.1.1 A Advocacia-Geral da União e seus órgãos vinculados

As atribuições da Advocacia-Geral da União restam disciplinadas no art. 131 da Constituição.[601] Esse dispositivo constitucional lhe confere, textualmente, a representação judicial e extrajudicial da União Federal e a consultoria e o assessoramento jurídico do Poder Executivo Federal.

Em âmbito federal, essas atividades (consultoria jurídica e contencioso judicial) podem ser exercidas, por disposição constitucional expressa, pela Advocacia-Geral da União e também pelos chamados órgãos vinculados.[602] Por força dessa opção político-normativa, concebeu-se, no plano infraconstitucional,[603] estrutura tripartite para Advocacia Pública Federal, que é composta, atualmente, pela *Procuradoria da União*, pela *Procuradoria da Fazenda Nacional* e pela *Procuradoria Federal*.[604]

---

[598] A propósito, confira-se a seguinte passagem doutrinária da obra de Michel Temer: "O Distrito Federal é pessoa jurídica de direito público, com capacidade legislativa, administrativa e judiciária. É, hoje, tal como a União, Estados e Municípios, autônomo politicamente. Titulariza competências próprias, legisla sobre elas e as administra por meio de autoridades próprias. Com efeito, o Distrito Federal tem uma Câmara Legislativa onde estão os deputados distritais (art. 32, §§2º e 3º); é dirigido pelo Governador e pelo Vice-Governador (art. 32, §2º); a ele são atribuídas as competências legislativas nomeadas aos Estados e Municípios (art. 32, §1º)" (TEMER, Michel. *Elementos de direito constitucional*, p. 102). Por esse motivo, essa unidade federada estará abarcada, nas considerações tecidas doravante neste trabalho, nas referências feitas aos estados e municípios.

[599] JAYME, Fernando Gonzaga. Comentários aos arts. 18 e 19, p. 531.

[600] Cf. MADUREIRA, Claudio. *Advocacia Pública*. Diogo de Figueiredo Moreira Neto prefere denominá-la *Advocacia de Estado*, porque defende que a Advocacia Pública (ou Procuraturas Constitucionais) seria gênero de que são espécies o Ministério Público, a Defensoria Pública e a Advocacia de Estado (MOREIRA NETO, Diogo de Figueiredo. As funções essenciais à justiça e as procuraturas constitucionais, p. 24). Todavia, considerando que, com a edição da Emenda Constitucional nº 19, a Constituição da República passou a designar a Seção II do Capítulo IV do seu Título IV, que congrega os órgãos de representação jurídica do Estado, sob a denominação "Da Advocacia Pública", reputamos pertinente, inclusive como forma de se conferir denominação uniforme aos serviços jurídicos instituídos nas três esferas da Federação, a qualificação desses órgãos de representação simplesmente como Advocacia Pública.

[601] Sobre a argumentação que se segue, cf.: MADUREIRA, Claudio. *Advocacia Pública*, p. 144-148.

[602] Essa opção político-normativa é coerente com a previsão, no §3º do art. 131 da Constituição da República ("Art. 131. [...] §3º Na execução da dívida ativa de natureza tributária, a representação da União cabe à Procuradoria-Geral da Fazenda Nacional, observado o disposto em lei"), de que determinados aspectos da atividade jurídica conferida pelo constituinte à Advocacia Pública Federal ficam a cargo de um outro órgão jurídico, denominado Procuradoria da Fazenda Nacional, serviço jurídico preexistente à promulgação da Carta de 1988 (cf. CASTRO, Aldemario Araújo. A (centenária) Procuradoria-Geral da Fazenda Nacional, p. 548). Também operavam no regime legislativo pretérito as chamadas procuradorias e departamentos jurídicos das autarquias e fundações públicas (cf. DEMO, Roberto Luís Luchi. Advocacia Pública, p. 706-710).

[603] Cf., a propósito, os textos da Lei Complementar Federal nº 73/1993 e da Lei Federal nº 10.480/2002.

[604] Cf., a propósito: COLODETTI, Bruno; MADUREIRA, Claudio Penedo. *Advocacia-Geral da União*.

A *Procuradoria da União* é órgão subordinado direta e imediatamente ao advogado-geral da União,[605] e é composta, como regra, pelos advogados da União.[606] Ela tem por incumbência a representação judicial da União Federal,[607] e por isso não exerce atividade de consultoria jurídica, que é conferida, nas matérias submetidas à sua atuação contenciosa, à Consultoria-Geral da União, à Consultoria da União e às consultorias jurídicas dos ministros de Estado, do secretário-geral e demais titulares de secretarias da Presidência da República e do chefe do Estado-Maior das Forças Armadas.[608] No âmbito contencioso, sua competência é limitada pelos enunciados prescritivos que dispõem sobre a atuação da Procuradoria da Fazenda Nacional, a quem cabe a atuação nas causas de natureza tributária e fiscal. Nesse campo, a Procuradoria da União tem competência residual, atuando em todos os processos judiciais de interesse da União (portanto, da Administração direta), ressalvando-se apenas aqueles que versem sobre matéria tributária/fiscal.

Por sua vez, a *Procuradoria da Fazenda Nacional* é composta, como regra, pelos procuradores da Fazenda Nacional,[609] e atende à União do mesmo modo que a Procuradoria da União. Porém, a sua atividade é restrita a matérias fiscais e tributárias. A Constituição da República lhe atribuiu competência para atuar na execução da dívida ativa de natureza tributária (art. 131, §3º),[610] incumbência que também lhe foi conferida pela Lei Complementar Federal nº 73/1993 (art. 12, I e II).[611] Compete-lhe, assim, atuar

---

[605] LC nº 73/1993: "Art. 9º À Procuradoria-Geral da União, subordinada direta e imediatamente ao Advogado-Geral da União, incumbe representá-la, judicialmente, nos termos e limites desta Lei Complementar" (grifos nossos).

[606] LC nº 73/1993: "Art. 2º [...] §5º São membros da Advocacia-Geral da União: o Advogado-Geral da União, o Procurador-Geral da União, o Procurador-Geral da Fazenda Nacional, o Consultor-Geral da União, o Corregedor-Geral da Advocacia da União, os Secretários-Gerais de Contencioso e de Consultoria, os Procuradores Regionais, os Consultores da União, os Corregedores-Auxiliares, os Procuradores-Chefes, os Consultores Jurídicos, os Procuradores Seccionais, os *Advogados da União*, os Procuradores da Fazenda Nacional e os Assistentes Jurídicos" (grifos nossos). Cf. CARVALHO, Juan Pablo Couto de. Advocacia-Geral da União, p. 429. Sobre a argumentação que se segue, cf.: MADUREIRA, Claudio. *Advocacia Pública*, p. 148-149.

[607] LC nº 73/1993: "Art. 9º À Procuradoria-Geral da União, subordinada direta e imediatamente ao Advogado-Geral da União, *incumbe representá-la, judicialmente*, nos termos e limites desta Lei Complementar" (grifos nossos). Conforme Faria, esse serviço jurídico foi instituído para cuidar de forma mais pormenorizada do "braço contencioso" da Advocacia-Geral da União (FARIA, Fernando Luiz Albuquerque. A Procuradoria-Geral da União, os interesses primários e secundários do Estado e a atuação pró-ativa em defesa do Estado Democrático de Direito e da probidade administrativa, p. 487).

[608] Quanto ao particular, Fernando Luiz Albuquerque Faria leciona que "a área consultiva da AGU restou formada pela Consultoria-Geral da União (CGU) e seus órgãos subordinados, enquanto a área contenciosa passou a ser exercida pela Procuradoria-Geral da União (PGU) e seus órgãos subordinados" (FARIA, Fernando Luiz Albuquerque. A Procuradoria-Geral da União, os interesses primários e secundários do Estado e a atuação pró-ativa em defesa do Estado Democrático de Direito e da probidade administrativa, p. 488). Para maiores detalhes sobre a atividade consultiva desempenhada no âmbito da Advocacia Pública Federal, cf. MADUREIRA, Claudio. *Advocacia Pública*, p. 165-174.

[609] LC nº 73/1993: "Art. 2º [...] §5º São membros da Advocacia-Geral da União: o Advogado-Geral da União, o Procurador-Geral da União, o Procurador-Geral da Fazenda Nacional, o Consultor-Geral da União, o Corregedor-Geral da Advocacia da União, os Secretários-Gerais de Contencioso e de Consultoria, os Procuradores Regionais, os Consultores da União, os Corregedores-Auxiliares, os Procuradores-Chefes, os Consultores Jurídicos, os Procuradores Seccionais, os Advogados da União, *os Procuradores da Fazenda Nacional* e os Assistentes Jurídicos" (grifos nossos). Cf. CARVALHO, Juan Pablo Couto de. Advocacia-Geral da União, p. 429.

[610] CRFB: "Art. 131 [...] §3º Na execução da dívida ativa de natureza tributária, a representação da União cabe à Procuradoria-Geral da Fazenda Nacional, observado o disposto em lei".

[611] LC nº 73/1993: "Art. 12. À Procuradoria-Geral da Fazenda Nacional, órgão administrativamente subordinado ao titular do Ministério da Fazenda, compete especialmente: I - apurar a liquidez e certeza da dívida ativa da União de natureza tributária, inscrevendo-a para fins de cobrança, amigável ou judicial; II - representar privativamente a União, na execução de sua dívida ativa de caráter tributário".

nas execuções fiscais ajuizadas pelo ente federal. Entretanto, a sua competência para atuação no contencioso judicial não se restringe ao procedimento executivo fiscal. É que o legislador também lhe incumbiu da representação judicial da União Federal nas causas de natureza fiscal (LC nº 73/1993, art. 12, V),[612] que são aquelas relativas a tributos de competência da União, a empréstimos compulsórios, à apreensão de mercadorias, nacionais ou estrangeiras, a decisões de órgãos do contencioso administrativo fiscal, a benefícios e isenções fiscais, a créditos e estímulos fiscais à exportação, à responsabilidade tributária de transportadores e agentes marítimos e a incidentes processuais suscitados em ações de natureza fiscal (LC nº 173/1993, art. 12, parágrafo único).[613] O legislador também conferiu à Procuradoria da Fazenda Nacional o exercício de atividade consultiva, consistente no exame prévio da legalidade dos contratos, acordos, ajustes e convênios que interessem ao Ministério da Fazenda, inclusive os referentes à dívida pública externa, e na promoção da sua respectiva rescisão por via administrativa ou judicial (LC nº 173/1993, art. 12, IV).[614] E dispôs, em reforço, que esse serviço jurídico desempenha as atividades de consultoria e assessoramento no âmbito do Ministério da Fazenda e de seus órgãos autônomos e entes tutelados (LC nº 173/1993, art. 13).[615]

Já *Procuradoria Federal* foi instituída pela Lei Federal nº 10.480/2002 para atender às autarquias e fundações públicas federais nas atividades de contencioso judicial e de consultoria jurídica.[616] Antes da edição desse diploma legislativo, havia sido editada a Medida Provisória nº 2.048-26/2000, que criou o cargo de procurador federal, uniformizando sob uma única denominação profissionais de direito que atuavam nas autarquias e fundações públicas federais.[617] Na oportunidade, cargos de procurador autárquico, procurador, advogado, assistente jurídico de autarquias e fundações públicas federais e procurador e advogado da Superintendência de Seguros

---

[612] LC nº 73/1993: "Art. 12. À Procuradoria-Geral da Fazenda Nacional, órgão administrativamente subordinado ao titular do Ministério da Fazenda, compete especialmente: [...] V - representar a União nas causas de natureza fiscal".

[613] LC nº 73/1993: "Art. 12. [...] Parágrafo único. São consideradas causas de natureza fiscal as relativas a: I - tributos de competência da União, inclusive infrações à legislação tributária; II - empréstimos compulsórios; III - apreensão de mercadorias, nacionais ou estrangeiras; IV - decisões de órgãos do contencioso administrativo fiscal; V - benefícios e isenções fiscais; VI - créditos e estímulos fiscais à exportação; VII - responsabilidade tributária de transportadores e agentes marítimos; VIII - incidentes processuais suscitados em ações de natureza fiscal".

[614] LC nº 73/1993: "Art. 12. À Procuradoria-Geral da Fazenda Nacional, órgão administrativamente subordinado ao titular do Ministério da Fazenda, compete especialmente: [...] IV - examinar previamente a legalidade dos contratos, acordos, ajustes e convênios que interessem ao Ministério da Fazenda, inclusive os referentes à dívida pública externa, e promover a respectiva rescisão por via administrativa ou judicial".

[615] LC nº 73/1993: "Art. 13. A Procuradoria-Geral da Fazenda Nacional desempenha as atividades de consultoria e assessoramento jurídicos no âmbito do Ministério da Fazenda e seus órgãos autônomos e entes tutelados".

[616] Lei nº 10.480/2002: "Art. 10. À Procuradoria-Geral Federal compete a representação judicial e extrajudicial das autarquias e fundações públicas federais, as respectivas atividades de consultoria e assessoramento jurídicos, a apuração da liquidez e certeza dos créditos, de qualquer natureza, inerentes às suas atividades, inscrevendo-os em dívida ativa, para fins de cobrança amigável ou judicial". Sobre a argumentação que se segue, cf.: MADUREIRA, Claudio. *Advocacia Pública*, p. 155-161.

[617] Ao ensejo, Maria Jovita Wolney Valente expressa que "ao tempo em que a Advocacia-Geral da União assumia a representação judicial de quase uma centena de autarquias e fundações, conforme visto, era criada a carreira de Procurador Federal, reunindo sob denominação única os profissionais do Direito responsáveis pelas atividades de representação judicial e extrajudicial e daquelas de consultoria e assessoramento jurídicos das autarquias e fundações federais, passo fundamental para a organização e racionalização da atuação dos integrantes da nova carreira" (VALENTE, Maria Jovita Wolney. Histórico e evolução da Advocacia-Geral da União, p. 371). Sobre o assunto, ler também: FREITAS, Marcelo de Siqueira. A Procuradoria-Geral Federal e a defesa das políticas e dos interesses públicos a cargo da Administração indireta, p. 537.

Privados e da Comissão de Valores Mobiliários foram transformados em cargos de procurador federal.[618] Apenas ficaram de fora dessa política uniformizadora os cargos de procuradores do Bando Central do Brasil,[619] que também não seriam integrados, anos depois, à Procuradoria-Geral Federal, quando da sua instituição pela Lei Federal nº 10.480/2002.[620] Os procuradores federais desempenham atividades de contencioso judicial e consultoria jurídica, que alcançam, inclusive, a apuração da liquidez e certeza de créditos tributários e não tributários a cargo das autarquias e fundações públicas por eles atendidas, a inscrição desses créditos em dívida ativa e a sua oportuna cobrança. Vê-se, pois, que Procuradoria Federal atua inclusive nas chamadas causas de natureza fiscal. Nessas matérias, cumprirá à Procuradoria da Fazenda Nacional a defesa dos interesses da União, e à Procuradoria Federal o atendimento às autarquias e fundações públicas federais.

11.1.1.1.2 As procuradorias dos estados e do Distrito Federal

As procuradorias dos estados e do Distrito Federal encontram-se disciplinadas, no texto da Carta da República, em seu art. 132, que estabelece, textualmente:

> os Procuradores dos Estados e do Distrito Federal são organizados em carreira, cujo acesso dependerá de concurso público de provas e títulos, realizado com a participação da Ordem dos Advogados do Brasil em todas as suas fases, e que eles exercem a representação judicial e a consultoria jurídica das respectivas unidades federadas.[621]

Esse dispositivo está inserido na Sessão II do Capítulo IV[622] do Título IV[623] da Constituição, cuja denominação original era "Da Advocacia-Geral da União". Somente com a edição da Emenda Constitucional nº 19, portanto em 1998, dez anos após a promulgação da Carta de 1988, é que essa denominação foi modificada, contexto em que a Sessão II do Capítulo IV do Título IV da Constituição deixou de se chamar "Da Advocacia-Geral da União" para assumir a designação "Da Advocacia Pública".[624]

---

[618] MP nº 2.048-26: "Art. 39. São transformados em cargos de Procurador Federal, os seguintes cargos efetivos: I - Procurador Autárquico; II - Procurador; III - Advogado; IV - Assistente Jurídico de autarquias e fundações públicas federais; e V - Procurador e Advogado da Superintendência de Seguros Privados e da Comissão de Valores Mobiliários". Para um histórico dessa transição das antigas procuradorias e departamentos jurídicos das autarquias e fundações públicas federais e para a Procuradoria Federal, cf., por todos: DEMO, Roberto Luís Luchi. Advocacia Pública, p. 715-716; VALENTE, Maria Jovita Wolney. Procuradoria-Geral Federal: histórico e evolução, p. 503-524, *passim* e VALENTE, Maria Jovita Wolney. Histórico e evolução da Advocacia-Geral da União, p. 371-372.

[619] MP nº 2.048-26: "Art. 39. [...] Parágrafo único. O disposto neste artigo não se aplica ao Procurador do Banco Central do Brasil".

[620] A propósito, cf., por todos: VALENTE, Maria Jovita Wolney. Histórico e evolução da Advocacia-Geral da União, p. 521-522 e MADUREIRA, Claudio. *Advocacia Pública*, p. 161-165.

[621] Sobre a argumentação que se segue, cf.: MADUREIRA, Claudio. *Advocacia Pública*, p. 177-184.

[622] Que trata "Das Funções Essenciais à Justiça".

[623] Que dispõe sobre a "Organização dos Poderes", comportando, além desse Capítulo IV, que aborda as "Funções Essenciais da Justiça", capítulos dedicados ao "Poder Legislativo" (Capítulo I), ao "Poder Executivo" (Capítulo II) e ao "Poder Judiciário" (Capítulo III).

[624] A partir de então, a Advocacia e a Defensoria Públicas, que anteriormente integravam a Sessão II do Capítulo IV do Título IV, juntamente com a Advocacia-Geral da União e as Procuradorias dos Estados e do Distrito Federal, passaram a compor uma terceira sessão (Sessão III), denominada "Da Advocacia e da Defensoria Pública".

Essa emenda à Constituição também modificou o texto do seu art. 132. Sob a nova redação, os advogados públicos preservaram a sua condição de servidores efetivos, na medida em que o ingresso nas carreiras da Advocacia Pública Estadual permaneceu condicionado à aprovação dos candidatos em concurso público de provas e títulos, ao que restou acrescentada a necessidade de participação da Ordem dos Advogados do Brasil em todas as fases do certame. Além disso, foram mantidas as suas atividades institucionais, tal como explicitadas na redação original do dispositivo, consistentes no exercício da representação judicial (atividade contenciosa) e da consultoria jurídica das respectivas unidades federadas (atividade consultiva). Por derradeiro, expressou-se, no parágrafo único do dispositivo,[625] que lhes é assegurada a estabilidade, depois de três anos de efetivo exercício, mediante avaliação de desempenho.

Observamos, em linha de conclusão, que o art. 132 da Constituição confere a orientação jurídica da Administração Pública dos estados e do Distrito Federal (atividade consultiva) e a sua representação jurídica (atividade contenciosa) exclusivamente aos procuradores do estado e do Distrito Federal, precisamente porque não previu, a exemplo do que fez o art. 131 da mesma Carta Política, a possibilidade de essas unidades federadas também virem a ser atendidas por órgãos vinculados às suas respectivas procuradorias. Disso resulta ser inviável a instituição de procuradorias da Fazenda[626] e procuradorias autárquicas no âmbito dos estados e do Distrito Federal.[627]

11.1.1.1.3 As procuradorias municipais

Se a Constituição de 1988 estruturou a Advocacia-Geral da União (art. 131) e as procuradorias-gerais dos estados e do Distrito Federal (art. 132), atribuindo a ambas as atividades de consultoria jurídica e de contencioso judicial, nada se dispôs, no texto constitucional, sobre a Advocacia Pública Municipal.[628] A ausência de previsão, na Carta Federal, da instituição de órgãos de Advocacia Pública no âmbito dos municípios fez com que essas unidades federadas adotassem as mais diversas estratégias para servir-se dessas atividades típicas, desde a contratação de escritórios de advocacia à criação de cargos comissionados de procuradores municipais (ou de advogados, consultores

---

[625] CRFB: "Art. 132. [...] Parágrafo único. Aos procuradores referidos neste artigo é assegurada estabilidade após três anos de efetivo exercício, mediante avaliação de desempenho perante os órgãos próprios, após relatório circunstanciado das corregedorias. (Redação dada pela Emenda Constitucional nº 19, de 1998)".

[626] Conforme decidiu o Supremo Tribunal Federal no contexto do julgamento da Ação Direta de Inconstitucionalidade nº 1.679; cuja ementa resta vazada nos seguintes termos: "Ação direta de inconstitucionalidade. 2. Emenda Constitucional no 17, de 30 de junho de 1997, promulgada pela Assembleia Legislativa do Estado de Goiás, que acrescentou os §§2º e 3º e incisos, ao artigo 118 da Constituição estadual. 3. *Criação de Procuradoria da Fazenda Estadual, subordinada à Secretaria da Fazenda do Estado e desvinculada à Procuradoria-Geral*. 4. *Alegação de ofensa aos artigos 132 da Constituição e 32, do ADCT*. 5. Descentralização. *Usurpação da competência funcional exclusiva da Procuradoria-Geral do Estado*. 6. *Ausência de previsão constitucional expressa para a descentralização funcional da Procuradoria-Geral do Estado*. 7. Inaplicabilidade da hipótese prevista no artigo 69 do ADCT. Inexistência de órgãos distintos da Procuradoria estadual à data da promulgação da Constituição. 8. Ação julgada procedente" (STF, Tribunal Pleno. ADI nº 1.679/GO. Rel. Min. Gilmar Mendes, j. 8.10.2003. DJ, 21 nov. 2003. PP-00007 ement vol-02133-02 PP-00209) (grifos nossos).

[627] Quanto ao particular, cf.: MADUREIRA, Claudio. *Advocacia Pública*, p. 184-198.

[628] Nesse sentido se posicionam, entre outros, Cesar Antônio Alves Cordaro (CORDARO, Cesar Antônio Alves. A Advocacia Pública dos Municípios, p. 234) e Cláudio Grande Júnior (GRANDE JÚNIOR, Cláudio. Advocacia Pública: estudo classificatório de direito comparado, p. 63).

jurídicos, assistentes jurídicos etc.). Outros tantos municípios instituíram procuradorias com estruturas semelhantes às da Advocacia-Geral da União e/ou das procuradorias dos estados e do Distrito Federal, com procuradores efetivos, admitidos mediante concurso público.[629]

Ocorre que, muito embora seja viável, sob o ponto de vista pragmático, conferir a servidores comissionados, ou a escritórios de advocacia contratados, o exercício de funções típicas de Advocacia Pública (não há dúvidas de que esses profissionais estão aptos a exercer as atividades de consultoria jurídica e de contencioso judicial, porque são advogados, ostentando, assim, a formação técnica exigida para o desempenho dessas tarefas), a atribuição dessas atividades a profissionais sem vínculo efetivo com a Administração Pública prejudica o exercício da atividade de controle jurídico atribuída pela Lei nº 14.133/2021 (art. 53 e §4º) e (como se verá adiante)[630] pelo próprio constituinte (CRFB, arts. 131 e 132 c/c art. 70) à Advocacia Pública, cuja realização pressupõe plena autonomia do advogado para interpretar o direito aplicável em âmbito administrativo, seja quando atua na consultoria jurídica, em que lhe cabe orientar a aplicação do direito pela Administração Pública, seja quando exerce atividade contenciosa, contexto em que lhe é dado investigar, à luz do ordenamento jurídico-positivo, se o Poder Público deve resistir às pretensões que lhe são dirigidas por membros da sociedade, apresentando defesas e recursos no processo, ou se deve reconhecer o pedido formulado, ou compor com a parte adversária. Assim, como o exercício da consultoria jurídica e do contencioso judicial são meios necessários ao desenvolvimento dessa atividade de controle, é recomendável que essas funções sejam atribuídas exclusivamente a servidores efetivos, pela sua condição de estabilidade no serviço público, que lhes permite opor-se, quando tal se fizer necessário, à vontade pessoal de governantes e gestores públicos.[631] Exatamente por esse motivo o constituinte originário, quando discorreu, na Carta da República, sobre a estruturação da Advocacia-Geral da União e das procuradorias-gerais dos estados e do Distrito Federal, previu, taxativamente, que seus membros devem ser investidos mediante aprovação em concurso público, e que por isso ocupam cargos efetivos na estrutura administrativa.

Essas disposições constitucionais são também aplicáveis à Advocacia Pública Municipal. A propósito, recobramos que os dispositivos constitucionais que tratam da fiscalização contábil, financeira, orçamentária, operacional e patrimonial do Poder Público, conquanto tenham sido dirigidos primariamente à União, também incidem, por simetria, sobre os estados e municípios.[632] Destarte, se os municípios também devem

---

[629] Como ocorre, por exemplo, com os municípios de São Paulo, do Rio de Janeiro e de Vitória.

[630] *Vide* tópico 11.1.1.2.3.

[631] Sobre o assunto, ler também: MADUREIRA, Claudio. *Advocacia Pública*, p. 269-289.

[632] Nesse sentido se manifestou o Supremo Tribunal Federal por ocasião da apreciação do pedido de medida cautelar formulado na Ação Direta de Inconstitucionalidade nº 4.416, como se depreende da ementa do julgamento: "AÇÃO DIRETA DE INCONSTITUCIONALIDADE. ARTIGO 307, §3º, DA CONSTITUIÇÃO DO ESTADO DO PARÁ, ACRESCIDO PELA EMENDA CONSTITUCIONAL 40, DE 19/12/2007. INDICAÇÃO DE CONSELHEIROS DO TRIBUNAL DE CONTAS DO ESTADO E DOS MUNICÍPIOS. DISPOSITIVO QUE AUTORIZA A LIVRE ESCOLHA PELO GOVERNADOR NA HIPÓTESE DE INEXISTÊNCIA DE AUDITORES OU MEMBROS DO MINISTÉRIO PÚBLICO ESPECIAL APTOS À NOMEAÇÃO. OFENSA AOS ARTIGOS 73, §2º, E 75, CAPUT, DA CONSTITUIÇÃO FEDERAL. LIMINAR DEFERIDA. I - *O modelo federal de organização, composição e fiscalização dos Tribunais de Contas, fixado pela Constituição, é de observância compulsória pelos Estados, nos termos do caput art. 75 da Carta da República*. Precedentes. II - Estabelecido no artigo 73, §2º, da Carta Maior

realizar controle jurídico sobre as atividades administrativas (o que pressupõe o controle da aplicação do direito pela Administração Pública), cumpre-lhes, então, cuidar para que os profissionais que desempenham essa atividade de controle estejam imunes às represálias que lhes podem ser impostas caso contrariem interesses dos governantes e gestores. Disso resulta que a circunstância de a Lei nº 14.133/2021 (art. 53 e §4º) e a Constituição da República (arts. 131 e 132 c/c art. 70) terem imposto aos municípios (assim como à União, aos estados e ao Distrito Federal) controle jurídico sobre a sua atividade administrativa se não induzir a estruturação de procuradorias jurídicas com modelagem semelhante àquela estabelecida para a Advocacia-Geral da União e para as procuradorias-gerais dos estados e do Distrito Federal, determina, quando menos, que os profissionais que neles exercem as atividades de consultoria jurídica e de contencioso judicial sejam servidores municipais efetivos.

11.1.1.2 Atividades típicas de Advocacia Pública

O constituinte conferiu aos advogados públicos as atividades de consultoria jurídica e de contencioso judicial, como sobressai da leitura dos arts. 131 e 132 da Constituição de 1988,[633] anteriormente mencionados. Derly Barreto Silva Filho classifica essas funções típicas em atividades preventivas (consultoria jurídica) e postulatórias (representação).[634] E dispõe, a propósito, que "à função preventiva cabe orientar a atuação da Administração Pública, evitando, assim, o cometimento de injuridicidades", ao passo que "à função postulatória [...] cumpre demandar, junto ao Poder Judiciário, a defesa dos interesses entregues à cura do Estado".[635]

11.1.1.2.1 A atividade consultiva

Na esfera administrativa, a atividade de consultoria jurídica destina-se à orientação dos agentes estatais sobre como deve se dar a aplicação do direito.[636] Afinal, como leciona Ricardo Marcondes Martins, "o Estado de Direito [...] veda o arbítrio dos agentes

---

o modelo federal de proporção na escolha dos indicados às vagas para o Tribunal de Contas da União, ao Governador do Estado, em harmonia com o disposto no artigo 75, compete indicar três Conselheiros e à Assembleia Legislativa os outros quatro, uma vez que o parágrafo único do mencionado artigo fixa em sete o número de Conselheiros das Cortes de Contas estaduais. III - *Em observância à simetria prescrita no caput do art. 75 da Carta Maior, entre os três indicados pelo Chefe do Poder Executivo estadual, dois, necessariamente e de forma alternada, devem integrar a carreira de Auditor do Tribunal de Contas ou ser membro do Ministério Público junto ao Tribunal. Súmula 653 do Supremo Tribunal Federal.* IV - Medida cautelar deferida" (STF, Tribunal Pleno. ADI nº 4.416-MC/PA. Rel. Min. Ricardo Lewandowski, j. 6.10.2010. DJe-207, divulg. 27.10.2010, pub. 28.10.2010; *LEXSTF*, v. 32, n. 383, p. 84-96, 2010; *RT*, v. 100, n. 905, p. 178-184, 2011) (grifos nossos).

[633] O primeiro desses dispositivos atribui à Advocacia-Geral da União a representação jurídica da União (atividade contenciosa) e a consultoria e o assessoramento do Poder Executivo; o outro, confere essas mesmas atribuições aos procuradores dos estados e do Distrito Federal. A despeito de a Carta da República não o estabelecer expressamente, essas atividades típicas também foram adjudicadas à Advocacia Pública Municipal (cf. MADUREIRA, Claudio. Instituição de procuradorias jurídicas no âmbito dos municípios). Sobre a argumentação que se segue, cf.: MADUREIRA, Claudio. *Advocacia Pública*, p. 99-100.

[634] SILVA FILHO, Derly Barreto. O controle da legalidade diante da remoção e inamovibilidade dos advogados públicos, p. 47-48.

[635] SILVA FILHO, Derly Barreto. O controle da legalidade diante da remoção e inamovibilidade dos advogados públicos, p. 47. A propósito, cf., ainda: MADUREIRA, Claudio. *Advocacia Pública*, p. 100.

[636] Sobre a argumentação que se segue, cf.: MADUREIRA, Claudio. *Advocacia Pública*, p. 100-107.

públicos", porque vinculam a atuação estatal à aplicação de normas jurídicas, o que faz com que, em concreto, o exercício da função pública pressuponha a concretização do ordenamento posto por esses agentes estatais.[637]

Nessa sua atividade consultiva, os advogados públicos são chamados a se manifestar em processos administrativos instaurados para a prática de atos cuja confecção dependa de prévia análise jurídica. Cumpre-lhes, ainda, responder a consultas jurídicas que lhes são formuladas pela Administração, como se verifica, ainda exemplificativamente, quando deles se demanda o esclarecimento de dúvida relativa a direitos subjetivos manifestados por servidores públicos, ou à concessão de aposentadorias e pensões, ou, ainda, à correta incidência de tributos, entre outras situações concretas. Também lhes é remetida, com frequência, a análise da constitucionalidade de minutas de projetos de lei e de outros atos normativos (decretos, resoluções, portarias etc.).

11.1.1.2.2 A atividade contenciosa

No contencioso judicial, por sua vez, os advogados públicos procuram convencer o Poder Judiciário de que as posturas defendidas pela Administração Pública encontram amparo no ordenamento.[638]

Em regra, essas posturas são lícitas, ou dotadas de juridicidade, precisamente porque, por concepção, a sua produção pressupõe a observância das leis e da Constituição. É que a Administração Pública e seus agentes têm sua atuação vinculada aos ditames da legalidade, e por isso devem se preordenar, na esfera administrativa, a uma correta aplicação do direito.[639] Ademais, esses profissionais devem promover, em suas atividades cotidianas, a realização do interesse público, descrito, por Celso Antônio Bandeira de Mello como interesse do Estado e da sociedade na observância da ordem jurídica estabelecida,[640] o que também pressupõe uma correta aplicação do direito.[641]

Disso resulta o que em doutrina se convencionou chamar presunção de veracidade (fatos) e legitimidade (direito) dos atos administrativos.[642] Essa presunção, todavia, é relativa, admitindo prova em contrário; em especial quando questionada em juízo.[643] Com efeito, podem ocorrer, na prática, equívocos na aplicação do direito pelos agentes estatais, preordenados, sobretudo, pela circunstância de nem todos os agentes estatais haverem sido formados para aplicar as regras e princípios que compõem o ordenamento jurídico-positivo.

---

[637] MARTINS, Ricardo Marcondes. Regime estatutário e Estado de direito, p. 64-102.
[638] Sobre a argumentação que se segue, cf.: MADUREIRA, Claudio. *Advocacia Pública*, p. 107-108.
[639] A propósito, reportamo-nos às nossas observações no tópico 2.1.1 do Capítulo 2, em que discorremos sobre a conformação do princípio administrativo da legalidade.
[640] Cf. BANDEIRA DE MELLO, Celso Antônio. *Curso de direito administrativo*, 27. ed., p. 72.
[641] Quanto ao particular, cf. o que dissemos no tópico 2.1.15 do Capítulo 2, dedicado à descrição do conteúdo do princípio administrativo do interesse público.
[642] Ao ensejo, recobramos, ainda, a seguinte passagem da obra de Hely Lopes Meireles: "Os atos administrativos, qualquer que seja a sua categoria ou espécie, nascem com a presunção de legitimidade, independentemente de norma legal que a estabeleça. Essa presunção decorre do princípio da legalidade da Administração, que, nos Estados de Direito, informa a atuação governamental" (MEIRELLES, Hely Lopes. *Direito administrativo brasileiro*, 16. ed., p. 135).
[643] Cf. BANDEIRA DE MELLO, Celso Antônio. *Curso de direito administrativo*, 27. ed., p. 419.

Esses equívocos devem ser corrigidos pela Advocacia Pública quando do exercício da sua atividade consultiva, sob a invocação do instituto da autotutela.[644] Porém, ressalvada a hipótese de decadência do direito de rever o ato praticado,[645] eles não se convalidam, em concreto, se essa atividade corretiva não for exercida ao tempo oportuno.

Daí que, quando os advogados públicos depreenderem, no exercício de sua atividade contenciosa, que o ato impugnado foi praticado em desrespeito ao direito pátrio, cumpre-lhes compor com a parte adversária ou abster-se da apresentação de defesas e recursos. Assim, a exemplo da atividade consultiva, também essa função típica deve ser exercida, num Estado de direito, como forma de controlar a juridicidade da atuação da Administração Pública.[646]

11.1.1.2.3 Atividade de controle jurídico

Os advogados públicos, quando exercem a consultoria jurídica e o contencioso judicial, realizam, então, uma terceira atividade típica, que consiste no controle da aplicação do direito pela Administração.[647] Essa particularidade da sua atuação não escapou à arguta observação de Maria Sylvia Di Pietro, quando anotou, em trabalho publicado no ano de 1996, que "o advogado público participa, de forma intensa e ativa, do *controle da Administração Pública*", dispondo, a propósito, que "além do controle externo, exercido pelo Poder Judiciário e pelo Legislativo, este último com o auxílio do Tribunal de Contas, a Administração Pública sujeita-se a um controle interno, administrativo", a ser "exercido no interesse da Administração, por autoridades e órgãos da própria Administração", entre os quais se inserem "os que exercem advocacia pública".[648]

Trata-se, pois, de atividade de controle interno, fundada na constatação de que a Constituição da República trata da fiscalização contábil, financeira, orçamentária, operacional e patrimonial do Poder Público (arts. 70 e 75, dirigidos *prima facie* à União, mas que devem ser aplicados, por simetria, também aos estados e municípios, ainda que assim não o disponham textualmente as suas respectivas constituições estaduais e leis orgânicas),[649] concebendo atividade fiscalizatória desempenhada por dois modos

---

[644] Consistente na "possibilidade, nos limites da lei, da revogação de seus próprios atos através de manifestação unilateral de vontade" e da "decretação da nulidade deles, quando viciados" (cf. BANDEIRA DE MELLO, Celso Antônio. *Curso de direito administrativo*, 27. ed., p. 71).

[645] Que se opera após 5 (cinco) anos da sua realização, conforme se depreende do texto do art. 54 da Lei Federal nº 9.784/1999 ("Art. 54. O direito da Administração de anular os atos administrativos de que decorram efeitos favoráveis para os destinatários decai em cinco anos, contados da data em que foram praticados, salvo comprovada má-fé"). Esse dispositivo disciplina a decadência do direito de a Administração Pública Federal rever os seus atos, mas também pode ser aplicável aos estados e municípios, na falta de lei estadual/local, como já decidiu o Superior Tribunal de Justiça (STJ, Sexta Turma. AGA nº 506.167. Rel. Min. Maria Thereza de Assis Moura. DJ, 26 mar. 2007). No ponto, cf., ainda: MADUREIRA, Claudio. *Advocacia Pública*, p. 109-113.

[646] Cf. MADEIRA, Danilo Cruz. O papel da Advocacia Pública no Estado Democrático de Direito, p. 16.

[647] Para Cláudio Grande Júnior, essa atividade de controle decorre naturalmente das atividades consultiva a contenciosa, "por ser desempenhada no exercício daquelas" (GRANDE JÚNIOR, Cláudio. Advocacia Pública: estudo classificatório de direito comparado, p. 64).

[648] DI PIETRO, Maria Sylvia Zanella. Advocacia Pública, p. 17.

[649] Nesse sentido se manifestou o Supremo Tribunal Federal por ocasião da apreciação do pedido de medida cautelar formulado na Ação Direta de Inconstitucionalidade nº 4.416/PA; como se depreende da ementa desse julgamento: "AÇÃO DIRETA DE INCONSTITUCIONALIDADE. ARTIGO 307, §3º, DA CONSTITUIÇÃO DO ESTADO DO PARÁ, ACRESCIDO PELA EMENDA CONSTITUCIONAL 40, DE 19/12/2007. INDICAÇÃO DE CONSELHEIROS DO TRIBUNAL DE CONTAS DO ESTADO E DOS MUNICÍPIOS. DISPOSITIVO QUE

distintos: o *controle externo*, exercido pelo Poder Legislativo, com o auxílio dos tribunais de contas, e o *controle interno*, realizado pelos mecanismos de controle instituídos em cada órgão ou poder (CRFB, art. 70).[650] Em uma e outra modalidade de controle, a fiscalização deve abranger critérios de legalidade (ter o ato assento em lei), legitimidade (se o dinheiro público foi ou não bem aplicado) e economicidade (controle da eficiência na gestão financeira).[651]

Porém, essa atividade fiscalizatória exercida pelos advogados públicos no âmbito interno da Administração (em controle administrativo, portanto) restringe-se aos aspectos jurídicos.[652] Com efeito, "o controle interno não é desempenhado exclusivamente por advogados públicos", como expressa Cláudio Grande Júnior referindo à importância dos "trabalhos de profissionais das áreas de contabilidade, economia, finanças, administração pública, meio ambiente e outras".[653] Desse modo, atribui-se à Advocacia Pública tão somente o controle interno do conteúdo jurídico das posturas adotadas pela Administração, isto é, o controle da atividade administrativa no que toca aos aspectos jurídicos.

Não desconhecemos que todos os agentes públicos devem obediência ao direito, e que por isso todos eles devem se preordenar à sua correta aplicação na esfera administrativa. Ocorre que, a despeito disso, não lhes cumpre, indiscriminadamente, emitir opinamentos jurídicos.[654] Por razões óbvias, "somente a alguns órgãos pode ser confiada a titularidade do controle interno, principalmente de constitucionalidade", pois, "do contrário, ruiriam a coordenação e subordinação necessárias à Administração Pública".[655] Disso decorre a sua conclusão no sentido de que a atividade de controle da juridicidade resta conferida exclusivamente à Advocacia Pública.[656]

AUTORIZA A LIVRE ESCOLHA PELO GOVERNADOR NA HIPÓTESE DE INEXISTÊNCIA DE AUDITORES OU MEMBROS DO MINISTÉRIO PÚBLICO ESPECIAL APTOS À NOMEAÇÃO. OFENSA AOS ARTIGOS 73, §2º, E 75, CAPUT, DA CONSTITUIÇÃO FEDERAL. LIMINAR DEFERIDA. I - *O modelo federal de organização, composição e fiscalização dos Tribunais de Contas, fixado pela Constituição, é de observância compulsória pelos Estados, nos termos do caput art. 75 da Carta da República.* Precedentes. II - Estabelecido no artigo 73, §2º, da Carta Maior o modelo federal de proporção na escolha dos indicados às vagas para o Tribunal de Contas da União, ao Governador do Estado, em harmonia com o disposto no artigo 75, compete indicar três Conselheiros e à Assembleia Legislativa os outros quatro, uma vez que o parágrafo único do mencionado artigo fixa em sete o número de Conselheiros das Cortes de Contas estaduais. III - *Em observância à simetria prescrita no caput do art. 75 da Carta Maior, entre os três indicados pelo Chefe do Poder Executivo estadual, dois, necessariamente e de forma alternada, devem integrar a carreira de Auditor do Tribunal de Contas ou ser membro do Ministério Público junto ao Tribunal. Súmula 653 do Supremo Tribunal Federal.* IV - Medida cautelar deferida" (STF, Tribunal Pleno. ADI nº 4.416-MC/PA. Rel. Min. Ricardo Lewandowski, j. 6.10.2010. DJe-207, divulg. 27.10.2010, pub. 28.10.2010; *LEXSTF*, v. 32, n. 383, p. 84-96, 2010; *RT*, v. 100, n. 905, p. 178-184, 2011) (grifos nossos).

[650] CRFB: "Art. 70. A fiscalização contábil, financeira, orçamentária, operacional e patrimonial da União e das entidades da administração direta e indireta, quanto à legalidade, legitimidade, economicidade, aplicação das subvenções e renúncia de receitas, será exercida pelo Congresso Nacional, mediante controle externo, e pelo sistema de controle interno de cada Poder".

[651] Cf. ROSA JÚNIOR, Luiz Emidgio Franco da. *Direito tributário e financeiro*, p. 109.

[652] Cf. GRANDE JÚNIOR, Cláudio. *Advocacia Pública: estudo classificatório de direito comparado*, p. 65.

[653] GRANDE JÚNIOR, Cláudio. *Advocacia Pública: estudo classificatório de direito comparado*, p. 66.

[654] Reportamo-nos, ao ensejo, à seguinte passagem doutrinária de Carlos Figueiredo Mourão: "É claro que todos, e, principalmente, os servidores públicos, têm como obrigação o conhecimento da lei, mas somente o advogado poderá expedir pronunciamentos sobre a legalidade de atos" (MOURÃO, Carlos Figueiredo. *A Advocacia Pública como instituição de controle interno da Administração*, p. 133).

[655] GRANDE JÚNIOR, Cláudio. *Advocacia Pública: estudo classificatório de direito comparado*, p. 68.

[656] GRANDE JÚNIOR, Cláudio. *Advocacia Pública: estudo classificatório de direito comparado*, p. 67.

Essa especificidade do problema foi oportunamente destacada por Caterine Vasconcelos de Castro, Francisca Rosileide de Oliveira Araújo e Luciano José Trindade quando expressaram, em sede doutrinária, que "a Advocacia Pública é a única instituição que, no exercício de suas atribuições essenciais à Justiça, detém a exclusividade do aconselhamento jurídico de todos os poderes e órgãos autônomos da Administração Pública, em cada unidade federativa".[657] Nesse mesmo sentido se posiciona Alexandre Magno Fernandes Moreira Aguiar, para quem a legalidade dos atos administrativos deve ser verificada pelos advogados públicos, que são os profissionais devidamente qualificados para o exercício desse mister.[658] Aguiar observa, ainda, que "antes, durante ou mesmo depois da expedição desses atos, é indispensável que o advogado público verifique sua legalidade", situando essa verificação no contexto do controle interno dos atos administrativos.[659]

Essa conclusão também pode ser extraída da circunstância, mencionada por Grande Júnior, de algumas cartas estaduais haverem conferido textualmente às suas respectivas procuradorias de Estado a atribuição de fiscalizar a legalidade dos atos do Poder Executivo,[660] como se depreende, por exemplo, dos textos das constituições dos estados do Ceará, do Rio de Janeiro, de Alagoas, da Paraíba, do Piauí e do Rio Grande do Sul.[661] Atribuições semelhantes foram reconhecidas pelo legislador infraconstitucional à Advocacia Pública Federal, quando da edição Lei Complementar Federal nº 73/1993,[662] bem como às procuradorias estaduais e municipais instituídas segundo a modelagem proposta por esse diploma federal.[663] Porém, mesmo onde essa atividade de controle não restou atribuída à Advocacia Pública de forma taxativa pelo constituinte e/ou pelo legislador, o seu exercício pelas procuradorias decorre naturalmente da circunstância de o Estatuto da Advocacia (Lei nº 9.906/1994) haver conferido aos advogados[664] e de a

---

[657] CASTRO, Caterine Vasconcelos de; ARAÚJO, Francisca Rosileide de Oliveira; TRINDADE, Luciano José. A Advocacia Pública no Estado democrático de direito: reflexões jurídicas acerca dessa instituição estatal essencial à justiça, p. 248.

[658] AGUIAR, Alexandre Magno Fernandes Moreira. Para que serve o advogado público?, p. 56.

[659] AGUIAR, Alexandre Magno Fernandes Moreira. Para que serve o advogado público?, p. 56.

[660] GRANDE JÚNIOR, Cláudio. Advocacia Pública: estudo classificatório de direito comparado, p. 65.

[661] Cf. GRANDE JÚNIOR, Cláudio. Advocacia Pública: estudo classificatório de direito comparado, p. 65-66.

[662] LC nº 73/1993: "Art. 4º São atribuições do Advogado-Geral da União: [...] VIII - assistir o Presidente da República no controle interno da legalidade dos atos da Administração; IX - sugerir ao Presidente da República medidas de caráter jurídico reclamadas pelo interesse público; X - fixar a interpretação da Constituição, das leis, dos tratados e demais atos normativos, a ser uniformemente seguida pelos órgãos e entidades da Administração Federal; XI - unificar a jurisprudência administrativa, garantir a correta aplicação das leis, prevenir e dirimir as controvérsias entre os órgãos jurídicos da Administração Federal".

[663] A propósito, observamos que além dessas unidades federadas (Alagoas, Ceará, Paraíba, Piauí, Rio de Janeiro e Rio Grande do Sul), que preveem em suas respectivas Constituições o controle interno da juridicidade do agir administrativo pela Advocacia Pública, também referem, textualmente, à atribuição dessa atividade aos advogados públicos, as leis orgânicas das Procuradorias-Gerais dos Estados de Mato Grosso do Sul (LCE 95, art. 3º, VI), do Rio Grande do Norte (LCE 240, art. 11, VI), de Rondônia (LCE 620, art. 3º, III), de Roraima (LCE 71, art. 7º, IX), de Santa Catarina (LCE 317, art. 4º, X) e de Sergipe (LCE 27, art. 3º, IV), assim como a lei que disciplina a atuação da Procuradoria-Geral do Distrito Federal (LCD 395, art. 4º, III).

[664] Quanto a esse particular, Carlos Figueiredo Mourão lembra que o estatuto estabelece como atividades privativas da advocacia "a postulação a qualquer órgão do Poder Judiciário e aos juizados especiais" (art. 1º, I) e "as atividades de consultoria, assessoria e direção jurídicas" (art. 1º, II), de modo que somente os advogados (ou seja, profissionais devidamente inscritos na Ordem dos Advogados do Brasil) têm habilitação para exercê-las (MOURÃO, Carlos Figueiredo. A Advocacia Pública como instituição de controle interno da Administração, p. 133. Eis a dicção literal dos dispositivos citados: "Art. 1º São atividades privativas de advocacia: I - a postulação a qualquer órgão do Poder Judiciário e aos juizados especiais; II - as atividades de consultoria, assessoria e direção jurídicas".

Constituição haver atribuído aos advogados públicos[665] (e somente a eles) os mecanismos pelos quais essa fiscalização jurídica é desempenhada, consistentes no exercício da consultoria/assessoramento jurídico (atividade consultiva) e na representação judicial/extrajudicial do Poder Público (atividade contenciosa). Disso se verifica que, na esfera administrativa, tanto a atividade consultiva, quanto a contenciosa são exercidas como forma de controlar a atuação da Administração Pública em seus aspectos jurídicos.[666]

Nesse campo, a incidência da legalidade administrativa, somada à imposição do regime jurídico-administrativo a que a Administração Pública e seus agentes preordenem-se à realização do interesse público (que pressupõe, sob acepção teórica adotada neste trabalho, uma correta aplicação do direito), confere aos advogados públicos o controle jurídico do agir administrativo. Conforme Seabra Fagundes, esse controle administrativo (ou autocontrole) "tem por objetivos corrigir os defeitos de funcionamento interno do organismo administrativo, aperfeiçoando-o no interesse geral", bem como "ensejar reparação a direitos ou interesses individuais que possam ter sido denegados ou preteridos em consequência do erro ou omissão na aplicação da lei".[667] Seu exercício decorre, então, da circunstância de o Poder Público dever "agir, em todas as suas instâncias, com o objetivo de manter a ordem constitucional", como expressa Fabiano André de Souza Mendonça em comentários aos arts. 131 e 132 da Constituição.[668]

Mendonça observa, a propósito, que a Carta de 1988 inovou na concepção tradicional segundo a qual "um direito só tem proteção na medida em que há um procedimento adequado a ele no Judiciário", porque promoveu "um acréscimo nos mecanismos estatais que têm esse objetivo controlador".[669] Nesse campo, destaca-se a atuação dos tribunais de contas, que passaram a assumir "composição mais democrática e novas atribuições", além da "criação de um Ministério Público voltado à atividade fiscalizatória", da incorporação da Defensoria Pública, assim como da Advocacia Privada, ao texto constitucional e, no que interessa mais especificamente ao nosso objeto de análise, ao "estabelecimento de um caráter mais interno à Advocacia Pública".[670]

Nessa nova ordem constitucional, cabe aos advogados públicos desempenhar, com exclusividade, e inclusive com precedência sobre o controle externo ulteriormente realizado pelos tribunais de contas e pelo Ministério Público, o controle jurídico das posturas administrativas.[671] Posto isso, além da consultoria jurídica e do contencioso judicial, também se qualifica como atividade típica de advocacia pública o controle interno dos elementos jurídicos do agir administrativo, que é realizado, em concreto, quando do exercício, pelos procuradores, dessas duas primeiras funções típicas (a consultoria e o contencioso).

---

[665] Quanto ao pormenor, cf. o disposto nos seus arts. 131 e 132: o primeiro atribui à Advocacia-Geral da União a representação jurídica da União (atividade contenciosa) e consultoria e assessoramento do Poder Executivo; o outro, confere essas mesmas atribuições aos procuradores dos estados e do Distrito Federal.
[666] Cf. MADEIRA, Danilo Cruz. O papel da Advocacia Pública no Estado democrático de direito, p. 16.
[667] FAGUNDES, Miguel Seabra. O contrôle dos atos administrativos pelo Poder Judiciário, p. 108.
[668] MENDONÇA, Fabiano André de Souza. Comentários aos arts. 131 e 132, p. 1.657-1.658.
[669] MENDONÇA, Fabiano André de Souza. Comentários aos arts. 131 e 132, p. 1.658.
[670] MENDONÇA, Fabiano André de Souza. Comentários aos arts. 131 e 132, p. 1.658-1.659.
[671] MENDONÇA, Fabiano André de Souza. Comentários aos arts. 131 e 132, p. 1.659.

11.1.2 A amplitude do controle jurídico desenvolvido pela Advocacia Pública

Definido, nesses termos, que a Advocacia Pública também desempenha, quando exerce suas atividades consultivas e contenciosas, rígido controle jurídico sobre a atividade administrativa, cumpre investigar qual é a efetiva amplitude desse controle nas licitações e contratações públicas. Para tanto, devemos entrar em considerações sobre as fontes normativas que o estruturam, para procurar definir, mais especificamente, (i) *se a Advocacia Pública somente está autorizada a confrontar os atos praticados nesse contexto às normas (regras e princípios) que sobressaem das leis brasileiras* (controle de legalidade) *ou se essa sua atividade de igual modo abarca a adequação do agir administrativo também à Constituição* (controle de juridicidade) e (ii) *sobre qual seria o objeto* (ou o conteúdo) *dos pareceres lavrados por seus integrantes, se efetivo controle dos atos praticados ou simples veiculação de opiniões jurídicas.*

11.1.2.1 Objeto do controle: legalidade ou juridicidade?

A primeira observação que precisa ser feita sobre a amplitude do controle jurídico desenvolvido pela Advocacia Pública é que ele não se apresenta tão somente como controle de legalidade (como poderia sugerir uma leitura isolada do art. 53 da Lei nº 14.133/2021), mas abarca, em rigor, o controle da juridicidade do agir administrativo. A propósito, cumpre chamar a atenção para importante debate travado no plano da ciência,[672] que consiste em investigar se o princípio da legalidade vincula a Administração ao ordenamento jurídico como um todo ou exclusivamente à lei em sentido formal. Ou, nas palavras de Romeu Felipe Bacellar Filho, se "o princípio da legalidade conduz à formação da relação de legalidade entre os atos administrativos, de um lado, e o sistema jurídico (concepção ampla)", ou entre eles e "a lei em sentido formal (concepção estrita), do outro".[673]

O que se dá é que, ao lado de uma acepção restritiva de legalidade, que relaciona esse princípio tão somente ao que prescrevem as leis, construiu-se, conforme Bacellar Filho, uma acepção mais ampla, que vincula a Administração e seus agentes ao ordenamento jurídico em sua integralidade, isto é, às leis e também à Constituição. Segundo Bacellar Filho,[674] aderem a essa acepção mais ampla de legalidade (legalidade como conformação à integralidade do ordenamento jurídico, inclusive à Constituição) Lúcia Valle de Figueiredo,[675] Odete Medauar[676] e Cármen Lúcia Antunes Rocha.[677] Como forma de explicitá-la, o publicista procura sintetizar o pensamento de Cármen Lúcia

---

[672] Sobre a argumentação que se segue, cf.: MADUREIRA, Claudio. *Advocacia Pública*, p. 37-40.
[673] BACELLAR FILHO, Romeu Felipe. A noção jurídica de interesse público no direito administrativo brasileiro, p. 96.
[674] BACELLAR FILHO, Romeu Felipe. A noção jurídica de interesse público no direito administrativo brasileiro, p. 96-97.
[675] FIGUEIREDO, Lúcia Valle. Processo e procedimento administrativo.
[676] MEDAUAR, Odete. O direito administrativo em evolução.
[677] Cf. ROCHA, Cármen Lúcia Antunes. O princípio constitucional da igualdade e ROCHA, Cármen Lúcia Antunes. Princípios constitucionais da Administração Pública.

Rocha,[678] observando, quanto ao particular, que para essa professora mineira "o princípio da legalidade [...] conserva o nome de legalidade, embora signifique, hoje, juridicidade, de sorte que quando a Constituição refere-se à legalidade [...] deve-se ler juridicidade".[679]

Mas Bacellar Filho manifesta a sua adesão à acepção mais restrita de legalidade (legalidade como conformação apenas às leis), também sustentada, entre nós,[680] por Maria Sylvia Di Pietro.[681] Esse professor paranaense defende que "a adoção do sentido restrito do princípio da legalidade é exigência da própria Constituição", à consideração de que "se o princípio da legalidade pretendesse abarcar a própria vinculação constitucional da atividade administrativa seria inútil e totalmente despida de sentido a afirmação dos outros princípios constitucionais da Administração Pública".[682] E observa, em arremate, que "a adoção de conceito amplo faz confundir legalidade e constitucionalidade", pervertendo-se "a hierarquia das fontes do Direito (são colocados no mesmo plano blocos distintos da pirâmide normativa) quando no sistema constitucional brasileiro estão, rigidamente, delimitados".[683] Daí que, em sua opinião, a atividade administrativa pressupõe "a observância de ambos os princípios: legalidade (em sentido estrito), como cumprimento da lei formal, e juridicidade, como atendimento aos mandamentos do ordenamento jurídico como um todo, sobretudo das normas constitucionais".[684]

De nossa parte, não vemos razão para que se estabeleça semelhante distinção entre legalidade e juridicidade enquanto princípios jurídicos, e fundamentamos essa nossa orientação teórica em traço bastante peculiar do direito brasileiro, que comporta, desde a nossa primeira Constituição Republicana, promulgada em 1891, o *controle difuso* de constitucionalidade das leis, e que por isso autoriza os intérpretes em geral e os juízes em particular a deixarem de aplicar leis incompatíveis com o texto constitucional.[685] No controle difuso, todo e qualquer magistrado pode deixar de aplicar leis inconstitucionais ou conformar a sua aplicação aos ditames da Constituição,[686] e daí a absoluta correção

---

[678] ROCHA, Cármen Lúcia Antunes. *O princípio constitucional da igualdade*, p. 78-79; 81; 84.
[679] BACELLAR FILHO, Romeu Felipe. *A noção jurídica de interesse público no direito administrativo brasileiro*, p. 97.
[680] BACELLAR FILHO, Romeu Felipe. *A noção jurídica de interesse público no direito administrativo brasileiro*, p. 97-98.
[681] DI PIETRO, Maria Sylvia Zanella. *Direito administrativo*, 13. ed., p. 61.
[682] BACELLAR FILHO, Romeu Felipe. *A noção jurídica de interesse público no direito administrativo brasileiro*, p. 99.
[683] BACELLAR FILHO, Romeu Felipe. *A noção jurídica de interesse público no direito administrativo brasileiro*, p. 99.
[684] BACELLAR FILHO, Romeu Felipe. *A noção jurídica de interesse público no direito administrativo brasileiro*, p. 99.
[685] A propósito, cf.: MADUREIRA, Claudio. *Direito, processo e justiça*, p. 130-171, *passim*. Essa modalidade de controle de constitucionalidade foi mantida, entre nós, pela Constituição de 1988, que também admite o *controle concentrado* (ou direto) de constitucionalidade. O *controle concentrado*, reflexo da experiência constitucional austríaca, é exercido de forma abstrata, isto é, com o intuito de retirar do ordenamento jurídico aquelas normas que se mostrarem incompatíveis com a Lei Maior ou, quando menos, de modular a sua interpretação, conformando-as ao texto constitucional. Por sua vez, o controle difuso, dito incidental, recepcionado da tradição jurídica norte-americana, é efetivado no curso de processos judiciais mantidos entre particulares, ou entre eles e a Administração Pública, e tem por finalidade específica promover a escorreita aplicação do direito no caso concreto. Ao ensejo, cf. CANOTILHO, José Joaquim Gomes. *Direito constitucional e teoria da Constituição*, p. 92 e CAPPELLETTI, Mauro. *O controle judicial de constitucionalidade das leis no direito comparado*, p. 107-109).
[686] Em movimento diametralmente oposto do que ocorre no modelo francês (État Legal), em que não é admitido o controle da constitucionalidade das leis pelo Poder Judiciário, e no modelo austríaco, posteriormente aperfeiçoado pelo modelo alemão (*Rechtsstaat*), no qual o controle da constitucionalidade das leis somente pode

do posicionamento de Hermes Zaneti Júnior quando diz que "nunca houve na tradição constitucional brasileira uma identificação completa entre direito e lei" e que "os nossos juízes sempre se sentiram mais ou menos à vontade (e também compromissados) para decidir conforme a justiça".[687] Porém, o fato é que a adoção, entre nós, do controle difuso de constitucionalidade também impacta a atividade dos demais intérpretes que se inserem no campo da aplicação do direito. Com efeito, o reconhecimento judicial da inconstitucionalidade das leis em geral surge de manifestações dos litigantes, que, representados por seus advogados, procuram convencer o Poder Judiciário de que o direito lhes socorre, porque as leis invocadas pelos seus adversários são incompatíveis com o texto constitucional. Antes disso, esses litigantes, sejam eles cidadãos ou o próprio Poder Público, cientes de que a Constituição se encontra num plano superior às leis, podem ter deixado sem aplicação leis que consideraram inconstitucionais, praticando, sob a invocação da sua inconstitucionalidade, atos concretos que contradigam opções político-normativas aprovadas pelo legislador. Assim, acrescentamos à observação de Zaneti,[688] fundada na constatação de que "nunca houve na tradição constitucional brasileira uma identificação completa entre direito e lei", que, no Brasil, *não apenas os juízes, mas*, em rigor, *todo e qualquer intérprete se sentem "mais ou menos à vontade [...] para agir conforme a justiça", de modo a tornar efetivas as regras e princípios consagrados na Lei Maior*. Em razão dessa particularidade do ordenamento jurídico brasileiro, não há espaço para a separação entre as leis e a Constituição como objetos a que se reportam a Administração e seus agentes no campo da aplicação do direito, o que torna imprecisa a distinção, no plano da ciência, entre legalidade e juridicidade. Dela resulta que a juridicidade deve ser empregada, entre nós, como legalidade em um sentido mais amplo, contexto em que o conteúdo do princípio da legalidade administrativa conduz à vinculação da Administração e de seus agentes não apenas à lei em sentido formal, mas ao próprio direito quando considerado em sua integralidade, o que significa dizer

---

ser exercido pela Suprema Corte; o que nos aproxima do modelo norte-americano de controle (*rule of law*). A propósito, cf. MITIDIERO, Daniel. *Processo civil e Estado constitucional*, p. 20-26; ZANETI JÚNIOR, Hermes. Processo constitucional: relações entre processo e Constituição, p. 17; e ZANETI JÚNIOR, Hermes. *Processo constitucional*: o modelo constitucional do processo civil brasileiro, p. 55.

[687] ZANETI JÚNIOR, Hermes. *Processo constitucional*: o modelo constitucional do processo civil brasileiro, p. 55. A propósito, merece destaque que, no Brasil, o controle difuso de constitucionalidade desde sempre decorreu de disposição normativa expressa em nosso ordenamento jurídico, diversamente do que ocorre nos Estados Unidos da América, onde não existe dispositivo constitucional a contemplá-lo taxativamente (cf. MIRANDA, Jorge. *Manual de direito constitucional*, v. 1, p. 149-150). Quanto ao particular, Gilmar Ferreira Mendes e Ives Gandra da Silva Martins lecionam que o controle difuso de constitucionalidade surgiu, entre nós, já com a Constituição Provisória que precedeu a Carta de 1891, e foi regulamentado pelo Decreto nº 848/1890, havendo sido posteriormente incorporado ao texto da Constituição de 1891, que atribuiu competência ao Supremo Tribunal Federal "para rever as sentenças das Justiças dos Estados, em última instância, quando se questionasse a validade ou a aplicação de tratados e leis federais e a decisão do Tribunal fosse contra ela", bem como "quando se contestasse a validade de leis ou atos federais, em face da Constituição ou das leis federais, e a decisão do Tribunal considerasse válidos esses atos ou leis impugnadas" (MENDES, Gilmar Ferreira; MARTINS, Ives Gandra da Silva. *Controle concentrado de constitucionalidade*: comentários à Lei n. 9868, de 10-11-1999, p. 35-36). E acentuam, adiante, que "a Lei de n. 221, de 20 de novembro de 1894, veio a explicitar, ainda mais, o sistema judicial de controle de constitucionalidade", ao dispor, no parágrafo 10 de seu artigo 13, que "os juízes e tribunais apreciarão a validade das leis e regulamentos e deixarão de aplicar aos casos ocorrentes as leis manifestamente inconstitucionais e os regulamentos manifestamente incompatíveis com as leis ou com a Constituição" (MENDES, Gilmar Ferreira; MARTINS, Ives Gandra da Silva. *Controle concentrado de constitucionalidade*: comentários à Lei n. 9868, de 10-11-1999, p. 37). Sobre o assunto, cf., ainda: BARBOSA, Rui. Os atos inconstitucionais do Congresso e do Executivo, p. 54-55.

[688] ZANETI JÚNIOR, Hermes. *Processo constitucional*: o modelo constitucional do processo civil brasileiro, p. 55.

que a Administração e seus agentes também se encontram vinculados, por força desse princípio, às regras e princípios insculpidos no texto constitucional, e que devem, por isso, quando de sua referência às leis, interpretá-las e aplicá-las em consonância com a Constituição. Nessa perspectiva, *legalidade é juridicidade*.

Porém, mesmo para aqueles que entendem que a legalidade e a juridicidade são princípios jurídicos distintos, não há dúvidas quanto a estarem os agentes estatais vinculados não apenas ao que prescreve a lei (por força do princípio da legalidade), mas também às normas constitucionais (dada a incidência do princípio da juridicidade). Nesse sentido é a lição de Romeu Felipe Bacellar Filho, que se posiciona pela necessidade de separação entre legalidade e juridicidade, mas adverte que, a despeito disso, a atividade administrativa pressupõe "a observância de ambos os princípios: legalidade (em sentido estrito), como cumprimento da lei formal, e juridicidade, como atendimento aos mandamentos do ordenamento jurídico como um todo, sobretudo das normas constitucionais".[689] Enfim, *a despeito da corrente teórica a que se filie o intérprete*, não se pode perder de vista que *todos devemos cumprir as leis e a Constituição*. Por isso o controle jurídico exercido pela Advocacia Pública nos processos de licitação e contratação pública incide, em rigor, sobre a juridicidade dos atos praticados (controle de juridicidade), e não apenas sobre a sua conformação aos textos legais (controle de legalidade).

11.1.2.2 Objeto da atividade desempenhada: efetivo controle dos atos praticados ou simples veiculação de orientações jurídicas?

Definido, nesses termos, que o controle jurídico exercido pela Advocacia Pública na esfera administrativa (inclusive nos processos administrativos que encartam licitações e contratações públicas) abarca o ordenamento jurídico como um todo (qualificando-se, portanto, como controle de juridicidade), é importante compreender (em complemento) *o modus operandi dessa atividade de controle*, com o propósito de *definir qual é o objeto da atividade jurídica desempenhada* nesse contexto: se *efetivo controle dos atos praticados* ou *simples veiculação de orientações jurídicas*.

11.1.2.2.1 A prática consolidada na esfera administrativa

Esse questionamento é relevante porque a observação empírica revela que é *relativamente comum em processos administrativos que encartam as licitações e contratações públicas a prolação de pareceres jurídicos que*, em vista das minutas neles encartadas ou das consultas jurídicas neles formuladas (voltadas, por exemplo, a solucionar dúvida sobre se é possível contratar diretamente, ou se é necessário realizar licitação, bem como sobre se é viável, ou não, aditar um contrato administrativo, ou, ainda, anulá-lo), *veiculam recomendações jurídicas cujo atendimento* pela Administração *acaba não sendo checado* pela Advocacia Pública (*pareceres condicionais*). Essa prática, inadvertidamente consolidada na esfera administrativa, prejudica a realização do controle reclamado pelo legislador em processos que analisam minutas (art. 53, §3º) e naqueles em que autoridades e

---

[689] BACELLAR FILHO, Romeu Felipe. A noção jurídica de interesse público no direito administrativo brasileiro, p. 99.

agentes estatais engajados nos processos de licitação e contratação pública demandam da Advocacia Pública a resposta a dúvidas jurídicas que possam surgir nesse contexto (art. 53 e §4º).

11.1.2.2.1.1 Sobre a ausência de configuração de controle jurídico na análise de minutas

Quando o processo administrativo é remetido à Advocacia Pública para análise, por exemplo, de uma minuta de edital de licitação, *espera-se que seus integrantes*, no exercício da sua atividade de controle jurídico do agir administrativo (controle jurídico), (i) *verifiquem se a minuta construída pela Administração atende, ou não atende, às exigências legais*, (ii) *emitam manifestação conclusiva* sobre o tema, *apontando os problemas verificados e indicando as cláusulas que devem ser incluídas, excluídas ou modificadas* e (iii) *recomendem*, sempre que verificarem a necessidade de modificações na minuta analisada, (iii.1) que os agentes estatais responsáveis pela sua elaboração realizem as *adequações necessárias* e (iii.2) que *submetam a nova versão construída* (tendo em vista as recomendações encartadas no parecer) à *nova avaliação da procuradoria*. Porém, é recorrente na prática administrativa a substituição dessa análise pela prolação de *pareceres que enumeram os requisitos que o legislador impõe* para a construção do edital; *para concluir*, ao final, *que a licitação poderá seguir adiante se todos esses requisitos forem cumpridos* (pareceres condicionais); portanto *sem o retorno dos autos* à procuradoria *para verificação* (em concreto) *do atendimento* (ou não) *das modificações recomendadas* (substituição de atividade de controle jurídico por atividade meramente opinativa).

11.1.2.2.1.2 Sobre a ausência de configuração de controle jurídico na resposta a consultas formuladas pela Administração

O mesmo ocorre, embora em menor proporção, em processos que comportam consultas jurídicas sobre como deve se dar a aplicação do direito na esfera administrativa. Quanto a isso, *a Advocacia Pública pode ser questionada*, exemplificativamente, *sobre ser viável contratação direta de determinada prestação* (em substituição à realização de processo licitatório), ou *sobre ser possível o aditamento do contrato firmado com o licitante vencedor* (em substituição à realização de nova licitação, ou, se for o caso, de contratação direta), ou, ainda, *sobre ser admissível a anulação do contrato, tendo em vista a configuração de vício jurídico* (em substituição à preservação dos seus efeitos, fundada no instituto da *convalidação*).[690]

Nessas situações, *o que se espera dos advogados públicos é que se manifestem conclusivamente sobre se são viáveis/possíveis/admissíveis*, nos casos concretos analisados, *a contratação direta* (definindo, portanto, se ela pode ser formalizada, ou se a Administração precisa realizar licitação), *o aditamento do contrato* (definindo se estão presentes os pressupostos legais necessários à sua instrumentalização, ou se dele resultaria burla à

---

[690] Qualificada por Celso Antônio Bandeira de Mello como "suprimento da invalidade de um ato com efeitos retroativos", mas que apenas é admitida "quando o ato possa ser produzido validamente no presente", ou seja, quando "o vício não seja de molde a impedir reprodução válida do ato" (BANDEIRA DE MELLO, Celso Antônio. *Curso de direito administrativo*, 27. ed., p. 473-474). Sobre a argumentação que se segue, cf. as nossas considerações no tópico 15.1 do Capítulo 15.

competição entre os interessados), *ou a sua anulação* (definindo se houve vício no processo licitatório que o antecedeu, ou então na sua própria execução, bem como se esse vício é insanável, de modo a obstar a convalidação do ato). Contudo, *na prática*, esse tipo de análise por vezes é substituído por *manifestações no sentido de que a licitação/contração direta, o aditamento e/ou a anulação/convalidação cogitados serão viáveis se forem observados os cuidados nela expressados* (pareceres condicionais); num contexto em que *os processos seguem aos agentes estatais responsáveis* pela realização de licitações e pela formalização/execução de contratações públicas *para as adequações necessárias;* mas *não retornam às procuradorias para verificação quanto ao atendimento* (ou não) *das recomendações formuladas* (substituição de atividade de controle jurídico por atividade meramente opinativa).

11.1.2.2.2 A lógica que está por trás dessa prática administrativa, a sua irrelevância/falsidade/ilegalidade e os riscos envolvidos: argumentos pragmático e jurídico

Essa prática administrativa parece fundamentar-se, principalmente, em dois argumentos comumente articulados nesse contexto:

a) um primeiro, de ordem prática, segundo o qual não seria conveniente e oportuno para a Administração devolver os processos à Advocacia Pública para investigação sobre se as recomendações contidas nos pareceres foram efetivamente cumpridas; justificada, para o público externo (*aparência*), na necessidade de conferir maior celeridade à tramitação dos processos, visto que as licitações e contratações públicas se destinam à aquisição de bens e serviços necessários ao atendimento das necessidades da sociedade; mas que em *essência* podem ter origem em razões inconfessáveis, relacionadas a atos de corrupção, à malversação de recursos públicos ou à simples preguiça administrativa; e

b) e um outro, de fundo jurídico, e que em princípio poderia ser sustentado à luz do direito pátrio (pelo menos até a edição da Lei nº 14.133/2021), consistente na afirmação de que a análise desenvolvida pela Advocacia Pública seria meramente opinativa, não encerrando por isso atividade de controle jurídico.

11.1.2.2.2.1 Sobre a irrelevância teórica do argumento pragmático construído nesse contexto

O argumento (prático, ou pragmático) segundo o qual o retorno dos autos à Advocacia Pública não seria conveniente e oportuno para a Administração é absolutamente irrelevante para motivar tomadas de posição (na esfera administrativa) pela obrigatoriedade (ou não) da checagem pelos procuradores sobre se as recomendações consignadas em seus pareceres foram efetivamente atendidas pelos agentes estatais que atuam nos processos de licitação e contratação pública. É que a análise jurídica desenvolvida nesse contexto encerra atividade administrativa plenamente vinculada,[691]

---

[691] A propósito, Bandeira de Mello nos recobra que há "atos em que a Administração Pública pode manifestar competência discricionária e atos a respeito dos quais a atuação administrativa é totalmente vinculada" (BANDEIRA DE MELLO, Celso Antônio. *Curso de direito administrativo*, 27. ed., p. 836). Para o publicista, há

quer porque a Constituição da República conferiu à Advocacia Pública, juntamente com o exercício de atividades consultivas e contenciosas (arts. 131 e 132),[692] a atividade de controle jurídico do agir administrativo (CRFB, arts. 131 e 132 c/c art. 70),[693] quer porque, mais recentemente, também a Lei nº 14.133/2021 passou a impor (e de forma taxativa) a ela (Advocacia Pública) que exerça efetivo controle jurídico sobre o processo de licitação (art. 53, *caput*), sobre os editais de licitação (art. 53, §3º) e sobre contratações diretas, acordos, termos de cooperação, convênios, ajustes, adesões a atas de registro de preços, outros instrumentos congêneres e de seus termos aditivos (art. 53, §4º).

11.1.2.2.2.2 Sobre a falsidade do argumento pragmático construído nesse contexto

Para além de ser irrelevante, *o argumento pragmático* (ou de conveniência administrativa) *construído nesse contexto* (no sentido de que a verificação do cumprimento das recomendações formuladas nos pareceres proferidos pela Advocacia Pública teria a potencialidade de atrasar a tramitação dos processos) *também se lastreia em premissa falsa*.

Em primeiro lugar porque a adoção, pela Administração, de pareceres que contêm recomendações cujo atendimento não será checado por seus formuladores (porque os processos não retornarão, na sequência, às procuradorias) desafia a lógica que governa (ou que pelo menos deveria governar) os atos humanos. Afinal, de que valeria, nesse contexto, a formulação das referidas recomendações? Se o propósito da Administração é o de conferir maior celeridade à tramitação dos processos, porque motivo, então, eles seriam remetidos às procuradorias para a prolação de pareceres? Ora, *ou temos pareceres com recomendações cujo cumprimento será checado na sequência, ou* então *não precisamos de pareceres*. Afinal, na prática, remeter processos às procuradorias para a prolação de pareceres cujas recomendações não terão o seu cumprimento averiguado é o mesmo que não solicitar a prolação de pareceres, com a vantagem de que, nesse último cenário, os processos tramitarão ainda mais rápido.

Em segundo lugar porque o próprio legislador estabeleceu, no texto legal, ferramentas jurídicas adequadas para induzir a desejada simplificação do procedimento. A principal delas resulta da previsão, no texto da Lei nº 14.133/2021, de que a Administração em geral (composta por entes/órgãos/entidades das três esferas da Federação brasileira) pode instituir modelos de minutas de editais, de termos de referência, de contratos padronizados e de outros documentos com auxílio dos órgãos de assessoramento jurídico e de controle interno e de que as Administrações Públicas dos estados, do Distrito Federal e dos municípios podem passar a adotar as minutas padronizadas pelo Poder Executivo Federal (art. 19, IV), dispensando, quanto a elas, desde que exista previsão em ato da autoridade jurídica máxima competente (portanto, do procurador-geral ou advogado-geral respectivo), o encaminhamento dos autos

---

discricionariedade (e, portanto, espaço para tomadas de posição fundadas em razões de conveniência e oportunidade) quando o legislador confere certa margem de liberdade de avaliação ou decisão ao administrador (BANDEIRA DE MELLO, Celso Antônio. *Curso de direito administrativo*, 27. ed., p. 430), o que não se verifica na hipótese analisada.

[692] Acerca dessas atividades típicas de Advocacia Pública, cf. o que dissemos no tópico 11.1.1.2.2.

[693] Sobre essa terceira atividade típica de Advocacia Pública, cf. as nossas considerações no tópico 11.1.1.2.3.

às procuradorias para prolação de parecer (art. 53, §5º). Essa solução administrativa pode ser aplicada a um número enorme de situações, bastando-se, para tanto, que a Administração se atenha às minutas previamente padronizadas pela Advocacia Pública; medida que se apresenta ademais como absolutamente indispensável ao cumprimento da imposição jurídico-normativa (consignada no inc. XXI do art. 37 da Constitucional brasileira) quanto a deverem as licitações (e, por consequência, as contratações públicas) assegurar igualdade de condições a todos os concorrentes. Se, todavia, não for viável, em situações limite (como exemplo, em casos de urgência), a utilização de minutas padronizadas, ainda restam à disposição da Administração as hipóteses de *contratação direta por inexigibilidade*[694] *e dispensa*[695] da licitação. Há, inclusive, hipótese específica para as situações de urgência, anteriormente referidas, colhida do inc. VIII do art. 75 da Lei nº 14.133/2021.[696] Esses dispositivos, porque comportam solução ainda mais efetiva para induzir a celeridade na tramitação dos processos do que a prolação de pareceres condicionais sem retorno dos autos para a checagem do cumprimento das recomendações feitas por seus subscritores, na medida em que autorizam, inclusive, a dispensa da sua remessa às procuradorias (arts. 19, IV e 52, §5º) e a sua contratação sem licitação (art. 75, VIII), tornam a prática administrativa denunciada claramente desnecessária.

11.1.2.2.2.3 Sobre o risco de responsabilização pessoal dos agentes públicos e privados envolvidos pela prática de ato de improbidade administrativa

Em rigor, as próprias circunstâncias (anteriormente mencionadas) de o legislador haver concebido soluções normativas (Lei nº 14.133/2021, arts. 19, IV, 53 e 75, VIII) voltadas à flexibilização da regra que impõe, para os processos de licitação e contratação pública, à efetiva realização de controle jurídico pela Advocacia Pública, e de essas soluções serem suficientes, observados os limites impostos pelo texto constitucional (CRFB, art. 37, XXI), ao atendimento das necessidades da sociedade, fazem com que *a resistência da Administração em retornar os processos às procuradorias para verificação do cumprimento das recomendações* contidas nos pareceres configure (ainda quando voltada a conferir maior celeridade à tramitação dos processos) *subversão da atividade de controle conferida pelo constituinte* (CRFB, arts. 131 e 132 c/c art. 70) *e pelo legislador* (Lei nº 14.133/2021, art. 53 e §§3º e 4º) à Advocacia Pública. Destarte, a prática administrativa denunciada suscita, por consequência, violação ao princípio administrativo da legalidade (CRFB, art. 37, *caput*), a induzir, na prática, o risco da responsabilização dos agentes estatais envolvidos

---

[694] Que têm lugar quando não é viável a concorrência (contratação direta por inexigibilidade de licitação). A propósito, cf. ainda, as nossas observações no tópico 16.1 do Capítulo 16.

[695] Que têm lugar quando, mesmo sendo possível a concorrência, o legislador dispensa a Administração de realizá-la. Ao ensejo, cf. também, o que dissemos no tópico 16.2 do Capítulo 16.

[696] Lei nº 14.133/2021: "Art. 75. É dispensável a licitação: [...] VIII - nos casos de emergência ou calamidade pública, quando caracterizada urgência de atendimento de situação que possa ocasionar prejuízo ou comprometer a continuidade dos serviços públicos ou a segurança de pessoas, obras, serviços, equipamentos e outros bens, públicos ou particulares, e somente para aquisição dos bens necessários ao atendimento da situação emergencial ou calamitosa e para as parcelas de obras e serviços que possam ser concluídas no prazo máximo de 1 (um) ano, contado da data de ocorrência da emergência ou da calamidade, vedadas a prorrogação dos respectivos contratos e a recontratação de empresa já contratada com base no disposto neste inciso".

por ato de improbidade administrativa consistente em contrariedade dos princípios da Administração Pública (Lei nº 8.429/1992, art. 11).[697]

Por certo, a responsabilização cogitada demanda a demonstração do elemento subjetivo da conduta,[698] que, para esse tipo administrativo (improbidade por contrariedade a princípios da Administração), pressupõe conduta dolosa.[699] Porém, considerando que o mesmo princípio jurídico (legalidade) impede que um agente estatal motive ato administrativo vinculado em simples razões de conveniência administrativa (argumento pragmático), e considerando que a Constituição (arts. 131 e 132 c/c art. 70) e a Lei nº 14.133/2021 (art. 53 e §§3º e 4º) condicionam a realização de licitações e a formalização/execução de contratos administrativos à realização de prévio controle jurídico pela Advocacia Pública, *não seria excessivo afirmar* (em especial sob a perspectiva dos controladores) *que a conclusão desses processos sem o seu retorno à procuradoria para verificar se as recomendações formuladas foram efetivamente cumpridas* (portanto, com a subversão do controle administrativo) *pode ser empregada para justificar a atribuição* (nos casos concretos) *de conduta dolosa aos agentes estatais*, sobretudo daqueles que tiverem formação jurídica que lhes permita compreender a extensão da incidência do princípio da legalidade, como ocorre com os procuradores. Afinal, na lição de Gustavo Binenbojm e André Cyrino, "haverá dolo quando o gestor agir com intenção de praticar um ato contrário à Administração Pública".[700]

De igual modo poderão ser verificadas, na casuística, situações em que da contrariedade ao princípio da legalidade resultará, ainda, *enriquecimento ilícito* do servidor (Lei nº 8.429/1992, art. 11)[701] e/ou *lesão ao erário* (Lei nº 8.429/1992, art. 10).[702] Na primeira

---

[697] Lei nº 8.429/1992: "Art. 11. Constitui ato de improbidade administrativa que atenta contra os princípios da administração pública qualquer ação ou omissão que viole os deveres de honestidade, imparcialidade, legalidade, e lealdade às instituições, e notadamente".

[698] Conforme destaca José Roberto Pimenta Oliveira a partir das seguintes considerações doutrinárias: "[...] O Estado Democrático de Direito tem, em seu epicentro axiológico, a dignidade da pessoa humana (art. 1º, III), que implica no direito fundamental de inviolabilidade à liberdade e à propriedade (art. 5º, *caput*). Como derivação surge a consagração da vedação constitucional de privação da liberdade e de bens sem o devido processo legal (art. 5º, LIV). Densificando, na própria esfera constitucional, esta magna garantia fundamental, contempla-se o princípio da individualização das sanções (art. 5º, XLVI), quando o Estado opera em sua atividade punitiva. [...] O resultado desta teia principiológica e fruto de conquista civilizatória na limitação dos poderes estatais desemboca na afirmação da normatividade do princípio da culpabilidade, imponível como condição constitucional de legitimação para edição de qualquer medida sancionatória por órgão ou estatal" (cf. OLIVEIRA, José Roberto Pimenta. *Improbidade administrativa e a sua autonomia constitucional*, p. 215).

[699] Como regra, a imputação, a agentes estatais, de atos de improbidade administrativa supõe a demonstração de dolo ou culpa. Com efeito, é assente na jurisprudência do Superior Tribunal de Justiça entendimento segundo o qual, muito embora os fatos típicos especificados no art. 9º da Lei nº 8.429/1992 (improbidade por enriquecimento ilícito) e no seu art. 11 (improbidade por violação a princípios da Administração Pública) da Lei nº 8.429/1992 somente possam ser reprimidos quando se está diante de conduta dolosa (a propósito, cf., a título de exemplo: STJ, REsp nº 875.163. Rel. Min. Denise Arruda; REsp nº 805.080. Rel. Min. Denise Arruda; e REsp nº 751.634. Rel. Min. Teori Albino Zavascki), as hipóteses descritas no seu art. 10 (improbidade por lesão ao erário) comportam imputação mediante conduta dolosa e/ou eivada de culpa grave (ao ensejo, cf., ainda, exemplificativamente: AgRg no AREsp nº 73.968. Rel. Min. Benedito Gonçalves; REsp nº 1.130.584. Rel. Min. Teori Albino Zavascki; AgRg no AREsp nº 184.147. Rel. Min. Humberto Martins; AgRg no REsp nº 1.253.667. Rel. Min. Humberto Martins; e AgRg no REsp nº 975.540/SP. Rel. Min. Teori Albino Zavascki).

[700] BINENBOJM, Gustavo; CYRINO, André. O art. 28 da LINDB: a cláusula geral do erro administrativo, p. 211.

[701] Lei nº 8.429/1992: "Art. 11. Constitui ato de improbidade administrativa que atenta contra os princípios da administração pública qualquer ação ou omissão que viole os deveres de honestidade, imparcialidade, legalidade, e lealdade às instituições, e notadamente".

[702] Lei 8.429: "Art. 10. Constitui ato de improbidade administrativa que causa lesão ao erário qualquer ação ou omissão, dolosa ou culposa, que enseje perda patrimonial, desvio, apropriação, malbaratamento ou dilapidação dos bens ou haveres das entidades referidas no art. 1º desta lei, e notadamente: [...]".

hipótese (*enriquecimento ilícito*) a responsabilização também depende (como na imputação por contrariedade a princípios da Administração) da demonstração do dolo da conduta, contexto em que o elemento relatado no parágrafo anterior (livre propósito do servidor de praticar ato contrário ao direito, invocando, para tanto, simples razão de conveniência administrativa) seria agravado pelo resultado enriquecimento ilícito, que indicia que a contrariedade ao direito, para além de ser voluntária (dolo), também foi embasada em razões pouco republicanas (para dizer o mínimo).[703] Na outra (*lesão ao erário*), a responsabilização também pode se dar na forma culposa,[704] desde que se verifique (na casuística) a configuração de culpa grave[705] fundada em erro grosseiro;[706] que em tese pode ser apontada mediante consideração (pelos controladores) de que soaria como atitude negligente ou (quando menos) imprudente a conduta do agente estatal que pratica atos concretos em processos de licitações e contratos sem consultar a procuradoria, em especial porque sabem (ou pelo menos deveriam saber)[707] que a formalização desses atos demanda manifestação prévia dela (da procuradoria) em controle jurídico.

Em rigor, também os licitantes/contratados correm o risco de virem a ser responsabilizados juntamente com os agentes estatais envolvidos, porque a Lei de Improbidade Administrativa (art. 3º) estende o seu regime punitivo àquele que, mesmo não sendo servidor/empregado público, induza ou concorra para a prática do ato de improbidade, ou que dele se beneficie sob qualquer forma direta ou indireta. Destarte, a prática administrativa denunciada, porque atrai para os procuradores, para os demais agentes estatais e (por extensão) para os licitantes/contratados o risco de responsabilização pessoal, inclusive por atos de improbidade administrativa, ainda tem o condão de impactar, e de forma negativa, a segurança que deveria governar as relações mantidas entre a Administração e os seus fornecedores.

Aliás, no ponto, a insegurança administrativa proporcionada por essa prática administrativa denunciada não decorre tão somente do risco de responsabilização de

---

[703] Binenbojm e Cyrino também associam o dolo da conduta à situação em que um técnico "deliberadamente recomende algo indevido" (BINENBOJM, Gustavo; CYRINO, André. O art. 28 da LINDB: a cláusula geral do erro administrativo, p. 211).

[704] Ressalvados os atos praticados por procuradores nos processos de licitação e contratação pública, que, a teor do que prescreve o §6º do art. 53 da Lei nº 14.133/2021, somente suscitam responsabilização por dolo ou fraude, definida pelo *Dicionário Michaelis* como "ato de má-fé que tem por objetivo fraudar ou ludibriar alguém" (Disponível em: http://michaelis.uol.com.br/busca?id=wbDL. Acesso em: 2 mar. 2021).

[705] *Vide* STJ. Ação de Improbidade Administrativa nº 30. Rel. Min. Teori Albino Zavascki.

[706] Consoante prescreve, nos termos seguintes, o art. 28 da Lei de Introdução às Normas do Direito Brasileiro (Decreto-Lei nº 4.657/1942): "Art. 28. O agente público responderá pessoalmente por suas decisões ou opiniões técnicas em caso de dolo ou erro grosseiro". Conforme Binenbojm e Cyrino, "a noção de erro, segundo o entendimento clássico, envolve uma falsa percepção da realidade (fática e jurídica)", que "se desdobra na prática de ato que não corresponderia à vontade de alguém caso este conhecesse a verdade" (BINENBOJM, Gustavo; CYRINO, André. O art. 28 da LINDB: a cláusula geral do erro administrativo, p. 211). Os autores identificam como exemplos de erro grosseiro "a aplicação de norma revogada, ou a decisão (e/ou opinião) que ignore a ocorrência de uma prescrição, a despeito de as informações pertinentes constarem do processo administrativo", assim como "o erro que aplique legislação municipal para fins de licenciamento federal" (BINENBOJM, Gustavo; CYRINO, André. O art. 28 da LINDB: a cláusula geral do erro administrativo, p. 213). E, num esforço de conceituação, informam que "estão abrangidas na ideia de erro grosseiro as noções de imprudência, negligência e imperícia, quando efetivamente graves – ou gravíssimas", com a ressalva de que esse elemento (erro grosseiro) somente estará configurado quando se cogitar da má-fé do agente imputado, pois, "do contrário, além de se negar a falibilidade humana (*errare humanum est*), estar-se-ia inibindo a tentativa de novas práticas administrativas" (BINENBOJM, Gustavo; CYRINO, André. O art. 28 da LINDB: a cláusula geral do erro administrativo, p. 213).

[707] Quanto ao que recobramos que, nos precisos termos da lei "ninguém se escusa de cumprir a lei, alegando que não a conhece" (LINDB, art. 3º).

agentes públicos e privados. É que a prolação de pareceres que encartam recomendações que precisam ser cumpridas pela Administração (o que por vezes se faz necessário) não traz aos agentes estatais consulentes a mesma clareza sobre a correção dos atos praticados (em específico aqueles formalizados para o atendimento a essas recomendações) do que a que eles teriam se os autos retornassem à procuradoria para manifestação conclusiva sobre o tema. Portanto, *mesmo se houvesse dúvida jurídica fundada sobre se os processos de licitação e contratação pública devem ser encaminhados à Advocacia Pública para verificação* (em controle jurídico) *do cumprimento das recomendações contidas nos pareceres* (o que apenas admitimos por argumentar), ainda assim *seria recomendável que procuradores e agentes estatais consulentes promovessem o retorno dos autos*, seja como forma de *prevenir* a sua *responsabilização pessoal* pelos atos praticados, seja como medida voltada à *conferir maior segurança à Administração e* (por extensão) *aos seus fornecedores*.

11.1.2.2.2.4 Sobre o equívoco do argumento jurídico construído

Talvez por esse motivo tenha se propagado na Administração um segundo argumento, de cunho jurídico, que em tese justificaria o afastamento do retorno dos processos que encartem pareceres com recomendações (orientação jurídica) para efetiva verificação do seu cumprimento (controle jurídico). O que se argumenta, nesse campo, inclusive para efeito de prevenir a responsabilização de procuradores por suas manifestações jurídicas,[708] é que a sua atividade, quando proferem pareceres, seria meramente opinativa; e que por isso não lhes competiria *definir*, na esfera administrativa, se a minuta analisada está adequada, ou se a contratação direta ou o aditamento/anulação do contrato aventados pela Administração podem ser efetivados em concreto; mas apenas apontar eventuais inconsistências que vierem a encontrar na minuta ou nos processos administrativos que encartam opção político-administrativa pela contratação direta ou pelo aditamento/anulação do contrato; construindo, em vista delas, simples orientações voltadas à regularização jurídica dos vícios encontrados (orientação jurídica);

---

[708] No regime normativo pretérito, a única hipótese em que é admitida a responsabilização pessoal de advogados públicos pareceristas com base em suas conclusões jurídicas é no caso de aprovação de minutas de editais, contratos, acordos, convênios ou ajustes, nos moldes previstos no parágrafo único do art. 38 da Lei nº 8.666/1993. Por certo, houve quem sustentasse, em vista dos acórdãos proferidos pelo Supremo Tribunal Federal no curso do julgamento dos mandados de segurança nº 24.584 (relatado pelo Ministro Marco Aurélio) e nº 24.631 (relatado pelo Ministro Joaquim Barbosa), ser viável a integração de advogados públicos pareceristas ao polo passivo de processos em curso nos tribunais de contas, aduzindo, inclusive, tratar-se de responsabilidade objetiva, aferida a partir da tão só demonstração de nexo de causalidade entre a prolação do parecer e a ilegalidade detectada (*vide* TCEES, ITC nº 3.357/2015 e Acordão TC-1933/2015). Porém, esse tipo de afirmação tem por lastro entendimento pessoal e individual do então Ministro Joaquim Barbosa, quanto a ser viável a responsabilização de procuradores quando exaram pareceres vinculantes, que, todavia, em momento algum foi acolhido pelos demais ministros que participaram dos julgamentos, e que por isso mesmo não figurou entre os fundamentos dos acórdãos neles proferidos. O que o Excelso Pretório assentou nesses julgamentos foi que é viável a responsabilização dos advogados públicos pareceristas quando aprovam minutas de editais de licitação, contratos, acordos, convênios e ajustes, não porque considera viável a sua responsabilização por opinião jurídica (quanto ao particular, cf. STF, Plenário, MS nº 24.073, relatado pelo Ministro Carlos Velloso, que não foi superado pelos julgamentos anteriormente referidos) quando exaram pareceres vinculantes, mas porque o legislador, quando empregou, no texto do parágrafo único do art. 38 da Lei nº 8.666/1993, a expressão *aprovação*, fez com a manifestação veiculada pelo parecerista que, neste contexto, não se apresente como simples opinamento, mas como ato de gestão, que por isso suscita, ainda que num plano abstrato, a possibilidade da sua inclusão no polo passivo de procedimentos instaurados pelo Tribunal de Contas da União (Cf. MADUREIRA, Claudio. Limites e consequências da responsabilização de advogados públicos por suas opiniões jurídicas).

portanto sem determinar (ou mesmo recomendar) o retorno dos autos para a verificação, pela procuradoria, sobre se as suas próprias recomendações (da procuradoria) foram efetivamente atendidas (controle jurídico).

Ocorre que mesmo esse argumento entra em confronto com a constatação, a partir do texto constitucional (CRFB, arts. 131 e 132 c/c art. 70) e do disposto no art. 53 da Lei nº 14.133/2021 (relativo à regularidade do processo de licitação), em seu §3º (relativo à divulgação do edital de licitação) e em seu §4º (relativo às demais contratações), de que a atividade administrativa desenvolvida em processos de licitação e contratação pública pressupõe, mais do que a simples veiculação (em atividade consultiva) de orientações jurídicas dirigidas aos agentes estatais consulentes (que, por deterem essa conotação, não precisariam ter o seu atendimento verificado pelos procuradores), também o desempenho de efetivo controle jurídico por parte da Advocacia Pública. Enfim, não se sustenta, juridicamente, a ilação de que as recomendações formuladas nos pareceres proferidos em processos de licitação e contratação pública não precisam ter o seu atendimento checado pela procuradoria.

11.1.2.2.3 A Lei nº 14.133/2021 muda tudo

A despeito disso, não se cogita, quanto aos atos praticados anteriormente à edição da Lei nº 14.133/2021 (que pela primeira vez trouxe disposições taxativas nesse sentido no âmbito da legislação nacional), da responsabilização pessoal de procuradores, de agentes estatais consulentes e (por extensão) dos licitantes/contratados quando esse cuidado não tiver sido adotado pela Administração. É que *até então a definição jurídica sobre qual seria o efetivo papel exercido pela Advocacia Pública nos processos de licitação e contratação pública*, em específico para definir se seus integrantes apenas exercem atividade consultiva (prevista nos arts. 131 e 132 da Carta de 1988) ou se eles de igual modo têm a responsabilidade de controlar a juridicidade do agir administrativo (que resulta da conjugação desses dispositivos ao disposto no art. 70 da mesma Constituição), *dependia de atividade hermenêutica concretizadora*, elemento que, quando conjugado ao caráter flexível (ou problemático) do direito de nosso tempo,[709] lança dúvidas sobre se os agentes públicos e privados envolvidos tinham pleno conhecimento da ilegalidade do procedimento adotado (exigência de voluntariedade da conduta para a incursão na infração)[710] e, sobretudo, sobre a configuração de dolo (que pressupõe a demonstração

---

[709] Sobre o assunto, cf. MADUREIRA, Claudio. *Direito, processo e justiça*, p. 118-122 e MADUREIRA, Claudio. *Advocacia Pública*, p. 301-303.

[710] É inviável, juridicamente, a responsabilização de agentes estatais por ato de improbidade administrativa sob a invocação de simples equívoco jurídico, porque ausente, indubitavelmente, requisito indispensável à coercibilidade do direito, consistente na sua predeterminação formal, exigência da teoria geral do direito que tem por finalidade assegurar a necessária segurança nas relações interpessoais (cf. REALE, Miguel. *O direito como experiência*: introdução à epistemologia jurídica, p. 273 e CAMMAROSANO, Márcio. *O princípio constitucional na moralidade e o exercício da função administrativa*, p. 42; 63-64). Posto isso, configura-se, na hipótese, o que Celso Antônio Bandeira de Mello convencionou chamar "princípio da exigência de voluntariedade para incursão na infração" (BANDEIRA DE MELLO, Celso Antônio. *Curso de direito administrativo*, 27. ed., p. 855). Quanto ao particular, Bandeira de Mello observa que "o Direito propõe-se a oferecer às pessoas uma garantia de segurança, assentada na previsibilidade de que certas condutas podem ou devem ser praticadas e suscitam dados efeitos", enquanto "outras não podem sê-lo, acarretando consequências diversas, gravosas para quem nelas incorrer" (BANDEIRA DE MELLO, Celso Antônio. *Curso de direito administrativo*, 27. ed., p. 855). Disso decorre, para o publicista, a impropriedade da qualificação de "alguém como incurso em infração quando inexista a

da sua vontade de contrariar o ordenamento) ou culpa grave fundada em erro grosseiro (que pressupõe a inobservância, por parte deles, dos cuidados mínimos necessários ao escorreito exercício de suas atividades profissionais, caracterizados pela sua negligência, imperícia ou imprudência).

No entanto, *a previsão*, no *caput* do art. 53 da Lei nº 14.133/2021, *quanto a dever o processo licitatório ser encaminhado* (ao final da fase preparatória)[711] *ao órgão de assessoramento jurídico da Administração* (leia-se: para a Advocacia Pública)[712] *para a realização de controle prévio de legalidade* (leia-se: para controle de juridicidade, na medida em que também abarca, pelas razões dantes expostas, a adequação dos atos praticados ao texto constitucional)[713] *consubstanciado em análise jurídica da contratação* (leia-se: em controle jurídico), complementada pelo disposto no seu §3º (que condiciona a publicação do edital de licitação à efetivação do controle jurídico) e no §4º do mesmo artigo (que estende essa atividade de controle jurídico às contratações diretas, acordos, termos de cooperação, convênios, ajustes, adesões a atas de registro de preços, outros instrumentos congêneres e de seus termos aditivos), *afasta qualquer dúvida objetiva que se possa ter quanto à conduta esperada de procuradores e demais agentes estatais.*

Esses dispositivos:

a) impõem aos *agentes estatais* que atuam nos processos de licitação e contratação pública:

   a.1) que os remetam à procuradoria para elaboração de parecer; e

   a.2) que, havendo no parecer lavrado recomendações para a adequação do processo às imposições normativas colhidas do ordenamento, as cumpram incondicionalmente, devolvendo os autos à procuradoria para complementação da sua atividade de controle jurídico, mediante verificação sobre se as suas recomendações foram efetivamente cumpridas; ou

   a.3) que, quando muito, provoquem uma nova manifestação da procuradoria (por exemplo se entenderem que algum pormenor do quadro fático não foi adequadamente enfrentado no parecer);[714]

---

possibilidade de prévia ciência e prévia eleição, *in concreto*, do comportamento que o livraria da incidência na infração e, pois, na sujeição às sanções para tal caso previstas" (BANDEIRA DE MELLO, Celso Antônio. *Curso de direito administrativo*, 27. ed., p. 855). Essa compreensão, que, para Bandeira de Mello, é externa a considerações sobre a culpabilidade do agente (investigação de dolo ou culpa), vez que incide "meramente no *animus* de praticar dada conduta" (BANDEIRA DE MELLO, Celso Antônio. *Curso de direito administrativo*, 27. ed., p. 855), é argumento suficiente ao afastamento da responsabilização do advogado público por ato de improbidade quando se está diante tão somente de divergência entre o posicionamento jurídico por ele externado e as manifestações ulteriores dos órgãos de controle, do Ministério Público e/ou do Poder Judiciário. Afinal, dado o caráter flexível (ou problemático) da aplicação do direito de nosso tempo, não é dado a ele, num juízo hipotético, de caráter abstrato, antecipar essas manifestações ulteriores com a segurança necessária a que se possa cogitar, em concreto, da voluntariedade da sua conduta.

[711] *Vide* tópico 6.2.1 do Capítulo 6.

[712] *Vide* tópico 11.1 deste Capítulo.

[713] *Vide* tópico 11.1.2.1 deste Capítulo.

[714] O projeto de lei aprovado pelo Congresso Nacional determinava, ainda, que os agentes estatais que atuam nos processos de licitações e contratações públicas, quando não atenderem às recomendações contidas no parecer e/ou solicitarem nova manifestação da procuradoria, deveriam remeter a decisão sobre o tema à autoridade máxima do órgão ou entidade; único agente estatal autorizado pelo dispositivo a deixar de seguir o parecer; mas que, nessa hipótese, passará a responder pessoal e exclusivamente pelas irregularidades que lhe forem eventualmente imputadas em razão desse fato (art. 53, §2º). Porém, a Presidência da República vetou esse

b) determinam aos *procuradores* que exerçam efetivo controle jurídico sobre os atos praticados pela Administração nos processos de licitação e contratação pública; múnus administrativo que transcende a simples veiculação de recomendações para adequação dos atos praticados ao que determina o direito positivo (orientação jurídica); porque também abarca (no caso de existirem recomendações no parecer) a verificação, por sua parte, sobre se essas suas recomendações foram integralmente atendidas (controle jurídico); e porque a *novatio legis* também impõe a eles (art. 53, §1º):

b.1) que apreciem o processo licitatório conforme critérios objetivos prévios de atribuição de prioridade (art. 53, §1º, I); e

b.2) que redijam sua manifestação em linguagem simples e compreensível e de forma clara e objetiva, com *apreciação de todos os elementos indispensáveis à contratação* e com *exposição dos pressupostos de fato e de direito levados em consideração* na análise jurídica (art. 53, §1º, II).

O projeto de lei aprovado pelo Congresso Nacional também impunha aos advogados públicos que dessem especial atenção à conclusão, observando o cuidado de apartá-la da fundamentação, de manter a uniformidade entre ela os seus entendimentos prévios (que são aqueles manifestados em pareceres anteriores), de apresentá-la em tópicos (com orientações específicas para cada recomendação, a fim de permitir à autoridade consulente sua fácil compreensão e atendimento) e, sobretudo, de, na eventualidade de constatar alguma ilegalidade no processo, apresentar posicionamento conclusivo quanto à impossibilidade de continuidade da contratação nos termos analisados, com sugestão de medidas que possam ser adotadas para adequá-la à legislação aplicável (art. 53, §1º, III). Todavia, a Presidência da República vetou esse dispositivo, à consideração de que ele, "ao dispor sobre organização administrativa e procedimento interno na Administração dos demais poderes da República e dos entes federativos" e violaria, ainda, os princípios "da separação dos poderes, nos termos do art. 2º da Constituição Federal, e do pacto federativo, inscrito no art. 18 da Carta Magna".

O argumento utilizado para o veto é falacioso, porque o dispositivo vetado incide, em rigor, sobre o modo como devem ser construídos os pareceres lavrados em processos de licitação e contratos para que seja observada, nesse contexto, a exigência de controle jurídico capitulada pelo *caput* do art. 53 e adiante ampliada pelo seu §4º, apresentando-se, portanto, como norma geral em matéria de licitações e contratos,[715] e não como

---

dispositivo, à consideração de que o seu texto poderia "levar a crer que o parecerista" seria "co-responsável pelo ato de gestão", contrariando, assim, "a posição tradicional da jurisprudência pátria e trazendo insegurança a atividade de assessoramento jurídico", e de que ele "desestimula o gestor a tomar medidas não chanceladas pela assessoria jurídica, mesmo que convicto da correção e melhor eficiência dessas medidas, o que pode coibir avanços e inovações". O veto, todavia, é absolutamente ineficaz, visto que, dadas a vinculação dos agentes estatais ao direito e a atribuição à Advocacia Pública da atividade de controle jurídico, todos os pareceres proferidos nesse contexto, desde que aprovados no âmbito da procuradoria, são vinculantes, o que significa dizer que a intepretação jurídica neles deve ser integralmente acatada por governantes, gestores e demais agentes estatais. Em rigor, a Presidência da República, quando vetou o dispositivo, culminou por impedir que autoridade máxima do órgão ou entidade pudesse se escusar de cumpri-las, ainda que assumindo o risco de atrair para si possível responsabilização pessoal e exclusiva pelos atos praticados mediante desconsideração das razões expostas no parecer. Retomaremos esse ponto na sequência, em nossas observações no tópico 11.1.4.

[715] A propósito, reiteramos que a Constituição brasileira conferiu tão somente à União a competência (privativa) para legislar sobre (entre outras matérias) "normas gerais de licitação e contratação, em todas as modalidades,

elemento intrínseco aos poder de autogoverno e autoadministração conferido pelo princípio federativo às unidades federadas. *Contudo, a sua aposição*, pela Presidência da República, *em nada afeta a condução dos processos e a elaboração*, em seu corpo, *de pareceres jurídicos*. É que *o art. 53 da Lei nº 14.133/2021 e seus §§3º e 4º*, na medida que impõem a realização, pela Advocacia Pública, de controle jurídico sobre os atos praticados nos processos de licitação e contratação pública, *por si só orientam que os pareceres lavrados nesse âmbito guardem uniformidade com os entendimentos prévios da procuradoria, tragam orientações específicas para cada recomendação* (a fim de permitir à autoridade consulente sua fácil compreensão e atendimento) *e* (se for constatada alguma ilegalidade) *apresentem posicionamento conclusivo quanto à impossibilidade de continuidade da contratação nos termos analisados, com sugestão de medidas que possam ser adotadas para adequá-la à legislação aplicável*.

Aliás, quanto a esse último ponto, deve estar claro que *da possibilidade de os procuradores veicularem sugestão de medidas que possam ser adotadas para adequar o processo à legislação aplicável não resulta conclusão no sentido de que seria viável o afastamento da necessidade de a procuradoria checar se essas recomendações foram efetivamente cumpridas.* Afinal, *o legislador condicionou o prosseguimento dos processos licitatórios* (art. 53, *caput*), a *publicação do edital de licitação* (art. 53, §3º) *e a formalização de contratações* diretas, de acordos, de termos de cooperação, de convênios e de ajustes, de adesão a atas de registro de preços, de outros instrumentos congêneres e de termos aditivos (art. 53, §4º) à realização de controle jurídico pela Advocacia Pública. Assim, na prática, os advogados públicos, quando sentirem a necessidade de sugerir à Administração medidas que possam ser adotadas para adequar a licitação/contratação aventada à legislação aplicável (valendo-se, para tanto, do disposto na parte final do texto do art. 53, §1º, II), devem, obrigatoriamente, solicitar o retorno dos autos após o atendimento de suas recomendações, de modo a que lhes seja possível apresentar posicionamento conclusivo sobre o tema (imposição jurídica que sobressai da incidência conjugada do *caput* do art. 53 com o seus §§3º e 4º).

Por isso as "respostas" construídas pela Advocacia Pública às consultas que lhe são dirigidas somente podem assumir a forma de um "sim" ou um "não", não sendo admissível, nesse contexto, resposta jurídica consistente num "talvez". Enfim, o controle jurídico conferido à Advocacia Pública, muito embora demande dos seus integrantes que, na eventualidade de constatar alguma ilegalidade no processo, apresentem sugestões de medidas que possam ser adotadas para adequá-la à legislação aplicável, apenas expressa que eventual resposta negativa ("não") da procuradoria deve vir associada ao esforço de seus integrantes para construir um "sim", por meio da sugestão de medidas que possam ser adotadas para adequar a providência cogitada à legislação aplicável.

Mas esse "sim" somente pode vir depois de cumpridas as recomendações expressas no parecer. Enquanto elas não forem atendidas, a resposta da procuradoria continua sendo um "não". Até porque, a ser de outro modo a Advocacia Pública estaria abdicando de exercer o controle jurídico que lhe foi conferido pelo constituinte (CRFB, arts. 131 e 132 c/c art. 70) e pelo legislador (Lei nº 14.133/2021, art. 53 e §§3º e 4º), e com isso atraindo para seus integrantes o risco de serem responsabilizados pessoalmente por ato de improbidade administrativa fundado em *contrariedade a princípios da Administração*

---

para as administrações públicas diretas, autárquicas e fundacionais da União, Estados, Distrito Federal e Municípios", bem como para as suas empresas públicas e sociedades de economia mista (art. 22, XXVII).

(Lei nº 8.429/1992, art. 11)[716] [717] e (quando for o caso) em *enriquecimento ilícito* (Lei nº 8.429/1992, art. 9º)[718] [719] ou em *lesão ao erário* (Lei nº 8.429/1992, art. 10).[720] [721]

As mesmas razões impõem aos agentes estatais consulentes que, havendo recomendações no parecer, diligenciem o seu cumprimento e devolvam os processos à Advocacia Pública independentemente da existência, no parecer, de determinação (expressão compatível com a natureza da atividade desenvolvida: controle jurídico) ou recomendação (eufemismo comumente empregado na esfera administrativa) nesse sentido. É que, pelas razões dantes expostas, a adoção dessas providências não decorre do parecer individualmente considerado (ou de determinações/recomendações que sobressaem do seu texto), mas de taxativa imposição constitucional (CRFB, arts. 131 e 132 c/c art. 70) e legal (Lei nº 14.133/2021, art. 53 e §§3º e 4º), a cujo atendimento os agentes estatais não podem se escusar, dada a incidência do princípio administrativo da legalidade. Assim, quando se omitem em devolver os processos para a verificação do cumprimento das recomendações contidas nos pareceres, também os agentes estatais consulentes ficam sujeitos, como os procuradores, à responsabilização pessoal, inclusive por atos de improbidade administrativa; consequência que, aliás, em tese pode ser estendida aos licitantes/contratados, por força do disposto no art. 3º da Lei de Improbidade Administrativa; o que amplia a situação de insegurança jurídica proporcionada pela prática administrativa denunciada.

---

[716] Lei nº 8.429/1992: "Art. 11. Constitui ato de improbidade administrativa que atenta contra os princípios da administração pública qualquer ação ou omissão que viole os deveres de honestidade, imparcialidade, legalidade, e lealdade às instituições, e notadamente [...]".

[717] Mais especificamente por contrariedade ao princípio administrativo da legalidade (CRFB, art. 37, *caput*), porque a Lei nº 12.133/2021 não deixa margem a dúvidas sobre qual deve ser a conduta dos advogados públicos quando exaram parecer, o que abre campo para que se afirme que semelhante abdicação da sua competência para exercer controle jurídico sobre o agir administrativo encerra conduta dolosa, que Gustavo Binenbojm e André Cyrino associam à atitude do agente estatal que age "com intenção de praticar um ato contrário à Administração Pública" ou que "deliberadamente recomende algo indevido (*e.g.* um laudo médico que opine falsamente pela que opine falsamente pela licença de um servidor por razões de saúde)" (BINENBOJM, Gustavo; CYRINO, André. O art. 28 da LINDB: a cláusula geral do erro administrativo, p. 211).

[718] Lei nº 8.429/1992: "Art. 9º Constitui ato de improbidade administrativa importando enriquecimento ilícito auferir qualquer tipo de vantagem patrimonial indevida em razão do exercício de cargo, mandato, função, emprego ou atividade nas entidades mencionadas no art. 1º desta lei, e notadamente [...]".

[719] O que se verificaria, por exemplo, quando a iniciativa do agente estatal, fundada em ato de vontade (dolo), por praticar ato contrário ao direito (violação ao princípio administrativo da legalidade, a atrair a incidência residual do art. 11 da Lei de Improbidade Administrativa), também foi embasada em razões pouco republicanas, relacionadas, ainda exemplificativamente, a atos de corrupção.

[720] Lei nº 8.429/1992: "Art. 10. Constitui ato de improbidade administrativa que causa lesão ao erário qualquer ação ou omissão, dolosa ou culposa, que enseje perda patrimonial, desvio, apropriação, malbaratamento ou dilapidação dos bens ou haveres das entidades referidas no art. 1º desta lei, e notadamente [...]".

[721] O que aconteceria, em novo exemplo, quando da sua renúncia em realizar o controle jurídico (porque não solicitou o retorno dos autos para checar se as suas recomendações foram atendidas) resultarem prejuízos concretos para o Poder Público, o que pode acontecer, por exemplo, quando se verificar que contratação direta fundada em parecer inconclusivo da procuradoria (que encerra, sob certa ótica, exposta na nota anterior, conduta dolosa) fez com que a Administração pagasse pela prestação adquirida valor mais caro (superfaturado, portanto) do que ela teria obtido se tivesse realizado uma licitação. Não queremos afirmar, com isso, que a realização de contratação direta em substituição à licitação induza por si só superfaturamento ou lesão ao erário. No entanto, no mesmo exemplo, elementos podem decorrer, ainda por hipótese, da circunstância de o parecer conter recomendação para que a Administração comprove que o orçamento apresentado pelo contratado corresponde às condições praticadas no mercado, e de os agentes estatais responsáveis pela contratação terem ignorado essa recomendação, num contexto em que o desatendimento a ela, possibilitado pela ausência de retorno dos autos à procuradoria, provoca, em concreto, superfaturamento e lesão ao erário.

11.1.2.3 A circunscrição da análise desenvolvida aos aspectos jurídicos

Outro ponto que merece destaque nesse contexto é que *a análise desempenhada pela Advocacia Pública é* (ou pelo menos deveria ser) *estritamente jurídica* (art. 48, *caput*), o que significa dizer que *a sua atividade é circunscrita à verificação*, nos casos concretos, *sobre se as escolhas feitas pela Administração são* (ou se não são) *compatíveis com o direito*. Por esse motivo, não compete aos procuradores entrar em considerações relativas (por exemplo) aos preços dos bens adquiridos, ou a pormenores que envolvem aspectos técnicos contratação, seja porque não dispõem da formação técnica necessária ao cumprimento desse mister, seja porque não detêm autorização legislativa para tanto. Destarte, *elementos não jurídicos apenas aparecerão em seus pareceres quando a Administração deixar de especificá-los, ou quando o fizer de forma lacunosa, em situações em que o legislador exige essa especificação*.

Todavia, muito embora não precisem (nem devam) posicionar-se sobre esses elementos não jurídicos, *cumpre aos advogados públicos acercar-se de que a sua especificação, quando exigida pelo ordenamento, efetivamente conste do processo administrativo*. Se não o fizerem, incorrerão (também quanto a esse ponto) em renúncia ao exercício da sua competência para realizar o controle jurídico que lhes foi conferido pelo constituinte (CRFB, arts. 131 e 132 c/c art. 70) e pelo legislador (Lei nº 14.133/2021, art. 53 e §§3º e 4º), incorrendo, portanto, em contrariedade ao princípio administrativo da legalidade (Lei nº 8.429/1992, art. 11) e, a depender das razões que o compeliram a tanto, também em enriquecimento ilícito (Lei nº 8.429/1992, art. 9º) e/ou em lesão ao erário (Lei nº 8.429/1992, art. 10), e com isso atraindo para si o risco da sua responsabilização pessoal, nos moldes anteriormente aventados, por atos praticados nos processos de licitações e contratações públicas.

11.1.3 Vinculatividade das manifestações jurídicas e responsabilização de agentes estatais

Esses dispositivos tornam a manifestação jurídica da Advocacia Pública obrigatória em todos os processos envolvendo licitações e contratações públicas. Há, quanto a isso, relevante modificação em relação ao regime normativo pretérito, que impunha a manifestação da Advocacia Pública exclusivamente em processos que comportavam aprovação de minutas de editais, contratos, acordos, convênios ou ajustes (Lei nº 8.666/1993, art. 38, parágrafo único).[722]

Outra novidade trazida pela *novatio legis* foi a confirmação, no texto legal, da vinculatividade das manifestações jurídicas da Advocacia Pública, anteriormente assinalada tão somente em sede doutrinária.[723] Essa sua vinculatividade resulta, primariamente, da circunstância de o legislador haver condicionado o processamento do processo licitatório (art. 53), a publicação do edital da licitação (art. 53, §3º) e a formalização de contratações diretas, de acordos, termos de cooperação, de convênios,

---

[722] Lei nº 8.666/1993. "Art. 38 [...] Parágrafo único. As minutas de editais de licitação, bem como as dos contratos, acordos, convênios ou ajustes devem ser previamente examinadas e aprovadas por assessoria jurídica da Administração (Redação dada pela Lei nº 8.883, de 1994)".

[723] A propósito, cf., por todos: MADUREIRA, Claudio. *Advocacia Pública*.

de ajustes, de adesões a atas de registro de preços, de outros instrumentos congêneres e de seus termos respectivos aditivos (art. 53, §4º) a controle jurídico exercido pela Advocacia Pública.

A vinculatividade das manifestações jurídicas da Advocacia Pública também encontrava fundamento, no projeto de lei aprovado pelo Congresso Nacional, no dispositivo que admitiu a possibilidade de desatendimento às recomendações das procuradorias por decisão fundamentada da autoridade máxima do órgão ou entidade. O que o Parlamento previu, em literalidade, foi que:

> o parecer jurídico que desaprovar a continuidade da contratação, no todo ou em parte, poderá ser motivadamente rejeitado pela autoridade máxima do órgão ou entidade, hipótese em que esta passará a responder pessoal e exclusivamente pelas irregularidades que, em razão desse fato, lhe forem eventualmente imputadas.

O texto do dispositivo orientava pelo menos duas conclusões no que concerne à vinculatividade dos pareceres dimanados pela Advocacia Pública: a primeira delas é que os agentes estatais engajados na realização de licitações públicas e na formalização e execução de contratos administrativos encontram-se absolutamente vinculados às suas conclusões, porque o legislador apenas admitiu o seu desatendimento por decisão motivada da autoridade máxima do órgão/entidade; a outra, é que, mesmo quanto a essa autoridade máxima, a sua vinculatividade é semelhante à das(os) decisões/sentenças/acórdãos judiciais, que como regra devem ser cumprida(os), embora exista, faticamente, a possibilidade de descumprimento (assim não fosse, não haveria, no processo civil, a figura da execução). Assim, em vista dele, incidiria, (i) para as autoridades máximas dos órgãos/entidades, a sua responsabilidade pessoal e exclusiva pelas irregularidades que (em razão do descumprimento) a ela forem eventualmente imputadas, o que significa dizer que elas apenas poderiam ser responsabilizadas quando os controladores entenderem (no futuro) que o parecer estava correto; (ii) para os demais agentes estatais, a responsabilização tão somente por terem desatendido o parecer, portanto independentemente de o seu conteúdo vir a ser considerado correto pelos órgãos de controle, porque o texto aprovado pelo Parlamento apenas admitia o descumprimento (ainda que motivado) por parte da autoridade máxima do órgão/entidade; e (iii) para ambos, a responsabilização pessoal, independentemente de os controladores virem a concordar com as conclusões expostas no parecer, pelo seu desatendimento imotivado, que atrai a responsabilização incondicionada inclusive para a autoridade máxima do órgão ou entidade. Conforme se verifica do texto final publicado no *Diário Oficial da União*,[724] a Presidência da República vetou esse dispositivo, à consideração de que o seu texto poderia "levar a crer que o parecerista" seria "co-responsável pelo ato de gestão", contrariando, assim, "a posição tradicional da jurisprudência pátria, e trazendo insegurança a atividade de assessoramento jurídico", e de que ele "desestimula o gestor a tomar medidas não chanceladas pela assessoria jurídica, mesmo que convicto da correção e melhor eficiência dessas medidas, o que pode coibir avanços e inovações".

---

[724] Disponível em: file:///C:/Users/cpmadureira/Downloads/2021_04_01_ASSINADO_do1_extra_F%20(1).pdf. Acesso em: 3 abr. 2021.

O veto, todavia, é absolutamente ineficaz para obstar a responsabilização pessoal de agentes estatais pelo desatendimento às intepretações jurídicas gravadas nos pareceres; *precisamente porque*, dadas a sua vinculação ao direito, preordenada pela incidência do princípio administrativo da legalidade (CRFB, art. 37, *caput*), e a atribuição à Advocacia Pública da atividade de controle jurídico sobre a atividade administrativa (CRFB, arts. 131 e 132 c/c art. 70) e (em específico) sobre os atos praticados nos processos de licitações e contratações públicas (Lei nº 14.133/2021, art. 53 e §§3º e 4º), *todos os pareceres proferidos nesse contexto, desde que aprovados no âmbito da procuradoria, são vinculantes*; o que significa dizer que a intepretação jurídica neles consignada deve ser integralmente acatada por governantes, gestores e demais agentes estatais.

Assim, *na prática, a Presidência da República, quando vetou o dispositivo, apenas culminou por impedir que autoridade máxima do órgão ou entidade pudesse se escusar de aderir a essas interpretações jurídicas* (veiculadas pela Advocacia Pública), ainda que assumindo o risco de atrair para si possível responsabilização pessoal e exclusiva pelos atos praticados mediante desconsideração das razões expostas no parecer. Enfim, como ocorre com as (os) decisões/sentenças/acórdãos judiciais, cujo descumprimento suscita (por exemplo) o estabelecimento de constrição judicial sobre o patrimônio do devedor (técnica empregada na execução de obrigações de pagar) como forma de satisfazer o crédito do credor (entre outras consequências), também há consequências para o desatendimento, ainda que motivado, desses pareceres jurídicos.

Outra modificação que sobressaía do texto do projeto de lei aprovado pelo Congresso Nacional dizia respeito à responsabilização dos advogados públicos pelos pareceres que exaram. No regime normativo pretérito a única hipótese em que era admitida a responsabilização pessoal de advogados públicos pareceristas com base em suas conclusões jurídicas era no caso de aprovação de minutas de editais, contratos, acordos, convênios ou ajustes, nos moldes previstos no parágrafo único do art. 38 da Lei nº 8.666/1993. Por certo, houve quem sustentasse, em vista dos acórdãos proferidos pelo Supremo Tribunal Federal no curso do julgamento dos mandados de segurança nº 24.584[725] (relatado pelo Ministro Marco Aurélio) e nº 24.631[726] (relatado pelo Ministro

---

[725] Cuja ementa resta vazada nos seguintes termos: "CONSTITUCIONAL. ADMINISTRATIVO. CONTROLE EXTERNO. AUDITORIA PELO TCU. *RESPONSABILIDADE DE PROCURADOR DE AUTARQUIA POR EMISSÃO DE PARECER TÉCNICO-JURÍDICO DE NATUREZA OPINATIVA*. SEGURANÇA DEFERIDA. I. Repercussões da natureza jurídico-administrativa do parecer jurídico: (i) quando a consulta é facultativa, a autoridade não se vincula ao parecer proferido, sendo que seu poder de decisão não se altera pela manifestação do órgão consultivo; (ii) *quando a consulta é obrigatória, a autoridade administrativa se vincula a emitir o ato tal como submetido à consultoria, com parecer favorável ou contrário, e se pretender praticar ato de forma diversa da apresentada à consultoria, deverá submetê-lo a novo parecer*; (iii) *quando a lei estabelece a obrigação de decidir à luz de parecer vinculante, essa manifestação de teor jurídico deixa de ser meramente opinativa e o administrador não poderá decidir senão nos termos da conclusão do parecer ou, então, não decidir*. II. No caso de que cuidam os autos, o parecer emitido pelo impetrante não tinha caráter vinculante. Sua aprovação pelo superior hierárquico não desvirtua sua natureza opinativa, nem o torna parte de ato administrativo posterior do qual possa eventualmente decorrer dano ao erário, mas apenas incorpora sua fundamentação ao ato. III. Controle externo: É lícito concluir que é abusiva a responsabilização do parecerista à luz de uma alargada relação de causalidade entre seu parecer e o ato administrativo do qual tenha resultado dano ao erário. *Salvo demonstração de culpa ou erro grosseiro, submetida às instâncias administrativo-disciplinares ou jurisdicionais próprias, não cabe a responsabilização do advogado público pelo conteúdo de seu parecer de natureza meramente opinativa*. Mandado de segurança deferido" (STF, Plenário. MS nº 24.631. Rel. Min. Joaquim Barbosa, j. 9.8.2007. DJe, 31 jan. 2008) (grifos nossos).

[726] Cuja ementa resta vazada nos seguintes termos: "ADVOGADO PÚBLICO - RESPONSABILIDADE - ARTIGO 38 DA LEI Nº 8.666/93 - TRIBUNAL DE CONTAS DA UNIÃO - ESCLARECIMENTOS. *Prevendo o artigo 38 da Lei nº 8.666/93 que a manifestação da assessoria jurídica quanto a editais de licitação, contratos, acordos, convênios e ajustes não*

Joaquim Barbosa),⁷²⁷ ser viável a integração de advogados públicos pareceristas ao polo passivo de processos em curso nos tribunais de contas, aduzindo, inclusive, tratar-se de responsabilidade objetiva, aferida a partir da tão só demonstração de nexo de causalidade entre a prolação do parecer e a ilegalidade detectada.⁷²⁸ Porém, em rigor, esse tipo de afirmação fundamentava-se tão somente em entendimento pessoal e individual manifestado pelo então Ministro Joaquim Barbosa, quanto a ser viável a responsabilização de procuradores quando exaram pareceres vinculantes, que, todavia, em momento algum foi acolhido pelos demais ministros que participaram dos julgamentos, e que por isso mesmo não figurou entre os fundamentos dos acórdãos neles proferidos. O que o Excelso Pretório assentou nesses julgamentos foi que é viável a responsabilização dos advogados públicos pareceristas quando aprovam minutas de editais de licitação, contratos, acordos, convênios e ajustes (Lei nº 8.666/1993, art. 38, parágrafo único), não porque considera viável a sua responsabilização por opinião jurídica⁷²⁹ quando exaram pareceres vinculantes (conforme proposto pelo Ministro Joaquim Barbosa), mas porque o legislador, quando empregou (no parágrafo único do art. 38 da Lei nº 8.666/1993) a expressão *aprovação* fez com que a manifestação veiculada pelo parecerista nesse contexto não se apresentasse como simples opinamento, mas como ato de gestão, e que por isso suscita (ainda que no plano abstrato) a possibilidade da sua inclusão no polo passivo de procedimentos instaurados pelo Tribunal de Contas da União. Além disso, mesmo nessa hipótese, a responsabilização cogitada pressupõe, nos moldes assentados nos mesmos julgamentos pelo Tribunal Constitucional, a demonstração de que o agente imputado tenha agido com dolo ou culpa grave fundada em erro grosseiro.⁷³⁰

Esse posicionamento pretoriano foi impactado, depois da sua formação no âmbito do Supremo Tribunal Federal, pelas modificações legislativas introduzidas no

---

se limita a simples opinião, alcançando a aprovação, ou não, descabe a recusa à convocação do Tribunal de Contas da União para serem prestados esclarecimentos" (STF, Plenário. MS nº 24.584. Rel. Min. Marco Aurélio, j. 9.8.2007. DJe, 19 jun. 2008) (grifos nossos).

⁷²⁷ Ambos impetrados por advogados públicos federais com o propósito de obstar a sua qualificação como requeridos em processos instaurados pelo Tribunal de Contas da União para a sua responsabilização conjunta com agentes estatais que praticaram atos de Administração com base em orientações jurídicas firmadas em seus pareceres.

⁷²⁸ Nesse sentido parece haver se posicionado a área técnica do Tribunal de Contas do Espírito Santo no corpo do ITC nº 3.357/2015; cujo conteúdo, quanto a esse específico particular, pode ser inferido do seguinte excerto do Acordão TC-1933/2015: "Acerca da presente questão, entendo que deva ser levado em consideração o meticuloso detalhamento realizado pela área técnica na ITC 3.357/2015, no que tange a responsabilidade dos advogados pareceristas, uma vez que expressa o atual entendimento do STF a respeito do tema. [...] nos dois primeiros casos (consulta facultativa e consulta obrigatória) o STF considera que o parecer tem natureza opinativa, de sorte que, em regra, não haverá correspondsabilidade do parecerista, exceto comprovação de erro grave ou conduta culposa/dolosa; [...] no caso de parecer vinculante o STF considera que a sua natureza não e meramente opinativa, mas sim, que '[...] há efetiva partilha do poder decisória [...]' entre o parecerista e a autoridade administrativa que pratica o ato, de sorte que haverá responsabilidade solidaria entre o emitente do parecer e a autoridade administrativa que pratica o ato aprovado pelo parecerista, caso incorra-se em ilegalidade e/ou prejuízo ao erário. Note-se que, *na hipótese de parecer vinculante, o STF não condicionou a responsabilidade do parecerista a presença de erro grave, culpa ou dolo*, mas é evidente que *deverá haver nexo de causalidade*, ou seja, deverá ser demonstrado, no caso concreto, que a ilegalidade ou prejuízo resultaram do opinamento manifestado no parecer" (grifos nossos).

⁷²⁹ Quanto ao particular, persiste aplicável o entendimento consolidado pelo Tribunal Constitucional no contexto do julgamento do Mandado de Segurança nº 24.073 (STF, Plenário. MS nº 24.073. Rel. Min. Carlos Velloso. DJ, 31 out. 2003), no sentido da impossibilidade da responsabilização de advogados públicos pareceristas por suas opiniões jurídicas.

⁷³⁰ Cf. MADUREIRA, Claudio. Limites e consequências da responsabilização de advogados públicos por suas opiniões jurídicas.

ordenamento jurídico brasileiro pelo Código de Processo Civil de 2015, que condiciona a responsabilização pessoal de advogados públicos à alegação/demonstração de dolo ou fraude em sua conduta (art. 184), e pela Lei Federal nº 13.665/2018, que inseriu no texto do Decreto-Lei nº 4.657/1942 (Lei de Introdução às Normas do Direito Brasileiro) dispositivo que condiciona a responsabilização de agentes estatais (entre eles os advogados públicos) à verificação de dolo ou erro grosseiro (art. 28). Assim, pelo que sobressai da conjugação desses dispositivos ao entendimento consolidado na jurisprudência do Excelso Pretório, *a responsabilização de advogados públicos pareceristas apenas era admitida*, sob a égide do regime normativo pretérito, (i) *quando seus pareceres aprovam minutas de editais de licitação, contratos, acordos, convênios e ajustes* (Lei nº 8.666/1993, art. 38, parágrafo único) *e* (mesmo nessa hipótese) (ii) *somente nos casos concretos em que se demonstrar que eles agiram com dolo e/ou mediante culpa grave fundada em erro grosseiro.*

Todavia, *essa construção perde sentido com a edição da Lei nº 14.133/2021, porque inexiste em seu texto dispositivo com conformação semelhante à do parágrafo único do art. 38 da Lei nº 8.666/1993*. Enfim, *a única situação em que o Supremo Tribunal Federal admitia a responsabilização* de advogados públicos pareceristas por suas manifestações jurídicas (aprovação de "minutas de editais de licitação, bem como as dos contratos, acordos, convênios ou ajustes") *não existe mais, o que afasta*, por si só, *a responsabilização cogitada.*

Essa constatação evidencia que o texto da *novatio legis* confere maior segurança à atuação dos advogados públicos que o texto da lei revogada, porque impede a sua responsabilização mediante invocação do conteúdo dos pareceres que proferem em processos de licitações e contratações públicas, que induzia, na vigência do regime pretérito, desestímulo ao exercício da Advocacia Pública e ao ingresso/manutenção de bons profissionais em seus quadros. Ao ensejo, recobramos a advertência de Diogo Moreira Neto quando observa que a tentativa de responsabilização de advogados públicos por seus pareceres, "ao revés de concorrer para o aperfeiçoamento da Administração, desestimulará uma geração de jovens advogados de Estado concursados", que certamente temem as "consequências que possam decorrer do exercício independente e intimorato de sua profissão, ante a possibilidade de serem acoimados de faltosos e de receberem sanções pecuniárias" unicamente porque seus opinamentos jurídicos não coincidem com a interpretação posteriormente manifestada pelos órgãos fiscalizatórios.[731] Disso decorrem, conforme Moreira Neto, dois perigos: ou esses profissionais que ingressam nas procuradorias preferirão "a comodidade da via de menor risco, ou seja, a falsa segurança de se inclinarem por uma negativa habitual que os desonere"; ou, "o que será igualmente catastrófico para todos os níveis da Federação, estarão desestimulados para exercer a advocacia de Estado agentes de personalidade e de coragem, que são exatamente os que mais podem contribuir para a boa administração".[732]

Nesse mesmo sentido se manifestou o então Ministro Eros Grau, do Supremo Tribunal Federal, por ocasião do julgamento do Mandado de Segurança nº 24.584 (um dos precedentes em que o Tribunal Constitucional enfrentou o tema da responsabilização de advogados pareceristas, cujo conteúdo foi anteriormente minudenciado); como se infere da seguinte passagem da sua confirmação de voto:

---

[731] MOREIRA NETO, Diogo de Figueiredo. A responsabilidade do advogado de Estado, p. 195.
[732] MOREIRA NETO, Diogo de Figueiredo. A responsabilidade do advogado de Estado, p. 195.

Temo que a afirmação pura e simples da responsabilização do procurador que oficia na Administração vá produzir algumas dificuldades nas atividades regulares da Administração. Haverá um cuidado muito grande da parte do profissional, uma espécie de temor.

Mencionarei uma circunstância que me parecer extremamente expressiva: não são raros os advogados que conheço que hoje se escusam de trabalhar para a Administração, porque a Lei nº 8.666 admite a dispensa de licitação e há inúmeros processos – ações populares, ações civis públicas – contra a contratação de advogados por dispensa de licitação. Isso de certa forma afastou os bons advogados, que preferem hoje não trabalhar mais para a Administração.

No caso dos procuradores, apenas menciono a preocupação de como será comunicada essa decisão. (Grifos nossos)

Também expressou a sua preocupação, no mesmo julgamento, o Ministro Gilmar Mendes; conforme se depreende do seguinte trecho de seu voto-vista:

A mim, também, preocupa-me – embora quanto à ideia da responsabilidade, dentro de um regime republicano, todos estão submetidos a um modelo de responsabilidade –, de fato, *esse tipo de manifestação*, dependendo de como ela é vazada, porque *isso tem um efeito inibitório até mesmo do funcionamento da Administração. É muito fácil*, sabemos muito bem – e falo com autoridade de quem foi, embora modesto, um advogado público e que conhece, razoavelmente, esse tipo de questão –, *tornar-se crítico de obra feita. Quando se tem que fazer uma ação de governo ou uma medida de governo, nesse calor*, talvez só os advogados privados experimentam essa sensação em determinados momentos da vida; *essa gente está submetida a essa tensão permanente.* [...]

[...] *Posições desse tipo têm o condão de produzir ainda mais inibição num contexto de administração já absolutamente inibido.* (Grifos nossos)

Essa inclinação teórica, manifestada pela doutrina jurídica e por ministros do Supremo Tribunal Federal, parece ter conduzido o Congresso Nacional a inserir, no texto do projeto de lei que deu origem à Lei nº 14.133/2021, dispositivo que condicionava a responsabilização pessoal (inclusive regressiva) de advogados públicos pareceristas nos processos relativos a licitações e contratações públicas às situações em que eles agirem com dolo ou fraude (art. 53, §6º); reproduzindo, no ponto, opção político-normativa anteriormente firmada pela lei processual civil (CPC-2015, art. 184), que culmina por conferir a esses profissionais regime de responsabilização correlato àquele aplicável aos integrantes do Poder Judiciário (CPC-2015, art. 143)[733] e do Ministério Público (CPC-2015, art. 181),[734] [735] e afastando, com isso, a possibilidade da sua responsabilização por simples opinião jurídica. Nos termos desse dispositivo, a responsabilização de advogados públicos que proferem pareceres em processos em licitações e contratações públicas não poderia resultar em afirmação de simples erro jurídico em suas manifestações, incidindo, tão somente, sobre a prática de atos concretos (que, na

---

[733] CPC-2015: "Art. 143. O juiz responderá, civil e regressivamente, por perdas e danos quando: I - no exercício de suas funções, proceder com dolo ou fraude; II - recusar, omitir ou retardar, sem justo motivo, providência que deva ordenar de ofício ou a requerimento da parte".

[734] CPC-2015: "Art. 181. O membro do Ministério Público será civil e regressivamente responsável quando agir com dolo ou fraude no exercício de suas funções".

[735] NIEBUHR, Joel de Menezes. Fase preparatória das licitações, p. 44.

hipótese analisada, consistem na elaboração de pareceres) eivados de dolo ou fraude (como se verificaria, por exemplo, se o parecer adotasse conclusão insustentável porque o seu subscritor recebeu propina para prolatá-lo, ou porque o fez para agradar os seus superiores hierárquicos, ou então temendo desagradá-lo).

No entanto, esse dispositivo foi vetado pela Presidência da República, à consideração de que "o advogado, público ou privado, já conta com diversas outras disposições sobre a sua responsabilização profissional (Lei nº 8.906, de 1994; art. 184 do CPC; e, para os profissionais da Advocacia Geral da União, também na Lei nº 13.327, de 2016), as quais não estão sendo revogadas e nem harmonizadas com essa propositura", de que "o artigo não faz referência a eventual responsabilização administrativa ou mesmo penal daquele advogado, o que pode causar incerteza jurídica quanto à eventual instituição de responsabilidade cível (excludente das possíveis responsabilidades administrativa e/ou penal, em indevido recrudescimento do sistema atualmente vigente)", e de que ele "parece potencializar a geração de celeuma acerca do nível de responsabilização dos pareceristas jurídicos junto aos procedimentos licitatórios". Assim, paradoxalmente, o Poder Executivo, que tem a competência e a responsabilidade de atender à sociedade em suas necessidades, e que por isso seria beneficiado pelo ganho de segurança proporcionado pelo texto aprovado ao exercício de atividade consultiva pelos advogados públicos, de modo a minimizar os efeitos do desestímulo anteriormente mencionados, acabou empregando o instituto do veto presidencial contra os seus próprios interesses.

Porém, mesmo diante da aposição de veto ao dispositivo, não se pode considerar viável responsabilização de advogados públicos pareceristas por simples divergência de interpretação jurídica. É que, afastada a sua incidência, a matéria passa a ser disciplinada pelo art. 28 da Lei de Introdução às Normas do Direito Brasileiro (Decreto-Lei nº 4.657/1942), introduzido em seu texto pela Lei nº 13.655/2018, que estabelece (textualmente) que os agentes estatais (entre eles os advogados públicos) respondem pessoalmente por suas decisões ou opiniões técnicas em caso de *dolo ou erro grosseiro*. Esse dispositivo encerra, conforme Gustavo Binenbojm e André Cyrino, *cláusula geral do erro administrativo*, que tem por finalidade conferir maior segurança jurídica à atuação do gestor bem-intencionado, mas falível como qualquer outra pessoa.[736] O que se pretendeu, com a sua introdução no texto da Lei de Introdução às Normas do Direito Brasileiro, foi criar "incentivos institucionais necessários à promoção da inovação e à atração de gestores capacitados", como forma de impedir que, "num regime jurídico que pretenda viabilizar soluções inovadoras", o ingresso em carreiras públicas converta-se em "armadilhas para pessoas honestas, capazes e bem intencionadas".[737]

Não estamos a afirmar que seja inviável a responsabilização de advogados públicos quando suas manifestações jurídicas se contaminam por vícios de outra natureza (como ocorre, por exemplo, quando se verifica em concreto o recebimento de vantagem financeira para proferir pareceres, denúncias e sentenças). Todavia, não se pode admitir que se afirme, muitas vezes com naturalidade, ser viável, à luz do ordenamento jurídico-positivo, a aplicação de sanções a esses profissionais pela tão só circunstância de eles não

---

[736] Cf. BINENBOJM, Gustavo; CYRINO, André. O art. 28 da LINDB: a cláusula geral do erro administrativo.
[737] BINENBOJM, Gustavo; CYRINO, André. O art. 28 da LINDB: a cláusula geral do erro administrativo, p. 221.

terem conseguido antecipar, quando da formulação de suas manifestações jurídicas, os posicionamentos ulteriormente firmados pelos órgãos de controle.

Dessa postura pode resultar, além de nefasto desrespeito à ordem jurídica, a adoção, pelos advogados públicos, de postura defensiva quando da elaboração de seus pareceres jurídicos (como frisaram, nas manifestações anteriormente transcritas, os doutrinadores Diogo de Figueiredo Moreira Neto, Gustavo Binenbojm e André Cyrino e os ministros Eros Grau e Gilmar Mendes), com a potencialidade de induzir, nos casos concretos, a inibição da realização de políticas públicas indispensáveis ao atendimento das necessidades da população.

11.1.4 Minutas/manifestações padronizadas e dispensa de análise jurídica

A Lei nº 14.133/2021 também prevê a possibilidade de dispensa da análise jurídica, mas apenas nas hipóteses previamente definidas em ato da autoridade jurídica máxima competente (art. 53, §5º), portanto em norma administrativa editada pelo advogado-geral ou procurador-geral anteriormente à submissão do processo à análise do procurador. Ademais, a edição dessa norma administrativa deverá considerar o *baixo valor*, a *baixa complexidade* da contratação, a *entrega imediata* do bem ou a *utilização de minutas* de editais e instrumentos de contrato, convênio ou outros ajustes previamente *padronizados* pelo órgão de assessoramento jurídico (art. 53, §5º, parte final).

Sobre manifestações/minutas padronizadas, a *novatio legis* prescreve, ainda:
a) que a Administração pode instituir, com auxílio dos órgãos de assessoramento jurídico e de controle interno, modelos de minutas (minutas padronizadas) de editais, de termos de referência, de contratos padronizados e de outros documentos, admitida, inclusive, a adoção das minutas do Poder Executivo Federal por todos os entes federativos (art. 19, IV), num contexto em que essas minutas apenas poderão deixar de ser utilizadas mediante justificativa por escrito e anexada ao respectivo processo licitatório (art. 19, §2º, parte final);
b) que, sempre que o objeto permitir, ela deverá adotar minutas padronizadas, contendo cláusulas uniformes (art. 25, §1º); e
c) que ela também poderá contratar a execução de obras e serviços de engenharia pelo sistema de registro de preços quando existir de projeto padronizado e sem complexidade técnica e operacional (art. 85, I).

11.2 A divulgação do edital de licitação

Art. 54. A publicidade do edital de licitação será realizada mediante divulgação e manutenção do inteiro teor do ato convocatório e de seus anexos no Portal Nacional de Contratações Públicas (PNCP).
§1º VETADO
§2º É facultada a divulgação adicional e a manutenção do inteiro teor do edital e de seus anexos em sítio eletrônico oficial do ente federativo do órgão ou entidade responsável

pela licitação ou, no caso de consórcio público, do ente de maior nível entre eles, admitida, ainda, a divulgação direta a interessados devidamente cadastrados para esse fim.

§3º Após a homologação do processo licitatório, serão disponibilizados no Portal Nacional de Contratações Públicas (PNCP) e, se o órgão ou entidade responsável pela licitação entender cabível, também no sítio referido no §2º deste artigo, os documentos elaborados na fase preparatória que porventura não tenham integrado o edital e seus anexos.

•••

Encerrada a tramitação do processo no âmbito da Advocacia Pública (que tem lugar, pelas razões dantes expostas, como forma viabilizar o estabelecimento de controle jurídico sobre os atos praticados), ter-se-á a divulgação do edital da licitação (art. 54, §3º).

A sua publicação será feita mediante divulgação adicional e manutenção do inteiro teor do edital e de seus anexos em sítio eletrônico oficial do ente federativo do órgão ou entidade responsável pela licitação ou (no caso de consórcio público) do ente de maior nível entre eles, admitida (ainda) a divulgação direta a interessados devidamente cadastrados para esse fim (art. 54, §2º). Essa divulgação, todavia, é facultativa.[738]

Além dessa publicação, o legislador impõe a disponibilização, após a homologação do processo licitatório, dos documentos elaborados na fase preparatória que porventura não tenham integrado o edital e seus anexos disponibilizados no Portal Nacional de Contratações Públicas (art. 54, §3º).

---

[738] Diversamente daquela que havia sido imposta pelo texto do projeto de lei aprovado pelo Congresso Nacional, que considerava "obrigatória a publicação de extrato do edital no Diário Oficial da União, do Estado, do Distrito Federal ou do Município, ou, no caso de consórcio público, do ente de maior nível entre eles, bem como em jornal diário de grande circulação" (art. 54, §1º). No entanto, esse dispositivo foi vetado pela Presidência da República, à consideração de que "a determinação de publicação em jornal de grande circulação contraria o interesse público, por ser uma medida desnecessária e antieconômica, tendo em vista que a divulgação em 'sítio eletrônico oficial' atende ao princípio constitucional da publicidade", e porque "o princípio da publicidade, disposto no art. 37, *caput* da Constituição da República", já estaria sendo devidamente observado com a previsão contida no *caput* do art. 54, que prevê a divulgação dos instrumentos de contratação no Portal Nacional de Contratações Públicas (PNCP), o qual passará a centralizar a publicidade dos atos relativos às contratações públicas.

APRESENTAÇÃO DE PROPOSTAS E LANCES

A fase que sucede a divulgação do edital no procedimento do processo licitatório é a fase de apresentação de propostas e lances, anteriormente abordada no tópico 6.2.2.2 do Capítulo 6. Neste capítulo, cuidaremos de minudenciá-la, mediante apresentação de comentários aos dispositivos que disciplinam os *prazos* nela aplicáveis, os *modos de disputa* admitidos pelo legislador e a *exigência de garantia* da proposta.

12.1 Disposições sobre prazos

Art. 55. Os prazos mínimos para apresentação de propostas e lances, contados a partir da data de divulgação do edital de licitação, são de:

I - para aquisição de bens:

a) 8 (oito) dias úteis, quando adotados os critérios de julgamento de menor preço ou de maior desconto;

b) 15 (quinze) dias úteis, nas hipóteses não abrangidas pela alínea *a* deste inciso;

II - no caso de serviços e obras:

a) 10 (dez) dias úteis, quando adotados os critérios de julgamento de menor preço ou de maior desconto, no caso de serviços comuns e de obras e serviços comuns de engenharia;

b) 25 (vinte e cinco) dias úteis, quando adotados os critérios de julgamento de menor preço ou de maior desconto, no caso de serviços especiais e de obras e serviços especiais de engenharia;

c) 60 (sessenta) dias úteis, quando o regime de execução for de contratação integrada;

d) 35 (trinta e cinco) dias úteis, quando o regime de execução for o de contratação semi-integrada ou nas hipóteses não abrangidas pelas alíneas *a*, *b* e *c* deste inciso;

III - para licitação em que se adote o critério de julgamento de maior lance, 15 (quinze) dias úteis;

IV - para licitação em que se adote o critério de julgamento de técnica e preço ou de melhor técnica ou conteúdo artístico, 35 (trinta e cinco) dias úteis.

§1º Eventuais modificações no edital implicarão nova divulgação na mesma forma de sua divulgação inicial, além do cumprimento dos mesmos prazos dos atos e procedimentos originais, exceto quando a alteração não comprometer a formulação das propostas.

§2º Os prazos previstos neste artigo poderão, mediante decisão fundamentada, ser reduzidos até a metade nas licitações realizadas pelo Ministério da Saúde, no âmbito do Sistema Único de Saúde (SUS).

•••

A Lei nº 14.133/2021 estabeleceu prazos mínimos para apresentação de propostas e lances, e especificou que esses prazos são contados a partir da data de divulgação do edital de licitação (art. 55, *caput*).

Os prazos mínimos fixados pelo legislador são os seguintes:

Prazos	Situações
8 dias úteis	– licitações voltadas à aquisição de bens (art. 55, I) em que são adotados os critérios de julgamento de menor preço ou de maior desconto (art. 55, I, "a")
10 dias úteis	– licitações para contratação de serviços e obras (art. 55, II) em que são adotados os critérios de julgamento de menor preço ou de maior desconto, no caso de serviços comuns e de obras e serviços comuns de engenharia (art. 55, II, "a")
15 dias úteis	– licitações voltadas à aquisição de bens (art. 55, I) em que são adotados outros critérios de julgamento que não os de menor preço ou de maior desconto (art. 55, I, "b") – licitações que adotem o critério de julgamento por maior lance (art. 55, III).
25 dias úteis	– licitações para contratação de serviços e obras (art. 55, II) quando adotados os critérios de julgamento de menor preço ou de maior desconto, para a aquisição de serviços especiais e de obras e serviços especiais de engenharia (art. 55, II, "b")
35 dias úteis	– licitações para contratação de serviços e obras (art. 55, II) quando o regime de execução for o de contratação semi-integrada ou quando não forem aplicáveis: • o prazo de 10 dias úteis previsto pelo art. 55, II, "a" (aplicado nas licitações para contratação de obras e serviços quando adotados os critérios de julgamento de menor preço ou de maior desconto, para aquisição de serviços comuns e de obras e serviços comuns de engenharia); • o prazo de 25 dias úteis previsto pelo art. 55, II, "b" (aplicado nas licitações para contratação de obras e serviços quando adotados os critérios de julgamento de menor preço ou de maior desconto, no caso de serviços especiais e de obras e serviços especiais de engenharia); e • o prazo de 60 dias úteis previsto pelo art. 55, II, "c" (aplicado nas licitações para contratação de obras e serviços quando o regime de execução for de contratação integrada) (art. 55, II, "d") – licitações que adotem o critério de julgamento por técnica e preço ou por melhor técnica ou conteúdo artístico (art. 55, III)
60 dias úteis	– licitações para contratação de serviços e obras (art. 55, II) quando o regime de execução for de contratação integrada (art. 55, II, "c")

Tratam-se, contudo, de prazos mínimos, o que significa dizer que a Administração poderá estabelecer prazos mais elasticidos para a apresentação das propostas. O que ela não pode fazer, pelo menos como regra, é reduzi-los para aquém dos limites mínimos fixados pelo legislador. Todavia, a Lei nº 14.133/2021 concebeu exceção a essa regra geral, quando previu que esses prazos mínimos poderão ser reduzidos até a metade, mediante decisão fundamentada, nas licitações realizadas pelo Ministério da Saúde no âmbito do SUS[739] (art. 55, §2º).

Outro ponto que merece destaque quanto ao particular é que o legislador prescreveu que eventuais modificações no edital implicarão a sua republicação, com o reinício da contagem dos prazos fixados pelo legislador (prazos mínimos) ou pela Administração (prazos efetivamente estabelecidos), ressalvando-se tão somente as hipóteses em que a alteração não comprometer a formulação das propostas (art. 55, §1º), para as quais a contagem original dos prazos será mantida.

12.2 Disposições sobre modos de disputa incidentes

Art. 56. O modo de disputa poderá ser, isolada ou conjuntamente:

I - aberto, hipótese em que os licitantes apresentarão suas propostas por meio de lances públicos e sucessivos, crescentes ou decrescentes;

II - fechado, hipótese em que as propostas permanecerão em sigilo até a data e hora designadas para sua divulgação.

§1º A utilização isolada do modo de disputa fechado será vedada quando adotados os critérios de julgamento de menor preço ou de maior desconto.

§2º A utilização do modo de disputa aberto será vedada quando adotado o critério de julgamento de técnica e preço.

§3º Serão considerados intermediários os lances:

I - iguais ou inferiores ao maior já ofertado, quando adotado o critério de julgamento de maior lance;

II - iguais ou superiores ao menor já ofertado, quando adotados os demais critérios de julgamento.

§4º Após a definição da melhor proposta, se a diferença em relação à proposta classificada em segundo lugar for de pelo menos 5% (cinco por cento), a Administração poderá admitir o reinício da disputa aberta, nos termos estabelecidos no instrumento convocatório, para a definição das demais colocações.

§5º Nas licitações de obras ou serviços de engenharia, após o julgamento, o licitante vencedor deverá reelaborar e apresentar à Administração, por meio eletrônico, as planilhas com indicação dos quantitativos e dos custos unitários, bem como do detalhamento das Bonificações e Despesas Indiretas (BDI) e dos Encargos Sociais (ES), com os respectivos valores adequados ao valor final da proposta vencedora, admitida a utilização dos preços unitários, no caso de empreitada por preço global, empreitada integral, contratação semi-integrada e contratação integrada, exclusivamente para

---

[739] Sistema Único de Saúde.

eventuais adequações indispensáveis no cronograma físico-financeiro e para balizar excepcional aditamento posterior do contrato.

Art. 57. O edital de licitação poderá estabelecer intervalo mínimo de diferença de valores entre os lances, que incidirá tanto em relação aos lances intermediários quanto em relação à proposta que cobrir a melhor oferta.

••

As licitações realizadas sob o regime normativo inaugurado pela Lei nº 14.133/2021 podem assumir dois distintos modos de disputa (art. 56, *caput*): o *modo de disputa aberto* e o *modo de disputa fechado*.

12.2.1 Especificidades do modo aberto

No modo de disputa aberto os licitantes apresentarão suas propostas por meio de lances públicos e sucessivos, crescentes ou decrescentes (art. 56, I). Porém, é vedada a sua utilização quando adotado o critério de julgamento de *técnica e preço*[740] (art. 56, §2º).

12.2.2 Especificidades do modo fechado

No modo de disputa fechado, por sua vez, as propostas permanecerão em sigilo até a data e hora designadas para sua divulgação (art. 56, II). Também quanto a esse modo de disputa o legislador concebeu hipótese de vedação, quando dispôs, no §1º do art. 56, que a sua utilização isolada fica vedada quando adotados os critérios de julgamento de *menor preço*[741] ou de *maior desconto*.[742]

12.2.3 Outras disposições sobre a incidência dos modos de disputa

O *caput* do art. 57 dispõe sobre a possibilidade de o edital de licitação estabelecer intervalo mínimo de diferença de valores entre os lances, que incidirá tanto em relação aos lances intermediários quanto em relação à proposta que cobrir a melhor oferta. Para esse efeito, serão considerados intermediários (art. 56, §3º):
    a) quando adotado o critério de julgamento de maior lance, os lances iguais ou inferiores ao maior já ofertado (art. 56, §3º, I); e
    b) quando adotados os demais critérios de julgamento, aqueles iguais ou superiores ao menor já ofertado (art. 56, §3º, II).

Também merece destaque a previsão do legislador:
    a) quanto a ser viável o reinício da disputa aberta, nos termos estabelecidos no instrumento convocatório (edital), para a definição das demais colocações, quando, após a definição da melhor proposta, a diferença em relação à proposta classificada em segundo lugar for de pelo menos cinco por cento (art. 56, §4º);

---

[740] A propósito, cf. as nossas considerações no tópico 8.4 do Capítulo 8.
[741] No pormenor, cf. as nossas observações no tópico 8.1 do Capítulo 8.
[742] Ao ensejo, cf. o que dissemos no tópico 8.2 do Capítulo 8.

b) no sentido de que, após o julgamento nas licitações de obras ou serviços de engenharia, o licitante vencedor deverá reelaborar e apresentar à Administração, por meio eletrônico, as planilhas com indicação dos quantitativos e dos custos unitários, bem como do detalhamento das Bonificações e Despesas Indiretas (BDI) e dos Encargos Sociais (ES), com os respectivos valores adequados ao valor final da proposta vencedora, admitida a utilização dos preços unitários no caso de empreitada por preço global, empreitada integral, contratação semi-integrada e contratação integrada, mas exclusivamente para eventuais adequações indispensáveis no cronograma físico-financeiro e para balizar excepcional aditamento posterior do contrato (art. 56, §5º).

12.3 Disposições sobre exigência de garantia da proposta

Art. 58. Poderá ser exigida, no momento da apresentação da proposta, a comprovação do recolhimento de quantia a título de garantia de proposta, como requisito de pré-habilitação.

§1º A garantia de proposta não poderá ser superior a 1% (um por cento) do valor estimado para a contratação.

§2º A garantia de proposta será devolvida aos licitantes no prazo de 10 (dez) dias úteis, contado da assinatura do contrato ou da data em que for declarada fracassada a licitação.

§3º Implicará execução do valor integral da garantia de proposta a recusa em assinar o contrato ou a não apresentação dos documentos para a contratação.

§4º A garantia de proposta poderá ser prestada nas modalidades de que trata o §1º do art. 96 desta Lei.

A Lei nº 14.133/2021 admite, já no momento da apresentação da proposta, a exigência da comprovação do recolhimento de quantia a título de garantia da proposta como requisito de pré-habilitação (art. 58, *caput*). A garantia exigida também poderá ser prestada (art. 58, §4º) sob as formas de caução em dinheiro ou em títulos da dívida pública (art. 96, §1º, I), de seguro-garantia (art. 96, §1º, II) e de fiança bancária (art. 96, §1º, III).[743] Porém, ela não poderá exceder um por cento do valor estimado para a contratação (art. 58, §1º), e será devolvida aos licitantes no prazo de dez dias úteis, contado da assinatura do contrato ou da data em que for declarada fracassada a licitação (art. 58, §2º).

O oferecimento de garantia à proposta protege a Administração contra a participação maliciosa de licitantes em certames licitatórios. É que essa garantia será executada, em seu valor integral, se houver recusa do licitante vencedor em assinar o contrato ou em apresentar os documentos exigidos para a contratação (art. 58, §3º).

---

[743] Quanto ao particular, cf. as nossas observações no Capítulo 20.

JULGAMENTO DAS PROPOSTAS

Art. 59. Serão desclassificadas as propostas que:

I - contiverem vícios insanáveis;

II - não obedecerem às especificações técnicas pormenorizadas no edital;

III - apresentarem preços inexequíveis ou permanecerem acima do orçamento estimado para a contratação;

IV - não tiverem sua exequibilidade demonstrada, quando exigido pela Administração;

V - apresentarem desconformidade com quaisquer outras exigências do edital, desde que insanável.

§1º A verificação da conformidade das propostas poderá ser feita exclusivamente em relação à proposta mais bem classificada.

§2º A Administração poderá realizar diligências para aferir a exequibilidade das propostas ou exigir dos licitantes que ela seja demonstrada, conforme disposto no inciso IV do *caput* deste artigo.

§3º No caso de obras e serviços de engenharia e arquitetura, para efeito de avaliação da exequibilidade e de sobrepreço, serão considerados o preço global, os quantitativos e os preços unitários tidos como relevantes, observado o critério de aceitabilidade de preços unitário e global a ser fixado no edital, conforme as especificidades do mercado correspondente.

§4º No caso de obras e serviços de engenharia, serão consideradas inexequíveis as propostas cujos valores forem inferiores a 75% (setenta e cinco por cento) do valor orçado pela Administração.

§5º Nas contratações de obras e serviços de engenharia, será exigida garantia adicional do licitante vencedor cuja proposta for inferior a 85% (oitenta e cinco por cento) do valor orçado pela Administração, equivalente à diferença entre esse último e o valor da proposta, sem prejuízo das demais garantias exigíveis de acordo com esta Lei.

Art. 60. Em caso de empate entre duas ou mais propostas, serão utilizados os seguintes critérios de desempate, nesta ordem:

I - disputa final, hipótese em que os licitantes empatados poderão apresentar nova proposta em ato contínuo à classificação;

II - avaliação do desempenho contratual prévio dos licitantes, para a qual deverão preferencialmente ser utilizados registros cadastrais para efeito de atesto de cumprimento de obrigações previstos nesta Lei;

III - desenvolvimento pelo licitante de ações de equidade entre homens e mulheres no ambiente de trabalho, conforme regulamento;

IV - desenvolvimento pelo licitante de programa de integridade, conforme orientações dos órgãos de controle.

§1º Em igualdade de condições, se não houver desempate, será assegurada preferência, sucessivamente, aos bens e serviços produzidos ou prestados por:

I - empresas estabelecidas no território do Estado ou do Distrito Federal do órgão ou entidade da Administração Pública estadual ou distrital licitante ou, no caso de licitação realizada por órgão ou entidade de Município, no território do Estado em que este se localize;

II - empresas brasileiras;

III - empresas que invistam em pesquisa e no desenvolvimento de tecnologia no País;

IV - empresas que comprovem a prática de mitigação, nos termos da Lei nº 12.187, de 29 de dezembro de 2009.

§2º As regras previstas no *caput* deste artigo não prejudicarão a aplicação do disposto no art. 44 da Lei Complementar nº 123, de 14 de dezembro de 2006.

Art. 61. Definido o resultado do julgamento, a Administração poderá negociar condições mais vantajosas com o primeiro colocado.

§1º A negociação poderá ser feita com os demais licitantes, segundo a ordem de classificação inicialmente estabelecida, quando o primeiro colocado, mesmo após a negociação, for desclassificado em razão de sua proposta permanecer acima do preço máximo definido pela Administração.

§2º A negociação será conduzida por agente de contratação ou comissão de contratação, na forma de regulamento, e, depois de concluída, terá seu resultado divulgado a todos os licitantes e anexado aos autos do processo licitatório.

....

Após a divulgação do edital e a apresentação das propostas, tem lugar a fase de julgamento, também abordada no tópico 6.2.2.3 do Capítulo 6, mas que será descrita com maior detalhe neste capítulo, mediante comentários a dispositivos que dispõem sobre *critérios de desclassificação e de desempate* e sobre *negociação de condições mais vantajosas* para a Administração.

13.1 Critérios de desclassificação

A Lei nº 14.133/2021 determina a desclassificação das propostas (art. 59, *caput*):
a) que contiverem vícios insanáveis (art. 59, I);
b) que não obedecerem às especificações técnicas pormenorizadas no edital (art. 59, II);

c) que apresentarem preços inexequíveis ou permanecerem acima do orçamento estimado para a contratação (art. 59, III);
d) que não tiverem sua exequibilidade demonstrada (art. 59, IV), quando exigida pela Administração, que poderá realizar diligências para aferir a exequibilidade das propostas ou exigir dos licitantes que ela seja demonstrada (art. 59, §2º); e
e) que apresentarem desconformidade com quaisquer outras exigências do edital, desde que insanável (art. 59, V).

Para esse efeito, a verificação da conformidade das propostas poderá ser feita exclusivamente em relação à proposta mais bem classificada (art. 59, §1º), medida capaz de induzir em concreto, conforme Isaac Kofi Medeiros, "economia de tempo e celeridade do procedimento licitatório".[744] Se, todavia, "a proposta não parecer exequível, a comissão poderá realizar diligências para aferir a exequibilidade ou exigir dos licitantes que ela seja demonstrada, sob pena de desclassificação",[745] valendo-se, para tanto, do disposto no §2º do art. 59 (anteriormente referido).

Além disso, a avaliação da exequibilidade e de sobrepreço nas licitações voltadas à contratação de obras e serviços de engenharia e arquitetura deve considerar o preço global, os quantitativos e os preços unitários tidos como relevantes, observado o critério de aceitabilidade de preços unitário e global a ser fixado no edital, conforme as especificidades do mercado correspondente (art. 59, §3º). Ainda quanto às licitações para a contratação de obras e serviços de engenharia:
a) serão consideradas inexequíveis as propostas cujos valores forem inferiores a setenta e cinco por cento do valor orçado pela Administração (art. 59, §4º);
b) será exigida garantia adicional do licitante vencedor cuja proposta for inferior a oitenta e cinco por cento do valor orçado pela Administração, equivalente à diferença entre este último e o valor da proposta (art. 59, §4º).

13.2 Critérios de desempate

O legislador também previu, para o caso de haver empate entre duas ou mais propostas, a utilização, nesta ordem, dos seguintes critérios de desempate (art. 60, *caput*):
a) *disputa final*, na qual os licitantes empatados poderão apresentar nova proposta em ato contínuo à classificação (art. 60, I);
b) *avaliação do desempenho contratual prévio dos licitantes*, para a qual deverão ser preferencialmente utilizados registros cadastrais para efeito de atesto de cumprimento de obrigações legais (art. 60, II);

---

[744] MEDEIROS, Isaac Kofi. Critérios de julgamento das propostas, p. 88.
[745] MEDEIROS, Isaac Kofi. Critérios de julgamento das propostas, p. 88. No ponto, Medeiros, acrescenta que "poderá surgir a dúvida se a realização de diligência referida no dispositivo se trata de uma prerrogativa ou de um poder-dever da Administração Pública, como sucede com o artigo 43 da Lei n. 8.666/1993, que, conforme jurisprudência do Tribunal de Contas da União (TCU, Acórdão n. 3418/2014, Plenário. Rel. Min. Marcos Bemquerer Costa, Jul. 03/12/2014), envolve um poder-dever", para adiante advogar a tese de que "a diligência do artigo 58 se trata de um verdadeiro dever da Administração Pública, não havendo espaço para arbitrariedades e juízo subjetivos", pelo que "a Administração Pública em regra deve dar o benefício da dúvida ao particular e diligenciar para verificar a exequibilidade da sua proposta" (MEDEIROS, Isaac Kofi. Critérios de julgamento das propostas, p. 88).

c) desenvolvimento pelo licitante de ações de equidade entre homens e mulheres no ambiente de trabalho, observando, quanto ao particular, os critérios dispostos em regulamento (art. 60, III); e

d) desenvolvimento pelo licitante de *programa de integridade*, conforme orientações dos órgãos de controle (art. 60, IV).

Se, todavia, esses critérios não forem suficientes a definir o desempate entre os licitantes, deverá ser assegurada preferência, sucessivamente, aos bens e serviços produzidos ou prestados (art. 60, §1º):

a) por empresas estabelecidas no território do estado ou do Distrito Federal do órgão ou entidade da Administração Pública estadual ou distrital licitante ou, no caso de licitação realizada por órgão ou entidade de município, no território do estado em que este se localize (art. 60, §1º, I);

b) por *empresas brasileiras* (art. 60, §1º, II);

c) por *empresas que invistam em pesquisa e no desenvolvimento* de tecnologia no país (art. 60, §1º, III); e

d) por *empresas que comprovem a prática de mitigação* (art. 60, §1º, IV), definida pela Lei nº 12.187/2009 (institui a Política Nacional sobre Mudança do Clima) como atividade resultante de mudanças e substituições tecnológicas que reduzam o uso de recursos e as emissões por unidade de produção, bem como a implementação de medidas que reduzam as emissões de gases de efeito estufa e aumentem os sumidouros (art. 2º, VII).

Esses critérios não afastam a aplicação dos preceitos positivados na Lei Complementar nº 123/2006, comumente chamada Estatuto Nacional da Microempresa e da Empresa de Pequeno Porte (art. 60, §2º), cujo art. 44 determina a utilização, nas licitações, como critério de desempate, de preferência de contratação para as microempresas e empresas de pequeno porte.

13.3 Disposições sobre negociação de condições mais vantajosas

A Administração também poderá negociar condições mais vantajosas, após definido o resultado do julgamento:

a) com o *primeiro colocado* (art. 61, *caput*); e

b) quando o primeiro colocado for desclassificado (inclusive após a negociação), por sua proposta permanecer acima do preço máximo definido pela Administração, com os *demais licitantes*, seguindo, quanto a eles, a ordem de classificação inicialmente estabelecida (art. 61, §1º).

Essa negociação será conduzida pelo agente de contratação/pregoeiro ou por comissão de contratação, e, depois de concluída, terá seu resultado divulgado a todos os licitantes e anexado aos autos do processo licitatório (art. 61, §2º).

CAPÍTULO 14

HABILITAÇÃO DOS LICITANTES

Art. 62. A habilitação é a fase da licitação em que se verifica o conjunto de informações e documentos necessários e suficientes para demonstrar a capacidade do licitante de realizar o objeto da licitação, dividindo-se em:

I - jurídica;

I - técnica;

II - fiscal, social e trabalhista;

III - econômico-financeira.

Na sequência do julgamento das propostas, tem lugar a fase de habilitação dos licitantes, a que referimos no tópico 6.2.2.4 do Capítulo 6. Nela se instrumentaliza a verificação, pela Administração, do conjunto de informações e documentos necessários e suficientes para demonstrar a capacidade do licitante de realizar o objeto da licitação, que envolve a sua habilitação jurídica, a sua habilitação técnica, a sua habilitação fiscal, social e trabalhista e a sua habilitação econômico-financeira (art. 62, *caput*). Neste capítulo, procuraremos detalhá-la, mediante apresentação de comentários aos preceitos que dispõem sobre *declaração de requisitos e exigência da apresentação de documentos*, sobre *realização de vistoria prévia no local* da execução, sobre *vedação quanto à substituição/ apresentação de documentos*, sobre *vinculação* do Poder Público e dos licitantes às condições de habilitação definidas no edital, sobre *habilitação jurídica* e *qualificação técnico-profissional e técnico-operacional*, sobre *habilitação fiscal, social e trabalhista*, sobre *habilitação econômico-financeira* e sobre *apresentação da documentação necessária*.

14.1 Disposições sobre declaração de requisitos e exigência da apresentação de documentos

Art. 63. Na fase de habilitação das licitações serão observadas as seguintes disposições:

I - poderá ser exigida dos licitantes a declaração de que atendem aos requisitos de habilitação, e o declarante responderá pela veracidade das informações prestadas, na forma da lei;

II - será exigida a apresentação dos documentos de habilitação apenas pelo licitante vencedor, exceto quando a fase de habilitação anteceder a de julgamento;

III - serão exigidos os documentos relativos à regularidade fiscal, em qualquer caso, somente em momento posterior ao julgamento das propostas, e apenas do licitante mais bem classificado;

IV - será exigida do licitante declaração de que cumpre as exigências de reserva de cargos para pessoa com deficiência e para reabilitado da Previdência Social, previstas em lei e em outras normas específicas.

§1º Constará do edital de licitação cláusula que exija dos licitantes, sob pena de desclassificação, declaração de que suas propostas econômicas compreendem a integralidade dos custos para atendimento dos direitos trabalhistas assegurados na Constituição Federal, nas leis trabalhistas, nas normas infralegais, nas convenções coletivas de trabalho e nos termos de ajustamento de conduta vigentes na data de entrega das propostas.

A Administração poderá exigir dos licitantes declaração de que atendem aos requisitos de habilitação (art. 63, I). Também podem ser solicitadas dos licitantes declarações de que cumprem as exigências de reserva de postos de trabalhos para pessoa com deficiência e para reabilitado da Previdência Social (art. 63, IV) e de que suas propostas econômicas compreendem a integralidade dos custos para atendimento dos direitos trabalhistas assegurados na Constituição Federal, nas leis trabalhistas, nas normas infralegais, nas convenções coletivas de trabalho e nos termos de ajustamento de conduta vigentes na data de entrega das propostas (art. 63, §1º).

Essas declarações têm por finalidade tão somente possibilitar a participação do licitante no certame. É que, na sequência, a Administração determinará a apresentação dos documentos que as comprovem, ainda que os demande somente do licitante vencedor (art. 63, II). De igual modo serão demandados (após o julgamento das propostas e apenas do licitante mais bem classificado) os documentos relativos à sua regularidade fiscal (art. 63, III). Se, em vista dessas providências, a Administração verificar que as declarações prestadas (ou qualquer uma delas) não correspondem (ou corresponde) à verdade, o declarante responderá por elas (ou ela) na forma da lei (art. 63, I, parte final).

14.2 Disposições sobre realização de vistoria prévia no local da execução

Art. 63. [...]

§2º Quando a avaliação prévia do local de execução for imprescindível para o conhecimento pleno das condições e peculiaridades do objeto a ser contratado, o edital de licitação poderá prever, sob pena de inabilitação, a necessidade de o licitante atestar que conhece o local e as condições de realização da obra ou serviço, assegurado a ele o direito de realização de vistoria prévia.

§3º Para os fins previstos no §2º deste artigo, o edital de licitação sempre deverá prever a possibilidade de substituição da vistoria por declaração formal assinada pelo responsável técnico do licitante acerca do conhecimento pleno das condições e peculiaridades da contratação.

§4º Para os fins previstos no §2º deste artigo, se os licitantes optarem por realizar vistoria prévia, a Administração deverá disponibilizar data e horário diferentes para os eventuais interessados.

Quando a avaliação prévia do local de execução for imprescindível para o conhecimento pleno das condições e peculiaridades do objeto a ser contratado, o edital de licitação poderá prever a necessidade de o licitante atestar, sob pena de inabilitação, que conhece o local e as condições de realização da obra ou serviço (art. 63, §2º). Para tanto, a Administração deverá assegurar a realização de vistoria prévia no local (art. 63, §2º, parte final), que, por escolha do licitante, poderá ser substituída, desde que exista previsão nesse sentido no edital, por declaração formal assinada por seu responsável técnico de que tem conhecimento pleno das condições e peculiaridades da contratação (art. 63, §3º). Se, a despeito disso, dois ou mais licitantes optarem por realizar vistoria prévia, a Administração deverá disponibilizar a eles datas e horários diferentes para visitar o local da execução (art. 63, §4º).

14.3 Disposições sobre vedação quanto à substituição/apresentação de documentos

Art. 64. Após a entrega dos documentos para habilitação, não será permitida a substituição ou a apresentação de novos documentos, salvo em sede de diligência, para:

I - complementação de informações acerca dos documentos já apresentados pelos licitantes e desde que necessária para apurar fatos existentes à época da abertura do certame;

II - atualização de documentos cuja validade tenha expirado após a data de recebimento das propostas.

§1º Na análise dos documentos de habilitação, a comissão de licitação poderá sanar erros ou falhas que não alterem a substância dos documentos e sua validade jurídica, mediante despacho fundamentado registrado e acessível a todos, atribuindo-lhes eficácia para fins de habilitação e classificação.

§2º Quando a fase de habilitação anteceder a de julgamento e já tiver sido encerrada, não caberá exclusão de licitante por motivo relacionado à habilitação, salvo em razão de fatos supervenientes ou só conhecidos após o julgamento.

Como regra, é vedada a substituição de documentos ou a apresentação de novos documentos após a sua entrega para habilitação (art. 64, *caput*).

Todavia, o legislador estabeleceu exceção a essa regra, para admitir, em sede de diligência, (art. 64, parte final):

a) a complementação de informações acerca dos documentos já apresentados pelos licitantes e desde que necessária para apurar fatos existentes à época da abertura do certame (art. 64, I); ou

b) a atualização de documentos cuja validade tenha expirado após a data de recebimento das propostas (art. 64, I).

Além disso, a comissão de licitação poderá sanar, mediante despacho fundamentado, registrado e acessível a todos, erros/falhas relacionados aos documentos apresentados no curso do julgamento da habilitação, atribuindo-lhes eficácia para fins de habilitação e classificação (art. 64, §1º). Porém, essa atividade saneadora somente é admitida quanto dela não resultar alteração na substância dos documentos apresentados e em sua validade jurídica.

Quando a fase de habilitação anteceder a de julgamento[746] e já tiver sido encerrada, não caberá exclusão de licitante por motivo relacionado à habilitação (art. 64, §2º). Apenas ficam a salvo dessa regra as exclusões em razão de fatos supervenientes ou só conhecidos após o julgamento (art. 64, §2º, parte final).

14.4 Disposições sobre definição das condições de habilitação

Art. 65. As condições de habilitação serão definidas no edital.

§1º As empresas criadas no exercício financeiro da licitação deverão atender a todas as exigências da habilitação e ficarão autorizadas a substituir os demonstrativos contábeis pelo balanço de abertura.

As condições de habilitação são definidas no edital (art. 65, *caput*), e como regra são extensíveis a todos os licitantes, inclusive às empresas criadas no exercício financeiro da licitação (art. 65, §1º). Como os demais licitantes, elas devem atender a todas as exigências da habilitação, mas ficam autorizadas, em razão dessa particularidade, a substituir seus demonstrativos contábeis pelo balanço de abertura (art. 65, §1º, parte final).

---

[746] A Lei nº 14.133/2021 traz como novidade a consolidação da inversão de fases. Com efeito, se no regime da Lei nº 8.666/1993 a fase habilitação antecedia a fase de julgamento das propostas, agora, com a edição da *novatio legis*, o julgamento das propostas passa a anteceder a análise de documentação do licitante vencedor (art. 17, IV e V). A despeito disso, o legislador admite espécie de *inversão da inversão de fases*, quando autoriza a Administração a realizar fase de habilitação anterior às fases de apresentação de propostas/lances e de julgamento, mediante ato motivado com explicitação dos benefícios decorrentes, e desde que expressamente previsto no edital (art. 17, §3º).

14.5 Disposições sobre habilitação por processo eletrônico

> Art. 65. [...]
>
> §2º A habilitação poderá ser realizada por processo eletrônico de comunicação a distância, nos termos dispostos em regulamento.

A habilitação também pode ser realizada por processo eletrônico de comunicação a distância, observado o disposto em regulamento (art. 65, §2º).

14.6 Disposições sobre habilitação jurídica

> Art. 66. A habilitação jurídica visa a demonstrar a capacidade de o licitante exercer direitos e assumir obrigações, e a documentação a ser apresentada por ele limita-se à comprovação de existência jurídica da pessoa e, quando cabível, de autorização para o exercício da atividade a ser contratada.

A habilitação jurídica tem por finalidade demonstrar a capacidade do licitante para exercer direitos e assumir obrigações, e por isso a documentação exigida quanto a ela limita-se à comprovação de existência jurídica da pessoa e, quando cabível, de autorização para o exercício da atividade a ser contratada (art. 66, *caput*). Ela diz respeito, portanto, ao próprio licitante, e não a seus colaboradores.

14.7 Disposições sobre habilitação técnica

> Art. 67. A documentação relativa à qualificação técnico-profissional e técnico-operacional será restrita a:
>
> I - apresentação de profissional, devidamente registrado no conselho profissional competente, quando for o caso, detentor de atestado de responsabilidade técnica por execução de obra ou serviço de características semelhantes, para fins de contratação;
>
> II - certidões ou atestados, regularmente emitidos pelo conselho profissional competente, quando for o caso, que demonstrem capacidade operacional na execução de serviços similares de complexidade tecnológica e operacional equivalente ou superior, bem como documentos comprobatórios emitidos na forma do §3º do art. 88 desta Lei;
>
> III - indicação do pessoal técnico, das instalações e do aparelhamento adequados e disponíveis para a realização do objeto da licitação, bem como da qualificação de cada membro da equipe técnica que se responsabilizará pelos trabalhos;
>
> IV - prova de atendimento de requisitos previstos em lei especial, quando for o caso;

V - registro ou inscrição na entidade profissional competente, quando for o caso;

VI - declaração de que o licitante tomou conhecimento de todas as informações e das condições locais para o cumprimento das obrigações objeto da licitação.

§1º A exigência de atestados será restrita às parcelas de maior relevância ou valor significativo do objeto da licitação, assim consideradas as que tenham valor individual igual ou superior a 4% (quatro por cento) do valor total estimado da contratação.

§2º Observado o disposto no *caput* e no §1º deste artigo, será admitida a exigência de atestados com quantidades mínimas de até 50% (cinquenta por cento) das parcelas de que trata o referido parágrafo, vedadas limitações de tempo e de locais específicos relativas aos atestados.

§3º Salvo na contratação de obras e serviços de engenharia, as exigências a que se referem os incisos I e II do *caput* deste artigo, a critério da Administração, poderão ser substituídas por outra prova de que o profissional ou a empresa possui conhecimento técnico e experiência prática na execução de serviço de características semelhantes, hipótese em que as provas alternativas aceitáveis deverão ser previstas em regulamento.

§4º Serão aceitos atestados ou outros documentos hábeis emitidos por entidades estrangeiras quando acompanhados de tradução para o português, salvo se comprovada a inidoneidade da entidade emissora.

§5º Em se tratando de serviços contínuos, o edital poderá exigir certidão ou atestado que demonstre que o licitante tenha executado serviços similares ao objeto da licitação, em períodos sucessivos ou não, por um prazo mínimo, que não poderá ser superior a 3 (três) anos.

§6º Os profissionais indicados pelo licitante na forma dos incisos I e III do *caput* deste artigo deverão participar da obra ou serviço objeto da licitação, e será admitida a sua substituição por profissionais de experiência equivalente ou superior, desde que aprovada pela Administração.

§7º Sociedades empresárias estrangeiras atenderão à exigência prevista no inciso V do *caput* deste artigo por meio da apresentação, no momento da assinatura do contrato, da solicitação de registro perante a entidade profissional competente no Brasil.

§8º Será admitida a exigência da relação dos compromissos assumidos pelo licitante que importem em diminuição da disponibilidade do pessoal técnico referido nos incisos I e III do *caput* deste artigo.

§9º O edital poderá prever, para aspectos técnicos específicos, que a qualificação técnica seja demonstrada por meio de atestados relativos a potencial subcontratado, limitado a 25% (vinte e cinco por cento) do objeto a ser licitado, hipótese em que mais de um licitante poderá apresentar atestado relativo ao mesmo potencial subcontratado.

§10. Em caso de apresentação por licitante de atestado de desempenho anterior emitido em favor de consórcio do qual tenha feito parte, se o atestado ou o contrato de constituição do consórcio não identificar a atividade desempenhada por cada consorciado individualmente, serão adotados os seguintes critérios na avaliação de sua qualificação técnica:

I - caso o atestado tenha sido emitido em favor de consórcio homogêneo, as experiências atestadas deverão ser reconhecidas para cada empresa consorciada na proporção quantitativa de sua participação no consórcio, salvo nas licitações para contratação de serviços técnicos especializados de natureza predominantemente intelectual, em que todas as experiências atestadas deverão ser reconhecidas para cada uma das empresas consorciadas;

II - caso o atestado tenha sido emitido em favor de consórcio heterogêneo, as experiências atestadas deverão ser reconhecidas para cada consorciado de acordo com os respectivos campos de atuação, inclusive nas licitações para contratação de serviços técnicos especializados de natureza predominantemente intelectual.

§11. Na hipótese do §10 deste artigo, para fins de comprovação do percentual de participação do consorciado, caso este não conste expressamente do atestado ou da certidão, deverá ser juntada ao atestado ou à certidão cópia do instrumento de constituição do consórcio.

§12. Na documentação de que trata o inciso I do caput deste artigo, não serão admitidos atestados de responsabilidade técnica de profissionais que, na forma de regulamento, tenham dado causa à aplicação das sanções previstas nos incisos III e IV do caput do art. 156 desta Lei em decorrência de orientação proposta, de prescrição técnica ou de qualquer ato profissional de sua responsabilidade.

....

A habilitação técnica, por sua vez, demanda a apresentação, pelo licitante, de profissional devidamente registrado no conselho profissional competente (quando for o caso) e detentor de atestado de responsabilidade técnica por execução de obra ou serviço de características semelhantes (art. 67, I), do pessoal técnico (entre outros elementos) adequado e disponível para a realização do objeto da licitação e da qualificação de cada membro da equipe técnica que se responsabilizará pelos trabalhos (art. 67, III), incidindo, portanto, também sobre os seus colaboradores. Até porque, quanto a eles, o legislador dispôs, textualmente:
   a) sobre a necessidade da sua participação direta na obra ou serviço objeto da licitação, estabelecendo, em complemento, que eles somente poderão ser substituídos por profissionais de experiência equivalente ou superior, e ainda assim apenas se a Administração assentir com a troca (art. 67, §6º);
   b) sobre ser viável a formulação, pela Administração, de exigência consistente na divulgação, pelo licitante, da relação dos compromissos por ele assumidos que importem em diminuição da disponibilidade desses profissionais (art. 67, §8º); e
   c) sobre ser vedada a admissão de atestados de responsabilidade técnica de profissionais que tenham dado causa (como decorrência de orientação proposta, de prescrição técnica ou de qualquer ato profissional de sua responsabilidade) à aplicação à licitante das sanções de impedimento de licitar e contratar e declaração de inidoneidade para licitar ou contratar (art. 67, §12).

A comprovação da habilitação técnica comporta, portanto, documentos relativos aos licitantes e a seus colaboradores, sendo feita, por taxativa imposição legal:
   a) pela indicação desses profissionais pelos licitantes (art. 67, I);
   b) por certidões ou atestados (emitidos pelo conselho profissional competente, quando for o caso) que demonstrem capacidade operacional na execução de

serviços similares de complexidade tecnológica e operacional equivalente ou superior (art. 67, II) e (se houver) por documento comprobatório de avaliação com menção ao seu desempenho em contratações anteriores e eventuais penalidades aplicadas, emitido pela Administração a partir de indicadores objetivamente definidos e aferidos (art. 88, §3º);
c) pela indicação (além do pessoal técnico e de sua respectiva qualificação, também) das instalações e do aparelhamento adequados e disponíveis para a realização do objeto da licitação (art. 67, III);
d) por prova de atendimento de requisitos previstos em lei especial, quando for o caso (art. 67, IV);
e) por registro ou inscrição na entidade profissional competente, quando for o caso (art. 67, V), exigência que será adimplida, quando se tem em vista a participação de sociedades empresárias estrangeiras, por meio da apresentação, no momento da assinatura do contrato, da solicitação de registro perante a entidade profissional competente no Brasil (art. 67, §7º); e
f) por declaração de que o licitante tomou conhecimento de todas as informações e das condições locais para o cumprimento das obrigações objeto da licitação (art. 67, VI).

Em se tratando de serviços contínuos, o edital poderá exigir certidão ou atestado que demonstre que o licitante tenha executado serviços similares ao objeto da licitação, em períodos sucessivos ou não, por um prazo mínimo, que não poderá ser superior a três anos (art. 67, §5º). O edital também poderá prever, para aspectos técnicos específicos, que a qualificação técnica seja demonstrada por meio de atestados relativos a potencial subcontratado, limitado a vinte e cinco por cento do objeto a ser licitado, hipótese em que mais de um licitante poderá apresentar atestado relativo ao mesmo potencial subcontratado (art. 67, §9º).

Porém, a exigência de atestados (art. 67, II c/c §§5º e 9º) fica restrita às *parcelas de maior relevância ou valor significativo* do objeto da licitação, assim consideradas as que tenham valor individual igual ou superior a *quatro por cento do valor total estimado* da contratação (art. 67, §1º). Para esse efeito, será *admitida a exigência de atestados com quantidades mínimas de até cinquenta por cento dos quantitativos relativos a cada parcela*, sendo vedado o estabelecimento de limitações quanto a tempo e locais específicos da atuação (art. 67, §2º).

Além disso, a exigência de atestados (art. 67, II), inclusive a apresentação de atestado de responsabilidade técnica por execução de obra ou serviço de características semelhantes do profissional indicado ou de documento comprobatório (art. 88, §3º) de avaliação realizada sobre prestações anteriores (art. 67, I) poderá ser substituída, a critério da Administração, pela apresentação de outra prova de que o profissional/ empresa possui conhecimento técnico e experiência prática na execução de serviço de características semelhantes, desde que as provas alternativas aceitáveis estejam previstas em regulamento (art. 67, §3º). Essa possibilidade, todavia, não se aplica à contratação de obras e serviços de engenharia, para as quais a habitação técnico-profissional deverá ser impreterivelmente comprovada pelos atestados e outros documentos exigidos pelo legislador.

Também serão aceitos, para efeito da comprovação da habilitação técnico-profissional, atestados ou outros documentos hábeis emitidos por entidades estrangeiras, desde que acompanhados de tradução para o português (art. 67, §4º). Porém, esses documentos podem ser recusados pela Administração quando for comprovada a inidoneidade da entidade emissora (art. 67, §4º, parte final).

O legislador de igual modo admite que o licitante apresente, na fase de habitação, como requisito para a comprovação da sua habilitação técnico-profissional, atestado de desempenho anterior emitido em favor de consórcio do qual tenha feito parte (art. 67, §10). No entanto, se desse atestado, ou do contrato de constituição do consórcio, não constar a identificação precisa da atividade desempenhada por cada consorciado individualmente, a avaliação da habilitação técnico-profissional do licitante observará os seguintes critérios (art. 67, §10, parte final):

    a) caso o atestado tenha sido emitido em favor de consórcio homogêneo, as experiências atestadas deverão ser reconhecidas para cada empresa consorciada na proporção quantitativa de sua participação no consórcio, salvo nas licitações para contratação de serviços técnicos especializados de natureza predominantemente intelectual, em que todas as experiências atestadas deverão ser reconhecidas para cada uma das empresas consorciadas (art. 67, §10, I);

    b) caso o atestado tenha sido emitido em favor de consórcio heterogêneo, as experiências atestadas deverão ser reconhecidas para cada consorciado de acordo com os respectivos campos de atuação, inclusive nas licitações para contratação de serviços técnicos especializados de natureza predominantemente intelectual (art. 67, §10, II); e

    c) caso o percentual de participação do consorciado não conste expressamente do atestado ou da certidão, a sua comprovação deverá ser feita por meio da juntada de cópia do instrumento de constituição do consórcio ao atestado/certidão (art. 67, §11).

14.8 Disposições sobre habilitação fiscal, social e trabalhista

> Art. 68. As habilitações fiscal, social e trabalhista serão aferidas mediante a apresentação de documentação apta a comprovar:
>
> I - a inscrição no Cadastro de Pessoas Físicas (CPF) ou no Cadastro Nacional da Pessoa Jurídica (CNPJ);
>
> II - a inscrição no cadastro de contribuintes estadual e/ou municipal, se houver, relativo ao domicílio ou sede do licitante, pertinente ao seu ramo de atividade e compatível com o objeto contratual;
>
> III - a regularidade perante a Fazenda federal, estadual e/ou municipal do domicílio ou sede do licitante, ou outra equivalente, na forma da lei;
>
> IV - a regularidade relativa à Seguridade Social e ao FGTS, que demonstre cumprimento dos encargos sociais instituídos por lei;
>
> V - a regularidade perante a Justiça do Trabalho;
>
> VI - o cumprimento do disposto no inciso XXXIII do art. 7º da Constituição Federal.

§1º Os documentos referidos nos incisos do *caput* deste artigo poderão ser substituídos ou supridos, no todo ou em parte, por outros meios hábeis a comprovar a regularidade do licitante, inclusive por meio eletrônico.

§2º A comprovação de atendimento do disposto nos incisos III, IV e V do *caput* deste artigo deverá ser feita na forma da legislação específica.

As habilitações fiscal, social e trabalhista serão aferidas mediante a apresentação de documentos que comprovem (art. 68, *caput*):
- a) a inscrição do licitante no CPF[747] ou no CNPJ[748] (art. 68, I), bem como no cadastro de contribuintes estadual ou municipal (se houver) relativo ao seu domicílio ou sede, pertinente ao seu ramo de atividade e compatível com o objeto contratual (art. 68, II);
- b) a sua regularidade, observada a legislação específica (art. 68, §2º):
   - b.1) perante a Fazenda Pública federal, estadual e/ou municipal, estes últimos com relação ao seu domicílio ou sede, ou outra equivalente, na forma da lei (art. 68, III);
   - b.2) perante a Seguridade Social e o FGTS (art. 68, IV); e
   - b.3) perante a Justiça do Trabalho (art. 68, V); e
- c) o cumprimento da imposição normativa, que sobressai do texto constitucional (art. 7º, XXXIII), quanto à proibição de trabalho noturno, perigoso ou insalubre a menores de dezoito e de qualquer trabalho a menores de dezesseis anos, salvo na condição de aprendiz, a partir de quatorze anos (art. 68, VI).

Esses documentos podem ser substituídos ou supridos, no todo ou em parte, por outros meios hábeis a comprovar a regularidade do licitante, inclusive por meio eletrônico (art. 68, §1º).

14.9 Disposições sobre habilitação econômico-financeira

Art. 69. A habilitação econômico-financeira visa a demonstrar a aptidão econômica do licitante para cumprir as obrigações decorrentes do futuro contrato, devendo ser comprovada de forma objetiva, por coeficientes e índices econômicos previstos no edital, devidamente justificados no processo licitatório, e será restrita à apresentação da seguinte documentação:

I - balanço patrimonial, demonstração de resultado de exercício e demais demonstrações contábeis dos 2 (dois) últimos exercícios sociais;

II - certidão negativa de feitos sobre falência expedida pelo distribuidor da sede do licitante.

---

[747] Cadastro de Pessoas Físicas.
[748] Cadastro Nacional da Pessoa Jurídica.

§1º A critério da Administração, poderá ser exigida declaração, assinada por profissional habilitado da área contábil, que ateste o atendimento pelo licitante dos índices econômicos previstos no edital.

§2º Para o atendimento do disposto no *caput* deste artigo, é vedada a exigência de valores mínimos de faturamento anterior e de índices de rentabilidade ou lucratividade.

§3º É admitida a exigência da relação dos compromissos assumidos pelo licitante que importem em diminuição de sua capacidade econômico-financeira, excluídas parcelas já executadas de contratos firmados.

§4º A Administração, nas compras para entrega futura e na execução de obras e serviços, poderá estabelecer no edital a exigência de capital mínimo ou de patrimônio líquido mínimo equivalente a até 10% (dez por cento) do valor estimado da contratação.

§5º É vedada a exigência de índices e valores não usualmente adotados para a avaliação de situação econômico-financeira suficiente ao cumprimento das obrigações decorrentes da licitação.

§6º Os documentos referidos no inciso I do *caput* deste artigo limitar-se-ão ao último exercício no caso de a pessoa jurídica ter sido constituída há menos de 2 (dois) anos.

•••

A habilitação econômico-financeira tem por finalidade demonstrar a aptidão econômica do licitante para cumprir as obrigações decorrentes do contrato (art. 69, *caput*). Ela deve ser comprovada de forma objetiva, com base nos coeficientes e índices econômicos previstos no edital e anteriormente justificados no processo licitatório (art. 69, parte final), e como regra se restringe à apresentação do balanço patrimonial, de demonstração de resultado de exercício e das demais demonstrações contábeis dos dois últimos exercícios sociais (art. 69, I), limitados ao último exercício se a pessoa jurídica tiver sido constituída há menos de dois anos (art. 69, §6º), bem como de certidão negativa de feitos sobre falência expedida pelo cartório distribuidor da sede do licitante (art. 69, II).

Também poderá ser exigida, a critério da Administração:
a) declaração assinada por profissional habilitado da área contábil que ateste o atendimento pelo licitante dos índices econômicos previstos no edital (art. 69, §1º);
b) relação dos compromissos assumidos pelo licitante que importem em diminuição de sua capacidade econômico-financeira, excluídas parcelas já executadas de contratos firmados (art. 69, §3º); e
c) capital mínimo ou patrimônio líquido mínimo equivalente a até dez por cento do valor estimado da contratação, mas apenas nas compras para entrega futura e na execução de obras e serviços (art. 69, §4º).

Porém, não se admite, para a sua comprovação, a exigência:
a) de valores mínimos de faturamento anterior e de índices de rentabilidade ou lucratividade (art. 69, §2º); e
b) de índices e valores não usualmente adotados para a avaliação de situação econômico-financeira suficiente ao cumprimento das obrigações decorrentes da licitação (art. 69, §5º).

14.10 Disposições sobre apresentação da documentação necessária

Art. 70. A documentação referida neste Capítulo poderá ser:

I - apresentada em original, por cópia ou por qualquer outro meio expressamente admitido pela Administração;

II - substituída por registro cadastral emitido por órgão ou entidade pública, desde que previsto no edital e que o registro tenha sido feito em obediência ao disposto nesta Lei;

III - dispensada, total ou parcialmente, nas contratações para entrega imediata, nas contratações em valores inferiores a 1/4 (um quarto) do limite para dispensa de licitação para compras em geral e nas contratações de produto para pesquisa e desenvolvimento até o valor de R$300.000,00 (trezentos mil reais).

Parágrafo único. As empresas estrangeiras que não funcionem no País deverão apresentar documentos equivalentes, na forma de regulamento emitido pelo Poder Executivo federal.

A documentação exigida para a comprovação da habilitação dos licitantes (art. 70, *caput*) poderá ser apresentada em original, por cópia ou por qualquer outro meio expressamente admitido pela Administração (art. 70, I). Contudo, ela poderá ser substituída por registro cadastral emitido por órgão ou entidade pública, desde que previsto no edital e que esse registro tenha sido feito em obediência às disposições legais aplicáveis (art. 70, II). Além disso, ela pode ser dispensada, total ou parcialmente (art. 70, III):

a) nas contratações para entrega imediata;
b) nas contratações em valores inferiores a um quarto do limite para dispensa de licitação para compras em geral; e
c) nas contratações de produto para pesquisa e desenvolvimento até o valor de trezentos mil reais.

As empresas estrangeiras que não funcionem no país deverão apresentar documentos equivalentes, observado o disposto em regulamento emitido pelo Poder Executivo federal (art. 70, parágrafo único).

ENCERRAMENTO DO PROCESSO LICITATÓRIO

Art. 71. Encerradas as fases de julgamento e habilitação, e exauridos os recursos administrativos, o processo licitatório será encaminhado à autoridade superior, que poderá:

I - determinar o retorno dos autos para saneamento de irregularidades;

II - revogar a licitação por motivo de conveniência e oportunidade;

III - proceder à anulação da licitação, de ofício ou mediante provocação de terceiros, sempre que presente ilegalidade insanável;

IV - adjudicar o objeto e homologar a licitação.

§1º Ao pronunciar a nulidade, a autoridade indicará expressamente os atos com vícios insanáveis, tornando sem efeito todos os subsequentes que deles dependam, e dará ensejo à apuração de responsabilidade de quem lhes tenha dado causa.

§2º O motivo determinante para a revogação do processo licitatório deverá ser resultante de fato superveniente devidamente comprovado.

§3º Nos casos de anulação e revogação, deverá ser assegurada a prévia manifestação dos interessados.

§4º O disposto neste artigo será aplicado, no que couber, às hipóteses de contratação direta e aos procedimentos auxiliares da licitação.

Encerradas as fases de julgamento e habilitação (anteriormente descritas), e exauridos os recursos administrativos (que serão abordados no Capítulo 32, em que discorremos sobre o controle dos atos da Administração por iniciativa de particulares), o processo licitatório segue para a autoridade superior responsável pela sua deflagração (art. 71, *caput*).

Nesse momento, a Administração poderá adotar uma entre quatro providências possíveis, que consistem:

    a) na determinação do retorno dos autos para saneamento de irregularidades (art. 71, I);

    b) na revogação da licitação, invocando, para tanto, razões de conveniência e oportunidade (art. 71, II);

c) na sua anulação da licitação, de ofício ou mediante provocação de terceiros, sempre que verificar a ocorrência de ilegalidade insanável (art. 71, III); ou
d) a homologação da licitação, com a subsequente adjudicação do seu objeto (art. 71, IV).

15.1 O retorno dos autos para saneamento de irregularidades

A primeira das opções abertas para a Administração ao final do procedimento do processo licitatório é a determinação do *retorno dos autos para saneamento de irregularidades* (art. 71, I). Todavia, essa providência somente pode ser adotada quando o vício detectado puder ser sanado, quer em razão de sua própria natureza, quer por força da incidência da regra jurídica positivada no *caput* do art. 147 da Lei nº 14.133/2021.

No ponto, é importante recobrar a distinção teórica entre *atos nulos, inexistentes e anuláveis*. Os *atos nulos* são aqueles que nascem com vício insanável, porque não são passíveis de correção pela Administração, e por isso (como regra) não produzem efeitos.[749] Os *atos inexistentes*, por sua vez, são aqueles que possuem um vício gravíssimo na sua formação, e por isso não produzem (jamais) efeitos jurídicos.[750] Já *atos anuláveis* são aqueles que apresentam vícios sanáveis (ou seja, passíveis de correção/convalidação).[751] Assim, em princípio, apenas seria viável o retorno para saneamento de atos portadores de vícios sanáveis, portanto de atos anuláveis, associados por Marçal Justen Filho ao conceito de *nulidade relativa*, que "ocorre quando o defeito afeta interesses disponíveis de sujeitos específicos".[752]

Todavia a Lei nº 14.133/2021 determina, mesmo para as situações em que a irregularidade for insanável, que a decisão da Administração sobre suspensão/nulidade do contrato somente seja adotada quando se revelar medida de interesse público (art. 147, *caput*).[753] Para tanto, a Administração deve considerar, em sua avaliação, os impactos econômicos e financeiros decorrentes do atraso na fruição dos benefícios do objeto do contrato (art. 147, I), os riscos sociais, ambientais e à segurança da população local decorrentes do atraso na fruição dos benefícios do objeto do contrato (art. 147, II), a motivação social e ambiental do contrato (art. 147, III), o custo da deterioração ou da

---

[749] Marçal Justen Filho os relaciona à nulidade absoluta, que "se verifica quando o defeito lesiona interesses indisponíveis ou interesses disponíveis de sujeitos indeterminados, o que impõe o deverpoder de a Administração Pública pronunciar o vício de ofício, com efeitos geralmente retroativos à data em que se configurou o defeito" (JUSTEN FILHO, Marçal. *Curso de direito administrativo*, 12. ed., p. 461).

[750] Na lição de Celso Antônio Bandeira de Melo, "ao contrário dos atos nulos ou anuláveis", os atos inexistentes "jamais prescrevem e jamais podem ser objeto de conversão", porque compreendem "comportamentos que correspondem a condutas criminosas" (BANDEIRA DE MELLO, Celso Antônio. *Curso de direito administrativo*, 30. ed., p. 480-481). A título de exemplo, configura ato inexistente aquele praticado por quem usurpa função pública, isto é, quando alguém que se passa por agente público, mas não detém essa condição, capitulado como crime pelo art. 328 do Código Penal brasileiro.

[751] Conforme Mateus Carvalho, "atos anuláveis são aqueles que possuem vícios que admitem conserto, não obstante tenham sido praticados em desacordo com a legislação aplicável", nos quais, "por se tratar a ilegalidade presente no ato de vício sanável, ele pode ser convalidado, passando a produzir efeitos regulares" (CARVALHO, Mateus. *Manual de direito administrativo*, 6. ed., p. 307).

[752] JUSTEN FILHO, Marçal. *Curso de direito administrativo*, 12. ed., p. 461.

[753] A propósito, reportamo-nos às nossas considerações no tópico 2.1.15 do Capítulo 2, no qual procuramos induzir a compreensão segundo a qual o interesse público, quando aplicado à Administração Pública, precisa guardar relação com o que prescreve o direito (dada a incidência do princípio administrativo da legalidade, que vincula o agir às regras e princípios que sobressaem dos textos normativos).

perda das parcelas executadas (art. 147, IV), as despesas necessárias à preservação das instalações e dos serviços já executados (art. 147, V) e à desmobilização e ao posterior retorno às atividades (art. 147, VI), as medidas efetivamente adotadas pelo titular do órgão ou entidade para o saneamento dos indícios de irregularidades apontados (art. 147, VII), o custo total e o estágio de execução física e financeira dos contratos, dos convênios, das obras ou das parcelas envolvidas (art. 147, VIII), o fechamento de postos de trabalho diretos e indiretos em razão da paralisação (art. 147, IX), o custo para a realização de nova licitação ou celebração de novo contrato (art. 147, X) e o custo de oportunidade do capital durante o período de paralisação (art. 147, XI). Se, em vista desses elementos, verificar que a paralisação/anulação não se revela como medida de interesse público, a Administração deverá optar pela continuidade do contrato e pela solução da irregularidade por meio de indenização por perdas e danos, sem prejuízo da apuração de responsabilidade e da aplicação de penalidades cabíveis (art. 147, parágrafo único).

Dispondo desse modo, *o legislador admite que sejam sanadas* (embora com consequências adicionais, como a indenização, a apuração de responsabilidades e a aplicação de penalidades) *inclusive irregularidades que originalmente seriam insanáveis, porque resultam da prática de atos nulos*.[754] O instrumento por meio do qual um ato administrativo tem a sua regularidade sanada é a *convalidação*, qualificada por Celso Antônio Bandeira de Mello como "suprimento da invalidade de um ato com efeitos retroativos"; mas que apenas é admitida "quando o ato possa ser produzido validamente no presente", ou seja, quando "o vício não seja de molde a impedir reprodução válida do ato".[755]

15.2 Revogação e anulação

Além de determinar o retorno dos autos para saneamento de irregularidades (art. 71, I), a autoridade competente pode decidir pela *revogação* da licitação (art. 71, II) ou pela sua *anulação* (art. 71, IIII); assegurando, em uma e outra hipótese, o contraditório formal, instrumentalizado por meio da oportunização da prévia manifestação dos interessados[756] (art. 71, §3º), e o contraditório material, consistente no seu direito de influir na decisão tomada, o que pressupõe o efetivo enfrentamento das razões por ele articuladas[757] (CPC-2015, art. 489, §1º, IV c/c art. 15).

---

[754] Quanto a particular, cf. o que dissemos no tópico 29.1 do Capítulo 29.
[755] BANDEIRA DE MELLO, Celso Antônio. *Curso de direito administrativo*, 27. ed., p. 473-474. Acerca dela, Sílvio Luís Ferreira da Rocha leciona que a Administração "não tem discrição administrativa que lhe permita escolher com liberdade se convalida um ato viciado ou deixa de fazê-lo", devendo convalidá-lo sempre que esteja perante ato suscetível de convalidação e que não tenha sido impugnado pelo interessado (ROCHA, Sílvio Luís Ferreira da. *Manual de direito administrativo*, p. 342). Todavia, arriscamo-nos a dizer que atos anuláveis podem ser convalidados mesmo quando impugnados pelo interessado, quando se verificar, no caso concreto, que da sua convalidação não resultará prejuízo a quem o impugnou. Nesse caso, a sua convalidação terá por fundamento o princípio da instrumentalidade das formas, que condiciona a decretação da nulidade dos atos impugnados à configuração de relação necessária entre o vício apontado e a efetiva configuração de prejuízo às pessoas afetadas. A propósito, cf. BRASIL JÚNIOR, Samuel Meira. *Justiça, direito e processo*, p. 3-33; LIEBMAN, Enrico Tullio. *Manual de direito processual civil*, v. I, p. 328; BEDAQUE, José Roberto dos Santos. *Direito e processo*, p. 113; e MADUREIRA, Claudio. *Direito, processo e justiça*, p. 50-51.
[756] Cf. DIDIER JÚNIOR, Fredie. *Curso de direito processual civil*, v. I, p. 78-79.
[757] Cf. DIDIER JÚNIOR, Fredie. *Curso de direito processual civil*, v. I, p. 79.

15.2.1 A revogação como modalidade de extinção fundada em juízo de conveniência e oportunidade

A *revogação* é o "desfazimento dos efeitos da licitação já concluída, em virtude de critérios de ordem administrativa", que resulta, portanto, "de certa discricionariedade na atuação administrativa",[758] e que por isso encerra de modalidade extinção fundada em razões de conveniência e oportunidade.[759] Ela se situa, então, "no âmbito dos poderes administrativos" (discricionariedade),[760] porque se ancora em "conduta lícita da Administração", visto que o vencedor da licitação, muito embora tenha a expectativa da celebração do contrato, não tem direito subjetivo a ela.[761] Por isso é que, "revogada a licitação por motivos válidos, aferidos por critérios administrativos efetivos", não será devida "qualquer indenização aos licitantes em geral e ao licitante vencedor em particularmente".[762] Porém, o afastamento do dever da Administração de indenizar os licitantes pelos prejuízos apenas tem lugar quando o motivo determinante para a revogação do processo licitatório for resultante de fato superveniente devidamente comprovado (art. 71, §2º).

15.2.2 A anulação como modalidade de extinção fundada em vício jurídico

A anulação, por sua vez, é invalidação fundada na ilegalidade do ato, que "pode ser declarada de ofício pela administração ou provocada por terceiros".[763] Mas não se trata, como a revogação, de ato discricionário. Com efeito, "sempre que a Administração se defronte com um ato insuscetível de convalidação, tem obrigação de invalidá-lo".[764] Além disso, a sua instrumentalização:

a) fica condicionada à observância do devido processo legal,[765] assim como de seus corolários imediatos, a ampla defesa e o contraditório, pressupondo, destarte, prévia manifestação dos interessados (contraditório formal) e o enfrentamento das razões por ele veiculadas (contraditório material); e

b) também pressupõe motivação adequada, instrumentalizada em "parecer escrito e devidamente fundamentado",[766] que indique expressamente os atos com vícios insanáveis e torne sem efeito todos os atos subsequentes que deles dependam (art. 71, §1º), além de observar o modelo decisório enunciado pela lei processual (CPC-2015, art. 489, §1º), extensível aos processos administrativos

---

[758] CARVALHO FILHO, José dos Santos. *Manual de direito administrativo*, 32. ed., p. 366.
[759] Cf. ROCHA, Sílvio Luís Ferreira da. *Manual de direito administrativo*, p. 410. Em mesmo sentido, cf. BANDEIRA DE MELLO, Celso Antônio. *Curso de direito administrativo*, 27. ed., p. 609.
[760] Qualificada por Celso Antônio Bandeira de Mello como "certa margem de liberdade de avaliação ou decisão segundo critérios de conveniência e oportunidade formulados por ela mesma, ainda que adstrita à lei reguladora da expedição deles" (BANDEIRA DE MELLO, Celso Antônio. *Curso de direito administrativo*, 27. ed., p. 430).
[761] CARVALHO FILHO, José dos Santos. *Manual de direito administrativo*, 32. ed., p. 199.
[762] CARVALHO FILHO, José dos Santos. *Manual de direito administrativo*, 32. ed., p. 199.
[763] ROCHA, Sílvio Luís Ferreira da. *Manual de direito administrativo*, p. 413.
[764] ROCHA, Sílvio Luís Ferreira da. *Manual de direito administrativo*, p. 342.
[765] ROCHA, Sílvio Luís Ferreira da. *Manual de direito administrativo*, p. 413.
[766] BANDEIRA DE MELLO, Celso Antônio. *Curso de direito administrativo*, 27. ed., p. 610.

(CPC-2015, art. 15), o que impõe à Administração que não incorra em vícios de fundamentação relativos à inobservância dos pressupostos mínimos necessários à veiculação do discurso jurídico (CPC-2015, art. 489, §1º, I, II e III),[767] à ausência de enfrentamento das razões deduzidas no processo (CPC-2015, art. 489, §1º, IV)[768] e à aplicação inadequada do modelo de precedentes (CPC-2015, art. 489, §1º, V e VI).[769]

Como a revogação, a anulação não gera, como regra, imposição à Administração que indenize licitante vencedor.[770] Porém, o legislador estabeleceu exceção a essa regra geral, quando impôs o dever de indenizá-lo pelo que houver executado até a data em que a nulidade for declarada ou tornada eficaz e por outros prejuízos regularmente comprovados, desde que não lhe sejam imputáveis (art. 149, *caput*). Demais disso, quando a anulação incide sobre o edital de licitação ou sobre próprio certame em andamento "antes de conhecido quem deveria ser seu vencedor, todos os que afluíram à disputa e, destarte, foram compelidos a despesas para dela participarem fazem jus a indenização pelos dispêndios incorridos", desde que tenham atuado de boa-fé e que não tenham concorrido para o vício.[771] Tanto a anulação (art. 71, §1º) quanto a indenização do contratado por prejuízos que não lhe possam ser imputados (art. 149, *caput*) demandam da Administração a apuração de responsabilidade para efeito da responsabilização de quem lhe tenha dado causa.

15.3 Homologação e adjudicação

Se, todavia, a autoridade competente não determinar o retorno dos autos para o saneamento de irregularidades (art. 71, I) nem decidir pela invalidação do ato, fundada em sua revogação (art. 71, II) ou anulação (art. 71, III), terá lugar a *homologação* do seu resultado e (se for o caso) a *adjudicação* do seu objeto (art. 71, IV).

A *homologação* é obrigatória se não estiver configurada irregularidade (a suscitar o retorno dos autos para saneamento de atos sanáveis) ou nulidade (a suscitar a necessidade de anulação do ato), e se não for caso de revogação.[772] Trata-se, com efeito, do ato pelo qual se examina a regularidade do desenvolvimento da licitação.[773]

A *adjudicação*, por sua vez, encerra o ato por meio do qual "é selecionado o proponente que haja apresentado proposta havida como satisfatória",[774] ou, em outras palavras, "o ato pelo qual a Administração [...] atribui ao vencedor o objeto da licitação".[775] Ela encerra, portanto, "o ato terminal da licitação, cuja produção, todavia, pressupõe prévia homologação".[776]

---

[767] *Vide* tópico 2.1.13.3.1 do Capítulo 2.
[768] *Vide* tópico 2.1.13.3.2 do Capítulo 2.
[769] *Vide* tópico 2.1.13.3.3 do Capítulo 2.
[770] BANDEIRA DE MELLO, Celso Antônio. *Curso de direito administrativo*, 27. ed., p. 610.
[771] BANDEIRA DE MELLO, Celso Antônio. *Curso de direito administrativo*, 27. ed., p. 610.
[772] JUSTEN FILHO, Marçal. *Curso de direito administrativo*, 10. ed., p. 465.
[773] BANDEIRA DE MELLO, Celso Antônio. *Curso de direito administrativo*, 30. ed., p. 595. Em mesmo sentido, cf. MEDAUAR, Odete. *Direito administrativo moderno*, 19. ed., p. 239.
[774] BANDEIRA DE MELLO, Celso Antônio. *Curso de direito administrativo*, 30. ed., p. 595.
[775] DI PIETRO, Maria Sylvia Zanella. *Direito administrativo*, 30. ed., p. 398
[776] JUSTEN FILHO, Marçal. *Curso de direito administrativo*, 10. ed., p. 524.

A adjudicação não é obrigatória, como a homologação. No ponto, recobramos o conteúdo do princípio da adjudicação compulsória (ou obrigatória),[777] do qual resulta que a Administração não pode atribuir o objeto da licitação a outra pessoa que não seja o licitante vencedor e que não está autorizada a iniciar nova licitação enquanto for válida a adjudicação anterior.[778] Todavia, esse princípio não impõe a adjudicação ao licitante vencedor (até porque, como visto, o certame pode ser revogado ou anulado),[779] e tampouco confere a ele direito subjetivo à assinatura do contrato.[780] O que não se admite é que ela venha a contratar "com outrem, enquanto válida a adjudicação", e que revogue o procedimento ou protele indefinidamente a adjudicação ou a assinatura do contrato sem justa causa.[781]

15.4 Extensão da aplicação do dispositivo à contratação direta

Essas considerações, relativas ao retorno dos autos para o saneamento de irregularidades (art. 71, I), à revogação/anulação (art. 71, II e III) e à homologação do seu resultado/adjudicação do seu objeto (art. 71, IV), também se aplicam, no que couber (art. 71, §4º):

a) às hipóteses de contratação direta, que têm lugar quando não é viável a concorrência (contratação direta por inexigibilidade de licitação)[782] e quando, mesmo sendo possível a concorrência, o legislador dispensa a Administração de realizá-la (contratação direta por dispensa de licitação);[783] e

b) aos procedimentos auxiliares da licitação (art. 71, §4º), compostos:

b.1) pelo *credenciamento* (art. 79), procedimento auxiliar que encerra processo administrativo de chamamento público, por meio do qual a Administração convoca interessados em prestar serviços ou fornecer bens para que, preenchidos os requisitos necessários, credenciem-se no órgão ou na entidade para executar o objeto quando convocados (art. 6º, XLIII);[784]

b.2) pela *pré-qualificação* (art. 80), procedimento auxiliar que comporta seleção prévia à licitação, instrumentalizada mediante convocação, por meio de edital, destinada à análise das condições de habilitação, total ou parcial, dos interessados ou do objeto (art. 6º, XLIV), e que por isso é empregado

---

[777] Enunciado pela doutrina jurídica, mas que não restou contemplado pelo texto do art. 5º da Lei nº 14.133/2021.
[778] DI PIETRO, Maria Sylvia Zanella. *Direito administrativo*, 30. ed., p. 426.
[779] Trata-se, contudo, "de ato vinculado, já que as únicas hipóteses em que a Administração pode deixar de efetuar a adjudicação são as de anulação ou revogação do procedimento" (DI PIETRO, Maria Sylvia Zanella. *Direito administrativo*, 30. ed., p. 398).
[780] DI PIETRO, Maria Sylvia Zanella. *Direito administrativo*, 30. ed., p. 426. Trata-se, portanto, "de ato declaratório que não se confunde com a celebração do contrato, pois, por meio dele, a Administração proclama que o objeto da licitação é entregue ao vencedor. Depois de praticado esse ato é que a Administração vai convocá-lo para assinar o contrato" (DI PIETRO, Maria Sylvia Zanella. *Direito administrativo*, 30. ed., p. 398).
[781] DI PIETRO, Maria Sylvia Zanella. *Direito administrativo*, 30. ed., p. 426. Cuida-se, pois, "de ato declaratório que não se confunde com a celebração do contrato, pois, por meio dele, a Administração proclama que o objeto da licitação é entregue ao vencedor. Depois de praticado esse ato é que a Administração vai convocá-lo para assinar o contrato" (DI PIETRO, Maria Sylvia Zanella. *Direito administrativo*, 30. ed., p. 398).
[782] *Vide* tópico 16.1 do Capítulo 16.
[783] *Vide* tópico 16.2 do Capítulo 16.
[784] *Vide* tópico 18.1 do Capítulo 18.

para selecionar previamente licitantes que reúnam condições de habilitação para participar de futura licitação ou de licitação vinculada a programas de obras ou de serviços objetivamente definidos e bens que atendam às exigências técnicas ou de qualidade estabelecidas pela Administração;[785]

b.3) pela *manifestação de interesse* (art. 81), procedimento auxiliar que consiste na deflagração, pela Administração, de procedimento voltado ao chamamento público a empresas e pessoas que compõem a iniciativa privada, para que proponham e realizem de estudos, investigações, levantamentos e projetos de soluções inovadoras que contribuam com questões de relevância pública, num contexto em que a sua atividade somente será remunerada, e pelo vencedor do certame, se houver licitação;[786]

b.4) pelo *registro de preços* (arts. 82 a 85), que encerra conjunto de procedimentos voltado à realização de registro formal de preços relativos à prestação de serviços, a obras e à aquisição e locação de bens para contratações futuras (art. 6º, XLV), e que pode ser empregado nas contratações direta ou nas licitações realizadas nas modalidades de pregão ou concorrência (art. 6º, XLV), do qual resulta a confecção da *ata de registro de preços*, documento vinculativo e obrigacional, com característica de compromisso para futura contratação, no qual são registrados o objeto, os preços, os fornecedores, os órgãos participantes e as condições a serem praticadas, conforme as disposições contidas no edital da licitação, no aviso ou instrumento de contratação direta e nas propostas apresentadas (art. 6º, XLVI);[787] e

b.5) do *registro cadastral*, que envolve a construção, pelos os órgãos e entidades da Administração, de cadastro unificado de licitantes, que possibilita a realização de licitações restritas a fornecedores cadastrados.[788]

---

[785] Vide tópico 18.2 do Capítulo 18.
[786] Vide tópico 18.3 do Capítulo 18.
[787] Vide tópico 18.4 do Capítulo 18.
[788] Vide tópico 18.5 do Capítulo 18.

CAPÍTULO 16

O PROCESSO DE CONTRATAÇÃO DIRETA

Art. 72. O processo de contratação direta, que compreende os casos de inexigibilidade e de dispensa de licitação, deverá ser instruído com os seguintes documentos:

I - documento de formalização de demanda e, se for o caso, estudo técnico preliminar, análise de riscos, termo de referência, projeto básico ou projeto executivo;

II - estimativa de despesa, que deverá ser calculada na forma estabelecida no art. 23 desta Lei;

III - parecer jurídico e pareceres técnicos, se for o caso, que demonstrem o atendimento dos requisitos exigidos;

IV - demonstração da compatibilidade da previsão de recursos orçamentários com o compromisso a ser assumido;

V - comprovação de que o contratado preenche os requisitos de habilitação e qualificação mínima necessária;

VI - razão de escolha do contratado;

VII - justificativa de preço;

VIII - autorização da autoridade competente.

Parágrafo único. O ato que autoriza a contratação direta ou o extrato decorrente do contrato deverá ser divulgado e mantido à disposição do público em sítio eletrônico oficial.

Art. 73. Na hipótese de contratação direta indevida ocorrida com dolo, fraude ou erro grosseiro, o contratado e o agente público responsável responderão solidariamente pelo dano causado ao erário, sem prejuízo de outras sanções legais cabíveis.

Parágrafo único. Na hipótese de sobrepreço ou superfaturamento, o dano ao erário deverá ser demonstrado de forma clara e precisa na imputação de irregularidade, e serão segregadas as funções e individualizadas as condutas.

Quando estabeleceu, no inc. XXI o art. 37 da Constituição brasileira,[789] que obras, serviços, compras e alienações serão contratados mediante processo de licitação pública (regra geral), o constituinte teve o cuidado de ressalvar os *casos especificados na legislação*, abrindo espaço para que o legislador estabelecesse *exceções à regra geral segundo a qual a Administração somente pode adquirir bens e serviços mediante processo licitatório*. São exceções a essa regra as *hipóteses de inexigibilidade e dispensa de licitação*, por meio das quais a Administração realiza a contratação direta desses objetos. Na *inexigibilidade* não há competição que justifique a licitação (só existe um objeto ou uma pessoa que atenda às necessidades da Administração), enquanto que na *dispensa* a competição é possível, o que torna viável a licitação, mas a lei faculta à Administração (competência discricionária) dispensá-la nos casos concretos.[790]

No regime da Lei nº 14.133/2021, o processo de contratação direta (composto pelas hipóteses de inexigibilidade e de dispensa de licitação) deverá ser instruído (art. 72, *caput*):

a) por documento de formalização de demanda e, se for o caso (art. 72, I):

  a.1) por *estudo técnico preliminar*, documento constitutivo da primeira etapa do planejamento de uma contratação, que caracteriza o interesse público envolvido e a sua melhor solução e dá base ao *anteprojeto*,[791] ao termo de referência ou ao projeto básico a serem elaborados caso se conclua pela viabilidade da contratação (art. 6º, XX);

  a.2) por *análise de riscos*, que pode ser feita, inclusive, tendo em vista a *matriz de alocação de riscos*, definida pelo legislador como cláusula contratual definidora de riscos e de responsabilidades entre as partes e caracterizadora do equilíbrio econômico-financeiro inicial do contrato, em termos de ônus financeiro decorrente de eventos supervenientes à contratação (art. 6º, XXVII);[792]

  a.3) por *termo de referência*, documento necessário para a contratação de bens e serviços (art. 6º, XXIII);

  a.4) por *projeto básico*, composto pelo conjunto de elementos necessários e suficientes, com nível de precisão adequado para definir e dimensionar a obra ou o serviço, ou o complexo de obras ou de serviços objeto da licitação, elaborado com base nas indicações dos *estudos técnicos preliminares*, que assegura a viabilidade técnica e o adequado tratamento do impacto ambiental do empreendimento e que possibilita a avaliação do custo da obra e a definição dos métodos e do prazo de execução (art. 6º, XXV); ou

---

[789] CRFB: "Art. 37 [...] XXI - ressalvados os casos especificados na legislação, as obras, serviços, compras e alienações serão contratados mediante processo de licitação pública que assegure igualdade de condições a todos os concorrentes, com cláusulas que estabeleçam obrigações de pagamento, mantidas as condições efetivas da proposta, nos termos da lei, o qual somente permitirá as exigências de qualificação técnica e econômica indispensáveis à garantia do cumprimento das obrigações".

[790] Cf. DI PIETRO, Maria Sylvia Zanella. *Direito administrativo*, 30. ed., p. 433; e CARVALHO FILHO, José dos Santos. *Manual de direito administrativo*, 31. ed., p. 199. Ou, nas palavras de Marçal Justen Filho, "a inexigibilidade deriva da *natureza das coisas*, enquanto a dispensa é produto da vontade legislativa" (JUSTEN FILHO, Marçal. *Curso de direito administrativo*, 8. ed., p. 491).

[791] Conceituado pelo inc. XXIV do art. 6º como peça técnica que contém todos os subsídios necessários à elaboração do projeto básico.

[792] A propósito, cf. o que expusemos no Capítulo 21.

a.5) por *projeto executivo*, integrado pelo conjunto de elementos necessários e suficientes à execução completa da obra, com o detalhamento das soluções previstas no projeto básico, a identificação de serviços, de materiais e de equipamentos a serem incorporados à obra, bem como suas especificações técnicas, de acordo com as normas técnicas pertinentes (art. 6º, XXVI);

b) por estimativa de despesa (art. 72, II), que deverá ser compatível com os valores praticados pelo mercado, considerados os preços constantes de bancos de dados públicos e as quantidades a serem contratadas, e observadas a potencial economia de escala e as peculiaridades do local de execução do objeto (art. 23, *caput*), devendo, ainda, o contratado (art. 23, §4º):

b.1) nas contratações relativas à aquisição de bens e contratação de serviços em geral, *estimar o valor do bem/serviço ofertado* com base no melhor preço aferido por meio da utilização dos seguintes *parâmetros*, adotados de forma combinada ou não (art. 23, §1º):

b.1.1) composição de custos unitários menores ou iguais à mediana do item correspondente no painel para consulta de preços ou no Banco de Preços em Saúde disponíveis no Portal Nacional de Contratações Públicas (art. 23, §1º, I);

b.1.2) contratações similares feitas pela Administração Pública, em execução ou concluídas no período de um ano anterior à data da pesquisa de preços, inclusive mediante sistema de registro de preços, observado o índice de atualização de preços correspondente (art. 23, §1º, II);

b.1.3) utilização de dados de pesquisa publicada em mídia especializada, de tabela de referência formalmente aprovada pelo Poder Executivo Federal e de sítios eletrônicos especializados ou de domínio amplo, desde que contenham a data e hora de acesso (art. 23, §1º, III);

b.1.4) pesquisa direta com no mínimo três fornecedores, mediante solicitação formal de cotação, desde que seja apresentada a justificativa da escolha desses fornecedores e que não tenham sido obtidos os orçamentos com mais de seis meses de antecedência da data de divulgação do edital (art. 23, §1º, IV); e

b.1.5) pesquisa na base nacional de notas fiscais eletrônicas, na forma de regulamento (art. 23, §1º, V);

b.2) nas contratações de obras e serviços de engenharia, *estimar o valor*, que será acrescido do percentual de Benefícios e Despesas Indiretas (BDI) de referência e dos Encargos Sociais (ES) cabíveis, por meio da utilização de *parâmetros* na seguinte ordem (art. 23, §2º):

b.2.1) composição de custos unitários menores ou iguais à mediana do item correspondente do Sistema de Custos Referenciais de Obras (Sicro), para serviços e obras de infraestrutura de transportes, ou do Sistema Nacional de Pesquisa de Custos e Índices de Construção Civil (Sinapi), para as demais obras e serviços de engenharia (art. 23, §2º, I);

b.2.2) utilização de dados de pesquisa publicada em mídia especializada, de tabela de referência formalmente aprovada pelo Poder Executivo

Federal e de sítios eletrônicos especializados ou de domínio amplo, desde que contenham a data e a hora de acesso (art. 23, §2º, II);

b.2.3) contratações similares feitas pela Administração Pública, em execução ou concluídas no período de um ano anterior à data da pesquisa de preços, observado o índice de atualização de preços correspondente (art. 23, §2º, III); e

b.2.4) pesquisa na base nacional de notas fiscais eletrônicas, na forma de regulamento (art. 23, §2º, IV);

b.3) nas contratações realizadas por municípios, estados e Distrito Federal, desde que não envolvam recursos da União, estimar o valor por meio da utilização de outros sistemas de custos adotados pelo respectivo ente federativo (art. 23, §3º);

b.4) quando não for possível estimar o valor do objeto nos termos previstos nos itens anteriores, fixá-lo mediante comprovação prévia de que os preços estão em conformidade com os praticados em contratações semelhantes de objetos de mesma natureza, por meio da apresentação de notas fiscais emitidas para outros contratantes no período de até um ano anterior à data da contratação pela Administração (art. 23, §4º);

c) por pareceres jurídicos e pareceres técnicos (se for o caso) que demonstrem o atendimento dos requisitos exigidos (art. 72, III);

d) por demonstração da compatibilidade da previsão de recursos orçamentários com o compromisso a ser assumido (art. 72, IV);

e) por comprovação de que o contratado preenche os requisitos de habilitação e qualificação mínima necessária (art. 72, V);

f) pelas razões que orientam a escolha do contratado (art. 72, VI);

g) por justificativa de preço (art. 72, VII); e

h) pela autorização da autoridade competente (art. 72, VIII), que deverá ser divulgada e mantida à disposição do público em sítio eletrônico oficial juntamente com o extrato decorrente do contrato (art. 72, parágrafo único).

Havendo contratação direta indevida, instrumentalizada mediante a verificação de dolo, fraude ou erro grosseiro, o contratado e o agente público responsável responderão solidariamente, sem prejuízo de outras sanções legais cabíveis, pelo dano causado ao erário (art. 73, *caput*). Demais disso, se forem verificados, nesse contexto, sobrepreço e/ou superfaturamento, *o dano ao erário deverá ser demonstrado de forma clara e precisa* (exigência de motivação adequada) *desde o momento da imputação* de irregularidade (condicionamento da instauração da persecução administrativa à motivação adequada) (art. 73, parágrafo único). Porém, a responsabilidade dos contratantes e licitantes/contratados pressupõe a demonstração, pelos controladores, de todos esses elementos (danos, dolo, fraude ou erro grosseiro), e com relação a cada um dos agentes imputados. É que o legislador impõe à Administração (controle interno) e de igual modo aos órgãos de controle externo (porque a Lei nº 14.133/2021 também disciplina o controle administrativo incidente sobre as licitações e contratações públicas) que observem o cuidado de segregar as funções e de individualizar as condutas dos agentes imputados (art. 73, parágrafo único, parte final).

Assim, em situação hipotética em que se verificar sobrepreço/superfaturamento causado pelo contratado mediante conduta dolosa (porque ele quis elevar indevidamente os preços praticados) e/ou eivada de fraude (porque ele apresentou documentos falsos que indicavam que o preço praticado era compatível com a realidade de mercado), a eventual responsabilização dos agentes estatais responsáveis pela condução do processo licitatório pressupõe a demonstração de que eles agiram em conluio com o contratado (portanto, dolosamente) e/ou que eles tinham meios de perceber a fraude, mas não o fizeram, porque foram negligentes, imperitos ou imprudentes (incorrendo, assim, em culpa grave fundada em erro grosseiro). Além disso, a indicação/demonstração do dolo ou culpa grave fundada em erro grosseiro de um dos agentes que atuou no processo licitatório não autoriza, automaticamente, a imputação da responsabilidade aos demais agentes, porque o legislador impõe, para tanto, a segregação das suas funções e a individualização das suas condutas. Disso resulta, na prática, que a indicação/demonstração, no mesmo exemplo, do dolo/fraude/erro grosseiro do agente de contratação/pregoeiro não autoriza a extensão da imputação, ainda exemplificativamente, ao advogado público que proferiu parecer jurídico no processo, ou, talvez, ao agente estatal que atua no órgão central de controle interno da Administração, que apenas pode ser instrumentalizada quando for indicada/demonstrada a prática, também por eles, de conduta eivada de dolo/fraude/erro grosseiro. Além disso, esses elementos precisam estar efetivamente delineados, com a indicação dos meios de prova capazes que corroborar a sua afirmação, já no momento da imputação, sob pena e risco de que se se configure prejuízo insanável ao exercício do direito de defesa pelos acusados.

Outro ponto que merece estaque é que *a inobservância desses cuidados tem a potencialidade de atrair a imputação de sanções administrativas também aos controladores*. Em primeiro lugar porque, como os controlados, eles também se alinham entre os agentes estatais, estando submetidos, portanto, aos seus respectivos regimes disciplinares e à responsabilização por atos de improbidade administrativa. Em segundo lugar porque essas exigências decorem de disposição normativa expressa, o que abre campo para que o seu descumprimento possa ser tomado como erro grosseiro capaz de suscitar a configuração de culpa grave daquele que formula a imputação.

16.1 Inexigibilidade de licitação

Art. 74. É inexigível a licitação quando inviável a competição, em especial nos casos de:

I - aquisição de materiais, de equipamentos ou de gêneros ou contratação de serviços que só possam ser fornecidos por produtor, empresa ou representante comercial exclusivos;

II - contratação de profissional do setor artístico, diretamente ou por meio de empresário exclusivo, desde que consagrado pela crítica especializada ou pela opinião pública;

III - contratação dos seguintes serviços técnicos especializados de natureza predominantemente intelectual com profissionais ou empresas de notória especialização, vedada a inexigibilidade para serviços de publicidade e divulgação:

a) estudos técnicos, planejamentos, projetos básicos ou projetos executivos;

b) pareceres, perícias e avaliações em geral;

c) assessorias ou consultorias técnicas e auditorias financeiras ou tributárias;

d) fiscalização, supervisão ou gerenciamento de obras ou serviços;

e) patrocínio ou defesa de causas judiciais ou administrativas;

f) treinamento e aperfeiçoamento de pessoal;

g) restauração de obras de arte e de bens de valor histórico;

h) controles de qualidade e tecnológico, análises, testes e ensaios de campo e laboratoriais, instrumentação e monitoramento de parâmetros específicos de obras e do meio ambiente e demais serviços de engenharia que se enquadrem na definição deste inciso.

IV - objetos que devam ou possam ser contratados por meio de credenciamento;

V - aquisição ou locação de imóvel cujas características de instalações e de localização tornem necessária sua escolha.

§1º Para fins do disposto no inciso I do *caput* deste artigo, a Administração deverá demonstrar a inviabilidade de competição, mediante atestado de exclusividade, contrato de exclusividade, declaração do fabricante ou outro documento idôneo capaz de comprovar que o objeto é fornecido ou prestado por produtor, empresa ou representante comercial exclusivos, vedada a preferência por marca específica.

§2º Para fins do disposto no inciso II do *caput* deste artigo, considera-se empresário exclusivo a pessoa física ou jurídica que possua contrato, declaração, carta ou outro documento que ateste a exclusividade permanente e contínua de representação, no País ou em Estado específico, do profissional do setor artístico, afastada a possibilidade de contratação direta por inexigibilidade por meio de empresário com representação restrita a evento ou local específico.

§3º Para fins do disposto no inciso III do *caput* deste artigo, considera-se de notória especialização o profissional ou a empresa cujo conceito no campo de sua especialidade, decorrente de desempenho anterior, estudos, experiência, publicações, organização, aparelhamento, equipe técnica ou outros requisitos relacionados com suas atividades, permita inferir que o seu trabalho é essencial e reconhecidamente adequado à plena satisfação do objeto do contrato.

§4º Nas contratações com fundamento no inciso III do *caput* deste artigo, é vedada a subcontratação de empresas ou a atuação de profissionais distintos daqueles que tenham justificado a inexigibilidade.

§5º Nas contratações com fundamento no inciso V do *caput* deste artigo, devem ser observados os seguintes requisitos:

I - avaliação prévia do bem, do seu estado de conservação, dos custos de adaptações, quando imprescindíveis às necessidades de utilização, e prazo de amortização dos investimentos;

II - certificação da inexistência de imóveis públicos vagos e disponíveis que atendam ao objeto;

III - justificativas que demonstrem a singularidade do imóvel a ser comprado ou locado pela Administração e que evidenciem vantagem para ela.

O conceito doutrinário de inexigibilidade de licitação[793] foi reproduzido pelo *caput* do art. 74 da Lei nº 14.133/2021, que enuncia que é inexigível a licitação quando inviável a competição. Porém, o legislador também cuidou de especificar, em *rol exemplificativo*, hipóteses específicas em que é viável a contratação direta por inexigibilidade, cabível, nos precisos termos da lei:

a) para a aquisição de materiais, de equipamentos ou de gêneros ou contratação de serviços que *só possam ser fornecidos por produtor, empresa ou representante comercial exclusivos* (art. 74, I), situação em que a Administração deverá demonstrar a inviabilidade de competição, mediante atestado de exclusividade, contrato de exclusividade, declaração do fabricante ou outro documento idôneo capaz de comprovar que o objeto é fornecido ou prestado por produtor, empresa ou representante comercial exclusivos, vedada a preferência por marca específica (art. 74, §1º);

b) para a contratação de *profissional do setor artístico*, desde que *consagrado pela crítica especializada ou pela opinião pública*, situação em que a contratação poderá ser feita diretamente ou por meio de empresário exclusivo (art. 74, II), assim considerada (como empresário exclusivo) a pessoa física ou jurídica que possua contrato, declaração, carta ou outro documento que ateste a exclusividade permanente e contínua de representação, no país ou em estado específico, do profissional do setor artístico, afastada a possibilidade de contratação direta por inexigibilidade por meio de empresário com representação restrita a evento ou local específico (art. 74, §2º);

c) para a contratação – vedadas a inexigibilidade para serviços de publicidade e divulgação (art. 74, III) e a subcontratação de empresas ou a atuação de profissionais distintos daqueles que tenham justificado a inexigibilidade (art. 74, §4º) – dos seguintes serviços técnicos especializados de natureza predominantemente intelectual com *profissionais ou empresas de notória especialização* – assim considerados o profissional/a empresa cujo conceito no campo de sua especialidade, decorrente de desempenho anterior – estudos, experiência, publicações, organização, aparelhamento, equipe técnica ou outros requisitos relacionados com suas atividades – permita inferir que o seu trabalho é essencial e reconhecidamente adequado à plena satisfação do objeto do contrato (art. 74, §1º):

  c.1) de estudos técnicos, planejamentos e projetos básicos ou executivos (art. 74, III, "a");

  c.2) de pareceres, perícias e avaliações em geral (art. 74, III, "b");

  c.3) de assessorias ou consultorias técnicas e auditorias financeiras ou tributárias (art. 74, III, "c");

  c.4) fiscalização, supervisão ou gerenciamento de obras ou serviços (art. 74, III, "d");

  c.5) do patrocínio ou defesa de causas judiciais ou administrativas (art. 74, III, "e");

---

[793] Cf. DI PIETRO, Maria Sylvia Zanella. *Direito administrativo*, 30. ed., p. 433; e CARVALHO FILHO, José dos Santos. *Manual de direito administrativo*, 31. ed., p. 199.

c.6) do treinamento e aperfeiçoamento de pessoal (art. 74, III, "f");

c.7) da restauração de obras de arte e bens de valor histórico (art. 74, III, "g");

c.8) de controles de qualidade e tecnológico, análises, testes e ensaios de campo e laboratoriais, instrumentação e monitoramento de parâmetros específicos de obras e do meio ambiente e demais serviços de engenharia que se enquadrem na definição de serviços técnicos especializados de natureza predominantemente intelectual (art. 74, III, "h");

d) para a contratação de *objetos que devam ou possam ser contratados por* meio de *credenciamento*[794] (art. 74, IV); e

e) para a *aquisição ou locação de imóvel* cujas características de instalações e de localização tornem necessária sua escolha (art. 74, V), que, todavia, fica condicionada (art. 75, §5º):

e.1) à apresentação, pela Administração, de avaliação prévia do bem, do seu estado de conservação e dos custos de adaptações, quando imprescindíveis às necessidades de utilização, e prazo de amortização dos investimentos (art. 74, §5º, I);

e.2) à certificação da inexistência de imóveis públicos vagos e disponíveis que atendam ao objeto (art. 74, §5º, II); e

e.3) à construção de justificativas que demonstrem a singularidade do imóvel a ser comprado ou locado pela Administração e que evidenciem vantagem para ela (art. 74, §5º, III).

16.2 Dispensa de licitação

Art. 75. É dispensável a licitação:

I - para contratação que envolva valores inferiores a R$ 100.000,00 (cem mil reais), no caso de obras e serviços de engenharia ou de serviços de manutenção de veículos automotores;

II - para contratação que envolva valores inferiores a R$ 50.000,00 (cinquenta mil reais), no caso de outros serviços e compras;

III - para contratação que mantenha todas as condições definidas em edital de licitação realizada há menos de 1 (um) ano, quando se verificar que naquela licitação:

a) não surgiram licitantes interessados ou não foram apresentadas propostas válidas;

b) as propostas apresentadas consignaram preços manifestamente superiores aos praticados no mercado ou incompatíveis com os fixados pelos órgãos oficiais competentes;

IV - para contratação que tenha por objeto:

---

[794] O credenciamento é procedimento auxiliar que encerra processo administrativo de chamamento público, por meio do qual a Administração convoca interessados em prestar serviços ou fornecer bens para que, preenchidos os requisitos necessários, credenciem-se no órgão ou na entidade para executar o objeto quando convocados (art. 6º, XLIII). Quanto a ele, cf. as nossas observações no tópico 18.1 do Capítulo 18.

a) bens componentes ou peças de origem nacional ou estrangeira necessários à manutenção de equipamentos, a serem adquiridos do fornecedor original desses equipamentos durante o período de garantia técnica, quando essa condição de exclusividade for indispensável para a vigência da garantia;

b) bens, serviços, alienações ou obras, nos termos de acordo internacional específico aprovado pelo Congresso Nacional, quando as condições ofertadas forem manifestamente vantajosas para a Administração;

c) produtos para pesquisa e desenvolvimento, limitada a contratação, no caso de obras e serviços de engenharia, ao valor de R$300.000,00 (trezentos mil reais);

d) transferência de tecnologia ou licenciamento de direito de uso ou de exploração de criação protegida, nas contratações realizadas por Instituição Científica, Tecnológica e de Inovação (ICT) pública ou por agência de fomento, desde que demonstrada vantagem para a Administração;

e) hortifrutigranjeiros, pães e outros gêneros perecíveis, no período necessário para a realização dos processos licitatórios correspondentes, hipótese em que a contratação será realizada diretamente com base no preço do dia;

f) bens ou serviços produzidos ou prestados no País que envolvam, cumulativamente, alta complexidade tecnológica e defesa nacional;

g) materiais de uso das Forças Armadas, com exceção de materiais de uso pessoal e administrativo, quando houver necessidade de manter a padronização requerida pela estrutura de apoio logístico dos meios navais, aéreos e terrestres, mediante autorização por ato do comandante da força militar;

h) bens e serviços para atendimento dos contingentes militares das forças singulares brasileiras empregadas em operações de paz no exterior, hipótese em que a contratação deverá ser justificada quanto ao preço e à escolha do fornecedor ou executante e ratificada pelo comandante da força militar;

i) abastecimento ou suprimento de efetivos militares em estada eventual de curta duração em portos, aeroportos ou localidades diferentes de suas sedes, por motivo de movimentação operacional ou de adestramento;

j) coleta, processamento e comercialização de resíduos sólidos urbanos recicláveis ou reutilizáveis, em áreas com sistema de coleta seletiva de lixo, realizados por associações ou cooperativas formadas exclusivamente de pessoas físicas de baixa renda reconhecidas pelo poder público como catadores de materiais recicláveis, com o uso de equipamentos compatíveis com as normas técnicas, ambientais e de saúde pública;

k) aquisição ou restauração de obras de arte e objetos históricos, de autenticidade certificada, desde que inerente às finalidades do órgão ou com elas compatível;

l) serviços especializados ou aquisição ou locação de equipamentos destinados ao rastreamento e à obtenção de provas previstas nos incisos II e V do *caput* do art. 3º da Lei nº 12.850, de 2 de agosto de 2013, quando houver necessidade justificada de manutenção de sigilo sobre a investigação;

m) aquisição de medicamentos destinados exclusivamente ao tratamento de doenças raras definidas pelo Ministério da Saúde;

V - para contratação com vistas ao cumprimento do disposto nos arts. 3º, 3º-A, 4º, 5º e 20 da Lei nº 10.973, de 2 de dezembro de 2004, observados os princípios gerais de contratação constantes da referida Lei;

VI - para contratação que possa acarretar comprometimento da segurança nacional, nos casos estabelecidos pelo Ministro de Estado da Defesa, mediante demanda dos comandos das Forças Armadas ou dos demais ministérios;

VII - nos casos de guerra, estado de defesa, estado de sítio, intervenção federal ou de grave perturbação da ordem;

VIII - nos casos de emergência ou de calamidade pública, quando caracterizada urgência de atendimento de situação que possa ocasionar prejuízo ou comprometer a continuidade dos serviços públicos ou a segurança de pessoas, obras, serviços, equipamentos e outros bens, públicos ou particulares, e somente para aquisição dos bens necessários ao atendimento da situação emergencial ou calamitosa e para as parcelas de obras e serviços que possam ser concluídas no prazo máximo de 1 (um) ano, contado da data de ocorrência da emergência ou da calamidade, vedadas a prorrogação dos respectivos contratos e a recontratação de empresa já contratada com base no disposto neste inciso;

IX - para a aquisição, por pessoa jurídica de direito público interno, de bens produzidos ou serviços prestados por órgão ou entidade que integrem a Administração Pública e que tenham sido criados para esse fim específico, desde que o preço contratado seja compatível com o praticado no mercado;

X - quando a União tiver que intervir no domínio econômico para regular preços ou normalizar o abastecimento;

XI - para celebração de contrato de programa com ente federativo ou com entidade de sua Administração Pública indireta que envolva prestação de serviços públicos de forma associada nos termos autorizados em contrato de consórcio público ou em convênio de cooperação;

XII - para contratação em que houver transferência de tecnologia de produtos estratégicos para o Sistema Único de Saúde (SUS), conforme elencados em ato da direção nacional do SUS, inclusive por ocasião da aquisição desses produtos durante as etapas de absorção tecnológica, e em valores compatíveis com aqueles definidos no instrumento firmado para a transferência de tecnologia;

XIII - para contratação de profissionais para compor a comissão de avaliação de critérios de técnica, quando se tratar de profissional técnico de notória especialização;

XIV - para contratação de associação de pessoas com deficiência, sem fins lucrativos e de comprovada idoneidade, por órgão ou entidade da Administração Pública, para a prestação de serviços, desde que o preço contratado seja compatível com o praticado no mercado e os serviços contratados sejam prestados exclusivamente por pessoas com deficiência;

XV - para contratação de instituição brasileira que tenha por finalidade estatutária apoiar, captar e executar atividades de ensino, pesquisa, extensão, desenvolvimento institucional, científico e tecnológico e estímulo à inovação, inclusive para gerir administrativa e financeiramente essas atividades, ou para contratação de instituição dedicada à recuperação social da pessoa presa, desde que o contratado tenha inquestionável reputação ética e profissional e não tenha fins lucrativos;

XVI - para aquisição, por pessoa jurídica de direito público interno, de insumos estratégicos para a saúde produzidos por fundação que, regimental ou estatutariamente, tenha por finalidade apoiar órgão da Administração Pública direta, sua autarquia ou fundação em projetos de ensino, pesquisa, extensão, desenvolvimento institucional, científico e tecnológico e de estímulo à inovação, inclusive na gestão administrativa e financeira necessária à execução desses projetos, ou em parcerias que envolvam transferência de tecnologia de produtos estratégicos para o SUS, nos termos do inciso XII do *caput* deste artigo, e que tenha sido criada para esse fim específico em data anterior à entrada em vigor desta Lei, desde que o preço contratado seja compatível com o praticado no mercado.

§1º Para fins de aferição dos valores que atendam aos limites referidos nos incisos I e II do *caput* deste artigo, deverão ser observados:

I - o somatório do que for despendido no exercício financeiro pela respectiva unidade gestora;

II - o somatório da despesa realizada com objetos de mesma natureza, entendidos como tais aqueles relativos a contratações no mesmo ramo de atividade.

§2º Os valores referidos nos incisos I e II do *caput* deste artigo serão duplicados para compras, obras e serviços contratados por consórcio público ou por autarquia ou fundação qualificadas como agências executivas na forma da lei.

§3º As contratações de que tratam os incisos I e II do caput deste artigo serão preferencialmente precedidas de divulgação de aviso em sítio eletrônico oficial, pelo prazo mínimo de 3 (três) dias úteis, com a especificação do objeto pretendido e com a manifestação de interesse da Administração em obter propostas adicionais de eventuais interessados, devendo ser selecionada a proposta mais vantajosa.

§4º As contratações de que tratam os incisos I e II do *caput* deste artigo serão preferencialmente pagas por meio de cartão de pagamento, cujo extrato deverá ser divulgado e mantido à disposição do público no Portal Nacional de Contratações Públicas (PNPC).

§5º A dispensa prevista na alínea "c" do inciso IV do *caput* deste artigo, quando aplicada a obras e serviços de engenharia, seguirá procedimentos especiais instituídos em regulamentação específica.

§6º Para os fins do inciso VIII do caput deste artigo, considera-se emergencial a contratação por dispensa com objetivo de manter a continuidade do serviço público, e deverão ser observados os valores praticados pelo mercado na forma do art. 23 desta Lei e adotadas as providências necessárias para a conclusão do processo licitatório, sem prejuízo de apuração de responsabilidade dos agentes públicos que deram causa à situação emergencial.

§7º Não se aplica o disposto no §1º deste artigo às contratações de até R$8.000,00 (oito mil reais) de serviços de manutenção de veículos automotores de propriedade do órgão ou entidade contratante, incluído o fornecimento de peças.

Quanto à contratação direta por dispensa, o legislador (igualmente associando-se ao conceito consagrado pela doutrina jurídica,[795] segundo o qual, nela, a competição é possível, o que torna viável a licitação) enuncia hipóteses em que a licitação é dispensável. No texto da Lei nº 14.133/2021, as hipóteses foram descritas em *rol exaustivo* pelo seu art. 75, que congrega dezesseis situações em que a Administração poderá optar entre realizar a licitação ou formalizar contratação direta por dispensa de licitação (competência discricionária).

Para facilitar a sua descrição e compreensão, procuramos dividi-las, em nossos comentários, conforme a natureza do objeto contratado, do que resultou a construção de tópicos específicos sobre hipóteses de dispensa de licitação relacionadas ao *valor da contratação*, ao *fracasso de licitação anterior*, à *inovação e pesquisa* científica e tecnológica, à *segurança nacional e manutenção da ordem*, à *aquisição* de bens e serviços *diretamente do Poder Público*, à *associação entre entes federados*, à *saúde pública*, ao *sistema prisional*, ao *trabalho de pessoas com deficiência* e a *outros objetos*.

16.2.1 Dispensa de licitação relacionada ao valor da contratação

A Lei nº 14.133/2021 dispensa a realização de licitações para contratações por valores inferiores a *cem mil* reais para *obras e serviços de engenharia* e para *serviços de manutenção de veículos automotores* (art. 75, I) e a *cinquenta mil* reais para contratação de *outros serviços* e para *compras* (art. 75, II). Porém, esses valores são duplicados para compras, obras e serviços contratados por consórcio público ou por autarquia ou fundação qualificadas como agências executivas na forma da lei (art. 75, §2º), que, portanto, ficam dispensadas da realização de licitações para contratações por valores inferiores a *duzentos mil* reais para obras e serviços de engenharia e para serviços de manutenção de veículos automotores (art. 75, I c/c §2º) e a cem mil reais para contratação de outros serviços e para compras (art. 75, II c/c §2º).

A aferição dos valores que atendam a esses limites compreende (art. 75, §1º) o somatório do que for despendido no exercício financeiro pela respectiva unidade gestora (art. 75, §1º, I) e o somatório da despesa realizada com objetos de mesma natureza, entendidos como tais aqueles relativos a contratações no mesmo ramo de atividade (art. 75, §1º, II). Portanto, os valores previstos em lei não se referem a cada contratação realizada, mas à integralidade das contratações feitas pela mesma unidade gestora no período de um ano e relacionadas ao mesmo objeto. Essa regra não se aplica, todavia, para contratações de serviços de manutenção de veículos automotores de propriedade do órgão/entidade contratante (incluído o fornecimento de peças) no valor até oito mil reais (art. 75, §7º). Destarte, quanto a eles, a Administração pode pagar mais do que os *cinquenta mil* reais (ou, conforme o caso, *cem mil* reais) previstos como teto pelo legislador.

Outro ponto de destaque é que as contratações diretas por dispensa de licitação relacionadas a valores serão preferencialmente precedidas pela divulgação em sítio eletrônico oficial, pelo prazo mínimo de três dias úteis, de aviso com a especificação do objeto pretendido e com a manifestação de interesse da Administração em obter

---

[795] Cf. DI PIETRO, Maria Sylvia Zanella. *Direito administrativo*, 30. ed., p. 433; e CARVALHO FILHO, José dos Santos. *Manual de direito administrativo*, 31. ed., p. 199.

propostas adicionais de eventuais interessados, que apenas pode ser afastada por decisão motivada (art. 75, §3º). Esse cuidado deve ser observado para que a Administração tenha a oportunidade de realizar a contratação mais vantajosa. Por isso, havendo aviso de publicação, a Administração deverá selecionar a proposta mais vantajosa (art. 75, §3º, parte final).

Essas contratações também serão pagas preferencialmente por meio de cartão de pagamento, para que possam ser objeto de controle pela própria Administração (controle interno), pelos órgãos externos e fiscalização e controle (Ministério Público, tribunais de contas etc.) e pela própria sociedade (inclusive tendo em vista os limites especificados §1º do art. 75), mediante divulgação do extrato do referido cartão no Portal Nacional de Contratações Públicas (art. 75, §4º). Também o afastamento dessa exigência pressupõe decisão motivada da Administração.

16.2.2 Dispensa de licitação relacionada a situações de emergência

Outra hipótese de dispensa incide sobre as chamadas contratações emergenciais. No ponto, o legislador dispensou a realização de licitação nos casos de *emergência* ou de *calamidade pública*, quando caracterizada *urgência* de atendimento de situação que possa ocasionar *prejuízo* ou *comprometer a continuidade* dos serviços públicos ou a *segurança* de pessoas, obras, serviços, equipamentos e outros bens, públicos ou particulares (art. 75, VIII).

Todavia, a dispensa de licitação *somente incide* para *aquisição dos bens necessários ao atendimento da situação emergencial ou calamitosa* e para as *parcelas de obras e serviços que possam ser concluídas no prazo máximo de um ano*, contado da data de ocorrência da emergência ou da calamidade, *vedadas* a *prorrogação dos respectivos contratos* e a *recontratação de empresa já contratada* com base no disposto nesse mesmo permissivo (art. 75, VIII, parte final). Além disso, deverão ser *observados*, nessas contratações emergenciais, *os valores praticados pelo mercado* (art. 75, §6º), aferidos por referência da Administração aos preços constantes de bancos de dados públicos e as quantidades a serem contratadas, e observadas a potencial economia de escala e as peculiaridades do local de execução do objeto (art. 23, *caput*). Por fim, as contratações emergenciais somente podem ser realizadas quando forem adotadas todas as providências necessárias à conclusão do processo licitatório, sem prejuízo de apuração de responsabilidade dos agentes públicos que deram causa à situação emergencial, comumente chamada *emergência fabricada* (art. 75, §6º).

16.2.3 Dispensa de licitação relacionada ao fracasso de licitação anterior

Também é viável a contratação direta, por dispensa, de objetos submetidos (mantidas as mesmas condições) (art. 75, II, "b"):
    a) a licitações realizadas há menos de um ano:
        a.1) em que não surgiram licitantes interessados; ou
        a.2) e que não foram apresentadas propostas válidas; e
    b) àquelas em que as propostas apresentadas consignaram preços:

b.1) manifestamente superiores aos praticados no mercado; ou
b.2) incompatíveis com os fixados pelos órgãos oficiais competentes.

16.2.4 Dispensa de licitação relacionada à pesquisa, ao desenvolvimento e à inovação científica e tecnológica

O legislador de igual modo dispensa a licitação para contratação direta (art. 75, V) de:

a) produtos para pesquisa e desenvolvimento, que, no caso de contratação de obras e serviços de engenharia, fica limitada ao valor de trezentos mil reais (art. 75, IV, "c") e seguirá procedimentos especiais instituídos em regulamentação específica (art. 75, §5º);

b) transferência de tecnologia ou licenciamento de direito de uso ou de exploração de criação protegida, nas contratações realizadas por instituição científica, tecnológica e de inovação pública ou por agência de fomento, desde que demonstrada vantagem para a Administração (art. 75, IV, "d");

c) objetos relacionados a atividades de inovação e pesquisa científica e tecnológica, disciplinadas, entre nós, pela Lei nº 10.973/2004, especificamente produtos, processos e serviços inovadores e transferência e difusão de tecnologia que resultem:

c.1) de projetos de cooperação envolvendo empresas, instituições científicas, tecnológicas e de inovação (universidades, faculdades etc.) e entidades privadas sem fins lucrativos voltadas para atividades de pesquisa e desenvolvimento apoiadas ou incentivadas pela União, por estados, pelo Distrito Federal, por municípios e por suas respectivas agências de fomento (Lei nº 10.973/2004, art. 3º);

c.2) de convênios e contratos firmados pela Finep[796] (como secretaria executiva do FNDCT),[797] pelo CNPq[798] e pelas agências financeiras oficiais de fomento com fundações de apoio, com a finalidade de dar apoio aos Ifes[799] e às demais instituições científicas, tecnológicas e de inovação (Lei nº 10.973/2004, art. 3º-A);

c.3) do compartilhamento de laboratórios, equipamentos, instrumentos, materiais e demais instalações entre instituições científicas, tecnológicas e de inovação, ou entre elas e empresas, em ações voltadas à inovação tecnológica para consecução das atividades de incubação, bem como da permissão da sua utilização por outras instituições científicas, tecnológicas e de inovação, por empresas ou por pessoas físicas voltadas a atividades de pesquisa, desenvolvimento e inovação e do uso de seu capital intelectual em projetos de pesquisa, desenvolvimento e inovação (Lei nº 10.973/2004, art. 4º);

---

[796] Financiadora de Estudos e Projetos.
[797] Fundo Nacional de Desenvolvimento Científico e Tecnológico.
[798] Conselho Nacional de Desenvolvimento Científico e Tecnológico.
[799] Institutos Federais de Educação.

c.4) de participação acionária minoritária dos entes federados (União, estados, Distrito Federal e municípios) e de suas entidades no capital social de empresas, com o propósito de desenvolver produtos ou processos inovadores que estejam de acordo com as diretrizes e prioridades definidas nas políticas de ciência, tecnologia, inovação e desenvolvimento industrial de cada esfera de governo (Lei nº 10.973/2004, art. 5º); e

c.5) da atividade de outras instituições científicas, tecnológicas e de inovação, entidades de direito privado sem fins lucrativos ou empresas voltadas para atividades de pesquisa e de reconhecida capacitação tecnológica no setor, visando à realização de atividades de pesquisa, desenvolvimento e inovação que envolvam risco tecnológico, para solução de problema técnico específico ou obtenção de produto, serviço ou processo inovador (Lei nº 10.973/2004, art. 20).

16.2.5 Dispensa de licitação relacionada à segurança nacional e à manutenção da ordem

No que concerne aos elementos segurança nacional e manutenção da ordem pública e social, o legislador dispensou a realização de licitação:

a) para contratação que possa acarretar comprometimento da segurança nacional, nos casos estabelecidos pelo ministro de Estado da Defesa, mediante demanda dos comandos das Forças Armadas ou dos demais ministérios (art. 75, VI);

b) nos casos de *guerra*,[800] *estado de defesa*,[801] *estado de sítio*,[802] *intervenção federal*[803] ou de grave perturbação da ordem (art. 75, VII);

---

[800] CRFB: "Art. 49. É da competência exclusiva do Congresso Nacional: [...] II - autorizar o Presidente da República a *declarar guerra*, a celebrar a paz, a permitir que forças estrangeiras transitem pelo território nacional ou nele permaneçam temporariamente, ressalvados os casos previstos em lei complementar; [...]. Art. 84. Compete privativamente ao Presidente da República: [...] XIX - *declarar guerra*, no caso de agressão estrangeira, autorizado pelo Congresso Nacional ou referendado por ele, quando ocorrida no intervalo das sessões legislativas, e, nas mesmas condições, decretar, total ou parcialmente, a mobilização nacional" (grifos nossos).

[801] CRFB: "Art. 136. O Presidente da República pode, ouvidos o Conselho da República e o Conselho de Defesa Nacional, decretar *estado de defesa* para preservar ou prontamente restabelecer, em locais restritos e determinados, a ordem pública ou a paz social ameaçadas por grave e iminente instabilidade institucional ou atingidas por calamidades de grandes proporções na natureza" (grifos nossos).

[802] CRFB: "Art. 137. O Presidente da República pode, ouvidos o Conselho da República e o Conselho de Defesa Nacional, solicitar ao Congresso Nacional autorização para decretar o *estado de sítio* nos casos de: I - comoção grave de repercussão nacional ou ocorrência de fatos que comprovem a ineficácia de medida tomada durante o estado de defesa; II - declaração de estado de guerra ou resposta a agressão armada estrangeira" (grifos nossos).

[803] CRFB: "Art. 34. A União não intervirá nos Estados nem no Distrito Federal, *exceto para*: I - manter a integridade nacional; II - repelir invasão estrangeira ou de uma unidade da Federação em outra; III - pôr termo a grave comprometimento da ordem pública; IV - garantir o livre exercício de qualquer dos Poderes nas unidades da Federação; V - reorganizar as finanças da unidade da Federação que: a) suspender o pagamento da dívida fundada por mais de dois anos consecutivos, salvo motivo de força maior; b) deixar de entregar aos Municípios receitas tributárias fixadas nesta Constituição, dentro dos prazos estabelecidos em lei; VI - prover a execução de lei federal, ordem ou decisão judicial; VII - assegurar a observância dos seguintes princípios constitucionais: a) forma republicana, sistema representativo e regime democrático; b) direitos da pessoa humana; c) autonomia municipal; d) prestação de contas da administração pública, direta e indireta; e e) aplicação do mínimo exigido da receita resultante de impostos estaduais, compreendida a proveniente de transferências, na manutenção e desenvolvimento do ensino e nas ações e serviços públicos de saúde (Redação dada pela Emenda Constitucional nº 29, de 2000)" (grifos nossos).

c) quando a União tiver que intervir no domínio econômico para regular preços ou normalizar o abastecimento (art. 75, X);
d) para aquisição de bens ou serviços produzidos ou prestados no país que envolvam, cumulativamente, alta complexidade tecnológica e defesa nacional (art. 75, IV, "f");
e) para aquisição de materiais de uso das Forças Armadas, com exceção de materiais de uso pessoal e administrativo, quando houver necessidade de manter a padronização requerida pela estrutura de apoio logístico dos meios navais, aéreos e terrestres, mediante autorização por ato do comandante da força militar (art. 75, IV, "g");
f) para aquisição de bens e serviços para atendimento dos contingentes militares das forças singulares brasileiras empregadas em operações de paz no exterior, hipótese em que a contratação deverá ser justificada quanto ao preço e à escolha do fornecedor ou executante e ratificada pelo comandante da força militar (art. 75, IV, "h"); e
g) para abastecimento ou suprimento de efetivos militares em estada eventual de curta duração em portos, aeroportos ou localidades diferentes de suas sedes, por motivo de movimentação operacional ou de adestramento (art. 75, IV, "i").

16.2.6 Dispensa de licitação relacionada à aquisição de bens e serviços diretamente do Poder Público

Outra hipótese de dispensa diz respeito à aquisição de bens e serviços diretamente do Poder Público. Ao ensejo, o legislador dispensou a licitação para a aquisição, por pessoa jurídica de direito público interno, de bens produzidos e/ou de serviços prestados por órgão ou entidade que integrem a Administração Pública e que tenham sido criados para esse fim específico, desde que o preço contratado seja compatível com o praticado no mercado e com os custos da entidade a ser contratada (art. 75, IX).

16.2.7 Dispensa de licitação relacionada à associação entre entes federados

De igual modo fica dispensada a licitação para celebração de contrato de programa com ente federativo ou com entidade de sua Administração Pública indireta, que envolva prestação de serviços públicos de forma associada, nos termos autorizados em contrato de consórcio público ou em convênio de cooperação (art. 75, XI).

16.2.8 Dispensa de licitação relacionada à saúde pública

Outro ponto de destaque, no que concerne à dispensa da realização de licitações, diz respeito às contratações relacionadas à saúde pública.

Quanto a isso, o legislador dispensa a licitação:
a) para contratação em que houver transferência de tecnologia de produtos estratégicos para o SUS,[804] observado o disposto em ato da sua direção nacional,

---

[804] Sistema Único de Saúde.

inclusive para efeito da aquisição desses produtos durante as etapas de absorção tecnológica, sempre mediante observância de valores compatíveis com aqueles definidos no instrumento firmado para a transferência de tecnologia (art. 75, XII);

b) para a aquisição, por pessoa jurídica de direito público interno, de insumos estratégicos para a saúde produzidos por fundação criada antes da edição da Lei nº 14.133/2021 e que (regimental ou estatutariamente) tenha por finalidade apoiar órgão da Administração em projetos de ensino, pesquisa, extensão, desenvolvimento institucional, científico e tecnológico e de estímulo à inovação (inclusive na gestão administrativa e financeira necessária à execução desses projetos ou em parcerias que envolvam transferência de tecnologia de produtos estratégicos para SUS), desde que o preço contratado seja compatível com o praticado no mercado (art. 75, XVI); e

c) para aquisição de medicamentos destinados exclusivamente ao tratamento de doenças raras definidas pelo Ministério da Saúde (art. 75, IV, "m").

16.2.9 Dispensa de licitação relacionada ao sistema prisional

O legislador dispensou, ainda, a realização de licitações para contratação realizada por instituição científica, tecnológica e de inovação de instituição brasileira sem fins lucrativos que tenha por finalidade estatutária apoiar, captar e executar projetos de ensino, pesquisa, extensão, desenvolvimento institucional, científico e tecnológico e de estímulo à inovação, inclusive gerir administrativa e financeiramente essas atividades, ou para contratação de instituição dedicada à recuperação social da pessoa presa, desde que a contratada tenha inquestionável reputação ética e profissional e não tenha fins lucrativos (art. 75, XII).

16.2.10 Dispensa de licitação relacionada ao trabalho de pessoas com deficiência

Também o acesso de pessoas com deficiência ao mercado trabalho foi objetivo de hipótese de dispensa de licitação concebida pelo legislador, que abarca a contratação de associação de pessoas com deficiência, sem fins lucrativos e de comprovada idoneidade, por órgão ou entidade da Administração Pública, para a prestação de serviços (art. 75, XIV). Porém, na espécie, a contratação direta pressupõe que o preço contratado seja compatível com o praticado no mercado e que os serviços contratados sejam prestados exclusivamente por pessoas com deficiência (art. 75, XIV, parte final).

16.2.11 Dispensa de licitação relacionada a outros objetos

Além dessas hipóteses, o legislador igualmente previu dispensa de licitação para contratações que tenham por objeto:

a) bens componentes ou peças de origem nacional ou estrangeira necessários à manutenção de equipamentos, a serem adquiridos do fornecedor original desses equipamentos durante o período de garantia técnica, quando essa condição de

exclusividade for indispensável para a vigência da garantia (art. 75, IV, "a");
b) bens, serviços, alienações ou obras, nos termos de acordo internacional específico aprovado pelo Congresso Nacional, quando as condições ofertadas forem manifestamente vantajosas para a Administração (art. 75, IV, "b");
c) hortifrutigranjeiros, pães e outros gêneros perecíveis, no período necessário para a realização dos processos licitatórios correspondentes, hipótese em que a contratação será realizada diretamente com base no preço do dia (art. 75, IV, "e");
d) coleta, processamento e comercialização de resíduos sólidos urbanos recicláveis ou reutilizáveis, em áreas com sistema de coleta seletiva de lixo, realizados por associações ou cooperativas formadas exclusivamente de pessoas físicas de baixa renda reconhecidas pelo Poder Público como catadores de materiais recicláveis, com o uso de equipamentos compatíveis com as normas técnicas, ambientais e de saúde pública (art. 75, IV, "j");
e) aquisição ou restauração de obras de arte e objetos históricos, de autenticidade certificada, desde que inerentes às finalidades do órgão ou com elas compatível (art. 75, IV, "k");
f) serviços especializados ou aquisição ou locação de equipamentos destinados ao rastreamento e aos procedimentos de *ação controlada*[805] e *interceptação de comunicações telefônicas e telemáticas*,[806] sempre que houver necessidade justificada de manutenção de sigilo sobre a investigação (art. 75, IV, "l"); e
g) contratação de profissionais para compor a comissão de avaliação de critérios de técnica, quando se tratar de profissional técnico de notória especialização (art. 75, XIII).

---

[805] Que consiste, tendo em vista o disposto no art. 8º da Lei nº 12.850/2013 (Lei das Organizações Criminosas), em retardar a intervenção policial ou administrativa relativa à ação praticada por organização criminosa ou a ela vinculada, desde que mantida sob observação e acompanhamento para que a medida legal se concretize no momento mais eficaz à formação de provas e obtenção de informações.

[806] Observando-se, quanto a ela, a legislação específica (Lei nº 12.850/2013, art. 3º, V).

ALIENAÇÃO DE BENS PÚBLICOS

Art. 76. A alienação de bens da Administração Pública, subordinada à existência de interesse público devidamente justificado, será precedida de avaliação e obedecerá às seguintes normas:

I - quando imóveis, inclusive os pertencentes às autarquias e às fundações, exigirá autorização legislativa e dependerá de licitação na modalidade leilão, admitida a dispensa de licitação nos casos de:

a) dação em pagamento;

b) doação, permitida exclusivamente para outro órgão ou entidade da Administração Pública, de qualquer esfera de governo, ressalvado o disposto nas alíneas "f", "g" e "h" deste inciso;

c) permuta por outros imóveis que atendam aos requisitos relacionados às finalidades precípuas da Administração, desde que a diferença apurada não ultrapasse a metade do valor do imóvel que será ofertado pela União, segundo avaliação prévia, e ocorra a torna de valores, sempre que for o caso;

d) investidura;

e) venda a outro órgão ou entidade da Administração Pública de qualquer esfera de governo;

f) alienação gratuita ou onerosa, aforamento, concessão de direito real de uso, locação e permissão de uso de bens imóveis residenciais construídos, destinados ou efetivamente usados em programas de habitação ou de regularização fundiária de interesse social desenvolvidos por órgão ou entidade da Administração Pública;

g) alienação gratuita ou onerosa, aforamento, concessão de direito real de uso, locação e permissão de uso de bens imóveis comerciais de âmbito local, com área de até 250 m² (duzentos e cinquenta metros quadrados) e destinados a programas de regularização fundiária de interesse social desenvolvidos por órgão ou entidade da Administração Pública;

h) alienação e concessão de direito real de uso, gratuita ou onerosa, de terras públicas rurais da União e do Instituto Nacional de Colonização e Reforma Agrária (Incra) onde incidam ocupações até o limite de que trata o §1º do art. 6º da Lei nº 11.952, de 25 de junho de 2009, para fins de regularização fundiária, atendidos os requisitos legais;

i) legitimação de posse de que trata o art. 29 da Lei nº 6.383, de 7 de dezembro de 1976, mediante iniciativa e deliberação dos órgãos da Administração Pública competentes;

j) legitimação fundiária e a legitimação de posse de que trata a Lei nº 13.465, de 11 de julho de 2017;

II - tratando-se de bens móveis, dependerá de licitação na modalidade leilão, dispensada a realização de licitação nos casos de:

a) doação, permitida exclusivamente para fins e uso de interesse social, após avaliação de oportunidade e conveniência socioeconômica em relação à escolha de outra forma de alienação;

b) permuta, permitida exclusivamente entre órgãos ou entidades da Administração Pública;

c) venda de ações, que poderão ser negociadas em bolsa, observada a legislação específica;

d) venda de títulos, observada a legislação pertinente;

e) venda de bens produzidos ou comercializados por entidades da Administração Pública, em virtude de suas finalidades;

f) venda de materiais e equipamentos sem utilização previsível por quem deles dispõe para outros órgãos ou entidades da Administração Pública.

§1º A alienação de bens imóveis da Administração Pública cuja aquisição tenha sido derivada de procedimentos judiciais ou de dação em pagamento dispensará autorização legislativa e exigirá apenas avaliação prévia e licitação na modalidade leilão.

§2º Os imóveis doados com base na alínea "b" do inciso I do *caput* deste artigo, cessadas as razões que justificaram sua doação, serão revertidos ao patrimônio da pessoa jurídica doadora, vedada sua alienação pelo beneficiário.

§3º A Administração poderá conceder título de propriedade ou de direito real de uso de imóvel, admitida a dispensa de licitação, quando o uso destinar-se a:

I - outro órgão ou entidade da Administração Pública, qualquer que seja a localização do imóvel;

II - pessoa natural que, nos termos de lei, regulamento ou ato normativo do órgão competente, haja implementado os requisitos mínimos de cultura, de ocupação mansa e pacífica e de exploração direta sobre área rural, observado o limite de que trata o §1º do art. 6º da Lei nº 11.952, de 25 de junho de 2009.

§4º A aplicação do disposto no inciso II do §3º deste artigo será dispensada de autorização legislativa e submeter-se-á aos seguintes condicionamentos:

I - aplicação exclusiva às áreas em que a detenção por particular seja comprovadamente anterior a 1º de dezembro de 2004;

II - submissão aos demais requisitos e impedimentos do regime legal e administrativo de destinação e de regularização fundiária de terras públicas;

III - vedação de concessão para exploração não contemplada na lei agrária, nas leis de destinação de terras públicas ou nas normas legais ou administrativas de zoneamento ecológico-econômico;

IV - previsão de extinção automática da concessão, dispensada notificação, em caso de declaração de utilidade, de necessidade pública ou de interesse social;

V - aplicação exclusiva a imóvel situado em zona rural e não sujeito a vedação, impedimento ou inconveniente à exploração mediante atividade agropecuária;

VI - limitação a áreas de que trata o §1º do art. 6º da Lei nº 11.952, de 25 de junho de 2009, vedada a dispensa de licitação para áreas superiores;

VII - acúmulo com o quantitativo de área decorrente do caso previsto na alínea i do inciso I do *caput* deste artigo até o limite previsto no inciso VI deste parágrafo.

§5º Entende-se por investidura, para os fins desta Lei, a:

I - alienação, ao proprietário de imóvel lindeiro, de área remanescente ou resultante de obra pública que se tornar inaproveitável isoladamente, por preço que não seja inferior ao da avaliação nem superior a 50% (cinquenta por cento) do valor máximo permitido para dispensa de licitação de bens e serviços previsto nesta Lei;

II - alienação, ao legítimo possuidor direto ou, na falta dele, ao poder público, de imóvel para fins residenciais construído em núcleo urbano anexo a usina hidrelétrica, desde que considerado dispensável na fase de operação da usina e que não integre a categoria de bens reversíveis ao final da concessão.

§6º A doação com encargo será licitada e de seu instrumento constarão, obrigatoriamente, os encargos, o prazo de seu cumprimento e a cláusula de reversão, sob pena de nulidade do ato, dispensada a licitação em caso de interesse público devidamente justificado.

§7º Na hipótese do §6º deste artigo, caso o donatário necessite oferecer o imóvel em garantia de financiamento, a cláusula de reversão e as demais obrigações serão garantidas por hipoteca em segundo grau em favor do doador.

Art. 77. Para a venda de bens imóveis, será concedido direito de preferência ao licitante que, submetendo-se a todas as regras do edital, comprove a ocupação do imóvel objeto da licitação.

* * *

Também a alienação de bens públicos suscita a realização de processo licitatório, que se instrumentaliza por meio da realização de *leilão* (art. 28, IV), modalidade de licitação voltada à venda de bens imóveis/móveis inservíveis ou legalmente apreendidos a quem oferecer o maior lance (art. 6º, XL), que abordamos no tópico 7.3 do Capítulo 7, mas que será minudenciada, neste capítulo, por meio de comentários a dispositivos que enunciam regras específicas sobre a *alienação de bens* imóveis e móveis, sobre *doação com encargos* e sobre *direito de preferência* para quem comprovar a ocupação do bem alienado.

17.1 Licitação para alienação de bens públicos

Além de se encontrar submetida, como regra, à realização de licitação na modalidade leilão (arts. 6º, XL, 28, IV e 76, I e II), a alienação de bens da Administração pressupõe a demonstração (mediante motivação adequada) da existência de interesse público e prévia avaliação (art. 76, *caput*). Porém, o legislador concebeu regras específicas para a *alienação de bens imóveis* (art. 76, I, c/c §§1º, 2º e 5º) *e de bens móveis* (art. 76, II).

17.1.1 Alienação de bens imóveis

Além do cumprimento dessas exigências (licitação na modalidade leilão, demonstração do interesse público e prévia avaliação), a *alienação de bens imóveis* da Administração (inclusive daqueles pertencentes às suas autarquias e fundações) também demanda, como *regra, autorização legislativa* (art. 76, I). Essa regra, todavia, foi *afastada* pela Lei nº 14.133/2021 para as *alienações de bens imóveis adquiridos pela Administração em procedimentos judiciais ou de dação em pagamento* (art. 76, §1º).

Além disso, o legislador dispensa a realização de licitação (art. 76, I, parte final) nos casos de:

a) *dação em pagamento* (art. 76, I, "a"), que ocorre, na definição positivada na lei material civil, quando o credor consente em receber prestação diversa da que lhe é devida (CCB, art. 356, *caput*);

b) *doação*, apenas admitida para outro órgão ou entidade da Administração de qualquer esfera de governo (art. 76, I, "b"), e cujos objetos não podem ser alienados pelo beneficiário e deverão ser revertidos ao patrimônio da pessoa jurídica doadora quando cessadas as razões que a justificaram (art. 76, §2º);

c) *permuta* por outros imóveis que atendam aos requisitos relacionados a finalidades públicas, desde que a diferença apurada não ultrapasse a metade do valor do imóvel que será ofertado, segundo avaliação prévia, e ocorra a devolução de valores, sempre que for o caso (art. 76, I, "c");

d) *investidura* (art. 76, I, "d"), para esse efeito compreendidas (art. 76, §5º):

d.1) a alienação, ao proprietário de imóvel lindeiro (ou confrontante) de área remanescente ou resultante de obra pública que se tornar inaproveitável isoladamente, por preço que não seja inferior ao da avaliação nem superior a cinquenta por cento do valor máximo permitido para dispensa de licitação de bens e serviços (art. 76, §5º, I), atualmente quantificado em cinquenta mil reais (art. 75, II); e

d.2) a alienação, ao legítimo possuidor direto ou, na falta dele, ao Poder Público, de imóvel para fins residenciais construído em núcleo urbano anexo à usina hidrelétrica, desde que considerado dispensável na fase de operação da usina e que não integre a categoria de bens reversíveis ao final da concessão (art. 76, §5º, II);

e) venda a outro órgão ou entidade da Administração Pública de qualquer esfera de governo (art. 76, I, "e");

f) *alienação* gratuita ou onerosa, *aforamento, concessão de direito real de uso, locação* e *permissão de uso*:

f.1) de *bens imóveis residenciais* construídos, destinados ou efetivamente usados em *programas de habitação ou de regularização fundiária* de interesse social desenvolvidos por órgão ou entidade da Administração Pública (art. 76, I, "f");

f.2) de *bens imóveis comerciais de âmbito local*, com área de *até duzentos e cinquenta metros quadrados* e destinado a *programas de regularização fundiária* de interesse social desenvolvidos por órgão ou entidade da Administração Pública (art. 76, I, "g");

g) *alienação e concessão de direito real de uso*, gratuita ou onerosa, de *terras públicas rurais da União e do Incra*[807] *onde incidam ocupações* (art. 76, I, "h"), até o *limite de dois mil e quinhentos hectares* (Lei nº 11.952/2009, art. 6º, §1º);

h) *legitimação de posse* para o *ocupante de terras públicas*, que não seja proprietário de imóvel rural, que *comprove a morada permanente e cultura efetiva* por pelo menos um ano e que as tenha tornado produtivas com o seu trabalho e o de sua família, até o *limite de cem hectares* (art. 76, I, "i" c/c art. 29 da Lei nº 6.383/1976);

i) *legitimação fundiária e legitimação de posse* relativas a processos de *regularização fundiária rural e urbana*, disciplinados pela Lei nº 13.465/2017 (art. 76, I, "j");

j) *concessão de título de propriedade ou de direito real de uso de imóvel* quando o uso se destinar:

    j.1) a *outro órgão ou entidade da Administração* (qualquer que seja a localização do imóvel); e

    j.2) a *pessoa natural que haja implementado os requisitos mínimos de cultura, de ocupação mansa e pacífica e de exploração direta* (art. 76, §3º) sobre área rural não superior a dois mil e quinhentos hectares (Lei nº 11.952/2009, art. 6º, §1º), hipótese em que a dispensa *não dependerá de autorização legislativa* e submeter-se-á aos seguintes condicionamentos (art. 76, §4º):

        j.2.1) aplicação exclusiva às áreas em que a detenção por particular seja comprovadamente anterior a 1º.12.2004 (art. 76, §4º, I);

        j.2.2) submissão aos demais requisitos e impedimentos do regime legal e administrativo de destinação e de regularização fundiária de terras públicas (art. 76, §4º, II);

        j.2.3) vedação de concessão para exploração não contemplada na lei agrária, nas leis de destinação de terras públicas ou nas normas legais ou administrativas de zoneamento ecológico-econômico (art. 76, §4º, III);

        j.2.4) previsão de extinção automática da concessão, dispensada notificação, em caso de declaração de utilidade, de necessidade pública ou de interesse social (art. 76, §4º, IV);

        j.2.5) aplicação exclusiva a imóvel situado em zona rural e não sujeito à vedação, impedimento ou inconveniente à exploração mediante atividade agropecuária (art. 76, §4º, V);

        j.2.6) limitação a áreas de dois mil e quinhentos hectares (Lei nº 11.952, art. 6º, §1º), vedada a dispensa de licitação para áreas superiores (art. 76, §4º, VI); e

        j.2.7) acúmulo com o quantitativo de área (limitada a cem hectares) decorrente de legitimação de posse para o ocupante de terras públicas que não seja proprietário de imóvel rural, que comprove a morada permanente e cultura efetiva por pelo menos um ano e que as tenha tornado produtivas com o seu trabalho e o de sua família (art. 76, I, "i") até o limite (expressado no art. 76, §4º, IV) de dois mil e quinhentos hectares (art. 76, §4º, VII).

---

[807] Instituto Nacional de Colonização e Reforma Agrária.

17.1.2 Alienação de bens móveis

A alienação de bens móveis da Administração, muito embora não demande autorização legislativa (art. 76, I, *contrario sensu*), está sujeita (como a alienação de bens imóveis) à licitação na modalidade leilão (arts. 6º, XL, 28, IV e 75, II), à demonstração do interesse público e à prévia avaliação (art. 76, *caput*). No entanto, o legislador (a exemplo do que fez quando disciplinou a alienação dos seus bens imóveis) também concebeu *hipóteses específicas de dispensa de licitação* (art. 76, II, parte final) aplicáveis aos casos de:
  a) *doação*, admitida exclusivamente *para fins e uso de interesse social*, após avaliação de oportunidade e conveniência socioeconômica em relação à escolha de outra forma de alienação (art. 76, II, "a");
  b) *permuta*, admitida *exclusivamente entre órgãos/entidades da Administração* (art. 76, II, "b");
  c) *venda de ações negociadas em bolsa* (art. 76, II, "c"), *de títulos* (art. 76, II, "d"), *de bens produzidos ou comercializados por entidades que integram a Administração indireta* (art. 76, II, "e") *e de materiais e equipamentos* sem utilização previsível por quem deles dispõe *para outros órgãos ou entidades da Administração Pública* (art. 76, II, "f").

17.3 Disposições sobre doação com encargos

A doação com encargo também será licitada, e de seu instrumento constarão, obrigatoriamente, os encargos, o prazo de seu cumprimento e a cláusula de reversão, sob pena de nulidade do ato (art. 76, §6º). Porém, o legislador *dispensa a licitação* em caso de *interesse público devidamente justificado* (art. 76, §6º, parte final). Além disso, caso o donatário necessite, nessa hipótese, oferecer o imóvel em garantia de financiamento, a cláusula de reversão e as demais obrigações serão garantidas por hipoteca em segundo grau em favor do doador (art. 76, §7º).

17.4 Disposições sobre direito de preferência para quem comprovar a ocupação do bem alienado

Terá preferência na aquisição de bens imóveis alienados pela Administração o licitante que, submetendo-se a todas as regras do edital, comprove a sua ocupação (art. 77, *caput*).

CAPÍTULO 18

PROCEDIMENTOS AUXILIARES

> Art. 78. São procedimentos auxiliares das licitações e das contratações regidas por esta Lei:
> I - credenciamento;
> II - pré-qualificação;
> III - procedimento de manifestação de interesse;
> IV - sistema de registro de preços;
> V - registro cadastral.
> §1º Os procedimentos auxiliares de que trata o *caput* deste artigo obedecerão a critérios claros e objetivos definidos em regulamento.
> §2º O julgamento que decorrer dos procedimentos auxiliares das licitações previstos nos incisos II e III do *caput* deste artigo seguirá o mesmo procedimento das licitações.

A Administração também pode adquirir bens e serviços por meio dos procedimentos auxiliares disciplinados pela Lei nº 14.133/2021 (art. 78, *caput*), cuja execução obedecerá a critérios claros e objetivos definidos em regulamento (art. 78, §1º); a saber: o *credenciamento*, a *pré-qualificação*, o *procedimento de manifestação de interesse*, o *sistema de registro de preços* e o *registro cadastral*.

Nem todos esses procedimentos auxiliares conduzem, por si só, à contratação almejada. Conforme Rodrigo Augusto Lazzari Lahoz,[808] eles podem ser divididos em dois grupos:
 a) "os que resultam na contratação de um licitante" (credenciamento e sistema de registro de preços); e
 b) os "que antecedem à licitação e possuem um caráter preparatório" (pré-qualificação, procedimento de manifestação de interesse e registro cadastral).

Porém, neste trabalho, eles serão apresentados, por exigência do formato adotado (obra de comentários), na ordem em que vêm dispostos nos incs. I a V do art. 78.

---

[808] LAHOZ, Rodrigo Augusto Lazzari. Modalidades de licitação e procedimentos auxiliares, p. 71.

18.1 Credenciamento

> Art. 79. O credenciamento poderá ser usado nas seguintes hipóteses de contratação:
>
> I - paralela e não excludente: caso em que é viável e vantajosa para a Administração a realização de contratações simultâneas em condições padronizadas;
>
> II - com seleção a critério de terceiros: caso em que a seleção do contratado está a cargo do beneficiário direto da prestação;
>
> III - em mercados fluidos: caso em que a flutuação constante do valor da prestação e das condições de contratação inviabiliza a seleção de agente por meio de processo de licitação.
>
> Parágrafo único. Os procedimentos de credenciamento serão definidos em regulamento, observadas as seguintes regras:
>
> I - a Administração deverá divulgar e manter à disposição do público, em sítio eletrônico oficial, edital de chamamento de interessados, de modo a permitir o cadastramento permanente de novos interessados;
>
> II - na hipótese do inciso I do *caput* deste artigo, quando o objeto não permitir a contratação imediata e simultânea de todos os credenciados, deverão ser adotados critérios objetivos de distribuição da demanda;
>
> III - o edital de chamamento de interessados deverá prever as condições padronizadas de contratação e, nas hipóteses dos incisos I e II do *caput* deste artigo, deverá definir o valor da contratação;
>
> IV - na hipótese do inciso III do *caput* deste artigo, a Administração deverá registrar as cotações de mercado vigentes no momento da contratação;
>
> V - não será permitido o cometimento a terceiros do objeto contratado sem autorização expressa da Administração;
>
> VI - será admitida a denúncia por qualquer das partes nos prazos fixados no edital.

O *credenciamento* é procedimento auxiliar voltado à contratação de um licitante. Ele encarta processo administrativo de chamamento público, por meio do qual a Administração convoca interessados em prestar serviços ou fornecer bens para que, preenchidos os requisitos necessários, credenciem-se no órgão ou na entidade para executar o objeto quando convocados (art. 6º, XLIII).

No regime normativo revogado o credenciamento não se apresentava como procedimento auxiliar,[809] mas como hipótese de contratação direta fundada na inexigibilidade de licitação. Esse modelo de contratação se originou de prática reiteradamente adotada pela Administração Pública, quando ainda não havia disposição

---

[809] A Lei nº 8.666/1993 não dispunha sobre a realização de procedimentos auxiliares à licitação, opção político-legislativa que, todavia, foi adotada pela Lei nº 12.462/2011, que elenca quatro procedimentos auxiliares, a pré-qualificação permanente, o cadastramento, o sistema de registro de preços e o catálogo eletrônico de padronização (art. 29, *caput*), observando, quanto a eles, a necessidade de observância, para a sua execução, de critérios claros e objetivos definidos em regulamento (art. 29, parágrafo único).

legal expressa autorizando a sua realização. Tratava-se, todavia, de modelo amplamente aceito na prática jurídica,[810] que alicerçava a sua admissão na circunstância de o credenciamento se apresentar, na verdade, como decorrência lógica do art. 25 da Lei nº 8.666/1993.[811] Nele, o interesse público era satisfeito pela *contratação do maior número de interessados, que cumprirem os requisitos de habilitação estabelecidos* pela Administração. Posto isso, *não se cogitava de concorrência entre eles,* o que conduzia à configuração de hipótese de *inexigibilidade de licitação,* que *tem lugar quando a competição é inviável.* O credenciamento também pressupunha, no regime pretérito, que não houvesse número máximo de credenciados, e que a contratação fosse realizada em igualdade de condições, inclusive para efeito de garantir a mesma remuneração e as mesmas condições de prestação do serviço a todos os contratados.[812]

No regime da Lei nº 14.133/2021 ele pode ser empregado (agora como procedimento auxiliar) em contratações (art. 79, *caput*):

    a) paralelas e não excludentes, que são aquelas em que é viável e vantajosa para a Administração a realização de contratações simultâneas em condições padronizadas (art. 79, I);

    b) com seleção a critério de terceiros, situação em que a seleção do contratado está a cargo do beneficiário direto da prestação (art. 79, II); e

    c) em mercados fluidos, hipótese em que a flutuação constante do valor da prestação e das condições de contratação inviabiliza a seleção de agente por meio de processo de licitação (art. 79, III).

O seu procedimento será definido em regulamento (art. 79, parágrafo único). Porém, o legislador estabeleceu regras de observância obrigatória, que enunciam:

    a) que a Administração deverá divulgar e manter à disposição do público em sítio eletrônico oficial edital de chamamento de interessados, de modo a permitir o cadastramento permanente de novos interessados (art. 79, parágrafo único, I);

    b) que, nas contratações paralelas e não excludentes (art. 79, I) em que o objeto não permitir a contratação imediata e simultânea de todos os credenciados,

---

[810] Ao ensejo, cf. o seguinte excerto de acórdão lavrado pelo Tribunal de Contas da União: "5.3. embora não esteja previsto nos incisos do art. 25 da Lei n. 8.666/1993, o credenciamento tem sido admitido pela doutrina e jurisprudência como hipótese de inexigibilidade inserida no caput do referido dispositivo legal, porquanto a inviabilidade de competição configura-se pelo fato de a Administração dispor-se a contratar com todos os que tiverem interesse e que satisfaçam as condições por ela estabelecidas, não havendo, portanto, relação de exclusão [...]" (TCU. Acórdão nº 351/2010. Rel. Min. Marcos Bemquerer Costa, 3.3.2010).

[811] Lei nº 8.666/1993: "Art. 25. É inexigível a licitação quando houver inviabilidade de competição, em especial: I - para aquisição de materiais, equipamentos, ou gêneros que só possam ser fornecidos por produtor, empresa ou representante comercial exclusivo, vedada a preferência de marca, devendo a comprovação de exclusividade ser feita através de atestado fornecido pelo órgão de registro do comércio do local em que se realizaria a licitação ou a obra ou o serviço, pelo Sindicato, Federação ou Confederação Patronal, ou, ainda, pelas entidades equivalentes; II - para a contratação de serviços técnicos enumerados no art. 13 desta Lei, de natureza singular, com profissionais ou empresas de notória especialização, vedada a inexigibilidade para serviços de publicidade e divulgação; III - para contratação de profissional de qualquer setor artístico, diretamente ou através de empresário exclusivo, desde que consagrado pela crítica especializada ou pela opinião pública". Nesse sentido é o magistério de Joel Menezes Niebuhr, que expressa que conquanto a hipótese de credenciamento não tenha sido prevista na Lei nº 8.666/93, que não traz "qualquer dispositivo que aborde o assunto", a inexigibilidade não depende de autorização legal específica, porque "ocorre em todas as situações de inviabilidade de competição, o que remonta à questão fática", do que resulta a sua conclusão no sentido de que "a ausência de dispositivos normativos em torno das hipóteses de credenciamento não obsta lhes reconhecer a existência, bem como a inviabilidade de competição, o que acarreta a inexigibilidade" (NIEBUHR, Joel de Menezes. *Licitação pública e contrato administrativo*, p. 100).

[812] Sobre as especificidades da contratação por credenciamento, cf., por todos: NIEBUHR, Joel de Menezes. *Licitação pública e contrato administrativo*, p. 100 e seguintes.

deverão ser adotados critérios objetivos de distribuição da demanda (art. 79, parágrafo único, II);

c) que o edital de chamamento de interessados precisa prever condições p a - dronizadas de contratação, devendo, ainda, nas contratações paralelas e não excludentes (art. 79, I) e naquelas realizadas com seleção a critério de terceiros (art. 79, II), definir o valor da contratação (art. 79, parágrafo único, III);

d) que, nas contratações realizadas em mercado fluido (art. 79, III), a Administração deverá registrar as cotações de mercado vigentes no momento da contratação (art. 79, parágrafo único, IV);

e) que não será permitido o cometimento a terceiros (subcontratação) do objeto contratado sem autorização expressa da Administração (art. 79, parágrafo único, V); e

f) que será admitida a denúncia, nos prazos fixados no edital, relativa ao descumprimento, por qualquer das partes, dessas regras e das disposições normativas consignadas em regulamento (art. 79, parágrafo único, VI).

18.2 Pré-qualificação

Art. 80. A pré-qualificação é o procedimento técnico-administrativo para selecionar previamente:

I - licitantes que reúnam condições de habilitação para participar de futura licitação ou de licitação vinculada a programas de obras ou de serviços objetivamente definidos;

II - bens que atendam às exigências técnicas ou de qualidade estabelecidas pela Administração.

§1º Na pré-qualificação observar-se-á o seguinte:

I - quando aberta a licitantes, poderão ser dispensados os documentos que já constarem do registro cadastral;

II - quando aberta a bens, poderá ser exigida a comprovação de qualidade.

§2º O procedimento de pré-qualificação ficará permanentemente aberto para a inscrição de interessados.

§3º Quanto ao procedimento de pré-qualificação, constarão do edital:

I - as informações mínimas necessárias para definição do objeto;

II - a modalidade, a forma da futura licitação e os critérios de julgamento.

§4º A apresentação de documentos far-se-á perante órgão ou comissão indicada pela Administração, que deverá examiná-los no prazo máximo de 10 (dez) dias úteis e determinar correção ou reapresentação de documentos, quando for o caso, com vistas à ampliação da competição.

§5º Os bens e os serviços pré-qualificados deverão integrar o catálogo de bens e serviços da Administração.

§6º A pré-qualificação poderá ser realizada em grupos ou segmentos, segundo as especialidades dos fornecedores.

§7º A pré-qualificação poderá ser parcial ou total, com alguns ou todos os requisitos técnicos ou de habilitação necessários à contratação, assegurada, em qualquer hipótese, a igualdade de condições entre os concorrentes.

§8º Quanto ao prazo, a pré-qualificação terá validade:

I - de 1 (um) ano, no máximo, e poderá ser atualizada a qualquer tempo;

II - não superior ao prazo de validade dos documentos apresentados pelos interessados.

§9º Os licitantes e os bens pré-qualificados serão obrigatoriamente divulgados e mantidos à disposição do público.

§10. A licitação que se seguir ao procedimento da pré-qualificação poderá ser restrita a licitantes ou bens pré-qualificados.

....

A *pré-qualificação* não é voltada, como o credenciamento (e, como se verá adiante, também o sistema de registro de preços), à contratação de um licitante, apresentando-se, em rigor, como procedimento seletivo prévio à licitação, convocado por meio de edital e destinado à análise (total ou parcial) das condições de habilitação dos interessados ou do objeto que se pretende adquirir (art. 6º, XLIV). Ele é empregado, no regime da Lei nº 14.133/2021, para selecionar previamente (art. 80, *caput*) licitantes que reúnam condições de habilitação para participar de futura licitação ou de licitação vinculada a programas de obras ou de serviços objetivamente definidos (art. 80, I) e bens que atendam às exigências técnicas ou de qualidade estabelecidas pela Administração (art. 80, II). Vê-se, pois, que a pré-qualificação pode ser aberta a licitantes, hipótese em que poderão ser dispensados os documentos que já constarem do registro cadastral (art. 80, §1º, I), e também a bens, hipótese em que poderá ser exigida a comprovação da sua qualidade (art. 80, §1º, II).

O seu procedimento consiste em que a pré-qualificação fique permanentemente aberta para a inscrição de interessados (art. 80, §2º). Contudo, deverão constar do seu edital (art. 80, §3º, I) informações mínimas necessárias para definição do objeto (art. 80, §3º, I) e a modalidade e a forma da futura licitação e os seus critérios de julgamento (art. 80, §3º, II). Os documentos serão apresentados perante órgão ou comissão indicada pela Administração, que deverá examiná-los no prazo máximo de dez dias úteis e determinar a sua correção ou reapresentação (quando for o caso) com vistas à ampliação da competição (art. 80, §4º).

Os licitantes e bens pré-qualificados serão obrigatoriamente divulgados e mantidos à disposição do público (art. 80, §9º). Entretanto, a pré-qualificação terá validade (art. 80, §8º) de no máximo um ano (art. 80, §8º, I) e não superior ao prazo de validade dos documentos apresentados pelos interessados (art. 80, §8º, II).

A principal consequência desse procedimento auxiliar é que os licitantes e bens pré-qualificados passam a integrar o catálogo de bens e serviços da Administração (art. 80, §5º). Isso possibilita que as licitações que se seguirem sejam restritas, a critério da Administração, a licitantes/bens pré-qualificados (art. 80, §10).

A pré-qualificação poderá ser realizada em grupos ou segmentos, segundo as especialidades dos fornecedores (art. 80, §6º). Além disso, também poderá ser assegurada, em qualquer destas hipóteses, a igualdade de condições entre os concorrentes (art. 80, §7º):

 a) *parcial*, com exigência de alguns dos requisitos técnicos ou de habilitação necessários à contratação; ou

 b) *total*, com exigência de todos os requisitos técnicos ou de habilitação necessários à contratação.

18.3 Manifestação de interesse

> Art. 81. A Administração poderá solicitar à iniciativa privada, mediante procedimento aberto de manifestação de interesse a ser iniciado com a publicação de edital de chamamento público, a propositura e a realização de estudos, investigações, levantamentos e projetos de soluções inovadoras que contribuam com questões de relevância pública, na forma de regulamento.
>
> §1º Os estudos, as investigações, os levantamentos e os projetos vinculados à contratação e de utilidade para a licitação, realizados pela Administração ou com a sua autorização, estarão à disposição dos interessados, e o vencedor da licitação deverá ressarcir os dispêndios correspondentes, conforme especificado no edital.
>
> §2º A realização, pela iniciativa privada, de estudos, investigações, levantamentos e projetos em decorrência do procedimento de manifestação de interesse previsto no caput deste artigo:
>
> I - não atribuirá ao realizador direito de preferência no processo licitatório;
>
> II - não obrigará o poder público a realizar licitação;
>
> III - não implicará, por si só, direito a ressarcimento de valores envolvidos em sua elaboração;
>
> IV - será remunerada somente pelo vencedor da licitação, vedada, em qualquer hipótese, a cobrança de valores do poder público.
>
> §3º Para aceitação dos produtos e serviços de que trata o caput deste artigo, a Administração deverá elaborar parecer fundamentado com a demonstração de que o produto ou serviço entregue é adequado e suficiente à compreensão do objeto, de que as premissas adotadas são compatíveis com as reais necessidades do órgão e de que a metodologia proposta é a que propicia maior economia e vantagem entre as demais possíveis.
>
> §4º O procedimento previsto no *caput* deste artigo poderá ser restrito a *startups*, assim considerados os microempreendedores individuais, as microempresas e as empresas de pequeno porte, de natureza emergente e com grande potencial, que se dediquem à pesquisa, ao desenvolvimento e à implementação de novos produtos ou serviços baseados em soluções tecnológicas inovadoras que possam causar alto impacto, exigida, na seleção definitiva da inovação, validação prévia fundamentada em métricas objetivas, de modo a demonstrar o atendimento das necessidades da Administração.

Também a *manifestação de interesse* é procedimento auxiliar que não proporciona a escolha de um licitante, funcionando, como a pré-qualificação, como procedimento preparatório à licitação. Ele consiste na deflagração, pela Administração, de chamamento público a empresas e pessoas que compõem a iniciativa privada, para que proponham e realizem estudos, investigações, levantamentos e projetos de soluções inovadoras que contribuam com questões de relevância pública (art. 81, *caput*). Trata-se, conforme Rodrigo Augusto Lazzari Lahoz, "de procedimento que antecede à realização de licitação", que pode ou não ser realizada (discricionariedade), no curso do qual "o particular que tiver o seu projeto aprovado só será remunerado se a licitação for realizada".[813]

Estudos, investigações, levantamentos e projetos realizados pela Administração ou com a sua autorização e vinculados à contratação e de utilidade para a licitação ficarão à disposição dos interessados (art. 81, §1º) para a formulação de suas propostas. Depois disso, o licitante vencedor (que, dada a sua elaboração anterior por terceiro, não incorreu em cursos para realizá-los) deverá ressarcir os dispêndios correspondentes, conforme especificado no edital (art. 81, §1º, parte final). Assim, quem remunera as empresas/pessoas que os elaboram é o licitante vencedor, e não a Administração (art. 81, §2º, IV).

Essa remuneração, aliás, pode até mesmo não acontecer, porque a execução do procedimento de manifestação de interesse não obriga a Administração a realizar licitação (art. 81, §2º, II), e porque dele não resulta por si só direito a ressarcimento de valores envolvidos em sua elaboração (art. 81, §2º, III). Além disso, a realização, pela iniciativa privada, dos estudos, investigações, levantamentos e projetos reclamados pelo procedimento de manifestação de interesse (art. 81, §2º) não atribuirá ao seu realizador direito de preferência no processo licitatório (art. 81, §2º, I).

A aceitação dos produtos e serviços (estudos, investigações, levantamentos e projetos) demandados em procedimento de manifestação de interesse será feita mediante elaboração, pela Administração, de parecer fundamentado que demonstre que eles são adequados e suficientes à compreensão do objeto, que as premissas adotadas são compatíveis com as reais necessidades do órgão e que a metodologia proposta é a que propicia maior economia e vantagem entre as demais possíveis (art. 81, §3º).

Outro ponto de destaque é que o procedimento poderá ser restrito a *startups*, assim considerados os microempreendedores individuais, as microempresas e as empresas de pequeno porte, de natureza emergente e com grande potencial, que se dediquem à pesquisa, ao desenvolvimento e à implementação de novos produtos ou serviços baseados em soluções tecnológicas inovadoras que possam causar alto impacto (art. 81, §4º). Nesse caso, será exigida, na seleção definitiva da inovação, validação prévia fundamentada em métricas objetivas, voltada à demonstração do atendimento das necessidades da Administração (art. 81, §4º, parte final).

18.4 Registro de preços

Art. 82. O edital de licitação para registro de preços observará as regras gerais desta Lei e deverá dispor sobre:

---

[813] LAHOZ, Rodrigo Augusto Lazzari. Modalidades de licitação e procedimentos auxiliares, p. 79.

I - as especificidades da licitação e de seu objeto, inclusive a quantidade máxima de cada item que poderá ser adquirida;

II - a quantidade mínima a ser cotada de unidades de bens ou, no caso de serviços, de unidades de medida;

III - a possibilidade de prever preços diferentes:

a) quando o objeto for realizado ou entregue em locais diferentes;

b) em razão da forma e do local de acondicionamento;

c) quando admitida cotação variável em razão do tamanho do lote;

d) por outros motivos justificados no processo;

IV - a possibilidade de o licitante oferecer ou não proposta em quantitativo inferior ao máximo previsto no edital, obrigando-se nos limites dela;

V - o critério de julgamento da licitação, que será o de menor preço ou o de maior desconto sobre tabela de preços praticada no mercado;

VI - as condições para alteração de preços registrados;

VII - o registro de mais de um fornecedor ou prestador de serviço, desde que aceitem cotar o objeto em preço igual ao do licitante vencedor, assegurada a preferência de contratação de acordo com a ordem de classificação;

VIII - a vedação à participação do órgão ou entidade em mais de uma ata de registro de preços com o mesmo objeto no prazo de validade daquela de que já tiver participado, salvo na ocorrência de ata que tenha registrado quantitativo inferior ao máximo previsto no edital;

IX - as hipóteses de cancelamento da ata de registro de preços e suas consequências.

§1º O critério de julgamento de menor preço por grupo de itens somente poderá ser adotado quando for demonstrada a inviabilidade de se promover a adjudicação por item e for evidenciada a sua vantagem técnica e econômica, e o critério de aceitabilidade de preços unitários máximos deverá ser indicado no edital.

§2º Na hipótese de que trata o §1º deste artigo, observados os parâmetros estabelecidos nos §§1º, 2º e 3º do art. 23 desta Lei, a contratação posterior de item específico constante de grupo de itens exigirá prévia pesquisa de mercado e demonstração de sua vantagem para o órgão ou entidade.

§3º É permitido registro de preços com indicação limitada a unidades de contratação, sem indicação do total a ser adquirido, apenas nas seguintes situações:

I - quando for a primeira licitação para o objeto e o órgão ou entidade não tiver registro de demandas anteriores;

II - no caso de alimento perecível;

III - no caso em que o serviço estiver integrado ao fornecimento de bens.

§4º Nas situações referidas no §3º deste artigo, é obrigatória a indicação do valor máximo da despesa e é vedada a participação de outro órgão ou entidade na ata.

§5º O sistema de registro de preços poderá ser usado para a contratação de bens e serviços, inclusive de obras e serviços de engenharia, e observará as seguintes condições:

I - realização prévia de ampla pesquisa de mercado;

II - seleção de acordo com os procedimentos previstos em regulamento;

III - desenvolvimento obrigatório de rotina de controle;

IV - atualização periódica dos preços registrados;

V - definição do período de validade do registro de preços;

VI - inclusão, em ata de registro de preços, do licitante que aceitar cotar os bens ou serviços em preços iguais aos do licitante vencedor na sequência de classificação da licitação e inclusão do licitante que mantiver sua proposta original.

§6º O sistema de registro de preços poderá, na forma de regulamento, ser utilizado nas hipóteses de inexigibilidade e de dispensa de licitação para a aquisição de bens ou para a contratação de serviços por mais de um órgão ou entidade.

Art. 83. A existência de preços registrados implicará compromisso de fornecimento nas condições estabelecidas, mas não obrigará a Administração a contratar, facultada a realização de licitação específica para a aquisição pretendida, desde que devidamente motivada.

Art. 84. O prazo de vigência da ata de registro de preços será de 1 (um) ano e poderá ser prorrogado, por igual período, desde que comprovado o preço vantajoso.

Parágrafo único. O contrato decorrente da ata de registro de preços terá sua vigência estabelecida em conformidade com as disposições nela contidas.

Art. 85. A Administração poderá contratar a execução de obras e serviços de engenharia pelo sistema de registro de preços, desde que atendidos os seguintes requisitos:

I - existência de projeto padronizado, sem complexidade técnica e operacional;

II – necessidade permanente ou frequente de obra ou serviço a ser contratado.

Art. 86. O órgão ou entidade gerenciadora deverá, na fase preparatória do processo licitatório, para fins de registro de preços, realizar procedimento público de intenção de registro de preços para, nos termos de regulamento, possibilitar, pelo prazo mínimo de 8 (oito) dias úteis, a participação de outros órgãos ou entidades na respectiva ata e determinar a estimativa total de quantidades da contratação.

§1º O procedimento previsto no *caput* deste artigo será dispensável quando o órgão ou entidade gerenciadora for o único contratante.

§2º Se não participarem do procedimento previsto no *caput* deste artigo, os órgãos e entidades poderão aderir à ata de registro de preços na condição de não participantes, observados os seguintes requisitos:

I - apresentação de justificativa da vantagem da adesão, inclusive em situações de provável desabastecimento ou descontinuidade de serviço público;

II - demonstração de que os valores registrados estão compatíveis com os valores praticados pelo mercado na forma do art. 23 desta Lei;

III - prévias consulta e aceitação do órgão ou entidade gerenciadora e do fornecedor.

§3º A faculdade conferida pelo §2º deste artigo estará limitada a órgãos e entidades da Administração Pública federal, estadual, distrital e municipal que, na condição de não participantes, desejarem aderir à ata de registro de preços de órgão ou entidade gerenciadora federal, estadual ou distrital.

§4º As aquisições ou as contratações adicionais a que se refere o §2º deste artigo não poderão exceder, por órgão ou entidade, a 50% (cinquenta por cento) dos quantitativos dos itens do instrumento convocatório registrados na ata de registro de preços para o órgão gerenciador e para os órgãos participantes.

§5º O quantitativo decorrente das adesões à ata de registro de preços a que se refere o §2º deste artigo não poderá exceder, na totalidade, ao dobro do quantitativo de cada item registrado na ata de registro de preços para o órgão gerenciador e órgãos participantes, independentemente do número de órgãos não participantes que aderirem.

§6º A adesão à ata de registro de preços de órgão ou entidade gerenciadora do Poder Executivo federal por órgãos e entidades da Administração Pública estadual, distrital e municipal poderá ser exigida para fins de transferências voluntárias, não ficando sujeita ao limite de que trata o §5º deste artigo se destinada à execução descentralizada de programa ou projeto federal e comprovada a compatibilidade dos preços registrados com os valores praticados no mercado na forma do art. 23 desta Lei.

§7º Para aquisição emergencial de medicamentos e material de consumo médico-hospitalar por órgãos e entidades da Administração Pública federal, estadual, distrital e municipal, a adesão à ata de registro de preços gerenciada pelo Ministério da Saúde não estará sujeita ao limite de que trata o §5º deste artigo.

§8º Será vedada aos órgãos e entidades da Administração Pública federal a adesão à ata de registro de preços gerenciada por órgão ou entidade estadual, distrital ou municipal.

Juntamente com o credenciamento, o sistema de *registro de preços* é procedimento auxiliar que contempla a seleção de um licitante. Trata-se, nos precisos termos da lei, do conjunto de procedimentos (daí a utilização pelo legislador da expressão *sistema*) voltado à realização de registro formal de preços relativos à prestação de serviços, a obras e à aquisição e locação de bens para contratações futuras (art. 6º, XLV), e que pode ser empregado nas contratações diretas ou nas licitações realizadas nas modalidades de pregão ou concorrência (art. 6º, XLV). Dele resulta a confecção da *ata de registro de preços*, documento vinculativo e obrigacional, com característica de compromisso para futura contratação, no qual são registrados o objeto, os preços, os fornecedores, os órgãos participantes e as condições a serem praticadas, conforme as disposições observadas no edital da licitação, no aviso ou instrumento de contratação direta e nas propostas apresentadas (art. 6º, XLVI).

18.4.1 Utilização do sistema de registro de preços como procedimento auxiliar de licitações

Quando realizado como procedimento auxiliar de licitações realizadas nas modalidades de pregão ou concorrência (art. 6º, XLV), o seu edital deverá dispor (art. 82, *caput*):

a) sobre as especificidades da licitação e do seu objeto, inclusive sobre a quantidade máxima de cada item que poderá ser adquirida (art. 82, I);
b) sobre a quantidade mínima a ser cotada de unidades de bens ou (no caso de serviços) de unidades de medida (art. 82, II);
c) sobre a possibilidade de prever preços diferentes (art. 82, III):
   c.1) quando o objeto for realizado ou entregue em locais diferentes (art. 82, III, "a");
   c.2) em razão da forma e do local de acondicionamento (art. 82, III, "b");
   c.3) quando admitida cotação variável em razão do tamanho do lote (art. 82, III, "c");
   c.4) por outros motivos justificados no processo (art. 82, III, "d");
d) sobre a possibilidade de o licitante oferecer (ou não) proposta em quantitativo inferior ao máximo previsto no edital, obrigando-se nos limites dela (art. 82, IV);
e) sobre o critério de julgamento da licitação, que será o de menor preço ou o de maior desconto sobre tabela de preços praticada no mercado (art. 82, V);
f) sobre as condições para alteração de preços registrados (art. 82, VI);
g) sobre a possibilidade de se proceder ao registro de mais de um fornecedor ou prestador de serviço, desde que aceitem cotar o objeto em preço igual ao do licitante vencedor, assegurada a preferência de contratação de acordo com a ordem de classificação (art. 82, VII);
h) sobre a vedação à participação do órgão ou entidade em mais de uma ata de registro de preços com o mesmo objeto no prazo de validade daquela de que já tiver participado, salvo na ocorrência de ata que tenha registrado quantitativo inferior ao máximo previsto no edital (art. 82, VIII); e
i) sobre as hipóteses de cancelamento da ata de registro de preços e suas consequências (art. 82, X).

Mesmo a execução de obras e serviços de engenharia pode ser contratada pelo sistema de registro de preços, desde que (art. 85, *caput*) o projeto respectivo seja padronizado e sem complexidade técnica e operacional (art. 85, I) e esteja configurada a necessidade permanente ou frequente de obra ou serviço a ser contratado (art. 85, II). Ademais, a sua utilização como procedimento auxiliar de licitações realizadas nas modalidades de pregão ou concorrência para a contratação de bens e serviços, inclusive de obras e serviços de engenharia (art. 82, §5º), demanda, ainda:

a) a realização prévia de ampla pesquisa de mercado (art. 82, §5º, I);
b) a seleção de acordo com os procedimentos previstos em regulamento (art. 82, §5º, II);
c) o desenvolvimento obrigatório de rotina de controle (art. 82, §5º, III);
d) a atualização periódica dos preços registrados (art. 82, §5º, IV);
e) a definição do período de validade do registro de preços (art. 82, §5º, V); e
f) a inclusão, em ata de registro de preços, do licitante que aceitar cotar os bens ou serviços em preços iguais aos do licitante vencedor na sequência de classificação da licitação e inclusão do licitante que mantiver sua proposta original (art. 82, §5º, VI).

18.4.2 Compatibilização do registro de preços com o critério de julgamento por menor preço por grupo de itens (ou por lote)

Outro ponto que merece destaque é que o legislador admitiu, nesse âmbito, a utilização (em substituição ao julgamento por menor preço por cada item individualizado) do critério de julgamento de menor preço por grupo de itens, também chamado julgamento de menor preço por lote (art. 82, §1º). Porém, a incidência desse critério pressupõe, cumulativamente, a demonstração de que é inviável promover a adjudicação por item e de que a sua adoção oferece vantagem técnica e econômica e a previsão em edital quanto à aceitabilidade de preços unitários máximos (art. 82, §1º, parte final). Além disso, quando esse critério for adotado a contratação posterior de item específico constante de grupo de itens exigirá, observados os parâmetros legais (art. 23, §§1º, 2º e 3º), prévia pesquisa de mercado e demonstração de sua vantagem para o órgão ou entidade (art. 82, §2º).

18.4.3 Possibilidade da utilização do sistema registro de preços sem a indicação do total a ser adquirido

Também é permitido registro de preços com indicação limitada a unidades de contratação, portanto, sem indicação do total a ser adquirido (art. 82, §3º), mas apenas:
   a) quando for a primeira licitação para o objeto e o órgão ou entidade não tiver registro de demandas anteriores (art. 82, §3º, I); ou
   b) quando o procedimento é voltado:
      b.1) à aquisição de alimentos perecíveis (art. 82, §3º, II); ou
      b.2) à prestação de serviço integrado ao fornecimento de bens (art. 82, §3º, III).

Nesse caso, é obrigatória a indicação do valor máximo da despesa, sendo vedada a participação de outro órgão ou entidade na ata (art. 82, §4º).

18.4.4 Utilização do sistema de registro de preços na contratação direta

Para além de funcionar como procedimento auxiliar à realização de licitações nas modalidades concorrência e pregão, o sistema de registro de preços igualmente poderá ser utilizado (observado o disposto em regulamento) nas hipóteses de inexigibilidade e de dispensa de licitação para a aquisição de bens ou para a contratação de serviços por mais de um órgão ou entidade (art. 82, §6º). Porém, nesse âmbito, o registro de preços não é voltado a induzir a seleção do contratado, mas a orientar a comprovação dos valores praticados na contratação direta.

18.4.5 Ausência de vinculação da Administração e vinculação do licitante/contratado

A formalização do registro de preços não impõe a contratação pela Administração, que poderá, inclusive, realizar licitação específica para a aquisição pretendida, desde que o faça motivadamente (art. 83, *caput*). Mas obriga o licitante vencedor, porque implica compromisso de fornecimento nas condições estabelecidas (art. 83, parte final).

Entretanto, a sua vinculação (do licitante/contratado) à ata de registro de preço fica restrita ao período de um ano, que poderá ser prorrogado por igual período a juízo da Administração, desde que comprovado o preço vantajoso (art. 84, *caput*). Além disso, o contrato decorrente da ata de registro de preços terá sua vigência estabelecida em conformidade com as disposições nela contidas (art. 84, parágrafo único).

18.4.6 Atores processuais envolvidos e *modus operandi* da sua participação

O registo de preços é realizado pelo órgão ou entidade gerenciadora, responsável pela condução do procedimento e pelo gerenciamento da ata dele decorrente (art. 6º, XLVII). Além do órgão/entidade gerenciadora, também têm interesse nos preços registrados em ata o órgão ou entidade participante, que participa dos procedimentos iniciais e integra a ata de registro de preços (art. 6º, XLVIII), e órgão ou entidade não participante (comumente chamado de *carona*), que não participa dos procedimentos iniciais e não integra a ata de registro de preços (art. 6º, XLIX).

O registro de preços se inicia por inciativa do órgão ou entidade gerenciadora; que poderá realizar, ainda na fase preparatória do processo licitatório, procedimento público de intenção de registro de preços, de modo a permitir (observado o disposto em regulamento) a participação de outros órgãos ou entidades na respectiva ata (órgãos ou entidades participantes), o que lhe possibilitará, ainda, determinar a estimativa total de quantidades da contratação (art. 86, *caput*). Mas o órgão/entidade gerenciador poderá igualmente optar por não realizar esse procedimento, hipótese em que deverá figurar no processo como único contratante (art. 86, §1º).

Também poderão aderir à ata de registro de preços órgãos/entidades que não participaram do procedimento público de intenção (órgãos ou entidades não participantes, também chamados *caronas*), desde que integrem a Administração Pública federal, estadual, distrital e municipal, e que desejem aderir à ata de registro de preços de órgão ou entidade gerenciadora federal, estadual ou distrital na condição e não participantes (art. 86, §3º). Disso resulta (*contrario sensu*) que é vedado às unidades federadas das três esferas aderir a atas de registro de preço registradas por municípios. É igualmente proibida (por taxativa disposição legal) a adesão de órgãos/entidades federais a ata de registro de preços gerenciada por órgão/entidade estadual, distrital ou municipal (art. 86, §8º). Assim, em resumo:

    a) os órgãos/as entidades municipais podem aderir a atas registradas pela União, pelos estados e pelo Distrito Federal;

    b) os órgãos/as entidades estaduais podem aderir a atas registradas pela União, pelo Distrito Federal e por outros estados;

    c) os órgãos/as entidades do Distrito Federal podem aderir a atas registradas pela União e pelos estados; e

    d) os órgãos/as entidades federais somente podem aderir a atas registradas por órgãos/entidades que compõem a Administração Pública Federal.

Além disso, a adesão de órgãos/entidades não participantes (caronas) fica condicionada a que as suas aquisições ou as contratações adicionais não excedam:

a) por órgão/entidade, cinquenta por cento dos quantitativos dos itens do instrumento convocatório registrados na ata de registro de preços para o órgão gerenciador e para os órgãos participantes (art. 86, §4º);
b) na totalidade, ao dobro do quantitativo de cada item registrado na ata de registro de preços para o órgão gerenciador e órgãos participantes, independentemente do número de órgãos não participantes que aderirem (art. 86, §5º); ressalvadas as hipóteses:
   b.1) de aquisição emergencial de medicamentos e material de consumo médico-hospitalar por órgãos e entidades da Administração Pública federal, estadual, distrital e municipal, que não se encontra sujeita a esse limite para adesão à ata de registro de preços gerenciada pelo Ministério da Saúde (art. 86, §7º);
   b.2) de adesão de órgãos/entidades estaduais, distritais e municipais à ata de registro de preços registrada por órgão/entidade gerenciadora federal, destinada à execução descentralizada de programa ou projeto federal e comprovada a compatibilidade dos preços registrados com os valores de mercado, observadas, quanto ao particular, as disposições legais pertinentes (art. 23, *caput*), que também não estão sujeitas a esse limite quando exigidas para fins de transferências voluntárias (art. 86, §6º).

Por fim, a sua adesão (*dos órgãos/das entidades não participantes*) ao sistema registro de preços pressupõe, ainda, a comprovação da observância, por eles, seguintes requisitos (art. 86, §2º):
a) apresentação de justificativa da vantagem da adesão, inclusive em situações de provável desabastecimento ou descontinuidade de serviço público (art. 86, §2º, I);
b) demonstração de que os valores registrados estão compatíveis com os valores praticados pelo mercado (art. 86, §2º, II), observados os parâmetros legais (art. 23, *caput*); e
c) existência de prévias consulta e aceitação do órgão ou entidade gerenciadora e do fornecedor (art. 86, §2º, III).

18.4.7 Preferência da utilização do sistema de registro de preços sobre as licitações para compras

A Lei nº 14.133/2021 também impõe a utilização do sistema de registro de preços de forma preferencial à realização de licitações para compras (art. 40, II).

18.5 Registro cadastral

Art. 87. Para os fins desta Lei, os órgãos e entidades da Administração Pública deverão utilizar o sistema de registro cadastral unificado disponível no Portal Nacional de Contratações Públicas (PNPC), para efeito de cadastro unificado de licitantes, na forma disposta em regulamento.

§1º O sistema de registro cadastral unificado será público e deverá ser amplamente divulgado e estar permanentemente aberto aos interessados, e será obrigatória a realização de chamamento público pela internet, no mínimo anualmente, para atualização dos registros existentes e para ingresso de novos interessados.

§2º É proibida a exigência pelo órgão ou entidade licitante de registro cadastral complementar para acesso a edital e anexos.

§3º A Administração poderá realizar licitação restrita a fornecedores cadastrados, atendidos os critérios, as condições e os limites estabelecidos em regulamento, bem como a ampla publicidade dos procedimentos para o cadastramento.

§4º Na hipótese a que se refere o §3º deste artigo, será admitido fornecedor que realize seu cadastro dentro do prazo previsto no edital para apresentação de propostas.

Art. 88. Ao requerer, a qualquer tempo, inscrição no cadastro ou a sua atualização, o interessado fornecerá os elementos necessários exigidos para habilitação previstos nesta Lei.

§1º O inscrito, considerada sua área de atuação, será classificado por categorias, subdivididas em grupos, segundo a qualificação técnica e econômico-financeira avaliada, de acordo com regras objetivas divulgadas em sítio eletrônico oficial.

§2º Ao inscrito será fornecido certificado, renovável sempre que atualizar o registro.

§3º A atuação do contratado no cumprimento de obrigações assumidas será avaliada pelo contratante, que emitirá documento comprobatório da avaliação realizada, com menção ao seu desempenho na execução contratual, baseado em indicadores objetivamente definidos e aferidos, e a eventuais penalidades aplicadas, o que constará do registro cadastral em que a inscrição for realizada.

§4º A anotação do cumprimento de obrigações pelo contratado, de que trata o §3º deste artigo, será condicionada à implantação e à regulamentação do cadastro de atesto de cumprimento de obrigações, apto à realização do registro de forma objetiva, em atendimento aos princípios da impessoalidade, da igualdade, da isonomia, da publicidade e da transparência, de modo a possibilitar a implementação de medidas de incentivo aos licitantes que possuírem ótimo desempenho anotado em seu registro cadastral.

§5º A qualquer tempo poderá ser alterado, suspenso ou cancelado o registro de inscrito que deixar de satisfazer exigências determinadas por esta Lei ou por regulamento.

§6º O interessado que requerer o cadastro na forma do *caput* deste artigo poderá participar de processo licitatório até a decisão da Administração, e a celebração do contrato ficará condicionada à emissão do certificado de que trata o §2º deste artigo.

••

O último dos procedimentos auxiliares previstos pela Lei nº 14.133/2021 é o registro cadastral. Como a pré-qualificação e a manifestação de interesse, o registro cadastral não é voltado à seleção de licitantes (como ocorre no credenciamento e no registro de preços), apresentando-se, assim, como procedimento preparatório para a realização de licitações.

Quanto a ele, o legislador estabelece que os órgãos e as entidades da Administração Pública deverão, observado o disposto em regulamento, utilizar o sistema de registro cadastral unificado disponível no Portal Nacional de Contratações Públicas, para efeito de empregar cadastro unificado de licitantes (art. 87, *caput*). Trata-se, pois, de imposição jurídico-normativa quanto à utilização, pelas unidades federadas, de sistema de registro cadastral unificado, conclusão que é reforçada pela proibição, resultante de taxativa disposição legal, a que os órgãos ou entidades licitantes exijam registro cadastral complementar para acesso ao edital e aos seus anexos (art. 87, §2º). Além disso, o registro cadastral unificado é público, devendo ser amplamente divulgado e estar permanentemente aberto aos interessados, sendo obrigatória, ainda, a realização de chamamento público pela *internet* no mínimo anualmente, para atualização dos registros existentes e para ingresso de novos interessados (art. 87, §1º).

Essas exigências justificam-se porque o legislador admite que a Administração realize licitações restritas a fornecedores cadastrados (art. 87, §3º),[814] inclusive àqueles que realizem seu cadastro dentro do prazo previsto no edital para apresentação de propostas (art. 87, §4º). A ideia, enfim, é que tenhamos um cadastro único e acessível a todos, ao largo do qual não seria possível assegurar a igualdade de condições à integralidade dos possíveis concorrentes, imposta à Administração pelo inc. XXI do art. 37 da Constituição da República.

Quando requerer a sua inscrição no cadastro, ou a atualização dela, o interessado fornece os elementos necessários ao aferimento da sua habilitação nos processos licitatórios (art. 87, *caput*), recebendo, como contrapartida, certificado emitido pela Administração, renovável sempre que atualizar o registro (art. 88, §2º). Feito o registro, o inscrito é classificado por categorias, relacionadas às suas respectivas áreas de atuação, subdivididas em grupos, segundo a qualificação técnica e econômico-financeira avaliada, e de acordo com regras objetivas divulgadas em sítio eletrônico oficial (art. 88, §1º).

Também poderá ser avaliada pela Administração a atuação do contratado no cumprimento de obrigações assumidas (art. 88, §3º). Dessa análise resultará a emissão de documento comprobatório da avaliação realizada, com menção ao seu desempenho na execução contratual (baseado em indicadores objetivamente definidos e aferidos) e a eventuais penalidades aplicadas (art. 88, §3º, cont.). Todas essas informações constarão do registro cadastral (art. 88, §3º, parte final). Todavia, a anotação do cumprimento de obrigações pelo contratado fica condicionada à implantação e à regulamentação pela Administração do cadastro de atesto de cumprimento de obrigações, apto à realização do registro de forma objetiva (com atendimento aos princípios da impessoalidade, da igualdade, da isonomia, da publicidade e da transparência) e a implementação de medidas de incentivo aos licitantes que possuírem ótimo desempenho anotado em seu registro cadastral (art. 88, §4º).

O interessado que requerer o seu cadastro poderá participar de processo licitatório até a decisão da Administração sobre a sua habilitação, mas a celebração do contrato fica condicionada à emissão do certificado de cumprimento de obrigações assumidas (art. 88, §6º). Além disso, o registro de inscrito que deixar de satisfazer exigências legais ou previstas em regulamento poderá ser alterado, suspenso ou cancelado a qualquer tempo (art. 88, §5º).

---

[814] Atendidos os critérios, as condições e os limites estabelecidos em regulamento, bem como a ampla publicidade dos procedimentos para o cadastramento.

PARTE III

O PROCESSO DE CONTRATAÇÃO PÚBLICA

FORMALIZAÇÃO DOS CONTRATOS

Art. 89. Os contratos de que trata esta Lei regular-se-ão pelas suas cláusulas e pelos preceitos de direito público, e a eles serão aplicados, supletivamente, os princípios da teoria geral dos contratos e as disposições de direito privado.

§1º Todo contrato deverá mencionar os nomes das partes e os de seus representantes, a finalidade, o ato que autorizou sua lavratura, o número do processo da licitação ou da contratação direta e a sujeição dos contratantes às normas desta Lei e às cláusulas contratuais.

§2º Os contratos deverão estabelecer com clareza e precisão as condições para sua execução, expressas em cláusulas que definam os direitos, as obrigações e as responsabilidades das partes, em conformidade com os termos do edital de licitação e os da proposta vencedora ou com os termos do ato que autorizou a contratação direta e os da respectiva proposta.

Como as licitações, também as contratações públicas são formalizadas, executadas e extintas no corpo de processos administrativos. Em primeiro lugar porque a Lei nº 14.133/2021 assim o previu em diversos de seus dispositivos, de que são exemplo as previsões contidas no *caput* de seu art. 91, que estabelece que os contratos e seus aditamentos terão forma escrita e serão juntados ao *processo* que tiver dado origem à contratação, divulgados e mantidos à disposição do público em sítio eletrônico oficial; no §4º do mesmo dispositivo, que prescreve a Administração, antes de formalizar ou prorrogar o prazo de vigência do contrato, deverá verificar a regularidade fiscal do contratado, consultar o Ceis[815] e o CNEP,[816] emitir as certidões negativas de inidoneidade, de impedimento e de débitos trabalhistas e juntá-las ao respectivo *processo*; no §1º do art. 122, determina ao contratado que apresente à Administração documentação que comprove a capacidade técnica do subcontratado, para avaliação e juntada aos autos do *processo* correspondente; no *caput* do art. 137, preceitua que os motivos para extinção

---

[815] Cadastro Nacional de Empresas Inidôneas e Suspensas.
[816] Cadastro Nacional de Empresas Punidas.

do contrato (especificados em seus incisos) deverão ser formalmente apresentados nos autos do *processo*; e no §1º do art. 138, que condiciona a extinção do contato (seja por ato unilateral da Administração, seja por consenso entre as partes) à autorização escrita e fundamentada da autoridade competente e reduzida a termo no respectivo *processo*. Em segundo lugar porque o legislador, quando se reportou, no texto da *novatio legis*, ao princípio do contraditório, não se referiu apenas à sua incidência no processo licitatório, como sobressai do texto do seu art. 21, que disciplina a realização de audiência pública que possibilite a manifestação de todos os interessados, ou do §3º do seu art. 71, que condiciona a prolação de decisão sobre anulação ou revogação da licitação à prévia manifestação dos interessados, estendendo-o, ainda, aos processos administrativos voltados à formalização de contratações públicas (conforme se verifica do que prescreve o seu art. 137, que condiciona a extinção dos contratos administrativos à observância do contraditório e da ampla defesa, e dos seus arts. 157, 158 e 160, que aplicam essa garantia em matéria de atribuição de sanções a licitantes/contratados). O que com isso queremos dizer é que os procedimentos abertos pela Administração para formalização, execução e extinção de contratos administrativos também se apresentam (como as licitações públicas) como procedimentos em contraditório,[817] o que atrai sobre eles os temperamentos e, sobretudo, as soluções jurídicas que sobressaem do modelo brasileiro de processo.

Para além de serem formalizados e executados em processos administrativos (porque se apresentam como procedimentos em contraditório), os contratos administrativos são regidos por suas próprias cláusulas e por preceitos de direito público, admitindo-se, quanto a eles, a aplicação supletiva dos princípios da teoria geral dos contratos e das disposições de direito privado (art. 89, *caput*). Eles também devem conter, obrigatoriamente, os nomes das partes e os de seus representantes, a finalidade, o ato que autorizou sua lavratura, o número do processo da licitação/contratação direta e a sujeição dos contratantes às disposições normativas gravadas na Lei nº 14.133/2021 e às suas próprias cláusulas (art. 89, §1º). Além disso, precisam estabelecer com clareza e precisão as condições para sua execução, expressas em cláusulas que definam os direitos, as obrigações e as responsabilidades das partes, tudo isso em conformidade com os termos do edital de licitação/proposta vencedora ou do ato que autorizou a contratação direta/respectiva proposta (art. 89, §2º).

O legislador de igual modo concebeu, quanto a eles, disposições sobre *convocação do licitante vencedor*, sobre *formalidades contratuais*, sobre *cláusulas obrigatórias*, sobre

---

[817] Quanto ao particular, recobramos a distinção teórica entre processo e procedimento, manifestada, em doutrina, por Hermes Zaneti Júnior, para quem o processo "é o caminho para a realização com justiça do direito material resistido, controverso", visto que é por meio dele que "fazemos a escrita, pelo Poder Estatal" (o autor refere-se, nessa passagem, às decisões proferidas pelo Poder Judiciário, mas ela certamente se aplica, por similitude de premissas, às decisões administrativas), "da nova ordem jurídica, pacificando o conflito e entregando a cada um o que é seu" (ZANETI JÚNIOR, Hermes. *Processo constitucional*: o modelo constitucional do processo civil brasileiro, p. 204). Conforme Zaneti, o processo é compreendido, nessa perspectiva, como o *procedimento em contraditório*, num contexto em que o contraditório "o qualifica não mais como gênero, mas sim como *espécie de procedimento*", o que valoriza a participação dos interessados na formação da decisão e possibilita a efetiva realização do direito fundamental positivado no inc. LV do art. 5º da Constituição da República, que enuncia, em literalidade, "aos litigantes, *em processo* judicial ou *administrativo*, e aos acusados em geral são assegurados o contraditório e ampla defesa, com os meios e recursos a ela inerentes" (ZANETI JÚNIOR, Hermes. *Processo constitucional*: o modelo constitucional do processo civil brasileiro, p. 190). A propósito, cf., por todos: FAZZALARI, Elio. *Instituições de direito processual civil*.

obrigatoriedade de cessão dos direitos patrimoniais relativos aos projetos e serviços técnicos contratados, sobre *divulgação no Portal Nacional de Contratações Públicas* e sobre *obrigatoriedade e dispensa do instrumento contratual*, que serão objeto de nossa atenção nos tópicos que se seguem.

19.1 A convocação do licitante vencedor

Art. 90. A Administração convocará regularmente o licitante vencedor para assinar o termo de contrato ou para aceitar ou retirar o instrumento equivalente, dentro do prazo e nas condições estabelecidas no edital de licitação, sob pena de decair o direito à contratação, sem prejuízo das sanções previstas nesta Lei.

§1º O prazo de convocação poderá ser prorrogado 1 (uma) vez, por igual período, mediante solicitação da parte durante seu transcurso, devidamente justificada, e desde que o motivo apresentado seja aceito pela Administração.

§2º Será facultado à Administração, quando o convocado não assinar o termo de contrato ou não aceitar ou não retirar o instrumento equivalente no prazo e nas condições estabelecidas, convocar os licitantes remanescentes, na ordem de classificação, para a celebração do contrato nas condições propostas pelo licitante vencedor.

§3º Decorrido o prazo de validade da proposta indicado no edital sem convocação para a contratação, ficarão os licitantes liberados dos compromissos assumidos.

§4º Na hipótese de nenhum dos licitantes aceitar a contratação nos termos do §2º deste artigo, a Administração, observados o valor estimado e sua eventual atualização nos termos do edital, poderá:

I - convocar os licitantes remanescentes para negociação, na ordem de classificação, com vistas à obtenção de preço melhor, mesmo que acima do preço do adjudicatário;

II - adjudicar e celebrar o contrato nas condições ofertadas pelos licitantes remanescentes, atendida a ordem classificatória, quando frustrada a negociação de melhor condição.

§5º A recusa injustificada do adjudicatário em assinar o contrato ou em aceitar ou retirar o instrumento equivalente no prazo estabelecido pela Administração caracterizará o descumprimento total da obrigação assumida e o sujeitará às penalidades legalmente estabelecidas e à imediata perda da garantia de proposta em favor do órgão ou entidade licitante.

§6º A regra do §5º não se aplicará aos licitantes remanescentes convocados na forma do inciso I do §4º deste artigo.

§7º Será facultada à Administração a convocação dos demais licitantes classificados para a contratação de remanescente de obra, de serviço ou de fornecimento em consequência de rescisão contratual, observados os mesmos critérios estabelecidos nos §§2º e 4º deste artigo.

O legislador impõe à Administração que, ao final do processo licitatório, convoque o licitante vencedor para assinar o termo de contrato, ou para aceitar ou retirar o instrumento equivalente, observados o prazo e as condições estabelecidos no edital (art. 90, *caput*). A inobservância desse cuidado pode induzir a decadência do direito à contratação e a aplicação das sanções previstas nesta lei (art. 90, parte final).

O prazo para a convocação do licitante vencedor é aquele especificado no edital para a validade da proposta, findo o qual, não havendo convocação para a contratação, os licitantes ficam liberados dos compromissos assumidos (art. 90, §3º). Todavia, esse prazo pode ser prorrogado, uma vez e por igual período, mediante solicitação do interessado durante seu transcurso, desde que devidamente justificada e que o motivo apresentado seja aceito pela Administração (art. 90, §1º).

Quando o convocado não assinar o termo de contrato, ou não aceitar/retirar o instrumento equivalente no prazo e nas condições estabelecidas, a Administração poderá convocar os licitantes remanescentes, observada a ordem de classificação, para a celebração do contrato nas mesmas condições propostas pelo licitante vencedor (art. 90, §2º). Se, todavia, nenhum dos licitantes aceitar a contratação nessas condições, a Administração poderá, observados o valor estimado e sua eventual atualização nos termos do edital (art. 90, §4º), convocar os licitantes remanescentes, na ordem de classificação, para negociação voltada à obtenção de preço melhor, mesmo que acima do preço do adjudicatário (art. 90, §4º, I). Por fim, se essa negociação restar infrutífera, a Administração poderá adjudicar e celebrar o contrato nas condições ofertadas pelos licitantes remanescentes, atendida a ordem classificatória (art. 90, §4º, II).

Eventual recusa injustificada do adjudicatário em assinar o contrato ou em aceitar/retirar o instrumento equivalente no prazo estabelecido pela Administração caracterizará descumprimento total da obrigação assumida, sujeitando-o às penalidades legalmente estabelecidas e à imediata perda da garantia apresentada em favor do órgão ou entidade licitante (art. 90, §5º). Essa regra vale para o licitante vencedor, e também para o licitante remanescente cuja proposta for adjudicada quando restar infrutífera a negociação anteriormente referida, mas não se aplica às propostas negociadas (art. 90, §6º).

A Administração de igual modo poderá chamar os demais licitantes classificados para a contratação de remanescente de obra, de serviço ou de fornecimento em caso de rescisão contratual (art. 90, §7º). Também nessa hipótese ela poderá convocá-los, observada a ordem de classificação:

a) para a celebração do contrato nas mesmas condições propostas pelo licitante vencedor (art. 90, §2º);

b) para negociação com vistas à obtenção de preço melhor, mesmo que acima do preço do adjudicatário, se nenhum deles aceitar a contratação nas mesmas condições propostas pelo licitante vencedor (art. 90, §4º, I); e

c) para adjudicar e celebrar o contrato nas condições ofertadas em suas respectivas propostas, se essa negociação restar infrutífera (art. 90, §4º, II).

19.2 As formalidades contratuais que precisam ser observadas

Art. 91. Os contratos e seus aditamentos terão forma escrita e serão juntados ao processo que tiver dado origem à contratação, divulgados e mantidos à disposição do público em sítio eletrônico oficial.

§1º Será admitida a manutenção em sigilo de contratos e de termos aditivos quando imprescindível à segurança da sociedade e do Estado, nos termos da legislação que regula o acesso à informação.

§2º Contratos relativos a direitos reais sobre imóveis serão formalizados por escritura pública lavrada em notas de tabelião, cujo teor deverá ser divulgado e mantido à disposição do público em sítio eletrônico oficial.

§3º Será admitida a forma eletrônica na celebração de contratos e de termos aditivos, atendidas as exigências previstas em regulamento.

§4º Antes de formalizar ou prorrogar o prazo de vigência do contrato, a Administração deverá verificar a regularidade fiscal do contratado, consultar o Cadastro Nacional de Empresas Inidôneas e Suspensas (CEIS) e o Cadastro Nacional de Empresas Punidas (CNEP), emitir as certidões negativas de inidoneidade, de impedimento e de débitos trabalhistas e juntá-las ao respectivo processo.

Os contratos e seus aditamentos terão forma escrita e serão juntados ao processo que tiver dado origem à contratação (art. 91, *caput*), admitida a forma eletrônica na sua celebração e observadas as condições previstas em regulamento (art. 91, §3º). Todavia, além dessas exigências, também se aplica aos contratos relativos a direitos reais sobre imóveis a exigência de formalização por escritura pública lavrada em notas de tabelião (art. 91, §2º).

Como regra, os contratos administrativos devem ser divulgados e mantidos à disposição do público em sítio eletrônico oficial (art. 91, parte final), inclusive aqueles relativos a direitos reais sobre imóveis (art. 91, §2º, parte final). Porém, o legislador admite a possibilidade da manutenção de sigilo quanto a eles quando imprescindível à segurança da sociedade e do Estado, observando-se, no particular, a legislação que regula o acesso à informação (art. 91, §1º),[818] ou seja, a Lei nº 12.527/2011, comumente chamada de Lei de Acesso à Informação, e seus respectivos atos regulamentares.

Outro ponto que merece destaque no que concerne às formalidades contratuais é que o legislador condiciona a formalização de contratos administrativos e a prorrogação do seu prazo de vigência a que a Administração (art. 91, §4º):

    a) verifique a regularidade fiscal do contratado;
    b) consulte o Ceis[819] e o CNEP;[820] e
    c) emita certidões negativas de inidoneidade, de impedimento e de débitos trabalhistas, cuidando de juntá-las ao respectivo processo.

---

[818] Quanto ao particular, cf. as nossas considerações no tópico 2.1.4 do Capítulo 2 e no tópico 5.3 do Capítulo 5.
[819] Cadastro Nacional de Empresas Inidôneas e Suspensas.
[820] Cadastro Nacional de Empresas Punidas.

19.3 A positivação legislativa de cláusulas obrigatórias

Art. 92. São necessárias em todo contrato cláusulas que estabeleçam:

I - o objeto e seus elementos característicos;

II - a vinculação ao edital de licitação e à proposta do licitante vencedor ou ao ato que tiver autorizado a contratação direta e à respectiva proposta;

III - a legislação aplicável à execução do contrato, inclusive quanto aos casos omissos;

IV - o regime de execução ou a forma de fornecimento;

V - o preço e as condições de pagamento, os critérios, a data-base e a periodicidade do reajustamento de preços e os critérios de atualização monetária entre a data do adimplemento das obrigações e a do efetivo pagamento;

VI - os critérios e a periodicidade da medição, quando for o caso, e o prazo para liquidação e para pagamento;

VII - os prazos de início das etapas de execução, conclusão, entrega, observação e recebimento definitivo, quando for o caso;

VIII - o crédito pelo qual correrá a despesa, com a indicação da classificação funcional programática e da categoria econômica;

IX - a matriz de risco, quando for o caso;

X - o prazo para resposta ao pedido de repactuação de preços, quando for o caso;

XI - o prazo para resposta ao pedido de restabelecimento do equilíbrio econômico-financeiro, quando for o caso;

XII - as garantias oferecidas para assegurar sua plena execução, quando exigidas, inclusive as que forem oferecidas pelo contratado no caso de antecipação de valores a título de pagamento;

XIII - o prazo de garantia mínima do objeto, observados os prazos mínimos estabelecidos nesta Lei e nas normas técnicas aplicáveis, e as condições de manutenção e assistência técnica, quando for o caso;

XIV - os direitos e as responsabilidades das partes, as penalidades cabíveis e os valores das multas e suas bases de cálculo;

XV - as condições de importação e a data e a taxa de câmbio para conversão, quando for o caso;

XVI - a obrigação do contratado de manter, durante toda a execução do contrato, em compatibilidade com as obrigações por ele assumidas, todas as condições exigidas para a habilitação na licitação, ou para qualificação, na contratação direta;

XVII - a obrigação de o contratado cumprir as exigências de reserva de cargos prevista em lei, bem como em outras normas específicas, para pessoa com deficiência, para reabilitado da Previdência Social e para aprendiz;

XVIII - o modelo de gestão do contrato, observados os requisitos definidos em regulamento;

IX - os casos de extinção.

§1º Os contratos celebrados pela Administração Pública com pessoas físicas ou jurídicas, inclusive as domiciliadas no exterior, deverão conter cláusula que declare competente o foro da sede da Administração para dirimir qualquer questão contratual, ressalvadas as seguintes hipóteses:

I - licitação internacional para a aquisição de bens e serviços cujo pagamento seja feito com o produto de financiamento concedido por organismo financeiro internacional de que o Brasil faça parte ou por agência estrangeira de cooperação;

II - contratação com empresa estrangeira para a compra de equipamentos fabricados e entregues no exterior precedida de autorização do Chefe do Poder Executivo;

III - aquisição de bens e serviços realizada por unidades administrativas com sede no exterior.

§2º De acordo com as peculiaridades do seu objeto e do seu regime de execução, o contrato conterá cláusula que preveja um período antecedente à expedição da ordem de serviço para verificação de pendências, liberação de áreas ou adoção de outras providências cabíveis para a regularidade do início da sua execução.

§3º Independentemente do prazo de duração, o contrato deverá conter cláusula que estabeleça o índice de reajustamento de preço, com data-base vinculada à data do orçamento estimado, e poderá ser estabelecido mais de um índice específico ou setorial, em conformidade com a realidade de mercado dos respectivos insumos.

§4º Nos contratos de serviços contínuos, observado o interregno mínimo de 1 (um) ano, o critério de reajustamento de preços será por:

I - reajustamento em sentido estrito, quando não houver regime de dedicação exclusiva de mão de obra ou predominância de mão de obra, mediante previsão de índices específicos ou setoriais;

II - repactuação, quando houver regime de dedicação exclusiva de mão de obra ou predominância de mão de obra, mediante demonstração analítica da variação dos custos.

§5º Nos contratos de obras e serviços de engenharia, sempre que compatível com o regime de execução, a medição será mensal.

§6º Nos contratos para serviços contínuos com regime de dedicação exclusiva de mão de obra ou com predominância de mão de obra, o prazo para resposta ao pedido de repactuação de preços será preferencialmente de 1 (um) mês, contado da data do fornecimento da documentação prevista no §6º do art. 135 desta Lei.

••

O legislador também determina a inserção, nos contratos administrativos, de cláusulas necessárias, ou obrigatórias, assim consideradas aquelas que estabeleçam (art. 92, *caput*):
    a) os seus objetos e os seus elementos característicos (art. 92, I);
    b) a sua vinculação ao edital de licitação e à proposta do licitante vencedor, ou ao ato que tiver autorizado a contratação direta e à respectiva proposta (art. 92, II);

c) a legislação aplicável à sua execução, inclusive quanto aos casos omissos (art. 92, III);
d) o seu regime de execução, ou a sua forma de fornecimento (art. 92, IV);
e) o preço e as condições de pagamento, bem como os critérios, a data-base e a periodicidade do reajustamento de preços e os critérios de atualização monetária entre a data do adimplemento das obrigações e a do efetivo pagamento (art. 92, V);
f) os critérios e a periodicidade da medição, quando for o caso, e o prazo para liquidação e para pagamento (art. 92, VI);
g) os prazos de início das etapas de execução, conclusão, entrega, observação e recebimento definitivo, quando for o caso (art. 92, VII);
h) o crédito pelo qual correrá a despesa, com a indicação da classificação funcional programática e da categoria econômica (art. 92, VIII);
i) a matriz de risco, quando for o caso (art. 92, IX);
j) o prazo para resposta ao pedido de repactuação de preços, quando for o caso (art. 92, X);
k) o prazo para resposta ao pedido de restabelecimento do equilíbrio econômico-financeiro, quando for o caso (art. 92, XI);
l) as garantias oferecidas para assegurar sua plena execução, quando exigidas, inclusive as que forem oferecidas pelo contratado no caso de antecipação de valores a título de pagamento (art. 92, XII);
m) o prazo de garantia mínima do objeto, observados os prazos mínimos estabelecidos em lei e nas normas técnicas aplicáveis, e as condições de manutenção e assistência técnica, quando for o caso (art. 92, XIII);
n) os direitos e as responsabilidades das partes, bem como as penalidades cabíveis e os valores das multas e suas bases de cálculo (art. 92, XIV);
o) as condições de importação e a data e a taxa de câmbio para conversão, quando for o caso (art. 92, XV);
p) a obrigação do contratado de manter, durante toda a execução do contrato, em compatibilidade com as obrigações por ele assumidas, todas as condições exigidas para a habilitação na licitação, ou para qualificação, na contratação direta (art. 92, XVI);
q) a obrigação de o contratado cumprir as exigências de reserva de postos de trabalho prevista em lei (bem como em outras normas específicas) para pessoa com deficiência, para reabilitado da Previdência Social e para aprendiz (art. 92, XVII);
r) o modelo de gestão do contrato, observados os requisitos definidos em regulamento (art. 92, XVIII); e
s) os casos de extinção (art. 92, IX).

Além disso, os contratos celebrados pela Administração Pública com pessoas físicas ou jurídicas, inclusive aquelas domiciliadas no exterior, também deverão conter, como *regra*, cláusula que declare competente o foro da sede da Administração para dirimir qualquer questão contratual (art. 92, §1º). Todavia, são *exceções* a essa regra geral as hipóteses (art. 92, §1º, cont.):

a) de licitação internacional para a aquisição de bens e serviços cujo pagamento seja feito com o produto de financiamento concedido por organismo financeiro internacional de que o Brasil faça parte ou por agência estrangeira de cooperação (art. 92, §1º, I);
b) de contratação com empresa estrangeira para a compra de equipamentos fabricados e entregues no exterior precedida de autorização do chefe do Poder Executivo (art. 92, §1º, II); e
c) de aquisição de bens e serviços realizada por unidades administrativas com sede no exterior (art. 92, §1º, III).

Os contratos administrativos também deverão conter, de acordo com as peculiaridades do seu objeto e do seu regime de execução, cláusula que preveja um período antecedente à expedição da ordem de serviço para verificação de pendências, liberação de áreas ou adoção de outras providências cabíveis para a regularidade do início da sua execução (art. 92, §2º).

Outra disposição importante diz respeito ao estabelecimento, em seu corpo, independentemente do seu prazo de duração, de cláusula que estabeleça o índice de reajustamento de preço, com data-base vinculada à data do orçamento estimado (art. 92, §3º). Para tanto, poderá ser estabelecido mais de um índice específico ou setorial, em conformidade com a realidade de mercado dos respectivos insumos (art. 92, §3º, parte final). No ponto, o legislador consignou regras específicas:

a) para os contratos de serviços contínuos, dispondo que, quanto a eles, o critério de reajustamento de preços, observado o interregno mínimo de um ano, acontecerá (art. 92, §4º):
   a.1) por *reajustamento* em sentido estrito, quando não houver regime de dedicação exclusiva de mão de obra ou predominância de mão de obra, mediante previsão de índices específicos ou setoriais (art. 92, §4º, I); e
   a.2) por *repactuação*, quando houver regime de dedicação exclusiva de mão de obra ou predominância de mão de obra, mediante demonstração analítica da variação dos custos (art. 92, §4º, II);
b) para os contratos de obras e serviços de engenharia, estabelecendo que, quanto a eles, a medição será mensal, sempre que compatível com o regime de execução (art. 92, §5º);
c) para os contratos para serviços contínuos com regime de dedicação exclusiva de mão de obra ou com predominância de mão de obra, fixando que, quanto a eles, o prazo para resposta ao pedido de repactuação de preços será preferencialmente de um mês (art. 92, §6º), contado da data do fornecimento da documentação exigida (art. 135, §6º).

19.4 A obrigatoriedade da cessão dos direitos patrimoniais relativos aos projetos e serviços técnicos contratados

> Art. 93. Nas contratações de projetos ou de serviços técnicos especializados, inclusive daqueles que contemplem o desenvolvimento de programas e aplicações de internet para computadores, máquinas, equipamentos e dispositivos de tratamento

> e de comunicação da informação (software) – e a respectiva documentação técnica associada –, o autor deverá ceder todos os direitos patrimoniais a eles relativos para a Administração Pública, hipótese em que poderão ser livremente utilizados e alterados por ela em outras ocasiões, sem necessidade de nova autorização de seu autor.
>
> §1º Quando o projeto se referir a obra imaterial de caráter tecnológico, insuscetível de privilégio, a cessão dos direitos a que se refere o *caput* deste artigo incluirá o fornecimento de todos os dados, documentos e elementos de informação pertinentes à tecnologia de concepção, desenvolvimento, fixação em suporte físico de qualquer natureza e aplicação da obra.
>
> §2º É facultado à Administração Pública deixar de exigir a cessão de direitos a que se refere o caput deste artigo quando o objeto da contratação envolver atividade de pesquisa e desenvolvimento de caráter científico, tecnológico ou de inovação, considerados os princípios e os mecanismos instituídos pela Lei nº 10.973, de 2 de dezembro de 2004.
>
> §3º Na hipótese de posterior alteração do projeto pela Administração Pública, o autor deverá ser comunicado e os registros serão promovidos nos órgãos ou entidades competentes.

A Lei nº 14.133/2021 impõe ao contratado que ceda à Administração todos os direitos patrimoniais relativos a projetos ou serviços técnicos especializados, inclusive aqueles que contemplem o desenvolvimento de programas e aplicações de internet para computadores, máquinas, equipamentos e dispositivos de tratamento e de comunicação da informação (*software*) e a respectiva documentação técnica associada (art. 93, *caput*). A obrigatoriedade de cessão de direitos também abarca o fornecimento de todos os dados, documentos e elementos de informação pertinentes à tecnologia de concepção, desenvolvimento, fixação em suporte físico de qualquer natureza e aplicação da obra, quando o projeto se referir à obra imaterial de caráter tecnológico, insuscetível de privilégio (art. 93, §1º).

Esses dispositivos foram editados com o propósito de possibilitar a sua livre utilização pela Administração, e também a sua alteração, quando isso se fizer necessário, sem necessidade de nova autorização de seu autor (art. 93, parte final). Porém, a posterior alteração do projeto pela Administração demanda comunicação ao contratado e a promoção dos respectivos registros nos órgãos ou entidades competentes (art. 93, §3º).

Outro ponto que merece destaque é que a Administração Pública pode deixar de exigir a cessão de direitos quando o objeto da contratação envolver atividade de pesquisa e desenvolvimento de caráter científico, tecnológico ou de inovação (art. 93, §2º). Mas, para tanto, deverá observar os princípios e mecanismos instituídos pela Lei nº 10.973/2004, que dispõe sobre incentivos à inovação e à pesquisa científica e tecnológica no ambiente produtivo (art. 93, §2º).

19.5 A obrigatoriedade de divulgação dos contratos celebrados no Portal Nacional de Contratações Públicas

> Art. 94. A divulgação no Portal Nacional de Contratações Públicas (PNCP) é condição indispensável para a eficácia do contrato e seus aditamentos e deverá ocorrer nos seguintes prazos, contados da data de sua assinatura:
>
> I - 20 (vinte) dias úteis, no caso de licitação;
>
> II - 10 (dez) dias úteis, no caso de contratação direta.
>
> §1º Os contratos celebrados em caso de urgência terão eficácia a partir da sua assinatura e deverão ser publicados nos prazos previstos nos incisos I e II do *caput* deste artigo, sob pena de nulidade.
>
> §2º A divulgação de que trata o *caput* deste artigo, quando referente à contratação de profissional do setor artístico por inexigibilidade, deverá identificar os custos do cachê do artista, dos músicos ou da banda, quando houver, do transporte, da hospedagem, da infraestrutura, da logística do evento e das demais despesas específicas.
>
> §3º No caso de obras, a Administração divulgará em sítio eletrônico oficial, em até 25 (vinte e cinco) dias úteis após a assinatura do contrato, os quantitativos e os preços unitários e totais que contratar e, em até 45 (quarenta e cinco) dias úteis após a conclusão do contrato, os quantitativos executados e os preços praticados.
>
> §4º VETADO
>
> §5º VETADO

Os contratos administrativos de igual modo devem ser divulgados no Portal Nacional de Contratações Públicas, instituído pela Lei nº 14.133/2021 e por ela conceituado como sítio eletrônico oficial destinado à divulgação centralizada e obrigatória dos atos por ela exigidos e à realização facultativa das contratações pelos órgãos e entidades dos poderes Executivo, Legislativo e Judiciário de todos os entes federativos (art. 174, *caput*). O legislador considera essa divulgação condição de eficácia do contrato e de seus aditamentos (art. 94, *caput*), impondo a sua realização:

a) no caso de licitação, no prazo de vinte dias úteis (art. 94, I);

b) no caso de contratação direta, no prazo de dez dias úteis (art. 94, II).

Mas admite a eficácia imediata dos contratos (leia-se: que eles sejam executados mesmo na pendência da sua divulgação) em caso de urgência, condicionando a sua validade (leia-se: que eles não sejam anulados) à formalização da sua divulgação nos prazos anteriormente mencionados (art. 94, §1º).

A divulgação dos contratos administrativos no Portal Nacional de Contratações Públicas deverá ser acompanhada:

a) quando a operação for relativa à contratação de profissional do setor artístico por inexigibilidade de licitação, da identificação, no próprio portal, dos custos do cachê do artista, dos músicos ou da banda (quando houver), do transporte, da hospedagem, da infraestrutura, da logística do evento e das demais despesas específicas (art. 94, §2º);

b) no caso de obras, da divulgação, em sítio eletrônico oficial (art. 94, §3º):

 b.1) no prazo de até vinte e cinco dias úteis contatos da sua assinatura, dos quantitativos e dos preços unitários e totais que contratar; e

 b.2) em até quarenta e cinco dias úteis após a conclusão do contrato, dos quantitativos executados e dos preços praticados.[821]

19.6 Obrigatoriedade e dispensa do instrumento contratual

> Art. 95. O instrumento de contrato é obrigatório, salvo nas seguintes hipóteses, em que a Administração poderá substituí-lo por outro instrumento hábil, como carta-contrato, nota de empenho de despesa, autorização de compra ou ordem de execução de serviço:
>
> I - dispensa de licitação em razão de valor;
>
> II - compras com entrega imediata e integral dos bens adquiridos, dos quais não resultem obrigações futuras, inclusive quanto a assistência técnica, independentemente de seu valor.
>
> §1º Às hipóteses de substituição do instrumento de contrato, aplica-se, no que couber, o disposto no art. 92 desta Lei.
>
> §2º É nulo e de nenhum efeito o contrato verbal com a Administração, salvo o de pequenas compras ou prestação de serviços de pronto pagamento, assim entendidas aquelas de valor não superior a R$10.000,00 (dez mil reais).

Como regra, o instrumento de contrato é obrigatório (art. 95, *caput*). Porém, a Administração poderá substituí-lo:

 a) por outro instrumento hábil (carta-contrato, nota de empenho de despesa, autorização de compra ou ordem de execução de serviço) quando a contratação resultar de dispensa de licitação em razão de valor (art. 95, I) e de compras com entrega imediata e integral dos bens adquiridos, dos quais não resultem obrigações futuras, inclusive quanto à assistência técnica, independentemente de seu valor (art. 95, II); hipótese em que o instrumento alternativo deve conter

---

[821] O projeto de lei aprovado pelo Congresso Nacional também previa, quanto ao particular, que o contratado também deveria divulgar em seu sítio eletrônico e manter à disposição do público, observados os prazos anteriormente mencionados (vinte dias para as licitações e dez dias para as contratações diretas), o inteiro teor dos contratos administrativos formalizados e de seus aditamentos (art. 94, §4º), observando, ainda, que essa regra não se aplicaria aos contratos firmados com microempresas e empresas de pequeno porte, regidos pela Lei Complementar nº 123/2006, que instituiu o Estatuto Nacional da Microempresa e da Empresa de Pequeno Porte (art. 94, §5º). Porém, a Presidência da República vetou esses dispositivos, à consideração de que "a medida contraria o interesse público por trazer um ônus financeiro adicional e desnecessário ao particular, tendo em vista que a divulgação em 'sítio eletrônico oficial', por meio do Portal Nacional de Contratações Públicas (PNCP), prevista no *caput* deste dispositivo, atende ao princípio constitucional da publicidade e garante a transparência dos atos e documentos produzidos nos procedimentos de contratação pública", e de que "tal obrigatoriedade poderá resultar em aumento dos custos dos contratos a serem firmados com a Administração Pública, uma vez que as empresas terão que ter profissionais especializados para a execução da demanda, especialmente, no caso de empresas de pequeno porte, as quais, muitas vezes, sequer dispõem de sítio eletrônico".

as cláusulas necessárias aos contratos administrativos (art. 92, *caput*) que forem compatíveis com o seu objeto (art. 95, §1º);

b) inclusive por contrato verbal (considerado nulo e sem nenhum efeito para qualquer outro objeto) para pequenas compras ou prestação de serviços de pronto pagamento, assim entendidas aquelas de valor não superior a dez mil reais (art. 95, §2º).

GARANTIAS CONTRATUAIS

Art. 96. A critério da autoridade competente, em cada caso, poderá ser exigida, mediante previsão no edital, prestação de garantia nas contratações de obras, serviços e fornecimentos.

§1º Caberá ao contratado optar por uma das seguintes modalidades de garantia:

I - caução em dinheiro ou em títulos da dívida pública, emitidos sob a forma escritural, mediante registro em sistema centralizado de liquidação e de custódia autorizado pelo Banco Central do Brasil, e avaliados por seus valores econômicos, conforme definido pelo Ministério da Economia;

II - seguro-garantia;

III - fiança bancária emitida por banco ou instituição financeira devidamente autorizada a operar no País pelo Banco Central do Brasil.

§2º Na hipótese de suspensão do contrato por ordem ou inadimplemento da Administração, o contratado ficará desobrigado de renovar a garantia ou de endossar a apólice de seguro até a ordem de reinício da execução ou o adimplemento pela Administração.

§3º O edital fixará prazo mínimo de 1 (um) mês, contado da data da homologação da licitação e anterior à assinatura do contrato, para a prestação da garantia pelo contratado quando optar pela modalidade prevista no inciso II do §1º deste artigo.

Art. 97. O seguro-garantia tem por objetivo garantir o fiel cumprimento das obrigações assumidas pelo contratado perante à Administração, inclusive as multas, os prejuízos e as indenizações decorrentes de inadimplemento, observadas as seguintes regras nas contratações regidas por esta Lei:

I - o prazo de vigência da apólice será igual ou superior ao prazo estabelecido no contrato principal e deverá acompanhar as modificações referentes à vigência deste mediante a emissão do respectivo endosso pela seguradora;

II - o seguro-garantia continuará em vigor mesmo se o contratado não tiver pago o prêmio nas datas convencionadas.

Parágrafo único. Nos contratos de execução continuada ou de fornecimento contínuo de bens e serviços, será permitida a substituição da apólice de seguro-garantia na data de renovação ou de aniversário, desde que mantidas as mesmas condições e coberturas da apólice vigente e desde que nenhum período fique descoberto, ressalvado o disposto no §2º do art. 96 desta Lei.

Art. 98. Nas contratações de obras, serviços e fornecimentos, a garantia poderá ser de até 5% (cinco por cento) do valor inicial do contrato, autorizada a majoração desse percentual para até 10% (dez por cento), desde que justificada mediante análise da complexidade técnica e dos riscos envolvidos.

Parágrafo único. Nas contratações de serviços e fornecimentos contínuos com vigência superior a 1 (um) ano, assim como nas subsequentes prorrogações, será utilizado o valor anual do contrato para definição e aplicação dos percentuais previstos no *caput* deste artigo.

Art. 99. Nas contratações de obras e serviços de engenharia de grande vulto, poderá ser exigida a prestação de garantia, na modalidade seguro-garantia, com cláusula de retomada prevista no art. 102 desta Lei, em percentual equivalente a até 30% (trinta por cento) do valor inicial do contrato.

Art. 100. A garantia prestada pelo contratado será liberada ou restituída após a fiel execução do contrato ou após a sua extinção por culpa exclusiva da Administração, e, quando em dinheiro, atualizada monetariamente.

Art. 101. Nos casos de contratos que impliquem a entrega de bens pela Administração, dos quais o contratado ficará depositário, o valor desses bens deverá ser acrescido ao valor da garantia.

Art. 102. Na contratação de obras e serviços de engenharia, o edital poderá exigir a prestação da garantia na modalidade seguro-garantia e prever a obrigação de a seguradora, em caso de inadimplemento pelo contratado, assumir a execução e concluir o objeto do contrato, hipótese em que:

I - a seguradora deverá firmar o contrato, inclusive os aditivos, como interveniente anuente, e poderá:

a) ter livre acesso às instalações em que for executado o contrato principal;

b) acompanhar a execução do contrato principal;

c) ter acesso a auditoria técnica e contábil;

d) requerer esclarecimentos ao responsável técnico pela obra ou pelo fornecimento;

II - a emissão de empenho em nome da seguradora, ou a quem ela indicar para a conclusão do contrato, será autorizada desde que demonstrada sua regularidade fiscal;

III - a seguradora poderá subcontratar a conclusão do contrato, total ou parcialmente.

Parágrafo único. Na hipótese de inadimplemento do contratado, serão observadas as seguintes disposições:

I - caso a seguradora execute e conclua o objeto do contrato, estará isenta da obrigação de pagar a importância segurada indicada na apólice;

II - caso a seguradora não assuma a execução do contrato, pagará a integralidade da importância segurada indicada na apólice.

A Lei nº 14.133/2021 autoriza a Administração a exigir, a critério da autoridade competente, prestação de garantia nas contratações de obras, serviços e fornecimentos (compras), embora condicione a adoção dessa medida à existência de previsão no edital (art. 96, *caput*). Neste capítulo, procuraremos apresentar as *modalidades de garantia* admitidas pelo legislador (caução, seguro-garantia e fiança bancária), para depois entrar em considerações sobre a sua *renovação*, sobre o seu *valor* e sobre a sua *restituição ao contratado*.

20.1 As modalidades de garantias

Para o caso de a Administração resolver exigir a apresentação de garantias na contratação de obras, serviços e fornecimentos (compras) em que a adoção dessa medida tenha sido prevista em edital (art. 96, *caput*), a Lei nº 14.133/2021 elenca três distintas modalidades de garantias contratuais: a *caução*, o *seguro-garantia* e a *fiança bancária*.

Como *regra*, é o contratado que escolhe *qual tipo de garantia deseja prestar* (art. 96, §1º). Porém, o legislador estabeleceu *exceção* a essa regra, quando dispôs, no *caput* do art. 102, que o edital deverá exigir, nas contratações relativas a *obras e serviços de engenharia* (o que significa dizer que a exceção não se aplica às compras e à aquisição de outros serviços), a prestação da garantia na modalidade *seguro-garantia*, como forma de impor à seguradora que assuma a execução do contrato e conclua o seu objeto do contrato em caso de inadimplemento do contratado.[822]

20.1.1 Caução

A *caução* pode ser prestada em dinheiro, ou então em títulos da dívida pública emitidos sob a forma escritural, mediante registro em sistema centralizado de liquidação e de custódia autorizado pelo Banco Central do Brasil, que devem ser avaliados por seus valores econômicos, conforme definido pelo Ministério da Economia (art. 96, §1º, I). Se, em vista do seu oferecimento, o contratado vir a se tornar inadimplente na execução da prestação, o montante depositado e/ou os títulos caucionados serão revertidos em favor a Administração.

20.1.2 Seguro-garantia

O *seguro-garantia* (art. 96, §1º, II), por sua vez, é o seguro adquirido pelo contratado para garantia do fiel cumprimento das obrigações por ele assumidas (art. 6º, LIV), que deve cobrir inclusive as multas, os prejuízos e as indenizações decorrentes de inadimplemento (art. 97, *caput*). O legislador impõe, quanto a essa modalidade de garantia:

a) que ela seja prestada, havendo previsão em edital (art. 96, §3º):

    a.1) no prazo mínimo de um mês, contado da data da homologação da licitação; e

    a.2) anteriormente à assinatura do contrato;

---

[822] Retomaremos esse ponto no tópico 20.1.2.

b) que o prazo de vigência da apólice deve ser igual ou superior ao prazo estabelecido no contrato principal (art. 97, I);
c) que esse prazo deve acompanhar as modificações referentes à vigência do prazo contratual, mediante emissão do respectivo endosso pela seguradora (art. 97, I, parte final); e
d) que o seguro-garantia deve continuar em vigor mesmo quando o contratado não pagar o prêmio nas datas convencionadas pela seguradora (art. 97, II).

A seguradora poderá, inclusive, vir a assumir a prestação no lugar do contratado em contratações relativas a obras e serviços de engenharia (art. 102, *caput*). Mas, para tanto, o edital deverá exigir a prestação da garantia na modalidade seguro-garantia e prever a obrigação de a seguradora assumir a execução e concluir o objeto do contrato em caso de inadimplemento pelo contratado (art. 102, parte final).

Quando semelhante previsão constar do edital de licitação, a seguradora deverá firmar o contrato (e inclusive os aditivos) juntamente com o contratado, na condição de interveniente anuente, podendo, como decorrência disso, ter livre acesso às instalações em que for executado o contrato principal, acompanhar a sua execução, ter acesso às auditorias técnicas e contábeis realizadas e requerer esclarecimentos ao responsável técnico pela obra ou pelo fornecimento (art. 102, I). Se, nesse contexto, o contratado vier a se tornar inadimplente, dando ensejo à assunção da execução do contrato por parte da seguradora (art. 62, *caput*), a emissão de empenho poderá feita em nome dela, ou de quem ela indicar para a conclusão do contrato (art. 102, II), inclusive de pessoa jurídica por ela subcontratada para a conclusão da prestação (art. 102, III), desde que demonstrada a sua regularidade fiscal (art. 102, II, parte final).

A assunção do contrato pela seguradora a isenta da obrigação de pagar a importância indicada na apólice (art. 102, parágrafo único, I). Porém, ela tem a opção de não assumir a execução do contrato, hipótese em que pagará à Administração a integralidade do valor segurado (art. 102, parágrafo único, II).

O legislador também admite a substituição do contrato de seguro-garantia na data da renovação ou do aniversário nos contratos de execução continuada ou de fornecimento contínuo de bens e serviços (art. 97, parágrafo único). Contudo, exige, para tanto, que sejam mantidas as mesmas condições e coberturas da apólice vigente e que nenhum período fique descoberto (art. 97, parágrafo único), ressalvadas tão somente as hipóteses de suspensão do contrato por ordem ou inadimplemento da Administração (art. 96, §2º).

20.1.3 Fiança bancária

A fiança bancária é garantia emitida por banco ou instituição financeira devidamente autorizada a operar no país pelo Banco Central do Brasil (art. 96, §1º, III). Nesse caso, havendo inadimplemento, quem arcará com os prejuízos sofridos pela Administração será o banco/a instituição financeira que se apresentou como fiador(a) do contratado.

20.2 Disposições sobre a renovação da garantia

Como regra as garantias devem perdurar durante todo o período de execução do contrato. Mas o contratado ficará desobrigado de renová-la, ou de endossar a apólice de seguro, quando o contrato vier a ser suspenso por ordem ou inadimplemento da Administração, devendo fazê-lo, contudo, tão logo se verifique a ordem de reinício da execução ou o adimplemento (art. 96, §2º).

20.3 Disposições sobre o valor da garantia

A garantia prestada pelo contratado fica limitada a *cinco por cento* do valor inicial do contrato nas contratações relativas a obras, serviços e fornecimentos (art. 96, *caput*), ou de seu valor anual, aplicável às contratações de serviços e fornecimentos contínuos com vigência superior a um ano e às subsequentes prorrogações (art. 96, parágrafo único). Todavia, o seu valor pode ser majorado para até *dez por cento*, mediante decisão administrativa fundamentada, tendo em vista análise sobre a complexidade técnica da prestação e os riscos envolvidos (art. 96, parte final).

Além disso, se a contratação compreender a execução de obras e serviços de engenharia de grande vulto, assim consideradas aquelas cujo valor estimado supera duzentos milhões de reais (art. 6º, XXII), poderá ser exigida a prestação de garantia na modalidade seguro-garantia, com cláusula de retomada do serviço pela seguradora (art. 102), quantificada em até *trinta por cento* (art. 99, *caput*) do valor inicial do contrato (art. 98, *caput*) ou de seu valor anual (art. 98, parágrafo único).

Outro ponto que merece destaque, no que concerne à quantificação da garantia, é que nos contratos que impliquem a entrega de bens pela Administração, dos quais o contratado ficará depositário, também o valor desses bens deverá ser acrescido ao valor da garantia (art. 101, *caput*).

20.4 Disposições sobre a restituição da garantia

A garantia prestada pelo contratado somente será liberada ou restituída após a fiel execução do contrato, ou então quando ele vier a ser extinto por culpa exclusiva da Administração, devendo ser atualizada monetariamente quando ofertada mediante apresentação de caução em dinheiro (art. 100, *caput*).

20.5 Síntese esquemática

Objeto	%	Base de incidência
Obras, serviços e fornecimentos	5%	valor do contrato
Obras, serviços e fornecimentos continuados com vigência > que 1 ano	5%	valor anual + prorrogações
Obras, serviços e fornecimentos de maior complexidade e risco	10%	valor do contrato
Obras, serviços e fornecimentos continuados com vigência > que 1 ano de maior complexidade e risco	10%	valor anual + prorrogações
Obras de serviços de engenharia de grande vulto (+ de 200 milhões)	30%	valor do contrato
Obras de serviços de engenharia de grande vulto continuadas com vigência > que 1 ano	30%	valor anual + prorrogações
Obras, serviços e fornecimentos, com entrega de bens pela Administração	5%	valor do contrato + valor dos bens disponibilizados pela Administração
Obras, serviços e fornecimentos continuados com vigência > que 1 ano e com entrega de bens pela Administração	5%	valor anual + prorrogações + valor dos bens disponibilizados pela Administração
Obras, serviços e fornecimentos de maior complexidade e risco e com entrega de bens pela Administração	10%	valor do contrato + valor dos bens disponibilizados pela Administração
Obras, serviços e fornecimentos continuados com vigência > que 1 ano de maior complexidade e risco e com entrega de bens pela Administração	10%	valor anual + prorrogações + valor dos bens disponibilizados pela Administração
Obras de serviços de engenharia de grande vulto e com entrega de bens pela Administração	30%	valor do contrato + valor dos bens disponibilizados pela Administração
Obras de serviços de engenharia de grande vulto continuadas com vigência > que 1 ano e com entrega de bens pela Administração	30%	valor anual + prorrogações + valor dos bens disponibilizados pela Administração

ALOCAÇÃO DE RISCOS

Art. 103. O contrato poderá identificar os riscos contratuais previstos e presumíveis e prever matriz de alocação de riscos, alocando-os entre contratante e contratado, mediante indicação daqueles a serem assumidos pelo setor público ou pelo setor privado ou daqueles a serem compartilhados.

§1º A alocação de riscos de que trata o *caput* deste artigo considerará, em compatibilidade com as obrigações e os encargos atribuídos às partes no contrato, a natureza do risco, o beneficiário das prestações a que se vincula e a capacidade de cada setor para melhor gerenciá-lo.

§2º Os riscos que tenham cobertura oferecida por seguradoras serão preferencialmente transferidos ao contratado.

§3º A alocação dos riscos contratuais será quantificada para fins de projeção dos reflexos de seus custos no valor estimado da contratação.

§4º A matriz de alocação de riscos definirá o equilíbrio econômico-financeiro inicial do contrato em relação a eventos supervenientes e deverá ser observada na solução de eventuais pleitos das partes.

§5º Sempre que atendidas as condições do contrato e da matriz de alocação de riscos, será considerado mantido o equilíbrio econômico-financeiro, renunciando as partes aos pedidos de restabelecimento do equilíbrio relacionados aos riscos assumidos, exceto no que se refere:

I - às alterações unilaterais determinadas pela Administração, nas hipóteses do inciso I do caput do art. 124 desta Lei;

II - ao aumento ou à redução, por legislação superveniente, dos tributos diretamente pagos pelo contratado em decorrência do contrato.

§6º Na alocação de que trata o caput deste artigo, poderão ser adotados métodos e padrões usualmente utilizados por entidades públicas e privadas, e os ministérios e secretarias supervisores dos órgãos e das entidades da Administração Pública poderão definir os parâmetros e o detalhamento dos procedimentos necessários a sua identificação, alocação e quantificação financeira.

A Lei nº 14.133/2021 dispõe sobre a alocação de riscos nos contratos administrativos, abarcando a previsão, nos instrumentos respectivos, de *matriz de alocação de riscos*, do *relacionamento entre ela e o equilíbrio econômico-financeiro* do contrato e da sua *padronização* pela Administração.

21.1 A matriz de alocação de risco

O legislador estabelece que o contrato poderá identificar os riscos contratuais previstos e presumíveis, para conceber matriz de alocação de riscos capaz de alocá-los entre contratante e contratado, mediante indicação dos riscos assumidos pelo setor público, daqueles assumidos pelo contratado e daqueles que devem ser compartilhados (art. 103, *caput*).

A matriz de riscos é cláusula contratual voltada à distribuição de riscos e de responsabilidades entre as partes, e também à caracterização do equilíbrio econômico-financeiro inicial do contrato, incidindo sobre os ônus financeiros decorrentes de eventos supervenientes à contratação (art. 6º, XXVII). Dela devem constar, pelo menos:

a) listagem de possíveis eventos supervenientes à assinatura do contrato que possam causar impacto em seu equilíbrio econômico-financeiro (art. 6º, XXVII, "a");

b) previsão de eventual necessidade de prolação de termo aditivo por ocasião de sua ocorrência (art. 6º, XXVII, "a", parte final);

c) no caso de obrigações de resultado, estabelecimento das frações do objeto com relação às quais haverá liberdade para o contratado inovar em soluções metodológicas ou tecnológicas, de modo a empregar soluções distintas daquelas previamente delineadas no anteprojeto ou no projeto básico (art. 6º, XXVII, "b"); e

d) no caso de obrigações de meio, estabelecimento preciso das frações do objeto com relação às quais não haverá liberdade para os contratados inovarem em soluções metodológicas ou tecnológicas (ou seja, daquelas em que deverá haver obrigação de aderência entre a execução e a solução predefinida no anteprojeto ou no projeto básico), consideradas as características do regime de execução no caso de obras e serviços de engenharia (art. 6º, XXVII, "c").

A alocação de riscos deve considerar, guardada a compatibilidade com as obrigações e os encargos atribuídos às partes no contrato, a natureza do risco, o beneficiário das prestações a que se vincula e a capacidade de cada setor para melhor gerenciá-lo (art. 103, §1º). Nesse contexto, os riscos que tenham cobertura oferecida por seguradoras serão preferencialmente transferidos ao contratado (art. 103, §2º).

Além disso, a alocação dos riscos contratuais será quantificada para fins de projeção dos reflexos de seus custos no valor estimado da contratação (art. 103, §3º).

21.2 A relação necessária entre a alocação de riscos e o equilíbrio econômico-financeiro do contrato

A matriz de alocação define o equilíbrio econômico-financeiro inicial do contrato (art. 6º, XXVII) em relação a eventos supervenientes, devendo ser observada na solução de eventuais pleitos das partes (art. 103, §4º). Destarte, sempre que atendidas as condições do contrato e da matriz de alocação de riscos, será considerado mantido o equilíbrio econômico-financeiro (art. 103, §5º). Na prática, quando firmam contrato que a preveja, *as partes renunciam aos pedidos de restabelecimento do equilíbrio relacionados aos riscos assumidos* (art. 103, §5º, parte final), *ressalvando-se tão somente as alterações unilaterais* (art. 124, I) *determinadas pela Administração* (art. 103, §5º, I) *e o aumento/redução* (por legislação superveniente) *dos tributos diretamente pagos pelo contratado* em decorrência da execução do contrato (art. 103, §5º, II).

21.3 Disposições sobre a padronização na alocação de riscos

Outro ponto de destaque é que o legislador previu, ainda (art. 103, §6º):
a) que a Administração poderá adotar, na alocação dos riscos, métodos e padrões usualmente utilizados por entidades públicas e privadas; e
b) que os ministérios e secretarias supervisores dos órgãos/entidades da Administração Pública das três esferas da Federação brasileira poderão definir os parâmetros e o detalhamento dos procedimentos necessários à sua identificação, alocação e quantificação financeira.

CLÁUSULAS EXORBITANTES

> Art. 104. O regime jurídico dos contratos instituído por esta Lei confere à Administração, em relação a eles, as prerrogativas de:
>
> I - modificá-los, unilateralmente, para melhor adequação às finalidades de interesse público, respeitados os direitos do contratado;
>
> II - extingui-los, unilateralmente, nos casos especificados nesta Lei;
>
> III - fiscalizar sua execução;
>
> IV - aplicar sanções motivadas pela inexecução total ou parcial do ajuste;
>
> V - ocupar provisoriamente bens móveis e imóveis e utilizar pessoal e serviços vinculados ao objeto do contrato, nas hipóteses de:
>
> a) risco à prestação de serviços essenciais;
>
> b) necessidade de acautelar apuração administrativa de faltas contratuais pelo contratado, inclusive após extinção do contrato.
>
> §1º As cláusulas econômico-financeiras e monetárias dos contratos não poderão ser alteradas sem prévia concordância do contratado.
>
> §2º Na hipótese prevista no inciso I do *caput* deste artigo, as cláusulas econômico-financeiras do contrato deverão ser revistas para que se mantenha o equilíbrio contratual.

A exemplo do que fazia o regime normativo revogado, a Lei nº 14.133/2021 (art. 104 e parágrafos) estabelece uma série de prerrogativas em favor da Administração no que concerne à execução dos contratos administrativos. Essas prerrogativas desde sempre foram designadas, em doutrina, como *cláusulas exorbitantes*, qualificadas por José dos Santos Carvalho Filho, ainda na vigência da Lei nº 8.666/1993, como *cláusulas de privilégio* que consubstanciam "prerrogativas especiais conferidas à Administração na relação do contrato administrativo em virtude de sua posição de supremacia em relação à parte contratada".[823] Conforme Maria Sylvia Zanella Di Pietro, elas existem

---

[823] CARVALHO FILHO, José dos Santos. *Manual de direito administrativo*, 31. ed., p. 154. Em mesmo sentido, cf. DI PIETRO, Maria Sylvia Zanella. *Direito administrativo*, 30. ed., p. 340.

implicitamente, ou seja, ainda que não sejam expressamente previstas em lei, e "são indispensáveis para assegurar a posição de supremacia do poder público sobre o contratado e a prevalência do interesse público sobre o particular",[824] mas não incidem (ao menos como regra) quando a Administração celebra contratos de direito privado (em que "ela não necessita dessa supremacia e a sua posição pode nivelar-se à do particular"), contexto em que teriam que ser expressamente previstas em lei que (no particular) derrogue o direito comum.[825] Trata-se, portanto, de cláusulas "que não seriam comuns, ou que seriam ilícitas em contrato celebrado entre particulares", porque conferem prerrogativas a uma das partes (a Administração) em relação à outra, colocando-a (a Administração) em posição de supremacia sobre o contratado.[826]

Abordamos essa posição de supremacia quando analisamos o conteúdo do princípio da supremacia do interesse público sobre o privado (princípio implícito ao princípio do interesse público), que proclama, segundo Celso Antônio Bandeira de Mello, "a superioridade do interesse da coletividade, firmando a prevalência dele sobre o particular, como condição, até mesmo, da sobrevivência e asseguramento deste último", e que "é pressuposto de uma ordem social estável, em que todos e cada um possam sentir-se garantidos e resguardados",[827] da qual resultam, como consequências (ou princípios subordinados), a *posição de privilegiada* da Administração em relação aos particulares e a sua *posição de supremacia*. A *posição privilegiada* "encarta os benefícios que a ordem jurídica confere a fim de assegurar conveniente proteção aos interesses públicos instrumentando os órgãos que representam para um bom, fácil, expedito e resguardado desempenho de suas funções", refletindo-se, por exemplo, na presunção de veracidade e legitimidade dos atos administrativos e no estabelecimento de prazos maiores para atuação em processos judiciais e de prazos especiais de prescrição; enquanto que a *posição de supremacia* é metaforicamente expressada pela "afirmação de que vigora a verticalidade nas relações entre Administração e particular, ao contrário da horizontalidade típica das relações entres estes últimos", e "significa que o poder público se encontra em situação de autoridade, de comando relativamente aos particulares, com indispensável condição para gerir os interesses públicos postos em confronto", da qual decorre (ainda exemplificativamente) a possibilidade de a Administração constituir privados em obrigações por ato unilateral (como corre nas execuções fiscais) e também a prerrogativa "de modificar, também unilateralmente, relações já estabelecidas".[828] Da conjugação entre a posição privilegiada e a posição de supremacia "resulta a exigibilidade dos atos administrativos", a sua executoriedade ("muitas vezes até com recurso a compulsão material sobre pessoa ou coisa, como a chamada execução de ofício"), e também "a possibilidade, nos limites da lei, da revogação de seus próprios atos através de manifestação unilateral de vontade" e da "decretação da nulidade deles, quando viciados" (autotutela).[829]

---

[824] DI PIETRO, Maria Sylvia Zanella. *Direito administrativo*, 30. ed., p. 340.
[825] DI PIETRO, Maria Sylvia Zanella. *Direito administrativo*, 30. ed., p. 340.
[826] DI PIETRO, Maria Sylvia Zanella. *Direito administrativo*, 30. ed., p. 274.
[827] BANDEIRA DE MELLO, Celso Antônio. *Curso de direito administrativo*, 27. ed., p. 69.
[828] BANDEIRA DE MELLO, Celso Antônio. *Curso de direito administrativo*, 27. ed., p. 70.
[829] Consistente na "possibilidade, nos limites da lei, da revogação de seus próprios atos através de manifestação unilateral de vontade" e da "decretação da nulidade deles, quando viciados" (cf. BANDEIRA DE MELLO, Celso Antônio. *Curso de direito administrativo*, 27. ed., p. 71).

Assim, o que singulariza os contratos administrativos é a presença da Administração em um dos polos da relação contratual e, sobretudo, a necessidade de preservação dos interesses coletivos quando confrontados com interesses individuais.[830] Porém, isso não quer dizer, em absoluto, que o princípio da supremacia do interesse público sobre o privado oriente que, em conflitos de interesses surgidos entre Administração e administrados, prevaleça, sempre, ou quando menos como regra, a posição do Poder Público.[831] Em primeiro lugar porque "esses caracteres, que sem dúvida informam a atuação administrativa", não "autorizariam a supor que a Administração Pública, escudada na supremacia do interesse público sobre o interesse privado, pode expressar tais prerrogativas com a mesma autonomia e liberdade com que os particulares exercitam seus direitos", porque ela exerce função, a função administrativa, que incide "quando alguém está investido no dever de satisfazer dadas finalidades em prol do interesse de outrem, necessitando, para tanto, manejar os poderes requeridos para supri-las", num contexto em que "tais poderes são instrumentais ao alcance das sobreditas finalidades".[832] Em segundo lugar porque o princípio se refere ao interesse público, qualificado, nas palavras de Bandeira de Mello, como "aquele que a lei aponta como sendo o interesse da coletividade", que consiste na observância da ordem jurídica estabelecida a título de bem curar o interesse de todos.[833] Destarte, a posição privilegiada e a posição de supremacia apenas possibilitam que a Administração, sob a invocação do princípio da supremacia do interesse público sobre o privado, oriente-se para conferir razão a quem tem razão, de modo a assegurar a realização do interesse público, que não se confunde com os seus próprios interesses (interesses do Poder Público), porque se reporta aos interesses juridicizados pelo legislador, voltando-se, assim, à realização, nos casos concretos, de direitos subjetivos individuais e coletivos.[834]

22.1 A possibilidade de modificação unilateral do contrato pela Administração

A primeira das cláusulas exorbitantes previstas pelo legislador no novo regime normativo é a possibilidade de a Administração modificar unilateralmente os contratos administrativos, para melhor adequação deles às finalidades de interesse público (art. 104, I). Porém, o exercício dessa prerrogativa pressupõe o respeito, pela Administração, aos direitos do contratado (art. 104, I, parte final), entre eles o seu direito:
a) ao *contraditório*, expressado no texto da Lei nº 14.133/2021:
   a.1) em seu art. 21, que disciplina a realização de audiência pública que possibilite a manifestação de todos os interessados;

---

[830] MEDAUAR, Odete. *Direito administrativo moderno*, 21. ed., p. 219.
[831] Nesse sentido, cf. ÁVILA, Humberto. Repensando o princípio da supremacia do interesse público sobre o particular; ARAGÃO, Alexandre Santos de. A "supremacia do interesse público" no advento do estado de direito e na hermenêutica do direito público contemporâneo; SARMENTO, Daniel. Interesses públicos vs. interesses privados na perspectiva da teoria e da filosofia constitucional; BINENBOJM, Gustavo. Da supremacia do interesse público ao dever de proporcionalidade; e SCHIER, Paulo Ricardo. Ensaio sobre a supremacia do interesse público sobre o privado e o regime jurídico dos direitos fundamentais. Sobre o assunto, ler também: MADUREIRA, Claudio. *Advocacia Pública*, p. 62-75, *passim*.
[832] BANDEIRA DE MELLO, Celso Antônio. *Curso de direito administrativo*, 27. ed., p. 71.
[833] BANDEIRA DE MELLO, Celso Antônio. *Curso de direito administrativo*, 27. ed., p. 71.
[834] A propósito, cf. MADUREIRA, Claudio. *Advocacia Pública*, p. 75-83, *passim*.

a.2) no §3º do seu art. 71, que condiciona a prolação de decisão sobre anulação ou revogação da licitação a prévia manifestação dos interessados;

a.3) no seu art. 137, que condiciona a extinção dos contratos administrativos à observância do contraditório e da ampla defesa; e

a.4) nos seus arts. 157, 158 e 160, que aplicam essas garantias em matéria de atribuição de sanções a licitantes/contratados;

b) a *ser indenizado*, nas alterações contratuais para supressão de obras, bens ou serviços, pelos materiais que já tiver adquirido e colocado no local dos trabalhos e por outros danos eventualmente decorrentes da supressão, desde que regularmente comprovados (art. 129, *caput*); e

c) ao *restabelecimento*, mediante termo aditivo, *do equilíbrio econômico-financeiro inicial* em caso de alteração unilateral que aumente ou diminua os seus encargos (art. 130, *caput*).

22.2 A admissibilidade da extinção unilateral do contrato pela Administração

A Administração também pode extinguir os contratos unilateralmente (art. 104, II), nas hipóteses:

a) de descumprimento ou cumprimento irregular de normas editalícias ou de cláusulas contratuais, de especificações, de projetos ou de prazos (art. 137, I);

b) de desatendimento das determinações regulares emitidas pela autoridade designada para acompanhar e fiscalizar sua execução ou por autoridade superior (art. 137, II);

c) de alteração social ou modificação da finalidade ou da estrutura da empresa que restrinja sua capacidade de concluir o contrato (art. 137, III);

d) de decretação de falência ou de insolvência civil, da dissolução da sociedade ou do falecimento do contratado (art. 137, IV);

e) de caso fortuito ou força maior, regularmente comprovados, impeditivos da execução do contrato (art. 137, V);

f) de atraso na obtenção da licença ambiental, ou de impossibilidade de obtê-la, bem como de alteração substancial do *anteprojeto*[835] que dela resultar, ainda que obtida no prazo previsto (art. 137, VI);

g) de atraso na liberação das áreas sujeitas à desapropriação, à desocupação ou à servidão administrativa, ou impossibilidade de liberação dessas áreas (art. 137, VII);

h) de verificação de razões de interesse público, justificadas pela autoridade máxima do órgão ou da entidade contratante (art. 137, VIII);

i) de descumprimento das obrigações relativas à reserva de cargos prevista em lei, bem como em outras normas específicas, para pessoa com deficiência, para reabilitado da Previdência Social ou para aprendiz (art. 137, IX); e

j) de irregularidade insanável no procedimento licitatório que o antecedeu ou na própria sua execução (art. 147, *caput*).

---

[835] Conceituado pelo inc. XXIV do art. 6º como peça técnica que contém todos os subsídios necessários à elaboração do projeto básico.

Também nesses casos o contraditório deve assegurado ao contratado (art. 137, *caput*), que de igual modo tem direito ao recebimento de indenização por eventual desequilíbrio econômico-financeiro do contrato no período anterior à extinção (art. 131, *caput*), pelo que houver executado até momento da sua extinção (art. 149, *caput*) e por outros prejuízos regularmente comprovados e que não lhe sejam imputáveis (art. 149, parte final).

22.3 O poder-dever da Administração de exercer rigorosa fiscalização da execução do contrato

A Administração também tem a prerrogativa de exercer rigorosa fiscalização sobre a execução do contrato (art. 104, III). Quanto ao particular, o legislador estabeleceu que a execução do contrato deve ser acompanhada e fiscalizada por um ou mais *fiscais do contrato*, assim compreendidos os representantes da Administração especialmente designados para esse efeito (art. 117, *caput*) observados os requisitos do art. 7º.

Como expusemos, esse impõe que essa designação seja feita preferencialmente a servidores/empregados públicos efetivos:

a) que componham os quadros permanentes da Administração (art. 7º, I);
b) que tenham atribuições relacionadas a licitações e contratos, ou que possuam formação compatível ou qualificação atestada por certificação profissional emitida por escola de governo criada e mantida pelo Poder Público (art. 7º, II); e
c) que não sejam cônjuges ou companheiros de licitantes ou contratados habituais da Administração, nem tenham com eles vínculo de parentesco, colateral ou por afinidade, até o terceiro grau, ou de natureza técnica, comercial, econômica, financeira, trabalhista e civil (art. 7º, III).

Destarte, *apenas quando não existirem*, nos quadros da Administração, *servidores/ empregados públicos efetivos que detenham a qualificação necessária* (formação compatível) *e que não mantenham relação familiar com licitantes ou contratados habituais é que se justificaria*, em concreto, *a designação de servidores/empregados públicos comissionados ou temporários* para atuação (inclusive como fiscais do contrato) em processos que encartem licitações e contratações públicas. Quando muito, poder-se-ia admitir, em deferência à utilização da expressão *preferencialmente* no texto legal, que servidores comissionados e temporários poderiam ser designados para atuar nesses processos no interregno de tempo necessário a que a Administração realize concursos públicos para a investidura de servidores/ empregados efetivos capazes de exercê-las.[836] Disso resulta que, no novo regime normativo instituído pela Lei nº 14.133/2021, os fiscais do contrato (como os agentes de contratação/pregoeiros designados nos termos do art. 8º) devem ser indicados pela Administração entre os seus servidores/empregados públicos efetivos.

A lei também admite a atuação, nesse contexto, dos respectivos substitutos dos fiscais do contrato (art. 117, cont.), que, como eles, são agentes estatais engajados nos processos de licitações e contratos, e que por isso se encontram submetidos aos mesmos requisitos impostos pelo art. 7º para a designação de servidores/empregados públicos e pelo art. 117 para a designação dos fiscais do contato. Portanto, como os fiscais de

---
[836] A propósito, cf. as nossas considerações no tópico 4.1 do Capítulo 4.

contratos titulares, também os seus substitutos devem ser designados entre servidores/empregados públicos efetivos.

Cumpre aos fiscais do contrato anotar em registro próprio todas as ocorrências verificadas, determinando o que for necessário para a regularização das faltas ou dos defeitos observados (art. 117, §1º). Também lhes compete informar aos seus superiores, em tempo hábil para a adoção das medidas convenientes, as situações que demandarem decisões ou providências que ultrapassem sua competência (art. 117, §2º).

Além disso, eles podem se valer, nessa atividade, do auxílio:

a) dos órgãos de assessoramento jurídico (Advocacia Pública) e de controle interno da Administração (controladorias, auditorias, ministérios/secretarias e controle e transparência etc.), a quem compete dirimir as suas dúvidas e subsidiá-los com informações relevantes para prevenir riscos na execução contratual (art. 117, §3º);[837] e

b) de terceiros contratados para assisti-los e para subsidiá-los com informações pertinentes a essa atribuição (art. 117, parte final).

Porém, esses terceiros contratados, para além de ficarem subordinados aos fiscais do contrato, que persistem responsáveis pelo acompanhamento da sua execução (art. 117, §4º, II), assumirão, ainda, responsabilidade civil objetiva pela veracidade e pela precisão das informações prestadas, firmarão termo de compromisso de confidencialidade e não poderão exercer atribuição própria e exclusiva de fiscal de contrato (art. 117, §4º, I).

22.4 O poder-dever da Administração de aplicar sanções aos contratados que incorrerem em infrações administrativas

A Administração de igual modo pode aplicar ao contratado sanções motivadas pela inexecução total ou parcial do contrato (art. 104, IV). As sanções admitidas pelo legislador são a *advertência*, a aplicação de *multas*, a atribuição de *impedimento de licitar e contratar* e a *declaração de inidoneidade para licitar ou contratar* (art. 156, *caput*),[838] que serão aplicadas mediante consideração da natureza e da gravidade da infração cometida, das peculiaridades do caso concreto, das circunstâncias agravantes ou atenuantes, dos danos que dela provierem para a Administração Pública e da implantação ou aperfeiçoamento de programa de integridade, conforme normas e orientações dos órgãos de controle (art. 156, §1º).

22.5 A viabilidade da ocupação de bens e utilização de pessoal e serviços vinculados ao contrato

A Administração pode, ainda, mesmo após extinção do contrato, ocupar provisoriamente bens móveis/imóveis e utilizar pessoal/serviços vinculados ao objeto do contrato, sempre que verificar, em concreto, risco à prestação de serviços essenciais e a necessidade de acautelar apuração administrativa de faltas contratuais pelo contratado (art. 104, V). O exercício dessa prerrogativa pode ser associado à prerrogativa de

---

[837] Sobre a atuação dos fiscais do contrato cf., ainda, o que dissemos no tópico 24.1.2 do Capítulo 24.
[838] Sobre o assunto cf. as nossas considerações no tópico 31.1.2 do Capítulo 31.

promover a extinção unilateral do contrato, da qual também poderá resultar, por taxativa disposição legal, a assunção imediata do objeto do contrato pela Administração (art. 139, I), a ser exercitada inclusive mediante ocupação e utilização do local, das instalações, dos equipamentos, do material e do pessoal empregados na sua execução e necessários à sua continuidade (art. 139, II).

22.6 A relação necessária entre as cláusulas exorbitantes e o equilíbrio da equação econômico-financeira do contrato

Porém, em nenhuma dessas hipóteses as cláusulas econômico-financeiras e monetárias dos contratos poderão ser alteradas sem prévia concordância do contratado (art. 104, §1º), em especial no que concerne à modificação unilateral do contrato, que pressupõe a sua revisão pela Administração como forma de preservar o equilíbrio contratual (art. 104, §2º).

CAPÍTULO 23

DURAÇÃO DOS CONTRATOS

Art. 105. A duração dos contratos regidos por esta Lei será a prevista em edital, e deverão ser observadas, no momento da contratação e a cada exercício financeiro, a disponibilidade de créditos orçamentários, bem como a previsão no plano plurianual, quando ultrapassar 1 (um) exercício financeiro.

Art. 106. A Administração poderá celebrar contratos com prazo de até 5 (cinco) anos nas hipóteses de serviços e fornecimentos contínuos, observadas as seguintes diretrizes:

I - a autoridade competente do órgão ou entidade contratante deverá atestar a maior vantagem econômica vislumbrada em razão da contratação plurianual;

II - a Administração deverá atestar, no início da contratação e de cada exercício, a existência de créditos orçamentários vinculados à contratação e a vantagem em sua manutenção;

III - a Administração terá a opção de extinguir o contrato, sem ônus, quando não dispuser de créditos orçamentários para sua continuidade ou quando entender que o contrato não mais lhe oferece vantagem.

§1º A extinção mencionada no inciso III do *caput* deste artigo ocorrerá apenas na próxima data de aniversário do contrato e não poderá ocorrer em prazo inferior a 2 (dois) meses, contado da referida data.

§2º Aplica-se o disposto neste artigo ao aluguel de equipamentos e à utilização de programas de informática.

Art. 107. Os contratos de serviços e fornecimentos contínuos poderão ser prorrogados sucessivamente, respeitada a vigência máxima decenal, desde que haja previsão em edital e que a autoridade competente ateste que as condições e os preços permanecem vantajosos para a Administração, permitida a negociação com o contratado ou a extinção contratual sem ônus para qualquer das partes.

Art. 108. A Administração poderá celebrar contratos com prazo de até 10 (dez) anos nas hipóteses previstas nas alíneas "f" e "g" do inciso IV e nos incisos V, VI, XII e XVI do *caput* do art. 75 desta Lei.

Art. 109. A Administração poderá estabelecer a vigência por prazo indeterminado nos contratos em que seja usuária de serviço público oferecido em regime de monopólio, desde que comprovada, a cada exercício financeiro, a existência de créditos orçamentários vinculados à contratação.

Art. 110. Na contratação que gere receita e no contrato de eficiência que gere economia para a Administração, os prazos serão de:

I - até 10 (dez) anos, nos contratos sem investimento;

II - até 35 (trinta e cinco) anos, nos contratos com investimento, assim considerados aqueles que impliquem a elaboração de benfeitorias permanentes, realizadas exclusivamente a expensas do contratado, que serão revertidas ao patrimônio da Administração Pública ao término do contrato.

Art. 111. Na contratação que previr a conclusão de um escopo predefinido, o prazo de vigência será automaticamente prorrogado quando seu objeto não for concluído no período firmado no contrato.

Parágrafo único. Quando a não conclusão decorrer de culpa do contratado:

I - o contratado será constituído em mora, aplicáveis a ele as respectivas sanções administrativas;

II - a Administração poderá optar pela extinção do contrato e, nesse caso, adotará as medidas admitidas em lei para a continuidade da execução contratual.

Art. 112. Os prazos contratuais previstos nesta Lei não excluem nem revogam os prazos contratuais previstos em lei especial.

Art. 113. O contrato firmado sob o regime de fornecimento e prestação de serviço associado terá sua vigência máxima definida pela soma do prazo relativo ao fornecimento inicial ou à entrega da obra com o prazo relativo ao serviço de operação e manutenção, este limitado a 5 (cinco) anos contados da data de recebimento do objeto inicial, autorizada a prorrogação na forma do art. 107 desta Lei.

Art. 114. O contrato que previr a operação continuada de sistemas estruturantes de tecnologia da informação poderá ter vigência máxima de 15 (quinze) anos.

Esses dispositivos disciplinam a duração dos contratos no regime da Lei nº 14.133/2021, estabelecendo a regra geral aplicada nesse contexto, consistente na adstrição da duração do contrato ao prazo estabelecido em edital, mas também concebem regras relativas para situações específicas, inclusive para efeito do aproveitamento de prazos fixados em leis especiais.

23.1 Regra geral sobre duração dos contratos

Como *regra*, a *duração dos contratos* será aquela *fixada no edital* (art. 105, *caput*). Mas deve ser observada, no momento da contratação e a cada exercício financeiro, a disponibilidade de créditos orçamentários e, quando a sua execução ultrapassar exercício financeiro, no plano plurianual (art. 105, parte final).

23.2 Regras específicas

Todavia, o legislador estabeleceu regras específicas relativas à *contratação de serviços e fornecimentos contínuos*, a determinadas hipóteses de *contratação direta por dispensa* de licitação, à *contratação de serviço público exercido em regime de monopólio*, a *contratações que gerem receitas* e *contratos de eficiência*, a *contratações com escopo predefinido*, a *contratações com associação de fornecimento de bens/prestação de serviço* e a *contratações para operação continuada de sistemas estruturantes de tecnologia da informação*.

23.2.1 Disposições sobre serviços e fornecimentos contínuos

As contratações de serviços e fornecimentos contínuos, inclusive para aluguel de equipamentos e utilização de programas de informática (art. 106, §2º), podem ser realizadas pelo prazo de até *cinco anos* (art. 106, *caput*). Porém, para tanto, a Administração precisa atestar a maior vantagem econômica vislumbrada em razão da contratação plurianual (art. 106, I), a existência de créditos orçamentários vinculados à contratação e a vantagem em sua manutenção (art. 106, II). Nesse caso, a Administração terá a opção de extinguir o contrato, sem ônus, quando não dispuser de créditos orçamentários para sua continuidade, ou quando entender que o contrato não mais lhe oferece vantagem (art. 106, III), desde que o faça na próxima data de aniversário do contrato, que não poderá ocorrer em prazo inferior a dois meses contados dela (art. 106, §1º).

Outro ponto de destaque é que os contratos de serviços e fornecimentos contínuos podem ser *prorrogados sucessivamente*, respeitada a *vigência máxima decenal* (art. 107, *caput*). Contudo, a sua prorrogação pressupõe que essa possibilidade esteja prevista no edital da licitação que antecedeu a contratação e que a autoridade competente ateste que as condições e os preços permanecem vantajosos para a Administração (art. 107, cont.). A lei também admite, para a eventualidade de se verificar, em concreto, que as condições/preços contratados não permanecem vantajosos, a sua negociação com o contratado, ou, como alternativa a ela, a extinção contratual sem ônus para qualquer das partes (art. 107, parte final).

23.2.2 Hipóteses específicas de contratação direta por dispensa de licitação

Também é admitida a contratação por período de até *dez anos* na hipótese de contratação direta, por dispensa de licitação (art. 108, *caput*), de bens ou serviços produzidos ou prestados no país que envolvam, cumulativamente:
a) alta complexidade tecnológica e defesa nacional (art. 75, IV, "f");
b) materiais de uso das Forças Armadas (com exceção de materiais de uso pessoal e administrativo), quando houver necessidade de manter a padronização requerida pela estrutura de apoio logístico dos meios navais, aéreos e terrestres, mediante autorização por ato do comandante da força militar (art. 75, IV, "g");
c) objetos relacionados a atividades de inovação e pesquisa científica e tecnológica[839] (art. 75, V);

---

[839] Disciplinadas, entre nós, pela Lei nº 10.973/2004, e que abarcam produtos, processos e serviços inovadores e a transferência e a difusão de tecnologia que resultem (i) de projetos de cooperação envolvendo empresas,

d) objetos cuja aquisição possa acarretar comprometimento da segurança nacional, nos casos estabelecidos pelo ministro de Estado da Defesa, mediante demanda dos comandos das Forças Armadas ou dos demais ministérios (art. 75, VI); e

e) objetos que comportem:

e.1) transferência de tecnologia de produtos estratégicos para o SUS,[840] inclusive por ocasião da aquisição desses produtos durante as etapas de absorção tecnológica, desde que em valores compatíveis com aqueles definidos no instrumento firmado para a transferência de tecnologia (art. 75, XII);

e.2) aquisição, por pessoa jurídica de direito público interno, de insumos estratégicos para a saúde produzidos por fundação:

e.2.1) que, regimental ou estatutariamente, tenha por finalidade apoiar órgãos da Administração Pública direta, autarquias ou fundações públicas em projetos de ensino, pesquisa, extensão, desenvolvimento institucional, científico e tecnológico e de estímulo à inovação, inclusive na gestão administrativa e financeira necessária à execução desses projetos, ou em parcerias que envolvam transferência de tecnologia de produtos estratégicos para o SUS (art. 75, XVI); e

e.2.2) que tenha sido criada para esse fim específico, desde que o preço contratado seja compatível com o praticado no mercado (art. 75, XIV).

Muito embora o legislador conceba esse prazo especial para a contratação direta por dispensa de licitação nessas hipóteses específicas, também é possível cogitar da sua aplicação quando a Administração desejar contratar os mesmos objetos mediante processo licitatório, porque na *contratação dispensada a competição é possível, o que torna viável a licitação*,[841] e porque em direito *quem pode o mais* (contratar determinados objetos pelo prazo de dez anos por dispensa de licitação) *também pode o menos* (contratar os mesmos objetos, mediante licitação, pelo prazo de dez anos).

---

instituições científicas, tecnológicas e de inovação (universidades, faculdades etc.) e entidades privadas sem fins lucrativos voltados para atividades de pesquisa e desenvolvimento apoiados ou incentivados pela União, por estados, pelo Distrito Federal, por municípios e por suas respectivas agências de fomento (art. 3º); (ii) de convênios e contratos firmados pela Financiadora de Estudos e Projetos – Finep (como secretaria executiva do Fundo Nacional de Desenvolvimento Científico e Tecnológico – FNDCT), pelo Conselho Nacional de Desenvolvimento Científico e Tecnológico – CNPq e pelas agências financeiras oficiais de fomento com fundações de apoio, com a finalidade de dar apoio aos institutos federais de educação e às demais instituições científicas, tecnológicas e de inovação (art. 3º-A); (iii) do compartilhamento de laboratórios, equipamentos, instrumentos, materiais e demais instalações entre instituições científicas, tecnológicas e de inovação, ou entre elas e empresas, em ações voltadas à inovação tecnológica para consecução das atividades de incubação, bem como da permissão da sua utilização por outras instituições científicas, tecnológicas e de inovação, por empresas ou por pessoas físicas voltadas a atividades de pesquisa, desenvolvimento e inovação e do uso de seu capital intelectual em projetos de pesquisa, desenvolvimento e inovação (art. 4º); (iii) de participação acionária minoritária dos entes federados (União, estados, Distrito Federal e municípios) bem como de suas entidades autorizadas, no capital social de empresas, com o propósito de desenvolver produtos ou processos inovadores que estejam de acordo com as diretrizes e prioridades definidas nas políticas de ciência, tecnologia, inovação e desenvolvimento industrial de cada esfera de governo (art. 5º); e (iv) da atividade de outras instituições científicas, tecnológicas e de inovação, entidades de direito privado sem fins lucrativos ou empresas voltadas para atividades de pesquisa e de reconhecida capacitação tecnológica no setor, visando à realização de atividades de pesquisa, desenvolvimento e inovação que envolvam risco tecnológico, para solução de problema técnico específico ou obtenção de produto, serviço ou processo inovador (art. 20).

[840] Sistema Único de Saúde.

[841] Cf. DI PIETRO, Maria Sylvia Zanella. *Direito administrativo*, 30. ed., p. 433; e CARVALHO FILHO, José dos Santos. *Manual de direito administrativo*, 31. ed., p. 199.

23.2.3 Disposições sobre contratação de serviço público exercido em regime de monopólio

Se, todavia, a contratação incidir sobre serviço público oferecido em regime de monopólio pelo Poder Público, ela poderá ser formalizada por *prazo indeterminado*, desde que comprovada, a cada exercício financeiro, a existência de créditos orçamentários vinculados à contratação (art. 109, *caput*). Cogita-se, nesse caso, de contratação direta por inexigibilidade de licitação, visto que a tão só configuração do monopólio (público ou privado) afasta a possibilidade de concorrência, inviabilizando a instauração de procedimento licitatório.

23.2.4 Disposições sobre a formalização de contratos de eficiência que gerem economia para a Administração

Também temos prazos diferenciados para a formalização de contratos de eficiência que gerem economia para a Administração (art. 110, *caput*). Os contratos de eficiência são aqueles que têm por objeto a prestação de serviços (que pode incluir a realização de obras e o fornecimento de bens) com o objetivo de proporcionar economia ao contratante, na forma de redução de despesas correntes, num contexto em que o contratado é remunerado com base em percentual da economia gerada (art. 6º, LIII). Para esse tipo de contratação a duração do contrato pode alcançar até *dez anos*, quando não houver investimento por parte do contratado (art. 110, I), e até *trinta e cinco anos*, quando ele precisar fazer investimentos, assim considerados aqueles que impliquem a elaboração de benfeitorias permanentes, realizadas exclusivamente às suas expensas, e que serão revertidas ao patrimônio da Administração Pública ao término do contrato (art. 110, II).

23.2.5 Disposições sobre contratações com escopo predefinido

Nas contratações que abarcarem a conclusão de um escopo predefinido, o prazo de vigência do contrato será *automaticamente prorrogado* quando seu objeto não for concluído no interregno previsto para a sua duração (art. 111, *caput*). Se, nesse caso, a não conclusão decorrer de culpa do contratado (art. 111, parágrafo único), ele será constituído em mora, podendo vir a sofrer as sanções administrativas correspondentes (art. 111, parágrafo único, I). Além disso, a Administração também poderá optar pela extinção do contrato, hipótese em que adotará as medidas admitidas em lei para a continuidade da execução contratual (art. 111, parágrafo único, II).

23.2.6 Disposições sobre associação de fornecimento de bens e prestação de serviços

A Lei nº 14.133/2021 também traz regra específica para a duração dos contratos firmados sob o regime de fornecimento e prestação de serviço associado, qualificado pelo legislador como regime de contratação em que, além do fornecimento do objeto, o contratado responsabiliza-se por sua operação, por sua manutenção, ou por ambas, por tempo determinado (art. 6º, XXXIV). A vigência máxima desses contratos é definida pela *soma do prazo relativo ao fornecimento inicial/entrega da obra com o prazo relativo ao serviço de operação e/ou manutenção* (art. 113, *caput*).

No entanto, a execução desse serviço (operação/manutenção) fica *limitada a cinco anos*, contados da data de recebimento do objeto inicial (art. 103, cont.). Assim, a sua duração corresponderá, como regra, ao prazo concernente ao fornecimento inicial/entrega da obra acrescido do prazo máximo de cinco anos admitido para a prestação dos serviços de operação e/ou manutenção.

Empregamos, no ponto, a assertiva "como rega" porque o legislador admite a *prorrogação do prazo máximo de cinco anos* especificado para a operação e a manutenção do objeto contratado (art. 103, parte final). Entretanto, quando o faz, remete ao disposto no art. 107, que admite a prorrogação sucessiva de contratos de serviços e fornecimentos contínuos, mas limita esse permissivo à observância da *vigência máxima de dez anos*.[842] Destarte, a duração máxima dos contratos firmados sob o regime de fornecimento e prestação de serviço associado corresponderá, quando houver a prorrogação, nesses termos, da operação e/ou manutenção do objeto contratado, ao prazo relativo ao fornecimento inicial/entrega da obra mais os dez anos admitidos para a prestação desses serviços.

23.2.7 Disposições sobre operação continuada de sistemas estruturantes de tecnologia da informação

Outro prazo diferenciado que sobressai do texto legal incide sobre a operação continuada de sistemas estruturantes de tecnologia da informação. Para essa prestação, o legislador admite que o contrato possa ter vigência máxima de *quinze anos* (art. 114, *caput*).

23.3 Disposições sobre aproveitamento de prazos definidos em leis especiais

Todavia, todas essas disposições sobre prazos precisam conviver, por taxativa disposição legislativa encartada na Lei nº 14.133/2021, com os prazos contratuais previstos em lei especial; precisamente porque da sua edição não resulta (também conforme previsão legislativa expressa) a revogação tácita[843] desses prazos excepcionais (art. 112, *caput*). Essa disposição é compatível com a previsão, no §2º do art. 2º da Lei de Introdução às Normas do Direito Brasileiro (DL nº 4.657/1942), no sentido de que "a lei nova, que estabeleça disposições gerais ou especiais a par das já existentes, não revoga nem modifica a lei anterior". Na hipótese analisada, temos, com a edição da Lei nº 14.133/2021, lei geral em matéria de licitações e contratos (CRFB, art. 22, XXVIII),[844] portanto, lei geral que

---

[842] Condicionando-a, ainda, à existência de previsão em edital e a que a autoridade competente ateste que as condições e os preços permanecem vantajosos para a Administração.

[843] Cuja conformação pode ser extraída do texto do §1º do art. 2º da Lei de Introdução às Normas do Direito Brasileiro (DL nº 4.657/1942) que enuncia que a lei posterior revoga a anterior não apenas quando expressamente o declare (revogação expressa), mas também "quando seja com ela incompatível ou quando regule inteiramente a matéria de que tratava a lei anterior" (revogação tácita).

[844] CRFB: "Art. 22. Compete privativamente à União legislar sobre: [...] XXVII - normas gerais de licitação e contratação, em todas as modalidades, para as administrações públicas diretas, autárquicas e fundacionais da União, Estados, Distrito Federal e Municípios, obedecido o disposto no art. 37, XXI, e para as empresas públicas

não revoga nem modifica disposições normativas contidas em leis especiais anteriores relativas ao mesmo objetivo, inclusive para efeito de tornar prejudicados os prazos de duração contratual nelas estabelecidos.

e sociedades de economia mista, nos termos do art. 173, §1º, III (Redação dada pela Emenda Constitucional nº 19, de 1998)".

EXECUÇÃO DOS CONTRATOS

Art. 115. O contrato deverá ser executado fielmente pelas partes, de acordo com as cláusulas avençadas e as normas desta Lei, e cada parte responderá pelas consequências de sua inexecução total ou parcial.

§1º É proibido à Administração retardar imotivadamente a execução de obra ou serviço, ou de suas parcelas, inclusive na hipótese de posse do respectivo chefe do Poder Executivo ou de novo titular no órgão ou entidade contratante.

§2º VETADO

§3º VETADO

§4º VETADO

§5º Em caso de impedimento, ordem de paralisação ou suspensão do contrato, o cronograma de execução será prorrogado automaticamente pelo tempo correspondente, anotadas tais circunstâncias mediante simples apostila.

§6º Nas contratações de obras, verificada a ocorrência do disposto no §5º deste artigo por mais de 1 (um) mês, a Administração deverá divulgar, em sítio eletrônico oficial e em placa a ser afixada em local da obra de fácil visualização pelos cidadãos, aviso público de obra paralisada, com o motivo e o responsável pela inexecução temporária do objeto do contrato e a data prevista para o reinício da sua execução.

§7º Os textos com as informações de que trata o §6º deste artigo deverão ser elaborados pela Administração.

Os contratos administrativos devem ser executados fielmente pelas partes, mediante observância de suas cláusulas e das disposições legais aplicáveis (art. 115, *caput*). Assim, havendo inexecução total ou parcial, caberá à parte responsável responder pelas suas consequências (art. 115, parte final). Por esse motivo é vedado à Administração retardar imotivadamente a execução de obra ou serviço, ou de qualquer das suas parcelas, inclusive quando houver troca de comando induzida pela posse de novo chefe do Poder Executivo ou de novo titular no órgão/entidade contratante (art. 115, §1º).

Além disso, havendo impedimento, paralisação ou suspensão da execução do contrato, o seu cronograma de execução será prorrogado automaticamente pelo tempo correspondente, mediante anotação dessas circunstâncias em simples apostila (art. 115, §5º).

Se, todavia, o impedimento, a paralisação ou a suspensão incidir sobre a contratação de obras e ultrapassar o período de um mês, a Administração deverá, ainda, divulgar aviso público de obra paralisada em sítio eletrônico oficial e em placa de fácil visualização pelos cidadãos, a ser afixada no local da sua execução (art. 115, §6º). O texto desse aviso público deverá ser elaborado pela Administração (art. 115, §7º). Mas dele deverão constar, obrigatoriamente, o motivo do impedimento/da paralisação/da suspensão da execução do contrato, o responsável pela inexecução temporária do seu objeto e a data prevista para o reinício da sua execução (art. 115, §6º, parte final).[845]

Além dessas regras gerais relativas à execução do contrato, a Lei nº 14.133/2021 também consigna, quanto a ela, disposições específicas sobre *gestão de recursos humanos*, sobre *responsabilização do contratado*, sobre *admissibilidade da subcontratação* e sobre *resolução administrativa de conflitos*, que serão objeto de nossos comentários nos tópicos que se seguem.

24.1 Disposições sobre gestão de recursos humanos

No que diz respeito à gestão de recursos humanos pelas partes envolvidas na execução do contrato, a *novatio legis* contempla regras específicas sobre a *reserva de postos de trabalho*, sobre os *fiscais do contrato* e sobre o *preposto do contratado*.

24.1.1 A reserva de postos de trabalho

> Art. 116. Ao longo de toda a execução do contrato, o contratado deverá cumprir a reserva de cargos prevista em lei para pessoa com deficiência, para reabilitado da Previdência Social ou para aprendiz, bem como as reservas de cargos previstas em outras normas específicas.

---

[845] O projeto de lei aprovado pelo Congresso Nacional também previa que, nas contratações de obras, a expedição da ordem de serviço para execução de cada etapa será obrigatoriamente precedida de depósito em conta vinculada dos recursos financeiros necessários para custear as despesas correspondentes à etapa a ser executada (art. 115, §2º), dispondo que esses valores são absolutamente impenhoráveis (art. 115, §3º), mas esses dispositivos foram vetados pela Presidência da República, sob a alegação de que contrariam "o interesse público, tendo em vista que a obrigatoriedade de depósito em conta vinculada como requisito para expedição de ordem de serviço na execução de obras contribuirá para aumentar significativamente o empoçamento de recursos, inviabilizando remanejamentos financeiros que possam se mostrar necessários ou mesmo para atender demandas urgentes e inesperadas", de que "a existência de financeiro não deve ser exigência para a ordem de início do contrato, mas apenas a previsão orçamentária, caracterizada pela conhecida nota de empenho", e de que infringem "princípios e normas de direito financeiro, como o art. 56 da Lei nº 4.320, de 1964, que exige a observância do princípio de unidade de tesouraria e veda qualquer fragmentação para criação de caixas especiais, como seriam as contas vinculadas, para a realização de antecipação de pagamentos por parte da Administração, que depositaria o valor da etapa da obra de forma antecipada, antes do cumprimento da obrigação por parte do contratado". Outra disposição colhida do texto aprovado pelo Parlamento dava conta de que nas contratações de obras e serviços de engenharia a manifestação prévia ou licença prévia (quando cabíveis) deverão ser obtidas antes da divulgação do edital, sempre que a responsabilidade pelo licenciamento ambiental for da Administração (art. 115, §4º), mas também foi objeto de veto presidencial, à consideração de que "contraria o interesse público, uma vez que restringe o uso do regime de contratação integrada, tendo em vista que o projeto é condição para obter a licença prévia numa fase em que o mesmo ainda será elaborado pela futura contratada".

Parágrafo único. Sempre que solicitado pela Administração, o contratado deverá comprovar o cumprimento da reserva de cargos a que se refere o *caput* deste artigo, com a indicação dos empregados que preencherem as referidas vagas.

A Lei nº 14.133/2021 impõe ao contratado que observe, ao longo de toda a execução do contrato, a reserva de postos de trabalho prevista em lei para pessoas com deficiência, para reabilitados da Previdência Social, para aprendizes e aquelas previstas em outras leis específicas (art. 116, *caput*). Trata-se, com efeito, de exigência cujo cumprimento deve ser declarado pelo licitante ainda na fase de habilitação das licitações (art. 63, IV) e que constitui cláusula necessária em todos os contratos administrativos (art. 92, XVII).

O aferimento do seu cumprimento deve ser feito pela Administração durante a execução do contrato, contexto em que o contratado, sempre que solicitado, deverá comprová-lo, com a indicação dos empregados que preencherem as referidas vagas (art. 116, parágrafo único), ratificando, assim, os termos da declaração firmada com base no inc. IV do art. 63.[846] Eventual desatendimento a essa regra, se verificado pela Administração, poderá inclusive induzir à extinção do contrato, assegurados ao contratado o contraditório e a ampla defesa (art. 137, IX).

24.1.2 Os fiscais do contrato

Art. 117. A execução do contrato deverá ser acompanhada e fiscalizada por 1 (um) ou mais fiscais do contrato, representantes da Administração especialmente designados conforme requisitos estabelecidos no art. 7º desta Lei, ou pelos respectivos substitutos, permitida a contratação de terceiros para assisti-los e subsidiá-los com informações pertinentes a essa atribuição.

§1º O fiscal do contrato anotará em registro próprio todas as ocorrências relacionadas à execução do contrato, determinando o que for necessário para a regularização das faltas ou dos defeitos observados.

§2º O fiscal do contrato informará a seus superiores, em tempo hábil para a adoção das medidas convenientes, a situação que demandar decisão ou providência que ultrapasse sua competência.

---

[846] Como expusemos, no tópico 14.1 do Capítulo 14, a Administração poderá exigir dos licitantes que firmem declarações (i) de que atendem aos requisitos de habilitação (art. 63, I), (ii) de que cumprem as exigências de reserva de postos de trabalhos para pessoa com deficiência e para reabilitado da Previdência Social (art. 63, IV) e de que suas propostas econômicas compreendem a integralidade dos custos para atendimento dos direitos trabalhistas assegurados na Constituição Federal, nas leis trabalhistas, nas normas infralegais, nas convenções coletivas de trabalho e nos termos de ajustamento de conduta vigentes na data de entrega das propostas (art. 63, §1º). Essas declarações têm por finalidade tão somente possibilitar a participação do licitante no certame. É que, na sequência, a Administração exigirá a apresentação dos documentos que as comprovem, ainda que os demande somente do licitante vencedor (art. 63, II). De igual modo serão exigidos, após o julgamento das propostas e apenas do licitante mais bem classificado, os documentos relativos à sua regularidade fiscal (art. 63, III). Se, em vista dessas providências, a Administração verificar que a declaração prestada não corresponde à verdade, o declarante responderá por ela na forma da lei (art. 63, I, parte final).

§3º O fiscal do contrato será auxiliado pelos órgãos de assessoramento jurídico e de controle interno da Administração, que deverão dirimir dúvidas e subsidiá-lo com informações relevantes para prevenir riscos na execução contratual.

§4º Na hipótese da contratação de terceiros prevista no *caput* deste artigo, deverão ser observadas as seguintes regras:

I - a empresa ou o profissional contratado assumirá responsabilidade civil objetiva pela veracidade e pela precisão das informações prestadas, firmará termo de compromisso de confidencialidade e não poderá exercer atribuição própria e exclusiva de fiscal de contrato;

II - a contratação de terceiros não eximirá de responsabilidade o fiscal do contrato, nos limites das informações recebidas do terceiro contratado.

••

A Lei nº 14.133/2021 também traz disposições específicas sobre a figura do fiscal do contrato, dispondo que a sua execução deve ser acompanhada e fiscalizada por um ou mais representantes da Administração, especialmente designados pela autoridade máxima do órgão/entidade mediante estrita observância dos requisitos estabelecidos no art. 7º (art. 117, *caput*).

O dispositivo referenciado (art. 7º) estabelece os requisitos necessários para a designação dos agentes estatais que atuarão nos processos de licitação e contratação pública, dispondo, a propósito, que essa designação deve ser feita preferencialmente a servidor efetivo ou empregado público:

a) que componham os quadros permanentes da Administração (art. 7º, I);

b) que tenham atribuições relacionadas a licitações e contratos, ou que possuam formação compatível ou qualificação atestada por certificação profissional emitida por escola de governo criada e mantida pelo Poder Público (art. 7º, II); e

c) que não sejam cônjuge ou companheiro de licitantes ou contratados habituais da Administração, nem mantenham com eles vínculo de parentesco, colateral ou por afinidade, até o terceiro grau, ou de natureza técnica, comercial, econômica, financeira, trabalhista e civil (art. 7º, III).

Destarte, *apenas quando não existirem,* nos quadros da Administração, *servidores/empregados públicos efetivos que detenham a qualificação necessária* (formação compatível) *e que não mantenham relação familiar com licitantes ou contratados habituais é que se justificaria,* em concreto, *a designação de servidores/empregados públicos comissionados ou temporários* para atuação em processos que encartem licitações e contratações públicas. Quando muito, poder-se-ia admitir, em deferência à utilização da expressão *preferencialmente* no texto legal, que servidores comissionados e temporários poderiam ser designados para atuar nesses processos no interregno de tempo necessário a que a Administração realize concursos públicos para a investidura de servidores/empregados efetivos capazes de exercê-las.[847] Disso resulta que, no novo regime normativo instituído pela Lei nº 14.133/2021, os fiscais do contrato (como os agentes de contratação/pregoeiros designados nos termos do art. 8º) devem ser indicados pela Administração entre os seus servidores/empregados públicos efetivos.

---

[847] A propósito, cf. as nossas considerações no tópico 4.1 do Capítulo 4.

Por certo, a lei também admite a atuação, nesse contexto, dos respectivos substitutos dos fiscais do contrato (art. 117, cont.), que, como eles, são agentes estatais engajados nos processos de licitações e contratos, e que por isso encontram-se submetidos aos mesmos requisitos impostos pelo art. 7º para a designação de servidores/empregados públicos e pelo art. 117 para a designação dos fiscais do contato. Portanto, como os fiscais de contratos titulares, também os seus substitutos devem ser designados entre servidores/empregados públicos efetivos.

O legislador permite, ainda, a contratação de terceiros para assistir os fiscais do contrato e para subsidiá-los com informações pertinentes a essa atribuição (art. 117, parte final), que assumirão responsabilidade civil objetiva pela veracidade e pela precisão das informações prestadas, firmarão termo de compromisso de confidencialidade e não poderão exercer atribuição própria e exclusiva de fiscal de contrato (art. 117, §4º, I). Porém, os terceiros contratados, com essa finalidade, ficam subordinados aos fiscais do contrato, que persistem responsáveis pelo acompanhamento da sua execução (art. 117, §4º, II).

Os fiscais do contrato também serão auxiliados (nesse caso sem a verificação de subordinação administrativa) pelos órgãos de assessoramento jurídico (Advocacia Pública) e de controle interno (controladorias, auditorias, ministérios/secretarias de controle e transparência etc.) da Administração, que deverão dirimir suas dúvidas e subsidiá-los com informações relevantes para prevenir riscos na execução contratual (art. 117, §3º).

Cumpre aos fiscais do contrato, no exercício de suas atribuições legais:

a) anotar em registro próprio todas as ocorrências relacionadas à execução do contrato, determinando o que for necessário para a regularização das faltas ou dos defeitos observados (art. 117, §1º); e
b) informar a seus superiores, em tempo hábil para a adoção das medidas convenientes, a situação que demandar decisão ou providência que ultrapasse sua competência (art. 117, §2º).

24.1.3 O preposto do contratado

Art. 118. O contratado deverá manter preposto aceito pela Administração no local da obra ou do serviço para representá-lo na execução do contrato.

Como forma de possibilitar a fiscalização do contrato pelos profissionais designados pela Administração (fiscais do contrato, assessoramento terceirizado e assessoramento da Advocacia Pública e do órgão de controle interno) o contratado deverá manter preposto no local da obra ou do serviço (art. 118, *caput*). Esse preposto precisa ser aceito pela Administração, e o seu papel na execução do contrato é o de representar o contratado junto aos agentes estatais que atuam nesse contexto (art. 118, parte final).

24.2 Disposições sobre responsabilização do contratado

Art. 119. O contratado será obrigado a reparar, corrigir, remover, reconstruir ou substituir, a suas expensas, no total ou em parte, o objeto do contrato em que se verificarem vícios, defeitos ou incorreções resultantes de sua execução ou de materiais nela empregados.

Art. 120. O contratado será responsável pelos danos causados diretamente à Administração ou a terceiros em razão da execução do contrato, e não excluirá nem reduzirá essa responsabilidade a fiscalização ou o acompanhamento pelo contratante.

Art. 121. Somente o contratado será responsável pelos encargos trabalhistas, previdenciários, fiscais e comerciais resultantes da execução do contrato.

§1º A inadimplência do contratado em relação aos encargos trabalhistas, fiscais e comerciais não transferirá à Administração a responsabilidade pelo seu pagamento e não poderá onerar o objeto do contrato nem restringir a regularização e o uso das obras e das edificações, inclusive perante o registro de imóveis, ressalvada a hipótese prevista no §2º deste artigo.

§2º Exclusivamente nas contratações de serviços contínuos com regime de dedicação exclusiva de mão de obra, a Administração responderá solidariamente pelos encargos previdenciários e subsidiariamente pelos encargos trabalhistas se comprovada falha na fiscalização do cumprimento das obrigações do contratado.

§3º Nas contratações de serviços contínuos com regime de dedicação exclusiva de mão de obra, para assegurar o cumprimento de obrigações trabalhistas pelo contratado, a Administração, mediante disposição em edital ou em contrato, poderá, entre outras medidas:

I - exigir caução, fiança bancária ou contratação de seguro-garantia com cobertura para verbas rescisórias inadimplidas;

II - condicionar o pagamento à comprovação de quitação das obrigações trabalhistas vencidas relativas ao contrato;

III - efetuar o depósito de valores em conta vinculada;

IV - em caso de inadimplemento, efetuar diretamente o pagamento das verbas trabalhistas, que serão deduzidas do pagamento devido ao contratado;

V - estabelecer que os valores destinados a férias, a décimo terceiro salário, a ausências legais e a verbas rescisórias dos empregados do contratado que participarem da execução dos serviços contratados serão pagos pelo contratante ao contratado somente na ocorrência do fato gerador.

§4º Os valores depositados na conta vinculada a que se refere o inciso III do §3º deste artigo são absolutamente impenhoráveis.

§5º O recolhimento das contribuições previdenciárias observará o disposto no art. 31 da Lei nº 8.212, de 24 de julho de 1991.

No que concerne à responsabilização do contratado, a Lei nº 14.133/2021 traz disposições específicas sobre *reparação, correção, remoção, reconstrução ou substituição de parcial do objeto do contrato*, sobre *responsabilidade civil do contratado no contexto da fiscalização/acompanhamento da execução do contrato pelo contratante* e sobre a *responsabilidade exclusiva do contratado pelos encargos trabalhistas, previdenciários, fiscais e comerciais*.

24.2.1 Reparação, correção, remoção, reconstrução ou substituição de parcial do objeto do contrato

O contratado tem a obrigação de reparar, corrigir, remover, reconstruir ou substituir, a suas expensas, no total ou em parte, o objeto do contrato em que se verificarem vícios, defeitos ou incorreções resultantes de sua execução ou de materiais nela empregados (art. 119, *caput*). Se não o fizer, corre o risco de ver extinto o contrato, após regular contraditório, por desatendimento das determinações regulares emitidas pela autoridade designada para acompanhar e fiscalizar sua execução ou por autoridade superior (art. 137, II).

24.2.2 Responsabilidade civil do contratado *versus* fiscalização/acompanhamento pelo contratante

Além disso, incumbe a ele (contratado) a responsabilidade pelos danos causados diretamente à Administração ou a terceiros como decorrência da execução do contrato, que não será excluída ou reduzida pela circunstância de o contratante exercer sobre ela atividade de fiscalização/acompanhamento (art. 120, *caput*).

24.2.3 Responsabilidade exclusiva do contratado pelos encargos trabalhistas, previdenciários, fiscais e comerciais

Também os encargos trabalhistas, previdenciários, fiscais e comerciais resultantes da execução do contrato são de responsabilidade do contratado, que responde por seu pagamento de forma exclusiva (art. 121, *caput*). Nos precisos termos da lei, eventual inadimplência do contratado em relação aos encargos trabalhistas, fiscais e comerciais não tem o condão de transferir à Administração a responsabilidade pelo seu pagamento, e de igual modo não onera o objeto do contrato ou restringe a regularização e o uso das obras e das edificações, inclusive perante o registro de imóveis (art. 121, §1º).

Todavia, o legislador concebeu exceção a essa regra (a única exceção admitida por ele), quando previu que, exclusivamente nas contratações de serviços contínuos com regime de dedicação exclusiva de mão de obra, a Administração poderá responder solidariamente pelos encargos previdenciários e subsidiariamente pelos encargos trabalhistas se comprovada falha na fiscalização do cumprimento das obrigações do contratado (art. 121, §2º). Tendo em vista essa exceção, o legislador previu, ainda, como forma de assegurar o cumprimento de obrigações trabalhistas pelo contratado (o recolhimento das contribuições previdenciárias observará o disposto na legislação específica; art. 121, §5º), que a Administração poderá, desde que assim o preveja o edital ou o contrato, entre outras medidas (art. 121, §3º):

a) exigir caução, fiança bancária ou contratação de seguro-garantia com cobertura para verbas rescisórias inadimplidas (art. 121, §3º, I);
b) condicionar o pagamento à comprovação de quitação das obrigações trabalhistas vencidas relativas ao contrato (art. 121, §3º, II);
c) efetuar o depósito de valores em conta vinculada (art. 122, §3º, III), que ficam protegidos por impenhorabilidade absoluta (art. 121, §4º);
d) em caso de inadimplemento, efetuar diretamente o pagamento das verbas trabalhistas, que nesse caso serão deduzidas do pagamento devido ao contratado (art. 121, §3º, VI); e
e) estabelecer que os valores destinados a férias, a décimo terceiro salário, a ausências legais e a verbas rescisórias dos empregados do contratado que participarem da execução dos serviços contratados serão pagos pelo contratante ao contratado somente na ocorrência do fato gerador (art. 121, §3º, V).

24.3 Disposições sobre admissibilidade da subcontratação

> Art. 122. Na execução do contrato e sem prejuízo das responsabilidades contratuais e legais, o contratado poderá subcontratar partes da obra, do serviço ou do fornecimento até o limite autorizado, em cada caso, pela Administração.
>
> §1º O contratado apresentará à Administração documentação que comprove a capacidade técnica do subcontratado, que será avaliada e juntada aos autos do processo correspondente.
>
> §2º Regulamento ou edital de licitação poderão vedar, restringir ou estabelecer condições para a subcontratação.
>
> §3º Será vedada a subcontratação de pessoa física ou jurídica, se aquela ou os dirigentes desta mantiverem vínculo de natureza técnica, comercial, econômica, financeira, trabalhista ou civil com dirigente do órgão ou entidade contratante ou com agente público que desempenhe função na licitação ou atue na fiscalização ou na gestão do contrato, ou se deles forem cônjuge, companheiro ou parente em linha reta, colateral, ou por afinidade, até o terceiro grau, devendo essa proibição constar expressamente do edital de licitação.

Outro ponto de destaque é que a Lei nº 14.133/2021 admite que o contratado subcontrate partes da obra, do serviço ou do fornecimento, observado o limite autorizado em cada caso pela Administração e mantida a sua responsabilidade pela execução do contrato e pelos prejuízos que causar ao contratante e a terceiros (art. 122, *caput*). Para tanto, o contratado apresentará à Administração documentação que comprove a capacidade técnica do subcontratado, que será avaliada e juntada aos autos do processo correspondente (art. 122, §1º).

Todavia, é vedada a subcontratação de pessoa física ou jurídica se a empresa subcontratada ou seus dirigentes mantiverem vínculo de natureza técnica, comercial, econômica, financeira, trabalhista ou civil com dirigente do órgão ou entidade contratante, bem como com agente público que desempenhe função na licitação ou atue na fiscalização ou na gestão do contrato, ou se deles forem cônjuge, companheiro ou parente em linha reta, colateral, ou por afinidade, até o terceiro grau, em proibição que deve constar expressamente do edital de licitação (art. 122, §3º). Além disso, a Administração poderá vedar, restringir ou estabelecer condições para a subcontratação em regulamento ou no próprio edital de licitação (art. 122, §2º).

24.4 Disposições sobre resolução administrativa de conflitos no curso da execução dos contratos

> Art. 123. A Administração terá o dever de explicitamente emitir decisão sobre todas as solicitações e reclamações relacionadas à execução dos contratos regidos por esta Lei, ressalvados os requerimentos manifestamente impertinentes, meramente protelatórios ou de nenhum interesse para a boa execução do contrato.
>
> Parágrafo único. Salvo disposição legal ou cláusula contratual que estabeleça prazo específico, concluída a instrução do requerimento, a Administração terá o prazo de 1 (um) mês para decidir, admitida a prorrogação motivada por igual período.

A Lei nº 14.133/2021 de igual modo prevê a resolução administrativa de conflitos no curso da execução dos contratos, trazendo, no particular, disposições sobre a *obrigatoriedade de decisão*, sobre o *afastamento dessa obrigatoriedade para requerimentos manifestamente impertinentes* e sobre o *estabelecimento de prazo para decisão*.

24.4.1 Obrigatoriedade de decisão

Nos precisos termos da lei, a Administração tem o dever de emitir decisão sobre todas as solicitações e reclamações relacionadas à execução dos contratos (art. 123, *caput*). Essa sua decisão, que é impositiva, por taxativa disposição legal, se for precedida de regular contraditório (que pressupõe a efetiva consideração dos argumentos deduzidos pelo interessado)[848] e se contiver motivação adequada (que demanda a utilização do modelo decisório concebido pela lei processual),[849] tem a potencialidade de induzir, em concreto, a resolução administrativa dos conflitos surgidos no curso da execução dos contratos, prevenindo, com isso, a sua judicialização pelo contratado e, por consequência, a paralização do fornecimento dos bens e serviços adquiridos.

---

[848] Quanto ao particular, cf. as nossas considerações no tópico 2.1.14.3.2 do Capítulo 2.
[849] Ao ensejo, cf. as nossas observações no tópico 2.1.14.2.2 do Capítulo 2.

24.4.2 Afastamento da obrigatoriedade para requerimentos manifestamente impertinentes

Todavia, esse dever de decisão foi afastado pelo legislador para os requerimentos manifestamente impertinentes, meramente protelatórios ou de nenhum interesse para a boa execução do contrato (art. 123, parte final).

24.4.3 Estabelecimento de prazo para decisão

Para além de ser obrigatória (art. 123, *caput*), ressalvados os requerimentos manifestamente impertinentes, meramente protelatórios ou de nenhum interesse para a boa execução do contrato (art. 123, parte final), a decisão da Administração sobre solicitações e reclamações relacionadas à execução dos contratos deve ser proferida, se não houver prazo específico previsto por lei ou cláusula contratual, em até um mês após concluída a instrução do requerimento (art. 123, parágrafo único). Esse prazo pode vir a ser prorrogado, por decisão motivada da Administração (art. 123, parágrafo único, parte final). Porém, encerrado o seu curso, e inclusive de eventual prorrogação admitida no caso concreto, a Administração deverá apresentar resposta conclusiva à solicitação do contratado, sob pena e risco da configuração de responsabilização pessoal da autoridade/ do agente estatal demandada(o) a proferi-la.

CAPÍTULO 25

ALTERAÇÕES CONTRATUAIS

••

Art. 124. Os contratos regidos por esta Lei poderão ser alterados, com as devidas justificativas, nos seguintes casos:

I - unilateralmente pela Administração:

a) quando houver modificação do projeto ou das especificações, para melhor adequação técnica a seus objetivos;

b) quando for necessária a modificação do valor contratual em decorrência de acréscimo ou diminuição quantitativa de seu objeto, nos limites permitidos por esta Lei;

II - por acordo entre as partes:

a) quando conveniente a substituição da garantia de execução;

b) quando necessária a modificação do regime de execução da obra ou do serviço, bem como do modo de fornecimento, em face de verificação técnica da inaplicabilidade dos termos contratuais originários;

c) quando necessária a modificação da forma de pagamento por imposição de circunstâncias supervenientes, mantido o valor inicial atualizado e vedada a antecipação do pagamento em relação ao cronograma financeiro fixado sem a correspondente contraprestação de fornecimento de bens ou execução de obra ou serviço;

d) para restabelecer o equilíbrio econômico-financeiro inicial do contrato em caso de força maior, caso fortuito ou fato do príncipe ou em decorrência de fatos imprevisíveis ou previsíveis de consequências incalculáveis, que inviabilizem a execução do contrato tal como pactuado, respeitada, em qualquer caso, a repartição objetiva de risco estabelecida no contrato.

§1º Se forem decorrentes de falhas de projeto, as alterações de contratos de obras e serviços de engenharia ensejarão apuração de responsabilidade do responsável técnico e adoção das providências necessárias para o ressarcimento dos danos causados à Administração.

§2º Será aplicado o disposto na alínea "d" do inciso II do caput deste artigo às contratações de obras e serviços de engenharia, quando a execução for obstada pelo atraso na conclusão de procedimentos de desapropriação, desocupação, servidão administrativa ou licenciamento ambiental, por circunstâncias alheias ao contratado.

Art. 125. Nas alterações unilaterais a que se refere o inciso I do *caput* do art. 123 desta Lei, o contratado será obrigado a aceitar, nas mesmas condições contratuais, acréscimos ou supressões de até 25% (vinte e cinco por cento) do valor inicial atualizado do contrato que se fizerem nas obras, nos serviços ou nas compras, e, no caso de reforma de edifício ou de equipamento, o limite para os acréscimos será de 50% (cinquenta por cento).

Art. 126. As alterações unilaterais a que se refere o inciso I do *caput* do art. 123 desta Lei não poderão transfigurar o objeto da contratação.

Art. 127. Se o contrato não contemplar preços unitários para obras ou serviços cujo aditamento se fizer necessário, esses serão fixados por meio da aplicação da relação geral entre os valores da proposta e o do orçamento-base da Administração sobre os preços referenciais ou de mercado vigentes na data do aditamento, respeitados os limites estabelecidos no art. 125 desta Lei.

Art. 128. Nas contratações de obras e serviços de engenharia, a diferença percentual entre o valor global do contrato e o preço global de referência não poderá ser reduzida em favor do contratado em decorrência de aditamentos que modifiquem a planilha orçamentária.

Art. 129. Nas alterações contratuais para supressão de obras, bens ou serviços, se o contratado já houver adquirido os materiais e os colocado no local dos trabalhos, estes deverão ser pagos pela Administração pelos custos de aquisição regularmente comprovados e monetariamente reajustados, podendo caber indenização por outros danos eventualmente decorrentes da supressão, desde que regularmente comprovados.

Art. 130. Caso haja alteração unilateral do contrato que aumente ou diminua os encargos do contratado, a Administração deverá restabelecer, no mesmo termo aditivo, o equilíbrio econômico-financeiro inicial.

Art. 131. A extinção do contrato não configurará óbice para o reconhecimento do desequilíbrio econômico-financeiro, hipótese em que será concedida indenização por meio de termo indenizatório.

Parágrafo único. O pedido de restabelecimento do equilíbrio econômico-financeiro deverá ser formulado durante a vigência do contrato e antes de eventual prorrogação nos termos do art. 107 desta Lei.

Art. 132. A formalização do termo aditivo é condição para a execução, pelo contratado, das prestações determinadas pela Administração no curso da execução do contrato, salvo nos casos de justificada necessidade de antecipação de seus efeitos, hipótese em que a formalização deverá ocorrer no prazo máximo de 1 (um) mês.

Art. 133. Nas hipóteses em que for adotada a contratação integrada ou semi-integrada, é vedada a alteração dos valores contratuais, exceto nos seguintes casos:

I - para restabelecimento do equilíbrio econômico- financeiro decorrente de caso fortuito ou força maior;

II - por necessidade de alteração do projeto ou das especificações para melhor adequação técnica aos objetivos da contratação, a pedido da Administração, desde que não decorrente de erros ou omissões por parte do contratado, observados os limites estabelecidos no art. 125 desta Lei;

III - por necessidade de alteração do projeto nas contratações semi-integradas, nos termos do §5º do art. 46 desta Lei;

IV - por ocorrência de evento superveniente alocado na matriz de riscos como de responsabilidade da Administração.

Art. 134. Os preços contratados serão alterados, para mais ou para menos, conforme o caso, se houver, após a data da apresentação da proposta, criação, alteração ou extinção de quaisquer tributos ou encargos legais ou a superveniência de disposições legais, com comprovada repercussão sobre os preços contratados.

Art. 135. Os preços dos contratos para serviços contínuos com regime de dedicação exclusiva de mão de obra ou com predominância de mão de obra serão repactuados para manutenção do equilíbrio econômico-financeiro, mediante demonstração analítica da variação dos custos contratuais, com data vinculada:

I - à da apresentação da proposta, para custos decorrentes do mercado;

II - ao acordo, à convenção coletiva ou ao dissídio coletivo ao qual a proposta esteja vinculada, para os custos de mão de obra.

§1º A Administração não se vinculará às disposições contidas em acordos, convenções ou dissídios coletivos de trabalho que tratem de matéria não trabalhista, de pagamento de participação dos trabalhadores nos lucros ou resultados do contratado, ou que estabeleçam direitos não previstos em lei, como valores ou índices obrigatórios de encargos sociais ou previdenciários, bem como de preços para os insumos relacionados ao exercício da atividade.

§2º É vedado a órgão ou entidade contratante vincular-se às disposições previstas nos acordos, convenções ou dissídios coletivos de trabalho que tratem de obrigações e direitos que somente se aplicam aos contratos com a Administração Pública.

§3º A repactuação deverá observar o interregno mínimo de 1 (um) ano, contado da data da apresentação da proposta ou da data da última repactuação.

§4º A repactuação poderá ser dividida em tantas parcelas quanto forem necessárias, observado o princípio da anualidade do reajuste de preços da contratação, podendo ser realizada em momentos distintos para discutir a variação de custos que tenham sua anualidade resultante em datas diferenciadas, como os decorrentes de mão de obra e os decorrentes dos insumos necessários à execução dos serviços.

§5º Quando a contratação envolver mais de uma categoria profissional, a repactuação a que se refere o inciso II do *caput* deste artigo poderá ser dividida em tantos quanto forem os acordos, convenções ou dissídios coletivos de trabalho das categorias envolvidas na contratação.

§6º A repactuação será precedida de solicitação do contratado, acompanhada de demonstração analítica da variação dos custos, por meio de apresentação da planilha de custos e formação de preços, ou do novo acordo, convenção ou sentença normativa que fundamenta a repactuação.

Art. 136. Registros que não caracterizam alteração do contrato podem ser realizados por simples apostila, dispensada a celebração de termo aditivo, como nas seguintes situações:

I - variação do valor contratual para fazer face ao reajuste ou à repactuação de preços previstos no próprio contrato;

II - atualizações, compensações ou penalizações financeiras decorrentes das condições de pagamento previstas no contrato;

III - alterações na razão ou na denominação social do contratado;

IV- empenho de dotações orçamentárias.

A Lei nº 14.133/2021 admite a formalização de *alterações nos contratos administrativos*, que podem ser feitas *unilateralmente pela Administração* ou *por acordo entre as partes*, desde que observados os *limites legais*, e concebe, ainda, disposições específicas sobre *contratações relativas a obras e serviços de engenharia*, sobre *supressão de obras, bens e serviços*, sobre *contratação integrada ou semi-integrada*, sobre *obrigatoriedade da formalização de termo aditivo*, sobre *registros que não corporificam alteração do contrato* e sobre *alteração nos preços*.

25.1 Alternações contratuais unilaterais

Os contratos administrativos podem ser alterados unilateralmente pela Administração, mediante apresentação das devidas justificativas (art. 124, I):

a) quando houver modificação do projeto ou das especificações, para melhor adequação técnica a seus objetivos (art. 124, I, "a"); ou

b) quando for necessária a modificação do valor contratual, em decorrência de acréscimo ou diminuição quantitativa de seu objeto (art. 124, I, "b").

Porém, a alteração unilateral do contrato não pode transfigurar o objeto da contratação (art. 126, *caput*), sob pena e risco de que se configure contrariedade à regra jurídica positivada no inc. XXI do art. 37 da Constituição da República, que enuncia que, ressalvados os casos especificados na legislação, obras, serviços, compras e alienações serão contratados mediante processo de licitação pública que assegure igualdade de condições a todos os concorrentes, *inclusive pela via da manutenção das condições efetivas da proposta*. Além disso, havendo necessidade de modificação no projeto, o contratado será obrigado a aceitar, nas mesmas condições contratuais, acréscimos ou supressões de até vinte e cinco por cento do valor inicial atualizado do contrato que se fizerem nas obras, nos serviços ou nas compras, percentual que é ampliado, no caso de reforma de edifício ou de equipamento, para até cinquenta por cento (art. 125, *caput*).

Outro ponto de destaque é que, quando a alteração contratual decorrer de falhas no projeto anteriormente elaborado para a aquisição de obras e serviços de engenharia, a Administração deverá apurar a responsabilidade do responsável técnico, adotando, ainda, as providências necessárias ao ressarcimento dos danos causados à Administração (art. 124, §1º).

25.2 Alterações contratuais por acordo entre as partes

Também precisam ser motivadas as alterações contratuais por acordo entre as partes (art. 124, I), que apenas são admitidas, no regime da Lei nº 14.133/2021:

a) quando for conveniente a substituição da garantia de execução (art. 124, II, "a");
b) quando for necessária a modificação do regime de execução da obra/serviço e/ou do seu modo de fornecimento, tendo em vista a verificação técnica da inaplicabilidade dos termos contratuais originários (art. 124, II, "b");
c) quando for necessária a modificação da forma de pagamento por imposição de circunstâncias supervenientes, mantido o valor inicial atualizado e vedada a antecipação do pagamento em relação ao cronograma financeiro fixado sem a correspondente contraprestação de fornecimento de bens ou execução de obra ou serviço (art. 124, II, "c"); ou
d) para restabelecer o equilíbrio econômico-financeiro inicial do contrato, nos casos de *força maior*,[850] *caso fortuito*[851] ou *fato do príncipe*,[852] bem como em decorrência de fatos imprevisíveis ou previsíveis de consequências incalculáveis, que inviabilizarem a execução do contrato tal como pactuado, devendo ser respeitada, em qualquer caso, a repartição objetiva de risco estabelecida no contrato (art. 124, II, "d"), inclusive quando a execução de contratos relativos a obras e serviços de engenharia for obstada pelo atraso na conclusão de procedimentos de desapropriação, desocupação, servidão administrativa ou licenciamento ambiental, por circunstâncias alheias ao contratado (art. 124, §2º).

25.3 Limites impostos pelo legislador

Além dos limites especificados pelo art. 125 (que enuncia que quando houver necessidade de modificação no projeto, o contratado será obrigado a aceitar, nas mesmas condições contratuais, acréscimos ou supressões de até vinte e cinco por cento do valor inicial atualizado do contrato, percentual que é ampliado, no caso de reforma de edifício ou de equipamento, para até cinquenta por cento), o legislador especifica, ainda, que se o contrato não contemplar preços unitários para obras ou serviços cujo aditamento se fizer necessário, eles deverão ser fixados por meio da aplicação da relação geral entre os valores da proposta e o do orçamento-base da Administração sobre os preços referenciais ou de mercado vigentes na data do aditamento (art. 127, *caput*).

---

[850] Conforme Maria Sylvia Zanella Di Pietro, a *força maior* resulta de "acontecimento imprevisível, inevitável e estranho à vontade das partes", como exemplo, "uma tempestade, um terremoto, um raio" (DI PIETRO, Maria Sylvia Zanella. *Direito administrativo*, 32. ed., p. 829), que decorre, nas palavras de Odete Medauar, de "fatos da natureza" (MEDAUAR, Odete. *Direito administrativo moderno*, 19. ed., p. 438).

[851] O *caso fortuito*, por sua vez, é conceituado por Di Pietro como fato "decorrente de ato humano ou de falha da Administração", como se verifica, ainda exemplificativamente, quando há o rompimento de "uma adutora ou um cabo elétrico, causando dano a terceiros" (DI PIETRO, Maria Sylvia Zanella. *Direito administrativo*, 32. ed., p. 829).

[852] O *fato do príncipe* é "fato genérico e extracontratual imputável à Administração Pública, que acarreta o aumento dos custos do contrato administrativo (álea extraordinária administrativa)", mas que com ele não se relaciona (OLIVEIRA, Rafael Carvalho Rezende. *Curso de direito administrativo*, p. 769). Ele se diferencia do *fato da administração*, que encerra, na lição de Di Pietro, "qualquer conduta ou comportamento da Administração que, como parte contratual, pode tornar impossível a execução do contrato ou provocar seu desequilíbrio econômico" (DI PIETRO, Maria Sylvia Zanella. *Direito administrativo*, 31. ed., p. 365). Trata-se, conforme Hely Lopes Meirelles, de "toda ação ou omissão do Poder Público que, incidindo direta e especificamente sobre o contrato, retarda ou impede a sua execução" (MEIRELLES, Hely Lopes. *Direito administrativo brasileiro*, 42. ed., p. 270).

25.4 Disposições sobre obras e serviços de engenharia

Além disso, nas contratações de obras e serviços de engenharia, a diferença percentual entre o valor global do contrato e o preço global de referência não poderá ser reduzida em favor do contratado em decorrência de aditamentos que modifiquem a planilha orçamentária (art. 128, *caput*).

25.5 Disposições sobre supressão de obras, bens e serviços

Havendo necessidade de supressão de obras, bens ou serviços, a Administração deverá indenizar os materiais adquiridos pelo contratado e colocados no local dos trabalhos, observando, nessa operação, os custos de aquisição regularmente comprovados e monetariamente reajustados (art. 129, *caput*). Ela também poderá ser chamada a indenizar outros danos eventualmente decorrentes da supressão, desde que regularmente comprovados (art. 129, parte final).

25.6 Disposições sobre contratação integrada ou semi-integrada

A Lei nº 14.133/2021 também traz disposições específicas para as contratações integradas e semi-integradas. A *contratação integrada* encerra regime de contratação de obras e serviços de engenharia em que o contratado é responsável por elaborar e desenvolver os *projetos básico e executivo*,[853] executar obras e serviços de engenharia, fornecer bens ou prestar serviços especiais e realizar montagem, teste, pré-operação e as demais operações necessárias e suficientes para a entrega final do objeto (art. 6º, XXXII). Por sua vez, na *contratação semi-integrada*, também voltada à contratação de obras e serviços de engenharia, o contratado é responsável por elaborar e desenvolver o *projeto executivo*, executar obras e serviços de engenharia, fornecer bens ou prestar serviços especiais e realizar montagem, teste, pré-operação e as demais operações necessárias e suficientes para a entrega final do objeto (art. 6º, XXXIII). Em ambas, o contratado entrega prestações que em geral ficam a cargo da Administração (elaboração do projeto básico e/ou do projeto executivo). A diferença entre elas é que, enquanto *na contratação integrada o contratado elabora o projeto básico e o projeto executivo, na contratação semi-integrada o projeto básico é elaborado pela própria Administração, que apenas delega ao contratado a elaboração do projeto executivo.*

Por isso, como regra, é vedada a alteração dos valores contratuais nesse tipo de contratação (art. 133, *caput*). Porém, o legislador estabeleceu exceções a essa regra, quando admitiu a modificação dos valores contratuais:

---

[853] O *projeto básico* é composto pelo conjunto de elementos necessários e suficientes para definir e dimensionar a obra ou o serviço, ou o complexo de obras ou de serviços objeto da licitação, elaborado com base nas indicações dos *estudos técnicos preliminares* (documento que antecede o projeto básico, que caracteriza o interesse público envolvido e a sua melhor solução, art. 6º, XX), que assegurem a viabilidade técnica e o adequado tratamento do impacto ambiental do empreendimento e que possibilite a avaliação do custo da obra e a definição dos métodos e do prazo de execução, devendo conter os seguintes elementos (art. 6º, XXV), enquanto o *projeto executivo*, elaborado em sequência a ele, é composto pelo conjunto de elementos necessários e suficientes à execução completa da obra, com o detalhamento das soluções previstas no projeto básico, a identificação de serviços, de materiais e de equipamentos a serem incorporados à obra, bem como suas especificações técnicas, de acordo com as normas técnicas pertinentes (art. 6º, XXVI).

a) para restabelecimento do equilíbrio econômico-financeiro decorrente de caso fortuito[854] ou força maior[855] (art. 133, I);
b) por necessidade de alteração do projeto ou das especificações, a pedido da Administração, para melhor adequação técnica aos objetivos da contratação, desde que o problema detectado não decorra de erros ou omissões por parte do contratado (art. 133, II), e observados os limites de acréscimo de até vinte e cinco por cento do valor inicial atualizado dos relativos a obras, serviços e compras e de cinquenta por cento para reformas de edifício ou equipamento (art. 125, *caput*);
c) por necessidade de alteração do projeto básico nas contratações semi-integradas (art. 133, III), desde que exista prévia autorização da Administração e que demonstrada a superioridade das inovações propostas pelo contratado em termos de redução de custos, de aumento da qualidade, de redução do prazo de execução ou de facilidade de manutenção ou operação, hipótese em que o contratado assumirá responsabilidade integral também pelo riscos associados à alteração do projeto básico (art. 46, §5º); e
d) por ocorrência de evento superveniente alocado na matriz de riscos como de responsabilidade da Administração (art. 133, IV).

25.7 Obrigatoriedade da formalização de termo aditivo

As alterações contratuais são formalizadas, como regra, por meio da celebração de termo aditivo (art. 130, *caput*). É que, nos precisos termos da lei, a formalização do termo aditivo é condição para a execução, pelo contratado, das prestações determinadas pela Administração no curso da execução do contrato (art. 132, *caput*). Assim, a formalização do termo aditivo deve anteceder os efeitos das alterações contratuais cogitadas (regra geral). A única exceção admitida pelo legislador é relacionada aos casos de justificada necessidade de antecipação dos efeitos do contrato, mas nesse caso a formalização do termo aditivo precisa ser feita no prazo máximo de um mês (art. 132, parte final).

Todavia, não estão sujeitos à celebração de termo aditivo os registros que não *caracterizam alteração do contrato, que podem ser realizados por simples apostila (art. 136, caput), conforme se verifica nas seguintes situações, elencadas pelo legislador em rol exemplificativo*:
a) variação do valor contratual para fazer face ao reajuste ou à repactuação de preços previstos no próprio contrato (art. 136, I);
b) atualizações, compensações ou penalizações financeiras decorrentes das condições de pagamento previstas no contrato (art. 136, II);
c) alterações na razão ou na denominação social do contratado (art. 136, III); e
d) empenho de dotações orçamentárias (art. 136, IV).

---

[854] Fato "decorrente de ato humano ou de falha da Administração", como se verifica, por exemplo, quando há o rompimento de "uma adutora ou um cabo elétrico, causando dano a terceiros" (DI PIETRO, Maria Sylvia Zanella. *Direito administrativo*, 32. ed., p. 829).

[855] Acontecimento "imprevisível, inevitável e estranho à vontade das partes" (DI PIETRO, Maria Sylvia Zanella. *Direito administrativo*, 32. ed., p. 829) e resultante de fatos da natureza (MEDAUAR, Odete. *Direito administrativo moderno*, 19. ed., p. 438), como se verifica (ainda exemplificativamente) de "uma tempestade, um terremoto, um raio" (DI PIETRO, Maria Sylvia Zanella. *Direito administrativo*, 32. ed., p. 829).

25.8 Restabelecimento do equilíbrio econômico-financeiro do contrato

Havendo alteração unilateral que aumente ou diminua os encargos do contratado, a Administração deverá restabelecer, no mesmo termo aditivo, o equilíbrio econômico-financeiro inicial (art. 130, parte final). O pedido de restabelecimento do equilíbrio econômico-financeiro deverá ser formulado durante a vigência do contrato e antes de eventual prorrogação (art. 131, parágrafo único). Porém, o equilíbrio econômico-financeiro do contrato deve ser restabelecido mesmo após a extinção do contrato, hipótese em que a Administração deverá indenizar o contratado, valendo-se, para tanto, de termo indenizatório (art. 131, *caput*).

25.9 Alteração nos preços

Também os preços contratados podem ser alterados, conforme o caso, para mais ou para menos, quando se verificar, após a data da apresentação da proposta, criação, alteração ou extinção de quaisquer tributos ou encargos legais ou a superveniência de disposições legais com comprovada repercussão sobre os preços contratados (art. 134, *caput*).

De igual modo é possível repactuá-los, nos contratos para serviços contínuos com regime de dedicação exclusiva de mão de obra ou com predominância de mão de obra, para manutenção do equilíbrio econômico-financeiro (art. 135, *caput*). Porém, para tanto, o contratado precisa apresentar demonstração analítica da variação dos custos contratuais, com data vinculada (art. 135, parte final):

a) à apresentação da proposta, para custos decorrentes do mercado (art. 135, I); ou
b) a acordo, à convenção coletiva ou a dissídio coletivo ao qual a proposta esteja vinculada, para os custos de mão de obra (art. 135, II), hipótese em que:
  b.1) a Administração não se vinculará às disposições contidas em acordos, convenções ou dissídios coletivos de trabalho que tratem de matéria não trabalhista, de pagamento de participação dos trabalhadores nos lucros ou resultados do contratado, ou que estabeleçam direitos não previstos em lei, como valores ou índices obrigatórios de encargos sociais ou previdenciários, bem como de preços para os insumos relacionados ao exercício da atividade (art. 135, §1º);
  b.2) também lhe é vedado vincular-se às disposições previstas nos acordos, convenções ou dissídios coletivos de trabalho que tratem de obrigações e direitos que somente se aplicam aos contratos com a Administração Pública (art. 135, §2º).

A repactuação deverá observar o interregno mínimo de um ano, contado da data da apresentação da proposta ou da data da última repactuação (art. 135, §3º). Além disso:

a) poderá ser dividida em tantas parcelas quanto forem necessárias (observado o princípio da anualidade do reajuste de preços da contratação), hipótese em que poderá ser realizada em momentos distintos para discutir a variação de custos que tenham sua anualidade resultante em datas diferenciadas, como os decorrentes de mão de obra e os decorrentes dos insumos necessários à execução dos serviços (art. 135, §4º);

b) poderá ser dividida em tantos quanto forem os acordos, as convenções ou os dissídios coletivos de trabalho das categorias envolvidas na contratação quando a contratação envolver mais de uma categoria profissional (art. 135, §5º); e
c) deverá ser precedida de solicitação do contratado, acompanhada de demonstração analítica da variação dos custos, por meio de apresentação da planilha de custos e formação de preços, ou do novo acordo, convenção ou sentença normativa que fundamenta a repactuação (art. 135, §6º).

CAPÍTULO 26

EXTINÇÃO DOS CONTRATOS ADMINISTRATIVOS

Art. 137. Constituirão motivos para extinção do contrato, a qual deverá ser formalmente motivada nos autos do processo, assegurados o contraditório e a ampla defesa, as seguintes situações:

I - não cumprimento ou cumprimento irregular de normas editalícias ou de cláusulas contratuais, de especificações, de projetos ou de prazos;

II - desatendimento das determinações regulares emitidas pela autoridade designada para acompanhar e fiscalizar sua execução ou por autoridade superior;

III - alteração social ou modificação da finalidade ou da estrutura da empresa que restrinja sua capacidade de concluir o contrato;

IV - decretação de falência ou de insolvência civil, dissolução da sociedade ou falecimento do contratado;

V - caso fortuito ou força maior, regularmente comprovados, impeditivos da execução do contrato;

VI - atraso na obtenção da licença ambiental, ou impossibilidade de obtê-la, ou alteração substancial do anteprojeto que dela resultar, ainda que obtida no prazo previsto;

VII - atraso na liberação das áreas sujeitas a desapropriação, a desocupação ou a servidão administrativa, ou impossibilidade de liberação dessas áreas;

VIII - razões de interesse público, justificadas pela autoridade máxima do órgão ou da entidade contratante;

IX - não cumprimento das obrigações relativas à reserva de cargos prevista em lei, bem como em outras normas específicas, para pessoa com deficiência, para reabilitado da Previdência Social ou para aprendiz.

§1º Regulamento poderá especificar procedimentos e critérios para verificação da ocorrência dos motivos previstos no *caput* deste artigo.

§2º O contratado terá direito à extinção do contrato nas seguintes hipóteses:

I - supressão, por parte da Administração, de obras, serviços ou compras que acarrete modificação do valor inicial do contrato além do limite permitido no art. 125 desta Lei;

II - suspensão de execução do contrato, por ordem escrita da Administração, por prazo superior a 3 (três) meses;

III - repetidas suspensões que totalizem 90 (noventa) dias úteis, independentemente do pagamento obrigatório de indenização pelas sucessivas e contratualmente imprevistas desmobilizações e mobilizações e outras previstas;

IV - atraso superior a 2 (dois) meses, contado da emissão da nota fiscal, dos pagamentos ou de parcelas de pagamentos devidos pela Administração por despesas de obras, serviços ou fornecimentos;

V - não liberação pela Administração, nos prazos contratuais, de área, local ou objeto, para execução de obra, serviço ou fornecimento, e de fontes de materiais naturais especificadas no projeto, inclusive devido a atraso ou descumprimento das obrigações atribuídas pelo contrato à Administração relacionadas a desapropriação, a desocupação de áreas públicas ou a licenciamento ambiental.

§3º As hipóteses de extinção a que se referem os incisos II, III e IV do §2º deste artigo observarão as seguintes disposições:

I - não serão admitidas em caso de calamidade pública, de grave perturbação da ordem interna ou de guerra, bem como quando decorrerem de ato ou fato que o contratado tenha praticado, do qual tenha participado ou para o qual tenha contribuído;

II - assegurarão ao contratado o direito de optar pela suspensão do cumprimento das obrigações assumidas até a normalização da situação, admitido o restabelecimento do equilíbrio econômico-financeiro do contrato, na forma da alínea *d* do inciso II do *caput* do art. 123 desta Lei.

§4º Os emitentes das garantias previstas no art. 96 desta Lei deverão ser notificados pelo contratante quanto ao início de processo administrativo para apuração de descumprimento de cláusulas contratuais.

Art. 138. A extinção do contrato poderá ser:

I - determinada por ato unilateral e escrito da Administração, exceto no caso de descumprimento decorrente de sua própria conduta;

II - consensual, por acordo entre as partes, por conciliação, por mediação ou por comitê de resolução de disputas, desde que haja interesse da Administração;

III - determinada por decisão arbitral, em decorrência de cláusula compromissória ou compromisso arbitral, ou por decisão judicial.

§1º A extinção determinada por ato unilateral da Administração e a extinção consensual deverão ser precedidas de autorização escrita e fundamentada da autoridade competente e reduzidas a termo no respectivo processo.

§2º Quando a extinção decorrer de culpa exclusiva da Administração, o contratado será ressarcido pelos prejuízos regularmente comprovados que houver sofrido e terá direito a:

I - devolução da garantia;

II - pagamentos devidos pela execução do contrato até a data da extinção;

III - pagamento do custo da desmobilização.

Art. 139. A extinção determinada por ato unilateral da Administração poderá acarretar, sem prejuízo das sanções previstas nesta Lei, as seguintes consequências:

I - assunção imediata do objeto do contrato, no estado e local em que se encontrar, por ato próprio da Administração;

II - ocupação e utilização do local, das instalações, dos equipamentos, do material e do pessoal empregados na execução do contrato e necessários à sua continuidade;

III - execução da garantia contratual, para:

a) ressarcimento da Administração Pública por prejuízos decorrentes da não execução;

b) pagamento de verbas trabalhistas, fundiárias e previdenciárias, quando cabível;

c) pagamento das multas devidas à Administração Pública;

d) exigência da assunção da execução e conclusão do objeto do contrato pela seguradora, quando cabível;

IV - retenção dos créditos decorrentes do contrato até o limite dos prejuízos causados à Administração Pública e das multas aplicadas.

§1º A aplicação das medidas previstas nos incisos I e II do *caput* deste artigo ficará a critério da Administração, que poderá dar continuidade à obra ou ao serviço por execução direta ou indireta.

§2º Na hipótese do inciso II do *caput* deste artigo, o ato deverá ser precedido de autorização expressa do ministro de Estado, do secretário estadual ou do secretário municipal competente, conforme o caso.

••

Esses dispositivos disciplinam, no regime da Lei nº 14.133/2021, a extinção dos contratos administrativos, enunciando regras sobre o modo como ela se processa:

a) seja para efeito de dispor quando ela deve se processar por iniciativa da Administração ou do contratado (*aspecto subjetivo*);

b) seja para efeito de definir como ela se instrumentaliza por decisão unilateral da Administração, mediante consenso entre as partes ou por determinação arbitral ou judicial (*aspecto objetivo*).

26.1 Aspecto subjetivo (ou iniciativa)

Os contratos administrativos podem ser extintos pela Administração ou pelo contratado, observadas as situações específicas previstas no texto legal.

26.1.1 Extinção pela Administração

A Administração poderá extinguir contratos administrativos, inclusive de forma unilateral, mas, para tanto, deverá observar o contraditório, o dever de motivação adequada das suas decisões jurídicas (art. 137, *caput*) e os procedimentos e critérios fixados em regulamento (art. 137, §1º).

26.1.1.1 O condicionamento da extinção do contrato por decisão da Administração à observância do contraditório e do dever de motivação das decisões jurídicas

A exigência de observância do contraditório e do dever de motivação adequada das suas decisões jurídicas decorre de taxativa imposição legal, colhida do *caput* do art. 137 da Lei nº 14.133/2021, que estabelece, textualmente, que a extinção do contrato pela Administração pode ocorrer, nas hipóteses que enuncia, desde que *formalmente motivada nos autos do processo* e *assegurados o contraditório e a ampla defesa*.

Sobre a incidência do contraditório, a Constituição da República assegura aos litigantes, em processo judicial ou administrativo, e aos acusados em geral o contraditório e a ampla defesa, com os meios e recursos a ela inerentes (art. 5º, LV). Na lição de Hermes Zaneti Júnior, "é justamente no contraditório, ampliado pela Carta do Estado Democrático Brasileiro, que se irá apoiar a noção de processo democrático, o processo como procedimento em contraditório, que tem na sua matriz substancial a 'máxima da cooperação' (*Kooperationsmaxima*)", porque, nela, ele surge renovado, "não mais unicamente como garantia do direito de resposta, mas sim como direito de influência e dever de debate".[856] Assim, o seu exercício pressupõe não apenas que se oportunize aos interessados aduzir as suas razões no processo (contraditório formal),[857] mas, também, o necessário enfrentamento dessas razões na decisão que nele será proferida (contraditório material).[858] Esse *dever jurídico* resulta de taxativa disposição colhida do inc. IV do §1º do art. 489 do Código de Processo Civil de 2015,[859] extensível aos processos administrativos por força do disposto no art. 15 do mesmo diploma legal,[860] e que, *ipso facto*, também reproduz um *dever administrativo*. Por isso contamina-se por vício grave e insanável eventual decisão pela extinção de contratos administrativos em que o seu prolator queda-se inerte em enfrentar as razões deduzidas no processo.

Essa exigência jurídica culmina por associar a incidência do princípio do contraditório ao dever de motivação das decisões jurídicas, inclusive nos processos administrativos que encartam licitações e contratações públicas, entre eles os que instrumentalizam decisão administrativa pela extinção do contrato. Com efeito, a nossa Constituição também estabelece que "todos os julgamentos dos órgãos do Poder Judiciário serão públicos", e que serão fundamentadas todas as suas decisões, sob pena de nulidade" (art. 93, IX), dispondo, ainda, que de igual modo serão motivadas "as decisões administrativas dos Tribunais" (art. 93, X). Esses dispositivos impõem aos julgadores que demonstrem, por meio de motivação adequada, a conformidade das suas decisões com os textos normativos aplicados, vinculando-se, portanto, à ideia

---

[856] ZANETI JÚNIOR, Hermes. *Processo constitucional*: o modelo constitucional do processo civil brasileiro, p. 191-192. Nesse sentido se manifestou o Supremo Tribunal Federal, em acórdãos proferidos ainda na vigência do Código de Processo Civil de 1973. Basta ver, a título exemplificativo, que o Tribunal Constitucional já decidiu (i) que as garantias constitucionais do contraditório e da ampla defesa implicam o direito do jurisdicionado à consideração das razões deduzidas em juízo (STF. RE nº 163.301. Rel. Min. Sepúlveda Pertence. *DJ*, 28 nov. 1997), que é ilegal "acórdão que exauriu, de modo satisfatório, o exame do pedido articulado no recurso de apelação, referente à autoria e à materialidade do delito, mas que não apreciou as demais questões suscitadas no apelo" (STF. HC nº 73.949. Rel. Min. Maurício Corrêa. *DJ*, 1º jun. 2001) e que a garantia do contraditório não se limita aos direitos de ter informação sobre os atos produzidos no processo e de manifestação sobre seu conteúdo, porque também abarca imposição no sentido de que esses argumentos sejam devidamente enfrentados pela autoridade julgadora (STF. MS nº 25.787. Rel. Min. Gilmar Mendes. *DJe*, 13 set. 2007). Quanto ao particular, cf., ainda: MITIDIERO, Daniel. *Colaboração no processo civil*, 3. ed., p. 86-87.

[857] Cf. DIDIER JÚNIOR, Fredie. *Curso de direito processual civil*, v. I, p. 78-79.

[858] Cf. DIDIER JÚNIOR, Fredie. *Curso de direito processual civil*, v. I, p. 79.

[859] CPC-2015: "Art. 489. [...] §1º Não se considera fundamentada qualquer decisão judicial, seja ela interlocutória, sentença ou acórdão, que: [...] IV - não enfrentar todos os argumentos deduzidos no processo capazes de, em tese, infirmar a conclusão adotada pelo julgador".

[860] CPC-2015: "Art. 15. Na ausência de normas que regulem processos eleitorais, trabalhistas ou administrativos, as disposições deste Código lhes serão aplicadas supletiva e subsidiariamente".

de legalidade. Eles possibilitam, ainda, que se confira a necessária transparência (ou publicidade) às razões de decidir, sem a qual não poderiam ser exercidos os direitos fundamentais dos jurisdicionados ao contraditório e à ampla defesa. Muito embora eles não se apliquem diretamente à Administração Pública, a circunstância de os atos que ela pratica resultarem de tomadas de posição em sua gênese jurídicas faz com que, na prática, também se possa impor às autoridades administrativas o dever de motivação adequada das suas decisões. Em primeiro lugar porque a motivação adequada é pressuposto necessário a que se estabeleça o necessário controle da juridicidade sobre os atos administrativos,[861] imposto à Administração e aos seus agentes pelo princípio administrativo da legalidade, positivado no *caput* do art. 37 da Constituição. Em segundo lugar porque a sua veiculação está intrinsicamente ligada à observância do princípio administrativo da publicidade, também extraído do mesmo dispositivo da Lei Maior, porque é a motivação que possibilita, nos casos concretos, a publicização dos motivos que levaram à prática de determinado ato administrativo. Em terceiro lugar porque, se ela não for implementada nos processos administrativos, não serão atendidos, na casuística, os direitos ao contraditório e à ampla defesa, assegurados aos litigantes pelo inc. LV do art. 5º da Carta de 1988 tanto nos processos judiciais quanto nos administrativos. Posto isso, e considerando que o princípio da motivação tem por finalidade possibilitar o necessário controle jurídico sobre os atos administrativos (incidência do princípio administrativo da legalidade), assegurar a publicização dos motivos que conduziram à sua prática (incidência do princípio administrativo da publicidade) e criar as condições necessárias ao exercício dos direitos fundamentais do cidadão ao contraditório e à ampla defesa (incidência do inc. LV do art. 5º da Constituição), certamente será inadequada a fundamentação que não atender a esses objetivos. Disso resulta a necessidade de a Administração, antes de decidir sobre qualquer questão que afete interesses de terceiros (entre elas a extinção de contratos administrativo), mais do que oportunizar a eles que veiculem as suas razões nos processos (observando, assim, o contraditório formal), também observar o cuidado de enfrentar essas razões, sob pena e risco de desatender ao aspecto material do princípio do contraditório e o próprio dever de motivação das suas decisões jurídicas.

Essas salvaguardas também são asseguradas, reflexamente, aos emitentes de garantias em favor dos contratados (art. 96, *caput*), portanto ao particular que oferece caução em seu lugar,[862] à seguradora que emite em seu favor apólice de seguro-garantia e à instituição financeira que a ele outorga fiança bancária. É que o legislador impõe à Administração a sua notificação quando der início a processo administrativo para apuração de descumprimento de cláusulas contratuais (art. 137, §4º).

---

[861] DI PIETRO, Maria Sylvia Zanella. *Direito administrativo*, 32. ed., p. 109.
[862] Conquanto inexista previsão nesse sentido na Lei nº 14.133/2021, tal não impede a prestação de caução por terceiros nos processos de licitação e contratação pública, precisamente porque vige, para os licitantes/contratados, o regime de legalidade comum delineado no inc. II do art. 5º da Constituição da República, que enuncia que ninguém será obrigado a fazer ou deixar de fazer alguma coisa senão em virtude de lei.

26.1.1.2 As hipóteses em que é admitida a extinção do contrato pela Administração

Observados esses cuidados e, se for o caso, os procedimentos e critérios fixados em regulamento (art. 137, §1º), a Administração poderá extinguir os contratos administrativos que celebrar nas hipóteses:
   a) de descumprimento ou cumprimento irregular de normas editalícias ou de cláusulas contratuais, de especificações, de projetos ou de prazos (art. 137, I);
   b) de desatendimento das determinações regulares emitidas pela autoridade designada para acompanhar e fiscalizar sua execução ou por autoridade superior (art. 137, II);
   c) de alteração social ou modificação da finalidade ou da estrutura da empresa que restrinja sua capacidade de concluir o contrato (art. 137, III);
   d) de decretação de falência ou de insolvência civil, dissolução da sociedade ou falecimento do contratado (art. 137, IV);
   e) de caso fortuito ou força maior, regularmente comprovados, impeditivos da execução do contrato (art. 137, V);
   f) de atraso na obtenção da licença ambiental, ou impossibilidade de obtê-la, ou alteração substancial do anteprojeto que dela resultar, ainda que obtida no prazo previsto (art. 137, VI);
   g) de atraso na liberação das áreas sujeitas à desapropriação, à desocupação ou à servidão administrativa, ou impossibilidade de liberação dessas áreas (art. 137, VII);
   h) de incidência de razões de interesse público, justificadas pela autoridade máxima do órgão ou da entidade contratante (art. 137, VIII); e
   i) de descumprimento das obrigações relativas à reserva de cargos prevista em lei, bem como em outras normas específicas, para pessoa com deficiência, para reabilitado da Previdência Social ou para aprendiz (art. 137, IX).

26.1.2 Extinção pelo contratado

Também o contratado pode promover a extinção do contrato administrativo (art. 137, §2º).

Não há, quanto a ele, a disposição normativa expressa condicionando a implementação da extinção à observância do contraditório e/ou de motivação adequada. Porém, a própria conformação das hipóteses em que o legislador admite a extinção por sua iniciativa torna ineficaz a formalização, pelo contratado, de manifestação imotivada. É que, nos precisos termos da lei, o contratado apenas tem direito à extinção do contrato nas hipóteses (art. 137, §2º):
   a) de supressão, por parte da Administração, de obras, serviços ou compras que acarrete modificação do valor inicial do contrato (art. 137, §2º, I) além dos limites de vinte e cinco por cento do valor inicial para contratações relativas a obras, serviços ou compras e de cinquenta por cento do valor inicial para reforma de edifício ou de equipamento (art. 125, *caput*);
   b) de suspensão de execução do contrato, por ordem escrita da Administração, por prazo superior a três meses (art. 137, §2º, II);

c) de repetidas suspensões que, juntas, totalizem noventa dias úteis, contexto em que a extinção será acompanhada do pagamento obrigatório de indenização pelas sucessivas e contratualmente imprevistas desmobilizações e mobilizações e outras previstas (art. 137, §2º, III);
d) de atraso superior a dois meses, contado da emissão da nota fiscal, nos pagamentos/parcelas de pagamentos devidos pela Administração por despesas de obras, serviços ou fornecimentos (art. 137, §2º, IV); e
e) de inércia da Administração em liberar, observados os prazos contratuais, área, local ou objeto para execução de obra, serviço ou fornecimento, bem como de fontes de materiais naturais especificadas no projeto, e de atraso ou descumprimento das obrigações a ela atribuídas pelo contrato, relacionadas à desapropriação, à desocupação de áreas públicas ou a licenciamento ambiental (art. 137, §2º, V).

Assim, o contratado, para obter a extinção do contrato, precisaria, quando menos, demonstrar a incidência de uma dessas hipóteses para obter a extinção, o que pressupõe motivação adequada.

Além disso, a implementação da providência demanda a manutenção de algum diálogo entre o contratado e a Administração (portanto, de contraditório); a começar porque o legislador se refere a situações em que a extinção cogitada poderá não se concretizar; conforme se verifica, por exemplo, nas hipóteses (i) de suspensão de execução do contrato por ordem escrita da Administração que o paralise por até três meses (art. 137, §2º, II) e por repetidas suspensões que totalizem noventa dias úteis (art. 137, §2º, II) e (ii) de atraso (superior a dois meses) nos pagamentos/parcelas de pagamentos devidos por obras, serviços ou fornecimentos (art. 137, §2º, IV); que não suscitam a extinção do contrato (art. 137, §3º) quando verificadas situações de calamidade pública, de grave perturbação da ordem interna ou de guerra ou quando decorrerem de ato ou fato que o contratado tenha praticado, do qual tenha participado ou para o qual tenha contribuído (art. 137, §3º, I). Nesses casos, o contratado poderá optar pela suspensão do cumprimento das obrigações assumidas até a normalização da situação, e também terá direito ao restabelecimento do equilíbrio econômico-financeiro do contrato (art. 137, §3º, II), mas não lhe será possível obter a extinção do contrato.

Se, em concreto, for verificado que a extinção decorre de culpa exclusiva da Administração, o contratado deverá ser ressarcido pelos prejuízos regularmente comprovados que houver sofrido (art. 138, §2º), e também terá direito à devolução da garantia ofertada (art. 138, §2º, I), aos pagamentos devidos pela execução do contrato até a data da sua extinção (art. 138, §2º, II) e ao pagamento do seu custo de desmobilização (art. 138, §2º, III).

26.2 Aspecto objetivo (ou modalidades)

O legislador também especifica que a extinção do contrato pode se dar por *ato unilateral* da Administração, por *acordo entre as partes* e/ou por *decisão arbitral ou judicial*.

26.2.1 Extinção por ato unilateral

A extinção do contrato poderá ser determinada por ato unilateral e escrito da Administração, ressalvadas as situações em que o descumprimento/inadimplemento contratual decorrer da sua própria conduta (art. 138, I). Porém, nesse caso, a extinção deve ser precedida de autorização escrita e fundamentada da autoridade competente, que precisa ser reduzida a termo no respectivo processo (art. 138, §1º).

Dela resulta, por taxativa disposição legal:

a) assunção imediata do objeto do contrato, no estado e local em que se encontrar, por ato próprio da Administração (art. 139, I);
b) ocupação e utilização do local, das instalações, dos equipamentos, do material e do pessoal empregados na execução do contrato e necessários à sua continuidade (art. 139, II);
c) execução da garantia contratual (art. 139, III):
   c.1) para ressarcimento da Administração Pública por prejuízos decorrentes da não execução (art. 139, III, "a");
   c.2) para pagamento de verbas trabalhistas, fundiárias e previdenciárias, quando cabível (art. 139, III, "b");
   c.3) para pagamento de valores das multas devidas à Administração Pública (art. 139, III, "c"); e
   c.4) para exigência da assunção da execução e conclusão do objeto do contrato pela seguradora, quando cabível (art. 139, III, "d"); e
d) retenção dos créditos decorrentes do contrato até o limite dos prejuízos causados à Administração Pública e das multas aplicadas (art. 139, IV), sem prejuízo das sanções previstas em lei (art. 139, *caput*).

Contudo, a Administração poderá, a seu critério, deixar de aplicar as medidas de assunção imediata do objeto do contrato (art. 139, I) e a ocupação/utilização do local, das instalações, dos equipamentos, do material e do pessoal empregados na sua execução e necessários à sua continuidade (art. 139, II), se preferir dar continuidade à obra/ao serviço mediante execução indireta (art. 139, §1º). Todavia, no que diz respeito a esta última providência, o ato deverá ser precedido (conforme o caso) de autorização expressa do ministro de Estado, do secretário estadual/distrital ou do secretário municipal competente (art. 139, §2º).

26.2.2 Extinção por acordo entre as partes

A extinção do contrato poderá ser feita, se houver interesse da Administração, também de forma consensual, ou seja, por acordo entre as partes, obtido mediante *conciliação, mediação* ou *comitê de resolução de disputas* (art. 138, I).

A *conciliação* e a *mediação* são técnicas empregadas, no regime do Código de Processo Civil de 2015, para procurar obter a resolução de conflitos pelo método autocompositivo.[863] A propósito, a lei processual deixa muito claro que a prolação de uma decisão de mérito por integrantes do Poder Judiciário (heterocomposição estatal) não é o único caminho aberto para acesso dos jurisdicionados a uma ordem jurídica justa, quando dispôs, em seu texto:

---

[863] Sobre a argumentação que se segue, cf. MADUREIRA, Claudio; MOREIRA, Aline Simonelli; MOREIRA, Aline de Magalhães Grafanassi. Autocomposição, conciliação e mediação no regime do CPC-2015: esforço teórico de sistematização dos conceitos, p. 73-75.

a) que é permitida a arbitragem, na forma da lei (CPC-2015, art. 3º, §1º), admitindo, portanto, também a heterocomposição arbitral;
b) que cumpre ao Estado promover, sempre que possível, a solução consensual dos conflitos (CPC-2015, art. 3º, §2º); e
c) que a conciliação, a mediação e outros métodos de solução consensual de conflitos deverão ser estimulados por juízes, advogados, defensores públicos e membros do Ministério Público, inclusive no curso do processo judicial (CPC-2015, art. 3º, §3º).

A *conciliação* e a *mediação* "pressupõem a intervenção de um terceiro, imparcial", que atuará como facilitador da composição entre os interessados, com função de "ajudar as partes a encontrar a melhor solução ao conflito".[864] Contudo, as distingue a circunstância de a *conciliação* buscar "sobretudo o acordo entre as partes, enquanto que a *mediação* trabalha o conflito, surgindo o acordo como mera consequência".[865] Trata-se, pois, "mais de uma diferença de método", em que "o resultado acaba sendo o mesmo".[866]

Francisco Cahali procurar aprofundar-se nessa distinção, observando que o que diferencia a *mediação* da *conciliação* é que nela (*mediação*) "haverá uma profunda investigação do terceiro sobre a inter-relação das partes e a origem do conflito", o que faz com que ela costume se tornar "um procedimento mais longo, em que, às vezes, são necessárias diversas sessões de mediação para que as partes consigam restabelecer o diálogo perdido".[867] Além disso, "o foco na mediação é o conflito, e não a solução", enquanto que "na conciliação [...] o foco é a solução, e não o conflito".[868] Por derradeiro, devemos destacar o que Cahali designa como diferença fundamental entre a mediação e conciliação, que consiste na circunstância de o mediador não fazer propostas de acordo, mas apenas tentar "reaproximar as partes para que elas próprias consigam alcançar uma situação consensual de vantagem".[869]

Também o legislador processual procurou distingui-las (a conciliação e a mediação), quando dispôs, reportando-se (em atenção a essas particularidades dos institutos) ao papel desempenhado no processo pelo conciliador e pelo mediador, em que o primeiro (conciliador) atuará preferencialmente nos casos em que não houver vínculo anterior entre as partes, contexto em que poderá sugerir soluções para o litígio, sendo vedada a utilização de qualquer tipo de constrangimento ou intimidação para que as partes concíliem (CPC-2015, art. 165, §2º), ao passo que o outro (mediador) atuará preferencialmente nos casos em que houver vínculo anterior entre as partes, cumprindo-lhe auxiliar os interessados a compreender as questões e os interesses em conflito, de modo que eles possam, pelo restabelecimento da comunicação, identificar, por si próprios, soluções consensuais que gerem benefícios mútuos (CPC-2015, art. 165, §3º).

---

[864] CAHALI, Francisco José. *Curso de arbitragem*, p. 45. Nesse mesmo sentido se posicionam Cintra, Grinover e Dinamarco, para quem "a mediação assemelha-se à conciliação", pois em ambas "os interessados utilizam a intermediação de um terceiro, particular, para chegarem à pacificação de seu conflito" (CINTRA, Antônio Carlos Araújo; GRINOVER, Ada Pelegrini; DINAMARCO, Cândido Rangel. *Teoria geral do processo*, p. 34).
[865] CAHALI, Francisco José. *Curso de arbitragem*, p. 34.
[866] CAHALI, Francisco José. *Curso de arbitragem*, p. 34.
[867] CAHALI, Francisco José. *Curso de arbitragem*, p. 47.
[868] CAHALI, Francisco José. *Curso de arbitragem*, p. 47.
[869] CAHALI, Francisco José. *Curso de arbitragem*, p. 48.

Porém, não se pode perder de vista que, nos casos concretos, conforme a natureza do conflito, e inclusive em razão das próprias características pessoais das partes envolvidas, "há uma *zona cinzenta*, e extensa, entre as situações em que se recomenda" a adoção de uma ou outra técnica.[870] Por esse motivo, são responsabilidades do facilitador (conciliador/mediador), do juiz, do advogado ou de qualquer outra pessoa orientar as partes a buscar a resolução do conflito pelo método autocompositivo e saber identificar as suas peculiaridades, de modo a "encaminhá-las ao meio de solução alternativa mais eficiente".[871] Nesse âmbito, cumpre-lhes, sempre que perceberem durante o desenvolvimento de uma dessas técnicas (conciliação ou mediação) que a outra se mostra mais adequada a auxiliar na resolução da controvérsia, orientar a mudança ou a sua utilização conjunta, "ou mesmo o encaminhamento a outro intermediário com as qualificações apropriadas ao melhor atendimento dos interessados".[872]

Também se inserem no contexto da resolução de conflitos pelo método autocompositivo os *comitês de resolução de disputas* (*dispute boards*), que, para Murillo Preve Cardoso de Oliveira, têm "no projeto da nova lei de licitações a sua estreia em uma legislação federal brasileira".[873] Trata-se, conforme Jerônimo Pinotti Roveda, de uma das possibilidades abertas (juntamente com a mediação e a conciliação) para a prevenção e resolução de conflitos, que assume a forma de "um comitê que acompanha a obra e auxilia os contratantes, no intuito de prevenir ou solucionar conflitos antes de chegarem a uma disputa judicial ou arbitral".[874]

O *dispute board* "é estabelecido contratualmente entre as partes", mediante celebração de cláusula que impõe que eventuais conflitos que surjam no curso da execução dos contratos sejam submetidos ao comitê previamente à sua condução ao Poder Judiciário ou (se for o caso) à heterocomposição arbitral.[875] Essa mesma cláusula contratual disciplina o procedimento a ser adotado e o modo como se dará a escolha dos seus membros.[876]

Os *comitês de resolução de disputas* podem atuar auxiliando nas negociações, mediante emissão de recomendações aos contendores (*dispute review boards*), hipótese em que se aproximam da conciliação e da mediação, ou então proferindo decisões vinculantes (*dispute adjudication boards*), conformação em que se aproximam da heterocomposição arbitral.[877] Também é viável a combinação dos dois modelos (*combined dispute board*), em situação em que o comitê recomenda uma solução, para depois, se dela não resultar a

---

[870] CAHALI, Francisco José. *Curso de arbitragem*, p. 48-49
[871] CAHALI, Francisco José. *Curso de arbitragem*, p. 48-49.
[872] CAHALI, Francisco José. *Curso de arbitragem*, p. 49.
[873] OLIVEIRA, Murillo Preve Cardoso de. Meios alternativos de resolução de controvérsias, p. 127.
[874] ROVEDA, Jerônimo Pinotti. A redução das disputas arbitrais e judiciais em face da existência da cláusula de dispute boards nos contratos de construção, p. 1.139. Em mesmo sentido, cf. DOMINGUES, Igor Gimenes Alvarenga Domingues. *Uso do comitê de resolução de disputas nos contratos da Administração Pública*: vantagens, limites e cautelas.
[875] ROVEDA, Jerônimo Pinotti. A redução das disputas arbitrais e judiciais em face da existência da cláusula de dispute boards nos contratos de construção, p. 1.139.
[876] ROVEDA, Jerônimo Pinotti. A redução das disputas arbitrais e judiciais em face da existência da cláusula de dispute boards nos contratos de construção, p. 1.139.
[877] ROVEDA, Jerônimo Pinotti. A redução das disputas arbitrais e judiciais em face da existência da cláusula de dispute boards nos contratos de construção, p. 1.147.

resolução do conflito, enfrentá-lo no corpo de decisão vinculante, hipótese em que se aproxima do *med-arb* (combinação de mediação e arbitragem).[878] [879]

O dispositivo comentado (art. 138, I) remete tão somente ao *dispute review boards* (modalidade de *dispute board* em que o comitê apenas emite recomendações aos contratantes), porque dispõe sobre a extinção do contrato mediante utilização desse método de resolução de conflitos exclusivamente sob a forma da construção de acordos entre as partes, e não por decisão vinculante do comitê. No entanto, a sua utilização na modalidade de *dispute adjudication boards* (em que o comitê emite decisão vinculante para solucionar o conflito) e também no modo combinado (*combined dispute board*) é admitida, num plano mais geral, pelo art. 151 da Lei nº 14.133/2021, que prescreve, textualmente, que nas contratações por ela regidas "poderão ser utilizados meios alternativos de prevenção e resolução de controvérsias, notadamente a conciliação, a mediação, o comitê de resolução de disputas e a arbitragem".[880]

Como nas extinções unilaterais, também a extinção do contrato por acordo entre as partes (extinção consensual) deverá ser precedida de autorização escrita e fundamentada da autoridade competente e reduzida a termo no respectivo processo (art. 138, §1º).

26.2.3 Extinção por decisão arbitral ou judicial

O legislador de igual modo admite a extinção do contrato por decisão arbitral ou judicial (art. 138, III). Nesse caso, a extinção será imposta por decisão resultante da execução do método heterocompositivo. Acerca dele, Francisco José Cahali leciona que "as principais formas heterocompositivas de solução de conflito são promovidas através do processo judicial, desenvolvido perante o Poder Judiciário, e pelos procedimentos realizados na arbitragem".[881] Consubstancia-se, então, uma *justiça estatal*, encarnada na jurisdição, e uma *justiça privada*, conduzida pelos árbitros e tribunais arbitrais.[882]

A Constituição da República estabelece, no inc. XXXV de seu 5º,[883] que não se excluirá da apreciação do Poder Judiciário lesão ou ameaça de lesão a direito, e adiante identifica como órgãos do Poder Judiciário o Supremo Tribunal Federal, o Conselho Nacional de Justiça, o Superior Tribunal de Justiça, os tribunais regionais federais e juízes federais, os tribunais e juízes do trabalho, os tribunais e juízes eleitorais, os tribunais e juízes militares e, bem assim, os tribunais e juízes dos estados e do Distrito Federal e

---

[878] ALMEIDA, Rafael Alves de; ALMEIDA, Tania; CRESPO, Mariana Hernandez. Diálogo entre os professores Frank Sander e Mariana Hernandez Crespo: explorando a evolução do Tribunal Multiportas, p. 32.

[879] ROVEDA, Jerônimo Pinotti. A redução das disputas arbitrais e judiciais em face da existência da cláusula de dispute boards nos contratos de construção, p. 1.147.

[880] A propósito, cf. as nossas observações no tópico 30.3 do Capítulo 30.

[881] CAHALI, Francisco José. *Curso de arbitragem*, p. 43.

[882] Cf. MADUREIRA, Claudio; MOREIRA, Aline Simonelli; MOREIRA, Aline de Magalhães Grafanassi. Autocomposição, conciliação e mediação no regime do CPC-2015: esforço teórico de sistematização dos conceitos, p. 67.

[883] CRFB: "Art. 5º Todos são iguais perante a lei, sem distinção de qualquer natureza, garantindo-se aos brasileiros e aos estrangeiros residentes no País a inviolabilidade do direito à vida, à liberdade, à igualdade, à segurança e à propriedade, nos termos seguintes: [...] XXXV - a lei não excluirá da apreciação do Poder Judiciário lesão ou ameaça a direito".

territórios (art. 92).[884] Assim, a regra geral no regime jurídico brasileiro é que as partes conduzam suas contendas ao Poder Judiciário, portanto à *justiça estatal*.[885]

Porém, o nosso ordenamento também prevê a resolução dos conflitos por meio da arbitragem. Temos uma lei nacional que a disciplina (Lei nº 9.307/1996), cujo art. 1º estabelece, textualmente, que as pessoas capazes de contratar poderão valer-se da arbitragem para dirimir litígios relativos a direitos patrimoniais disponíveis.[886] Além disso, a própria lei processual, que disciplina a atuação da justiça estatal, refere taxativamente a sua admissibilidade (CPC-2015, art. 3º, §1º)[887] e contém regras que possibilitam a interação não conflituosa entre juízes e árbitros no acertamento e satisfação dos direitos subjetivos, de que são exemplos:

a) o dispositivo que, em atenção ao atributo de confidencialidade da arbitragem, preserva segredo de justiça dos litígios que versem sobre arbitragem e, inclusive, sobre o cumprimento da carta arbitral (CPC-2015, art. 189, V);[888]

b) o dispositivo que impõe ao réu informar, em sua contestação, se as partes firmaram (ou não) convenção de arbitragem capaz de conduzir a contenda à justiça privada (CPC-2015, art. 337, X);[889]

c) o dispositivo que especifica, para que não haja conflitos entre a justiça estatal e a privada, que a sua inércia no particular conduz à aceitação da justiça estatal e a consequente renúncia ao juízo arbitral (CPC-2015, art. 337, §6º);[890] e

d) o dispositivo que situa entre as hipóteses de extinção do processo sem resolução de mérito a existência de convenção de arbitragem ou a circunstância de o juízo arbitral vir a reconhecer sua competência (CPC-2015, art. 485, VII).[891]

Nisso não reside, todavia, contrariedade ao disposto no inc. XXXV do art. 5º da Carta de 1988, que designa, entre nós, o princípio do acesso à justiça. A propósito, basta ver que o Supremo Tribunal Federal reconheceu a constitucionalidade da lei de arbitragem por ocasião do julgamento do Agravo Regimental em Sentença Estrangeira nº 5.206.[892] Na oportunidade, prevaleceu no Tribunal Constitucional o entendimento de que

---

[884] CRFB: "Art. 92. São órgãos do Poder Judiciário: I - o Supremo Tribunal Federal; I-A o Conselho Nacional de Justiça; (Incluído pela Emenda Constitucional nº 45, de 2004) II - o Superior Tribunal de Justiça; III - os Tribunais Regionais Federais e Juízes Federais; IV - os Tribunais e Juízes do Trabalho; V - os Tribunais e Juízes Eleitorais; VI - os Tribunais e Juízes Militares; VII - os Tribunais e Juízes dos Estados e do Distrito Federal e Territórios".

[885] Cf. MADUREIRA, Claudio; MOREIRA, Aline Simonelli; MOREIRA, Aline de Magalhães Grafanassi. Autocomposição, conciliação e mediação no regime do CPC-2015: esforço teórico de sistematização dos conceitos, p. 67-68.

[886] Sobre a argumentação que se segue, cf. MADUREIRA, Claudio; MOREIRA, Aline Simonelli; MOREIRA, Aline de Magalhães Grafanassi. Autocomposição, conciliação e mediação no regime do CPC-2015: esforço teórico de sistematização dos conceitos, p. 68-70.

[887] CPC-2015: "Art. 3º Não se excluirá da apreciação jurisdicional ameaça ou lesão a direito. §1º É permitida a arbitragem, na forma da lei".

[888] CPC-2015: "Art. 189. Os atos processuais são públicos, todavia tramitam em segredo de justiça os processos: [...] IV - que versem sobre arbitragem, inclusive sobre cumprimento de carta arbitral, desde que a confidencialidade estipulada na arbitragem seja comprovada perante o juízo".

[889] CPC-2015: "Art. 337. Incumbe ao réu, antes de discutir o mérito, alegar: [...] X - convenção de arbitragem".

[890] CPC-2015: "Art. 337 [...] §6º A ausência de alegação da existência de convenção de arbitragem, na forma prevista neste Capítulo, implica aceitação da jurisdição estatal e renúncia ao juízo arbitral".

[891] CPC-2015: "Art. 485. O juiz não resolverá o mérito quando: [...] VII - acolher a alegação de existência de convenção de arbitragem ou quando o juízo arbitral reconhecer sua competência".

[892] Eis, em literalidade, o que consta da ementa do julgamento: "1. Sentença estrangeira: laudo arbitral que dirimiu conflito entre duas sociedades comerciais sobre direitos inquestionavelmente disponíveis – a existência e

a circunstância de a arbitragem se instaurar mediante consentimento dos litigantes e se destinar à resolução de conflitos sobre direitos disponíveis (que admitem livre disposição pelos litigantes) não viola o acesso à justiça. No particular, confira-se o seguinte excerto do voto condutor do julgamento, proferido pelo então Ministro Sepúlveda Pertence:

> O que a Constituição não permite à lei é vedar o acesso ao jurisdicionado da lide que uma das partes lhe quisesse submeter, forçando-o a trilhar a via alternativa da arbitragem (Hamilton de Morais e Barros, Comentários ao C. Pr. Civil, Forense, v/d, IX/377).
>
> O compromisso arbitral, contudo, funda-se no consentimento dos interessados e só pode ter por objeto a solução de conflitos sobre direitos disponíveis, ou seja, direitos a respeito dos quais se possa transigir. [...]
>
> Em síntese: da licitude da transação sobre direitos materiais objeto da lide, surge, sem violência à Constituição, a legitimidade da renúncia, em relação a eles, do direito de ação, que, embora autônomo, tem caráter instrumental. (Grifos nossos)

Note-se, pois, que o Excelso Pretório não afirmou, nesse julgamento, que a arbitragem encerra modalidade de jurisdição (o que não significa dizer, *contrario sensu*, que não se trata de jurisdição).[893] Seu raciocínio foi mais singelo. A arbitragem é viável, a despeito do que prescreve o inc. XXXV do art. 5º da Constituição, porque aos litigantes

---

o montante de créditos a título de comissão por representação comercial de empresa brasileira no exterior: compromisso firmado pela requerida que, neste processo, presta anuência ao pedido de homologação: ausência de chancela, na origem, de autoridade judiciária ou órgão público equivalente: homologação negada pelo Presidente do STF, nos termos da jurisprudência da Corte, então dominante: agravo regimental a que se dá provimento, por unanimidade, tendo em vista a edição posterior da L. 9.307, de 23.9.96, que dispõe sobre a arbitragem, para que, homologado o laudo, valha no Brasil como título executivo judicial. 2. Laudo arbitral: homologação: Lei da Arbitragem: controle incidental de constitucionalidade e o papel do STF. A constitucionalidade da primeira das inovações da Lei da Arbitragem – a possibilidade de execução específica de compromisso arbitral – não constitui, na espécie, questão prejudicial da homologação do laudo estrangeiro; a essa interessa apenas, como premissa, a extinção, no direito interno, da homologação judicial do laudo (arts. 18 e 31), e sua consequente dispensa, na origem, como requisito de reconhecimento, no Brasil, de sentença arbitral estrangeira (art. 35). A completa assimilação, no direito interno, da decisão arbitral à decisão judicial, pela nova Lei de Arbitragem, já bastaria, a rigor, para autorizar a homologação, no Brasil, do laudo arbitral estrangeiro, independentemente de sua prévia homologação pela Justiça do país de origem. Ainda que não seja essencial à solução do caso concreto, não pode o Tribunal – dado o seu papel de 'guarda da Constituição' – se furtar a enfrentar o problema de constitucionalidade suscitado incidentemente (v.g. MS 20.505, Néri). 3. Lei de Arbitragem (L. 9.307/96): constitucionalidade, em tese, do juízo arbitral; discussão incidental da constitucionalidade de vários dos tópicos da nova lei, especialmente acerca da compatibilidade, ou não, entre a execução judicial específica para a solução de futuros conflitos da cláusula compromissória e a garantia constitucional da universalidade da jurisdição do Poder Judiciário (CF, art. 5º, XXXV). Constitucionalidade declarada pelo Plenário, considerando o Tribunal, por maioria de votos, que a manifestação de vontade da parte na cláusula compromissória, quando da celebração do contrato, e a permissão legal dada ao juiz para que substitua a vontade da parte recalcitrante em firmar o compromisso não ofendem o artigo 5º, XXXV, da CF. Votos vencidos, em parte – incluído o do relator – que entendiam inconstitucionais a cláusula compromissória – dada a indeterminação de seu objeto – e a possibilidade de a outra parte, havendo resistência quanto à instituição da arbitragem, recorrer ao Poder Judiciário para compelir a parte recalcitrante a firmar o compromisso, e, consequentemente, declaravam a inconstitucionalidade de dispositivos da Lei 9.307/96 (art. 6º, parág. único; 7º e seus parágrafos e, no art. 41, das novas redações atribuídas ao art. 267, VII e art. 301, inciso IX do C. Pr. Civil; e art. 42), por violação da garantia da universalidade da jurisdição do Poder Judiciário. Constitucionalidade – aí por decisão unânime, dos dispositivos da Lei de Arbitragem que prescrevem a irrecorribilidade (art. 18) e os efeitos de decisão judiciária da sentença arbitral (art. 31)" (STF, Tribunal Pleno. SE nº 5.206-AgR. Rel. Min. Sepúlveda Pertence, j. 12.12.2001. DJ, 30 abr. 2004, PP-00029 ement vol-02149-06 PP-00958).

[893] A definição sobre se a arbitragem se qualifica (ou não) como modalidade de jurisdição dependerá do conceito de jurisdição adotado porque quem se dispuser a enfrentar o tema. Trata-se, por certo, de discussão jurídica da maior relevância, mas cujo deslinde ultrapassa os objetivos deste trabalho.

é dado renunciar, por livre e espontânea vontade, à jurisdição estatal, desde que o façam com relação a direitos que admitem renúncia, qualificados pelo legislador nacional como direitos patrimoniais disponíveis (Lei nº 9.307/1996, art. 1º).[894]

Porém, mesmo que não se possa atribuir à arbitragem a conotação de jurisdição alternativa,[895] é importante registrar que essa opção dos litigantes por não acionar a jurisdição estatal somente é possível porque conjugada à efetiva possibilidade da resolução da contenda por outro método heterocompositivo (arbitragem) e à possibilidade de condução ao Poder Judiciário de eventual questionamento de uma das partes sobre o cabimento (ou descabimento) da arbitragem, que encerra, mais especificamente, discussão relativa aos limites da cláusula compromissória firmada.[896] Do contrário, ter-se-ia que admitir, a título de exemplo, a constitucionalidade de pactos que impeçam as partes de procurar solucionar toda e qualquer pretensão que possa vir a surgir como decorrência da sua execução, no que residiria, sem qualquer margem a dúvidas, contrariedade ao disposto no inc. XXXV do art. 5º da Constituição. Enfim, o hipotético impedimento de o litigante vir a defender suas posições jurídicas perante a justiça estatal (porque fez uma opção pela arbitragem) estaria compensado (ou substituído) pela submissão da mesma contenda à justiça privada, proporcionada, nos termos desse precedente do Supremo Tribunal Federal, ou pela assinatura da cláusula compromissória, ou pela efetiva possibilidade de o Poder Judiciário impor a realização de arbitragem à parte recalcitrante, bem como deixar de fazê-lo, se considerar que o conflito não é arbitrável.

---

[894] No ponto, recobramos a lição de Carlos Ari Sundfeld e Jacintho Arruda Câmara no sentido de que, "com essa demarcação, a Lei de Arbitragem afastou de seu âmbito de aplicação apenas os temas que não admitissem contratação pelas partes", limitando a aplicação do procedimento "às questões referentes a direito (ou interesse) passível de contratação" (SUNDFELD, Carlos Ari; CÂMARA, Jacintho Arruda. O cabimento da arbitragem nos contratos administrativos, p. 120). Disso decorre a observação dos publicistas, "para evitar confusão terminológica – que propicie um falso embate em face do princípio da indisponibilidade do interesse público", quanto à pertinência de se "designar este requisito como a existência de um direito negociável" (SUNDFELD, Carlos Ari; CÂMARA, Jacintho Arruda. O cabimento da arbitragem nos contratos administrativos, p. 120).

[895] E quanto a isso reiteramos a nossa opção por não enfrentar essa discussão neste trabalho.

[896] A *convenção de arbitragem* é composta por dois elementos: a *cláusula compromissória* e o *compromisso arbitral*. A *cláusula compromissória* é a convenção por meio da qual as partes em um contrato comprometem-se a submeter à arbitragem os litígios que possam vir a surgir, relativamente a tal contrato (Lei nº 9.307/1996, art. 4º). O *compromisso arbitral*, por sua vez, é a convenção através da qual as partes submetem um litígio à arbitragem de uma ou mais pessoas, podendo ser judicial ou extrajudicial (Lei nº 9.307/1996, art. 9º), do qual deverá constar, entre outras coisas, a matéria que será objeto da arbitragem (Lei nº 9.307/1996, art. 10, III). Disso resulta que são objetivos do compromisso arbitral (i) a concretização do litígio que havia sido descrito em abstrato na cláusula compromissória e (ii) a instrumentalização da sua condução voluntária à justiça privada. Ao ensejo, recobramos que *o compromisso arbitral pode ser obtido, entre nós, por livre manifestação das partes ou, havendo recusa de uma delas a subscrever-lhe* (por exemplo, porque considera que a matéria especificada pela parte adversária, nos termos do inc. III do art. 10 da Lei nº 9.307/1996, não está sujeita à arbitragem, quer porque é externa ao objeto da cláusula compromissória, quer porque, embora em princípio lhe seja ínsita, corporifica discussão relativa a direito indisponível, que foi excluída do âmbito da arbitragem pelo art. 1º do mesmo diploma legal), *mediante imposição judicial*. A primeira hipótese é regulada pelo art. 6º da Lei nº 9.307/1996; a outra, por seu art. 7º; que restam vazados nos seguintes termos: "Art. 6º Não havendo acordo prévio sobre a forma de instituir a arbitragem, a parte interessada manifestará à outra parte sua intenção de dar início à arbitragem, por via postal ou por outro meio qualquer de comunicação, mediante comprovação de recebimento, convocando-a para, em dia, hora e local certos, firmar o compromisso arbitral. Parágrafo único. Não comparecendo a parte convocada ou, comparecendo, recusar-se a firmar o compromisso arbitral, poderá a outra parte propor a demanda de que trata o art. 7º desta Lei, perante o órgão do Poder Judiciário a que, originariamente, tocaria o julgamento da causa. [...] Art. 7º *Existindo cláusula compromissória e havendo resistência quanto à instituição da arbitragem*, poderá a parte interessada requerer a citação da outra parte para comparecer em juízo a fim de lavrar-se o compromisso, designando o juiz audiência especial para tal fim. §1º *O autor indicará, com precisão, o objeto da arbitragem*, instruindo o pedido com o documento que contiver a cláusula compromissória".

A exemplo do que se verifica na jurisdição estatal, a arbitragem é método heterocompositivo, em que "aparece a figura de um terceiro, ou colegiado, com a atribuição de decidir o litígio que a ele foi submetido pela vontade das partes".[897] Trata-se, ainda, conforme Cahali, de "um método adversarial, no sentido de que a posição de uma das partes se contrapõe à da outra, outorgando-se autoridade ao árbitro para solucionar a questão", num contexto em que "a decisão do árbitro se impõe às partes tal qual uma sentença judicial", com a diferença de que "não foi proferida por integrante do Poder Judiciário".[898]

Também quanto a essa modalidade não se admite a extinção do contrato por meio de *dispute adjudication boards* (*dispute board* em que o comitê emite decisão vinculante para solucionar o conflito) ou da utilização do seu modo combinado (*combined dispute board*); acolhida, num plano mais geral, pelo art. 151 da Lei nº 14.133/2021; mas que não pode ser empregada para induzir à extinção do contrato, quer porque o art. 138, II apenas admite a sua utilização para a extinção consensual (*dispute review board*), quer porque o art. 137, III somente comporta a sua extinção por decisão judicial ou arbitral.

---

[897] CAHALI, Francisco José. *Curso de arbitragem*, p. 44-45.
[898] CAHALI, Francisco José. *Curso de arbitragem*, p. 45.

RECEBIMENTO DO OBJETO DO CONTRATO

Art. 140. O objeto do contrato será recebido:

I - em se tratando de obras e serviços:

a) provisoriamente, pelo responsável por seu acompanhamento e fiscalização, mediante termo detalhado, quando verificado o cumprimento das exigências de caráter técnico;

b) definitivamente, por servidor ou comissão designada pela autoridade competente, mediante termo detalhado que comprove o atendimento das exigências contratuais;

II - em se tratando de compras:

a) provisoriamente, de forma sumária, pelo responsável por seu acompanhamento e fiscalização, com verificação posterior da conformidade do material com as exigências contratuais;

b) definitivamente, por servidor ou comissão designada pela autoridade competente, mediante termo detalhado que comprove o atendimento das exigências contratuais.

§1º O objeto do contrato poderá ser rejeitado, no todo ou em parte, quando estiver em desacordo com o contrato.

§2º O recebimento provisório ou definitivo não excluirá a responsabilidade civil pela solidez e segurança da obra ou serviço nem a responsabilidade ético-profissional pela perfeita execução do contrato, nos limites estabelecidos pela lei ou pelo contrato.

§3º Os prazos e os métodos para a realização dos recebimentos provisório e definitivo serão definidos em regulamento ou no contrato.

§4º Salvo disposição em contrário constante do edital ou de ato normativo, os ensaios, os testes e as demais provas para aferição da boa execução do objeto do contrato exigidos por normas técnicas oficiais correrão por conta do contratado.

§5º Em se tratando de projeto de obra, o recebimento definitivo pela Administração não eximirá o projetista ou o consultor da responsabilidade objetiva por todos os danos causados por falha de projeto.

§6º Em se tratando de obra, o recebimento definitivo pela Administração não eximirá o contratado, pelo prazo mínimo de 5 (cinco) anos, admitida a previsão de prazo de garantia superior no edital e no contrato, da responsabilidade objetiva pela solidez e pela segurança dos materiais e dos serviços executados e pela funcionalidade da construção, da reforma, da recuperação ou da ampliação do bem imóvel, e, em caso de vício, defeito ou incorreção identificados, o contratado ficará responsável pela reparação, pela correção, pela reconstrução ou pela substituição necessárias.

O recebimento do objeto da contratação pelo contratado é disciplinado, no regime da Lei nº 14.133/20212, pelo seu art. 140 e respectivos parágrafos, que abordam (como se verá adiante) as particularidades da adjudicação de *obras/serviços*, *compras* e *projetos de obra* contratados pela Administração.

27.1 Recebimento de obras e serviços

O legislador define *obra* como a atividade estabelecida, por força de lei, como privativa das profissões de arquiteto e engenheiro, e que implica intervenção no meio ambiente por *interferência* de um conjunto harmônico de ações que, agregadas, formam um todo que inova o espaço físico da natureza ou acarreta alteração substancial das características originais de bem imóvel (art. 6º, XII). Os *serviços*, por sua vez, encerram, nos precisos termos da lei, atividade ou conjunto de atividades destinadas a obter determinada utilidade, intelectual ou material, de interesse da Administração (art. 6º, XI).

O recebimento do objeto do contrato nas contratações de obras e serviços será feito (art. 140, I):

    a) *provisoriamente*, pelo responsável por seu acompanhamento e fiscalização, mediante termo detalhado, quando verificado o cumprimento das exigências de caráter técnico (art. 140, I, "a"); e

    b) *definitivamente*, por servidor ou comissão designada pela autoridade competente, mediante termo detalhado que comprove o atendimento das exigências contratuais (art. 140, I, "b").

Os prazos e os métodos para a realização dos recebimentos provisório e definitivo serão definidos em regulamento ou no contrato (art. 140, I e §3º).

Todavia, o objeto poderá ser rejeitado, no todo ou em parte, quando estiver em desacordo com o contrato (art. 140, I, §1º). Além disso, o recebimento (provisório ou definitivo) do objeto (no caso, da obra ou serviço adquiridos) não excluirá a responsabilidade civil do contratado pela sua solidez e segurança nem a sua responsabilidade ético-profissional (observados os limites estabelecidos pela lei ou pelo contrato) pela sua perfeita execução (art. 140, I e §2º). Em se tratando de obras, mesmo depois do recebimento definitivo o contratado responderá objetivamente, pelo prazo mínimo de cinco anos (admitida a previsão de prazo de garantia superior no edital e no contrato), pela solidez e segurança dos materiais e dos serviços executados e pela funcionalidade da construção, da reforma, da recuperação ou da ampliação do bem imóvel, ficando responsável, ainda, pela reparação, pela correção, pela reconstrução ou pela substituição necessárias em caso de vício, defeito ou incorreção identificados pela Administração (art. 140, I e §6º).

Outro ponto de destaque é que o recebimento do objeto do contrato pode demandar a realização de ensaios, testes e demais provas exigidos por normas técnicas oficiais para aferição da sua boa execução. Como regra, esses ensaios/testes/provas correm por conta do contratado, que apenas fica dispensado de custeá-los quando houver disposição em contrário no edital ou em ato normativo (art. 140, I e §4º).

27.2 Recebimento de compras

As compras, por sua vez, são aquisições remuneradas de bens para fornecimento à Administração, que podem ser efetivadas de uma só vez ou parceladamente (art. 6º, X). O seu recebimento será feito (art. 140, II):
  a) *provisoriamente*, de forma sumária, pelo responsável por seu acompanhamento e fiscalização, com verificação posterior da conformidade do material com as exigências contratuais (art. 140, II, "a"); e
  b) *definitivamente*, por servidor ou comissão designada pela autoridade competente, mediante termo detalhado que comprove o atendimento das exigências contratuais (art. 140, II, "b").

Como nas contratações relativas a obras e serviços:
  a) os prazos e os métodos para a realização dos recebimentos provisório e definitivo serão definidos em regulamento ou no contrato (art. 140, II e §3º);
  b) o objeto poderá ser rejeitado, no todo ou em parte, quando estiver em desacordo com o contrato (art. 140, II e §1º);
  c) ensaios/testes/provas porventura exigidos por normas técnicas oficiais para aferição da boa execução do contrato como regra correm por conta do contratado, que somente fica dispensado de custeá-los quando houver disposição em contrário no edital ou em ato normativo (art. 140, I e §4º).

27.3 Recebimento de projetos de obra

O legislador também consignou disposição específica para o recebimento de projetos de obras (objeto que, em tudo o mais, segue as mesmas regras aplicadas para o recebimento de obras e serviços) quando dispôs que o seu recebimento definitivo pela Administração não exime o projetista ou o consultor da responsabilidade objetiva por todos os danos causados por falha de projeto (art. 140, I, §5º).

PAGAMENTOS RELATIVOS À CONTRATAÇÃO

Art. 141. No dever de pagamento pela Administração será observada a ordem cronológica para cada fonte diferenciada de recursos, subdividida pelas seguintes categorias de contratos:

I - fornecimento de bens;

II - locações;

III - prestação de serviços;

IV - realização de obras.

§1º A ordem cronológica referida no caput deste artigo poderá ser alterada, mediante prévia justificativa da autoridade competente e posterior comunicação ao órgão de controle interno da Administração e ao tribunal de contas competente, exclusivamente nas seguintes situações:

I - grave perturbação da ordem, situação de emergência ou calamidade pública;

II - pagamento a microempresa, empresa de pequeno porte, agricultor familiar, produtor rural pessoa física, microempreendedor individual e sociedades cooperativas, desde que demonstrado o risco de descontinuidade do cumprimento do objeto do contrato;

III - pagamento de serviços necessários ao funcionamento dos sistemas estruturantes, desde que demonstrado o risco de descontinuidade do cumprimento do objeto do contrato;

IV - pagamento de direitos oriundos de contratos em caso de falência, recuperação judicial ou dissolução da empresa contratada;

V - pagamento de contrato cujo objeto seja imprescindível para assegurar a integridade do patrimônio público ou para manter o funcionamento das atividades finalísticas do órgão ou entidade, quando demonstrado o risco de descontinuidade da prestação de serviço público de relevância ou o cumprimento da missão institucional.

§2º A inobservância imotivada da ordem cronológica de que trata o *caput* deste artigo ensejará a apuração de responsabilidade do agente responsável, cabendo aos órgãos de controle a sua fiscalização.

§3º O órgão ou entidade deverá disponibilizar, mensalmente, na seção específica de acesso à informação de seu sítio da internet, a ordem cronológica de seus pagamentos, bem como as justificativas que fundamentarem a eventual alteração da ordem.

Art. 142. Disposição expressa no edital ou no contrato poderá prever pagamento em conta vinculada ou pagamento pela efetiva comprovação do fato gerador.

Parágrafo único. VETADO

Art. 143. No caso de controvérsia sobre a execução do objeto, quanto a dimensão, qualidade e quantidade, a parcela incontroversa deverá ser liberada no prazo previsto para pagamento.

Art. 144. Na contratação de obras, fornecimentos e serviços, inclusive de engenharia, poderá ser estabelecida remuneração variável vinculada ao desempenho do contratado, com base em metas, padrões de qualidade, critérios de sustentabilidade ambiental e prazos de entrega definidos no edital de licitação e no contrato.

§1º O pagamento poderá ser ajustado em base percentual sobre valor economizado em determinada despesa, quando o objeto do contrato visar à implantação de processo de racionalização, hipótese em que as despesas correrão à conta dos mesmos créditos orçamentários, na forma de regulamentação específica.

§2º A utilização de remuneração variável será motivada e respeitará o limite orçamentário fixado pela Administração para a contratação.

Art. 145. Não será permitido pagamento antecipado, parcial ou total, relativo a parcelas contratuais vinculadas ao fornecimento de bens, à execução de obras ou à prestação de serviços.

§1º Somente será permitida a antecipação de pagamento se propiciar sensível economia de recursos ou se representar condição indispensável para a obtenção do bem ou para a prestação do serviço, hipótese que deverá ser previamente justificada no processo licitatório e expressamente prevista no edital de licitação ou instrumento formal de contratação direta.

§2º A Administração poderá exigir a prestação de garantia adicional como condição para o pagamento antecipado.

§3º Caso o objeto não seja executado no prazo contratual, o valor antecipado deverá ser devolvido.

Art. 146. No ato de liquidação da despesa, os serviços de contabilidade comunicarão aos órgãos da administração tributária as características da despesa e os valores pagos, conforme o disposto no art. 63 da Lei nº 4.320, de 17 de março de 1964.

....

Os arts. 141, 142, 143, 144, 145 e 146 da Lei nº 14.133/2021, e seus respectivos incisos e parágrafos, disciplinam os pagamentos realizados como decorrência da execução dos contratos administrativos, contendo disposições específicas sobre a *necessidade de observância de ordem cronológica por categoria de contrato*, sobre a *possibilidade de modificação na ordem cronológica*, sobre *pagamento em conta vinculada*, sobre *liberação de parcelas incontroversas*, sobre a *viabilidade do estabelecimento de remuneração variável vinculada ao desempenho do contratado*, sobre *pagamento antecipado* e sobre o *registro contábil da operação*.

28.1 A imposição de ordem cronológica de pagamento por fonte de recursos e categoria de contrato

Nos precisos termos da lei, os pagamentos da Administração deverão observar a ordem cronológica para cada fonte diferenciada de recursos (art. 141, *caput*), sob pena da configuração da responsabilização do agente responsável, a ser instrumentalizada, inclusive, por atividade fiscalizatória desenvolvida pelos órgãos de controle (art. 141, §2º). Como forma de viabilizar a fiscalização do cumprimento dessa regra, o órgão/entidade contratante deverá disponibilizar mensalmente, na seção específica de acesso à informação de seu sítio da internet, a ordem cronológica de seus pagamentos (art. 141, §3º).

Todavia, o legislador também previu que os pagamentos da Administração, além de atenderem à ordem cronológica para cada fonte de recursos, de igual modo devem ser subdivididos com base nas categorias de contratos por ele arroladas; a saber: *fornecimento de bens* (art. 141, I), *locações* (art. 141, II), *prestação de serviços* (art. 141, III) e *realização de obras* (art. 141, IV).

O *fornecimento de bens* tem lugar nas contratações voltadas a compras, definidas pelo legislador como aquisições remuneradas de bens para fornecimento à Administração, que podem ser realizadas de uma só vez ou parceladamente (art. 6º, X). Além disso, os bens fornecidos podem ser classificados, no regime da Lei nº 14.133/2021, como *bens comuns*, que são aqueles cujos padrões de desempenho e qualidade podem ser objetivamente definidos pelo edital, por meio de especificações usuais de mercado (art. 6º, XIII), ou como *bens especiais*, que são aqueles que, por sua alta heterogeneidade ou complexidade, não podem ser descritos como bens comuns (art. 6º, XIV).

A *locação* de imóveis pela Administração pode ser feita mediante licitação, condicionada à avaliação prévia do bem, do seu estado de conservação, dos custos de adaptações e do prazo de amortização dos investimentos necessários (art. 51, *caput*), e também por contratação direta, admitida para a aquisição ou locação de imóvel cujas características de instalações e de localização tornem necessárias sua escolha (art. 74, V).

Considera-se *serviço* a atividade ou conjunto de atividades destinadas a obter determinada utilidade, intelectual ou material, de interesse da Administração (art. 6º, XI). Como os bens, os serviços contratados pela Administração dividem-se em *serviços comuns*, que são aqueles cujos padrões de desempenho e qualidade podem ser objetivamente definidos pelo edital, por meio de especificações usuais de mercado (art. 6º, XIII), e em *serviços especiais*, que são aqueles que, por sua alta heterogeneidade ou complexidade, não podem ser descritos como serviços comuns (art. 6º, XIV).

As *obras*, por sua vez, encerram a atividade estabelecida, por força de lei, como privativa das profissões de arquiteto e engenheiro, e que implica intervenção no meio ambiente pela via da instrumentalização de um conjunto harmônico de ações que, agregadas, formam um todo que inova o espaço físico da natureza ou acarreta alteração substancial das características originais de bem imóvel (art. 6º, XII).

Assim, a *regra geral* que governa os pagamentos realizados pela Administração como contraprestação à execução dos contratos que mantém com seus fornecedores é a *observância de ordem cronológica de pagamento por fonte de recursos e categoria de contrato*.

28.2 Disposições sobre a possibilidade de modificação na ordem cronológica

Ocorre que o legislador positivou exceções a essa regra, quando dispôs, no §1º do art. 141, que ordem cronológica poderá ser alterada, mediante prévia justificativa da autoridade competente e posterior comunicação ao órgão de controle interno da Administração e ao Tribunal de Contas competente, em casos:
 a) de grave perturbação da ordem, de situação de emergência ou de calamidade pública (art. 141, §1º, I);
 b) de pagamento à microempresa, à empresa de pequeno porte, a agricultor familiar, a produtor rural pessoa física, a microempreendedor individual e a sociedades cooperativas, desde que demonstrado o risco de descontinuidade do cumprimento do objeto do contrato (art. 141, §1º, II);
 c) de pagamento de serviços necessários ao funcionamento dos sistemas estruturantes, desde que demonstrado o risco de descontinuidade do cumprimento do objeto do contrato (art. 141, §1º, III);
 d) de pagamento de direitos oriundos de contratos em caso de falência, recuperação judicial ou dissolução da empresa contratada (art. 141, §1º, IV); e
 e) de pagamento de contrato cujo objeto seja imprescindível para assegurar a integridade do patrimônio público ou para manter o funcionamento das atividades finalísticas do órgão ou entidade, quando demonstrado o risco de descontinuidade da prestação de um serviço público de relevância, ou o cumprimento da missão institucional (art. 141, §1º, V).

Esse *rol* é *exaustivo*, dada utilização, pelo legislador, da assertiva "exclusivamente nas seguintes situações" (art. 141, §1º, parte final). Destarte, ressalvadas a concepção de outras exceções em textos legislativos, essas são as únicas hipóteses em que os pagamentos realizados pela Administração a contratados poderão deixar de observar a ordem cronológica de pagamento para categorias de contrato.

Também as justificativas apresentadas, nesse contexto, para a alteração na ordem de pagamento devem ser disponibilizadas mensalmente pelo órgão/entidade na seção específica de acesso à informação no seu sítio na internet (art. 141, §3º), como forma de viabilizar a fiscalização do cumprimento da regra jurídica enunciada no *caput* do art. 141.

28.3 Disposições sobre pagamento em conta vinculada ou por efetiva comprovação do fato gerador

Os pagamentos também poderão ser feitos em conta vinculada ou como contrapartida da efetiva comprovação do fato gerador, desde que exista previsão expressa no edital ou no contrato (art. 142, *caput*).[899]

---

[899] O projeto de lei aprovado pelo Congresso Nacional previa, ainda, que deveriam ser observadas nas contratações de obras as disposições contidas no §2º do art. 115, impondo, com isso, que a expedição da ordem de serviço para execução de cada etapa fosse obrigatoriamente precedida de depósito em conta vinculada dos recursos financeiros necessários para custear as despesas correspondentes à etapa a ser executada (art. 142, parágrafo único). No entanto, a Presidência da República vetou o dispositivo, à consideração de que "a medida contraria o interesse público, tendo em vista que a obrigatoriedade de depósito em conta vinculada como requisito para expedição de ordem de serviço na execução de obras contribuirá para aumentar significativamente o

28.4 Disposições sobre controvérsia sobre pagamento e liberação da parcela incontroversa

Outro ponto de destaque quanto aos pagamentos é que, nos precisos termos da lei, eventual controvérsia sobre a execução do objeto, quanto à dimensão, qualidade e quantidade, não impedirá a liberação da parcela incontroversa no prazo previsto para pagamento (art. 143, *caput*).

28.5 Disposições sobre remuneração variável vinculada ao desempenho do contratado

Além disso, a Administração poderá, na contratação de obras, fornecimentos e serviços (inclusive de engenharia), estabelecer remuneração variável vinculada ao desempenho do contratado, com base em metas, padrões de qualidade, critérios de sustentabilidade ambiental e prazos de entrega definidos no edital de licitação e no contrato (art. 144, *caput*). Quando essa modalidade de pagamento for adotada em contrato que tenha por objeto a implantação de processo de racionalização, o pagamento poderá ser ajustado em base percentual sobre valor economizado em determinada despesa, hipótese em que as despesas correrão à conta dos mesmos créditos orçamentários, observado o disposto em regulamento (art. 144, §1º). Porém, a utilização de remuneração variável deverá ser motivada e respeitar o limite orçamentário fixado pela Administração para a contratação (art. 144, §2º).

28.6 Disposições sobre pagamento antecipado

Como regra, não é permitida, nas contratações administrativas, a realização de pagamento antecipado, parcial ou total (art. 145, *caput*). Porém, excepcionam-se dessa regra:
   a) a execução de obras e a prestação de serviços (art. 145, parte final), quando puder propiciar sensível economia de recursos; e
   b) as situações em que a antecipação do pagamento representar condição indispensável para a obtenção do bem ou para a prestação do serviço, hipótese que deverá ser previamente justificada no processo licitatório e expressamente prevista no edital de licitação ou no instrumento formal de contratação direta (art. 145, §1º).

Nessas hipóteses, e observados esses cuidados, a Administração poderá exigir a prestação de garantia adicional como condição para o pagamento antecipado (art. 145, §2º). Além disso, caso o objeto não seja executado no prazo contratual, o valor antecipado deverá ser devolvido pelo contratado (art. 145, §3º).

---

empoçamento de recursos, inviabilizando remanejamentos financeiros que possam se mostrar necessários ou mesmo para atender demandas urgentes e inesperadas", de "a existência de financeiro não deve ser exigência para a ordem de início do contrato, mas apenas a previsão orçamentária, caracterizada pela conhecida nota de empenho", e de que "tal medida infringe princípios e normas de direito financeiro, como o art. 56 da Lei nº 4.320, de 1964, que exige a observância do princípio de unidade de tesouraria e veda qualquer fragmentação para criação de caixas especiais, como seriam as contas vinculadas, para a realização de antecipação de pagamentos por parte da Administração, que depositaria o valor da etapa da obra de forma antecipada, antes do cumprimento da obrigação por parte do contratado".

28.7 Disposições contábeis

No ato de liquidação das despesas, os serviços de contabilidade comunicarão aos órgãos da administração tributária as características da despesa e os valores pagos (art. 146, *caput*). A liquidação de despesas consiste na verificação do direito adquirido pelo credor tendo por base os títulos e documentos comprobatórios do respectivo crédito (Lei nº 4.320/1964, art. 63), que tem por objetivo apurar a origem e o objeto do que se deve pagar, a importância exata a pagar e a quem se deve pagar a importância, para extinguir a obrigação (Lei nº 4.320/1964, art. 63, §1º). Ela tem por base, inclusive nas contratações administrativas (art. 146, parte final), o contrato, ajuste ou acordo respectivo, a nota de empenho emitida e os comprovantes da entrega de material ou da prestação efetiva do serviço (Lei nº 4.320/1964, art. 63, §2º).

CAPÍTULO 29

NULIDADES NOS CONTRATOS ADMINISTRATIVOS

Art. 147. Constatada irregularidade no procedimento licitatório ou na execução contratual, caso não seja possível o saneamento, a decisão sobre a suspensão da execução ou sobre a declaração de nulidade do contrato somente será adotada na hipótese em que se revelar medida de interesse público, com avaliação, entre outros, dos seguintes aspectos:

I - impactos econômicos e financeiros decorrentes do atraso na fruição dos benefícios do objeto do contrato;

II - riscos sociais, ambientais e à segurança da população local decorrentes do atraso na fruição dos benefícios do objeto do contrato;

III - motivação social e ambiental do contrato;

IV - custo da deterioração ou da perda das parcelas executadas;

V - despesa necessária à preservação das instalações e dos serviços já executados;

VI - despesa inerente à desmobilização e ao posterior retorno às atividades;

VII - medidas efetivamente adotadas pelo titular do órgão ou entidade para o saneamento dos indícios de irregularidades apontados;

VIII - custo total e estágio de execução física e financeira dos contratos, dos convênios, das obras ou das parcelas envolvidas;

IX - fechamento de postos de trabalho diretos e indiretos em razão da paralisação;

X - custo para realização de nova licitação ou celebração de novo contrato;

XI - custo de oportunidade do capital durante o período de paralisação.

Parágrafo único. Caso a paralisação ou anulação não se revele medida de interesse público, o poder público deverá optar pela continuidade do contrato e pela solução da irregularidade por meio de indenização por perdas e danos, sem prejuízo da apuração de responsabilidade e da aplicação de penalidades cabíveis.

Art. 148. A declaração de nulidade do contrato administrativo requererá análise prévia do interesse público envolvido, na forma do art. 147 desta Lei, e operará retroativamente, impedindo os efeitos jurídicos que o contrato deveria produzir ordinariamente e desconstituindo os já produzidos.

§1º Caso não seja possível o retorno à situação fática anterior, a nulidade será resolvida pela indenização por perdas e danos, sem prejuízo da apuração de responsabilidade e aplicação das penalidades cabíveis.

§2º Ao declarar a nulidade do contrato, a autoridade, com vistas à continuidade da atividade administrativa, poderá decidir que ela só tenha eficácia em momento futuro, suficiente para efetuar nova contratação, por prazo de até 6 (seis) meses, prorrogável uma única vez.

Art. 149. A nulidade não exonerará a Administração do dever de indenizar o contratado pelo que houver executado até a data em que for declarada ou tornada eficaz, bem como por outros prejuízos regularmente comprovados, desde que não lhe seja imputável, e será promovida a responsabilização de quem lhe tenha dado causa.

Art. 150. Nenhuma contratação será feita sem a caracterização adequada de seu objeto e sem a indicação dos créditos orçamentários para pagamento das parcelas contratuais vincendas no exercício em que for realizada a contratação, sob pena de nulidade do ato e de responsabilização de quem lhe tiver dado causa.

Os arts. 147, 148, 149 e 150 da Lei nº 14.133/2021 (e seus respectivos incisos e parágrafos) dispõem sobre as nulidades nos contratos administrativos, relacionando-as à *caracterização do objeto contratado*, à *indicação de créditos orçamentários que suportarão o custo da contratação*, ao *interesse público*, às *indenizações devidas pela Administração* e à *viabilidade da preservação temporária da continuidade da execução do contrato*. Porém, nossos comentários, neste capítulo, também os associarão ao *princípio processual da instrumentalidade das formas*, que condiciona a configuração de nulidades à demonstração de prejuízo a uma das partes, e que por isso orienta a interpretação e aplicação dos dispositivos comentados.

29.1 Nulidade por ausência de caraterização do objeto do contrato e da indicação de créditos orçamentários que suportarão o custo da contratação

O legislador estabelece, no que concerne às nulidades nos contratos administrativos, que nenhuma contratação será feita sem a caracterização adequada de seu objeto e sem a indicação dos créditos orçamentários para pagamento das parcelas contratuais vincendas no exercício em que for realizada a contratação (art. 150, *caput*). Do hipotético descumprimento dessa regra resultará a nulidade do ato e responsabilização de quem lhe tiver dado causa (art. 150, parte final).

29.2 Nulidade e interesse público

A constatação de irregularidades no procedimento licitatório ou na execução contratual pode resultar (ou não) em suspensão da execução ou anulação do contrato.

Todavia, essas consequências podem não se verificar quando a irregularidade detectada for sanável. No ponto, é importante recobrar a distinção teórica entre *atos nulos* (que são aqueles que nascem com vício insanável, porque não são passíveis de correção pela Administração, e por isso como regra não produzem efeitos),[900] *inexistentes* (que são aqueles que possuem um vício gravíssimo na sua formação, e por isso jamais produzem efeitos jurídicos)[901] e *anuláveis* (que são aqueles que apresentam vícios sanáveis, ou seja, passíveis de correção/convalidação).[902] Em vista dela, apenas seria viável o saneamento de atos portadores de vícios sanáveis, portanto de atos anuláveis, que Marçal Justen Filho associa ao conceito de *nulidade relativa*, verificada "quando o defeito afeta interesses disponíveis de sujeitos específicos".[903] O instrumento por meio do qual um ato administrativo é sanado é a *convalidação*, qualificada por Celso Antônio Bandeira de Mello como "suprimento da invalidade de um ato com efeitos retroativos", mas que apenas é admitida "quando o ato possa ser produzido validamente no presente", ou seja, quando "o vício não seja de molde a impedir reprodução válida do ato".[904]

Ocorre que a Lei nº 14.133/2021 determina, também para as situações em que a irregularidade for insanável, que a decisão da Administração sobre suspensão/nulidade do contrato somente seja adotada quando se revelar medida de interesse público (art. 147, *caput*).[905] Para tanto, a Administração deve considerar, em sua avaliação:

a) os impactos econômicos e financeiros decorrentes do atraso na fruição dos benefícios do objeto do contrato (art. 147, I);

b) os riscos sociais, ambientais e à segurança da população local decorrentes do atraso na fruição dos benefícios do objeto do contrato (art. 147, II);

c) a motivação social e ambiental do contrato (art. 147, III);

d) o custo da deterioração ou da perda das parcelas executadas (art. 147, IV);

---

[900] Marçal Justen Filho os relaciona à nulidade absoluta, que "se verifica quando o defeito lesiona interesses indisponíveis ou interesses disponíveis de sujeitos indeterminados, o que impõe o deverpoder de a Administração Pública pronunciar o vício de ofício, com efeitos geralmente retroativos à data em que se configurou o defeito" (JUSTEN FILHO, Marçal. *Curso de direito administrativo*, 12. ed., p. 461).

[901] Na lição de Celso Antônio Bandeira de Melo, "ao contrário dos atos nulos ou anuláveis", os atos inexistentes "jamais prescrevem e jamais podem ser objeto de conversão", porque compreendem "comportamentos que correspondem a condutas criminosas" (BANDEIRA DE MELLO, Celso Antônio. *Curso de direito administrativo*, 30. ed., p. 480-481). A título de exemplo, configura ato inexistente aquele praticado por quem usurpa função pública, isto é, quando alguém que se passa por agente público, mas não detém essa condição, capitulado como crime pelo art. 328 do Código Penal brasileiro.

[902] Conforme Mateus Carvalho, "atos anuláveis são aqueles que possuem vícios que admitem conserto, não obstante tenham sido praticados em desacordo com a legislação aplicável", nos quais, "por se tratar a ilegalidade presente no ato de vício sanável, ele pode ser convalidado, passando a produzir efeitos regulares" (CARVALHO, Mateus. *Manual de direito administrativo*, 6. ed., p. 307).

[903] JUSTEN FILHO, Marçal. *Curso de direito administrativo*, 12. ed., p. 461.

[904] BANDEIRA DE MELLO, Celso Antônio. *Curso de direito administrativo*, 27. ed., p. 473-474. Acerca dela, Sílvio Luís Ferreira da Rocha leciona que a Administração "não tem discrição administrativa que lhe permita escolher com liberdade se convalida um ato viciado ou deixa de fazê-lo", devendo convalidá-lo sempre que esteja perante ato suscetível de convalidação e que não tenha sido impugnado pelo interessado (ROCHA, Sílvio Luís Ferreira da. *Manual de direito administrativo*, p. 342). Todavia, arriscamo-nos a dizer que atos anuláveis podem ser convalidados mesmo quando impugnados pelo interessado, quando se verificar, no caso concreto, que da sua convalidação não resultará prejuízo a quem o impugnou. Nesse caso, a sua convalidação terá por fundamento o princípio da instrumentalidade das formas, que condiciona a decretação da nulidade dos atos impugnados à configuração de relação necessária entre o vício apontado e a efetiva configuração de prejuízo às pessoas afetadas. A propósito, cf.: BRASIL JÚNIOR, Samuel Meira. *Justiça, direito e processo*, p. 3-33; LIEBMAN, Enrico Tullio. *Manual de direito processual civil*, v. I, p. 328; BEDAQUE, José Roberto dos Santos. *Direito e processo*, p. 113; e MADUREIRA, Claudio. *Direito, processo e justiça*, p. 50-51.

[905] A propósito, reportamo-nos às nossas considerações no tópico 2.1.15 do Capítulo 2, no qual procuramos induzir a compreensão segundo a qual o interesse público, quando aplicado à Administração Pública, precisa guardar relação com o que prescreve o direito, dada a incidência do princípio administrativo da legalidade, que vincula o agir administrativo às regras e princípios que sobressaem dos textos normativos.

e) as despesas necessárias à preservação das instalações e dos serviços já executados (art. 147, V) e à desmobilização e ao posterior retorno às atividades (art. 147, VI);

f) as medidas efetivamente adotadas pelo titular do órgão ou entidade para o saneamento dos indícios de irregularidades apontados (art. 147, VII);

g) o custo total e o estágio de execução física e financeira dos contratos, dos convênios, das obras ou das parcelas envolvidas (art. 147, VIII);

h) o fechamento de postos de trabalho diretos e indiretos em razão da paralisação (art. 147, IX);

i) o custo para a realização de nova licitação ou celebração de novo contrato (art. 147, X); e

j) o custo de oportunidade do capital durante o período de paralisação (art. 147, XI).

Se, em vista desses elementos, verificar que a paralisação/anulação não se revela como medida de interesse público, a Administração deverá optar pela continuidade do contrato e pela solução da irregularidade por meio de indenização por perdas e danos, sem prejuízo da apuração de responsabilidade e da aplicação de penalidades cabíveis (art. 147, parágrafo único). Dispondo desse modo, o legislador admite que sejam sanadas (embora com consequências adicionais, como a indenização, a apuração de responsabilidades e a aplicação de penalidades) inclusive irregularidades que originalmente seriam insanáveis, porque resultam da prática de atos nulos.

Em rigor, mesmo antes da edição da Lei nº 14.133/2021, a doutrina jurídica já referia, a despeito da constatação teórica de que os atos nulos (porque não deveriam ter sido praticados, dada a incidência do princípio administrativo da legalidade) *como regra* não produzem efeitos,[906] à possibilidade da implementação (no plano dos fatos) de "atos inválidos (inexistentes, nulos e anuláveis) e que produzem efeitos", alguns dos quais "podem produzi-los até mesmo *per omnia secula*, se o vício não for descoberto ou se ninguém o impugnar".[907] Porém, definido, nesses termos, que atos inválidos, ou nulos, podem produzir efeitos, torna-se relevante investigar se a sua invalidação sempre, ou se nem sempre, tem efeitos *ex tunc*, bem como "o que determinará se seus efeitos serão desta espécie ou quando serão *ex nunc*".[908]

Conforme Bandeira de Mello, "o assunto só se resolve adequadamente tomando-se em conta a fundamentalíssima distinção [...] entre atos restritivos e atos ampliativos da esfera jurídica dos administrados".[909] Nessa perspectiva, Bandeira de Mello afirma que "nos atos unilaterais restritivos da esfera jurídica dos administrados, se eram inválidos, todas as razões concorrem para que sua fulminação produza efeitos *ex tunc*, exonerando

---

[906] BANDEIRA DE MELLO, Celso Antônio. *Curso de direito administrativo*, 27. ed., p. 478.

[907] BANDEIRA DE MELLO, Celso Antônio. *Curso de direito administrativo*, 27. ed., p. 478. Na verdade, prossegue o publicista, "ninguém cogitaria da anulação deles ou de declará-los nulos se não fora para fulminar os efeitos que já produziram, ou que podem ainda produzir", pelo que não há dúvidas de que "os atos nulos e os anuláveis, mesmo depois de invalidados, produzem uma série de efeitos" (BANDEIRA DE MELLO, Celso Antônio. *Curso de direito administrativo*. 27. ed., p. 478-479). Nesse mesmo sentido, cf. JUSTEN FILHO, Marçal. *Curso de direito administrativo*, 8. ed., p. 404; FIGUEIREDO, Lúcia Valle de. *Extinção dos contratos administrativos*, p. 79; e MARTINS, Ricardo Marcondes. *Efeitos dos vícios do ato administrativo*, p. 262-266.

[908] BANDEIRA DE MELLO, Celso Antônio. *Curso de direito administrativo*, 27. ed., p. 479.

[909] BANDEIRA DE MELLO, Celso Antônio. *Curso de direito administrativo*, 27. ed., p. 479.

por inteiro quem fora indevidamente agravado pelo poder público das consequências onerosas".[910] Essa mesma conclusão não se aplica, na dicção o professor paulista, aos atos unilaterais ampliativos da esfera jurídica dos administrados", contexto em que, se o administrado "não concorreu para o vício do ato, estando de boa-fé, sua fulminação só deve produzir efeitos *ex nunc*, ou seja, depois de pronunciada".[911] Nessa perspectiva, a invalidação deve retroagir ao momento da realização do ato, atingindo, assim, todos os seus efeitos (eficácia *ex tunc*), quando se está diante de ato que restringe direitos dos administrados, podendo, todavia, a invalidação do ato que amplia direitos dos administrados auferir eficácia *ex tunc*, quando não se cogitar da boa-fé do administrado, ou *ex nunc*, havendo boa-fé.[912] Nisso consiste o que em doutrina se convencionou chamar *teoria dos efeitos dos atos nulos*,[913] que possibilita a preservação dos efeitos (ou de alguns deles) de atos administrativos inválidos (porque praticados em contrariedade ao direito) que beneficiam administrados quando se puder verificar, nos casos concretos, que eles (administrados) não concorreram para a configuração do vício identificado, estando, portanto, de boa-fé.

É o que se verifica, a título de exemplo, quando uma empresa é contratada para prestar determinado serviço mediante invocação do permissivo contido no inc. VIII do art. 75 da Lei nº 14.133/2021[914] (contratação emergencial) e, imaginando que estão presentes os requisitos que justificam a sua contratação (o que é absolutamente legítimo, dada a presunção de legitimidade e veracidade que milita em favor dos atos administrativos),[915] executa os serviços contratados de forma integral e eficiente, cobrando

---

[910] BANDEIRA DE MELLO, Celso Antônio. *Curso de direito administrativo*, 27. ed., p. 480.

[911] BANDEIRA DE MELLO, Celso Antônio. *Curso de direito administrativo*, 27. ed., p. 480. Também Marçal Justen Filho recobra que "a doutrina vem se manifestando no sentido da necessidade de respeitar os efeitos gerados por atos inválidos sobre a esfera de terceiros de boa-fé" (JUSTEN FILHO, Marçal. *Curso de direito administrativo*, 8. ed., p. 406).

[912] Bandeira de Mello oferece uma explicação de ordem jurídica para essa distinção de tratamentos. Com efeito, "os atos em questão foram obra do poder público", e por isso estavam "investidos de presunção de veracidade e legitimidade que acompanha os atos administrativos", pelo que "é natural que o administrado de boa-fé [...] tenha agido na conformidade deles", desfrutando do que deles resultava (BANDEIRA DE MELLO, Celso Antônio. *Curso de direito administrativo*, 27. ed., p. 480). Não se nega que, ressalvadas eventuais barreiras à invalidação (como exemplo, a decadência), esses atos, por terem sido invalidamente praticados, devam ser fulminados pela Administração, para que não continuem a desencadear efeitos; "mas também é certo que não há razão prestante para desconstituir o que se produziu sob o beneplácito do próprio Poder Público e que o administrado tinha o direito de supor que o habilitava regularmente" (BANDEIRA DE MELLO, Celso Antônio. *Curso de direito administrativo*, 27. ed., p. 480). Isso ocorre porque, na lição de Marçal Justen Filho, "a aparente validade do ato pode induzir as pessoas a adotar conduta que seria decorrência dele, se efetivamente válido fosse" (JUSTEN FILHO, Marçal. *Curso de direito administrativo*, 8. ed., p. 404). E tal se dá porque, como nos recobra o publicista, "as concepções democráticas de Estado impedem a frustração de expectativas legítimas geradas por atos formalmente perfeitos praticados por agentes públicos" (JUSTEN FILHO, Marçal. *Curso de direito administrativo*, 8. ed., p. 404). Quanto ao particular, cf., ainda: ZACANER, Weida. *Da convalidação e da invalidação dos atos administrativos*, p. 90; FIGUEIREDO, Lúcia Valle de. *Curso de direito administrativo*, p. 259 e seguintes; e SILVA, Almiro do Couto e. *Princípios da legalidade da Administração Pública e de segurança jurídica no Estado contemporâneo*, p. 46 e seguintes.

[913] A propósito, cf., por todos, MARTINS, Ricardo Marcondes. *Efeitos dos vícios do ato administrativo*.

[914] Que dispensa a realização de licitação quando caracterizada (entre outros elementos) a urgência de atendimento de situação que possa ocasionar prejuízo ou comprometer a continuidade dos serviços públicos ou a segurança de pessoas, obras, serviços, equipamentos e outros bens, públicos ou particulares.

[915] Quanto a isso, recobramos a seguinte passagem da obra de Hely Lopes Meireles: "Os atos administrativos, qualquer que seja a sua categoria ou espécie, nascem com a presunção de legitimidade, independentemente de norma legal que a estabeleça. Essa presunção decorre do princípio da legalidade da Administração, que, nos Estados de Direito, informa a atuação governamental" (MEIRELLES, Hely Lopes. *Direito administrativo brasileiro*, 16. ed., p. 135).

por eles preço perfeitamente compatível com a realidade de mercado. Presentes essas condições, mesmo que se verifique, adiante, que a Administração não adotou todas as providências necessárias à conclusão do processo licitatório (art. 75, §6º), a suscitar o reconhecimento de situação de *emergência fabricada*, ainda assim a empresa contratada fará jus à sua remuneração, porque não concorreu para a prática do ato viciado. Esse ato será nulo, porque não se observou o que determina o direito. Em vista dele, seria possível, inclusive, em hipótese fática em que a prestação do serviço ainda não tiver sido concluída, a suspensão da execução do contrato, como decorrência da decretação da sua invalidade. Porém, mesmo nessa hipótese o contratado deverá receber pelo que já foi executado.

Se já era possível, por aplicação dessa teoria, a confirmação das prestações e dos pagamentos realizados (efeitos pretéritos) em contratos eivados de nulidade absoluta, portanto, mesmo diante de vício insanável, agora, por força do disposto no parágrafo único do art. 147 da Lei nº 14.133/2021, tornou-se admissível, mais do que isso, também projetar efeitos futuros para os atos nulos verificados em matéria de licitações e contratos, consistentes na continuidade da prestação mediante solução de irregularidade por indenização, sem prejuízo da apuração da responsabilidade de agentes estatais e do contratado e da aplicação, a um ou outro, das penalidades cabíveis. Assim, no mesmo exemplo, a Administração não apenas deverá efetivar o pagamento devido ao contratado pelos serviços já executados, como também poderá promover a continuidade da prestação, mediante invocação do interesse público. Nisso reside a novidade da regra jurídica introduzida no ordenamento pelo dispositivo comentado, que possibilita, mesmo diante da configuração de nulidade insanável, a continuidade da execução do contrato.

29.3 Nulidade e indenização

Vê-se, pois, que o legislador conferiu à Administração a possibilidade de substituir a decretação da nulidade do contrato pelo pagamento de indenização pelo contratado (art. 147 e parágrafo único).

O mesmo instrumento (indenização) deverá ser utilizado também quando, observados os cuidados anteriormente expostos, Administração vier a tomar posição pela nulidade do contrato. Afinal, nos precisos termos da lei, a declaração de nulidade do contrato administrativo, para além de requerer análise prévia do interesse público envolvido (nos moldes dantes especificados), como regra produzirá efeitos retroativos, impedindo, assim, os efeitos jurídicos que o contrato deveria produzir ordinariamente e desconstituindo os efeitos já produzidos (art. 148, *caput*).

Nesse cenário, caso não seja possível o retorno à situação fática anterior, a nulidade será resolvida por indenização por perdas e danos, sem prejuízo da apuração de responsabilidade e aplicação das penalidades cabíveis (art. 148, §1º). Além disso, a decretação da nulidade não exonerará a Administração do dever de indenizar o contratado pelo que houver executado até a data em que for declarada ou tornada eficaz, bem como por outros prejuízos regularmente comprovados, desde que não lhe seja imputável (ao contratado), hipótese em que promoverá a responsabilização de quem lhe tenha dado causa (art. 149, *caput*).

29.4 Nulidade e preservação temporária da continuidade da execução do contrato

Isso não bastasse, mesmo quando vier a decretar a nulidade do contrato a Administração poderá, tendo em vista a necessidade de possibilitar a continuidade da atividade administrativa até que lhe seja possível efetivar nova contratação, decidir que a sua invalidação somente terá eficácia em momento futuro (art. 148, §2º). Entretanto, nesse caso, seus efeitos não poderão exceder ao prazo de seis meses, prorrogável uma única vez (art. 148, §2º, parte final).

29.5 Nulidade e instrumentalidade das formas

Esses permissivos legais, relativos ao afastamento da nulidade por referência ao interesse público (art. 147 e parágrafo único), à sua conversão à indenização (art. 148 e §1º c/c art. 149) e à preservação temporária da execução de contratos nulos (art. 148, §2º), podem ser conjugados, no campo da sua aplicação, ao princípio processual da instrumentalidade das formas, que condiciona a decretação da nulidade dos atos impugnados à configuração de relação necessária entre o vício apontado e a efetiva configuração de prejuízo às pessoas afetadas.

A incidência desse princípio tornou-se viável com a edição da Lei nº 14.133/2021, que passa a disciplinar as licitações[916] e as contratações públicas[917] como autênticos processos administrativos.[918] Por força dele, "nem todo vício é capaz de preordenar a nulidade do processo" (inclusive dos processos administrativos relativos a licitações e contratações públicas) "ou de qualquer dos seus atos" (praticados com o propósito de possibilitar a seleção de licitantes e a formalização/execução das contratações públicas), "noção que se fundamenta na constatação inevitável de que o direito processual há muito assumiu como premissa a instrumentalidade das formas".[919] Esse princípio, nas palavras de Enrico Tullio Liebman, subordina a invalidade de um ato processual não à simples inobservância da forma, mecanicamente constatada, mas à relação, apreciada por caso, entre o vício e a finalidade do ato.[920] Disso resulta a observação de José Roberto dos Santos no sentido de que, em vista da sua incidência, "toda vez que um ato processual,

---

[916] Ao ensejo, cf. as nossas considerações ao início do Capítulo 5.
[917] Quanto a esse particular, cf. o que dissemos no início do Capítulo 19.
[918] Como dissemos anteriormente, a distinção entre processo e procedimento insere-se entre os objetos de análise do direito processual. Quanto ao particular, reportamo-nos ao magistério de Hermes Zaneti Júnior, para quem o processo "é o caminho para a realização com justiça do direito material resistido, controverso", visto que é por meio dele que "fazemos a escrita, pelo poder estatal da nova ordem jurídica, pacificando o conflito e entregando a cada um o que é seu" (ZANETI JÚNIOR, Hermes. *Processo constitucional*: o modelo constitucional do processo civil brasileiro, p. 204). Conforme Zaneti, o processo é compreendido, nessa perspectiva, como *procedimento em contraditório*, num contexto em que o contraditório "o qualifica não mais como gênero, mas sim como *espécie de procedimento*", o que valoriza a participação dos interessados na formação da decisão e possibilita a efetiva realização do direito fundamental positivado no inc. LV do art. 5º da Constituição da República, que enuncia, em literalidade, "aos litigantes, *em processo* judicial ou *administrativo*, e aos acusados em geral são assegurados o contraditório e ampla defesa, com os meios e recursos a ela inerentes". Zaneti adota, no ponto, o magistério de Elio Fazzalari (cf. FAZZALARI, Elio. *Instituições de direito processual civil*), professor italiano que qualifica o *processo*, em seus escritos, *como procedimento em contraditório*. Em mesmo sentido, cf. GRINOVER, Ada Pellegrini. *Ensaio sobre a processualidade*, p. 15-20).
[919] A propósito, confira-se, por todos: BRASIL JÚNIOR, Samuel Meira. *Justiça, direito e processo*, p. 3-33.
[920] LIEBMAN, Enrico Tullio. *Manual de direito processual civil*, v. I, p. 328.

não obstante praticado em desconformidade com o modelo legal, atingir o seu escopo, a nulidade não deve ser declarada",[921] precisamente porque, como dispôs adiante o processualista, "o princípio da legalidade das formas e a necessidade de observância às regras do procedimento são garantia do resultado do processo", pelo que, "se este for alcançado, deixa de ter relevância o não atendimento à forma".[922]

Assim, é possível cogitar, em concreto, do afastamento da decretação de nulidade por referência ao interesse público (art. 147 e parágrafo único), da sua conversão em indenização (art. 148 e §1º c/c art. 149) e/ou da preservação temporária da execução de contratos nulos (art. 148, §2º), sempre que a finalidade do processo (no caso, dos processos licitatórios e de contratação pública) tiver sido atendida. Porém, para tanto, é imprescindível que do vício apontado (irregularidade) não resultem prejuízos que não possam ser sanados pela indenização cogitada pelo parágrafo único do art. 147. Afinal, também decorre do princípio da instrumentalidade das formas a imposição a que somente se pronuncie a nulidade de ato processual quando o vício apontado vier a ocasionar prejuízo a uma das partes (*pas nullité sans grief*).[923]

---

[921] BEDAQUE, José Roberto dos Santos. *Direito e processo*, p. 113.
[922] BEDAQUE, José Roberto dos Santos. *Direito e processo*, p. 113.
[923] MADUREIRA, Claudio. *Direito, processo e justiça*, p. 50-51.

CAPÍTULO 30

MÉTODOS ADEQUADOS DE RESOLUÇÃO DE CONTROVÉRSIAS

Art. 151. Nas contratações regidas por esta Lei, poderão ser utilizados meios alternativos de prevenção e resolução de controvérsias, notadamente a conciliação, a mediação, o comitê de resolução de disputas e a arbitragem.

Parágrafo único. Será aplicado o disposto no *caput* deste artigo às controvérsias relacionadas a direitos patrimoniais disponíveis, como as questões relacionadas ao restabelecimento do equilíbrio econômico-financeiro do contrato, ao inadimplemento de obrigações contratuais por quaisquer das partes e ao cálculo de indenizações.

Art. 152. A arbitragem será sempre de direito e observará o princípio da publicidade.

Art. 153. Os contratos poderão ser aditados para permitir a adoção dos meios alternativos de resolução de controvérsia.

Art. 154. O processo de escolha dos árbitros, dos colegiados arbitrais e dos comitês de resolução de disputas observará critérios isonômicos, técnicos e transparentes.

A Lei nº 14.133/2021 textualmente admite a utilização de "meios alternativos" (ou *métodos adequados*, como preferimos chamá-los)[924] de prevenção e resolução de controvérsias, notadamente a conciliação, a mediação, os comitês de resolução de disputas (*dispute boards*) e a arbitragem, para a resolução de litígios que envolvam licitações e contratações públicas (art. 151, *caput*). Esse dispositivo atrai, também para esse âmbito, a recepção, pelo direito brasileiro, do que em doutrina de convencionou chamar *tribunal multiportas*.[925]

---

[924] Sobre a substituição da expressão *meios alternativos* (empregada pelo legislador) pela expressão *métodos adequados* (mais recentemente adotada pela literatura jurídica), cf. a seguinte passagem doutrinária: "A arbitragem, a mediação e a conciliação são três exemplos dos que se convencionou chamar 'métodos alternativos de solução de conflitos' (em inglês, '*alternative dispute resolution*' ou 'ADR'). O termo alternativo diz respeito ao fato de serem opções ao método tradicional: o Poder Judiciário. [...] Horiernamente, a expressão *métodos alternativos*' vem cedendo espaço para *métodos adequados* (ou '*adequate/appropriate dispute resolution*') a partir da constatação de que os conflitos são diferentes entre si, tanto em complexidade, quanto em peculiaridade – e, assim, requerem ferramentas distintas para serem solucionados. [...] Ademais, os ADRs não são simples alternativas ao Judiciário e este tampouco deveria ser a única ou principal via de resolução de conflitos [...]" (COELHO, Eleonora. Desenvolvimento da cultura dos métodos adequados, p. 101-102.

[925] Cf. MADUREIRA, Claudio. Fundamentos do novo processo civil brasileiro, p. 85-97, *passim*.

30.1 O tribunal multiportas e a sua recepção pelo direito brasileiro

O conceito, amplamente difundido no direito norte-americano, ganhou maior relevância na literatura jurídica brasileira a partir da edição do Código de Processo Civil de 2015, que estabelece, no *caput* de seu art. 3º, que não se excluirá da apreciação jurisdicional ameaça ou lesão a direito, conferindo concretude à regra constitucional, positivada no inc. XXXV do art. 5º da Constituição da República, que prescreve que a lei não excluirá da apreciação do Poder Judiciário lesão ou ameaça a direito.[926] Esses dispositivos enunciam o princípio constitucional do amplo acesso à justiça, compreendido, na lição de Kazuo Watanabe, como acesso a uma ordem jurídica justa. Em suas próprias palavras, "a problemática do acesso à justiça não pode ser estudada nos acanhados limites do acesso aos órgãos judiciais já existentes", pois "não se trata apenas de possibilitar o acesso à justiça enquanto instituição estatal, e sim de viabilizar o acesso à ordem jurídica justa".[927]

Fiel a esse objetivo, o legislador processual deixou muito claro que a prolação de uma decisão de mérito por integrantes do Poder Judiciário não é o único caminho para acesso dos jurisdicionados a uma ordem jurídica justa, quando dispôs, adiante, que é permitida a arbitragem, na forma da lei (CPC-2105, art. 3º, §1º), que cumpre ao Estado promover, sempre que possível, a solução consensual dos conflitos (CPC-2015, art. 3º, §2º) e que a conciliação, a mediação e outros métodos de solução consensual de conflitos deverão ser estimulados por juízes, advogados, defensores públicos e membros do Ministério Público, inclusive no curso do processo judicial (CPC-2015, art. 3º, §3º). O Código de Processo Civil de 2015 concebeu, então, diversas alternativas (ou diversas portas) para o acesso à justiça, ou, mais especificamente, para que os contendores obtenham, mediante procedimento institucionalizado, a realização dos direitos e da justiça, instituindo, assim, o que em doutrina se convencionou chamar tribunal multiportas.

Vinícius José Corrêa Gonçalves leciona:

> a ideia dos *Multi-door Courthouses* surgiu no ano de 1976 em Washington, numa conferência denominada *Pound Conference*, que foi patrocinada pela *American Bar Association – ABA* (ordem dos advogados dos Estados Unidos), por órgãos estatais e pelos presidentes de tribunais norte-americanos.[928]

Mais especificamente no discurso de Frank Sander, professor da Faculdade de Direito de Harvard, que "vislumbrou o surgimento de um tribunal [...] com uma série de portas rotuladas separadamente, de acordo com o tipo de método de resolução de conflito", ou de "um modelo de organização judiciária multifacetária, que privilegia a adequação do conflito ao melhor método para sua resolução, rechaçando o protagonismo das vias judiciais ordinárias".[929]

---

[926] Sobre a argumentação que se segue, cf. MADUREIRA, Claudio. *Fundamentos do novo processo civil brasileiro*, p. 85-86.
[927] WATANABE, Kazuo. O acesso à justiça e a sociedade moderna, p. 128.
[928] Sobre a argumentação que se segue, cf. MADUREIRA, Claudio. *Fundamentos do novo processo civil brasileiro*, p. 86-97, *passim*.
[929] GONÇALVES, Vinícius José Corrêa. *Tribunais multiportas*: em busca de novos caminhos para a efetivação dos direitos fundamentais de acesso à justiça e à razoável duração dos processos, p. 157-158.

Esse professor norte-americano participou, no Brasil, de iniciativa conjunta da Fundação Getúlio Vargas e da Universidade de Saint Thomas, que teve por finalidade apresentar pesquisa realizada pelo *International ADR Research Network*, programa dessa universidade norte-americana que teve à frente a Professora Mariana Hernandez Crespo, e que se destinou a examinar o tribunal multiportas como instrumento capaz de contribuir para a ampliação do acesso à justiça, o aprimoramento do sistema de resolução de conflitos no Brasil e a consequente redução no número de processos judiciais.[930] Dessa iniciativa resultou a publicação, no ano de 2012, da obra *Tribunal multiportas: investindo no capital social para maximizar o sistema de solução de conflitos no Brasil*.[931]

Consta dessa publicação diálogo mantido entre Sander e Crespo, que é muito esclarecedor sobre a gênese da ideia subjacente à instituição de tribunais multiportas como forma de possibilitar a realização dos direitos e da justiça. Na oportunidade, Mariana Hernandez Crespo pediu a Frank Sander que explicitasse a "juízes, mediadores e especialistas em métodos alternativos" brasileiros "as origens do Tribunal Multiportas e os seus diversos aspectos".[932] A esse questionamento, Sander respondeu:

> [...] Tomei conhecimento desse conceito de Tribunal Multiportas quase que por acaso. Encontrava-me em período sabático com minha família na Suécia, em 1975, e estudava alguns aspectos do direito de família, que era a matéria que eu ensinava na época, juntamente com tributação e alguns cursos de resolução não conflitante de questões. Estava estudando as questões legais e os direitos dos casais não casados que viviam juntos, o que se transformou em um assunto bastante palpitante. Naquela ocasião, queríamos saber as lições que a Suécia, que tinha grande experiência a respeito dos direitos jurídicos dos casais não casados, havia aprendido. Constatei, então, que eles não tinham aprendido muita coisa. Assim, comecei a pensar no trabalho que eu havia realizado até então, como costumam fazer as pessoas que estão longe de casa, em uma temporada sabática. Eu tinha feito alguns trabalhos extras com arbitragem, tinha certa experiência com conflitos familiares nos tribunais e fiquei surpreso com o trabalho pouco satisfatório dos tribunais na resolução dos conflitos familiares, e quão promissora se apresentava a arbitragem para a resolução de conflitos trabalhistas. Assim, anotei alguns pensamentos e os remeti para alguns de meus colegas na Faculdade de Direito de Harvard, solicitando seus comentários.
>
> Sem que eu soubesse, um deles enviou o documento para um professor da Faculdade de Direito da Pensilvânia, que estava trabalhando com o Presidente da Suprema Corte dos Estados Unidos, Warren Burger, sobre a próxima *Pound Conference* em *St. Paul*, Minnesota. [...] Assim, quando voltei aos Estados Unidos, foi com surpresa que recebi um telegrama do Presidente da Suprema Corte, Warren Burger, pedindo que eu fosse a Washington para conversarmos sobre a apresentação de um documento sobre resolução de conflitos na *Pound Conference* de 1976. De início, achei aquilo um tanto desproposital, porque eu não tinha muita experiência e não me considerava uma autoridade no assunto. Mas acho que ele acabou me persuadindo e, embora eu de uma forma geral ache que as pessoas não devam dar palestras quando *convidadas*, e sim quando estão *preparadas* para isso, pensei: "talvez eu deva aceitar". Preparei-me rapidamente durante três meses, e então apresentei

---

[930] GUERRA, Sérgio. A palavra da FGV Direito Rio – Centro de Justiça e Sociedade, p. 7.
[931] ALMEIDA, Rafael Alves de; ALMEIDA, Tania; CRESPO, Mariana Hernandez (Org.). *Tribunal multiportas*: investindo no capital social para maximizar o sistema de solução de conflitos no Brasil.
[932] ALMEIDA, Rafael Alves de; ALMEIDA, Tania; CRESPO, Mariana Hernandez. Diálogo entre os professores Frank Sander e Mariana Hernandez Crespo: explorando a evolução do tribunal multiportas, p. 30.

em St. Paul a palestra "Variedades do processamento de conflitos". Acho que foi um exemplo típico de quem está no lugar certo na hora certa, porque as coisas começaram a acontecer depois dali.[933]

Crespo procura pôr a claro, ainda, a origem da expressão *tribunal multiportas*, observando, em referência a conversas anteriores que manteve com Sander, que ele havia lhe dito "que o Tribunal Multiportas não foi o nome original".[934] A essa provocação, Sander fez a observação de que "após aquela palestra na *Pound Conference*, no verão de 1976, uma das revistas da *American Bar Association* publicou um artigo sobre essa conversa", e que havia "na capa da revista, uma grande quantidade de portas, representando o Tribunal Multiportas". Sander afirmou, então, que "tinha dado um nome bem mais acadêmico: 'centro abrangente de justiça'", mas reconheceu que "muitas vezes o rótulo que se dá a uma ideia depende mais da divulgação e da popularidade" dela, e que por isso deve à *American Bar Association* "esse nome de fácil assimilação: Tribunal Multiportas".[935]

Feitos esses esclarecimentos, Sander disse que "gostaria de dar uma breve explicação sobre o conceito, seja qual for o nome dado", dispondo, a propósito, que "a ideia inicial é examinar as diferentes formas de resolução de conflitos: mediação, arbitragem, negociação, 'med-arb' (combinação de mediação e arbitragem)", procurando "observar cada um dos diferentes processos, para ver se poderíamos encontrar algum tipo de taxonomia para aplicar aos conflitos, e que portas seriam adequadas a quais conflitos".[936] Ao ensejo, reconhece que o tribunal multiportas pode estar ou não ligado aos tribunais.[937] Mas afirma que "o Tribunal é o lugar onde os casos estão", e que por isso "nada mais natural do que fazer do tribunal uma das portas do Tribunal Multiportas".[938]

Disso decorre a observação de Vinícius Gonçalves quanto a se conceituar o tribunal multiportas como um *centro de resolução de conflitos multifacetário*, que resulta da "noção de que o sistema judicial moderno não deveria possuir apenas uma porta que levasse todos os litígios ao processo judicial, mas várias portas que conduzissem a variados meios de resolução de controvérsias", ou como "sistema judiciário que acolhe, num mesmo local, diversas modalidades de resolução de litígios (heterocompositivas, autocompositivas e híbridas; judiciais e não judiciais), a fim de que seja possível direcionar o conflito ao

---

[933] ALMEIDA, Rafael Alves de; ALMEIDA, Tania; CRESPO, Mariana Hernandez. Diálogo entre os professores Frank Sander e Mariana Hernandez Crespo: explorando a evolução do tribunal multiportas, p. 30-32. Sobre o assunto, cf., ainda: CRESPO, Mariana Hernandez. A dialogue between professors Frank Sander and Mariana Hernandez Crespo, p. 669; e SANDER, Frank. *The Pound Conference*: perspectives on Justice in the future.

[934] ALMEIDA, Rafael Alves de; ALMEIDA, Tania; CRESPO, Mariana Hernandez. Diálogo entre os professores Frank Sander e Mariana Hernandez Crespo: explorando a evolução do tribunal multiportas, p. 32.

[935] ALMEIDA, Rafael Alves de; ALMEIDA, Tania; CRESPO, Mariana Hernandez. Diálogo entre os professores Frank Sander e Mariana Hernandez Crespo: explorando a evolução do tribunal multiportas, p. 32.

[936] ALMEIDA, Rafael Alves de; ALMEIDA, Tania; CRESPO, Mariana Hernandez. Diálogo entre os professores Frank Sander e Mariana Hernandez Crespo: explorando a evolução do tribunal multiportas, p. 32.

[937] ALMEIDA, Rafael Alves de; ALMEIDA, Tania; CRESPO, Mariana Hernandez. Diálogo entre os professores Frank Sander e Mariana Hernandez Crespo: explorando a evolução do tribunal multiportas, p. 33.

[938] ALMEIDA, Rafael Alves de; ALMEIDA, Tania; CRESPO, Mariana Hernandez. Diálogo entre os professores Frank Sander e Mariana Hernandez Crespo: explorando a evolução do tribunal multiportas, p. 33. Em suas próprias palavras, "pode acontecer de o Tribunal estar aqui, e os outros processos (arbitragem, mediação etc.) estarem lá; não existe nada (no método) que possa evitar esse fato" (ALMEIDA, Rafael Alves de; ALMEIDA, Tania; CRESPO, Mariana Hernandez. Diálogo entre os professores Frank Sander e Mariana Hernandez Crespo: explorando a evolução do tribunal multiportas, p. 33).

melhor método para a sua resolução".⁹³⁹ Trata-se, pois, "de um sistema pluriprocessual de resolução de controvérsias, que tem por finalidade disponibilizar processos com características específicas que sejam adequados às especificidades do caso em concreto".⁹⁴⁰

Mariana Crespo, por sua vez, leciona que esse sistema pluriprocessual é eficiente, "porque permite que as partes cheguem a uma solução relativamente barata e rápida"; que de igual modo é efetivo, "porque direciona as partes para o fórum mais apropriado para a resolução de seus conflitos, ampliando, de maneira geral, o nível de satisfação com o resultado e aumentando a probabilidade de implementação"; e que é também funcional, "porque tem o potencial para liberar o Judiciário de ações que são mais apropriadas aos métodos alternativos de resolução de conflitos, mantendo no Judiciário apenas as ações que exigem processo público".⁹⁴¹

30.2 A resolução de controvérsias pelo método autocompositivo

Entre as múltiplas portas que podem ser acionadas nesse contexto, situa-se o método autocompositivo, que, no regime do Código de Processo Civil de 2015, emprega como técnicas a *conciliação* e a *mediação*,⁹⁴² agora estendidas pelo dispositivo comentado (art. 151, *caput*) também à resolução de conflitos surgidos nos processos administrativos relativos a licitações e contratações públicas. Diferentemente do que ocorre na jurisdição e na arbitragem, modalidades do método heterocompositivo que conferem a resolução do litígio a um terceiro, na autocomposição "a solução da divergência é buscada pelos próprios envolvidos, de forma consensual, não imposta".⁹⁴³ Nesse contexto, "o terceiro, quando aqui comparece, funciona como um intermediário ou facilitador da aproximação e comunicação entre as partes" e atua de modo a orientar "a reflexão de cada qual sobre o conflito, sua origem e repercussões, para que estas, voluntariamente, cheguem a um consenso ou reequilíbrio da relação", como acentua em doutrina Francisco José Cahali.⁹⁴⁴

30.2.1 A técnica da conciliação

A *conciliação* tem por objeto a resolução do problema, isto é, a obtenção de um acordo razoável às partes.⁹⁴⁵ O papel do conciliador é "mostrar às partes as vantagens de

---

⁹³⁹ GONÇALVES, Vinícius José Corrêa. *Tribunais multiportas*: em busca de novos caminhos para a efetivação dos direitos fundamentais de acesso à justiça e à razoável duração dos processos, p. 160.

⁹⁴⁰ GONÇALVES, Vinícius José Corrêa. *Tribunais multiportas*: em busca de novos caminhos para a efetivação dos direitos fundamentais de acesso à justiça e à razoável duração dos processos, p. 160.

⁹⁴¹ CRESPO, Mariana Hernandez. Perspectiva sistêmica dos métodos alternativos de resolução de conflitos na América Latina, p. 81.

⁹⁴² Assim se posiciona, em doutrina, Francisco José Cahali, como se verifica da seguinte passagem doutrinária: "Existem meios heterocompositivos e autocompositivos de resolução de litígios. As principais formas heterocompositivas de solução de conflito são promovidas através do processo judicial, desenvolvido perante o Poder Judiciário, e pelos procedimentos realizados na arbitragem. As principais formas autocompositivas de solução de conflito são a negociação, a conciliação e a mediação" (CAHALI, Francisco José. *Curso de arbitragem*, p. 43). Sobre o assunto, ler também: CRESPO, Mariana Hernandez. Perspectiva sistêmica dos métodos alternativos de resolução de conflitos na América Latina, p. 179. A propósito, cf., ainda: MADUREIRA, Claudio. *Fundamentos do novo processo civil brasileiro*, p. 85-97, *passim*.

⁹⁴³ CAHALI, Francisco José. *Curso de arbitragem*, p. 44-45.

⁹⁴⁴ CAHALI, Francisco José. *Curso de arbitragem*, p. 45.

⁹⁴⁵ CAHALI, Francisco José. *Curso de arbitragem*, p. 45. Sobre a argumentação que se segue, cf. MADUREIRA, Claudio; MOREIRA, Aline Simonelli; MOREIRA, Aline de Magalhães Grafanassi. Autocomposição, conciliação e mediação no regime do CPC-2015: esforço teórico de sistematização dos conceitos, p. 71-72.

uma composição" e "criar ambiente propício para serem superadas as animosidades".⁹⁴⁶ Cumpre-lhe, como terceiro imparcial, "incentivar as partes a propor soluções que lhes sejam favoráveis".⁹⁴⁷ Ele "deve fazer propostas equilibradas e viáveis, exercendo, no limite do razoável, influência no convencimento dos interessados".⁹⁴⁸ Destarte, "a apresentação de propostas e a finalidade de obter o acordo são [...] duas características fundamentais da conciliação".⁹⁴⁹

A despeito disso, o conciliador deve permanecer na superfície do conflito, evitando, assim, "adentrar nas relações intersubjetivas, nos fatores que desencadearam o litígio, focando mais as vantagens de um acordo onde cada um cede um pouco, para sair do problema".⁹⁵⁰ Não lhe toca, portanto, "ir com maior profundidade nas questões subjetivas, emocionais, nos fatores que desencadearam o conflito, pois isso demandaria sair da esfera da dogmática jurídica, dos limites objetivos da controvérsia".⁹⁵¹

Disso resulta que a conciliação é técnica mais adequada "à solução de conflitos objetivos, nos quais as partes não tiveram convivência ou vínculo pessoal anterior", ou seja, de conflitos circunstanciais, em que não se tem a "perspectiva de gerar ou restabelecer uma relação continuada envolvendo as partes",⁹⁵² porque tem por finalidade a obtenção de um acordo, e não necessariamente a preservação de vínculo preexistente entre os contendores, e porque não se propõe a investigar "a inter-relação subjetiva das partes, o desenvolvimento da conciliação mostra-se mais rápido e de menor complexidade em relação à mediação".⁹⁵³ São exemplos de controvérsias em que a conciliação é aplicável as discussões relativas a acidentes de trânsito, a responsabilidade civil em geral, as divergências comerciais entre consumidor e fornecedor, ou entre clientes e prestadores de serviço, entre outras.⁹⁵⁴

30.2.2 A técnica da mediação

Como a conciliação, a mediação é instrumento "de pacificação de natureza autocompositiva e voluntária", no curso da qual "um terceiro, imparcial, atua, de forma ativa ou passiva, como facilitador do processo de retomada do diálogo entre as partes, antes ou depois de instaurado o conflito".⁹⁵⁵ Nela, compete ao mediador criar um ambiente propício à comunicação entre os mediados, de maneira "que, aos poucos, emoções, mágoas, ressentimentos, frustrações ou outros sentimentos sejam superados para facilitar a escuta e respeito à posição do outro".⁹⁵⁶

---

⁹⁴⁶ CAHALI, Francisco José. *Curso de arbitragem*, p. 46.
⁹⁴⁷ CAHALI, Francisco José. *Curso de arbitragem*, p. 46.
⁹⁴⁸ CAHALI, Francisco José. *Curso de arbitragem*, p. 46.
⁹⁴⁹ CAHALI, Francisco José. *Curso de arbitragem*, p. 46.
⁹⁵⁰ BUITONI, Aldemir. Mediar e conciliar: as diferenças básicas.
⁹⁵¹ BUITONI, Aldemir. Mediar e conciliar: as diferenças básicas.
⁹⁵² CAHALI, Francisco José. *Curso de arbitragem*, p. 46.
⁹⁵³ CAHALI, Francisco José. *Curso de arbitragem*, p. 47.
⁹⁵⁴ CAHALI, Francisco José. *Curso de arbitragem*, p. 46.
⁹⁵⁵ CAHALI, Francisco José. *Curso de arbitragem*, p. 85. Sobre a argumentação que se segue, cf. MADUREIRA, Claudio; MOREIRA, Aline Simonelli; MOREIRA, Aline de Magalhães Grafanassi. Autocomposição, conciliação e mediação no regime do CPC-2015: esforço teórico de sistematização dos conceitos, p. 72-73.
⁹⁵⁶ CAHALI, Francisco José. *Curso de arbitragem*, p. 86.

Destarte, a mediação é técnica mais indicada para a resolução de conflitos entre partes que mantêm "relação mais intensa e prolongada", marcada "tanto por vínculos pessoais como jurídicos", e por isso tem "pertinência em situações em que será gerada para as partes, na solução do conflito, uma nova relação com direitos e obrigações recíprocas, e, pois, com uma perspectiva de futura convivência que se espera que seja harmônica".[957] No ponto, recobramos a advertência de Kazuo Watanabe quanto a ser desejável, "nos conflitos em que as partes estão em contato permanente" (o que se verifica, "por exemplo, entre duas pessoas que pertencem a uma mesma associação ou empresa, entre marido e mulher, entre comerciante e seu fornecedor, e outros similares"), que a resolução do conflito preserve, sempre que possível, "a coexistência das pessoas envolvidas, com a continuidade das relações entre elas existentes".[958]

Seu objetivo é, pois, propiciar que os próprios mediados "possam, visualizando melhor os meandros da situação controvertida, protagonizar uma solução consensual", pela via da apresentação de "um outro ângulo de análise aos envolvidos", que lhes possibilite, "em vez de continuarem [...] enfocando suas posições", que "voltem sua atenção para os verdadeiros interesses envolvidos".[959] Por isso, "o mediador não julga nem tão pouco concilia as partes, tarefas do árbitro e do conciliador respectivamente".[960] *Sua atuação pode ser ativa* (quando o mediador apresenta soluções ao conflito) *ou passiva* (quando a sua atividade se restringe a escutar, orientar e estimular os mediados a uma solução adequada, contexto em que ele "não sugestiona [...] a tomada de decisões, ainda que tenha a percepção da melhor solução ao conflito"), *conforme a linha de atuação adotada.*[961]

30.2.3 A distinção conceitual entre a conciliação e a mediação

Acerca dessas duas técnicas empregadas no método autocompositivo projetado pelo Código de Processo Civil de 2015 (agora transposta, pelo dispositivo comentado, também à resolução de conflitos surgidos nos processos administrativos relativos a licitações e contratações públicas), Cintra, Grinover e Dinamarco lecionam que "a mediação assemelha-se à conciliação", pois em ambas "os interessados utilizam a intermediação de um terceiro, particular, para chegarem à pacificação de seu conflito".[962] Entretanto, procurando distingui-las, observam que "a conciliação busca sobretudo o acordo entre as partes, enquanto que a mediação trabalha o conflito, surgindo o acordo como mera consequência", e destacam, em arremate, tratar-se "mais de uma diferença de método", em que "o resultado acaba sendo o mesmo".[963]

---

[957] CAHALI, Francisco José. *Curso de arbitragem*, p. 47.
[958] WATANABE, Kazuo. Acesso à justiça e meios consensuais de solução de conflitos, p. 88.
[959] TARTUCE, Fernanda. *Mediação nos conflitos civis*, p. 208. Sobre o assunto, ler também: BRAGA NETO, Adolfo; SAMPAIO, Lia Regina Castaldi. *O que é mediação de conflitos*, p. 19-20; e SERPA, Maria de Nazareth. *Teoria e prática de mediação de conflitos*, p. 90.
[960] LEVY, Fernanda Rocha Lourenço. *Guarda de filhos*: os conflitos no exercito do poder familiar, p. 122.
[961] CAHALI, Francisco José. *Curso de arbitragem*, p. 85-87.
[962] CINTRA, Antônio Carlos Araújo; GRINOVER, Ada Pelegrini; DINAMARCO, Cândido Rangel. *Teoria geral do processo*, p. 34. Sobre a argumentação que se segue, cf. MADUREIRA, Claudio; MOREIRA, Aline Simonelli; MOREIRA, Aline de Magalhães Grafanassi. Autocomposição, conciliação e mediação no regime do CPC-2015: esforço teórico de sistematização dos conceitos, p. 73-75.
[963] CINTRA, Antônio Carlos Araújo; GRINOVER, Ada Pelegrini; DINAMARCO, Cândido Rangel. *Teoria geral do processo*, p. 34.

Francisco José Cahali procurar aprofundar-se nessa distinção, observando que o que diferencia a mediação da conciliação é que nela "haverá uma profunda investigação do terceiro sobre a inter-relação das partes e a origem do conflito", o que faz com que a mediação costume se tornar "um procedimento mais longo, em que, às vezes, são necessárias diversas sessões de mediação para que as partes consigam restabelecer o diálogo perdido".[964] Além disso, "o foco na mediação é o conflito, e não a solução", enquanto que "na conciliação percebe-se o contrário: o foco é a solução, e não o conflito".[965] Por fim, cumpre destacar o que Cahali designa como diferença fundamental entre a mediação e conciliação, que consiste na circunstância de o mediador não fazer propostas de acordo, mas apenas tentar "reaproximar as partes para que elas próprias consigam alcançar uma situação consensual de vantagem".[966]

Também o legislador processual procurou distingui-las, quando dispôs, reportando-se ao papel desempenhado no processo pelo conciliador e pelo mediador, que o primeiro (conciliador) atuará preferencialmente nos casos em que não houver vínculo anterior entre as partes, contexto em que poderá sugerir soluções para o litígio, sendo vedada a utilização de qualquer tipo de constrangimento ou intimidação para que as partes conciliem (CPC-2015, art. 165, §2º), ao passo que o outro (mediador) atuará preferencialmente nos casos em que houver vínculo anterior entre as partes, cumprindo-lhe auxiliar os interessados a compreender as questões e os interesses em conflito, de modo que eles possam, pelo restabelecimento da comunicação, identificar, por si próprios, soluções consensuais que gerem benefícios mútuos (CPC-2015, art. 165, §3º).

Porém, não se pode perder de vista que, nos casos concretos, conforme a natureza do conflito, e inclusive em razão das próprias características pessoais das partes envolvidas, "há uma *zona cinzenta*, e extensa, entre as situações em que se recomenda" a adoção de uma ou outra técnica.[967] Por esse motivo, é responsabilidade do facilitador (conciliador/mediador), do juiz, do advogado ou de qualquer outra pessoa orientar as partes a buscar a resolução do conflito pelo método autocompositivo e saber identificar as suas peculiaridades, com o propósito de "encaminhá-las ao meio de solução alternativa mais eficiente".[968] Com a edição da Lei nº 14.133/2021, também passam a assumir essa responsabilidade, juntamente com os facilitadores convocados a atuar nesse contexto, também os agentes estatais que atuam nos processos de licitações e contratações públicas, instados, pelo dispositivo comentado, a de igual modo empregá-las nesse âmbito. Assim, quer no processo civil, quer nos processos administrativos voltados à realização de licitações e à formalização/execução de contratações públicas, cumpre aos atores envolvidos na sua condução, sempre que perceberem durante o desenvolvimento de uma dessas técnicas (conciliação ou mediação) do método autocompositivo que a outra se mostra mais adequada a auxiliar na resolução da controvérsia, orientar a mudança ou a "utilização conjunta das técnicas de ambos os procedimentos, ou mesmo o encaminhamento a outro intermediário com as qualificações apropriadas ao melhor atendimento dos interessados".[969]

---

[964] CAHALI, Francisco José. *Curso de arbitragem*, p. 47.
[965] CAHALI, Francisco José. *Curso de arbitragem*, p. 47.
[966] CAHALI, Francisco José. *Curso de arbitragem*, p. 48.
[967] CAHALI, Francisco José. *Curso de arbitragem*, p. 48-49
[968] CAHALI, Francisco José. *Curso de arbitragem*, p. 48-49.
[969] CAHALI, Francisco José. *Curso de arbitragem*, p. 49.

30.3 A resolução de controvérsias mediante intervenção de comitês de resolução de disputas (*dispute boards*)

O legislador também inseriu no contexto da resolução de conflitos pelo que convencionou chamar "meios alternativos" (que preferimos designar como *métodos adequados*) a sua submissão aos *comitês de resolução de disputas* (*dispute boards*), que, conforme leciona Murillo Preve Cardoso de Oliveira, têm "no projeto da nova lei de licitações a sua estreia em uma legislação federal brasileira".[970] Trata-se, segundo Jerônimo Pinotti Roveda, de uma das possibilidades abertas (juntamente com a conciliação, a mediação[971] e a arbitragem)[972] para prevenção e resolução de conflitos, que assume a forma de "um comitê que acompanha a obra e auxilia os contratantes, no intuito de prevenir ou solucionar conflitos antes de chegarem a uma disputa judicial ou arbitral".[973]

O *dispute board* "é estabelecido contratualmente entre as partes", mediante celebração de cláusula que impõe que eventuais conflitos que surjam no curso da execução dos contratos sejam submetidos ao comitê anteriormente à sua condução ao Poder Judiciário ou (se for o caso) à heterocomposição arbitral.[974] Essa mesma cláusula contratual disciplina o procedimento a ser adotado e o modo como se dará a escolha dos membros do comitê de resolução de disputas.[975]

Os *comitês de resolução de disputas* podem atuar auxiliando nas negociações, mediante emissão de recomendações aos contendores (*dispute review boards*), hipótese que se aproxima da conciliação e da mediação, ou então proferindo decisões vinculantes (*dispute adjudication boards*), conformação que se aproxima da heterocomposição arbitral.[976] Também é viável a combinação dos dois modelos (*combined dispute board*), situação em que o comitê recomenda uma solução, para depois, se dela não resultar a resolução do conflito, enfrentá-lo no corpo de decisão vinculante, hipótese em que se aproxima do *med-arb* (combinação de mediação e arbitragem).[977] [978]

---

[970] OLIVEIRA, Murillo Preve Cardoso de. Meios alternativos de resolução de controvérsias, p. 127.

[971] Anteriormente minudenciadas.

[972] Que abordaremos no tópico subsequente.

[973] ROVEDA, Jerônimo Pinotti. A redução das disputas arbitrais e judiciais em face da existência da cláusula de dispute boards nos contratos de construção, p. 1.139. Em mesmo sentido, cf. DOMINGUES, Igor Gimenes Alvarenga Domingues. *Uso do comitê de resolução de disputas nos contratos da Administração Pública*: vantagens, limites e cautelas.

[974] ROVEDA, Jerônimo Pinotti. A redução das disputas arbitrais e judiciais em face da existência da cláusula de dispute boards nos contratos de construção, p. 1.139. Em mesmo sentido, cf. DOMINGUES, Igor Gimenes Alvarenga Domingues. *Uso do comitê de resolução de disputas nos contratos da Administração Pública*: vantagens, limites e cautelas.

[975] ROVEDA, Jerônimo Pinotti. A redução das disputas arbitrais e judiciais em face da existência da cláusula de dispute boards nos contratos de construção, p. 1.139.

[976] ROVEDA, Jerônimo Pinotti. A redução das disputas arbitrais e judiciais em face da existência da cláusula de dispute boards nos contratos de construção, p. 1.147.

[977] ALMEIDA, Rafael Alves de; ALMEIDA, Tania; CRESPO, Mariana Hernandez. Diálogo entre os professores Frank Sander e Mariana Hernandez Crespo: explorando a evolução do tribunal multiportas, p. 32.

[978] ROVEDA, Jerônimo Pinotti. A redução das disputas arbitrais e judiciais em face da existência da cláusula de dispute boards nos contratos de construção, p. 1.147.

30.4 A resolução de controvérsias por heterocomposição arbitral

O último "meio alternativo" (ou *método adequado*) mencionado no dispositivo comentado (art. 151, *caput*) é a *arbitragem*. Ela integra, juntamente com a jurisdição estatal, o que Francisco José Cahali designou como principais formas heterocompositivas de solução de conflito.[979] Consubstanciam-se, pois, nesse âmbito, uma *justiça estatal*, encarnada na jurisdição, e uma *justiça privada*, conduzida por árbitros e tribunais arbitrais.[980]

Sobre a *justiça estatal*,[981] a Constituição da República estabelece, no inc. XXXV de seu art. 5º,[982] que não se excluirá da apreciação do Poder Judiciário lesão ou ameaça de lesão a direito, e adiante identifica como órgãos do Poder Judiciário, o Supremo Tribunal Federal, o Conselho Nacional de Justiça, o Superior Tribunal de Justiça, os tribunais regionais federais e juízes federais, os tribunais e juízes do trabalho, os tribunais e juízes eleitorais, os tribunais e juízes militares e, bem assim, os tribunais e juízes dos estados e do Distrito Federal e territórios (art. 92).[983] Assim, a regra geral, no Brasil, é que as partes conduzam suas contendas ao Poder Judiciário, portanto, à justiça estatal.

Porém, o nosso ordenamento também prevê a resolução dos conflitos por meio da arbitragem. Temos uma lei nacional que a disciplina (Lei nº 9.307/1996), cujo art. 1º estabelece, textualmente, que "as pessoas capazes de contratar poderão valer-se da arbitragem para dirimir litígios relativos a direitos patrimoniais disponíveis".[984] Foi muito possivelmente por referência a esse dispositivo que a Lei nº 14.133/2021 restringiu a utilização da arbitragem, nos processos relativos a licitações e contratações públicas, para dirimir controvérsias relacionadas a direitos patrimoniais disponíveis, adotando, ainda, o cuidado de enunciar, em intepretação autêntica do direito, alguns exemplos desses direitos disponíveis, como as questões relacionadas ao restabelecimento do equilíbrio econômico-financeiro do contrato, ao inadimplemento de obrigações contratuais por quaisquer das partes e ao cálculo de indenizações (art. 151, parágrafo único).

Também já não há dúvidas sobre ser viável a utilização da arbitragem para a resolução de conflitos envolvendo o Poder Público, dada a inserção, pela Lei nº 13.219/2015, de §§1º e 2º ao mesmo dispositivo da Lei da Arbitragem, que enunciam, respectivamente, que a Administração Pública direta e indireta poderá utilizar-se da

---

[979] CAHALI, Francisco José. *Curso de arbitragem*, p. 43.
[980] Cf. MADUREIRA, Claudio; MOREIRA, Aline Simonelli; MOREIRA, Aline de Magalhães Grafanassi. Autocomposição, conciliação e mediação no regime do CPC-2015: esforço teórico de sistematização dos conceitos, p. 67.
[981] Sobre a argumentação que se segue, cf. MADUREIRA, Claudio; MOREIRA, Aline Simonelli; MOREIRA, Aline de Magalhães Grafanassi. Autocomposição, conciliação e mediação no regime do CPC-2015: esforço teórico de sistematização dos conceitos, p. 67-68.
[982] CRFB: "Art. 5º Todos são iguais perante a lei, sem distinção de qualquer natureza, garantindo-se aos brasileiros e aos estrangeiros residentes no País a inviolabilidade do direito à vida, à liberdade, à igualdade, à segurança e à propriedade, nos termos seguintes: [...] XXXV - a lei não excluirá da apreciação do Poder Judiciário lesão ou ameaça a direito".
[983] CRFB: "Art. 92. São órgãos do Poder Judiciário: I - o Supremo Tribunal Federal; I-A o Conselho Nacional de Justiça; (Incluído pela Emenda Constitucional nº 45, de 2004) II - o Superior Tribunal de Justiça; III - os Tribunais Regionais Federais e Juízes Federais; IV - os Tribunais e Juízes do Trabalho; V - os Tribunais e Juízes Eleitorais; VI - os Tribunais e Juízes Militares; VII - os Tribunais e Juízes dos Estados e do Distrito Federal e Territórios".
[984] Sobre a argumentação que se segue, cf. MADUREIRA, Claudio; MOREIRA, Aline Simonelli; MOREIRA, Aline de Magalhães Grafanassi. Autocomposição, conciliação e mediação no regime do CPC-2015: esforço teórico de sistematização dos conceitos, p. 68-70.

arbitragem para dirimir conflitos relativos a direitos patrimoniais disponíveis e que a autoridade ou o órgão competente da Administração Pública direta para a celebração de convenção de arbitragem é a mesma que para a realização de acordos ou transações. Todavia, não se aplica, na espécie, o disposto no *caput* do art. 2º do mesmo diploma, que enuncia que a arbitragem, a critério das partes, poderá ser de direito ou de equidade, dada a previsão, no §3º do mesmo artigo (também incluído na Lei da Arbitragem pela Lei nº 13.219/2015), no sentido de que a arbitragem que envolva a Administração Pública será sempre de direito e respeitará o princípio da publicidade, em disposição posteriormente replicada no *caput* do art. 152 da Lei nº 14.133/2021.

Sobre a vinculação do procedimento, na *novatio legis*, ao princípio administrativo da publicidade, Murillo Preve Cardoso de Oliveira denuncia a falsa polêmica que "circunda o cenário da arbitragem com a Administração Pública", que consiste em saber "como se respeitar o princípio da publicidade ao qual a Administração Pública está vinculada, tendo em vista o sigilo que envolve os processos arbitrais".[985] Trata-se, contudo, de conflito apenas aparente, como defende o autor mediante referência ao magistério de Carlos Alberto Carmona,[986] porque o sigilo, embora "seja aplicado como regra ao procedimento arbitral (constituindo, inclusive, uma das suas principais vantagens)", apresenta-se como "medida que pode (apenas pode, porque não é impositiva) ser estabelecida pelas partes, o que significa dizer que nada impede que eles optem por abrir mão da confidencialidade".[987] Especificamente no que concerne à Administração Pública (que se vincula, dada a incidência do princípio administrativo da legalidade,[988] à integral e irrestrita observância do direito), o próprio legislador fez essa opção por ela, quando condicionou, no §3º do art. 2º da Lei da Arbitragem e no *caput* do art. 152 da Lei nº 14.133/2021, a sua realização à observância do princípio administrativo da publicidade.

Isso não bastasse, mesmo antes da edição da *novatio legis*, o próprio Código de Processo Civil de 2015 (que disciplina a atuação da justiça estatal), já referia taxativamente a admissibilidade da arbitragem como método adequado de resolução de conflitos (art. 3º, §1º),[989] enunciando, ainda, regras que possibilitam a interação não conflituosa entre juízes e árbitros no acertamento e satisfação dos direitos subjetivos; de que são exemplos:

    a) o dispositivo que, em atenção ao atributo de confidencialidade da arbitragem, preserva segredo de justiça dos litígios que versem sobre arbitragem e, inclusive, sobre o cumprimento da carta arbitral (CPC-2015, art. 189, V);[990]

    b) o que impõe ao réu informar, em sua contestação, se as partes firmaram (ou não) convenção de arbitragem capaz de conduzir a contenda à justiça privada (CPC-2015, art. 337, X);[991]

---

[985] OLIVEIRA, Murillo Preve Cardoso de. Meios alternativos de resolução de controvérsias, p. 132.
[986] CARMONA, Carlos Alberto. *Arbitragem e processo*: um comentário à Lei n. 9.307/1996, p. 51.
[987] OLIVEIRA, Murillo Preve Cardoso de. Meios alternativos de resolução de controvérsias, p. 132.
[988] *Vide* tópico 2.1.1 do Capítulo 2.
[989] CPC-2015: "Art. 3º Não se excluirá da apreciação jurisdicional ameaça ou lesão a direito. §1º É permitida a arbitragem, na forma da lei".
[990] CPC-2015: "Art. 189. Os atos processuais são públicos, todavia tramitam em segredo de justiça os processos: [...] IV - que versem sobre arbitragem, inclusive sobre cumprimento de carta arbitral, desde que a confidencialidade estipulada na arbitragem seja comprovada perante o juízo".
[991] CPC-2015: "Art. 337. Incumbe ao réu, antes de discutir o mérito, alegar: [...] X - convenção de arbitragem".

c) o que especifica, para que não haja conflitos entre a justiça estatal e a privada, que a sua inércia no particular conduz à aceitação da justiça estatal e à consequente renúncia ao juízo arbitral (CPC-2015, art. 337, §6º);[992] e

d) aquele que situa entre as hipóteses de extinção do processo sem resolução de mérito a existência de convenção de arbitragem ou a circunstância de o juízo arbitral vir a reconhecer sua competência (CPC-2015, art. 485, VII).[993]

Nisso não reside contrariedade ao disposto no inc. XXXV do art. 5º da Carta de 1988, que encarta, entre nós, o princípio do acesso à justiça. A propósito, basta ver que o Supremo Tribunal Federal reconheceu a constitucionalidade da Lei de Arbitragem por ocasião do julgamento do Agravo Regimental em Sentença Estrangeira nº 5.206.[994] Na oportunidade, prevaleceu no Tribunal Constitucional o entendimento de que a circunstância de a arbitragem se instaurar mediante consentimento dos litigantes e se destinar à resolução de conflitos sobre direitos disponíveis (que admitem livre disposição pelos litigantes) não viola o acesso à justiça. No particular, confira-se o seguinte excerto do voto condutor do julgamento, proferido pelo então Ministro Sepúlveda Pertence:

---

[992] CPC-2015: "Art. 337. [...] §6º A ausência de alegação da existência de convenção de arbitragem, na forma prevista neste Capítulo, implica aceitação da jurisdição estatal e renúncia ao juízo arbitral".

[993] CPC-2015: "Art. 485. O juiz não resolverá o mérito quando: [...] VII - acolher a alegação de existência de convenção de arbitragem ou quando o juízo arbitral reconhecer sua competência".

[994] Eis, em literalidade, o que consta da ementa do julgamento: "1. Sentença estrangeira: laudo arbitral que dirimiu conflito entre duas sociedades comerciais sobre direitos inquestionavelmente disponíveis – a existência e o montante de créditos a título de comissão por representação comercial de empresa brasileira no exterior: compromisso firmado pela requerida que, neste processo, presta anuência ao pedido de homologação: ausência de chancela, na origem, de autoridade judiciária ou órgão público equivalente: homologação negada pelo Presidente do STF, nos termos da jurisprudência da Corte, então dominante: agravo regimental a que se dá provimento, por unanimidade, tendo em vista a edição posterior da L. 9.307, de 23.9.96, que dispõe sobre a arbitragem, para que, homologado o laudo, valha no Brasil como título executivo judicial. 2. Laudo arbitral: homologação: Lei da Arbitragem: controle incidental de constitucionalidade e o papel do STF. A constitucionalidade da primeira das inovações da Lei da Arbitragem – a possibilidade de execução específica de compromisso arbitral – não constitui, na espécie, questão prejudicial da homologação do laudo estrangeiro; a essa interessa apenas, como premissa, a extinção, no direito interno, da homologação judicial do laudo (arts. 18 e 31), e sua consequente dispensa, na origem, como requisito de reconhecimento, no Brasil, de sentença arbitral estrangeira (art. 35). A completa assimilação, no direito interno, da decisão arbitral à decisão judicial, pela nova Lei de Arbitragem, já bastaria, a rigor, para autorizar a homologação, no Brasil, do laudo arbitral estrangeiro, independentemente de sua prévia homologação pela Justiça do país de origem. Ainda que não seja essencial à solução do caso concreto, não pode o Tribunal – dado o seu papel de 'guarda da Constituição' – se furtar a enfrentar o problema de constitucionalidade suscitado incidentemente (v.g. MS 20.505, Néri). 3. Lei de Arbitragem (L. 9.307/96): constitucionalidade, em tese, do juízo arbitral; discussão incidental da constitucionalidade de vários dos tópicos da nova lei, especialmente acerca da compatibilidade, ou não, entre a execução judicial específica para a solução de futuros conflitos da cláusula compromissória e a garantia constitucional da universalidade da jurisdição do Poder Judiciário (CF, art. 5º, XXXV). Constitucionalidade declarada pelo Plenário, considerando o Tribunal, por maioria de votos, que a manifestação de vontade da parte na cláusula compromissória, quando da celebração do contrato, e a permissão legal dada ao juiz para que substitua a vontade da parte recalcitrante em firmar o compromisso não ofendem o artigo 5º, XXXV, da CF. Votos vencidos, em parte – incluído o do relator – que entendiam inconstitucionais a cláusula compromissória – dada a indeterminação de seu objeto – e a possibilidade de a outra parte, havendo resistência quanto à instituição da arbitragem, recorrer ao Poder Judiciário para compelir a parte recalcitrante a firmar o compromisso, e, consequentemente, declaravam a inconstitucionalidade de dispositivos da Lei 9.307/96 (art. 6º, parág. único; 7º e seus parágrafos e, no art. 41, das novas redações atribuídas ao art. 267, VII e art. 301, inciso IX do C. Pr. Civil; e art. 42), por violação da garantia da universalidade da jurisdição do Poder Judiciário. Constitucionalidade – aí por decisão unânime, dos dispositivos da Lei de Arbitragem que prescrevem a irrecorribilidade (art. 18) e os efeitos de decisão judiciária da sentença arbitral (art. 31)" (STF, Tribunal Pleno. SE nº 5.206-AgR. Rel. Min. Sepúlveda Pertence, j. 12.12.2001. *DJ*, 30 abr. 2004, PP-00029 ement vol-02149-06 PP-00958).

> *O que a Constituição não permite à lei é vedar o acesso ao jurisdicionado da lide que uma das partes lhe quisesse submeter, forçando-o a trilhar a via alternativa da arbitragem* (Hamilton de Morais e Barros, Comentários ao C. Pr. Civil, Forense, v/d, IX/377).
>
> *O compromisso arbitral*, contudo, *funda-se no consentimento dos interessados* e só pode ter por objeto a solução de conflitos sobre direitos disponíveis, ou seja, direitos a respeito dos quais se possa transigir. [...]
>
> Em síntese: *da licitude da transação sobre direitos materiais* objeto da lide, *surge*, sem violência à Constituição, *a legitimidade da renúncia*, em relação a eles, *do direito de ação*, que, embora autônomo, tem caráter instrumental. (Grifos nossos)

Note-se, pois, que o Excelso Pretório não afirmou, nesse julgamento, que a arbitragem encerra modalidade de jurisdição (o que não significa dizer, *contrario sensu*, que não se trata de jurisdição).[995] Seu raciocínio foi mais singelo. A arbitragem é viável, a despeito do que prescreve o inc. XXXV do art. 5º da Constituição, porque aos litigantes é dado renunciar, por livre e espontânea vontade, à jurisdição estatal, desde que o façam com relação a direitos que admitem renúncia, qualificados pelo legislador como "direitos patrimoniais disponíveis" (Lei nº 9.307/1996, art. 1º).[996]

Porém, mesmo que não se possa atribuir à arbitragem a conotação de jurisdição alternativa, é importante registrar que essa opção dos litigantes por não acionar a jurisdição estatal somente é possível porque conjugada à efetiva possibilidade da resolução da contenda por outro método heterocompositivo (arbitragem) e à possibilidade de condução ao Poder Judiciário de eventual questionamento de uma das partes sobre o cabimento (ou descabimento) da arbitragem, que encerra, mais especificamente, discussão relativa aos limites da cláusula compromissória firmada.[997]

---

[995] Como já expusemos, a definição sobre se a arbitragem se qualifica (ou não) como modalidade de jurisdição dependerá do conceito de jurisdição adotado por quem se dispuser a enfrentar o tema, pelo que, muito embora encerre discussão jurídica da maior relevância, seu deslinde ultrapassa os objetivos deste trabalho.

[996] No ponto, recobro a lição de Carlos Ari Sundfeld e Jacintho Arruda Câmara no sentido de que, "com essa demarcação, a Lei de Arbitragem afastou de seu âmbito de aplicação apenas os temas que não admitissem contratação pelas partes", limitando a aplicação do procedimento "às questões referentes a direito (ou interesse) passível de contratação" (SUNDFELD, Carlos Ari; CÂMARA, Jacintho Arruda. O cabimento da arbitragem nos contratos administrativos, p. 120). Disso decorre a observação dos publicistas, "para evitar confusão terminológica – que propicie um falso embate em face do princípio da indisponibilidade do interesse público", quanto à pertinência de se "designar este requisito como a existência de um direito negociável" (SUNDFELD, Carlos Ari; CÂMARA, Jacintho Arruda. O cabimento da arbitragem nos contratos administrativos, p. 120).

[997] A *convenção de arbitragem* é composta por dois elementos: a *cláusula compromissória* e o *compromisso arbitral*. A *cláusula compromissória* é a convenção por meio da qual as partes em um contrato comprometem-se a submeter à arbitragem os litígios que possam vir a surgir, relativamente a tal contrato (Lei nº 9.307/1996, art. 4º). O *compromisso arbitral*, por sua vez, é a convenção através da qual as partes submetem um litígio à arbitragem de uma ou mais pessoas, podendo ser judicial ou extrajudicial (Lei nº 9.307/1996, art. 9º), do qual deverá constar, entre outras coisas, a matéria que será objeto da arbitragem (Lei nº 9.307/1996, art. 10, III). Disso resulta que são objetivos do compromisso arbitral (i) a concretização do litígio que havia sido descrito em abstrato na cláusula compromissória e (ii) a instrumentalização da sua condução voluntária à justiça privada. Ao ensejo, recobramos que *o compromisso arbitral pode ser obtido, entre nós, por livre manifestação das partes ou, havendo recusa de uma delas a subscrever-lhe* (por exemplo, porque considera que a matéria especificada pela parte adversária, nos termos do inc. III do art. 10 da Lei nº 9.307/1996, não está sujeita à arbitragem, quer porque é externa ao objeto da cláusula compromissória, quer porque, embora em princípio lhe seja ínsita, corporifica discussão relativa a direito indisponível, que foi excluída do âmbito da arbitragem pelo art. 1º do mesmo diploma legal), *mediante imposição judicial*. A primeira hipótese é regulada pelo art. 6º da Lei nº 9.307/1996; a outra, por seu art. 7º; que restam vazados nos seguintes termos: "Art. 6º Não havendo acordo prévio sobre a forma de instituir a arbitragem, a parte interessada manifestará à outra parte sua intenção de dar início à arbitragem, por via postal ou por outro meio qualquer de comunicação, mediante comprovação de recebimento, convocando-a para, em dia, hora e local

Do contrário, ter-se-ia que admitir, a título de exemplo, a constitucionalidade de pactos que impeçam as partes de procurar solucionar toda e qualquer pretensão que possa vir a surgir como decorrência da sua execução, no que residiria, sem qualquer margem a dúvidas, contrariedade ao disposto no inc. XXXV do art. 5º da Constituição. Enfim, o hipotético impedimento de o litigante vir a defender suas posições jurídicas perante a justiça estatal (porque fez uma opção pela arbitragem) estaria compensado (ou substituído) pela submissão da mesma contenda à justiça privada, proporcionada, nos termos desse precedente do Supremo Tribunal Federal, pela assinatura da cláusula compromissória e pela efetiva possibilidade de o Poder Judiciário impor a realização de arbitragem à parte recalcitrante, que pressupõe, ainda, que, havendo divergência entre as partes, os julgadores possam definir que o conflito não é arbitrável.

A exemplo do que se verifica na jurisdição estatal, a arbitragem é método heterocompositivo, em que "aparece a figura de um terceiro, ou colegiado, com a atribuição de decidir o litígio que a ele foi submetido pela vontade das partes".[998] Trata-se, ainda, de "um método adversarial, no sentido de que a posição de uma das partes se contrapõe à da outra, outorgando-se autoridade ao árbitro para solucionar a questão", num contexto em que "a decisão do árbitro se impõe às partes tal qual uma sentença judicial", com a diferença de que "não foi proferida por integrante do Poder Judiciário".[999]

Porém, a submissão de uma contenda à justiça privada pressupõe a celebração de convenção de arbitragem, que é composta, nos precisos termos da lei, pela *cláusula compromissória* e pelo *compromisso arbitral*, que, juntos, estruturam o que o legislador convencionou chamar *convenção de arbitragem* (Lei nº 9.307/1996, art. 3º).[1000]

Na lição de Carlos Mário da Silva Velloso, "a *convenção de arbitragem* (art. 3º) constitui acordo de vontades mediante o qual as partes se comprometem a submeter os conflitos à decisão de árbitros".[1001] Ocorre que, pelo que sobressai do texto do precitado dispositivo legal, a convenção de arbitragem é composta por *dois distintos negócios jurídicos*, que são celebrados pelas partes pactuantes em *dois momentos distintos*, e que se destinam a atingir duas finalidades igualmente díspares: a *cláusula compromissória* e o *compromisso arbitral*. Disso decorre a observação de Velloso no sentido de que o acordo de vontades instrumentalizado na convenção arbitral "se perfaz com a celebração tanto da cláusula compromissória (art. 4º) quanto do compromisso arbitral (art. 9º)",[1002] e é por isso que, em suas próprias palavras, "a convenção de arbitragem (gênero), compreende a cláusula compromissória e o compromisso arbitral (espécies)", sendo que ambos os instrumentos devem "conter a manifestação expressa das partes em submeter à

---

certos, firmar o compromisso arbitral. Parágrafo único. Não comparecendo a parte convocada ou, comparecendo, recusar-se a firmar o compromisso arbitral, poderá a outra parte propor a demanda de que trata o art. 7º desta Lei, perante o órgão do Poder Judiciário a que, originariamente, tocaria o julgamento da causa. [...] Art. 7º *Existindo cláusula compromissória e havendo resistência quanto* à *instituição da arbitragem*, poderá a parte interessada requerer a citação da outra parte para comparecer em juízo a fim de lavrar-se o compromisso, designando o juiz audiência especial para tal fim. §1º *O autor indicará, com precisão, o objeto da arbitragem*, instruindo o pedido com o documento que contiver a cláusula compromissória".

[998] CAHALI, Francisco José. *Curso de arbitragem*, p. 44-45.
[999] CAHALI, Francisco José. *Curso de arbitragem*, p. 45.
[1000] Lei 9.307/1996: "Art. 3º As partes interessadas podem submeter a solução de seus litígios ao juízo arbitral mediante convenção de arbitragem, assim entendida a cláusula compromissória e o compromisso arbitral".
[1001] VELLOSO, Carlos Mário da Silva. Arbitragem: indispensabilidade do compromisso arbitral, p. 14.
[1002] VELLOSO, Carlos Mário da Silva. Arbitragem: indispensabilidade do compromisso arbitral, p. 14.

arbitragem as controvérsias surgidas durante a relação negocial".[1003] Essa conclusão é extraída, ainda, da própria exposição de motivos da Lei de Arbitragem, da qual consta referência à manutenção, no texto legislativo, da "tradicional distinção entre cláusula compromissória e compromisso arbitral, ambos espécies do gênero convenção de arbitragem".[1004]

A *cláusula compromissória*, por sua vez, consiste na convenção lavrada no contrato ou em documento apartado em que as partes elegem a arbitragem como o meio de resolução dos conflitos porventura surgidos da relação jurídica estabelecida.[1005] Trata-se, pois, de acordo de vontades por meio do qual "as partes estabelecem que os litígios que venham a nascer do mesmo contrato sejam decididos por árbitros", como observa, em doutrina, José de Albuquerque Rocha.[1006] Assim, por meio da cláusula compromissória as partes prometem submeter eventual litígio à justiça privada. Acerca da sua formalização, a Lei nº 14.133/2021 admite a possibilidade de aditamento dos contratos administrativos para efeito de permitir, pela via da sua inserção do instrumento original, a adoção dos meios alternativos (ou chamados *métodos adequados*) de resolução de controvérsias nos contratos relativos a licitações e contratações públicas (art. 153, *caput*).[1007]

Já o *compromisso arbitral* é negócio jurídico em que as partes, ante um conflito de interesses já instaurado, resolvem efetivamente submetê-lo a árbitro ou câmara/tribunal arbitral. Deve-se notar que aludido negócio jurídico pode ser celebrado *fora do juízo*, quando as partes resolvem de comum acordo submeter o impasse à arbitragem antes que uma delas tenha recorrido ao Poder Judiciário, ou judicialmente, ou seja, quando a questão já houver sido judicializada, hipótese em que será lavrado por termos nos autos.

[1003] VELLOSO, Carlos Mário da Silva. Arbitragem: indispensabilidade do compromisso arbitral, p. 15.

[1004] Cf. VELLOSO, Carlos Mário da Silva. Arbitragem: indispensabilidade do compromisso arbitral, p. 21.

[1005] Lei nº 9.307: "Art. 4º. A cláusula compromissória é a convenção através da qual as partes em um contrato comprometem-se a submeter à arbitragem os litígios que possam vir a surgir, relativamente a tal contrato. §1º A cláusula compromissória deve ser estipulada por escrito, podendo estar inserta no próprio contrato ou em documento apartado que a ele se refira".

[1006] ROCHA, José de Albuquerque. *A Lei de Arbitragem*: Lei 9.307, de 23. 09.1996: uma avaliação crítica, p. 43-44. Quanto ao particular, cf., ainda: VELLOSO, Carlos Mário da Silva. Arbitragem: indispensabilidade do compromisso arbitral, p. 15.

[1007] A doutrina jurídica estabelece distinção entre as chamadas *cláusulas cheia* e *vazia*. No particular, Carlos Alberto Carmona ensina que é reputada vazia a cláusula que não se reporta às regras procedimentais a serem empregadas no procedimento arbitral e não contenha indicações para a nomeação de árbitros, de modo a possibilitar constituição do juízo arbitral, enquanto se reputa "cheia, a cláusula em que as partes, valendo-se da faculdade prevista no art. 5º da Lei de Arbitragem, reportam-se às regras de um órgão arbitral ou entidade especializada, caso em que a arbitragem será instituída e processada de acordo com tais regras" (CARMONA, Carlos Alberto. *Arbitragem e processo*, p. 220). Conforme Velloso, "os adeptos dessa doutrina sustentam [...] que, havendo cláusula compromissória cheia, ou completa, [...] não haveria necessidade de se firmar o compromisso, sendo tal cláusula compromissória instrumento hábil à instauração do juízo arbitral" (VELLOSO, Carlos Mário da Silva. Arbitragem: indispensabilidade do compromisso arbitral, p. 18-19). Aderem a esse posicionamento doutrinário, entre outros, Arnold Wald (WALD, Arnold. A modernização da justiça e a arbitragem, p. 55-72), Carlos Alberto Carmona (CARMONA, Carlos Alberto. Considerações sobre a cláusula compromissória e a eleição do foro, p. 37), Tarcísio Araújo Kroetz (KROETZ, Tarcísio de Araújo. Notas sobre equivalência funcional entre o compromisso arbitral e a cláusula compromissória completa) e João Bosco Lee (LEE, João Bosco. *Arbitragem comercial internacional nos países do Mercosul*, p. 92). Sobre o assunto, cf. VELLOSO, Carlos Mário da Silva. Arbitragem: indispensabilidade do compromisso arbitral, p. 19. No entanto, essa distinção não está prevista na legislação (cf. LIMA, Claudio Vianna de. Ensaio sobre os efeitos do uso da expressão convenção de arbitragem na Lei n. 9.307/96, p. 91), e por isso não têm relevância para fins de celebração do posterior compromisso (VELLOSO, Carlos Mário da Silva. Arbitragem: indispensabilidade do compromisso arbitral, p. 19-20). Em mesmo sentido, cf. TIBURCIO, Carmen. A arbitragem no direito brasileiro, p. 58; SILVEIRA, Paulo Fernando. *Tribunal arbitral*, p. 195; CARVALHOSA, Modesto. Principais alterações na Lei de Sociedades Anônimas, p. 389; e ALVIM, José Eduardo Carreira. *Direito arbitral*, p. 189-190; 217-218.

Assim, entre nós, a instauração da arbitragem demanda a existência de cláusula compromissória, ratificada pela assinatura de compromisso arbitral ou por sentença que lhe supra a ausência. É que, quando firmam cláusula compromissória, as partes apenas se comprometem a submeter eventual litígio à arbitragem; pelo que a sua subscrição anterior, conquanto as vincule, não tem o condão de especificar os efetivos contornos da contenda que ulteriormente será conduzida ao juízo arbitral; finalidade que é atendida, em concreto, pela formalização do compromisso arbitral. Com efeito, na lição de Alexandre Freitas Câmara, "a cláusula compromissória é, em verdade, um contrato preliminar, ou seja, uma promessa de celebrar o contrato definitivo que é o compromisso arbitral".[1008] Disso resulta que, se a cláusula compromissória tem a funcionalidade de obter das partes o compromisso de conduzir no futuro *litígio hipotético* à justiça privada, apenas com o compromisso arbitral esse litígio se torna concreto, suscitando, assim, a realização da arbitragem.[1009]

Se, todavia, uma das partes signatárias de contrato que contemple cláusula compromissória vier a se recusar a subscrever o compromisso arbitral, impedindo, com isso, a condução da contenda à arbitragem, a(s) parte(s) remanescente(s) poderá(ão) provocar o Poder Judiciário para que supra a assinatura da parte recalcitrante, dispondo, na sentença, sobre as regras que serão aplicadas na arbitragem (cláusula vazia), caso elas não tenham sido acordadas integralmente por ocasião da celebração da cláusula compromissória (cláusula cheia).[1010] Essa possibilidade encontra-se prevista no art. 7º da Lei da Arbitragem, que estabelece, textualmente:

[1008] CÂMARA, Alexandre Freitas. *Arbitragem*: Lei n. 9.307/96, p. 28-29.

[1009] O que se dá é que, na pertinente observação de Velloso, "é com o compromisso que se legitima a manifestação da vontade, com renúncia ao exercício do direito de ação", pelo que, somente nessa fase é que se terá "uma lide concreta" (VELLOSO, Carlos Mário da Silva. Arbitragem: indispensabilidade do compromisso arbitral, p. 17). Nesse mesmo sentido se posicionou o Supremo Tribunal Federal, no voto proferido pelo Ministro Maurício Corrêa quando do julgamento de agravo regimental interposto no contexto do processo de Homologação de Sentença Estrangeira nº 5.206/Espanha, no qual restou assentado que "a legitimidade do compromisso e, portanto, a sua absoluta necessidade, reside nisto: a de existir uma lide concreta a fazer legítima a renúncia" (ao ensejo, cf., ainda: VELLOSO, Carlos Mário da Silva. Arbitragem: indispensabilidade do compromisso arbitral, p. 17). Destarte, a circunstância de o art. 5º da Lei nº 9.307/1996 estabelecer que as partes possam reportar-se, "na cláusula compromissória, às regras de algum órgão arbitral institucional ou entidade especializada", além de "estabelecer na própria cláusula, ou em outro documento, a forma convencionada para a instituição da arbitragem" não conduz à dispensabilidade do compromisso arbitral. É que *esses aspectos procedimentais não são elementos essenciais do compromisso arbitral*. O que *nele* é *essencial* é a *especificação do objeto da controvérsia*, isto é, dos pontos controvertidos submetidos à justiça privada. Por isso não se pode afirmar, com base nesse dispositivo legal, que a estipulação desses elementos procedimentais na cláusula compromissória dispensaria as partes de instrumentalizarem, seja por mútuo acordo (nos termos do art. 6º Lei nº 9.307/1996), seja no curso da ação judicial disciplinada por seu art. 7º, o compromisso arbitral. Do contrário, não se especificaria, em concreto, o objeto da cognição a ser exercida pela justiça privada, em clara subversão do procedimento arbitral instituído pela Lei nº 9.307/1996. Ou seja, não é suficiente para autorizar a instauração do juízo arbitral a tão só assinatura pelos pactuantes da "cláusula cheia" especificada no art. 5º Lei nº 9.307/1996. A despeito da clareza desse raciocínio, não se pode olvidar a existência de posicionamento doutrinário em sentido contrário, isto é, que considera dispensável o compromisso arbitral quando se tenha pactuado cláusula cheia no contrato (cf. WALD, Arnold. A modernização da justiça e a arbitragem, p. 55-72; CARMONA, Carlos Alberto. Considerações sobre a cláusula compromissória e a eleição do foro, p. 37; KROETZ, Tarcísio de Araújo. Notas sobre equivalência funcional entre o compromisso arbitral e a cláusula compromissória completa; LEE, João Bosco. *Arbitragem comercial internacional nos países do Mercosul*, p. 92). Segundo esta corrente doutrinária, o compromisso arbitral apenas se faz necessário uma vez que a cláusula compromissória não traga os elementos necessários para a instauração do procedimento (cf. VELLOSO, Carlos Mário da Silva. Arbitragem: indispensabilidade do compromisso arbitral, p. 18).

[1010] Lei nº 9.307: "Art. 6º [...] Parágrafo único. Não comparecendo a parte convocada ou, comparecendo, recusar-se a firmar o compromisso arbitral, poderá a outra parte propor a demanda de que trata o art. 7º desta Lei, perante o órgão do Poder Judiciário a que, originariamente, tocaria o julgamento da causa".

existindo cláusula compromissória e havendo resistência quanto à instituição da arbitragem, poderá a parte interessada requerer a citação da outra parte para comparecer em juízo a fim de lavrar-se o compromisso, designando o juiz audiência especial para tal fim.

30.5 Disposições sobre a escolha de árbitros, tribunais arbitrais e comitês de resolução de disputa

Por fim, o legislador estabeleceu que o processo de escolha dos árbitros, dos colegiados arbitrais (comumente chamados tribunais arbitrais) e dos comitês de resolução de disputas (*dispute boards*) observará critérios isonômicos, técnicos e transparentes (art. 154, *caput*).

Na prática, a sua contratação deverá ser feita:
a) ou por *licitação*, imposta pela Constituição brasileira (art. 37, XXI) como regra geral a ser aplicada nas contratações públicas, e que é voltada a assegurar igualdade de condições a todos os interessados;
b) ou mediante *contratação direta* por inexigibilidade de licitação (também admitida pelo art. 37, XXI da Constituição, que, quanto ao particular, ressalvou da obrigatoriedade da realização de licitação "hipóteses previstas em lei"), quando se configurar, em concreto, a inviabilidade de concorrência;
c) ou mediante *credenciamento*, que no regime normativo pretérito era enquadrado como modalidade de contratação direta por inexigibilidade de licitação,[1011] mas que no regime da Lei nº 14.133/2021 passou a ser encarado como procedimento auxiliar voltado à seleção de prestadores.

A *licitação* é a regra geral para a contratação de bens e serviços pelo Poder Público. Mas ela só pode ser empregada, inclusive para a indicação/contratação de árbitros/tribunais arbitrais, quando há a possibilidade de concorrência entre os interessados, sob pena e risco da deflagração de procedimento vazio e desnecessário; a suscitar, inclusive, contrariedade ao princípio administrativo da eficiência (CRFB, art. 37, *caput*).

Assim, não havendo possibilidade de concorrência entre os interessados, a indicação/contratação de árbitros/tribunais arbitrais pode ser feita por *contratação direta*. Tal se verifica, a título de exemplo, quando a cláusula compromissória vier indicar o árbitro/tribunal arbitral que solucionará o conflito (cláusula cheia). Afinal, não se cogita, na espécie, de concorrência entre os possíveis contratados, visto que apenas um único árbitro/tribunal arbitral vem indicado na cláusula compromissória.

[1011] No regime normativo revogado, o credenciamento não se apresentava como procedimento auxiliar, mas como hipótese de contratação direta fundada na inexigibilidade de licitação. Esse modelo de contratação se originou de prática reiteradamente adotada pela Administração Pública, quando ainda não havia disposição legal expressa autorizando a sua realização. Tratava-se, todavia, de modelo amplamente aceito na prática jurídica (*vide* TCU. Acórdão nº 351/2010. Rel. Min. Marcos Bemquerer Costa, 3.3.2010), que alicerçava a sua admissão na circunstância de o credenciamento se apresentar, na verdade, como decorrência lógica do art. 25 da Lei nº 8.666/1993 (cf. NIEBUHR, Joel de Menezes. *Licitação pública e contrato administrativo*, p. 100). Nele, o interesse público era satisfeito pela *contratação do maior número de interessados, que cumprirem os requisitos de habilitação estabelecidos* pela Administração. Posto isso, *não se cogitava de concorrência entre eles*, o que conduzia à configuração de hipótese de *inexigibilidade de licitação*, que *tem lugar quando a competição é inviável*. O credenciamento também pressupunha, no regime pretérito, que não houvesse número máximo de credenciados, e que a contratação fosse realizada em igualdade de condições, inclusive para efeito de garantir a mesma remuneração e as mesmas condições de prestação do serviço a todos os contratados (NIEBUHR, Joel de Menezes. *Licitação pública e contrato administrativo*, p. 100 e seguintes).

Observação semelhante poderia ser estendida, embora com menor certeza, a hipóteses fáticas em que, mesmo inexistindo na cláusula compromissória a indicação do árbitro/tribunal arbitral (cláusula vazia), a(s) outra(s) parte(s) contratante(s) vier(em) a indicar árbitro/tribunal arbitral de sua escolha, situação em que a ausência de assentimento da Administração com essa escolha poderá ensejar, na casuística, a frustração da arbitragem, com a consequente inobservância da cláusula compromissória. Porém, para que não se levantem dúvidas sobre o procedimento adotado, é recomendável que a Administração adote o cuidado de celebrar cláusulas compromissórias cheias, e que realize licitação ou (quando for o caso) contratação direta também para indicar os árbitros/tribunais arbitrais que nelas serão contemplados.

Outra possibilidade aberta pelo legislador para a indicação/contratação de árbitros/tribunais arbitrais é a utilização do *credenciamento*, definido pelo inc. XLIII do art. 6º da Lei nº 14.133/2021 como procedimento auxiliar voltado à contratação de um licitante. Ele encerra processo administrativo de chamamento público, por meio do qual a Administração convoca interessados em prestar serviços ou fornecer bens para que, preenchidos os requisitos necessários, credenciem-se no órgão ou na entidade para executar o objeto quando convocados (art. 6º, XLIII). Nesse caso, isonomia, tecnicidade e transparência da contratação serão obtidas, por se tratar de contratações paralelas e não excludentes (art. 79, I), em que o objeto não permite a contratação imediata e simultânea de todos os credenciados (como regra as arbitragens demandam a indicação/contratação de um único árbitro/tribunal arbitral), mediante adoção de critérios objetivos de distribuição da demanda (art. 79, parágrafo único, II).

Essas considerações também podem ser aplicadas para a indicação/contratação de comitês de resolução de disputas, em especial daqueles autorizados a proferir decisões vinculantes (*dispute adjudication boards*), conformação em que se aproximam da heterocomposição arbitral;[1012] embora também incidam, residualmente, na contratação de comitês voltados tão somente a auxiliar as negociações, mediante emissão de recomendações aos contendores (*dispute review boards*), hipótese em que se aproxima da conciliação e da mediação, e daqueles que combinam ambos os modelos (*combined dispute board*), recomendando uma solução, para, depois, se dela não resultar a resolução do conflito, enfrentá-lo no corpo de decisão vinculante, hipótese em que se aproximam do *med-arb* (combinação de mediação e arbitragem).[1013] [1014]

Como não há no dispositivo referência ao modo de escolha dos facilitadores que atuarão nos procedimentos deflagrados para procurar solucionar os conflitos depreendidos na execução dos contratos administrativos pelo método autocompositivo, a conclusão que se impõe é que, no regime da Lei nº 14.133/2021, essa atividade será submetida às câmaras de prevenção e resolução administrativa de conflitos de que tratam o Código de Processo Civil de 2015 (art. 174)[1015] e a Lei nº 13.140/2015, comumente

---

[1012] ROVEDA, Jerônimo Pinotti. A redução das disputas arbitrais e judiciais em face da existência da cláusula de dispute boards nos contratos de construção, p. 1.147.

[1013] ALMEIDA, Rafael Alves de; ALMEIDA, Tania; CRESPO, Mariana Hernandez. Diálogo entre os professores Frank Sander e Mariana Hernandez Crespo: explorando a evolução do tribunal multiportas, p. 32.

[1014] ROVEDA, Jerônimo Pinotti. A redução das disputas arbitrais e judiciais em face da existência da cláusula de dispute boards nos contratos de construção, p. 1.147.

[1015] CPC-2015: "Art. 174. A União, os Estados, o Distrito Federal e os Municípios criarão câmaras de mediação e conciliação, com atribuições relacionadas à solução consensual de conflitos no âmbito administrativo, tais como:

designada como Lei da Mediação (art. 32),[1016] ou demandará a formalização de contratação seguindo os procedimentos ordinários destinados à aquisição de serviços pela Administração (licitação, contratação direta e credenciamento).

I - dirimir conflitos envolvendo órgãos e entidades da administração pública; II - avaliar a admissibilidade dos pedidos de resolução de conflitos, por meio de conciliação, no âmbito da administração pública; III - promover, quando couber, a celebração de termo de ajustamento de conduta".

[1016] Lei nº 13.140: "Art. 32. A União, os Estados, o Distrito Federal e os Municípios poderão criar câmaras de prevenção e resolução administrativa de conflitos, no âmbito dos respectivos órgãos da Advocacia Pública, onde houver, com competência para: I - dirimir conflitos entre órgãos e entidades da administração pública; II - avaliar a admissibilidade dos pedidos de resolução de conflitos, por meio de composição, no caso de controvérsia entre particular e pessoa jurídica de direito público; III - promover, quando couber, a celebração de termo de ajustamento de conduta".

PARTE IV

O PROCESSO DE CONTROLE ADMINISTRATIVO

CAPÍTULO 31

O CONTROLE DOS ATOS DE LICITANTES E CONTRATADOS PELA ADMINISTRAÇÃO

....

Art. 155. O licitante ou o contratado será responsabilizado administrativamente pelas seguintes infrações:

I - dar causa à inexecução parcial do contrato;

II - dar causa à inexecução parcial do contrato que cause grave dano à Administração, ao funcionamento dos serviços públicos ou ao interesse coletivo;

III - dar causa à inexecução total do contrato;

IV - deixar de entregar a documentação exigida para o certame;

V - não manter a proposta, salvo em decorrência de fato superveniente devidamente justificado;

VI - não celebrar o contrato ou não entregar a documentação exigida para a contratação, quando convocado dentro do prazo de validade de sua proposta;

VII - ensejar o retardamento da execução ou da entrega do objeto da licitação sem motivo justificado;

VIII - apresentar declaração ou documentação falsa exigida para o certame ou prestar declaração falsa durante a licitação ou a execução do contrato;

IX - fraudar a licitação ou praticar ato fraudulento na execução do contrato;

X - comportar-se de modo inidôneo ou cometer fraude de qualquer natureza;

XI - praticar atos ilícitos com vistas a frustrar os objetivos da licitação;

XII - praticar ato lesivo previsto no art. 5º da Lei nº 12.846, de 1º de agosto de 2013.

Art. 156. Serão aplicadas ao responsável pelas infrações administrativas previstas nesta Lei as seguintes sanções:

I - advertência;

II - multa;

III - impedimento de licitar e contratar;

IV - declaração de inidoneidade para licitar ou contratar.

§1º Na aplicação das sanções serão considerados:

I - a natureza e a gravidade da infração cometida;

II - as peculiaridades do caso concreto;

III - as circunstâncias agravantes ou atenuantes;

IV - os danos que dela provierem para a Administração Pública;

V - a implantação ou aperfeiçoamento de programa de integridade, conforme normas e orientações dos órgãos de controle.

§2º A sanção prevista no inciso I do caput deste artigo será aplicada exclusivamente pela infração administrativa prevista no inciso I do *caput* do art. 155 desta Lei, quando não se justificar a imposição de penalidade mais grave.

§3º A sanção prevista no inciso II do caput deste artigo, calculada na forma do edital ou do contrato, não poderá ser inferior a 0,5% (cinco décimos por cento) nem superior a 30% (trinta por cento) do valor do contrato licitado ou celebrado com contratação direta e será aplicada ao responsável por qualquer das infrações administrativas previstas no art. 155 desta Lei.

§4º A sanção prevista no inciso III do caput deste artigo será aplicada ao responsável pelas infrações administrativas previstas nos incisos II, III, IV, V, VI e VII do caput do art. 155 desta Lei, quando não se justificar a imposição de penalidade mais grave, e impedirá o responsável de licitar ou contratar no âmbito da Administração Pública direta e indireta do ente federativo que tiver aplicado a sanção, pelo prazo máximo de 3 (três) anos.

§5º A sanção prevista no inciso IV do caput deste artigo será aplicada ao responsável pelas infrações administrativas previstas nos incisos VIII, IX, X, XI e XII do caput do art. 155 desta Lei, bem como pelas infrações administrativas previstas nos incisos II, III, IV, V, VI e VII do caput do referido artigo que justifiquem a imposição de penalidade mais grave que a sanção referida no §4º deste artigo, e impedirá o responsável de licitar ou contratar no âmbito da Administração Pública direta e indireta de todos os entes federativos, pelo prazo mínimo de 3 (três) anos e máximo de 6 (seis) anos.

§6º A sanção estabelecida no inciso IV do *caput* deste artigo será precedida de análise jurídica e observará as seguintes regras:

I - quando aplicada por órgão do Poder Executivo, será de competência exclusiva de ministro de Estado, de secretário estadual ou de secretário municipal e, quando aplicada por autarquia ou fundação, será de competência exclusiva da autoridade máxima da entidade;

II - quando aplicada por órgãos dos Poderes Legislativo e Judiciário, pelo Ministério Público e pela Defensoria Pública no desempenho da função administrativa, será de competência exclusiva de autoridade de nível hierárquico equivalente às autoridades referidas no inciso I deste parágrafo, na forma de regulamento.

§7º As sanções previstas nos incisos I, III e IV do *caput* deste artigo poderão ser aplicadas cumulativamente com a prevista no inciso II do *caput* deste artigo.

§8º Se a multa aplicada e as indenizações cabíveis forem superiores ao valor de pagamento eventualmente devido pela Administração ao contratado, além da perda desse valor, a diferença será descontada da garantia prestada ou será cobrada judicialmente.

§9º A aplicação das sanções previstas no *caput* deste artigo não exclui, em hipótese alguma, a obrigação de reparação integral do dano causado à Administração Pública.

Art. 157. Na aplicação da sanção prevista no inciso II do caput do art. 156 desta Lei, será facultada a defesa do interessado no prazo de 15 (quinze) dias úteis, contado da data de sua intimação.

Art. 158. A aplicação das sanções previstas nos incisos III e IV do caput do art. 156 desta Lei requererá a instauração de processo de responsabilização, a ser conduzido por comissão composta de 2 (dois) ou mais servidores estáveis, que avaliará fatos e circunstâncias conhecidos e intimará o licitante ou o contratado para, no prazo de 15 (quinze) dias úteis, contado da data de intimação, apresentar defesa escrita e especificar as provas que pretenda produzir.

§1º Em órgão ou entidade da Administração Pública cujo quadro funcional não seja formado de servidores estatutários, a comissão a que se refere o *caput* deste artigo será composta de 2 (dois) ou mais empregados públicos pertencentes aos seus quadros permanentes, preferencialmente com, no mínimo, 3 (três) anos de tempo de serviço no órgão ou entidade.

§2º Na hipótese de deferimento de pedido de produção de novas provas ou de juntada de provas julgadas indispensáveis pela comissão, o licitante ou o contratado poderá apresentar alegações finais no prazo de 15 (quinze) dias úteis, contado da data da intimação.

§3º Serão indeferidas pela comissão, mediante decisão fundamentada, provas ilícitas, impertinentes, desnecessárias, protelatórias ou intempestivas.

§4º A prescrição ocorrerá em 5 (cinco) anos, contados da ciência da infração pela Administração, e será:

I - interrompida pela instauração do processo de responsabilização a que se refere o *caput* deste artigo;

II - suspensa pela celebração de acordo de leniência previsto na Lei nº 12.846, de 1º de agosto de 2013;

III - suspensa por decisão judicial que inviabilize a conclusão da apuração administrativa.

Art. 159. Os atos previstos como infrações administrativas nesta Lei ou em outras leis de licitações e contratos da Administração Pública que também sejam tipificados como atos lesivos na Lei nº 12.846, de 1º de agosto de 2013, serão apurados e julgados conjuntamente, nos mesmos autos, observados o rito procedimental e a autoridade competente definidos na referida Lei.

Parágrafo único. VETADO

Art. 160. A personalidade jurídica poderá ser desconsiderada sempre que utilizada com abuso do direito para facilitar, encobrir ou dissimular a prática dos atos ilícitos previstos nesta Lei ou para provocar confusão patrimonial, e, nesse caso, todos os efeitos das sanções aplicadas à pessoa jurídica serão estendidos aos seus administradores e sócios com poderes de administração, a pessoa jurídica sucessora ou a empresa do mesmo ramo com relação de coligação ou controle, de fato ou de direito, com o sancionado, observados, em todos os casos, o contraditório, a ampla defesa e a obrigatoriedade de análise jurídica prévia.

Art. 161. Os órgãos e entidades dos Poderes Executivo, Legislativo e Judiciário de todos os entes federativos deverão, no prazo máximo 15 (quinze) dias úteis, contado da data de aplicação da sanção, informar e manter atualizados os dados relativos às sanções por eles aplicadas, para fins de publicidade no Cadastro Nacional de Empresas Inidôneas e Suspensas (CEIS) e no Cadastro Nacional de Empresas Punidas (CNEP), instituídos no âmbito do Poder Executivo federal.

Parágrafo único. Para fins de aplicação das sanções previstas nos incisos I, II, III e IV do caput do art. 156 desta Lei, o Poder Executivo regulamentará a forma de cômputo e as consequências da soma de diversas sanções aplicadas a uma mesma empresa e derivadas de contratos distintos.

Art. 162. O atraso injustificado na execução do contrato sujeitará o contratado a multa de mora, na forma prevista em edital ou em contrato.

Parágrafo único. A aplicação de multa de mora não impedirá que a Administração a converta em compensatória e promova a extinção unilateral do contrato com a aplicação cumulada de outras sanções previstas nesta Lei.

Art. 163. É admitida a reabilitação do licitante ou contratado perante a própria autoridade que aplicou a penalidade, exigidos, cumulativamente:

I - reparação integral do dano causado à Administração Pública;

II - pagamento da multa;

III - transcurso do prazo mínimo de 1 (um) ano da aplicação da penalidade, no caso de impedimento de licitar e contratar, ou de 3 (três) anos da aplicação da penalidade, no caso de declaração de inidoneidade;

IV - cumprimento das condições de reabilitação definidas no ato punitivo;

V - análise jurídica prévia, com posicionamento conclusivo quanto ao cumprimento dos requisitos definidos neste artigo.

Parágrafo único. A sanção pelas infrações previstas nos incisos VIII e XII do *caput* do art. 155 desta Lei exigirá, como condição de reabilitação do licitante ou contratado, a implantação ou aperfeiçoamento de programa de integridade pelo responsável.

• •

O controle administrativo é inerente às *atividades desenvolvidas pela Administração*, inclusive no âmbito das licitações e contratações públicas. Afinal, na conhecida lição de Rui Cirne Lima, a Administração Pública é "a atividade do que não é proprietário, do que não tem a disposição da cousa ou do negócio administrado".[1017] Disso resulta a imposição jurídico-normativa, que sobressai do texto constitucional, no sentido de que o Congresso Nacional, auxiliado pelo Tribunal de Contas da União (CRFB, art. 71), e o sistema de controle interno de cada poder/órgão/entidade (CRFB, art. 74) exerçam a fiscalização contábil, financeira, orçamentária, operacional e patrimonial da União e das entidades da Administração direta e indireta, quanto à legalidade, legitimidade, economicidade, aplicação das subvenções e renúncia de receitas (CRFB, art. 70). Esses dispositivos

---

[1017] LIMA, Rui Cirne. Princípios de direito administrativo, p. 22.

constitucionais são dirigidos primariamente à União e a seus órgãos e entidades, mas também têm aplicação, por simetria, aos estados e municípios, ainda que assim não o disponham as suas respectivas constituições estaduais e leis orgânicas.[1018] Deles sobressai que, entre nós, atuam diretamente no controle administrativo os sistemas de controle interno de cada ente/poder/órgão/entidade (controle interno) e os tribunais de contas da União, dos estados e, onde houver, dos municípios (controle externo). Mas também participam do controle externo incidente sobre a atividade administrativa o Ministério Público, encarregado pelo constituinte de zelar pelo efetivo respeito dos poderes públicos e dos serviços de relevância pública aos direitos assegurados na Constituição (CRFB, art. 129, II), e que por isso funciona como espécie de advocacia da sociedade, e o próprio cidadão, atuando, nesse âmbito, de forma individual ou coletiva, podendo, para tanto, ser representado pelo Ministério Público, por advogado (CRFB, art. 133) ou pela Defensoria Pública (CRFB, art. 134); muito embora a sua função, nesse contexto, seja provocar a prolação de decisões do Poder Judiciário (controle jurisdicional) ou da própria Administração que corrijam eventuais equívocos verificados no exercício da atividade administrativa (autotutela).[1019]

Essa particularidade da atividade administrativa, consistente na sua indissociabilidade da atividade de controle que sobre ela realizam a própria Administração, os órgãos externos de fiscalização/controle, o cidadão e o próprio Poder Judiciário, enrijece a atuação dos entes/poderes/órgãos/entidades, bem como dos agentes estatais que neles(as) atuam, podendo ensejar, quando conjugada ao estabelecimento de cláusulas exorbitantes (ou prerrogativas) em favor do Poder Público, o *encarecimento da aquisição de bens e serviços na esfera administrativa*, tornando *descabida qualquer comparação que se faça com as transações realizadas exclusivamente entre partes privadas*. Mas isso faz parte do jogo, como acentuamos na introdução deste trabalho.

O que importa, então, é procurar identificar, em vista do texto legal comentado, os caminhos que podem ser trilhados pelos intérpretes/aplicadores para que o exercício dessa atividade de controle não embarace o desenvolvimento eficiente e eficaz das

---

[1018] Nesse sentido se manifestou o Supremo Tribunal Federal por ocasião da apreciação do pedido de medida cautelar formulado na Ação Direta de Inconstitucionalidade nº 4.416/PA, como se depreende da ementa desse julgamento: "AÇÃO DIRETA DE INCONSTITUCIONALIDADE. ARTIGO 307, §3º, DA CONSTITUIÇÃO DO ESTADO DO PARÁ, ACRESCIDO PELA EMENDA CONSTITUCIONAL 40, DE 19/12/2007. INDICAÇÃO DE CONSELHEIROS DO TRIBUNAL DE CONTAS DO ESTADO E DOS MUNICÍPIOS. DISPOSITIVO QUE AUTORIZA A LIVRE ESCOLHA PELO GOVERNADOR NA HIPÓTESE DE INEXISTÊNCIA DE AUDITORES OU MEMBROS DO MINISTÉRIO PÚBLICO ESPECIAL APTOS À NOMEAÇÃO. OFENSA AOS ARTIGOS 73, §2º, E 75, CAPUT, DA CONSTITUIÇÃO FEDERAL. LIMINAR DEFERIDA. I - *O modelo federal de organização, composição e fiscalização dos Tribunais de Contas, fixado pela Constituição, é de observância compulsória pelos Estados, nos termos do caput art. 75 da Carta da República*. Precedentes. II - Estabelecido no artigo 73, §2º, da Carta Maior o modelo federal de proporção na escolha dos indicados às vagas para o Tribunal de Contas da União, ao Governador do Estado, em harmonia com o disposto no artigo 75, compete indicar três Conselheiros e à Assembleia Legislativa os outros quatro, uma vez que o parágrafo único do mencionado artigo fixa em sete o número de Conselheiros das Cortes de Contas estaduais. III - *Em observância à simetria prescrita no caput do art. 75 da Carta Maior, entre os três indicados pelo Chefe do Poder Executivo estadual, dois, necessariamente e de forma alternada, devem integrar a carreira de Auditor do Tribunal de Contas ou ser membro do Ministério Público junto ao Tribunal. Súmula 653 do Supremo Tribunal Federal*. IV - Medida cautelar deferida" (STF, Tribunal Pleno. ADI nº 4.416-MC/PA. Rel. Min. Ricardo Lewandowski, j. 6.10.2010. DJe, 207, divulg. 27.10.2010, pub. 28.10.2010; LEXSTF, v. 32, n. 383, p. 84-96, 2010; RT, v. 100, n. 905, p. 178-184, 2011) (grifos nossos).

[1019] Consistente na "possibilidade, nos limites da lei, da revogação de seus próprios atos através de manifestação unilateral de vontade" e da "decretação da nulidade deles, quando viciados" (cf. BANDEIRA DE MELLO, Celso Antônio. *Curso de direito administrativo*, 27. ed., p. 71).

atividades administrativas, em especial daquelas relativas a licitações e contratações públicas, objeto de nossas preocupações neste trabalho. Para tanto, recorremos, novamente, ao modelo brasileiro de processo, que também permeia a estruturação da atividade de controle administrativo. É que, como as licitações e as contratações públicas, também a atividade de controle desenvolvida no seu entorno se encontra submetida às disposições gerais minudenciadas na Parte I deste trabalho, que conferem a ela a conotação de procedimento em contraditório.[1020] Daí falar-se, em rigor, de processo de controle administrativo, assim como em processo licitatório e processo de contratação pública.

Por ser esta uma obra de comentários, apresentaremos o processo de controle administrativo mediante observância da sequência conferida pelo legislador aos dispositivos que o disciplinam na Lei nº 14.133/2021. Assim, abordaremos, neste capítulo, o controle realizado pela Administração (controle interno, portanto) sobre os atos de licitantes e contratados, para, adiante, tratarmos do controle dos atos da administração por iniciativa de particulares (parcela do qual incide sobre o processo licitatório, mais especificamente sobre a sua fase recursal), da deflagração do controle administrativo pela Administração e por órgãos externos de fiscalização e controle, do relacionamento entre essa atividade de controle e o modelo de precedentes (também proveniente da conjugação entre a temática estudada e o modelo de processo) e da política de capacitação que o legislador demandou dos tribunais de contas (aspecto pedagógico da atividade de controle).

Os comentários encartados neste capítulo referem-se aos arts. 155, 156, 157, 158, 159, 160, 161, 162, 163 e 164, com seus respectivos incisos e parágrafos, que contêm disposições sobre *infrações administrativas*, sobre *sanções administrativas*, sobre o *relacionamento entre a Lei nº 14.133/2021 e a Lei Anticorrupção*, sobre *desconsideração da personalidade jurídica* nos processos de controle desenvolvidos no entorno dos processos de licitação e contratação pública, sobre *publicação das sanções aplicadas em cadastros nacionais*, sobre *multa moratória* e sobre *reabilitação do licitante/contratado*.

31.1 Infrações e sanções administrativas

A compreensão sobre como se processa o controle realizado pela Administração com relação aos atos praticados por licitantes e contratados demanda, num primeiro momento, abordagem sobre as *infrações* que a eles podem ser imputadas e sobre as *sanções* correspondentes a cada uma dessas infrações.

31.1.1 Infrações administrativas

O legislador arrola como infrações passíveis de responsabilização administrativa do licitante/contratado (art. 155, *caput*):
    a) dar causa à inexecução parcial do contrato (art. 155, I);
    b) dar causa à inexecução parcial do contrato que cause grave dano à Administração, ao funcionamento dos serviços públicos ou ao interesse coletivo (art. 155, II);

[1020] Cf., por todos: FAZZALARI, Elio. Instituições de direito processual civil.

c) dar causa à inexecução total do contrato (art. 155, III);
d) deixar de entregar a documentação exigida para o certame (art. 155, IV);
e) não manter a proposta, salvo em decorrência de fato superveniente devidamente justificado (art. 155, V);
f) não celebrar o contrato ou não entregar a documentação exigida para a contratação, quando convocado dentro do prazo de validade de sua proposta (art. 155, VI);
g) ensejar o retardamento da execução ou da entrega do objeto da licitação sem motivo justificado (art. 155, VII);
h) apresentar declaração ou documentação falsa exigida para o certame, ou prestar declaração falsa durante a licitação ou a execução do contrato (art. 155, VIII);
i) fraudar a licitação ou praticar ato fraudulento na execução do contrato (art. 155, IX);
j) comportar-se de modo inidôneo ou cometer fraude de qualquer natureza (art. 155, X);
k) praticar atos ilícitos com vistas a frustrar os objetivos da licitação (art. 155, XI);
l) praticar atos lesivos à Administração (art. 155, XII), assim considerados os que atentem contra o patrimônio público nacional ou estrangeiro, contra princípios da Administração Pública ou contra os compromissos internacionais assumidos pelo Brasil, tal como capitulados no art. 5º da Lei Anticorrupção (Lei nº 12.846/2013), que os extrai:
   l.1) de promessa, oferecimento ou entrega, direta ou indiretamente, de vantagem indevida a agente público, ou a terceira pessoa a ele relacionada (Lei nº 12.846/2013, art. 5º, I);
   l.2) do comprovado financiamento, custeio, patrocínio ou qualquer tipo de subvenção à prática dos atos ilícitos (Lei nº 12.846/2013, art. 5º, II);
   l.3) da comprovada utilização de interposta pessoa (física ou jurídica) para ocultar ou dissimular seus reais interesses ou a identidade dos beneficiários dos atos praticados (Lei nº 12.846/2013, art. 5º, III);
   l.4) especificamente no que diz respeito a licitações e contratos (Lei nº 12.846/ 2013, art. 5º, IV):
      l.4.1) da frustração ou fraude, mediante ajuste, combinação ou qualquer outro expediente, ao caráter competitivo de procedimento licitatório público (Lei nº 12.846/2013, art. 5º, IV, "a");
      l.4.2) do estabelecimento de impedimento, perturbação ou fraude à realização de qualquer ato de procedimento licitatório público (Lei nº 12.846/2013, art. 5º, IV, "b");
      l.4.3) do afastamento de licitante (inclusive da tentativa de fazê-lo), por meio de fraude ou oferecimento de vantagem de qualquer tipo (Lei nº 12.846/2013, art. 5º, IV, "c");
      l.4.4) da fraude à licitação pública ou a contrato dela decorrente (Lei nº 12.846/2013, art. 5º, IV, "d");
      l.4.5) da criação, mediante emprego de meio fraudulento ou irregular, de pessoa jurídica para participar de licitação pública ou celebrar contrato administrativo (Lei nº 12.846/2013, art. 5º, IV, "e");

1.4.6) da obtenção de vantagem ou benefício indevido, de modo fraudulento, bem como de modificações ou prorrogações de contratos celebrados com a Administração Pública sem autorização em lei no ato convocatório da licitação pública ou nos respectivos instrumentos contratuais (Lei nº 12.846/2013, art. 5º, IV, "f"); e

1.4.7) da manipulação ou fraude no equilíbrio econômico-financeiro dos contratos celebrados com a Administração Pública (Lei nº 12.846/2013, art. 5º, IV, "g");

1.5) da criação de dificuldades à atividade de investigação ou fiscalização de órgãos, entidades ou agentes públicos, bem como da intervenção em sua atuação, inclusive no âmbito das agências reguladoras e dos órgãos de fiscalização do sistema financeiro nacional (Lei nº 12.846/2013, art. 5º, V).

31.1.2 Sanções administrativas

A essas infrações capituladas no art. 155 da Lei nº 14.133/2021 correspondem as sanções de *advertência, multa, impedimento de licitar/contratar* e *declaração de inidoneidade para licitar/contratar* (art. 156, *caput*). Na sua aplicação serão considerados (art. 156, §1º) a natureza e a gravidade da infração cometida (art. 156, §1º, I), as peculiaridades do caso concreto (art. 156, §1º, II), as circunstâncias agravantes ou atenuantes (art. 156, §1º, III), os danos que dela provierem para a Administração (art. 156, §1º, IV) e a implantação ou aperfeiçoamento de programa de integridade, conforme normas e orientações dos órgãos de controle (art. 156, §1º, V). Além desses elementos, o legislador também enunciou disposições específicas sobre cada um desses tipos de sanção, bem como sobre a sua aplicação cumulativa.

31.1.2.1 Advertência

A pena de *advertência* (art. 156, I) será aplicada exclusivamente quando o contratado der causa à inexecução parcial do contrato (art. 155, I), desde que não se justifique, em concreto, a imposição de penalidade considerada mais grave (art. 156, §2º), conforme se verifica, por exemplo, quando da inexecução parcial do contrato resultar grave dano à Administração, ao funcionamento dos serviços públicos ou ao interesse coletivo (art. 155, II). Como não há previsão, no texto da Lei nº 14.133/2021, do estabelecimento de contraditório prévio para a aplicação da pena de advertência, ela poderá ser impugnada, em *contraditório diferido*, mediante interposição de recurso, a ser apresentado no prazo de quinze dias úteis contado da sua intimação (art. 166, *caput*).

31.1.2.2 Multa

A pena de *multa* (art. 156, II) é aplicada àquele que pratica qualquer das infrações administrativas previstas no art. 155 (incidindo, portanto, de forma residual às demais penalidades), e o seu valor será calculado observando o disposto no edital ou no próprio contrato, observando-se como limite mínimo o percentual de cinco décimos por cento do seu valor e como limite máximo trinta por cento dele (art. 156, §3º). Todavia, a sua aplicação demanda a observância de *contraditório prévio*, instrumentalizado pela atribuição do prazo de quinze dias úteis, contado da data de sua intimação, para apresentação de defesa pelo licitante/contratado (art. 157, *caput*).

Como regra o seu valor será descontado, assim como o das indenizações devidas pelo licitante/contratado à Administração, dos pagamentos que eventualmente lhe sejam devidos (ao licitante/contratado). Porém, se a multa aplicada e as indenizações cabíveis forem superiores a esse valor, além da sua perda, a diferença apurada será descontada da garantia prestada ou, não sendo suficiente a garantia, cobrada judicialmente (art. 156, §8º).

31.1.2.3 Impedimento de licitar e contratar

A pena de *impedimento de licitar e contratar* (art. 156, III) é aplicada quando não for o caso da aplicação de multa (art. 156, §3º) e quando não se justificar a imposição de penalidade mais grave (art. 156, §4º), ao licitante/contratado:

a) que dá causa à inexecução parcial do contrato que cause grave dano à Administração, ao funcionamento dos serviços públicos ou ao interesse coletivo (art. 155, II);

b) que dá causa à inexecução total do contrato (art. 155, III), que deixa de entregar a documentação exigida para o certame (art. 155, IV);

c) que não mantém a proposta e não apresenta justificativa fundada na ocorrência de fato superveniente (art. 155, V);

d) que não celebra o contrato ou não entrega a documentação exigida para a contratação quando convocado pela Administração dentro do prazo de validade de sua proposta (art. 155, VI); e

e) que enseja o retardamento da execução ou da entrega do objeto da licitação sem motivo justificado (art. 155, VII).

Da sua incidência resulta que o responsável fica *impedido de licitar/contratar no* âmbito da Administração Pública direta e indireta *do ente federativo que tiver aplicado a sanção* pelo prazo máximo três anos (art. 156, §4º).

A aplicação da sanção de impedimento de licitar e contratar requer a *instauração de processo de responsabilização*, que deverá ser conduzido por comissão composta por dois ou mais *servidores estáveis*, a quem compete avaliar fatos e circunstâncias conhecidos e intimar o licitante/contratado para apresentar (em *contraditório prévio*) defesa escrita e especificar as provas que pretenda produzir em quinze dias úteis, contados da data da sua intimação (art. 158, *caput*). Se o órgão ou entidade em que tramita o processo não dispor, em seu quadro funcional, de servidores estatutários, essa comissão será composta por dois ou mais *empregados públicos pertencentes aos seus quadros permanentes*, preferencialmente com pelo menos três anos de tempo de serviço no órgão ou entidade (art. 158, §1º). Disso se verifica que *a sua aplicação não pode ser realizada mediante condução de comissão composta por servidores comissionados e temporários*.

Serão indeferidas pela comissão, mediante decisão fundamentada, provas ilícitas, impertinentes, desnecessárias, protelatórias ou intempestivas (art. 158, §3º). Porém, quando a comissão deferir a produção de novas provas, bem como quando determinar a juntada de outros elementos de convencimento que considerar indispensáveis, o licitante/contratado poderá apresentar alegações finais, também no prazo de quinze dias úteis, contados da sua intimação (art. 158, §2º).

A aplicação dessa penalidade prescreve cinco anos, contados da ciência da infração pela Administração (art. 158, §4º). Todavia, a fruição desse prazo é interrompida pela instauração do processo de responsabilização (art. 158, §4º, I), podendo, ainda, ser suspensa pela celebração do acordo de leniência previsto na Lei Anticorrupção (art. 158, §4º, II) ou por decisão judicial que inviabilize a conclusão da apuração administrativa (art. 158, §4º, III).

31.1.2.4 Declaração de inidoneidade para licitar ou contratar

A pena de declaração de inidoneidade para licitar ou contratar (art. 156, IV) é aplicada ao licitante/contratado (art. 156, §5º):

a) que incorrer nas infrações que ensejem a aplicação das penalidades de multa e impedimento de licitar e contratar (art. 155, II, III, IV, V, VI e VII), mas que justifiquem a imposição de penalidade mais grave; ou

b) que apresentar declaração ou documentação falsa exigida para o certame ou prestar declaração falsa durante a licitação ou a execução do contrato (art. 155, VIII);

c) que fraudar a licitação ou praticar ato fraudulento na execução do contrato (art. 155, IX);

d) que se comportar de modo inidôneo ou cometer fraude de qualquer natureza (art. 155, X);

e) que praticar atos ilícitos com vistas a frustrar os objetivos da licitação (art. 155, XI);

f) que praticar atos lesivos à Administração (art. 155, XII), assim considerados os que atentem contra o patrimônio público nacional ou estrangeiro, contra princípios da Administração Pública ou contra os compromissos internacionais assumidos pelo Brasil, tal como capitulados no art. 5º da Lei Anticorrupção (Lei nº 12.846/2013).

Da sua aplicação resulta que o responsável fica *impedido de licitar/contratar* no âmbito da Administração Pública direta e indireta de *todos os entes federativos* pelo prazo mínimo de três anos e máximo de seis anos (art. 156, §5º, parte final).

Há, pois, duas diferenças fundamentais entre as penalidades de *impedimento de licitar/contratar* e *declaração de inidoneidade* para licitar/contratar. A primeira delas diz respeito à extensão da restrição imposta ao apenado, porque na *declaração de inidoneidade* o gravame é mais amplo, na medida em que impossibilita o apenado de licitar/contratar em todo o país, enquanto que no *impedimento* a restrição imposta ao apenado somente se estende ao ente federativo que aplicou a sanção. A outra se refere ao prazo de duração da penalidade, visto que o legislador previu, para *impedimento*, prazo máximo de três anos, enquanto que para *declaração de inidoneidade* estabeleceu prazo mínimo de três anos e máximo de seis anos.

Penalidade/critério de distinção	Extensão territorial da restrição	Prazo da restrição
Impedimento de licitar e contratar	Limitada ao ente federativo que aplicou a sanção	Prazo máximo de três anos
Declaração de inidoneidade	Estendida a todos os entes federativos	Prazo mínimo de três anos e máximo de seis anos

No que concerne ao procedimento, a aplicação da penalidade de declaração de inidoneidade observa o mesmo procedimento aplicado pelo legislador à incidência da penalidade de impedimento de licitar/contratar. Portanto, para aplicá-la, a Administração de igual modo precisará:

a) instaurar processo de responsabilização conduzido por comissão composta por dois ou mais *servidores estáveis* (art. 158, *caput*) ou (se o órgão/entidade não dispuser de servidores estatutários) por dois ou mais empregados públicos pertencentes aos seus quadros permanentes (preferencialmente com pelo menos três anos de tempo de serviço no órgão ou entidade) (art. 158, §1º), a quem competirá avaliar fatos e circunstâncias conhecidos e intimar o licitante/contratado para apresentar (em *contraditório prévio*) defesa escrita e especificar as provas que pretenda produzir em quinze dias úteis, contados da data da sua intimação (art. 158, *caput*);

b) indeferir (mediante decisão fundamentada da comissão) a produção de provas ilícitas, impertinentes, desnecessárias, protelatórias ou intempestivas (art. 158, §3º), admitindo, todavia, quando deferir a produção de novas provas, bem como quando determinar a juntada de outros elementos de convencimento que considerar indispensáveis, que o licitante/contratado apresente alegações finais, também no prazo de quinze dias úteis, contados da sua intimação (art. 158, §2º); e

c) observar o prazo prescricional de cinco anos, contados da ciência da infração pela Administração (art. 158, §4º), salvo nas hipóteses de interrupção pela instauração do processo de responsabilização (art. 158, §4º, I) e de suspensão pela celebração do acordo de leniência previsto na Lei Anticorrupção (art. 158, §4º, II) ou por decisão judicial que inviabilize a conclusão da apuração administrativa (art. 158, §4º, III).

No entanto, o legislador acresceu *novos elementos* ao procedimento empregado para a aplicação da penalidade de declaração de inidoneidade:

a) porque *condicionou a sua aplicação* à *realização de análise jurídica* (art. 156, §6º); e
b) porque *restringiu a sua incidência*:
  b.1) quando aplicada por órgão do Poder Executivo, *a ato exclusivo de ministro de Estado, de secretário estadual ou de secretário municipal* (art. 156, §6º, I);
  b.2) quando aplicada por *autarquia ou fundação*, a *ato exclusivo da sua autoridade máxima* (art. 156, §6º, I, parte final); e
  b.3) quando aplicada por órgãos dos *poderes Legislativo e Judiciário*, bem como pelo *Ministério Público* e pela *Defensoria Pública* no desempenho da função administrativa, a *ato exclusivo de seus dirigentes* (art. 156, §6º, II).

31.1.2.5 Cumulação de sanções

O legislador também admite (art. 156, §7º) a possibilidade da cumulação da aplicação da pena de multa (art. 55, II) com as penas de advertência (art. 55, I), impedimento de licitar/contratar (art. 55, III) e declaração de inidoneidade para licitar/contratar (art. 55, IV). A aplicação dessas penalidades também será cumulada com a obrigação de reparação integral do dano causado à Administração (art. 156, §9º). Além disso, o legislador remeteu a regulamento a ser expedito pelo Poder Executivo a disciplina da forma de cômputo e das consequências da soma de diversas sanções aplicadas a uma mesma empresa e derivadas de contratos distintos (art. 161, parágrafo único).

31.2 O relacionamento entre a Lei nº 14.133/2021 e a Lei Anticorrupção

Além de inserir a prática de atos lesivos à Administração previstos na Lei Anticorrupção entre as infrações passíveis se serem punidas com as sanções nela previstas, a Lei nº 14.133/2021 previu, ainda, que esses atos serão apurados e julgados conjuntamente (leia-se: nos mesmos autos) com as infrações administrativas capituladas naquele diploma, observados o rito procedimental e a autoridade competente nele definidos (art. 159, *caput*).[1021]

31.3 Disposições sobre desconsideração da personalidade jurídica

A Lei nº 14.133/2021 também admite a desconsideração da personalidade jurídica de empresas licitantes/contratadas, que terá lugar sempre que utilizada com abuso do direito, para facilitar, encobrir ou dissimular a prática dos atos ilícitos ou para provocar confusão patrimonial (art. 160, *caput*). Nesse caso, todos os efeitos das sanções aplicadas às empresas infratoras são estendidos aos seus administradores e sócios com poderes de administração, a eventual pessoa jurídica sucessora ou a empresa do mesmo ramo que com ela se relacione por coligação ou controle de fato ou de direito (art. 160, cont.). Porém, a adoção, nesses termos, da desconsideração da personalidade jurídica pressupõe contraditório, ampla defesa e prévia análise jurídica (art. 160, parte final).

[1021] O projeto de lei aprovado pelo Congresso Nacional também possibilitava à Administração que, observado esse cuidado (apuração conjunta dos atos lesivos relativos a licitações e contratos com aqueles previstos na Lei Anticorrupção), também procurasse isentar a pessoa jurídica das sanções referidas em seu art. 156 e (se houver manifestação favorável do Tribunal de Contas competente) também daquelas previstas na sua respectiva lei orgânica quando for celebrado o acordo de leniência previsto na Lei Anticorrupção (art. 159, parágrafo único). No entanto, esse dispositivo foi vetado pela Presidência da República, à consideração de que, "ao prever a participação de órgão auxiliar do Poder Legislativo na aplicação de instrumento típico do exercício do Poder Sancionador da Administração Pública, viola o princípio da separação dos poderes, inscrito no art. 2º da Constituição da República", de que "a extensão dos efeitos promovidos pelo acordo de leniência de que trata a Lei nº 12.846, de 2013 se inserem dentro da função típica da Administração Pública e não se confundem com a atividade de fiscalização contábil, financeira e orçamentária exercidas pelo Poder Legislativo, o que acaba por extrapolar as competências conferidas pelo constituinte, por intermédio do art. 71 da Carta Magna", e de que "a medida contraria o interesse público, ao condicionar a assinatura do acordo de leniência à participação do Tribunal de Contas respectivo, ainda que restrito às suas sanções, criando uma nova etapa no procedimento, o que poderia levar a um enfraquecimento do instituto".

31.4 Disposições sobre publicação das sanções aplicadas em cadastros nacionais

Todas as sanções aplicadas pelos órgãos e entidades dos três poderes de todos os entes federativos deverão ser objeto de publicação no Ceis[1022] e no CNEP,[1023] ambos instituídos no âmbito do Poder Executivo Federal, no prazo máximo quinze dias úteis, contado da data de aplicação da sanção (art. 161, *caput*). Esse cuidado é necessário para que os contratantes obtenham informações sobre a aplicação de sanções aos licitantes/contratantes, em especial para que tenham meios de cumprir o disposto no §4º do art. 91 da Lei nº 14.133/2021, que determina que, antes de formalizar ou prorrogar o prazo de vigência do contrato, a Administração deverá (entre outras providências a que o legislador condicionou a formalização do contrato/termo aditivo)[1024] consultar esses mesmos cadastros nacionais (art. 91, §4º).

31.5 Disposições sobre multa moratória

Além das sanções anteriormente mencionadas (entre elas a penalidade de multa), o legislador também admite a imposição ao licitante/contratado de multa moratória pelo atraso injustificado na execução do contrato, desde que prevista em edital ou no contrato (art. 162, *caput*). Todavia, a sua aplicação não impedirá que a Administração a converta em compensatória e promova a extinção unilateral do contrato com a aplicação cumulada de outras sanções previstas nesta lei (art. 162, parágrafo único).

31.6 Disposições sobre reabilitação do licitante/contratado

Por fim, a Lei nº 14.133/2021 estabelece, para o caso de aplicação aos licitantes/contratados das penalidades resultantes do cometimento de infrações administrativas, a possibilidade da sua reabilitação; dispondo, a propósito:

a) que ela deve ser requerida perante a própria autoridade que aplicou a penalidade (art. 163, *caput*);
b) que a sua obtenção demanda, cumulativamente:
  b.1) a reparação integral do dano causado à Administração Pública (art. 163, I);
  b.2) o pagamento da multa aplicada (art. 163, II);
  b.3) o transcurso do prazo mínimo de um ano da aplicação da penalidade de impedimento de licitar e contratar, ou de pelo menos três anos da aplicação da penalidade de declaração de inidoneidade (art. 163, III);
  b.4) o cumprimento das condições de reabilitação definidas no ato punitivo (art. 164, IV); e
  b.5) a realização de prévia análise jurídica, com posicionamento conclusivo quanto ao cumprimento dos requisitos definidos neste art. (art. 163, V); e

---

[1022] Cadastro Nacional de Empresas Inidôneas e Suspensas.
[1023] Cadastro Nacional de Empresas Punidas.
[1024] A Administração também precisa, por força desse dispositivo, verificar a regularidade fiscal do contratado, emitir as certidões negativas de inidoneidade, de impedimento e de débitos trabalhistas e juntá-las ao respectivo processo.

c) que, para as hipóteses de apresentação de declaração ou documentação falsa exigida para o certame durante a licitação ou a execução do contrato (art. 155, VIII) e de prática de ato lesivo capitulado pela Lei Anticorrupção (art. 155, XII), a sua obtenção também pressupõe a implantação ou aperfeiçoamento de programa de integridade pelo responsável (art. 163, parágrafo único).

O CONTROLE DOS ATOS DA ADMINISTRAÇÃO POR INICIATIVA DE PARTICULARES

Art. 164. Qualquer cidadão é parte legítima para impugnar edital de licitação por irregularidade na aplicação desta Lei ou para solicitar esclarecimento sobre os seus termos, devendo protocolar o pedido até 3 (três) dias úteis antes da data de abertura das propostas.

Parágrafo único. A resposta à impugnação ou ao pedido de esclarecimento será divulgada em sítio eletrônico oficial no prazo de 3 (três) dias úteis.

Art. 165. Dos atos da Administração decorrentes da aplicação desta Lei cabem:

I - recurso, no prazo de 3 (três) dias úteis, contado da data de intimação ou de lavratura da ata, em face de:

a) ato que defira ou indefira pedido de pré-qualificação de interessado ou de inscrição em registro cadastral, sua alteração ou cancelamento;

b) julgamento das propostas;

c) ato de habilitação ou inabilitação de licitante;

d) anulação ou revogação da licitação;

e) extinção do contrato, quando determinada por ato unilateral e escrito da Administração;

II - pedido de reconsideração, no prazo de 3 (três) dias úteis, contado da data de intimação, relativamente a ato do qual não caiba recurso hierárquico.

§1º Quanto ao recurso apresentado em virtude do disposto nas alíneas *b* e *c* do inciso I do *caput* deste artigo, serão observadas as seguintes disposições:

I - a intenção de recorrer deverá ser manifestada imediatamente, sob pena de preclusão, e o prazo para apresentação das razões recursais previsto no inciso I do *caput* deste artigo será iniciado na data de intimação ou de lavratura da ata de habilitação ou inabilitação ou, na hipótese de adoção da inversão de fases prevista no §1º do art. 17 desta Lei, da ata de julgamento;

II - a apreciação dar-se-á em fase única.

§2º O recurso de que trata o inciso I do *caput* deste artigo será dirigido à autoridade que tiver editado o ato ou proferido a decisão recorrida, que, se não reconsiderar o ato ou a decisão no prazo de 3 (três) dias úteis, encaminhará o recurso com a sua motivação à autoridade superior, a qual deverá proferir sua decisão no prazo máximo de 10 (dez) dias úteis, contado do recebimento dos autos.

§3º O acolhimento de recurso implicará invalidação apenas de ato insuscetível de aproveitamento.

§4º O prazo para apresentação de contrarrazões será o mesmo do recurso e terá início na data de intimação pessoal ou de divulgação da interposição do recurso.

§5º Será assegurado ao licitante vista dos elementos indispensáveis à defesa de seus interesses.

Art. 166. Da aplicação das sanções previstas nos incisos I, II e III do *caput* do art. 156 desta Lei caberá recurso no prazo de 15 (quinze) dias úteis, contado da data da intimação.

Parágrafo único. O recurso de que trata o *caput* deste artigo será dirigido à autoridade que tiver proferido a decisão recorrida, que, se não a reconsiderar no prazo de 5 (cinco) dias úteis, encaminhará o recurso com sua motivação à autoridade superior, a qual deverá proferir sua decisão no prazo máximo de 20 (vinte) dias úteis, contado do recebimento dos autos.

Art. 167. Da aplicação da sanção prevista no inciso IV do caput do art. 156 desta Lei caberá apenas pedido de reconsideração, que deverá ser apresentado no prazo de 15 (quinze) dias úteis, contado da data da intimação, e decidido no prazo máximo de 20 (vinte) dias úteis, contado do seu recebimento.

Art. 168. O recurso e o pedido de reconsideração terão efeito suspensivo do ato ou da decisão recorrida até que sobrevenha decisão final da autoridade competente.

Parágrafo único. Na elaboração de suas decisões, a autoridade competente será auxiliada pelo órgão de assessoramento jurídico, que deverá dirimir dúvidas e subsidiá-la com as informações necessárias.

•••

O controle dos atos praticados pela Administração nos processos relativos a licitações e contratações públicas também pode ser instaurado por iniciativa de particulares, mediante apresentação:

a) de impugnações e pedidos de esclarecimentos; e

b) de recursos e pedidos de reconsideração, ambos dotados de efeito suspensivo.

32.1 Impugnações e pedidos de esclarecimentos

A Lei nº 14.133/2021 estabelece, textualmente, que *qualquer pessoa* é parte legítima para impugnar edital de licitação mediante (art. 164, *caput*):

a) *impugnação*, que comporta alegação de infração à lei;

b) *pedido de esclarecimento* sobre os seus termos.

Todavia, essas suas manifestações, para serem eficazes, devem ser apresentadas até três dias úteis antes da data de abertura das propostas, hipótese em que a Administração deverá respondê-las no mesmo prazo, mediante publicação da sua decisão em sítio eletrônico oficial (art. 164, parágrafo único).

32.2 Recursos e pedidos de reconsideração

Além da impugnação e do pedido de esclarecimento (que, como dito, podem ser formulados por qualquer cidadão), a Lei nº 14.133/2021 também admite a apresentação de *recursos* e *pedidos de reconsideração*, qualificados pelo legislador como *ato privativo daqueles que participam dos processos de licitação/contratação pública* (art. 165, *caput*), portanto dos licitantes/contratados.

32.2.1 Recursos

A Lei nº 14.133/2021 dispõe sobre a interposição de recursos no processo licitatório e nos processos voltados à formalização/execução de contratações públicas.

32.2.1.1 Recursos interpostos no processo licitatório

Podem ser impugnados por *recurso*, a ser interposto no prazo de três dias úteis contado da data de intimação ou de lavratura da ata (art. 165, I):

a) o ato que defira ou indefira pedido de pré-qualificação de interessado ou de inscrição em registro cadastral, sua alteração ou cancelamento (art. 165, I, "a");

b) o julgamento das propostas (art. 165, I, "b") e o ato de habilitação ou inabilitação de licitante (art. 165, I, "c"), hipóteses em que a intenção de recorrer deverá ser manifestada imediatamente, sob pena de preclusão (art. 165, §1º, I), e a sua apreciação dar-se-á em fase única (art. 165, §1º, II); e

c) a anulação ou revogação da licitação (art. 165, I, "d").

O recurso deve ser dirigido à autoridade que tiver editado o ato ou proferido a decisão recorrida, que poderá reconsiderá-lo no prazo de três dias úteis, ou então encaminhá-lo à apreciação da autoridade superior (art. 165, §2º).

Se não houver reconsideração da decisão recorrida, terá lugar, na sequência, a apresentação de contrarrazões pelos interessados, observado o mesmo prazo do recurso, contado da data de intimação pessoal ou de divulgação da interposição de recurso (art. 165, §4º). Como forma de possibilitar a interposição de recursos e a apresentação de contrarrazões, o legislador impõe à Administração que assegure aos licitantes vistas dos elementos indispensáveis à defesa de seus interesses (art. 165, §5º).

Após a interposição do recurso (tese) e a apresentação das contrarrazões pelo recorrido (antítese), deve vir aos autos a decisão da autoridade competente (síntese), a ser proferida no prazo máximo de dez dias úteis, contado do recebimento dos autos (art. 165, §2º, parte final). No entanto, eventual acolhimento de recurso implicará invalidação apenas de atos insuscetíveis de aproveitamento (art. 165, §3º).

32.2.1.2 Recursos interpostos em processos voltados à formalização/ execução de contratações públicas

Esse mesmo procedimento é aplicado para o processamento dos *recursos interpostos contra a extinção do contrato*, quando determinada por ato unilateral da Administração (art. 165, I, "e"), que:

a) que deve ser interposto no prazo de três dias úteis contado da data de intimação ou de lavratura da ata (art. 165, I):
b) que deve ser dirigido à autoridade que tiver editado o ato ou proferido a decisão recorrida (art. 165, §2º);
c) que poderá suscitar a reconsideração, por essa autoridade, também no prazo de três dias úteis, ou então o seu encaminhamento à apreciação da autoridade superior (art. 165, §2º, parte final);
d) que também comportará a apresentação de contrarrazões pelos interessados, observado o mesmo prazo do recurso, contado da data de intimação pessoal ou de divulgação da interposição de recurso (art. 165, §4º);
e) que será objeto de decisão da autoridade competente (síntese), a ser proferida no prazo máximo de dez dias úteis, contado do recebimento dos autos (art. 165, §2º, parte final).

Todavia, também cabe recurso nos processos relativos à formalização/execução de contratações públicas que encartem a *aplicação das penalidades* de *advertência* (art. 156, I), *multa* (art. 156, II) e *impedimento de licitar/contratar* (art. 156, III), a ser interposto no prazo de quinze dias úteis, contado da data de intimação (art. 166, *caput*). Esse recurso será dirigido à autoridade que tiver proferido a decisão recorrida, que poderá reconsiderá-la no prazo de cinco dias úteis, ou então encaminhá-lo à apreciação da autoridade superior, que deverá proferir sua decisão no prazo máximo de vinte dias úteis, contado do recebimento dos autos (art. 166, parágrafo único).

32.2.2   Pedidos de reconsideração

Por sua vez, o pedido de reconsideração poderá ser interposto relativamente a ato do qual não caiba recurso, devendo ser apresentado em até três dias úteis, contados da intimação (art. 165, II). Por taxativa disposição legal, não caberá recurso, mas pedido de reconsideração para impugnar a aplicação da penalidade de declaração de inidoneidade para licitar/contratar, que deverá ser apresentado no prazo de quinze dias úteis, contado da data de intimação, e será decidido no prazo máximo de vinte dias úteis, contado do seu recebimento (art. 167, *caput*).

32.2.3   Efeito suspensivo e controle jurídico

O recurso e o pedido de reconsideração terão efeito suspensivo do ato ou da decisão recorrida, o que significa dizer que os seus efeitos ficam sobrestados até que sobrevenha decisão final da autoridade competente (art. 168, *caput*).

Além disso, a autoridade competente deverá ser auxiliada, quando da elaboração das decisões que os apreciarem, pelo órgão de assessoramento jurídico da Administração (portanto, pela Advocacia Pública), a quem compete dirimir suas dúvidas e subsidiá-la com as informações necessárias (art. 168, parágrafo único).

CAPÍTULO 33

A DEFLAGRAÇÃO DO CONTROLE ADMINISTRATIVO PELA ADMINISTRAÇÃO E POR ÓRGÃOS EXTERNOS DE FISCALIZAÇÃO E CONTROLE

Art. 169. As contratações públicas deverão submeter-se a práticas contínuas e permanentes de gestão de riscos e de controle preventivo, inclusive mediante adoção de recursos de tecnologia da informação, e, além de estar subordinadas ao controle social, sujeitar-se-ão às seguintes linhas de defesa:

I - primeira linha de defesa, integrada por servidores e empregados públicos, agentes de licitação e autoridades que atuam na estrutura de governança do órgão ou entidade;

II - segunda linha de defesa, integrada pelas unidades de assessoramento jurídico e de controle interno do próprio órgão ou entidade;

III - terceira linha de defesa, integrada pelo órgão central de controle interno da Administração e pelo tribunal de contas.

§1º Na forma de regulamento, a implementação das práticas a que se refere o *caput* deste artigo será de responsabilidade da alta administração do órgão ou entidade e levará em consideração os custos e os benefícios decorrentes de sua implementação, optando-se pelas medidas que promovam relações íntegras e confiáveis, com segurança jurídica para todos os envolvidos, e que produzam o resultado mais vantajoso para a Administração, com eficiência, eficácia e efetividade nas contratações públicas.

§2º Para a realização de suas atividades, os órgãos de controle deverão ter acesso irrestrito aos documentos e às informações necessárias à realização dos trabalhos, inclusive aos documentos classificados pelo órgão ou entidade nos termos da Lei nº 12.527, de 18 de novembro de 2011, e o órgão de controle com o qual foi compartilhada eventual informação sigilosa tornar-se-á corresponsável pela manutenção do seu sigilo.

§3º Os integrantes das linhas de defesa a que se referem os incisos I, II e III do *caput* deste artigo observarão o seguinte:

I - quando constatarem simples impropriedade formal, adotarão medidas para o seu saneamento e para a mitigação de riscos de sua nova ocorrência, preferencialmente com o aperfeiçoamento dos controles preventivos e com a capacitação dos agentes públicos responsáveis;

II - quando constatarem irregularidade que configure dano à Administração, sem prejuízo das medidas previstas no inciso I deste §3º, adotarão as providências necessárias para a apuração das infrações administrativas, observadas a segregação de funções e a necessidade de individualização das condutas, bem como remeterão ao Ministério Público competente cópias dos documentos cabíveis para a apuração dos ilícitos de sua competência.

Art. 170. Os órgãos de controle adotarão, na fiscalização dos atos previstos nesta Lei, critérios de oportunidade, materialidade, relevância e risco e considerarão as razões apresentadas pelos órgãos e entidades responsáveis e os resultados obtidos com a contratação, observado o disposto no §3º do art. 169 desta Lei.

§1º As razões apresentadas pelos órgãos e entidades responsáveis deverão ser encaminhadas aos órgãos de controle até a conclusão da fase de instrução do processo e não poderão ser desentranhadas dos autos.

§2º A omissão na prestação das informações não impedirá as deliberações dos órgãos de controle nem retardará a aplicação de qualquer de seus prazos de tramitação e de deliberação.

§3º Os órgãos de controle desconsiderarão os documentos impertinentes, meramente protelatórios ou de nenhum interesse para o esclarecimento dos fatos.

§4º Qualquer licitante, contratado ou pessoa física ou jurídica poderá representar aos órgãos de controle interno ou ao tribunal de contas competente contra irregularidades na aplicação desta Lei.

Art. 171. Na fiscalização de controle será observado o seguinte:

I - viabilização de oportunidade de manifestação aos gestores sobre possíveis propostas de encaminhamento que terão impacto significativo nas rotinas de trabalho dos órgãos e entidades fiscalizados, a fim de que eles disponibilizem subsídios para avaliação prévia da relação entre custo e benefício dessas possíveis proposições;

II - adoção de procedimentos objetivos e imparciais e elaboração de relatórios tecnicamente fundamentados, baseados exclusivamente nas evidências obtidas e organizados de acordo com as normas de auditoria do respectivo órgão de controle, de modo a evitar que interesses pessoais e interpretações tendenciosas interfiram na apresentação e no tratamento dos fatos levantados;

III - definição de objetivos, nos regimes de empreitada por preço global, empreitada integral, contratação semi-integrada e contratação integrada, atendidos os requisitos técnicos, legais, orçamentários e financeiros, de acordo com as finalidades da contratação, devendo, ainda, ser perquirida a conformidade do preço global com os parâmetros de mercado para o objeto contratado, considerada inclusive a dimensão geográfica.

§1º Ao suspender cautelarmente o processo licitatório, o tribunal de contas deverá pronunciar-se definitivamente sobre o mérito da irregularidade que tenha dado causa à suspensão no prazo de 25 (vinte e cinco) dias úteis, contado da data do recebimento das informações a que se refere o §2º deste artigo, prorrogável por igual período uma única vez, e definirá objetivamente:

I - as causas da ordem de suspensão;

II - o modo como será garantido o atendimento do interesse público obstado pela suspensão da licitação, no caso de objetos essenciais ou de contratação por emergência.

§2º Ao ser intimado da ordem de suspensão do processo licitatório, o órgão ou entidade deverá, no prazo de 10 (dez) dias úteis, admitida a prorrogação:

I - informar as medidas adotadas para cumprimento da decisão;

II - prestar todas as informações cabíveis;

III - proceder à apuração de responsabilidade, se for o caso.

§3º A decisão que examinar o mérito da medida cautelar a que se refere o §1º deste artigo deverá definir as medidas necessárias e adequadas, em face das alternativas possíveis, para o saneamento do processo licitatório, ou determinar a sua anulação.

§4º O descumprimento do disposto no §2º deste artigo ensejará apuração de responsabilidade e obrigação de reparação de prejuízo causado ao erário.

⋯⋯⋯⋯⋯⋯⋯⋯⋯⋯⋯⋯⋯⋯⋯⋯⋯⋯⋯⋯⋯⋯⋯⋯⋯⋯⋯⋯⋯⋯⋯⋯⋯

Para além abarcar o controle realizado pela Administração sobre os atos de licitantes/contratados e de poder ser iniciado por iniciativa de particulares quando incidente sobre atos da Administração, o controle administrativo pode ser deflagrado, ainda, pela própria Administração (controle interno) e pelos chamados órgãos externos de fiscalização e controle.

A propósito, recobramos:

a) que a Constituição brasileira impõe ao Poder Legislativo, auxiliado pelos tribunais de contas (CRFB, art. 71), e ao sistema de controle interno de cada ente/poder/órgão/entidade (CRFB, art. 74) que exerçam a fiscalização contábil, financeira, orçamentária, operacional e patrimonial do Poder Público, quanto à legalidade, legitimidade, economicidade, aplicação das subvenções e renúncia de receitas (CRFB, art. 70);[1025] e

---

[1025] Esses dispositivos constitucionais são dirigidos primariamente à União e a seus órgãos e entidades, mas também têm aplicação, por simetria, aos estados e municípios, ainda que assim não o disponham as suas respectivas constituições estaduais e leis orgânicas. Nesse sentido se manifestou o Supremo Tribunal Federal por ocasião da apreciação do pedido de medida cautelar formulado na Ação Direta de Inconstitucionalidade nº 4.416/PA, como se depreende da ementa desse julgamento: "AÇÃO DIRETA DE INCONSTITUCIONALIDADE. ARTIGO 307, §3º, DA CONSTITUIÇÃO DO ESTADO DO PARÁ, ACRESCIDO PELA EMENDA CONSTITUCIONAL 40, DE 19/12/2007. INDICAÇÃO DE CONSELHEIROS DO TRIBUNAL DE CONTAS DO ESTADO E DOS MUNICÍPIOS. DISPOSITIVO QUE AUTORIZA A LIVRE ESCOLHA PELO GOVERNADOR NA HIPÓTESE DE INEXISTÊNCIA DE AUDITORES OU MEMBROS DO MINISTÉRIO PÚBLICO ESPECIAL APTOS À NOMEAÇÃO. OFENSA AOS ARTIGOS 73, §2º, E 75, CAPUT, DA CONSTITUIÇÃO FEDERAL. LIMINAR DEFERIDA. I - *O modelo federal de organização, composição e fiscalização dos Tribunais de Contas, fixado pela Constituição, é de observância compulsória pelos Estados, nos termos do caput art. 75 da Carta da República*. Precedentes. II - Estabelecido no artigo 73, §2º, da Carta Maior o modelo federal de proporção na escolha dos indicados às vagas para o Tribunal de Contas da União, ao Governador do Estado, em harmonia com o disposto no artigo 75, compete indicar três Conselheiros e à Assembleia Legislativa os outros quatro, uma vez que o parágrafo único do mencionado artigo fixa em sete o número de Conselheiros das Cortes de Contas estaduais. III - *Em observância à simetria prescrita no caput do art. 75 da Carta Maior, entre os três indicados pelo Chefe do Poder Executivo estadual, dois, necessariamente e de forma alternada, devem integrar a carreira de Auditor do Tribunal de Contas ou ser membro do Ministério Público junto ao Tribunal*. Súmula 653 do Supremo Tribunal Federal. IV - Medida cautelar deferida" (STF, Tribunal Pleno. ADI nº 4.416-MC/PA. Rel. Min. Ricardo Lewandowski, j. 6.10.2010. *DJe*, 207, divulg. 27.10.2010, pub. 28.10.2010; *LEXSTF*, v. 32, n. 383, p. 84-96, 2010; *RT*, v. 100, n. 905, p. 178-184, 2011) (grifos nossos).

b) que também participam do controle externo incidente sobre a atividade administrativa o Ministério Público, que funciona como espécie de advocacia da sociedade (CRFB, art. 129, II), e o próprio cidadão, representado pelo Ministério Público, por advogados (CRFB, art. 133) ou pela Defensoria Pública (CRFB, art. 134), muito embora a sua função, nesse contexto, seja a de provocar a prolação de decisões do Poder Judiciário (controle jurisdicional) ou da própria Administração (autotutela)[1026] que corrijam eventuais equívocos verificados no exercício da atividade administrativa.

33.1 Modalidades de controle

Destarte, o controle administrativo é exercido, por imposição constitucional, seja no âmbito interno da Administração (*controle interno*), seja por órgãos externos de fiscalização e controle (*controle externo*).

33.1.1 Controle interno

O *controle interno* é centralizado em controladorias, auditorias, ministérios/secretarias de controle e transparência etc., mas dele também participam os servidores que atuam em órgãos/entidades da Administração, que, como as controladorias, buscam, nesse contexto, apoio em pareceres lavrados pela Advocacia Pública, a quem o constituinte (CRFB, arts. 131[1027] e 132)[1028] conferiu a orientação jurídica do Poder Público.[1029] Essa estrutura foi fielmente retratada no texto Lei nº 14.133/2021, que concebeu, em seu art. 169, sistema de controle interno que opera em *três linhas de defesa*:[1030]

    a) uma *primeira linha*, integrada por servidores e empregados públicos, agentes de licitação e autoridades que atuam na estrutura de governança do órgão ou entidade (art. 169, I);

    b) uma *segunda linha*, integrada pelas unidades de assessoramento jurídico e de controle interno do próprio órgão ou entidade (art. 169, II); e

    c) uma *terceira linha*, integrada pelo órgão central de controle interno da Administração (art. 169, III).

[1026] Consistente na "possibilidade, nos limites da lei, da revogação de seus próprios atos através de manifestação unilateral de vontade" e da "decretação da nulidade deles, quando viciados" (cf. BANDEIRA DE MELLO, Celso Antônio. *Curso de direito administrativo*, 27. ed., p. 71).

[1027] CRFB: "Art. 131. A Advocacia-Geral da União é a instituição que, diretamente ou através de órgão vinculado, representa a União, judicial e extrajudicialmente, cabendo-lhe, nos termos da lei complementar que dispuser sobre sua organização e funcionamento, as atividades de *consultoria e assessoramento jurídico* do Poder Executivo" (grifos nossos).

[1028] CRFB: "Art. 132. Os Procuradores dos Estados e do Distrito Federal, organizados em carreira, na qual o ingresso dependerá de concurso público de provas e títulos, com a participação da Ordem dos Advogados do Brasil em todas as suas fases, exercerão a representação judicial e a *consultoria jurídica* das respectivas unidades federadas" (Redação dada pela Emenda Constitucional nº 19, de 1998) (grifos nossos).

[1029] A propósito, cf. as nossas observações no tópico 11.1.1.2.1 do Capítulo 11.

[1030] Sobre o assunto, cf.: SOUZA, Frederico Pinto de; LOUZADA, Fabiano da Rocha. O modelo das três linhas de defesa para uma gestão eficaz de risco no âmbito do Poder Executivo do Estado do Espírito Santo.

33.1.2 Controle externo

O controle externo é exercitado pelo Poder Legislativo, com o auxílio pelos tribunais de contas, no que em doutrina se convencionou chamar *controle legislativo*;[1031] mas também abarca o *controle jurisdicional*,[1032] deflagrado por iniciativa do Ministério Público, que funciona como espécie de advocacia da sociedade (CRFB, art. 129, II), e do próprio cidadão, representado pelo Ministério Público, por advogados (CRFB, art. 133) ou pela Defensoria Pública (CRFB, art. 134). Porém, a Lei nº 14.133/2021 inseriu os tribunas de contas na terceira linha de defesa (art. 169, III, parte final) que compõe o sistema de controle concebido em seu texto (art. 169, *caput*), o que significa dizer que as linhas de defesa concebidas pelo legislador para o controle das contratações públicas ultrapassem o âmbito do controle interno, estendendo-se, portanto, também ao controle externo.

33.2 Disposições sobre acesso a documentos e informações

O legislador (art. 169, §2º) conferiu aos controladores acesso irrestrito aos documentos e às informações necessárias à realização das suas atividades, inclusive aquelas classificadas com base na Lei de Acesso à Informação (Lei nº 12.527/2011).

Esse diploma legal dispõe sobre os procedimentos a serem observados pela União, pelos estados, pelo Distrito Federal e pelos municípios para garantir o direito de acesso a informações previsto no inc. XXXIII do art. 5º da Constituição brasileira,[1033] no inc. II do §3º do seu art. 37[1034] e no §2º do seu art. 216[1035] (Lei nº 12.527/2011, art. 1º), e admite o tratamento das informações, conceituado pelo inc. V do seu art. 4º como conjunto de ações referentes à produção, recepção, *classificação*, utilização, acesso, reprodução, transporte, transmissão, distribuição, arquivamento, armazenamento, eliminação, avaliação, destinação ou controle da informação.

A *classificação*, por sua vez, incide sobre as informações imprescindíveis à segurança da sociedade ou do Estado, cuja divulgação ou acesso irrestrito tenham a potencialidade de (Lei nº 12.527/2011, art. 23):

[1031] Conforme José dos Santos Carvalho Filho, o "controle legislativo é a prerrogativa atribuída ao Poder Legislativo de fiscalizar a Administração Pública sob os critérios político e financeiro", e "comporta controles de dupla natureza: o controle político e o controle financeiro" (CARVALHO FILHO, José dos Santos. *Manual de direito administrativo*, 31. ed., p. 561-562).

[1032] BANDEIRA DE MELLO, Celso Antônio. *Curso de direito administrativo*, 30. ed., p. 956.

[1033] CRFB: "Art. 5º Todos são iguais perante a lei, sem distinção de qualquer natureza, garantindo-se aos brasileiros e aos estrangeiros residentes no País a inviolabilidade do direito à vida, à liberdade, à igualdade, à segurança e à propriedade, nos termos seguintes: [...] XXXIII - todos têm direito a receber dos órgãos públicos informações de seu interesse particular, ou de interesse coletivo ou geral, que serão prestadas no prazo da lei, sob pena de responsabilidade, ressalvadas aquelas cujo sigilo seja imprescindível à segurança da sociedade e do Estado".

[1034] CRFB: "Art. 37. [...] §3º A lei disciplinará as formas de participação do usuário na administração pública direta e indireta, regulando especialmente: I - as reclamações relativas à prestação dos serviços públicos em geral, asseguradas a manutenção de serviços de atendimento ao usuário e a avaliação periódica, externa e interna, da qualidade dos serviços; II - o acesso dos usuários a registros administrativos e a informações sobre atos de governo, observado o disposto no art. 5º, X e XXXIII; III - a disciplina da representação contra o exercício negligente ou abusivo de cargo, emprego ou função na administração pública (Incluído pela Emenda Constitucional nº 19, de 1998)".

[1035] CRFB: "Art. 216. [...] §2º Cabem à Administração Pública, na forma da lei, a gestão da documentação governamental e as providências para franquear sua consulta a quantos dela necessitem".

a) pôr em risco a defesa e a soberania nacionais ou a integridade do território nacional (Lei nº 12.527/2011, art. 23, I);
b) prejudicar ou pôr em risco a condução de negociações ou as relações internacionais do país, ou as que tenham sido fornecidas em caráter sigiloso por outros Estados e organismos internacionais (Lei nº 12.527/2011, art. 23, II);
c) pôr em risco a vida, a segurança ou a saúde da população (Lei nº 12.527/2011, art. 23, III);
d) oferecer elevado risco à estabilidade financeira, econômica ou monetária do país (Lei nº 12.527/2011, art. 23, IV);
e) prejudicar ou causar risco a planos ou operações estratégicos das Forças Armadas (Lei nº 12.527/2011, art. 23, V);
f) prejudicar ou causar risco a projetos de pesquisa e desenvolvimento científico ou tecnológico, assim como a sistemas, bens, instalações ou áreas de interesse estratégico nacional (Lei nº 12.527/2011, art. 23, VI);
g) pôr em risco a segurança de instituições ou de altas autoridades nacionais ou estrangeiras e seus familiares (Lei nº 12.527/2011, art. 23, VII); ou
h) comprometer atividades de inteligência, bem como de investigação ou fiscalização em andamento, relacionadas com a prevenção ou repressão de infrações (Lei nº 12.527/2011, art. 23, VIII).

Essas informações podem ser classificadas pelo Poder Público, observado o seu conteúdo e em razão de sua imprescindibilidade à segurança da sociedade ou do Estado, como (Lei nº 12.527/2011, art. 24, *caput*):

a) *ultrassecreta*s, o que limita a sua divulgação pelo prazo máximo de *vinte e cinco anos* (Lei nº 12.527/2011, art. 24, §1º, I);
b) *secretas*, o que limita a sua divulgação pelo prazo máximo de *quinze anos* (art. 24, §1º, II); ou
c) *reservadas*, o que limita a sua divulgação pelo prazo máximo de *cinco anos* (Lei nº 12.527/2011, art. 24, §1º, III).

Como expusemos, mesmo esses documentos classificados devem ser disponibilizados aos controladores (art. 169, §2º). Porém, nesse caso, eles se tornam corresponsáveis pela manutenção do sigilo de eventual informação sigilosa compartilhada (art. 169, §2º, parte final).

33.3 Disposições sobre o *modus operandi* da atividade de controle

O processo de controle pode ser deflagrado por iniciativa dos próprios controladores ou por representação de licitante, contratado ou terceiro (pessoa física ou jurídica) contra irregularidades na aplicação da lei (art. 170, §4º), deverá adotar critérios de oportunidade, materialidade, relevância e risco, e também precisa considerar, para efeito de decisão, as razões apresentadas por órgãos/entidades responsáveis (art. 170, *caput*), que não podem ser desentranhadas dos autos (art. 170, §1º, parte final). Todavia, para serem consideradas, essas razões devem ser encaminhadas aos órgãos de controle até a conclusão da fase de instrução do processo (art. 170, §1º), devendo estar claro que a eventual omissão na sua apresentação (ou na prestação das informações solicitadas pelos controladores) não impedirá as deliberações nem retardará a fruição de qualquer de seus prazos de tramitação e de deliberação (art. 170, §2º). Além disso, os controladores estão autorizados a desconsiderar os documentos impertinentes, meramente protelatórios ou de nenhum interesse para o esclarecimento dos fatos (art. 170, §3º).

Também devem ser considerados nesse contexto os resultados obtidos com a contratação (art. 171, parte final). Assim, quando os controladores encontrarem, nos processos, simples impropriedade formal, cumpre-lhes adotar medidas para o seu saneamento e para a mitigação de riscos de sua nova ocorrência, preferencialmente com o aperfeiçoamento dos controles preventivos e com a capacitação dos agentes públicos responsáveis (art. 169, §3º, I). De igual modo lhes compete promover, quando constatarem irregularidade que configure dano à Administração, as providências necessárias para apuração das infrações administrativas, observadas a segregação de funções e a necessidade de individualização das condutas, cumprindo-lhes, ainda, remeter ao Ministério Público competente cópias dos documentos cabíveis para apuração dos demais ilícitos de sua competência (art. 169, §3º, II). A implementação dessas práticas será de responsabilidade da alta administração do órgão/entidade, e deverá levar em consideração os custos e os benefícios decorrentes de sua implementação, optando-se por medidas que promovam relações íntegras e confiáveis, com segurança jurídica para todos os envolvidos, e que produzam o resultado mais vantajoso para a Administração, com eficiência, eficácia e efetividade nas contratações públicas (art. 169, §1º).[1036]

Quanto ao procedimento a ser empregado, o legislador determina aos controladores (art. 171, *caput*):

a) que confiram oportunidade de manifestação aos gestores sobre possíveis propostas de encaminhamento que terão impacto significativo nas rotinas de trabalho dos órgãos e entidades fiscalizados, a fim de que eles disponibilizem subsídios para avaliação prévia da relação entre custo e benefício dessas possíveis proposições (art. 171, I);

b) que adotem procedimentos objetivos e imparciais, e que elaborem relatórios tecnicamente fundamentados, baseados exclusivamente nas evidências obtidas e organizados de acordo com as normas de auditoria do respectivo órgão de controle, de modo a evitar que interesses pessoais e interpretações tendenciosas interfiram na apresentação e no tratamento dos fatos levantados (art. 171, II);

c) que, no controle realizado em contratações que adotam os regimes de empreitada por preço global, empreitada integral, contratação semi-integrada e contratação integrada, definam objetivos a serem alcançados, atendidos os requisitos técnicos, legais, orçamentários e financeiros, de acordo com as finalidades da contratação, perquirindo, ainda, sobre a conformidade do preço global aos parâmetros de mercado para o objeto contratado, e considerando, inclusive, a dimensão geográfica (art. 171, III).

[1036] Esse dispositivo tem aplicação direta ao controle interno (art. 169, I, II e III) e aos tribunais de contas (art. 169, III, parte final), mas a sua incidência também pode ser estendida ao Ministério Público, que (como os tribunais de contas) atua como órgão externo de fiscalização e controle da atividade administrativa.

33.4 Disposições sobre a suspensão cautelar do processo licitatório por tribunais de contas

Nas hipóteses concretas em que os Tribunal de Contas (no exercício da sua atividade de controle externo) vier a suspender cautelarmente o processo licitatório (valendo-se, para tanto, de prerrogativa instituída em lei), cumpre-lhes pronunciar-se definitivamente sobre o mérito da irregularidade cogitada no prazo de vinte e cinco dias úteis, contado da data do recebimento das informações prestadas pelo órgão/entidade licitante, e prorrogável, por igual período, uma única vez (art. 171, §1º). Essas informações devem ser prestadas pelo órgão/entidade licitante em até dez dias úteis da sua intimação da ordem de suspensão do processo licitatório, admitida a prorrogação (art. 171, §2º), incumbindo-lhe, nesse contexto, sob pena de responsabilidade e obrigação de reparação de prejuízo causado ao erário (art. 171, §4º):

a) informar as medidas adotadas para cumprimento da decisão (art. 171, §2º, I);
b) prestar todas as informações cabíveis (art. 171, §2º, II); e
c) proceder à apuração de responsabilidade, se for o caso (art. 171, §2º, III).

Outro ponto de destaque é que o legislador também dispôs sobre o conteúdo da decisão cautelar proferida pelos tribunais de contas (art. 171, §1º), prevendo que dela devem constar, obrigatoriamente, as causas da ordem de suspensão (art. 171, §1º, I), o modo como será garantido o atendimento do interesse público obstado pela suspensão da licitação, no caso de objetos essenciais ou de contratação por emergência (art. 171, §1º, II). Essa decisão de igual modo deverá definir as medidas necessárias e adequadas, em face das alternativas possíveis, para o saneamento do processo licitatório, ou, então, se isso não for possível, determinar a sua anulação (art. 171, §3º).

33.5 Sobre a exclusão dos dispositivos sobre formulação de consultas aos órgãos de controle e sobre suas possíveis consequências para eficiência/eficácia das licitações/contratações públicas caso eles tivessem sido mantidos no texto da Lei nº 14.133/2021

A Câmara dos Deputados aprovou dispositivos que enunciavam:

a) que, "para fins de controle preventivo, os órgãos e entidades poderão, na forma de regulamento, formular consulta aos órgãos de controle interno ou externo, com solicitação de posicionamento sobre a aplicação desta Lei em processo de licitação ou em contrato específico" (Substitutivo da Câmara aos PLS nºs 163/1995 e 559/2013, art. 169);

b) que "a consulta a que se refere o *caput* deste artigo será respondida em até 1 (um) mês, admitida a prorrogação justificada por igual período, estará circunscrita ao objeto submetido a exame, não constituirá prejulgamento de caso concreto e não vinculará a decisão a ser adotada pelo consulente" (Substitutivo da Câmara aos PLS nºs 163/1995 e 559/2013, art. 169).

Embora nada tenha sido dito quanto a eles no parecer do Senador Antônio Anastasia, aprovado por seus pares no Senado da República por ocasião da conclusão da tramitação da matéria no Parlamento, as regras jurídicas nele consignadas não foram reproduzidas nas duas versões do projeto de lei adiante divulgadas pelo Senado da República; conforme se verifica do seguinte quadro comparativo:

Substitutivo/Câmara	PL/Senado/fevereiro	PL/Senado/final
Art. 169. Para fins de controle preventivo, os órgãos e entidades poderão, na forma de regulamento, formular consulta aos órgãos de controle interno ou externo, com solicitação de posicionamento sobre a aplicação desta Lei em processo de licitação ou em contrato específico. Parágrafo único. A consulta a que se refere o caput deste artigo será respondida em até 1 (um) mês, admitida a prorrogação justificada por igual período, estará circunscrita ao objeto submetido a exame, não constituirá prejulgamento de caso concreto e não vinculará a decisão a ser adotada pelo consulente.	Art. 169. Os órgãos de controle adotarão, na fiscalização dos atos previstos nesta Lei, critérios de oportunidade, materialidade, relevância e risco e considerarão as razões apresentadas pelos órgãos e entidades responsáveis e os resultados obtidos com a contratação, observado o disposto no §3º do art. 168 desta Lei. §1º As razões apresentadas pelos órgãos e entidades responsáveis deverão ser encaminhadas aos órgãos de controle até a conclusão da fase de instrução do processo e não poderão ser desentranhadas dos autos. §2º A omissão na prestação das informações não impedirá as deliberações dos órgãos de controle nem retardará a aplicação de qualquer de seus prazos de tramitação e de deliberação. §3º Os órgãos de controle desconsiderarão os documentos impertinentes, meramente protelatórios ou de nenhum interesse para o esclarecimento dos fatos. §4º Qualquer licitante, contratado ou pessoa física ou jurídica poderá representar aos órgãos de controle interno ou ao tribunal de contas competente contra irregularidades na aplicação desta Lei.	*Art. 170. Os órgãos de controle adotarão, na fiscalização dos atos previstos nesta Lei, critérios de oportunidade, materialidade, relevância e risco e considerarão as razões apresentadas pelos órgãos e entidades responsáveis e os resultados obtidos com a contratação, observado o disposto no §3º do art. 169 desta Lei.* *§1º As razões apresentadas pelos órgãos e entidades responsáveis deverão ser encaminhadas aos órgãos de controle até a conclusão da fase de instrução do processo e não poderão ser desentranhadas dos autos.* *§2º A omissão na prestação das informações não impedirá as deliberações dos órgãos de controle nem retardará a aplicação de qualquer de seus prazos de tramitação e de deliberação.* *§3º Os órgãos de controle desconsiderarão os documentos impertinentes, meramente protelatórios ou de nenhum interesse para o esclarecimento dos fatos.* *§4º Qualquer licitante, contratado ou pessoa física ou jurídica poderá representar aos órgãos de controle interno ou ao tribunal de contas competente contra irregularidades na aplicação desta Lei.*

Não estamos a afirmar, em vista dessa constatação, que houve falha na tramitação do processo legislativo, e menos ainda que de eventual equívoco nesse campo possa resultar a sua invalidação ou a reabilitação dos dispositivos (embora isso não nos impeça de vir a enfrentar o tema, mais adiante, em estudo específico). Nosso intuito, na verdade, é apenas realçar que esses dispositivos, se tivessem sido contemplados pelo texto legal, poderiam contribuir para a revitalização do relacionamento entre controlados e controladores, destacada na introdução deste trabalho como um dos fatores que impactavam a eficiência e a eficácia das licitações e contratações públicas sob a égide do regime normativo revogado. Propomo-nos, então, neste singelo exercício teórico, a analisá-los como (se fossem) parte integrante da Lei nº 14.133/2021.

Feito esse corte metodológico, observamos, em vista dos dispositivos vetados:

a) que o legislador previu a possibilidade de a Administração, observado o disposto em regulamento, formular consultas para fins de controle preventivo aos órgãos de controle interno ou externo, com solicitação de posicionamento sobre a aplicação da lei em processo de licitação ou em contrato específico (art. 169, *caput*);

b) que essa consulta deve ser circunscrita ao objeto submetido a exame, e não constituirá prejulgamento de caso concreto nem vinculará a decisão a ser adotada pelo consulente (art. 169, parágrafo único, parte final).[1037]

Note-se que a consulta aventada poderia ser dirigida tanto ao controle interno, quanto aos órgãos externos de fiscalização e controle, âmbito em que ultrapassaria a esfera dos tribunais de contas (que em geral contemplam previsão de consulta semelhante em suas leis orgânicas),[1038] para também abarcar o Ministério Público (o legislador refere textualmente "aos órgãos de controle interno ou externo", e não apenas aos tribunais de contas). Portanto, dela resultaria *inédita abertura para o estabelecimento diálogo*, a ser instrumentalizado ainda antes da deflagração da atividade de controle, *entre o Ministério Público e a Administração*, na medida que ela *exclui*, mesmo que exclusivamente para essa hipótese (consulta formulada pela Administração para fins de controle preventivo), *a vedação constitucional a que seus integrantes realizem consultoria jurídica para entidades públicas* (art. 129, IX, parte final).

Essa intepretação é possível, a despeito de a Constituição deter, no altiplano das normas, posição hierárquica superior à das leis. Em primeiro lugar porque o legislador estabeleceu, no parágrafo único do art. 169 da Lei nº 14.133/2021, que a resposta à consulta não vincula a atividade do consulente. Destarte, não se cogita de manifestação correlata

---

[1037] Por certo, eventual resposta do órgão de controle o vincularia, pois, do contrário, ter-se-ia que admitir que os controladores estariam autorizados a voltar sobre seus próprios passos (proibição de *venire contra factum proprium*), conclusão, que, todavia, iria de encontro à boa-fé objetiva que norteia a atuação dos atores processuais. Conforme Menezes Cordeiro, a locução *proibição de venire contra factum proprium* traduz o exercício de uma posição jurídica em contradição com o comportamento assumido anteriormente pelo exercente (CORDEIRO, Antônio Manuel da Rocha e Menezes. *Da boa-fé no direito civil*, p. 743). De seu turno, Judith Martins-Costa, acentua que "a proibição de toda e qualquer conduta contraditória seria, mais do que uma abstração, um castigo", mas instrumento tendente a "enriquecer todas as potencialidades da surpresa, do inesperado e do imprevisto na vida humana" (MARTINS-COSTA, Judith. *A boa-fé no direito privado*: sistema e tópica no processo obrigacional, p. 469). Sobre a aplicação da boa-fé objetiva, bem como da proibição de *venire contra factum proprium*, ao ambiente processual, reportamo-nos, ainda, à lição de Fredie Didier Júnior, que destaca, ao ensejo, que "o princípio da cooperação e o princípio que veda o *venire contra factum proprium* relacionam-se na medida em que compõem o conteúdo da cláusula geral da proteção da boa-fé objetiva na relação jurídica processual", e observa, em arremate, que "a proibição de comportar-se contrariamente a comportamento anterior é uma de suas nuances" (DIDIER JÚNIOR, Fredie. Alguns aspectos da aplicação da proibição do venire contra factum proprium no processo civil, p. 200). Em mesmo sentido, cf. MITIDIERO, Daniel. *Colaboração no processo civil*: pressupostos sociais, lógicos e éticos, p. 72. Inclusive nos processos administrativos; visto que o Código de Processo Civil de 2015 impõe aos atores processuais que se comportem de acordo com a boa-fé (art. 5º), em disposição também extensível aos processos administrativos, por força da incidência do seu art. 15, que enuncia que, na ausência de normas que o regulem, as disposições da lei processual "lhes serão aplicadas supletiva e subsidiariamente".

[1038] Tal se infere, a título de exemplo, do disposto no inc. XVII do art. 1º da Lei Orgânica do Tribunal de Contas da União (Lei nº 8.443/1992), que confere àquela Corte de Contas competência para "decidir sobre consulta que lhe seja formulada por autoridade competente, a respeito de dúvida suscitada na aplicação de dispositivos legais e regulamentares concernentes a matéria de sua competência" e no §2º do mesmo artigo, que estabelece que a resposta a esse consulta "tem caráter normativo e constitui prejulgamento da tese, mas não do fato ou caso concreto"; disposições normativas que posteriormente foram replicadas nas leis orgânicas dos tribunais de contas dos estados e (onde houver) dos municípios.

àquela formalizada pela Advocacia Pública no controle jurídico por ela realizada no processo licitatório (art. 53 e §§2º e 3º) e nos processos que encartam contratações diretas, acordos, termos de cooperação, convênios, ajustes, adesões a atas de registro de preços, outros instrumentos congêneres e de seus termos aditivos (art. 53, §4º). Em segundo lugar porque ela encerra preponderação normativa instrumentalizada pelo legislador. Quanto ao particular, recorremos aos ensinamentos de Alexandre dos Santos Aragão, quando refere a existência de regras jurídicas que realizam uma preponderação entre os valores envolvidos, optando, conforme a hipótese fática descrita em seus enunciados prescritivos, pela preponderância de determinado interesse.[1039] Para esse professor fluminense, a preponderação efetuada pelo legislador é presumidamente constitucional, e por isso deve ser acatada pelos intérpretes/aplicadores.[1040] Assim, apenas "quando o intérprete se deparar com situações para as quais não exista norma abstrata pré-ponderando os interesses envolvidos" é que lhe será admissível "realizar a ponderação de interesses *in concreto*, à luz dos valores constitucionais envolvidos".[1041]

O projeto de lei também previa que essa consulta (dirigida, pelas razões dantes expostas, quer ao controle interno, quer aos órgãos eternos de fiscalização e controle), deveria ser respondida em até um mês, embora fosse admitida a prorrogação justificada por igual período (art. 169, parágrafo único). Essa previsão normativa, para além de conferir prazo para a manifestação dos controladores, resolveria, ainda, problema recorrente na esfera administrativa, consistente na ausência de especificação de prazos uniformes para a emissão, pela Advocacia Pública, dos pareceres reclamados pelo controle jurídico que exerce sobre os editais de licitações (art. 53 e §§3º e 4º) e sobre as contratações diretas, acordos, termos de cooperação, convênios, ajustes, adesões a atas de registro de preços, outros instrumentos congêneres e de seus termos aditivos (art. 53,

---

[1039] Cf. ARAGÃO, Alexandre Santos de. A "supremacia do interesse público" no advento do Estado de direito e na hermenêutica do direito público contemporâneo, p. 4. Tal se dá, porque, como afirmamos em trabalho anterior (MADUREIRA, Claudio. Vedações legais à impetração do mandado do segurança, p. 49-78), os direitos fundamentais não são absolutos, podendo perder espaço, na casuística, para a aplicação de outros direitos fundamentais. O que ocorre é que os direitos fundamentais, embora estejam contemplados no texto constitucional, podem, no caso concreto, encontrar restrições à sua realização. Sem embargo de o regime jurídico impor limitações à configuração dessas restrições, relacionadas, sobretudo, à necessidade de preservação do "conteúdo essencial" do direito fundamental protegido, tal não impede, conforme Cristina Queiroz, o estabelecimento, no plano legislativo, de restrições, regulamentações, configurações e concretizações no exercício de direitos fundamentais, seja pela concepção de enunciados prescritivos de escalão constitucional (restrições diretamente constitucionais), seja pela edição de normas infraconstitucionais (restrições indiretamente constitucionais) (QUEIROZ, Cristina. *Direitos fundamentais*, p. 199-200). Nesse mesmo sentido é a lição de José Joaquim Gomes Canotilho, que refere a existência de leis restritivas de direito, que "'diminuem' ou limitam as possibilidades de acção garantidas pelo âmbito de proteção da norma consagradora desses direitos e a eficácia de proteção de um bem jurídico inerente a um direito fundamental" (CANOTILHO, José Joaquim Gomes. *Direito constitucional e teoria da Constituição*, p. 1.276). Em idêntica direção é a orientação doutrinária de Daniel Sarmento, para quem a edição pelo legislador de restrições não mencionadas no texto constitucional deriva da própria Constituição, e se origina da circunstância de as constituições hospedarem direitos e princípios que podem colidir na casuística, sem que o Poder Constituinte tenha fixado, em seus textos, critérios para solução destes conflitos (SARMENTO, Daniel. *Livres e iguais*, p. 79). Conforme Sarmento, "é preferível que tais restrições sejam fixadas de antemão pelo legislador, do que se fique sempre a depender das ponderações casuísticas feitas em face das situações concretas pelo aplicador do Direito, seja ele o juiz, ou pior ainda, o administrador" (SARMENTO, Daniel. *Livres e iguais*, p. 79).

[1040] ARAGÃO, Alexandre Santos de. A "supremacia do interesse público" no advento do Estado de direito e na hermenêutica do direito público contemporâneo, p. 5.

[1041] ARAGÃO, Alexandre Santos de. A "supremacia do interesse público" no advento do Estado de direito e na hermenêutica do direito público contemporâneo, p. 5.

§4º). Se esse dispositivo (art. 169, parágrafo único) tivesse sido mantido no texto da Lei nº 14.133/2021, os advogados públicos (a despeito do que disponham as leis orgânicas e normas administrativas que disciplinam a atuação das suas respectivas procuradorias, aplicáveis residualmente aos outros tipos de processo) teriam que proferir seus pareceres nos processos de licitações e contratações públicas em, no máximo, um mês, ressalvada tão somente a possibilidade de prorrogação desse prazo, por igual período, mediante veiculação de motivação adequada.

CAPÍTULO 34

A SEGURANÇA JURÍDICA NA ATIVIDADE DE CONTROLE: DECISÕES DOS TRIBUNAIS DE CONTAS *VERSUS* MODELO DE PRECEDENTES

> Art. 172. VETADO
>
> Parágrafo único. VETADO

O projeto de lei aprovado pelo Congresso Nacional previa, textualmente, que "os órgãos de controle deverão orientar-se pelos enunciados das súmulas do Tribunal de Contas da União relativos à aplicação desta Lei, de modo a garantir uniformidade de entendimentos e a propiciar segurança jurídica aos interessados" (art. 172, *caput*), e que "a decisão que não acompanhar a orientação a que se refere o caput deste artigo deverá apresentar motivos relevantes devidamente justificados" (art. 172, parágrafo único). Todavia, esses dispositivos foram vetados pela Presidência da República, à consideração de que eles criariam "força vinculante às súmulas do Tribunal de Contas da União", e por isso violariam "o princípio da separação dos poderes (art. 2º, CF)", "o princípio do pacto federativo (art. 1º, CF)" e "a autonomia dos Estados, Distrito Federal e Municípios (art. 18, CF)".

Se eles tivessem sido mantidos no texto legal, poderíamos afirmar, em vista dos comandos normativos que deles sobressaíam, que esses dispositivos abriam campo para a associação entre as decisões proferidas pelos tribunais de contas no âmbito do controle administrativo e o método decisório que sobressai do modelo brasileiro de precedentes, cuja incidência tem a potencialidade de garantir uniformidade de entendimentos, propiciando, com isso, maior segurança jurídica a contratantes e licitantes/contratados nos processos que envolvem licitações e contratações públicas. *Porém, esse efeito pode ser obtido, em rigor, independentemente da sua manutenção no texto legal*, precisamente *porque*, como teremos a oportunidade de adiante expor e demonstrar, *o direito brasileiro adota*, sobretudo depois da edição do Código de Processo Civil de 2015, *modelo de precedentes que pode ser empregado na esfera administrativa, inclusive para efeito de orientar a atribuição da eficácia potencialmente vinculante às decisões jurídicas proferidas pelos tribunais de contas*, entre elas dos enunciados das súmulas do Tribunal de Contas da União.

34.1 Notas sobre o modelo brasileiro de precedentes

Não há dúvidas de que, entre nós, os precedentes obrigam os julgadores. A sua vinculatividade resulta do disposto no art. 927 da lei processual civil, que impõe a juízes e tribunais que observem as decisões proferidas pelo Supremo Tribunal Federal em controle concentrado de constitucionalidade (CPC-2015, art. 927, I), os seus enunciados de súmula vinculante (CPC-2015, art. 927, II), os acórdãos firmados em incidente de assunção de competência ou de resolução de demandas repetitivas e em julgamento de recursos extraordinário e especial repetitivos (CPC-2015, art. 927, III), as súmulas não vinculantes do Supremo Tribunal Federal em matéria constitucional e do Superior Tribunal de Justiça em matéria infraconstitucional (CPC-2015, art. 927, IV) e as orientações do Plenário ou do órgão especial aos quais estiverem vinculados (CPC-2015, art. 927, V).

Esses pronunciamentos jurisdicionais-tipo encartam o que Hermes Zaneti Júnior convencionou chamar *modelo de precedentes normativos formalmente vinculantes*,[1042] porque a sua obrigatoriedade decorre de taxativa imposição legal.[1043]

Todavia, também há vinculatividade fora do âmbito desses pronunciamentos-tipo.

Em primeiro lugar porque os tribunais de vértice podem manter turmas/câmaras/sessões especializadas para julgamento de matérias específicas (direito administrativo, direito previdenciário etc.), que culminam por enfrentar questões constitucionais e de direito nacional que muitas vezes não chegam a ser conduzidas aos seus plenários/órgãos especiais. Esses pronunciamentos jurisdicionais, na medida em que não se encontram referidos no art. 927 do Código de Processo Civil de 2015, não integram o que Zaneti designou como precedentes normativos formalmente vinculantes, mas podem ser incorporados ao conceito de precedentes sob a forma *precedentes normativos vinculantes*, cuja vinculatividade não resulta de taxativa imposição normativa, mas da circunstância de o ordenamento jurídico reconhecer "o papel de cortes supremas às cortes de vértice" e de levar "a sério os seus tribunais e suas decisões", que configura "uma 'presunção a favor do precedente', de cunho normativo, muito embora não conte com uma previsão formal (legal) de vinculatividade expressa e explícita dos textos legais".[1044] É precisamente

---

[1042] ZANETI JÚNIOR, Hermes. *O valor vinculante dos precedentes*: teoria dos precedentes normativos formalmente vinculantes.

[1043] Cf. MADUREIRA, Claudio. Fundamentos do novo processo civil brasileiro, p. 124-177, *passim*.

[1044] ZANETI JÚNIOR, Hermes. *O valor vinculante dos precedentes*: teoria dos precedentes normativos formalmente vinculantes, p. 325. Zaneti defendia a adoção da teoria dos precedentes pelo direito brasileiro mesmo antes da edição do código de 2015 (ZANETI JÚNIOR, Hermes. *Processo constitucional*: o modelo constitucional do processo civil brasileiro, p. 50). Porém, em suas próprias palavras, o Brasil apresentava até então "um modelo fraco de precedentes judiciais", pois "muito embora em alguns casos houvesse vinculatividade (ex.: súmulas vinculantes) não havia uma regra geral de *stare decisis* e a recepção do modelo de *stare decisis* tinha sido até o presente momento apenas uma recepção parcial e mitigada" (ZANETI JÚNIOR, Hermes. *O valor vinculante dos precedentes*: teoria dos precedentes normativos formalmente vinculantes, p. 357). Existia, então, "uma ideologia que, do ponto de vista cultural e normativo, compreendia os precedentes como instrumentos fracos de persuasão e não como normas vinculantes de nosso sistema", num contexto em que "a teoria das fontes reconhecia aos precedentes um papel de fontes secundárias e a prática judicial lhes emprestava o caráter de argumentos de reforço, muitas vezes relevantes, mas não vinculantes em relação às decisões dos casos-atuais" (ZANETI JÚNIOR, Hermes. *O valor vinculante dos precedentes*: teoria dos precedentes normativos formalmente vinculantes, p. 357). Esse quadro se modificou com a edição do código de 2015, quer porque o seu art. 927 vincula os juízes e tribunais ao cumprimento de precedentes extraídos pelos intérpretes de determinados pronunciamentos jurisdicionais-tipo (*precedentes normativos formalmente vinculantes* e *precedentes normativos formalmente vinculantes fortes*), quer porque o inc. VI do §1º de seu art. 489 a eles impõe seguir (entre outros pronunciamentos jurisdicionais) os precedentes invocados pelas partes em suas manifestações no processo; aqui incluídos não apenas os *precedentes normativos*

nesse contexto que se situam as decisões uniformizadoras proferidas pelas turmas/câmaras/sessões especializadas dos tribunais de cúpula (e também pelos tribunais de segunda instância), que, por deterem essa característica (pretensão de uniformização), impõem-se, nos casos concretos, como *precedentes vinculantes sem previsão legal*.[1045]

Em segundo lugar porque a lei processual conferiu vinculatividade também às decisões persuasivas invocadas, quando estabeleceu, no inc. VI do §1º do seu art. 489,[1046] que não se considera fundamentada qualquer decisão judicial, seja ela interlocutória, sentença ou acórdão (CPC-2105, art. 489, §1º) que deixar de seguir (não apenas precedentes, mas também) enunciado de súmula e jurisprudência invocados pela parte, sem demonstrar a existência de distinção no caso em julgamento ou a superação do entendimento (CPC-2105, art. 489, §1º, VI).[1047] Vê-se, pois, que o dispositivo enuncia (i) quanto aos precedentes, tão somente a possibilidade do afastamento da sua obrigatoriedade (imposta pelo art. 927 do código de 2015) quando o julgador puder demonstrar a configuração de distinção ou superação, prevendo, (ii) quanto aos enunciados de súmula e à jurisprudência invocados pelas partes,[1048] que esses pronunciamentos (ii.1) precisam observados pelos julgadores[1049] e que, como os precedentes, (ii.2) somente podem ter a sua aplicação afastada nos casos concretos quando o julgador vier a demonstrar a existência de distinção ou superação.[1050]

---

formalmente vinculantes, mas também os chamados *precedentes normativos vinculantes* (ZANETI JÚNIOR, Hermes. *O valor vinculante dos precedentes*: teoria dos precedentes normativos formalmente vinculantes, p. 325). Afinal, é "sinal de maturidade jurídica o ordenamento levar em consideração os precedentes de outras cortes em casos análogos" (ZANETI JÚNIOR, Hermes. *O valor vinculante dos precedentes*: teoria dos precedentes normativos formalmente vinculantes, p. 324).

[1045] Cf. MADUREIRA, Claudio. Fundamentos do novo processo civil brasileiro, p. 162-168, *passim*.

[1046] Mencionado no tópico anterior com o propósito de justificar a vinculatividade de decisões uniformizadoras proferidas por turmas/câmaras/seções especializadas de tribunais, e que designamos, em vista da classificação proposta por Zaneti, como precedentes normativos vinculantes, embora não formalmente vinculantes.

[1047] Não prospera, ao ensejo, a suposição de que o legislador, quando empregou, no texto do código, a frase "enunciado de súmula, jurisprudência ou precedente invocado", quis referir tão somente os precedentes extraídos dos pronunciamentos jurisdicionais elencados em seu art. 927, ou, quando menos, estaria se reportando a eles e aos precedentes mencionados no tópico anterior, em que abordamos os precedentes normativos vinculantes (embora não formalmente vinculantes) que resultam de decisões uniformizadoras proferidas por turmas/câmaras/sessões especializadas. A uma porque a confirmação dessa intepretação jurídica pressupõe que se admita que, em direito, a lei contém (ou que poderia conter) palavras inúteis, suposição amplamente rejeitada pela tradição jurídica; *como se a opção do legislador por impor aos julgadores que sigam enunciado de súmula, jurisprudência ou precedente* invocado pelas partes sempre que não lograrem demonstrar a configuração de distinção ou superação nos casos concretos *significasse*, na prática, *que apenas os precedentes invocados mereceriam semelhante acatamento*; sobretudo quando se tem em vista que se o legislador tivesse efetivamente desejado que apenas os precedentes invocados precisassem ser observados no curso do processo bastaria que ele somente tivesse empregado, no dispositivo, o signo *precedente*, deixando de fora do texto legal a referência feita aos signos *enunciado de súmula* e *jurisprudência*. A duas porque também desmente essa ilação a própria inclusão, no texto normativo, da preposição *ou*, que por si só indica que o legislador considerou abarcados pela regra formulada cada um dos três tipos de pronunciamentos mencionados (enunciado de súmula, jurisprudência ou precedente), e não apenas um deles (precedente). A três porque a adstrição de juízes e tribunais aos precedentes já resulta do texto do art. 927 da lei processual, que projeta a obrigatoriedade que têm os julgadores de, independentemente da sua invocação nas manifestações processuais, observá-los em suas decisões/sentenças/acórdãos.

[1048] Ambos situados por Zaneti no contexto do que ele convencionou chamar *jurisprudência persuasiva*, mas que, por efeito didático, convencionamos chamar, simplesmente, de *decisões persuasivas invocadas*.

[1049] Como ocorre com os precedentes, embora quanto a eles sequer seja necessária a sua invocação pelas partes, dada a imposição jurídico-normativa que sobressai do art. 927 da lei processual.

[1050] Por óbvio, a noção de superação aplicada às decisões persuasivas invocadas (que se diferenciam dos precedentes, por não possuem caráter uniformizador) precisa ser a adequada à sua natureza, sob pena e risco de que se configure, na casuística, imposição a que os julgadores observem, ao mesmo tempo, posicionamentos jurídicos

Em terceiro lugar porque há quem defenda, inclusive, a existência de *precedentes administrativos*, que seriam aqueles formados por decisões jurídicas firmadas por determinados órgãos administrativos. No ponto, Rafael Carvalho Oliveira Rezende sustenta que a exigência de coerência no exercício da atividade estatal justificaria a extensão da vinculatividade inerente aos precedentes judiciais também aos processos administrativos, de modo a que decisões por ele qualificadas como precedentes administrativos passassem a ser observadas na resolução administrativa de casos futuros e semelhantes.[1051] Para o autor, o precedente administrativo pode ser conceituado como a norma jurídica retirada de decisão administrativa em caso concreto anterior, que, sendo válida e compatível com o interesse público, deveria ser ulteriormente observada pela Administração Pública.[1052] Em mesmo sentido se posiciona Gustavo Marinho de Carvalho, para quem o precedente administrativo é a norma jurídica extraída por indução de um ato administrativo individual e concreto, de tipo decisório, ampliativo ou restritivo da esfera jurídica dos administrados, e que vincula o comportamento da Administração Pública, inclusive órgãos de controle, para todos os casos posteriores e substancialmente similares.[1053] Muito embora não estejamos convencidos de que os atos decisórios referidos por Rezende e Oliveira efetivamente se apresentam como precedentes,[1054] não há dúvidas de que existem, no regime processual vigente, decisões administrativas uniformizadoras que afetam o resultado final dos processos judiciais.

O principal exemplo deste fenômeno são as chamadas orientações vinculantes firmadas no âmbito administrativo, cuja formação obsta, nos precisos termos do inc. IV do §4º do art. 496 do Código de Processo Civil de 2015,[1055] a incidência da remessa necessária (também chamada reexame obrigatório) nos casos concretos. Observe-se que o dispositivo, em seus incisos antecedentes,[1056] afasta a remessa necessária quando

---

contraditórios (ou que se verificaria, por exemplo, se autor e réu invocarem acórdãos de tribunais distintos proferidos em sentido diametralmente opostos). Porém, isso é assunto para estudo mais aprofundado, quanto ao que recomendamos a leitura da Dissertação de Mestrado apresentada por Gabriel Sardenberg Cunha ao Programa de Pós-Graduação em Direito da Ufes, e que foi aprovada com distinção por banca composta, juntamente com o primeiro autor (orientador da pesquisa), pelos professores Hermes Zaneti Júnior, Daniel Mitidiero e Samuel Meira Brasil Júnior, que certamente se inserem entre os principais especialistas na matéria no âmbito do direito brasileiro. A propósito, cf.: CUNHA, Gabriel Sardenberg. *Precedentes e decisões (potencialmente) vinculantes*: obrigatoriedade racional e obrigatoriedade formal na lei processual, p. 208-211, *passim*. Sobre o assunto, ler também: MADUREIRA, Claudio; CUNHA, Gabriel Sardenberg. Eficácia vinculante e jurisprudência persuasiva, p. 627-644; e MADUREIRA, Claudio; CUNHA, Gabriel Sardenberg. Decisões (potencialmente) vinculantes, p. 177-206.

[1051] OLIVEIRA, Rafael Carvalho Rezende. *Precedentes no direito administrativo*, p. 96.

[1052] OLIVEIRA, Rafael Carvalho Rezende. *Precedentes no direito administrativo*, p. 95.

[1053] CARVALHO, Gustavo Marinho de. Precedentes administrativos no direito brasileiro, p. 121.

[1054] Assim compreendidos os pronunciamentos jurisdicionais uniformizadores a que os juízes devem observância por imposição legal (*precedentes normativos formalmente vinculantes* e *precedentes normativos formalmente vinculantes fortes*; cf. ZANETI JÚNIOR, Hermes. *O valor vinculante dos precedentes*: teoria dos precedentes normativos formalmente vinculantes) ou por imperativo lógico (*precedentes normativos vinculantes*, que convencionamos chamar, por efeito didático, *precedentes vinculantes sem previsão legal*). Cf. MADUREIRA, Claudio. *Fundamentos do novo processo civil brasileiro*, p. 162-169, *passim*).

[1055] CPC-2015: "Art. 496. Está sujeita ao duplo grau de jurisdição, não produzindo efeito senão depois de confirmada pelo tribunal, a sentença: [...] §4º Também não se aplica o disposto neste artigo quando a sentença estiver fundada em: [...] IV - entendimento coincidente com orientação vinculante firmada no âmbito administrativo do próprio ente público, consolidada em manifestação, parecer ou súmula administrativa".

[1056] CPC-2015: "Art. 496. Está sujeita ao duplo grau de jurisdição, não produzindo efeito senão depois de confirmada pelo tribunal, a sentença: [...] §4º Também não se aplica o disposto neste artigo quando a sentença estiver fundada em: I - súmula de tribunal superior; II - acórdão proferido pelo Supremo Tribunal Federal ou pelo Superior

estamos diante de sentenças fundadas em precedentes. Destarte, essas orientações administrativas, conquanto não vinculem julgamentos proferidos nos processos judiciais (no ponto, sua eficácia é meramente persuasiva), obstam o prosseguimento do feito em reexame necessário quando a sentença proferida pelo Poder Judiciário adotar entendimento coincidente com eles, apresentando-se, portanto, como espécie anômala de decisão persuasiva (embora, claramente não se qualifique, na linha do posicionamento de Zaneti, como jurisprudência persuasiva).[1057]

Essas considerações põem em evidência que o modelo de precedentes concebido pelo legislador processual vai além dos *precedentes normativos formalmente vinculantes*, porque inclui, ainda, as decisões proferidas pelas turmas/câmaras/seções especializadas desses tribunais de cúpula (*precedentes vinculantes sem previsão legal*) e as *decisões persuasivas invocadas* (CPC-2015, art. 489, §1º, VI), que também abarcam, com os ajustes que se fizerem necessários, as *orientações administrativas vinculantes* (CPC-2015, art. 496, §4º, IV). Todos esses pronunciamentos orientam, em maior ou menor medida, o julgamento dos processos judiciais, e por isso integram o que em doutrina se convencionou chamar modelo brasileiro de precedentes.[1058]

34.2 O problema levantado pela Presidência da República quando vetou os dispositivos

Outro exemplo desse fenômeno poderia sobressair dos textos do art. 172 do projeto de lei que deu origem à Lei nº 14.133/2021 e de seu parágrafo único, vetados pela Presidência da República, e que dispunham sobre a vinculatividade dos enunciados de súmula editados pelo Tribunal de Contas da União em matéria de licitações e contratos administrativos. Porém, considerando que toda atividade administrativa está sujeita a controle jurisdicional (CRFB, art. 5º, XXXV), e que os juízes e tribunais responsáveis pelo julgamento das ações judiciais propostas nesse contexto devem observar precedentes (CPC-2015, art. 927) e decisões persuasivas invocadas (CPC-2015, art. 489, §1º, VI), e considerando que a atividade administrativa também é controlada pelos tribunais de contas, a conclusão que se impõe, e que parece ter orientado o veto presidencial, é que a previsão em texto legal de que as súmulas do Tribunal de Contas da União vinculariam a Administração em tese atrairia para os seus agentes o risco de serem compelidos a observar, em suas atividades cotidianas, interpretações jurídicas que em tese poderiam ser contraditórias, encartadas, por um lado, em precedentes/decisões persuasivos invocados dimanados pelo Poder Judiciário e, por outro, nos enunciados de súmula da Corte Superior de Contas.

Tribunal de Justiça em julgamento de recursos repetitivos; III - entendimento firmado em incidente de resolução de demandas repetitivas ou de assunção de competência [...]".

[1057] Talvez seja possível reuni-las, juntamente com as decisões jurídicas proferidas (por exemplo) pelos tribunais de contas e pelos conselhos de contribuintes (que têm efeitos concretos evidentes sobre a Administração Pública), quando invocadas no curso do processo judicial, como espécie do gênero decisões persuasivas invocadas, de que seriam espécies a jurisprudência persuasiva e as decisões persuasivas administrativas. Mas isso é assunto para outro estudo.

[1058] Cf. MADUREIRA, Claudio. Fundamentos do novo processo civil brasileiro.

34.2.1 A extensão da vinculatividade dos precedentes e decisões persuasivas invocadas à Administração Pública

Essa preocupação é fundada porque, em rigor, precedentes e decisões persuasivas invocadas também vinculam a atividade administrativa.[1059] Afinal, muito embora o Código de Processo Civil de 2015 somente disponha sobre a *vinculação de juízes e tribunais*, é equivocada a suposição de que a sua obrigatoriedade de igual modo não se estende aos jurisdicionados e (sobretudo) à Administração Pública. É que, conquanto a lei processual não traga disposição expressa nesse sentido, os precedentes firmados pelos tribunais brasileiros (inclusive os que convencionamos chamar precedentes sem previsão legal), as súmulas e a jurisprudência invocadas pelas partes (ainda que não configurem precedentes) e também as decisões persuasivas de natureza administrativa (entre elas as orientações administrativas vinculantes referidas pelo art. 496, §4º, IV do CPC-2015) estendem seus efeitos também aos jurisdicionados (a todos eles), por aplicação do disposto nos arts. 5º e 77, II da lei processual civil, em especial àqueles que se qualificarem como órgãos/entidades da Administração, dada a incidência, juntamente com esses dispositivos processuais, dos princípios administrativos da legalidade e da eficiência.

O art. 5º do Código de Processo Civil de 2015 estabelece, textualmente, que aquele que de qualquer forma participa do processo deve comportar-se de acordo com a boa-fé.[1060] Por sua vez, o inc. II do seu art. 77 elenca entre os deveres das partes, de seus procuradores e de todos aqueles que de qualquer forma participem do processo não formular pretensão ou apresentar defesa quando cientes de que são destituídas de fundamento (dever processual de não litigar contrariamente ao direito). A conjugação desses dispositivos processuais à constatação (a partir do texto da lei processual) de que decisões/sentenças/acórdãos invariavelmente observarão precedentes/decisões persuasivas invocadas não deixa alternativa aos jurisdicionados. Afinal, *não se pode dizer que atua com boa-fé* (art. 5º), *ou que se abstém de formular pretensão/defesa destituídas de fundamento* (CPC-2105, art. 77, II), *aquele que se recusa a conferir cumprimento voluntário a pretensão fundada em precedente/decisão persuasiva invocada, ou que insiste em veicular/manter pretensão refutada por precedente/decisão persuasiva invocada*. Em rigor, somente é legítimo litigar, nesse contexto, enquanto houver dúvida sobre quem vai vencer o processo. Porém, se o deslinde da *vexata quaestio* estiver a depender exclusivamente da definição sobre se deve prevalecer, enquanto interpretação jurídica, a tese (pretensão do autor) ou a antítese (resistência do réu a essa pretensão), a simples veiculação de precedente/decisão persuasiva invocada (ressalvada, evidentemente, a hipótese de configuração de distinção ou superação) afasta qualquer dúvida neste sentido (precedentes/decisões persuasivas invocadas vinculam os julgadores, que, posto isso, precisam adotá-los em suas decisões/sentenças/acórdãos), tornando ilegítimo o ato de litigar/prosseguir litigando. O fato é que, presentes essas precondições, ter-se-á a certeza da derrota na demanda, o que faz com que o ato de litigar (ou prosseguir litigando) contraponha-se, ao mesmo tempo, aos deveres processuais de agir com boa-fé no processo (CPC-2105, art. 5º) e de não litigar contrariamente ao direito (CPC-2105, art. 77, II).[1061]

[1059] Cf. MADUREIRA, Claudio. *Royalties de petróleo e Federação*, p. 194-195.
[1060] Sobre a argumentação que se segue, cf.: MADUREIRA, Claudio. *Royalties de petróleo e Federação*, p. 195-196.
[1061] Cf. MADUREIRA, Claudio. Fundamentos do novo processo civil brasileiro.

O mesmo raciocínio se aplica à Fazenda Pública, sobre a qual também incidem os precitados deveres processuais (agir com boa-fé no processo e não litigar contrariamente ao direito). Porém, quanto a ela, são aplicáveis, ainda, os princípios administrativos da legalidade e da eficiência.[1062]

A legalidade administrativa distingue-se da legalidade comum, voltada ao cidadão, autorizado pela Constituição brasileira (art. 5º, II) a fazer tudo que o direito não proíbe e a deixar de fazer o que o direito não lhe impõe, porque se qualifica como legalidade estrita,[1063] que impõe à Administração e a seus agentes que atuem dentro dos estritos limites do que o direito lhes autoriza.[1064] Todavia, o direito de nosso tempo tornou-se mais flexível, ou talvez mais "suave", como sugere Gustavo Zagrebelsky;[1065] o que faz com que, conforme variam os intérpretes, da interpretação do direito possa resultar diferentes soluções jurídicas para um mesmo problema. Com efeito, na precisa alegoria construída por Eros Roberto Grau, "dá-se na interpretação de textos normativos algo análogo ao que se passa na interpretação musical".[1066] Grau observa, quanto a esse pormenor, que "não há uma única interpretação correta (exata) da Sexta Sinfonia de Beethoven", aduzindo, ao ensejo, que "a Pastoral regida por Toscano, com a Sinfônica de Milão, é diferente da Pastoral regida por Von Karajan, com a Filarmônica de Berlim", e que "não obstante uma seja mais romântica, mais derramada, a outra mais longilínea, as duas são autênticas – e corretas".[1067] Com essas considerações, esse professor paulista rejeita "a existência de uma única resposta correta (verdadeira, portanto) para o caso

---

[1062] Positivados, nos termos seguintes, no *caput* do art. 37 da Constituição da República: "Art. 37. A administração pública direta e indireta de qualquer dos Poderes da União, dos Estados, do Distrito Federal e dos Municípios obedecerá aos princípios *legalidade*, impessoalidade, moralidade, publicidade e *eficiência* e, também, ao seguinte: (Redação dada pela Emenda Constitucional nº 19, de 1998)" (grifos nossos).

[1063] *Vide* tópico 2.1.1 do Capítulo 2.

[1064] Orienta, de igual modo, a vinculação dos agentes estatais a uma correta aplicação do direito, à necessidade que tem a Administração Pública de promover a realização do interesse público. A propósito, Bandeira de Mello expressa que "a noção de interesse público [...] impede que se incida no equívoco muito grave de supor que o interesse público é exclusivamente um interesse do Estado", lapso de compreensão "que faz resvalar fácil e naturalmente para a concepção simplista e perigosa de identificá-lo com quaisquer interesses da entidade que representa o todo" (BANDEIRA DE MELLO, Celso Antônio. A noção jurídica de "interesse público", p. 187. A propósito, cf., ainda: BANDEIRA DE MELLO, Celso Antônio. *Curso de direito administrativo*, 27. ed., p. 65). Para esse professor paulista "o Estado, tal como os demais particulares, é, também ele, uma pessoa jurídica, que, pois, existe e convive no universo jurídico em concorrência com todos os demais sujeitos de direito", e que, por isso, "independentemente do fato de ser, por definição, encarregado de interesses públicos", pode ter, como qualquer outra pessoa, "interesses que lhe são particulares, individuais, e que, tal como os interesses delas, concebidas em suas meras individualidades, se encarnam no Estado enquanto pessoa" (BANDEIRA DE MELLO, Celso Antônio. A noção jurídica de "interesse público", p. 188. Sobre o assunto, ler também: BANDEIRA DE MELLO, Celso Antônio. *Curso de direito administrativo*, 27. ed., p. 65-66). Esses últimos interesses não são, conforme Bandeira de Mello, "interesses públicos", mas se qualificam, na verdade, como "interesses individuais do Estado" (por exemplo, cobrar tributos) (BANDEIRA DE MELLO, Celso Antônio. A noção jurídica de "interesse público", p. 188). Esses interesses particulares do Estado só merecem proteção jurídica quando instrumentais ao interesse público (BANDEIRA DE MELLO, Celso Antônio. A noção jurídica de "interesse público", p. 188) (por exemplo, cobrar tributos dentro dos limites legais, para tornar viável o fornecimento de serviços públicos). Por isso é que, na acepção teórica adotada por Bandeira de Mello, o interesse público consiste no interesse do Estado e da sociedade na observância da ordem jurídica estabelecida, pressupondo, assim, uma correta aplicação do direito. Ao ensejo, cf., também: MADUREIRA, Claudio. Poder público, litigiosidade e responsabilidade social; e MADUREIRA, Claudio. *Advocacia Pública*, p. 45-96, *passim*.

[1065] ZAGREBELSKY, Gustavo. *Il diritto mitte*. Sobre o assunto, ler também: MADUREIRA, Claudio. *Advocacia Pública*, p. 300-306, *passim*; e MADUREIRA, Claudio. *Fundamentos do novo processo civil brasileiro*, p. 36-50, *passim*.

[1066] GRAU, Eros Roberto. Ensaio e discurso sobre a interpretação/aplicação do direito, p. 36.

[1067] GRAU, Eros Roberto. Ensaio e discurso sobre a interpretação/aplicação do direito, p. 36.

jurídico – ainda que o intérprete esteja, através dos princípios, vinculado pelo sistema jurídico".[1068] Os precedentes, e também as decisões persuasivas invocadas, apresentam-se nesse contexto como elementos que possibilitam o fechamento do sistema, de modo a conferir as necessárias segurança e isonomia aos jurisdicionados.[1069] Por esse motivo é que, ressalvada a configuração de distinção ou superação, os precedentes firmados pelos tribunais brasileiros, e também as decisões persuasivas invocadas, encerram, para a Administração Pública, a ideia de legalidade. É que, ao largo deles, não há espaço para uma vitória processual da Fazenda Pública na eventualidade de o prejudicado vir a se socorrer do Poder Judiciário. Afinal, precedentes/decisões persuasivas invocadas vinculam, pelas razões dantes expostas, a atividade jurisdicional. Destarte, da sua contrariedade na esfera administrativa, sobretudo quando não se cogita da configuração de distinção ou superação, resulta ofensa ao princípio administrativo da legalidade.[1070]

Dela também decorre violação ao princípio da eficiência, que se destina, na lição de Maria Sylvia Zanella Di Pietro, a "alcançar os melhores resultados na prestação do serviço público".[1071] É que, se os precedentes/as decisões persuasivas invocadas vinculam os julgadores,[1072] da iniciativa dos agentes estatais por lhes recusar observância na esfera administrativa pode resultar a condução ao Poder Judiciário de litígios com resultado claramente previsível, qual seja, a derrota do Poder Público. Semelhante escolha administrativa por óbvio não traduz "o melhor resultado da prestação".[1073] Em especial quando se considera que os custos do processo são suportados pelo Estado, que paga os salários de juízes, promotores e procuradores, bem como dos serventuários da Justiça, do Ministério Público e das procuradorias, além de arcar com as demais despesas inerentes à execução da função jurisdicional com relação à tramitação dos processos em que são partes os entes estatais (despesas com diligências de oficiais de justiça, honorários de advogado, honorários periciais etc.). O que se dá é que, como ressalta Di Pietro em outro trabalho, a Administração, quando posterga (inclusive quando deixa de seguir interpretações jurídicas uniformizadoras gravadas em precedentes/decisões persuasivas invocadas) compromissos financeiros a seu cargo (por exemplo "no afã de deixar para governos futuros o pagamento de precatórios judiciais"), estará "sobrecarregando os cofres públicos com todos os ônus decorrentes da demanda judicial",[1074] incorrendo, destarte, em violação ao princípio administrativo da eficiência.[1075]

34.2.2 A extensão da vinculatividade dos precedentes e decisões persuasivas invocadas aos tribunais de contas

Ocorre que os tribunais de contas de igual modo integram o Estado, o que faz com que os seus integrantes e servidores também se vinculem, como os agentes estatais, aos

---

[1068] GRAU, Eros Roberto. Ensaio e discurso sobre a interpretação/aplicação do direito, p. 36.
[1069] MADUREIRA, Claudio. Fundamentos do novo processo civil brasileiro, p. 124-177, *passim*.
[1070] Sobre o assunto, cf. MADUREIRA, Claudio. *Royalties de petróleo e Federação*, p. 196-199, *passim*.
[1071] DI PIETRO, Maria Sylvia Zanella. *Direito administrativo*, 13. ed., p. 200.
[1072] E a lei processual deixou isso muito claro ao empregar, em seu art. 927, a expressão *observarão*.
[1073] Cf. DI PIETRO, Maria Sylvia Zanella. *Direito administrativo*, 13. ed., p. 83.
[1074] DI PIETRO, Maria Sylvia Zanella. Advocacia Pública, p. 24.
[1075] Ao ensejo, cf. MADUREIRA, Claudio. *Royalties de petróleo e Federação*, p. 20.

princípios administrativos da legalidade e da eficiência e, por extensão, aos precedentes e decisões persuasivas invocadas que sobressaem de pronunciamentos judiciais. Destarte, a conclusão que se impõe é que também os tribunais de contas (entre eles o Tribunal de Contas da União, mencionado nos dispositivos vetados), quando proferem suas decisões e quando emitem seus enunciados de súmulas, precisam observar precedentes/decisões persuasivas invocadas.

34.2.3 Limites conceituais à vinculatividade de precedentes e decisões persuasivas invocadas como antídoto ao problema levantado pela Presidência da República quando vetou os dispositivos

Posto isso, *questão relevante que se coloca é saber como compatibilizar as decisões proferidas pelos tribunais de contas aos precedentes e decisões persuasivas invocadas que resultam de acórdãos e súmulas dimanadas pelo Poder Judiciário. É que, se essa compatibilização for possível, ter-se-á, na prática, importante indicativo de que o veto presidencial aposto à matéria talvez tenha sido injusto e até mesmo ineficiente*.[1076]

No ponto, consideramos viável a compatibilização cogitada, que pode ser obtida, em concreto, mediante referência dos intérpretes, elementos e institutos que sobressaem do próprio modelo brasileiro de precedentes. Quanto a isso, é preciso deixar claro, desde logo, que *os precedentes não devem ser confundidos com os pronunciamentos-tipo* enumerados no art. 927 do Código de Processo Civil de 2015. É que, nas palavras de Hermes Zaneti Júnior, os precedentes "consistem no resultado da densificação de normas estabelecidas a partir da compreensão de um caso e suas circunstâncias fáticas e jurídicas", das quais "se extrai a *ratio decidendi* ou *holding* como o *core* do precedente", portanto, a "solução jurídica explicitada argumentativamente pelo intérprete a partir da unidade fático-jurídica do caso-precedente (*material facts* somados à solução dada para o caso) com o caso-atual".[1077] Eles também não se confundem com a jurisprudência, seja porque não traduzem tendências do tribunal, mas a sua própria decisão (ou decisões) a respeito da matéria, seja porque obrigam o próprio tribunal que decidiu, que é responsável, como as cortes inferiores, por sua manutenção e estabilidade.[1078] De igual modo os distinguem a circunstância de eles poderem "ser identificados a partir de apenas uma decisão, mesmo que possam ser compreendidos à luz de uma série de decisões" (*cadeia de precedentes*), "bastando um *leading case* que modifique ou crie uma nova tese jurídica para formar um precedente", enquanto que a formação da jurisprudência pressupõe "decisões reiteradas dos Tribunais".[1079] Entretanto, essas notas distintivas, embora relevantes para a compreensão do problema, não possibilitam por si só a precisa definição, nos casos concretos, sobre se determinada decisão judicial encerra ou não precedente.

[1076] Sobre a argumentação que se segue, cf. MADUREIRA, Claudio. *Fundamentos do novo processo civil brasileiro*, p. 172-177, *passim*.

[1077] ZANETI JÚNIOR, Hermes. *O valor vinculante dos precedentes*: teoria dos precedentes normativos formalmente vinculantes, p. 304-306.

[1078] ZANETI JÚNIOR, Hermes. *O valor vinculante dos precedentes*: teoria dos precedentes normativos formalmente vinculantes, p. 306-307.

[1079] ZANETI JÚNIOR, Hermes. *O valor vinculante dos precedentes*: teoria dos precedentes normativos formalmente vinculantes, p. 308.

Essa definição somente pode ser feita quando se tem em vista que *os precedentes têm função normativa*. Conforme Zaneti, "não será precedente a decisão que aplicar lei ao objeto de controvérsia", limitando-se, assim, "a indicar a subsunção de fatos ao texto legal, sem apresentar conteúdo interpretativo relevante para o caso-atual e para casos-futuros", isto é, "que apenas refletir a interpretação dada a uma norma legal vinculativa pela própria força da lei", hipótese em que o cumprimento da regra "não depende da força do precedente para ser vinculativa", mas resulta, em rigor, da própria norma abstrata aplicada.[1080] De igual modo, não constitui precedente a decisão que cita decisão anterior, mas "sem fazer qualquer especificação nova ao caso", contexto em que a vinculação decorrerá do precedente anterior, isto é, "do caso-precedente, e não da situação presente no caso-atual".[1081] Assim, somente será precedente "a decisão que resultar efeitos jurídicos normativos para os casos futuros",[1082] ou que constituir "acréscimos (ou glosas) aos textos legais relevantes para a solução de questões jurídicas".[1083] *Os precedentes normativos formalmente vinculantes encerram*, portanto, *normas jurídicas extraídas pelos intérpretes dos pronunciamentos jurisdicionais-tipo referidos pelo art. 927 da lei processual.*

Atento a isso, Gabriel Sardenberg Cunha diferencia precedentes dos pronunciamentos-tipo capazes de gerá-los, quando propõe, em doutrina, a distinção entre a *norma-precedente* e o *texto-precedente*.[1084] Em suas próprias palavras:

> [...] o precedente pode ser compreendido a partir tanto da ideia de uma decisão judicial em si, quanto da ideia de norma jurídica de caráter geral que provém da interpretação dessa decisão. Para o primeiro caso definiu-se o conceito de precedente em sentido amplo (sentido próprio) e, para o segundo, o conceito de precedente em sentido estrito (sentido impróprio).
>
> No primeiro caso, o precedente, visto como espécie de decisão judicial proferida em momento certo e específico do passado, assume a característica de texto normativo, proferido com autoridade, e, agregar aos textos que servem de objeto para ser interpretado de modo a resultar nas normas que compõem esse ordenamento.
>
> Já no segundo caso, o precedente é a norma em si mesma. Ou seja, é a *ratio decidendi*, equivale às razões determinantes utilizadas e universalizadas pelo julgador do caso precedente para solucionar determinada questão concreta. Ao formar-se a solução dessa questão, no passado, promulga-se uma norma de decisão, uma norma individual e concreta capaz de solucionar a controvérsia factual ou interpretativa que seja. Todavia, no particular dos precedentes, como essas razões determinantes para promulgar-se referida norma de decisão foram construídas em pretensão de universalidade e valendo-se de uma interpretação operativa dos textos já existentes, elas mesmas serão normas gerais e concretas a serem aplicadas na resolução de questões futuras.[1085]

[1080] ZANETI JÚNIOR, Hermes. *O valor vinculante dos precedentes*: teoria dos precedentes normativos formalmente vinculantes, p. 309.

[1081] ZANETI JÚNIOR, Hermes. *O valor vinculante dos precedentes*: teoria dos precedentes normativos formalmente vinculantes, p. 309.

[1082] ZANETI JÚNIOR, Hermes. *O valor vinculante dos precedentes*: teoria dos precedentes normativos formalmente vinculantes, p. 309.

[1083] ZANETI JÚNIOR, Hermes. *O valor vinculante dos precedentes*: teoria dos precedentes normativos formalmente vinculantes, p. 310.

[1084] CUNHA, Gabriel Sardenberg. *Precedentes e decisões (potencialmente) vinculantes*: obrigatoriedade racional e obrigatoriedade formal na lei processual, p. 107-109, *passim*.

[1085] CUNHA, Gabriel Sardenberg. *Precedentes e decisões (potencialmente) vinculantes*: obrigatoriedade racional e obrigatoriedade formal na lei processual, p. 107-108.

Enfim, os pronunciamentos-tipo elencados no art. 927 do código de 2015 (que se apresentam como "decisões judiciais que se lançam como recorte textual de textos legais ou constitucionais")[1086] encerram o que Cunha convencionou chamar *texto-precedente*, ao passo que da sua interpretação futura (mediante consideração de outros textos igualmente vigentes)[1087] resulta a formação daquilo que por ele foi designado como *norma-precedente*. Destarte, o *precedente*, tal como anteriormente delineado com base na doutrina de Zaneti, que lhe atribui vinculatividade formal, é aquele que Cunha designou como norma-precedente, o que significa dizer que os pronunciamentos-tipo (*textos-precedentes*, na classificação de Cunha) não ostentam, por si só, eficácia vinculante.

Esses mesmos parâmetros podem ser aplicados, *mutatis mutandi*, para a identificação, nos casos concretos, de precedentes normativos sem previsão legal e das decisões persuasivas invocadas. Para tanto, basta que se convencione que eles encerram (como os pronunciamentos-tipo elencados no art. 927 do código de 2015) *texto-precedente* e que da sua interpretação futura resulta a formação da *norma-precedente*.

Todavia, não se pode perder de vista que essa interpretação é voltada à extração da *ratio decidendi* (razão de decidir, colhida dos seus fundamentos determinantes)[1088] de precedentes e decisões persuasivas invocadas.

A *ratio decidendi* é composta, na lição de José Rogério Cruz e Tucci, pelas "circunstâncias de fato que embasam a controvérsia" e pela tese ou princípio jurídico assentados na motivação (*ratio decidendi*) do provimento decisório.[1089] É que, quando se cogita da aplicação do modelo de precedentes, intérpretes/aplicadores não se encontram submetidos ao que foi decidido pelos tribunais (parte dispositiva da decisão), mas aos fundamentos por eles empregados nas decisões precedentes (assumam elas a forma de precedentes ou decisões persuasivas invocadas).[1090]

Por isso é impróprio que, no campo da motivação jurídica, não apenas o julgador, mas também o intérprete/aplicador, em especial aquele que atua na esfera administrativa,

---

[1086] CUNHA, Gabriel Sardenberg. *Precedentes e decisões (potencialmente) vinculantes*: obrigatoriedade racional e obrigatoriedade formal na lei processual, p. 107.

[1087] CUNHA, Gabriel Sardenberg. *Precedentes e decisões (potencialmente) vinculantes*: obrigatoriedade racional e obrigatoriedade formal na lei processual p. 108.

[1088] A propósito, Luiz Guilherme Marinoni refere o conceito de *eficácia transcendente da motivação*, que suscita, em suas próprias palavras, a seguinte operacionalização no campo da aplicação do direito: "Com a expressão eficácia transcendente da motivação se pretende passar o significado de eficácia que, advinda da fundamentação, recai sobre situações que, embora especificamente distintas, tem grande semelhança com a já decidida e, por isto, reclamam as mesmas razões que foram apresentadas pelo tribunal ao decidir. Assim, se a norma constitucional 'X' foi considerada inconstitucional em virtude das razões 'Y', a norma constitucional 'Z', porém substancialmente idêntica a 'X', exige a aplicação das razões 'Y'" (MARINONI, Luiz Guilherme. Elaboração dos conceitos de ratio decidendi (fundamentos determinantes da decisão) e obter dictum no direito brasileiro, p. 265). Dito isso, Marinoni observa que a expressão *motivos determinantes da decisão*, usualmente tomada como sinônimo do conceito *eficácia transcendente da motivação*, "contém detalhe que permite a aproximação do seu significado ao de *ratio decidendi*", pois "há, nesta expressão, uma qualificação da motivação ou da fundamentação, a apontar para aspecto que estabelece claro link entre os motivos e a decisão" (MARINONI, Luiz Guilherme. Elaboração dos conceitos de ratio decidendi (fundamentos determinantes da decisão) e obter dictum no direito brasileiro, p. 265). Com efeito, "os motivos têm que ser determinantes para a decisão", de modo que "não é todo e qualquer motivo que tem eficácia vinculante ou transcendente", mas "apenas os motivos que são determinantes para a decisão" (MARINONI, Luiz Guilherme. Elaboração dos conceitos de ratio decidendi (fundamentos determinantes da decisão) e obter dictum no direito brasileiro, p. 265-266). Esses "motivos que determinam a decisão nada mais são do que as razões de decidir, isto é, a *ratio decidendi*" (MARINONI, Luiz Guilherme. Elaboração dos conceitos de ratio decidendi (fundamentos determinantes da decisão) e obter dictum no direito brasileiro, p. 266).

[1089] TUCCI, José Rogério Cruz e. *Precedente judicial como fonte do direito*, p. 12.

[1090] TUCCI, José Rogério Cruz e. *Precedente judicial como fonte do direito*, p. 175-176.

invoquem precedente/decisão persuasiva sem identificar seus fundamentos determinantes (*ratio decidendi*). De igual modo é inadequada a sua utilização quando não se demonstra que o caso sob julgamento se ajusta àqueles fundamentos. Afinal, *podem se verificar*, nos casos concretos, *as figuras do distinguishing* (que ocorre quando há distinção entre o caso concreto e o caso paradigma, "seja porque não há coincidência entre os fatos fundamentais discutidos e aqueles que serviram de base à *ratio decidendi* [...] constante do precedente, seja porque, a despeito de existir uma aproximação entre eles, alguma peculiaridade no caso em julgamento afasta a aplicação do precedente")[1091] *e da superação* (técnica por meio da qual o precedente perde a sua força vinculante, sendo substituído por outro precedente,[1092] que pode ser total ou parcial).[1093] Somente mediante a demonstração da existência de distinção ou da superação é que o intérprete/aplicador poderá deixar de aplicar a *ratio decidendi* dos precedentes (cuja vinculatividade se impõe independentemente da sua alegação nos autos) e das decisões persuasivas invocadas (que somente obrigam os julgadores quando integram as razões das partes).

Destarte, considerando que também os tribunais de contas (como a Administração) devem observar precedentes/decisões persuasivas invocadas quando proferem suas decisões, *a tão só existência de precedentes* firmados por Tribunais *ou de decisão persuasiva* deles *invocada* pelos interessados *torna superadas*, para efeito de orientar tomadas de posição pelos órgãos de contas, *as ratio decidendi que sobressaem de seus acórdãos e súmulas*. Disso resulta que a preocupação levantada pela Presidência da República quando vetou os textos do art. 172 do projeto de lei que deu origem à Lei nº 14.133/2021 e de seu parágrafo único encerra, na verdade, um falso problema, porque pode ser solucionado, pelas razões dantes expostas, tão somente mediante referência dos intérpretes aos limites conceituais impostos pela tradição jurídica e pelo legislador processual à vinculatividade de precedentes.

34.3 A vinculatividade das decisões proferidas pelos tribunais de contas em matéria de licitações e contratos administrativos

Em verdade, veto presidencial aposto à matéria somente tem o condão de afastar a caracterização dos enunciados de súmula do Tribunal de Contas da União como precedentes, na medida em que impediu a configuração da sua vinculatividade formal (portanto, como precedente normativo formalmente vinculante), mas não afasta a sua incidência (inclusive nos processos administrativos que encartam licitações e contratações públicas) como decisões persuasivas invocadas, que também integram, pelas razões dantes expostas, o modelo brasileiro de precedentes.

Assim, para além de desnecessário, o veto presidencial é também ineficaz, visto que, na falta de normas específicas a disciplinar o tema na Lei nº 14.133/2021, incidem, por força do disposto no art. 15 do Código de Processo Civil de 2015 (que dispõe sobre a aplicação subsidiária dos seus preceitos inclusive aos processos administrativos), as regras da lei processual que conferem vinculatividade às decisões persuasivas invocadas,

---

[1091] DIDIER JÚNIOR, Fredie; BRAGA, Paula Sarno; OLIVEIRA, Rafael. *Curso de direito processual civil*, v. 2, p. 353.
[1092] DIDIER JÚNIOR, Fredie; BRAGA, Paula Sarno; OLIVEIRA, Rafael. *Curso de direito processual civil*, v. 2, p. 354.
[1093] DIDIER JÚNIOR, Fredie; BRAGA, Paula Sarno; OLIVEIRA, Rafael. *Curso de direito processual civil*, v. 2, p. 355.

entre elas as súmulas do Tribunal de Contas da União, as demais decisões dessa Corte Nacional de Contas e as súmulas/decisões dos tribunais de contas dos estados e, onde houver, dos municípios.

CAPÍTULO 35

A POLÍTICA DE CAPACITAÇÃO CAPITANEADA PELOS TRIBUNAIS DE CONTAS

> Art. 173. Os tribunais de contas deverão, por meio de suas escolas de contas, promover eventos de capacitação para os servidores efetivos e empregados públicos designados para o desempenho das funções essenciais à execução desta Lei, incluídos cursos presenciais e à distância, redes de aprendizagem, seminários e congressos sobre contratações públicas.

Outra disposição importante que sobressai do texto da Lei nº 14.133/2021 diz respeito à previsão, pelo legislador, de programa de capacitação capitaneado pelas escolas dos tribunais de contas, composto por cursos presenciais e a distância, bem como por redes de aprendizagem, seminários e congressos sobre contratações públicas (art. 173, *caput*). Na prática, o dispositivo suscita questionamento sobre a extensão da capacitação reclamada, em específico para saber se ela somente se aplica aos servidores dos tribunais de contas ou se também se estende aos servidores de entes/poderes/órgãos/entidades controlados, a que procuraremos responder, neste capítulo, também mediante considerações atinentes ao relacionamento entre a prevenção da responsabilização pessoal de agentes estatais e o estímulo à concepção/execução de políticas públicas de interesse da sociedade, que remete ao caráter pedagógico da atividade de controle administrativo.

35.1 Extensão da capacitação profissional reclamada pelo legislador

O que a Lei nº 14.133/2021 estabelece, em literalidade, é que os tribunais de contas deverão, por meio de suas escolas de contas, promover eventos de capacitação para os servidores efetivos e empregados públicos designados para o desempenho das funções essenciais à sua execução (art. 173, *caput*), incidindo, portanto:

    a) sobre os seus próprios servidores (dos tribunais de contas), porque o controle administrativo exercido no entorno dos processos que envolvem licitações e contratações públicas também mereceu tratamento no texto da *novatio legis*;

b) também sobre os agentes estatais vinculados a entes/poderes/órgãos/entidades controlados:

b.1) seja sobre aqueles que atuam no controle interno, pelas mesmas razões expostas no item anterior;

b.2) seja sobre aqueles engajados na realização de licitações e na formalização/execução de contratos administrativos, objeto principal do legislador quando se desincumbiu da edição da *novatio legis*.

Destarte, mesmo uma intepretação literal do dispositivo impõe que a capacitação cogitada seja estendida para além do universo dos servidores dos tribunais de contas, que abarca os cursos e demais eventos realizados por suas respectivas escolas de contas. Assim não fosse, o dispositivo comentado seria absolutamente desnecessário, porque os servidores das cortes de contas já se encontram atendidos por suas escolas, o que vai de encontro à compreensão, há muito consolidada no âmbito da ciência jurídica, de que a lei não contém palavras inúteis.

35.2 Controle administrativo e caráter pedagógico

Soma-se a isso, a justificar a extensão da capacitação reclamada pelo legislador também aos servidores de entes/poderes/órgãos/entidades controlados, a constatação empírica de que a implementação de semelhante política pública teria a potencialidade de prevenir responsabilização pessoal de agentes estatais, estimulando, com isso, a concepção e execução de políticas públicas de interesse da sociedade.[1094] Nesse sentido, cursos, redes de aprendizagem, seminários e congressos disponibilizados pelas escolas de contas aos agentes estatais possibilitariam, ainda, que a faceta punitiva do controle administrativo executado pelos tribunais de contas fosse superada pelo seu caráter pedagógico, voltado ao atendimento da efetiva finalidade das licitações e contratações públicas, cujo objetivo primário não é atribuir sanções a quem incorre em irregularidades (controle pelo controle), mas, em rigor, criar as condições necessárias a que os agentes estatais não incorram nessas irregularidades (controle como prevenção ao ilícito).

[1094] A propósito, cf. MADUREIRA, Claudio. Limites e consequências da responsabilização de advogados públicos pareceristas por suas opiniões jurídicas; e MADUREIRA, Claudio. Ilegitimidade da aplicação a agentes estatais de sanções fundadas em simples "erros jurídicos".

PARTE V

DISPOSIÇÕES COMPLEMENTARES

CAPÍTULO 36

O PORTAL NACIONAL DE CONTRATAÇÕES PÚBLICAS

Art. 174. É criado o Portal Nacional de Contratações Públicas (PNCP), sítio eletrônico oficial destinado à:

I - divulgação centralizada e obrigatória dos atos exigidos por esta Lei;

II - realização facultativa das contratações pelos órgãos e entidades dos Poderes Executivo, Legislativo e Judiciário de todos os entes federativos.

§1º O PNCP será gerido pelo Comitê Gestor da Rede Nacional de Contratações Públicas, a ser presidido por representante indicado pelo Presidente da República e composto de:

I - 3 (três) representantes da União indicados pelo Presidente da República;

II - 2 (dois) representantes dos Estados e do Distrito Federal indicados pelo Conselho Nacional de Secretários de Estado da Administração;

III - 2 (dois) representantes dos Municípios indicados pela Confederação Nacional de Municípios.

§2º O PNCP conterá, entre outras, as seguintes informações acerca das contratações:

I - planos de contratação anuais;

II - catálogos eletrônicos de padronização;

III - editais de credenciamento e de pré-qualificação, avisos de contratação direta e editais de licitação e respectivos anexos;

IV - atas de registro de preços;

V - contratos e termos aditivos;

VI - notas fiscais eletrônicas, quando for o caso.

§3º O PNCP deverá, entre outras funcionalidades, oferecer:

I - sistema de registro cadastral unificado;

II - painel para consulta de preços, banco de preços em saúde e acesso à base nacional de notas fiscais eletrônicas;

III - sistema de planejamento e gerenciamento de contratações, incluído o cadastro de atesto de cumprimento de obrigações previsto no §4º do art. 88 desta Lei;

IV - sistema eletrônico para a realização de sessões públicas;

V - acesso ao Cadastro Nacional de Empresas Inidôneas e Suspensas (CEIS) e ao Cadastro Nacional de Empresas Punidas (CNEP);

VI - sistema de gestão compartilhada com a sociedade de informações referentes à execução do contrato, que possibilite:

a) envio, registro, armazenamento e divulgação de mensagens de texto ou imagens pelo interessado previamente identificado;

b) acesso ao sistema informatizado de acompanhamento de obras a que se refere o inciso III do *caput* do art. 19 desta Lei;

c) comunicação entre a população e representantes da Administração e do contratado designados para prestar as informações e esclarecimentos pertinentes, na forma de regulamento;

d) divulgação, na forma de regulamento, de relatório final com informações sobre a consecução dos objetivos que tenham justificado a contratação e eventuais condutas a serem adotadas para o aprimoramento das atividades da Administração.

§4º O PNCP adotará o formato de dados abertos e observará as exigências previstas na Lei nº 12.527, de 18 de novembro de 2011.

§5º VETADO

Art. 175. Sem prejuízo do disposto no art. 174 desta Lei, os entes federativos poderão instituir sítio eletrônico oficial para divulgação complementar e realização das respectivas contratações.

§1º Desde que mantida a integração com o PNCP, as contratações poderão ser realizadas por meio de sistema eletrônico fornecido por pessoa jurídica de direito privado, na forma de regulamento.

§2º VETADO

Art. 176. Os Municípios com até 20.000 (vinte mil) habitantes terão o prazo de 6 (seis) anos, contado da data de publicação desta Lei, para cumprimento:

I - dos requisitos estabelecidos no art. 7º e no *caput* do art. 8º desta Lei;

II - da obrigatoriedade de realização da licitação sob a forma eletrônica a que se refere o §2º do art. 17 desta Lei;

III - das regras relativas à divulgação em sítio eletrônico oficial.

Parágrafo único. Enquanto não adotarem o PNCP, os Municípios a que se refere o *caput* deste artigo deverão:

I - publicar, em diário oficial, as informações que esta Lei exige que sejam divulgadas em sítio eletrônico oficial, admitida a publicação de extrato;

II - disponibilizar a versão física dos documentos em suas repartições, vedada a cobrança de qualquer valor, salvo o referente ao fornecimento de edital ou de cópia de documento, que não será superior ao custo de sua reprodução gráfica.

••

A Lei nº 14.133/2021 também instituiu o Portal Nacional de Contratações Públicas, que compreende sítio eletrônico oficial destinado à divulgação centralizada e obrigatória dos atos exigidos pelo seu texto e à realização facultativa das contratações pelos órgãos e entidades dos poderes Executivo, Legislativo e Judiciário de todos os entes federativos (art. 174, *caput*), concebendo, ainda, disposições sobre a *possibilidade da instituição residual de portais no âmbito dos estados e municípios* e sobre o *estabelecimento de período de transição para os municípios*.

36.1 A veiculação de opção político-normativa pela centralização das informações em portal nacional

O legislador, quando instituiu o Portal Nacional de Contratações Públicas, fez uma clara opção por centralizar as informações relativas a licitações e contratações públicas em um portal nacional, seja porque passou a impor divulgação centralizada e obrigatória dos atos exigidos pela Lei nº 14.133/2021 (art. 174, I), seja porque facultou a entes/poderes/órgãos/entidades de outras unidades federadas apenas a sua utilização nas contratações por eles realizadas (art. 174, II), mantendo, assim, mesmo quanto a elas, a obrigatoriedade do registro de informações no portal nacional. Ou seja, os estados, o Distrito Federal e os municípios podem, se assim o desejarem, desconsiderar as informações contidas no Portal Nacional de Contratações Públicas quando realizarem suas licitações e contratações públicas, mas não poderão deixar de alimentá-lo com as informações provenientes dessas licitações/contratações.

Trata-se, com efeito, de cadastro nacional, mas que, nos precisos termos da lei, é gerido por órgão composto por representantes das unidades federadas das três esferas. Referimo-nos, no ponto, ao Comitê Gestor da Rede Nacional de Contratações Públicas, presidido por representante indicado pelo presidente da República (art. 174, §1º) e composto por três representantes da União, também indicados pelo presidente (art. 174, §1º, I), por dois representantes dos estados e do Distrito Federal, indicados pelo Conselho Nacional de Secretários de Estado da Administração (art. 174, §1º, II), e por dois representantes dos municípios, indicados pela Confederação Nacional de Municípios (art. 174, §1º, III).

O Portal Nacional de Contratações Públicas conterá informações relativas a planos de contratação anuais (art. 174, §2º, I), a catálogos eletrônicos de padronização (art. 174, §2º, II), a editais de credenciamento e de pré-qualificação, avisos de contratação direta e editais de licitação e respectivos anexos (art. 174, §2º, III), a atas de registro de preços (art. 174, §2º, IV), a contratos e termos aditivos (art. 174, §2º, V) e (quando for o caso) a notas fiscais eletrônicas (art. 174, §2º, VI).

Essas informações serão armazenadas e organizadas por seu comitê gestor, com o propósito de oferecer aos seus usuários, entre outras funcionalidades:
   a) sistema de registro cadastral unificado (art. 174, §3º, I);
   b) painel para consulta de preços, banco de preços em saúde e acesso à base nacional de notas fiscais eletrônicas (art. 174, §3º, II);
   c) sistema de planejamento e gerenciamento de contratações (art. 174, §3º, III), incluído o cadastro de atesto de cumprimento de obrigações (art. 85, §4º);
   d) sistema eletrônico para a realização de sessões públicas (art. 174, §3º, IV);
   e) acesso ao Cadastro Nacional de Empresas Inidôneas e Suspensas e ao Cadastro Nacional de Empresas Punidas (art. 174, §3º, V);
   f) sistema de gestão compartilhada com a sociedade de informações referentes à execução do contrato, que possibilite (art. 174, §3º, VI):

f.1) envio, registro, armazenamento e divulgação de mensagens de texto ou imagens pelo interessado previamente identificado (art. 174, §3º, VI, "a");
f.2) acesso ao sistema informatizado (art. 174, §3º, VI, "b") de acompanhamento de obras (art. 19, III);
f.3) comunicação entre a população e representantes da Administração e do contratado designados para prestar as informações e esclarecimentos pertinentes, na forma de regulamento (art. 174, §3º, VI, "c"); e
f.4) divulgação (na forma do regulamento) de relatório final com informações sobre a consecução dos objetivos que tenham justificado a contratação e eventuais condutas a serem adotadas para o aprimoramento das atividades da Administração (art. 174, §3º, VI, "d").

Para tanto, o Portal Nacional de Contratações Públicas adotará o formato de dados abertos e observará, ainda, as exigências previstas na Lei de Acesso a Informações (art. 174, §4º).[1095]

36.2 A possibilidade da instituição residual de portais correlatos no âmbito dos estados, do Distrito Federal e dos municípios

Para a eventualidade de os estados, o Distrito Federal e os municípios optarem por não utilizar o portal nacional, eles poderão, mantido o seu dever administrativo de alimentá-lo com informações provenientes de suas respectivas licitações/contratações, instituir sítio eletrônico oficial para divulgação complementar e realização das respectivas contratações (art. 175, *caput*).

36.3 A possibilidade da instituição residual de portais privados integrados ao portal nacional

Havendo integração com o portal nacional, as contratações também poderão ser realizadas por meio de sistema eletrônico fornecido por pessoa jurídica de direito privado, observado o disposto em regulamento (art. 175, §1º).

[1095] O projeto de lei aprovado pelo Congresso Nacional também previa que deveriam integrar a base nacional de notas fiscais eletrônicas as notas fiscais e os documentos auxiliares destinados a órgão ou entidade da Administração, a serem disponibilizados para livre consulta pública, sem constituir violação de sigilo fiscal (art. 174, §5º). Todavia, a Presidência da República vetou esse dispositivo, à consideração de que "a medida contraria o interesse público, tendo em vista que permite consulta irrestrita a base nacional de notas fiscais eletrônicas, sem prever exceção relacionado a necessidade de sigilo, notadamente nos casos relacionados à segurança pública ou nacional", de que "a ausência de previsão nesse sentido pode resultar na possibilidade de conhecimento pela sociedade em geral, incluídas, por exemplo, as organizações criminosas, de informações que necessitam ter sigilo podendo resultar em risco às seguranças mencionadas", e de que "a matéria já está regulamentada pelo Decreto nº 10.209, de 2020, a qual 'dispõe sobre a requisição de informações e documentos e sobre o compartilhamento de informações protegidas pelo sigilo fiscal'".

36.4 O estabelecimento de período de transição para os municípios de menor porte

Os municípios[1096] com até vinte mil habitantes:
a) terão o prazo de seis anos, contado da publicação da Lei nº 14.133/2021 para cumprimento (art. 176, *caput*) dos requisitos relativos:
   a.1) à indicação de agentes estatais e segregações de funções (arts. 7º e 8º) nas licitações e contratações públicas (art. 176, I);
   a.2) à obrigatoriedade de realização da licitação sob a forma eletrônica (art. 176, II) ou à sua substituição motivada por licitação presencial com sessão pública registrada em ata e gravada mediante utilização de recursos tecnológicos de áudio e vídeo (art. 17, §2º); e
   a.3) às regras relativas à divulgação em sítio eletrônico oficial (art. 176, III);
b) enquanto não adotarem o Portal Nacional de Contratações Públicas, deverão:
   b.1) publicar, em diário oficial, as informações que a lei exige que sejam divulgadas em sítio eletrônico oficial, admitida a publicação de extrato (art. 176, parágrafo único, I); e
   b.2) disponibilizar a versão física dos documentos em suas repartições, vedada a cobrança de qualquer valor, salvo o referente ao fornecimento de edital ou de cópia de documento, que não poderá ser superior ao custo de sua reprodução gráfica (art. 176, parágrafo único, II).

[1096] O projeto de lei aprovado pelo Congresso Nacional previa, ainda, que os municípios teriam até 31.12.2023 para realizar divulgação complementar de suas contratações mediante publicação de extrato de edital de licitação em jornal diário de grande circulação local (art. 175, §2º). Contudo, também esse preceito foi objeto de veto presidencial, fundado na afirmação de que "a determinação de publicação em jornal de grande circulação contraria o interesse público por ser uma medida desnecessária e antieconômica, tendo em vista que a divulgação em 'sítio eletrônico oficial' atende ao princípio constitucional da publicidade", e de que "o princípio da publicidade, disposto no art. 37, *caput* da Constituição da República, já seria devidamente observado com a previsão contida no *caput* do art. 54, que prevê a divulgação dos instrumentos de contratação no Portal Nacional de Contratações Públicas (PNCP), o qual passará a centralizar a publicidade dos atos relativos às contratações públicas".

ALTERAÇÕES LEGISLATIVAS

Algumas alternações legislativas foram promovidas pela Lei nº 14.133/2021 como forma de adequar o ordenamento jurídico brasileiro ao seu texto, incidentes sobre o Código de Processo Civil de 2015, sobre o Código Penal, sobre a Lei Geral de Concessões e sobre a Lei das Parcerias Público-Privadas.

37.1 Alterações no Código de Processo Civil de 2015

> Art. 177. O *caput* do art. 1.048 da Lei nº 13.105, de 16 de março de 2015 (Código de Processo Civil), passa a vigorar acrescido do seguinte inciso IV:
>
> "Art. 1.048. [...] IV - em que se discuta a aplicação do disposto nas normas gerais de licitação e contratação a que se refere o inciso XXVII do *caput* do art. 22 da Constituição Federal".

A primeira alteração legislativa promovida pelo legislador diz respeito à inclusão do inc. IV no art. 1.048 do Código de Processo Civil de 2015 (art. 177, *caput*).

Esse preceito da lei processual dispõe sobre a prioridade de tramitação, em qualquer juízo ou tribunal, dos procedimentos judiciais em que figurem como parte ou interessado pessoa com idade igual ou superior a sessenta anos (idosos) ou portadora de doença grave (CPC-2015, art. 1.048, I), regulada pelo Estatuto da Criança e do Adolescente (CPC-2015, art. 1.048, II) e em que figure como parte a vítima de violência doméstica e familiar protegida pela Lei Maria da Penha (CPC-2015, art. 1.048, III).

O legislador acrescentou a essas hipóteses de prioridade de tramitação também os procedimentos judiciais em que se discuta a aplicação das normas gerais de licitação e contratação pública (CPC-2015, art. 1.048, IV, com redação dada pelo art. 177 da Lei nº 14.133/2021); incidindo, portanto, sobre toda e qualquer matéria disciplinada na *novatio legis*; editada, tendo em vista o disposto no inc. XXVIII do art. 22 da Constituição da República,[1097] como lei geral em matéria de licitações e contratos. Assim, na prática, todos

---

[1097] CRFB: "Art. 22. Compete privativamente à União legislar sobre: [...] XXVII - normas gerais de licitação e contratação, em todas as modalidades, para as administrações públicas diretas, autárquicas e fundacionais da

os processos judiciais em que se discute a validade de atos administrativos relacionados a esses objetos encontram-se albergados pela regra de prioridade de tramitação instituída pelo dispositivo comentado.

37.2 Alterações no Código Penal

Art. 178. O Título XI da Parte Especial do Decreto-Lei nº 2.848, de 7 de dezembro de 1940 (Código Penal), passa a vigorar acrescido do seguinte Capítulo II-B:

"CAPÍTULO II-B

DOS CRIMES EM LICITAÇÕES E CONTRATOSADMINISTRATIVOS

Contratação direta ilegal

Art. 337-E Admitir, possibilitar ou dar causa à contratação direta fora das hipóteses previstas em lei:

Pena - reclusão, de 4 (quatro) a 8 (oito) anos, e multa.

Frustração do caráter competitivo de licitação

Art. 337-F Frustrar ou fraudar, com o intuito de obter para si ou para outrem vantagem decorrente da adjudicação do objeto da licitação, o caráter competitivo do processo licitatório:

Pena - reclusão, de 4 (quatro) anos a 8 (oito) anos, e multa.

Patrocínio de contratação indevida

Art. 337-G Patrocinar, direta ou indiretamente, interesse privado perante a Administração Pública, dando causa à instauração de licitação ou à celebração de contrato cuja invalidação vier a ser decretada pelo Poder Judiciário:

Pena - reclusão, de 6 (seis) meses a 3 (três) anos, e multa.

Modificação ou pagamento irregular em contrato administrativo

Art. 337-H Admitir, possibilitar ou dar causa a qualquer modificação ou vantagem, inclusive prorrogação contratual, em favor do contratado, durante a execução dos contratos celebrados com a Administração Pública, sem autorização em lei, no edital da licitação ou nos respectivos instrumentos contratuais, ou, ainda, pagar fatura com preterição da ordem cronológica de sua exigibilidade:

Pena - reclusão, de 4 (quatro) anos a 8 (oito) anos, e multa.

Perturbação de processo licitatório

Art. 337-I Impedir, perturbar ou fraudar a realização de qualquer ato de processo licitatório:

Pena - detenção, de 6 (seis) meses a 3 (três) anos, e multa.

Violação de sigilo em licitação

União, Estados, Distrito Federal e Municípios, obedecido o disposto no art. 37, XXI, e para as empresas públicas e sociedades de economia mista, nos termos do art. 173, §1º, III (Redação dada pela Emenda Constitucional nº 19, de 1998)".

Art. 337-J Devassar o sigilo de proposta apresentada em processo licitatório ou proporcionar a terceiro o ensejo de devassá-lo:

Pena - detenção, de 2 (dois) anos a 3 (três) anos, e multa.

Afastamento de licitante

Art. 337-K Afastar ou tentar afastar licitante por meio de violência, grave ameaça, fraude ou oferecimento de vantagem de qualquer tipo:

Pena - reclusão, de 3 (três) anos a 5 (cinco) anos, e multa, além da pena correspondente à violência.

Parágrafo único. Incorre na mesma pena quem se abstém ou desiste de licitar em razão de vantagem oferecida.

Fraude em licitação ou contrato

Art. 337-L Fraudar, em prejuízo da Administração Pública, licitação ou contrato dela decorrente, mediante:

I - entrega de mercadoria ou prestação de serviços com qualidade ou em quantidade diversas das previstas no edital ou nos instrumentos contratuais;

II - fornecimento, como verdadeira ou perfeita, de mercadoria falsificada, deteriorada, inservível para consumo ou com prazo de validade vencido;

III - entrega de uma mercadoria por outra;

IV - alteração da substância, qualidade ou quantidade da mercadoria ou do serviço fornecido;

V - qualquer meio fraudulento que torne injustamente mais onerosa para a Administração Pública a proposta ou a execução do contrato.

Pena - reclusão, de 4 (quatro) anos a 8 (oito) anos, e multa.

Contratação inidônea

Art. 337-M Admitir à licitação empresa ou profissional declarado inidôneo:

Pena - reclusão, de 1 (um) ano a 3 (três) anos, e multa.

§1º Celebrar contrato com empresa ou profissional declarado inidôneo:

Pena - reclusão, de 3 (três) anos a 6 (seis) anos, e multa.

§2º Incide na mesma pena do *caput* deste artigo aquele que, declarado inidôneo, venha a participar de licitação e, na mesma pena do §1º deste artigo, aquele que, declarado inidôneo, venha a contratar com a Administração Pública.

Impedimento indevido

Art. 337-N Obstar, impedir ou dificultar injustamente a inscrição de qualquer interessado nos registros cadastrais ou promover indevidamente a alteração, a suspensão ou o cancelamento de registro do inscrito:

Pena - reclusão, de 6 (seis) meses a 2 (dois) anos, e multa.

Omissão grave de dado ou de informação por projetista

Art. 337-O Omitir, modificar ou entregar à Administração Pública levantamento cadastral ou condição de contorno em relevante dissonância com a realidade, em frustração ao caráter competitivo da licitação ou em detrimento da seleção da proposta mais vantajosa para a Administração Pública, em contratação para a elaboração de projeto básico, projeto executivo ou anteprojeto, em diálogo competitivo ou em procedimento de manifestação de interesse.

Pena - reclusão, de 6 (seis) meses a 3 (três) anos, e multa.

§1º Consideram-se condição de contorno as informações e os levantamentos suficientes e necessários para a definição da solução de projeto e dos respectivos preços pelo licitante, incluídos sondagens, topografia, estudos de demanda, condições ambientais e demais elementos ambientais impactantes, considerados requisitos mínimos ou obrigatórios em normas técnicas que orientam a elaboração de projetos.

§2º Se o crime é praticado com o fim de obter benefício, direto ou indireto, próprio ou de outrem, aplica-se em dobro a pena prevista no *caput* deste artigo.

Art. 337-P A pena de multa cominada aos crimes previstos neste Capítulo seguirá a metodologia de cálculo prevista neste Código e não poderá ser inferior a 2% (dois por cento) do valor do contrato licitado ou celebrado com contratação direta".

∙∙

A segunda alteração promovida consiste na inclusão do Capítulo II-B ("Dos Crimes em Licitações e Contratos Administrativos") no Título XI ("Dos Crimes contra a Administração Pública") da Parte Especial do Código Penal brasileiro (Decreto-Lei nº 2.848/1940), que passou a contar com os seguintes tipos penais (art. 178, *caput*):

Contratação direta ilegal

Art. 337-E Admitir, possibilitar ou dar causa à contratação direta fora das hipóteses previstas em lei:

Pena - reclusão, de 4 (quatro) a 8 (oito) anos, e multa.

Frustração do caráter competitivo de licitação

Art. 337-F Frustrar ou fraudar, com o intuito de obter para si ou para outrem vantagem decorrente da adjudicação do objeto da licitação, o caráter competitivo do processo licitatório:

Pena - reclusão, de 4 (quatro) anos a 8 (oito) anos, e multa.

Patrocínio de contratação indevida

Art. 337-G Patrocinar, direta ou indiretamente, interesse privado perante a Administração Pública, dando causa à instauração de licitação ou à celebração de contrato cuja invalidação vier a ser decretada pelo Poder Judiciário:

Pena - reclusão, de 6 (seis) meses a 3 (três) anos, e multa.

Modificação ou pagamento irregular em contrato administrativo

Art. 337-H Admitir, possibilitar ou dar causa a qualquer modificação ou vantagem, inclusive prorrogação contratual, em favor do contratado, durante a execução dos contratos celebrados com a Administração Pública, sem autorização em lei, no edital da licitação ou nos respectivos instrumentos contratuais, ou, ainda, pagar fatura com preterição da ordem cronológica de sua exigibilidade:

Pena - reclusão, de 4 (quatro) anos a 8 (oito) anos, e multa.

Perturbação de processo licitatório

Art. 337-I Impedir, perturbar ou fraudar a realização de qualquer ato de processo licitatório:

Pena - detenção, de 6 (seis) meses a 3 (três) anos, e multa.

Violação de sigilo em licitação

Art. 337-J Devassar o sigilo de proposta apresentada em processo licitatório ou proporcionar a terceiro o ensejo de devassá-lo:

Pena - detenção, de 2 (dois) anos a 3 (três) anos, e multa.

Afastamento de licitante

Art. 337-K Afastar ou tentar afastar licitante por meio de violência, grave ameaça, fraude ou oferecimento de vantagem de qualquer tipo:

Pena - reclusão, de 3 (três) anos a 5 (cinco) anos, e multa, além da pena correspondente à violência.

Parágrafo único. Incorre na mesma pena quem se abstém ou desiste de licitar em razão de vantagem oferecida.

Fraude em licitação ou contrato

Art. 337-L Fraudar, em prejuízo da Administração Pública, licitação ou contrato dela decorrente, mediante:

I - entrega de mercadoria ou prestação de serviços com qualidade ou em quantidade diversas das previstas no edital ou nos instrumentos contratuais;

II - fornecimento, como verdadeira ou perfeita, de mercadoria falsificada, deteriorada, inservível para consumo ou com prazo de validade vencido;

III - entrega de uma mercadoria por outra;

IV - alteração da substância, qualidade ou quantidade da mercadoria ou do serviço fornecido;

V - qualquer meio fraudulento que torne injustamente mais onerosa para a Administração Pública a proposta ou a execução do contrato.

Pena - reclusão, de 4 (quatro) anos a 8 (oito) anos, e multa.

Contratação inidônea

Art. 337-M Admitir à licitação empresa ou profissional declarado inidôneo:

Pena - reclusão, de 1 (um) ano a 3 (três) anos, e multa.

§1º Celebrar contrato com empresa ou profissional declarado inidôneo:

Pena - reclusão, de 3 (três) anos a 6 (seis) anos, e multa.

§2º Incide na mesma pena do caput deste artigo aquele que, declarado inidôneo, venha a participar de licitação e, na mesma pena do §1º deste artigo, aquele que, declarado inidôneo, venha a contratar com a Administração Pública.

Impedimento indevido

Art. 337-N Obstar, impedir ou dificultar injustamente a inscrição de qualquer interessado nos registros cadastrais ou promover indevidamente a alteração, a suspensão ou o cancelamento de registro do inscrito:

Pena - reclusão, de 6 (seis) meses a 2 (dois) anos, e multa.

Omissão grave de dado ou de informação por projetista

Art. 337-O Omitir, modificar ou entregar à Administração Pública levantamento cadastral ou condição de contorno em relevante dissonância com a realidade, em frustração ao caráter competitivo da licitação ou em detrimento da seleção da proposta mais vantajosa para a Administração Pública, em contratação para a elaboração de projeto básico, projeto executivo ou anteprojeto, em diálogo competitivo ou em procedimento de manifestação de interesse.

Pena - reclusão, de 6 (seis) meses a 3 (três) anos, e multa.

§1º Consideram-se condição de contorno as informações e os levantamentos suficientes e necessários para a definição da solução de projeto e dos respectivos preços pelo licitante, incluídos sondagens, topografia, estudos de demanda, condições ambientais e demais elementos ambientais impactantes, considerados requisitos mínimos ou obrigatórios em normas técnicas que orientam a elaboração de projetos.

§2º Se o crime é praticado com o fim de obter benefício, direto ou indireto, próprio ou de outrem, aplica-se em dobro a pena prevista no caput deste artigo.

Art. 337-P A pena de multa cominada aos crimes previstos neste Capítulo seguirá a metodologia de cálculo prevista neste Código e não poderá ser inferior a 2% (dois por cento) do valor do contrato licitado ou celebrado com contratação direta.

Esses tipos penais também se aplicam às licitações e contrações públicas regidas pela Lei nº 13.303/2016, comumente designada como Lei das Estatais (art. 185, *caput*).

Acompanham essas inserções a revogação dos arts. 89 a 108 da Lei nº 8.666/1993 (art. 193, I), que encartavam, no regime normativo pretérito, os tipos penais aplicáveis às licitações públicas. Retomaremos esse ponto em nossos comentários a esse outro dispositivo da Lei nº 14.133/2021.[1098]

37.3 Alterações na Lei Geral de Concessões

> Art. 179. Os incisos II e III do caput do art. 2º da Lei nº 8.987, de 13 de fevereiro de 1995, passam a vigorar com a seguinte redação:
>
> "Art. 2º [...]
>
> II - concessão de serviço público:
>
> a) delegação de sua prestação, feita pelo poder concedente, mediante licitação, na modalidade concorrência ou diálogo competitivo, a pessoa jurídica ou consórcio de empresas que demonstre capacidade para seu desempenho, por sua conta e risco e por prazo determinado;
>
> III - concessão de serviço público precedida da execução de obra pública: a construção, total ou parcial, conservação, reforma, ampliação ou melhoramento de quaisquer obras de interesse público, delegados pelo poder concedente, mediante licitação, na modalidade concorrência ou diálogo competitivo, a pessoa jurídica ou consórcio de empresas que demonstre capacidade para a sua realização, por sua conta e risco, de forma que o investimento da concessionária seja remunerado e amortizado mediante a exploração do serviço ou da obra por prazo determinado".

A Lei nº 14.133/2021 também alterou os incs. II e III do art. 2º da Lei Geral das Concessões (Lei nº 8.987/1995). Esses dispositivos contêm as definições do legislador para *concessão de serviços públicos* e para *concessão de serviço público precedida da execução de obra pública*.

[1098] A propósito, cf. as nossas observações no tópico 38.9.1.1 do Capítulo 38.

Antes da modificação legislativa era considerada *concessão de serviço público* a delegação de sua prestação, feita pelo poder concedente *mediante licitação na modalidade de concorrência*, à pessoa jurídica ou a consórcio de empresas que demonstre capacidade para seu desempenho, por sua conta e risco e por prazo determinado (Lei nº 8.987/1995, art. 2º, II, redação original), e *concessão de serviço público precedida da execução de obra pública*, construção, total ou parcial, conservação, reforma, ampliação ou melhoramento de quaisquer obras de interesse público, delegada pelo poder concedente, *mediante licitação na modalidade de concorrência*, à pessoa jurídica ou a consórcio de empresas que demonstre capacidade para a sua realização, por sua conta e risco, de forma que o investimento da concessionária seja remunerado e amortizado mediante a exploração do serviço ou da obra por prazo determinado (Lei nº 8.987/1995, art. 2º, II, redação original).

Todavia, com a *novatio legis*, a *concessão de serviço público* passou a ser definida com a delegação de sua prestação, feita pelo poder concedente, *mediante licitação nas modalidades de concorrência ou diálogo competitivo*, à pessoa jurídica ou a consórcio de empresas que demonstre capacidade para seu desempenho, por sua conta e risco e por prazo determinado (Lei nº 8.987/1995, art. 2º, II), enquanto que a *concessão de serviço público precedida da execução de obra pública* passou a ser definida com construção, total ou parcial, conservação, reforma, ampliação ou melhoramento de quaisquer obras de interesse público, delegados pelo poder concedente, *mediante licitação nas modalidade de concorrência ou diálogo competitivo*, à pessoa jurídica ou a consórcio de empresas que demonstre capacidade para a sua realização, por sua conta e risco, de forma que o investimento da concessionária seja remunerado e amortizado mediante a exploração do serviço ou da obra por prazo determinado (Lei nº 8.987/1995, art. 2º, III).

A diferença entre a redação original e a atual é singela, e pode ser percebida na comparação feita no seguinte quadro, em que as notas distintivas introduzidas pelo legislador vêm em destaque:

Lei nº 8.987/1995 (redação original)	Lei nº 8.987/1995 (redação modificada)
II - concessão de serviço público: a delegação de sua prestação, feita pelo poder concedente, mediante licitação, na modalidade de concorrência, à pessoa jurídica ou consórcio de empresas que demonstre capacidade para seu desempenho, por sua conta e risco e por prazo determinado;	II - concessão de serviço público: a delegação de sua prestação, feita pelo poder concedente, mediante licitação, na modalidade concorrência *ou diálogo competitivo*, a pessoa jurídica ou consórcio de empresas que demonstre capacidade para seu desempenho, por sua conta e risco e por prazo determinado;
III - concessão de serviço público precedida da execução de obra pública: a construção, total ou parcial, conservação, reforma, ampliação ou melhoramento de quaisquer obras de interesse público, delegada pelo poder concedente, mediante licitação, na modalidade de concorrência, à pessoa jurídica ou consórcio de empresas que demonstre capacidade para a sua realização, por sua conta e risco, de forma que o investimento da concessionária seja remunerado e amortizado mediante a exploração do serviço ou da obra por prazo determinado;	III - concessão de serviço público precedida da execução de obra pública: a construção, total ou parcial, conservação, reforma, ampliação ou melhoramento de quaisquer obras de interesse público, *delegados* pelo poder concedente, mediante licitação, na modalidade concorrência *ou diálogo competitivo*, a pessoa jurídica ou consórcio de empresas que demonstre capacidade para a sua realização, por sua conta e risco, de forma que o investimento da concessionária seja remunerado e amortizado mediante a exploração do serviço ou da obra por prazo determinado.

Em síntese, o que se verifica da comparação entre os dispositivos é que a lei foi alternada como forma de inserir o diálogo competitivo, nova modalidade de licitação prevista na Lei nº 14.133/2021, no contexto das concessões de serviços públicos, que até então estiveram condicionadas à realização de licitação exclusivamente na modalidade concorrência.

37.4 Alterações na Lei das Parcerias Público-Privadas

> Art. 180. O *caput* do art. 10 da Lei nº 11.079, de 30 de dezembro de 2004, passa a vigorar com a seguinte redação:
>
> "Art. 10. A contratação de parceria público-privada será precedida de licitação na modalidade concorrência ou diálogo competitivo, estando a abertura do processo licitatório condicionada a: [...]".

O legislador de igual modo modificou o *caput* do art. 10 da Lei das Parcerias Público-Privadas (Lei nº 11.079/2004), e o fez também com o propósito se incluir o diálogo competitivo nesse contexto; conforme se verifica da comparação entre as redações original e atual do dispositivo:

Lei nº 11.079/2004 (redação original)	Lei nº 11.079/2004 (redação modificada)
Art. 10. A contratação de parceria público-privada será precedida de licitação na modalidade de concorrência, estando a abertura do processo licitatório condicionada a:	Art. 10. A contratação de parceria público-privada será precedida de licitação na modalidade concorrência *ou diálogo competitivo*, estando a abertura do processo licitatório condicionada a: [...].

DISPOSIÇÕES TRANSITÓRIAS E FINAIS

Em suas disposições finais e transitórias, a Lei nº 14.133/2021 enuncia regras sobre *centrais de compras*, sobre *atualização de valores*, sobre *contagem dos prazos*, sobre a *extensão da sua aplicação a convênios, acordos, ajustes e outros instrumentos congêneres* celebrados pela Administração Pública, sobre a *extensão das alterações que introduziu no Código Penal também às licitações e contratos regidos pela Lei das Estatais*, sobre a *extensão da sua aplicação à Lei Geral das Concessões e à Lei das Parcerias Público-Privadas*, sobre *extensão da sua regulamentação em âmbito federal também aos estados e municípios* e sobre a *extensão da sua aplicação a toda legislação anterior* que faça referência aos diplomas legais revogados.

38.1 Centrais de compras

> Art. 181. Os entes federativos instituirão centrais de compras, com o objetivo de realizar compras em grande escala, para atender a diversos órgãos e entidades sob sua competência e atingir as finalidades desta Lei.
>
> Parágrafo único. No caso dos Municípios com até 10.000 (dez mil) habitantes, serão preferencialmente constituídos consórcios públicos para a realização das atividades previstas no *caput* deste artigo, nos termos da Lei nº 11.107, de 6 de abril de 2005.

O legislador impõe aos entes federativos que instituam centrais de compras com o objetivo de realizar compras em grande escala, bem como atender a diversos(as) órgãos/entidades sob sua competência e atingir as finalidades previstas na Lei nº 14.133/2021 (art. 181, *caput*). Porém, para os municípios com até dez mil habitantes, determinou que sejam preferencialmente constituídos consórcios públicos (art. 181, parágrafo único), observando-se, para tanto, o disposto na Lei nº 11.107/2005, que dispõe sobre normas gerais de contratação de consórcios públicos.

38.2 Critérios para a atualização de valores

> Art. 182. O Poder Executivo federal atualizará, a cada dia 1º de janeiro, pelo Índice Nacional de Preços ao Consumidor Amplo Especial (IPCA-E) ou por índice que venha a substituí-lo, os valores fixados por esta Lei, os quais serão divulgados no PNCP.

Os valores estabelecidos na Lei nº 14.133/2021 serão atualizados, para o Governo Federal, pelo IPCA-E,[1099] ou pelo índice que venha a substituí-lo (art. 182, *caput*). Essa atualização deverá ser feita a cada dia 1º de janeiro, e os valores atualizados deverão ser divulgados no Portal Nacional de Contratações Públicas.[1100] Os estados, o Distrito Federal e os municípios o farão nos termos de suas leis respectivas,[1101] observada a mesma data-base (1º de janeiro) e a obrigatoriedade da divulgação dos valores atualizados no Portal Nacional de Contratações Públicas.

38.3 Critérios para a contagem dos prazos

> Art. 183. Os prazos previstos nesta Lei serão contados com exclusão do dia do começo e inclusão do dia do vencimento e observarão as seguintes disposições:
>
> I - os prazos expressos em dias corridos serão computados de modo contínuo;
>
> II - os prazos expressos em meses ou anos serão computados de data a data;
>
> III - nos prazos expressos em dias úteis, serão computados somente os dias em que ocorrer expediente administrativo no órgão ou entidade competente.
>
> §1º Salvo disposição em contrário, considera-se dia do começo do prazo:
>
> I - o primeiro dia útil seguinte ao da disponibilização da informação na internet;
>
> II - a data de juntada aos autos do aviso de recebimento, quando a notificação for pelos correios.
>
> §2º Considera-se prorrogado o prazo até o primeiro dia útil seguinte se o vencimento cair em dia em que não houver expediente, se o expediente for encerrado antes da hora normal ou se houver indisponibilidade da comunicação eletrônica.

[1099] Índice Nacional de Preços ao Consumidor Amplo Especial.

[1100] Essas disposições não se aplicam, quanto ao índice aplicado, aos estados e ao Distrito Federal. É que, no ponto, o legislador aderiu ao entendimento consolidado pelo Supremo Tribunal Federal na sua Súmula nº 681, que enuncia que "é inconstitucional a vinculação do reajuste de vencimentos de servidores estaduais ou municipais a índices federais de correção monetária".

[1101] É que o art. 182, na medida em que remete à aplicação de índice federal de correção monetária (IPCA-E), não poderia incidir sobre essas outras unidades federadas, em razão do entendimento consolidado pelo Supremo Tribunal Federal na sua Súmula nº 681, que enuncia que "é inconstitucional a vinculação do reajuste de vencimentos de servidores estaduais ou municipais a índices federais de correção monetária".

§3º Na hipótese do inciso II do *caput* deste artigo, se no mês do vencimento não houver o dia equivalente àquele do início do prazo, considera-se como termo o último dia do mês.

Os prazos incidentes nos processos de licitação e contratação pública, bem como no controle administrativo realizado sobre essas matérias, são contados com exclusão do dia do começo e inclusão do dia do vencimento (art. 183, *caput*). Para esse efeito, salvo disposição específica em contrário, considera-se dia do começo do prazo (art. 183, §1º):
    a) o primeiro dia útil seguinte ao da disponibilização da informação na internet (art. 183, §1º, I); ou
    b) a data de juntada aos autos do aviso de recebimento, quando a notificação for realizada pelos correios (art. 183, §1º, II).

Os prazos expressos em dias corridos serão computados de modo contínuo (art. 183, I), enquanto que os prazos expressos em meses ou anos serão computados de data a data (art. 183, II), hipótese em que, se no mês do vencimento não houver o dia equivalente àquele do início do prazo, considera-se como termo final o último dia do mês (art. 183, §3º).

Além disso:
    a) nos prazos expressos em dias úteis, serão computados somente os dias em que ocorrer expediente administrativo no órgão ou entidade competente (art. 183, III);
    b) considera-se prorrogado o prazo até o primeiro dia útil seguinte (art. 183, §2º):
        b.1) se o vencimento cair em dia em que não houver expediente;
        b.2) se o expediente for encerrado antes da hora normal; ou
        b.3) se houver indisponibilidade da comunicação eletrônica.

38.4 Extensão da aplicação da Lei nº 14.133/2021 a convênios, acordos, ajustes e outros instrumentos congêneres celebrados pela Administração Pública

Art. 184. Aplicam-se as disposições desta Lei, no que couber e na ausência de norma específica, aos convênios, acordos, ajustes e outros instrumentos congêneres celebrados por órgãos e entidades da Administração Pública, na forma estabelecida em regulamento do Poder Executivo federal.

A Lei nº 14.133/2021 também é aplicável, no que couber e na ausência de norma específica, aos convênios, acordos, ajustes e outros instrumentos congêneres celebrados por órgãos e entidades da Administração, observado o disposto em regulamento expedido pelo Poder Executivo Federal (art. 184, *caput*) e na Lei nº 11.107/2005 (que dispõe sobre normas gerais de contratação de consórcios públicos).

38.5 Extensão da aplicação das alterações introduzidas pela Lei nº 14.133/2021 no Código Penal também às licitações e contratos regidos pela Lei das Estatais

> Art. 185. Aplicam-se às licitações e aos contratos regidos pela Lei nº 13.303, de 30 de junho de 2016, as disposições do Capítulo II-B do Título XI da Parte Especial do Decreto-Lei nº 2.848, de 7 de dezembro de 1940 (Código Penal).

Aplicam-se às licitações e aos contratos regidos pela Lei das Estatais (Lei nº 13.303/2016) as modificações impressas pela Lei nº 14.133/2021 no Código Penal brasileiro, consistentes na inclusão do Capítulo II-B ("Dos Crimes em Licitações e Contratos Administrativos") no Título XI ("Dos Crimes contra a Administração Pública") da sua Parte Especial (art. 185, *caput*).[1102]

38.6 Extensão da aplicação da Lei nº 14.133/2021 às concessões de serviços públicos, às parcerias público-privadas e à contratação de serviços de publicidade

> Art. 186. Aplicam-se as disposições desta Lei subsidiariamente à Lei nº 8.987, de 13 de fevereiro de 1995, à Lei nº 11.079, de 30 de dezembro de 2004, e à Lei nº 12.232, de 29 de abril de 2010.

As regras e os princípios que sobressaem do texto da Lei nº 14.133/2021 também se aplicam subsidiariamente à Lei Geral das Concessões (Lei nº 8.987/1995), à Lei das Parcerias Público-Privadas (Lei nº 11.079/2004) e à Lei nº 12.232/2010, que dispõe sobre as normas gerais para licitação e contratação pela Administração Pública de serviços de publicidade prestados por intermédio de agências de propaganda (art. 186, *caput*).

[1102] Como se verá adiante, esses dispositivos introduzidos pela *novatio legis* no Código Penal brasileiro capitulam os crimes de *contratação direta ilegal* (art. 337-E), *frustração do caráter competitivo de licitação* (art. 337-F), *patrocínio de contratação indevida* (art. 337-G), *modificação ou pagamento irregular em contrato administrativo* (art. 337-H), *perturbação de processo licitatório* (art. 337-I), *violação de sigilo em licitação* (art. 337-J), *afastamento de licitante* (art. 337-K), *fraude em licitação ou contrato* (art. 337-L), *contratação inidônea* (art. 337-M), *impedimento indevido* (art. 337-N) e *omissão grave de dado ou de informação por projetista* (art. 337-O), que reproduzem, com singelas modificações, os crimes capitulados nos arts. 89 a 108 da Lei nº 8.666/1993 (art. 193, I), ora revogada (art. 193, II).

38.7 Extensão da regulamentação da Lei nº 14.133/2021 pelo ente federal também aos estados e municípios

> Art. 187. Os Estados, o Distrito Federal e os Municípios poderão aplicar os regulamentos editados pela União para execução desta Lei.
>
> Art. 188. VETADO

Outro ponto de destaque consiste na possibilidade de os estados, o Distrito Federal e os municípios virem a aplicar os regulamentos editados pela União para execução da Lei nº 14.133/2021 (art. 187, *caput*). Trata-se, todavia, de faculdade instituída por lei, o que significa dizer que as demais unidades federadas podem editar os seus próprios regulamentos.[1103]

38.8 Extensão da aplicação da Lei nº 14.133/2021 a toda legislação anterior que faça referência aos diplomas legais revogados

> Art. 189. Aplica-se esta Lei às hipóteses previstas na legislação que façam referência expressa à Lei nº 8.666, de 21 de junho de 1993, à Lei nº 10.520, de 17 de julho de 2002, e aos arts. 1º a 47-A da Lei nº 12.462, de 4 de agosto de 2011.

O legislador também estabeleceu que a Lei nº 14.133/2021 é de igual modo aplicável às hipóteses previstas na legislação que façam referência expressa à Lei nº 8.666/1993 (antiga Lei Geral de Licitações e Contratos), à Lei nº 10.520/2002 (Lei Geral de Concessões) e aos arts. 1º a 47-A da Lei nº 12.462/2011 (Lei do Regime Diferenciado de Contratações) (art. 189, *caput*), que por ela tenham sido revogados (art. 193, *caput*).

38.9 Disposições sobre atos jurídicos perfeitos

> Art. 190. O contrato cujo instrumento tenha sido assinado antes da entrada em vigor desta Lei continuará a ser regido de acordo com as regras previstas na legislação revogada.

[1103] O projeto de lei aprovado pelo Congresso Nacional também previa que esses regulamentos, a serem editados pelas demais unidades federadas, deveriam vir consignados, preferencialmente, em apenas um ato normativo (art. 188, *caput*). No entanto, a Presidência da República vetou o dispositivo, à consideração de que ele "incorre em vício de inconstitucionalidade formal, por se tratar de matéria reservada à Lei Complementar, nos termos do parágrafo único do art. 59 da Constituição da República, o qual determina que lei complementar disporá sobre a elaboração, redação, alteração e consolidação das leis".

Muito embora a Lei nº 14.133/2021 tenha vigência e eficácia desde o momento de sua publicação, o legislador teve o cuidado de preservar os efeitos dos contratos assinados na vigência do regime normativo pretérito, quando dispôs, textualmente, que eles continuarão a ser regidos de acordo com as regras previstas na legislação revogada (art. 190, *caput*). Esse dispositivo guarda estrita coerência com a regra jurídica que sobressai do inc. XXXVI da Constituição da República, que enuncia que a lei não prejudicará o *ato jurídico perfeito*,[1104] definido pela Lei de Introdução às Normas do Direito Brasileiro (Decreto-Lei nº 4.657/1942) como sendo o ato já consumado segundo a lei vigente ao tempo em que se efetuou (art. 6º, §2º). Aplica-se, pois, aos contratos celebrados anteriormente à publicação da *novatio legis* à lei do tempo do fato (*tempus regit actum*), com a exclusão, inclusive por disposição expressa que sobressai de seu texto, da sua aplicação a eles.

38.10 Disposições sobre a convivência temporária entre o regime normativo revogado e o regime da Lei nº 14.133/2021

> Art. 191. Até o decurso do prazo de que trata o inciso II do caput do 194, a Administração poderá optar por licitar ou contratar diretamente de acordo com esta Lei ou de acordo com as leis citadas no referido inciso, e a opção escolhida deverá ser indicada expressamente no edital ou no aviso ou instrumento de contratação direta, vedada a aplicação combinada desta Lei com as citadas no referido inciso.
>
> Parágrafo único. Na hipótese do caput deste artigo, se a Administração optar por licitar de acordo com as leis citadas no inciso II do caput do art. 193 desta Lei, o contrato respectivo será regido pelas regras nelas previstas durante toda a sua vigência.

Outro cuidado adotado pelo legislador, e que guarda relação com o direito intertemporal, foi a previsão, em substituição ao estabelecimento de período de *vacatio legis* para o início da aplicação da Lei nº 14.133/2021, de que a *Administração poderá optar por licitar ou contratar diretamente de acordo com o novo regime normativo ou com as regras positivadas na Lei nº 8.666/1993, na Lei do Pregão* (Lei nº 10.520/2002) *e nos arts.* 1º a 47 da Lei do Regime Diferenciado de Contratações Públicas (Lei nº 12.462/2011) *durante o período de dois anos* especificado pelo inc. II do art. 193 para a sua revogação (art. 191, *caput*). Assim, nas palavras de Joel de Menezes Niebuhr,[1105] durante os dois anos que seguem à publicação da nova lei a Administração dispõe de três opções:

    a) aplicar o regime novo;
    b) aplicar o regime antigo; ou
    c) "alternar os regimes, ora promovendo licitações sob o regime antigo e ora promovendo licitações sob o regime novo".

[1104] Juntamente com o direito adquirido e a coisa julgada.
[1105] NIEBUHR, Joel de Menezes. Vigência e regime de transição, p. 8.

Porém, para tanto, a opção escolhida deverá ser indicada expressamente no edital (art. 191, cont.).[1106] Além disso, é vedada a aplicação combinada da Lei nº 14.133/2021 com os referidos diplomas (art. 191, parte final).[1107]

No ponto, reputamos relevante chamar a atenção para utilização, pelo legislador, no texto do dispositivo, da assertiva *poderá optar por licitar ou contratar diretamente*. É que dela resulta, sem qualquer margem a dúvidas, que *a incidência conjugada dos regimes* atual e pretérito no período previsto pelo legislador *apenas incide sobre os processos de licitação e de contratação direta*, não impedindo, portanto, a aplicação imediata:

a) das normas gerais aplicáveis aos processos de licitação, de contratação pública e de controle administrativo, com destaque:

a.1) para a definição dos campos de incidência e exclusão da *novatio legis*;

a.2) para a incidência das normas fundamentais aplicáveis aos processos de licitação, de contratação pública e de controle administrativo, compostas pelos princípios mencionados pelo seu art. 5º e pelas regras jurídicas da Lei de Introdução às Normas do Direito Brasileiro aplicáveis aos processos de licitação, de contratação pública e de controle administrativo;

a.3) para as definições jurídicas que sobressaem do texto legal;

a.4) para as disposições relativas à participação de agentes estatais nos processos de licitação, de contratação pública e de controle administrativo, em especial as exigências do engajamento tão somente de servidores/empregados públicos efetivos e da implementação imediata da segregação de funções;

b) de algumas regras específicas relativas ao processo licitatório, com destaque para a normatização relativa ao controle jurídico exercido pela Advocacia Pública, em especial no que concerne ao conteúdo dos pareceres lavrados nesse contexto, aos critérios de responsabilização pessoal de procuradores (agora ancorada na demonstração de dolo ou fraude) e de agentes estatais (inclusive na hipótese de desatendimento às orientações contidas nos pareceres) e a atribuição às procuradorias da defesa dos agentes estatais que seguirem as suas orientações jurídicas, que devem ser aplicadas independentemente de a Administração optar, dentro do interregno de dois anos previsto pelo legislador, por realizar licitações com base no regime normativo pretérito, sob pena e risco de que se configure, dada a possibilidade de utilização conjugada dos regimes, quebra de isonomia e mácula ao princípio da impessoalidade;

c) das regras aplicáveis ao processo de controle administrativo, cuja incidência não foi excepcionada pelo dispositivo comentado, para as disposições relativas:

c.1) a infrações e sanções administrativas, bem como à necessidade de publicação das sanções aplicadas em cadastros nacionais, abordadas no capítulo dedicado ao controle dos atos de licitantes e contratados pela Administração;

[1106] Conforme Niebuhr, "é permitido lançar licitação pela Lei n. 8.666/1993 e outra pelo regime novo, ir alternando os regimes, como melhor aprouver, desde que o edital deixe claro qual o regime é utilizado" (NIEBUHR, Joel de Menezes. Vigência e regime de transição, p. 8).

[1107] Disso resulta a observação de Niebuhr quanto a ser proibido "lançar licitação com uma espécie de simbiose dos dois regimes, um pouco de cada" (NIEBUHR, Joel de Menezes. Vigência e regime de transição, p. 8).

c.2) a impugnações e pedido de esclarecimentos, bem como a recursos e pedidos de reconsideração que não incidem sobre o processo licitatório, abordadas no capítulo dedicado ao controle dos atos da Administração por iniciativa de particulares;

c.3) ao *modus operandi* da atividade de controle sobre a suspensão cautelar do processo licitatório por tribunais de contas, abordadas no capítulo dedicado à deflagração do controle administrativo pela Administração e por órgãos externos de fiscalização e controle; e

c.4) à instituição de política de capacitação capitaneada pelos tribunais de contas, extensível, por taxativa disposição legal, e também como forma de conferir caráter pedagógico (e não meramente punitivo) à atividade de controle, também aos servidores de entes/poderes/órgãos/entidades controlados; e

d) das normas complementares aplicáveis aos processos de licitação, de contratação pública e de controle administrativo e que são claramente compatíveis com a realização de licitações com base no regime normativo revogado, com destaque:

d.1) para a instituição do Portal Nacional de Contratações Públicas, que deverá ser implementada desde logo, sob pena e risco de a Administração não conseguir usufruir a faculdade (que lhe foi atribuída pelo legislador) de realizar licitações pelo regime pretérito ou pelo regime atual;

d.2) para as alterações legislativas promovidas pelo legislador nos textos do Código de Processo Civil de 2015, do Código Penal, da Lei Geral de Concessões e da Lei das Parcerias Público-Privadas, que têm vigência e eficácia imediata, não se relacionando, portanto, à opção da Administração por realizar licitações pelo regime pretérito ou pelo regime atual; e

d.3) para a instituição das centrais de compras previstas nas disposições transitórias e finais, que de igual modo não dependem dessa opção, porque podem ser empregadas, como ferramentas destinadas à otimização da eficiência do procedimento, mesmo em licitações realizadas mediante aplicação do procedimento adotado pelo regime normativo pretérito.

Como regra não se aplicam, em vista de eventual opção da Administração por licitar ou contratar diretamente mediante aplicação do regime normativo revogado, as disposições da Lei nº 14.133/2021 relativas a contratações públicas. É que, a propósito delas, o legislador estabelece que, se a Administração, valendo-se do permissivo consignado no dispositivo comentado, optar por licitar ou contratar diretamente (dentro do interregno de dois anos) mediante aplicação do modelo concebido pelo regime normativo pretérito, o contrato respectivo será regido pelas regras nelas previstas durante toda a sua vigência (art. 191, parágrafo único). Todavia, consideramos viável o aproveitamento, nesse contexto:

a) das disposições procedimentais que reputamos compatíveis com a realização de licitações com base nas leis revogadas, relativas:

a.1) a garantias contratuais, que foram profundamente alteradas pela *novatio legis*, e que, por constituírem elementos procedimentais, podem ser aplicadas ainda que a Administração opte por prosseguir licitando segundo o modelo concebido pelo regime normativo pretérito;

a.2) à extinção dos contratos, em especial as que condicionam a sua extinção à observância do contraditório e do dever de motivação das decisões jurídicas;
a.3) ao recebimento do objeto do contrato, que em nada se relacionam com a realização das licitações, única situação em que o legislador admitiu a utilização do regime normativo pretérito;
a.4) a pagamentos, em especial a imposição quanto à observância de ordem cronológica; e
a.5) à utilização de métodos adequados de resolução de controvérsias, sobretudo no que diz respeito à atuação dos chamados comitês de resolução de disputas (*dispute boards*), que ainda não haviam sido previstos, entre nós, em textos legislativos;
b) das disposições atinentes à gestão de recursos humanos pela Administração, que se reportam às normas gerais que impõem o engajamento nas licitações e contratações públicas tão somente de servidores/empregados públicos efetivos e a implementação imediata da segregação de funções nesse âmbito.

Posto isso, é absolutamente relevante que a Administração, mesmo contando com esse período de transição, realize desde logo uma reflexão sobre o novo regime normativo, seja para que não deixe de atender às disposições normativas cuja incidência não foi excepcionada pelo legislador, seja como forma de se preparar para aderir integralmente ao novo regime normativo aplicável às licitações e contratações públicas; o que demanda a concepção e a execução de efetiva política de capacitação dos seus servidores; que pode ser realizada, inclusive, com o auxílio das escolas de contas mantidas pelo tribunais de contas; e, se for o caso, também a realização de concursos para a contratação dos servidores/empregados públicos efetivos que passarão a atuar nos processos licitatórios.

38.11 A aplicação apenas subsidiária da Lei nº 14.133/2021 a contratos relativos a patrimônio da União ou de suas autarquias e fundações públicas

> Art. 192. O contrato relativo a imóvel do patrimônio da União ou de suas autarquias e fundações continuará regido pela legislação pertinente, aplicada esta Lei subsidiariamente.

O legislador estabelece, ainda, que os contratos relativos a imóveis do patrimônio da União ou de suas autarquias e fundações continuarão regidos pela legislação pertinente, num contexto em que a Lei nº 14.133/2021 será aplicada a eles apenas subsidiariamente (art. 192, *caput*).

38.12 A revogação do regime normativo pretérito

> Art. 193. Ficam revogados:
> I - os arts. 89 a 108 da Lei nº 8.666, de 21 de junho de 1993, na data de publicação desta Lei;

II - a Lei nº 8.666, de 21 de junho de 1993, a Lei nº 10.520, de 17 de julho de 2002, e os arts. 1º a 47-A da Lei nº 12.462, de 4 de agosto de 2011, após decorridos 2 (dois) anos da publicação oficial desta Lei.

O legislador dispôs, em apartado:
a) sobre a revogação imediata dos arts. 89 a 108 da Lei nº 8.666/1993 (art. 193, I), que dispunham sobre os crimes praticados no contexto da realização de licitações e da formalização/execução de contratos administrativos e sobre o procedimento aplicável para a sua punição; e
b) sobre a revogação dos demais dispositivos da Lei nº 8.666/1993, da integralidade Lei do Pregão (Lei nº 10.520/2002) e dos arts. 1º a 47 da Lei do Regime Diferenciado de Contratações Públicas (Lei nº 12.462/2011) após decorridos dois anos da publicação da Lei nº 14.133/2021 (art. 193, II).

38.12.1 Revogação dos arts. 89 a 108 da Lei nº 8.666/1993

No que concerne à revogação dos dispositivos que dispunham sobre os crimes praticados no contexto da realização de licitações e da formalização/execução de contratos administrativos (Lei nº 8.666/1993, arts. 89 a 99) e daqueles que disciplinavam o procedimento aplicável ao seu processamento (Lei nº 8.666/1993, arts. 100 a 109), questão relevante que se coloca diz respeito à incidência, quanto aos fatos pretéritos, da regra da *abolitio criminis*, extraída da incidência conjunta do texto do art. 2º do Código Penal brasileiro (que expressa que ninguém pode ser punido por fato que lei posterior deixa de considerar crime, e que por isso deve cessar, em virtude dela, a execução e os efeitos penais da sentença condenatória), do disposto no §2º do mesmo artigo (que estabelece que a lei posterior que de qualquer modo favorecer o agente deve ser aplicada aos fatos anteriores, ainda que decididos por sentença condenatória transitada em julgado), e do que prescreve o inc. III do seu art. 107 (que considera extinta a punibilidade pela retroatividade de lei que não mais considera o fato como criminoso). *Prima facie*, a conjugação desses dispositivos sugere que todas as condenações anteriores pelos crimes positivados nos arts. 89 a 99 da Lei nº 8.666/1993 perderiam seus efeitos.

Ocorre que a Lei nº 14.133/2021, ao mesmo tempo em que revogou esses dispositivos (art. 193, I), inseriu novos tipos penais no Código Penal brasileiro (art. 178, *caput*), que capitulam, com singelas modificações, mas sem reduzir as penas aplicadas (na maioria dos casos tivemos aumento nas penas previstas), os mesmos fatos típicos;[1108] conforme se verifica do seguinte quadro comparativo:

[1108] Além deles, a Lei nº 14.133/2021 ainda inseriu no Código Penal fato típico que não havia sido previsto na Lei nº 8.666/1993, designado como crime de omissão grave de dado ou de informação por projetista (art. 337-O) e conduziu à lei criminal regras específicas para a aplicação da pena de multa nos crimes relativos a licitações e contratações públicas (art. 337-P). Os demais dispositivos da Lei nº 8.666/1993 que foram objeto de revogação cuidam de aspectos procedimentais, substituídos, no regime normativo vigente, pela incidência das regras correlatas extraídas do Código Penal.

(continua)

Arts. 89 a 108 da Lei nº 8.666/1993 (tipos penais revogados)	Arts. 337-E a 337-P do Código Penal (tipos penais incluídos)
Art. 89. Dispensar ou inexigir licitação fora das hipóteses previstas em lei, ou deixar de observar as formalidades pertinentes à dispensa ou à inexigibilidade: Pena - detenção, de 3 (três) a 5 (cinco) anos, e multa. Parágrafo único. Na mesma pena incorre aquele que, tendo comprovadamente concorrido para a consumação da ilegalidade, beneficiou-se da dispensa ou inexigibilidade ilegal, para celebrar contrato com o Poder Público.	*Contratação direta ilegal* Art. 337-E. Admitir, possibilitar ou dar causa à contratação direta fora das hipóteses previstas em lei: Pena - reclusão, de 4 (quatro) a 8 (oito) anos, e multa.
Art. 90. Frustrar ou fraudar, mediante ajuste, combinação ou qualquer outro expediente, o caráter competitivo do procedimento licitatório, com o intuito de obter, para si ou para outrem, vantagem decorrente da adjudicação do objeto da licitação: Pena - detenção, de 2 (dois) a 4 (quatro) anos, e multa.	*Frustração do caráter competitivo de licitação* Art. 337-F. Frustrar ou fraudar, com o intuito de obter para si ou para outrem vantagem decorrente da adjudicação do objeto da licitação, o caráter competitivo do processo licitatório: Pena - reclusão, de 4 (quatro) anos a 8 (oito) anos, e multa.
Art. 91. Patrocinar, direta ou indiretamente, interesse privado perante a Administração, dando causa à instauração de licitação ou à celebração de contrato, cuja invalidação vier a ser decretada pelo Poder Judiciário: Pena - detenção, de 6 (seis) meses a 2 (dois) anos, e multa.	*Patrocínio de contratação indevida* Art. 337-G. Patrocinar, direta ou indiretamente, interesse privado perante a Administração Pública, dando causa à instauração de licitação ou à celebração de contrato cuja invalidação vier a ser decretada pelo Poder Judiciário: Pena - reclusão, de 6 (seis) meses a 3 (três) anos, e multa.
Art. 92. Admitir, possibilitar ou dar causa a qualquer modificação ou vantagem, inclusive prorrogação contratual, em favor do adjudicatário, durante a execução dos contratos celebrados com o Poder Público, sem autorização em lei, no ato convocatório da licitação ou nos respectivos instrumentos contratuais, ou, ainda, pagar fatura com preterição da ordem cronológica de sua exigibilidade, observado o disposto no art. 121 desta Lei: (Redação dada pela Lei nº 8.883, de 1994) Pena - detenção, de dois a quatro anos, e multa. (Redação dada pela Lei nº 8.883, de 1994) Parágrafo único. Incide na mesma pena o contratado que, tendo comprovadamente concorrido para a consumação da ilegalidade, obtém vantagem indevida ou se beneficia, injustamente, das modificações ou prorrogações contratuais.	*Modificação ou pagamento irregular em contrato administrativo* Art. 337-H. Admitir, possibilitar ou dar causa a qualquer modificação ou vantagem, inclusive prorrogação contratual, em favor do contratado, durante a execução dos contratos celebrados com a Administração Pública, sem autorização em lei, no edital da licitação ou nos respectivos instrumentos contratuais, ou, ainda, pagar fatura com preterição da ordem cronológica de sua exigibilidade: Pena - reclusão, de 4 (quatro) anos a 8 (oito) anos, e multa.
Art. 93. Impedir, perturbar ou fraudar a realização de qualquer ato de procedimento licitatório: Pena - detenção, de 6 (seis) meses a 2 (dois) anos, e multa.	*Perturbação de processo licitatório* Art. 337-I. Impedir, perturbar ou fraudar a realização de qualquer ato de processo licitatório: Pena - detenção, de 6 (seis) meses a 3 (três) anos, e multa.
Art. 94. Devassar o sigilo de proposta apresentada em procedimento licitatório, ou proporcionar a terceiro o ensejo de devassá-lo: Pena - detenção, de 2 (dois) a 3 (três) anos, e multa.	*Violação de sigilo em licitação* Art. 337-J. Devassar o sigilo de proposta apresentada em processo licitatório ou proporcionar a terceiro o ensejo de devassá-lo: Pena - detenção, de 2 (dois) anos a 3 (três) anos, e multa.

(conclusão)

Art. 95. Afastar ou procurar afastar licitante, por meio de violência, grave ameaça, fraude ou oferecimento de vantagem de qualquer tipo: Pena - detenção, de 2 (dois) a 4 (quatro) anos, e multa, além da pena correspondente à violência. Parágrafo único. Incorre na mesma pena quem se abstém ou desiste de licitar, em razão da vantagem oferecida.	*Afastamento de licitante* Art. 337-K. Afastar ou tentar afastar licitante por meio de violência, grave ameaça, fraude ou oferecimento de vantagem de qualquer tipo: Pena - reclusão, de 3 (três) anos a 5 (cinco) anos, e multa, além da pena correspondente à violência. Parágrafo único. Incorre na mesma pena quem se abstém ou desiste de licitar em razão de vantagem oferecida.
Art. 96. Fraudar, em prejuízo da Fazenda Pública, licitação instaurada para aquisição ou venda de bens ou mercadorias, ou contrato dela decorrente: I - elevando arbitrariamente os preços; II - vendendo, como verdadeira ou perfeita, mercadoria falsificada ou deteriorada; III - entregando uma mercadoria por outra; IV - alterando substância, qualidade ou quantidade da mercadoria fornecida; V - tornando, por qualquer modo, injustamente, mais onerosa a proposta ou a execução do contrato: Pena - detenção, de 3 (três) a 6 (seis) anos, e multa.	*Fraude em licitação ou contrato* Art. 337-L. Fraudar, em prejuízo da Administração Pública, licitação ou contrato dela decorrente, mediante: I - entrega de mercadoria ou prestação de serviços com qualidade ou em quantidade diversas das previstas no edital ou nos instrumentos contratuais; II - fornecimento, como verdadeira ou perfeita, de mercadoria falsificada, deteriorada, inservível para consumo ou com prazo de validade vencido; III - entrega de uma mercadoria por outra; IV - alteração da substância, qualidade ou quantidade da mercadoria ou do serviço fornecido; V - qualquer meio fraudulento que torne injustamente mais onerosa para a Administração Pública a proposta ou a execução do contrato. Pena - reclusão, de 4 (quatro) anos a 8 (oito) anos, e multa.
Art. 97. Admitir à licitação ou celebrar contrato com empresa ou profissional declarado inidôneo: Pena - detenção, de 6 (seis) meses a 2 (dois) anos, e multa. Parágrafo único. Incide na mesma pena aquele que, declarado inidôneo, venha a licitar ou a contratar com a Administração.	*Contratação inidônea* Art. 337-M. Admitir à licitação empresa ou profissional declarado inidôneo: Pena - reclusão, de 1 (um) ano a 3 (três) anos, e multa. §1º Celebrar contrato com empresa ou profissional declarado inidôneo: Pena - reclusão, de 3 (três) anos a 6 (seis) anos, e multa. §2º Incide na mesma pena do caput deste artigo aquele que, declarado inidôneo, venha a participar de licitação e, na mesma pena do §1º deste artigo, aquele que, declarado inidôneo, venha a contratar com a Administração Pública.
Art. 98. Obstar, impedir ou dificultar, injustamente, a inscrição de qualquer interessado nos registros cadastrais ou promover indevidamente a alteração, suspensão ou cancelamento de registro do inscrito: Pena - detenção, de 6 (seis) meses a 2 (dois) anos, e multa.	*Impedimento indevido* Art. 337-N. Obstar, impedir ou dificultar injustamente a inscrição de qualquer interessado nos registros cadastrais ou promover indevidamente a alteração, a suspensão ou o cancelamento de registro do inscrito: Pena - reclusão, de 6 (seis) meses a 2 (dois) anos, e multa.

Não houve, portanto, *abolitio criminis*, mas tão somente a transposição de tipos penais que no regime pretérito haviam sido alocados em lei específica para o Código Penal brasileiro. Incide, pois, na espécie, o que em doutrina se convencionou chamar *princípio da continuidade normativa típica*, que admite, nas palavras de Rogério Sanches Cunha, "a manutenção do caráter proibido da conduta, porém com o deslocamento do conteúdo criminoso para outro tipo penal", como resultado da intenção do legislador no sentido de que, a despeito da revogação perpetrada, a conduta permaneça criminosa.[1109]

38.12.2 Revogação dos demais dispositivos da Lei nº 8.666/1993, da Lei do Pregão e dos arts. 1º a 47 da Lei do Regime Diferenciado de Contratações Públicas

A Lei nº 14.133/2021 também revogou os demais dispositivos da Lei nº 8.666/1993, a integralidade Lei do Pregão (Lei nº 10.520/2002) e os arts. 1º a 47-A da Lei do Regime Diferenciado de Contratações Públicas (Lei nº 12.462/2011), mas, quanto a eles, protraiu no tempo a data em que se verificará a revogação, que apenas incidirá dois anos após a sua publicação (art. 193, II). Há uma razão específica para isso, consistente na adoção, pelo legislador, de opção político-legislativa pela convivência temporária entre o regime normativo da Lei nº 14.133/2021 e o regime normativo revogado.

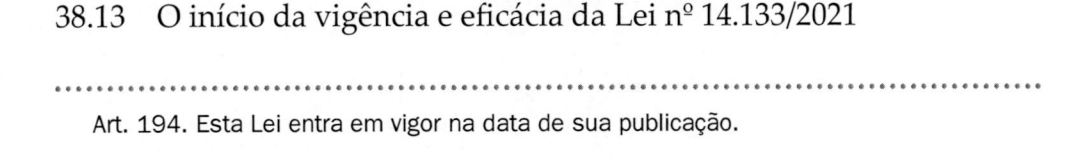

38.13 O início da vigência e eficácia da Lei nº 14.133/2021

Art. 194. Esta Lei entra em vigor na data de sua publicação.

Por fim, o legislador previu que a Lei nº 14.133/2021 entra em vigor na data de sua publicação (art. 194, *caput*). Em rigor, também a sua eficácia (aptidão para produzir efeitos) inicia-se nesse mesmo momento, porque não há em seu texto dispositivo que estabeleça período de *vacatio legis* para que ela seja aplicada.

[1109] CUNHA, Rogério Sanches. *Manual de direito penal*, p. 106. Esse princípio tem ampla aplicação nos tribunais brasileiros, conforme se verifica do seguinte julgado proferido pelo Superior Tribunal de Justiça, Corte Vértice que é responsável, entre nós, pela uniformização da aplicação do direito nacional (CRFB, art. 150 III, "c"): "CRIMINAL. HABEAS CORPUS. ATENTADO VIOLENTO AO PUDOR. DELITO HEDIONDO. ART. 224 DO CÓDIGO PENAL. ABOLITIO CRIMINIS. INOCORRÊNCIA. NOVO TIPO PENAL. ESTUPRO CONTRA VULNERÁVEL. ORDEM DENEGADA. I. *O princípio da continuidade normativa típica ocorre quando uma norma penal é revogada, mas a mesma conduta continua sendo crime no tipo penal revogador, ou seja, a infração penal continua tipificada em outro dispositivo, ainda que topologicamente ou normativamente diverso do originário.* II. Não houve abolitio criminis da conduta prevista no art. 214 c/c art. 224 do Código Penal. O art. 224 do Estatuto Repressor foi revogado para dar lugar a um novo tipo penal tipificado como estupro de vulnerável. III. Acórdão mantido por seus próprios fundamentos. IV. Ordem denegada" (STJ, Quinta Turma. HC nº 204.416/SP. Rel. Min. Gilson Dipp. DJe, 24 maio 2012).

À GUISA DE CONCLUSÃO

Comentar os dispositivos da Lei nº 14.133/2021 foi uma enorme aventura. Estivemos trabalhando neste livro desde a aprovação do seu texto pelo Congresso Nacional, portanto, há pouco mais de três meses. Nesse curtíssimo espaço de tempo, tivemos a oportunidade de debater algumas das opções político-normativas que sobressaem da *novatio legis* com colegas de magistério e de procuradoria, com alunos e ex-alunos dos cursos de Graduação e Mestrado em Direito da Ufes, com agentes estatais engajados na realização de licitações, na formalização/execução das contratações públicas e no controle dos atos administrativos nelas praticados, bem como com profissionais (advogados, engenheiros etc.) vinculados a fornecedores do Poder Público, que tiveram a generosidade de compartilhar conosco as suas angústias e preocupações diante de tema que talvez seja um dos mais difíceis e desafiadores do direito administrativo brasileiro.

Algumas dessas conversas foram informais, fruto da curiosidade mútua dos interlocutores. Outras foram travadas em ambiente institucional, quer na universidade, quer na procuradoria, que, aliás, orientaram a estruturação de pesquisa mais ampla, ora iniciada com discentes da Graduação Jurídica e do Mestrado, e que adiante será conduzida no âmbito da Escola Superior da Procuradoria-Geral do Estado do Espírito Santo.

Consideramos importante mencionar essas conversas que mantivemos com nossos interlocutores porque elas dizem muito sobre algumas decisões teóricas que adotamos quando nos propusemos a escrever sobre o assunto. Com efeito, *se este trabalho não encerra, como informamos em sua introdução, simples comparação entre o regime pretérito e o regime da Lei nº 14.133/2021, ou despropositado exercício de crítica ao texto comentado, é porque essas conversas nos trouxeram duas importantes constatações*. A primeira delas é que *alguma coisa estava errada na prática das licitações e contratações públicas, o que orienta a busca de soluções diferentes daquelas encontradas pelos operadores jurídicos na vigência do regime normativo revogado*. A outra, é que, dadas as consequências práticas desse desacerto – que abarcam, entre outros elementos, a configuração de dissenso generalizado entre contratantes, licitantes/contratados e controladores, conducente, no planos dos fatos, à propagação da ilação segundo a qual o modelo de contratações públicas delineado pelo inc. XXI do art. 37 da Constituição brasileira deveria ser substituído pela integral delegação da atividade administrativa à inciativa privada (fruto da discordância instaurada entre contratantes e licitantes/contratados) e à configuração de tentativas (cada vez mais recorrentes) de responsabilização de agentes públicos (diretamente) e privados (por extensão, dada a incidência do art. 3º da Lei de Improbidade Administrativa) fundada em simples divergência de interpretação jurídica (fruto da confusão teórica, tantas vezes verificada na atividade de controle, entre irregularidade e erro jurídico) – *há urgência na resolução do problema, aspiração teórica e prática que certamente não será alcançada se*, neste momento singular que vivemos, em que nos deparamos com uma nova lei de licitações e contratos, *em vez de buscarmos compreender como o novo regime normativo deve funcionar, dedicarmos o nosso tempo e os nossos esforços a destruir o seu texto*, ou parte dele, *na esperança de adaptá-lo a práticas que* (pelas razões dantes expostas) *há muito se mostraram ineficientes e ineficazes.*

No ponto, reiteramos o que dissemos em nossa introdução: *se temos um novo regime normativo, precisamos trabalhar com ele, para procurar conferir a ele uma aplicação ótima, mediante utilização das ferramentas características da análise jurídica, em especial da atividade hermenêutica.* Por esse motivo é que procuramos projetar, na análise que fizemos, *um olhar voltado ao futuro*, ao largo do qual nossos esforços não fariam frente às expectativas da sociedade, cujo atendimento pressupõe a compatibilização da atuação de contratantes, licitantes/contratados e controladores.

Firmes nesse propósito, procuramos comentar os dispositivos da Lei nº 14.133/2021 a partir de *duas modificações de fundo* introduzidas pelo legislador: (i) *a qualificação das licitações e contratações públicas como processos administrativos* (e não mais como simples procedimentos voltados ao atendimento dos objetivos da Administração), *que possibilita a utilização de ferramentas processuais* (instrumentalidade das formas, contraditório, cooperação, modelo de precedentes etc.) *para resolução dos problemas detectados*; e (ii) *a inserção* (também como processo) *da atividade de controle administrativo exercitada nesse âmbito no próprio texto legal, que vincula os controladores aos mesmos dispositivos legais que orientam a atividade desenvolvida pelos contratantes quando se relacionam com os licitantes contratados, trazendo maior previsibilidade e segurança ao relacionamento entre eles.*

Concluída a tarefa, gostaríamos de chamar a atenção, à guisa de conclusão, para a imperiosa necessidade de que juristas (que atuam no plano da ciência) e intérpretes (inseridos no campo da aplicação do direito) voltem especial atenção para o segundo marco metodológico proposto. Com efeito, se é verdade que os controladores estão submetidos, quanto às licitações e contratações públicas, às mesmas regras e princípios que disciplinam a atividade pública (a cargo dos contratantes) e privada (a cargo dos licitantes/contratados) desenvolvida pelos controlados, disso não resulta, por si só, a configuração, na prática, de relacionamento adequado e operativo entre eles. *Esse relacionamento*, que consideramos fundamental para a eficiência tanto das licitações e contratações públicas quanto do controle administrativo que sobre elas se estabelece com o propósito de combater atos de corrupção e a malversação de recursos públicos, *precisa ser construído dia após dia, mediante esforço conjugado de controlados e controladores.* Afinal, *se os contratantes e licitantes/contratados* (controlados) *necessitam de maior segurança para desempenhar as suas atividades* (consistentes, respectivamente, na seleção/contratação de fornecedores para a Administração e no fornecimento de bens e serviços para seus órgãos/entidades), *também os controladores almejam ter a segurança de que do relacionamento entre contratantes e licitantes/contratados* (controlados) *não resultam atos de corrupção/malversação de recursos públicos.* O *caminho* para alcançarmos esse objetivo não pode ser outro que não o do *diálogo institucional*, cujo percurso, todavia, pressupõe que se estabeleça, no plano dos fatos, a máxima *transparência* das práticas e processos utilizados por controlados e controladores.

Ocorre que o próprio processo legislativo nos trouxe alguns revesses nesse campo.

O primeiro deles teve lugar ainda na tramitação do projeto de lei que deu origem à Lei nº 14.133/2021. É que *o Senado da República excluiu* da proposição legislativa *enunciados prescritivos* aprovados pela Câmara dos Deputados (art. 169 e parágrafo único) *que possibilitavam a formulação de consultas ao controle interno e aos órgãos externos de fiscalização e controle*, que certamente poderiam contribuir para a eficiência e a eficácia das licitações e contratações públicas, porque as consultas cogitadas (que em vista desses dispositivo, poderiam ser direcionadas, nossa modesta opinião, inclusive ao Ministério Público) trariam maior segurança a contratantes e licitantes contratados.

Na sequência, *a Presidência da República vetou outros dispositivos que poderiam trazer maior transparência* e (em vista dela) *maior confiança à relação entre controlados e controladores;* de que são exemplos (i) o inc. I do §1º do art. 10 da Lei nº 14.133/2021, que impedia o acesso de agentes estatais à defesa disponibilizada pela Advocacia Pública (art. 10, *caput*) quando o responsável pela elaboração do parecer jurídico não pertencer aos quadros permanentes da Administração, (ii) o inc. II do §1º do seu art. 53, que determinava aos advogados públicos que dessem especial atenção à conclusão na elaboração de seus pareceres jurídicos, de modo a apartá-la da fundamentação, que mantivessem uniformidade com os seus entendimentos prévios, que construísse a sua argumentação em tópicos, com orientações específicas para cada recomendação, a fim de permitir à autoridade consulente sua fácil compreensão e atendimento, e que, se constatada ilegalidade, apresentassem posicionamento conclusivo quanto à impossibilidade de continuidade da contratação nos termos analisados, com sugestão de medidas que possam ser adotadas para adequá-la à legislação aplicável; (iii) o §2º do mesmo artigo, que condicionava o desatendimento às recomendações gravadas em pareceres das procuradorias à decisão motivada da autoridade máxima do órgão/entidade (afastando, *contrario sensu*, a possibilidade de essas recomendações serem inobservadas pelos demais agentes estatais) e que impunha a elas responsabilidade pessoal e exclusivamente pelas irregularidades que em razão desse fato lhe forem eventualmente imputadas; (iv) o seu §6º, que condicionava a responsabilização de advogados públicos à demonstração de dolo ou fraude na elaboração de seus pareceres, dificultando a configuração, no relacionamento entre controlados e controladores, de confusão entre erro jurídico e infração administrativa; e (v) o art. 172 e parágrafo único, que atribuíam às súmulas do Tribunal de Contas da União eficácia vinculante semelhante àquela conferida pelo legislador processual aos precedentes (CPC-2015, art. 927) e às decisões persuasivas invocadas (CPC-2015, art. 489, §1º, VI), abrindo campo para a extensão do modelo de precedentes, que confere maior segurança jurídica ao relacionamento entre controlados e controladores.

Se quanto à exclusão pelo Senado dos dispositivos que possibilitavam a formulação de consultas ao controle interno e aos órgãos externos de fiscalização e controle (art. 169 e parágrafo único) não nos foi possível construir, no plano da ciência, alternativa que restabelece a medida proposta pela Câmara dos Deputados, o mesmo não ocorreu quanto aos vetos presidenciais dantes referidos, cuja irrelevância prática para induzir as consequências almejadas pelo legislador procuramos demonstrar em nossos comentários, mediante extração das mesmas consequências neles previstas de outras fontes normativas colhidas da Constituição e das leis brasileiras. Atuamos, quanto a eles, no que consideramos um *exercício de militância jurídica voltado a possibilitar o necessário alinhamento entre controlados e controladores*, visto que cada um desses dispositivos, assim como aquele excluído pelo Senado, trazia em si elementos capazes que conferir maior segurança ao relacionamento entre eles. Também nos posicionamos com o mesmo objetivo quando defendemos, em vista do disposto no art. 7º da Lei nº 14.133/2021, que apenas servidores/empregados públicos efetivos podem atuar em licitações e contratações públicas, porque consideramos que a adoção desse cuidado pela Administração tem a potencialidade de ampliar a eficiência/eficácia do controle interno reclamado pelo legislador, e que por isso confere maior tranquilidade aos órgãos externos de fiscalização e controle quanto a poderem enxergar os profissionais vinculados a entes/poderes/órgãos/entidades controlados (não mais como adversários, mas) como parceiros.

Mas não queremos, com isso, afirmar que estamos certos em nosso ponto de vista. Essas é, na verdade, a grande vantagem da formulação de propostas teóricas no plano da ciência. Com efeito, como disse Ronald Dworkin em *O império do direito*, "quanto mais aprendemos sobre o Direito, mais nos convencemos de que nada de importante sobre ele é incontestável".[1110] Essa observação de Dworkin transporta para o ambiente jurídico conhecido aforismo atribuído a Sócrates, filósofo grego da Antiguidade, que, em vida, teria dito que (originalmente do latim) *ipse se nihil scire id unum sciat* (que significa, em tradução literal, "só sei que nada sei"), e que remete à conhecida máxima que governa o pensamento científico, que consiste em desconfiar das verdades absolutas (dogmas), porque elas criam obstáculo à ampliação das fronteiras da ciência. Por esse motivo, longe de almejarmos apresentar respostas definitivas às indagações formuladas neste trabalho, ou construir única via interpretativa capaz de solucionar os problemas de que nos ocupamos, desejamos, tão somente, que essas nossas considerações sobre o tema possam suscitar, no futuro, questionamentos e debates tendentes à sua consolidação pela comunidade jurídica.

[1110] DWORKIN, Ronald. *O império do direito*, p. 13.

REFERÊNCIAS

AGUIAR, Alexandre Magno Fernandes Moreira. Para que serve o advogado público? *In*: GUEDES, Jefferson Carús; SOUZA, Luciane Moessa de (Coord.). *Advocacia de Estado*: questões institucionais para a construção de um Estado de justiça. Belo Horizonte: Fórum, 2009.

ALESSI, Renato. *Sistema instituzionale del diritto amministrativo italiano*. 3. ed. Milão: Giuffrè, 1960.

ALMEIDA, Rafael Alves de; ALMEIDA, Tania; CRESPO, Mariana Hernandez. Diálogo entre os professores Frank Sander e Mariana Hernandez Crespo: explorando a evolução do tribunal multiportas. *In*: ALMEIDA, Rafael Alves de; ALMEIDA, Tania; CRESPO, Mariana Hernandez (Org.). *Tribunal multiportas*: investindo no capital social para maximizar o sistema de solução de conflitos no Brasil. Rio de Janeiro: FGV, 2012.

ALMEIDA, Rafael Alves de; ALMEIDA, Tania; CRESPO, Mariana Hernandez (Org.). *Tribunal multiportas*: investindo no capital social para maximizar o sistema de solução de conflitos no Brasil. Rio de Janeiro: FGV, 2012.

ALVIM, José Eduardo Carreira. *Direito arbitral*. Rio de Janeiro: Forense, 2007.

ARAGÃO, Alexandre Santos de. A "supremacia do interesse público" no advento do estado de direito e na hermenêutica do direito público contemporâneo. *In*: SARMENTO, Daniel (Org.). *Interesses públicos versus interesses privados*: desconstruindo o princípio da supremacia do interesse público. Rio de Janeiro: Lumen Juris, 2005.

ASSIS, Luiz Eduardo Altenburg de. Alteração dos contratos administrativos. *In*: NIEBUHR, Joel de Menezes (Coord.). *Nova Lei de Licitações e Contratos Administrativos*. Curitiba: Zênite, 2020. Disponível em: https://www.zenite.com.br/books/nova-lei-de-licitacoes/nova_lei_de_licitacoes_e_contratos_administrativos.pdf. Acesso em: 21 dez. 2020.

ÁVILA, Humberto. Repensando o princípio da supremacia do interesse público sobre o particular. *In*: SARMENTO, Daniel (Org.). *Interesses públicos versus interesses privados*: desconstruindo o princípio da supremacia do interesse público. Rio de Janeiro: Lumen Juris, 2005.

ÁVILA, Humberto. *Teoria dos princípios*: da definição à aplicação dos princípios jurídicos. 4. ed. São Paulo: Malheiros, 2005.

BACELLAR FILHO, Romeu Felipe. A noção jurídica de interesse público no direito administrativo brasileiro. *In*: BACELLAR FILHO, Romeu Felipe; HACHEM, Daniel Wunder (Coord.). *Direito administrativo e interesse público*: estudos em homenagem ao Professor Celso Antônio Bandeira de Mello. Belo Horizonte: Fórum, 2010.

BACELLAR FILHO, Romeu Felipe; HACHEM, Daniel Wunder (Coord.). *Direito administrativo e interesse público*: estudos em homenagem ao Professor Celso Antônio Bandeira de Mello. Belo Horizonte: Fórum, 2010.

BANDEIRA DE MELLO, Celso Antônio. A noção jurídica de "interesse público". *In*: BANDEIRA DE MELLO, Celso Antônio. *Grandes temas de direito administrativo*. São Paulo: Malheiros, 2010.

BANDEIRA DE MELLO, Celso Antônio. *Curso de direito administrativo*. 32. ed. São Paulo: Malheiros, 2015.

BANDEIRA DE MELLO, Celso Antônio. *Curso de direito administrativo*. 25. ed. São Paulo: Malheiros, 2008.

BANDEIRA DE MELLO, Celso Antônio. *Curso de direito administrativo*. 27. ed. São Paulo: Malheiros, 2010.

BANDEIRA DE MELLO, Celso Antônio. *Curso de direito administrativo*. 30. ed. São Paulo: Malheiros, 2013.

BANDEIRA DE MELLO, Celso Antônio. *Grandes temas de direito administrativo*. São Paulo: Malheiros, 2010.

BANDEIRA DE MELLO, Celso Antônio. Legalidade, discricionariedade: seus limites e controle. *In*: BANDEIRA DE MELLO, Celso Antônio. *Grandes temas de direito administrativo*. São Paulo: Malheiros, 2010.

BANDEIRA DE MELLO, Oswaldo Aranha. *Princípios gerais de direito administrativo*. Rio de Janeiro: Forense, 1969. v. II.

BARBOSA, Rui. Os atos inconstitucionais do Congresso e do Executivo. *In*: BARBOSA, Rui. *Trabalhos jurídicos*. Rio de Janeiro: Casa de Rui Barbosa, 1962.

BARBOSA, Rui. *Trabalhos jurídicos*. Rio de Janeiro: Casa de Rui Barbosa, 1962.

BEDAQUE, José Roberto dos Santos. *Direito e processo*. 4. ed. São Paulo: Malheiros, 2006.

BEZNOS, Clovis. Procuradoria Geral do Estado e defesa dos interesses públicos. *Revista de Direito Público*, São Paulo, ano 23, n. 93, jan./mar. 1990.

BINENBOJM, Gustavo. Da supremacia do interesse público ao dever de proporcionalidade: um novo paradigma para o direito administrativo. *In*: SARMENTO, Daniel (Org.). *Interesses públicos versus interesses privados*: desconstruindo o princípio da supremacia do interesse público. Rio de Janeiro: Lumen Juris, 2005.

BINENBOJM, Gustavo; CYRINO, André. O art. 28 da LINDB: a cláusula geral do erro administrativo. *Revista de Direito Administrativo*, Rio de Janeiro, p. 203-224, 2018. Edição Especial – Direito Público na Lei de Introdução às Normas de Direito Brasileiro – LINDB (Lei nº 13.655/2018).

BONAVIDES, Paulo; MIRANDA, Jorge; AGRA, Walber de Moura. *Comentários à Constituição Federal de 1988*. Rio de Janeiro: Forense, 2009.

BRAGA NETO, Adolfo; SAMPAIO, Lia Regina Castaldi. *O que é mediação de conflitos*. São Paulo: Brasiliense, 2007.

BRASIL JÚNIOR, Samuel Meira. *Justiça, direito e processo*: a argumentação e o direito processual de resultados justos. São Paulo: Atlas, 2007.

BRASIL. Tribunal de Contas da União. *Guia de boas práticas em contratação de soluções de tecnologia da informação – Riscos e controles para o planejamento da contratação*. Disponível em: https://portal.tcu.gov.br/lumis/portal/file/fileDownload.jsp?fileId=8A8182A24D6E86A4014D72AC82195464&inline=1. Acesso em: 9 jan. 2021.

BRASIL. Tribunal de Contas da União. *Justificativas para o parcelamento ou não da solução*. Disponível em: http://www.tcu.gov.br/arquivosrca/001.003.009.036.htm. Acesso em: 9 jan. 2021.

BUITONI, Aldemir. Mediar e conciliar: as diferenças básicas. *Jus Navigandi*, Teresina, ano XV, n. 2.707, nov. 2010. Disponível em: https://jus.com.br/imprimir/17963/mediar-e-conciliar-as-diferencas-basicas. Acesso em: 11 ago. 2016.

CAHALI, Francisco José. *Curso de arbitragem*. 5. ed. São Paulo: Revista dos Tribunais, 2015.

CÂMARA, Alexandre Freitas. *Arbitragem*: Lei n. 9.307/96. Rio de Janeiro: Lumen Juris, 2005.

CAMMAROSANO, Márcio. *O princípio constitucional na moralidade e o exercício da função administrativa*. Belo Horizonte: Fórum, 2006.

CANOTILHO, José Joaquim Gomes de; MOREIRA, Vital. *Fundamentos da Constituição*. Coimbra: Coimbra Editora, 1991.

CANOTILHO, José Joaquim Gomes. *Direito constitucional e teoria da Constituição*. 7. ed. Coimbra: Almedina, 2000.

CAPPELLETTI, Mauro. *O controle judicial de constitucionalidade das leis no direito comparado*. Tradução de Aroldo Plínio Gonçalves. 2. ed. Porto Alegre: SAFE, 1992.

CARMONA, Carlos Alberto. *Arbitragem e processo*: um comentário à Lei n. 9.307/1996. 3. ed. São Paulo: Atlas, 2009.

CARMONA, Carlos Alberto. Considerações sobre a cláusula compromissória e a eleição do Foro. *In*: LEMES, Selma Ferreira; CARMONA, Carlos Alberto; MARTINS, Pedro Batista (Coord.). *Arbitragem*: estudos em homenagem ao Prof. Guido Fernando da Silva Soares. São Paulo: Atlas, 2007.

CARVALHO FILHO, José dos Santos. *Manual de direito administrativo*. 31. ed. São Paulo: Atlas, 2017.

CARVALHO FILHO, José dos Santos. *Manual de direito administrativo*. 32. ed. São Paulo: Atlas, 2018.

CARVALHO FILHO, José dos Santos. *Manual de direito administrativo*. 33. ed. São Paulo: Atlas, 2019.

CARVALHO, Gustavo Marinho de. *Precedentes administrativos no direito brasileiro*. São Paulo: Contracultura, 2015.

CARVALHO, Juan Pablo Couto de. Advocacia-Geral da União: breve relato do maior escritório de advocacia do país. *In*: GUEDES, Jefferson Carús; SOUZA, Luciane Moessa de (Coord.). *Advocacia de Estado*: questões institucionais para a construção de um Estado de justiça. Belo Horizonte: Fórum, 2009.

CARVALHO, Matheus. *Manual de direito administrativo*. 4. ed. Salvador: JusPodivm, 2017.

CARVALHO, Matheus. *Manual de direito administrativo*. 5. ed. Salvador: JusPodivm, 2018.

CARVALHO, Matheus. *Manual de direito administrativo*. 6. ed. Salvador: JusPodivm, 2019.

CARVALHOSA, Modesto. Principais alterações na Lei de Sociedades anônimas: juízo arbitral e acordo de acionistas. *In*: MARTINS, Ives Gandra da Silva; CAMPOS, Diogo Leite de (Coord.). *O direito contemporâneo em Portugal e no Brasil*. São Paulo: Saraiva, 2004.

CASTRO, Aldemario Araújo. A (centenária) Procuradoria-Geral da Fazenda Nacional: seu papel e sua importância para a sociedade e para o Estado. *In*: GUEDES, Jefferson Carús; SOUZA, Luciane Moessa de (Coord.). *Advocacia de Estado*: questões institucionais para a construção de um Estado de justiça. Belo Horizonte: Fórum, 2009.

CASTRO, Caterine Vasconcelos de; ARAÚJO, Francisca Rosileide de Oliveira; TRINDADE, Luciano José. A Advocacia Pública no Estado democrático de direito: reflexões jurídicas acerca dessa instituição estatal essencial à justiça. *Revista da Procuradoria Geral do Acre*, Rio Branco, n. 2, jan./dez. 2003.

CINTRA, Antônio Carlos Araújo; GRINOVER, Ada Pelegrini; DINAMARCO, Cândido Rangel. *Teoria geral do processo*. 23. ed. São Paulo: Revista dos Tribunais, 2007.

COELHO, Eleonora. Desenvolvimento da cultura dos métodos adequados: uma urgência para o Brasil. *In*: ROCHA, Caio Cesar Vieira; SALOMÃO, Luís Felipe (Coord.). *Arbitragem e mediação*: a reforma da legislação brasileira. São Paulo: Atlas, 2015.

COLODETTI, Bruno; MADUREIRA, Claudio Penedo. *Advocacia-Geral da União – AGU*: LC 73/1996 e Lei nº 10.480/2002. 4. ed. Salvador: JusPodivm, 2013.

CORDARO, Cesar Antônio Alves. A Advocacia Pública dos Municípios: necessidade de tratamento constitucional. *In*: GUEDES, Jefferson Carús; SOUZA, Luciane Moessa de (Coord.). *Advocacia de Estado*: questões institucionais para a construção de um Estado de justiça. Belo Horizonte: Fórum, 2009.

CORDEIRO, Antônio Manuel da Rocha e Menezes. *Da boa-fé no direito civil*. Coimbra: Almedina, 1984.

CRESPO, Mariana Hernandez. A dialogue between professors Frank Sander and Mariana Hernandez Crespo: exploring the evolution of the Multi-Door Courthouse. University of St. *Thomas Law Journal*, v. 5:3, 2008.

CRESPO, Mariana Hernandez. Perspectiva sistêmica dos métodos alternativos de resolução de conflitos na América Latina: aprimorando a sombra da lei através da participação do cidadão. *In*: ALMEIDA, Rafael Alves de; ALMEIDA, Tania; CRESPO, Mariana Hernandez (Org.). *Tribunal multiportas*: investindo no capital social para maximizar o sistema de solução de conflitos no Brasil. Rio de Janeiro: FGV, 2012.

CRETELLA JÚNIOR, José. *Prática do processo administrativo*. 6. ed. São Paulo: Revista dos Tribunais, 2008.

CUNHA, Gabriel Sardenberg. *Precedentes e decisões (potencialmente) vinculantes*: obrigatoriedade racional e obrigatoriedade formal na lei processual. Dissertação (Mestrado) – PPGDIR, Ufes, 2020. Disponível em: http://portais4.ufes.br/posgrad/teses/tese_14402_Disserta%E7%E3o%20Final_GABRIEL%20SARDEMBERG.pdf. Acesso em: 27 jul. 2020.

CUNHA, Rogério Sanches. *Manual de direito penal*: parte geral. Salvador: JusPodivm, 2013.

DALLARI, Adilson; FERRAZ, Sérgio. *Processo administrativo*. São Paulo: Malheiros, 2001.

DALLARI, Dalmo de Abreu. *Elementos de teoria geral do Estado*. 20. ed. São Paulo: Saraiva, 1998.

DEMO, Roberto Luís Luchi. Advocacia Pública. *Revista dos Tribunais*, São Paulo, ano 91, n. 801, jul. 2002.

DI PIETRO, Maria Sylvia Zanella. Advocacia Pública. *Revista Jurídica da Procuradoria Geral do Município de São Paulo*, São Paulo, n. 3, p. 11-30, dez. 1996.

DI PIETRO, Maria Sylvia Zanella. *Direito administrativo*. 13. ed. São Paulo: Atlas, 2001.

DI PIETRO, Maria Sylvia Zanella. *Direito administrativo*. 30. ed. Rio de Janeiro: Forense, 2017.

DI PIETRO, Maria Sylvia Zanella. *Direito administrativo*. 31. ed. Rio de Janeiro: Forense, 2018.

DI PIETRO, Maria Sylvia Zanella. *Direito administrativo*. 32. ed. Rio de Janeiro: Forense, 2019.

DI PIETRO, Maria Sylvia Zanella. *Discricionariedade administrativa na Constituição de 1988*. São Paulo: Atlas, 1991.

DI PIETRO, Maria Sylvia Zanella. *Parcerias na Administração Pública*: concessão, permissão, franquia, terceirização, parceria público privada e outras formas. 8. ed. São Paulo: Atlas, 2011.

DIDIER JÚNIOR, Fredie. Alguns aspectos da aplicação da proibição do venire contra factum proprium no processo civil. In: FARIAS, Cristiano Chaves de (Org.). *Leituras complementares de direito civil*. Salvador: JusPodivm, 2007.

DIDIER JÚNIOR, Fredie. *Curso de direito processual civil*. 17. ed. Salvador: JusPodivm, 2015. v. I.

DIDIER JÚNIOR, Fredie. Os três modelos de direito processual: inquisitivo, dispositivo e cooperativo. In: DIDIER JÚNIOR, Fredie; NALINI, José Renato; RAMOS, Glauco Gumerato; LEVY, Wilson (Coord.). *Ativismo judicial e garantismo processual*. Salvador: JusPodivm, 2013.

DIDIER JÚNIOR, Fredie; BRAGA, Paula Sarno; OLIVEIRA, Rafael. *Curso de direito processual civil*. Salvador: JusPodivm, 2008. v. 2.

DIDIER JÚNIOR, Fredie; NALINI, José Renato; RAMOS, Glauco Gumerato; LEVY, Wilson (Coord.). *Ativismo judicial e garantismo processual*. Salvador: JusPodivm, 2013.

DINIZ, Maria Helena. *Compêndio de introdução à ciência do direito*: introdução à teoria geral do direito, à filosofia do direito, à sociologia jurídica e à lógica jurídica. Norma jurídica e aplicação do direito. 20. ed. São Paulo: Saraiva, 2009.

DOMINGUES, Igor Gimenes Alvarenga Domingues. *Uso do comitê de resolução de disputas nos contratos da Administração Pública*: vantagens, limites e cautelas. Dissertação (Mestrado) – PGV, São Paulo, 2019. Disponível em: https://direitosp.fgv.br/sites/direitosp.fgv.br/files/igor_gimenes_uso_do_comite_de_resolucao_de_disputas_nos_contratos_com_a_administracao_publica.pdf. Acesso em: 29 jan. 2021.

DWORKIN, Ronald. *Levando os direitos a sério*. Tradução de Nelson Boeira. São Paulo: Martins Fontes, 2002.

DWORKIN, Ronald. *O império do direito*. São Paulo: Martins Fontes, 1999.

FAGUNDES, Miguel Seabra. *O contrôle dos atos administrativos pelo Poder Judiciário*. 4. ed. Rio de Janeiro: Forense, 1967.

FARIA, Fernando Luiz Albuquerque. A Procuradoria-Geral da União, os interesses primários e secundários do Estado e a atuação pró-ativa em defesa do Estado Democrático de Direito e da probidade administrativa. *In*: GUEDES, Jefferson Carús; SOUZA, Luciane Moessa de (Coord.). *Advocacia de Estado*: questões institucionais para a construção de um Estado de justiça. Belo Horizonte: Fórum, 2009.

FARIAS, Cristiano Chaves de (Org.). *Leituras complementares de direito civil*. Salvador: JusPodivm, 2007.

FAZZALARI, Elio. *Instituições de direito processual civil*. 8. ed. Campinas: Bookseller, 2006.

FERRARI, Regina Maria Macedo Nery. O ato jurídico perfeito e a segurança jurídica no controle de constitucionalidade. *In*: ROCHA, Cármen Lúcia Antunes (Coord.). *Constituição e segurança jurídica*: direito adquirido, ato jurídico perfeito e coisa julgada: estudos em homenagem a José Paulo Sepúlveda Pertence. 2. ed. Belo Horizonte: Fórum, 2009.

FERRAZ JÚNIOR, Tércio Sampaio. Interesse público. *Revista do Ministério Público do Trabalho*, ano 1, n. 1, p. 9-24, dez. 1995.

FERRAZ, Sérgio. Regulação da economia e livre concorrência: uma hipótese. *Revista de Direito Público da Economia*, Belo Horizonte, n. 1, jan./mar. 2003.

FIGUEIREDO, Lúcia Valle de. *Curso de direito administrativo*. 9. ed. São Paulo: Malheiros, 2008.

FIGUEIREDO, Lúcia Valle de. *Extinção dos contratos administrativos*. 3. ed. São Paulo: Malheiros, 2002.

FIGUEIREDO, Lúcia Valle de. Processo e procedimento administrativo. *In*: FIGUEIREDO, Lúcia Valle. *Perspectivas do direito público*. Belo Horizonte: Del Rey, 1995.

FORTINI, Cristiana; PEREIRA, Maria Fernanda Pires de Carvalho; CAMARÃO, Tatiana Martins da Costa. *Processo administrativo*: comentários à Lei nº 9.784/1999. Belo Horizonte: Fórum, 2008.

FREITAS, Juarez. Licitações sustentáveis e o fim inadiável da miopia temporal na avaliação das propostas. *Revista da PGE/ES*, v. 12, n. 12, p. 51-70, 1º/2º sem. 2012.

FREITAS, Marcelo de Siqueira. A Procuradoria-Geral Federal e a defesa das políticas e dos interesses públicos a cargo da Administração indireta. *In*: GUEDES, Jefferson Carús; SOUZA, Luciane Moessa de (Coord.). *Advocacia de Estado*: questões institucionais para a construção de um Estado de justiça. Belo Horizonte: Fórum, 2009.

GARCÍA DE ENTERRÍA, Eduardo; FERNÁNDEZ, Tomás-Ramón. *Curso de Derecho administrativo*. 11. ed. Madri: Thomson Civitas, 2008. v. II.

GAZOLA, Patrícia Marques; CORREIA, Arícia Fernandes. *Advocacia municipal do século XXI e a sua relevância no desenvolvimento dos municípios brasileiros*. Rio de Janeiro: Ágora21, 2019.

GONÇALVES, Vinícius José Corrêa. *Tribunais multiportas*: em busca de novos caminhos para a efetivação dos direitos fundamentais de acesso à justiça e à razoável duração dos processos. Dissertação (Mestrado) – UENP, Jacarezinho, 2011.

GRANDE JÚNIOR, Cláudio. Advocacia Pública: estudo classificatório de direito comparado. *In*: GUEDES, Jefferson Carús; SOUZA, Luciane Moessa de (Coord.). *Advocacia de Estado*: questões institucionais para a construção de um Estado de justiça. Belo Horizonte: Fórum, 2009.

GRAU, Eros Roberto. *Ensaio e discurso sobre a interpretação/aplicação do direito*. 3. ed. São Paulo: Malheiros, 2005.

GRINOVER, Ada Pellegrini, DINAMARCO, Cândido Rangel; WATANABE, Kazuo (Coord.). *Participação e processo*. São Paulo: Revista dos Tribunais, 1988.

GRINOVER, Ada Pellegrini. *Ensaio sobre a processualidade*: fundamentos para uma nova teoria geral do processo. Brasília: Gazeta Jurídica, 2018.

GUEDES, Jefferson Carús; SOUZA, Luciane Moessa de (Coord.). *Advocacia de Estado*: questões institucionais para a construção de um Estado de justiça. Belo Horizonte: Fórum, 2009.

GUERRA, Sérgio. A palavra da FGV Direito Rio – Centro de Justiça e Sociedade. *In*: ALMEIDA, Rafael Alves de; ALMEIDA, Tania; CRESPO, Mariana Hernandez (Org.). *Tribunal multiportas*: investindo no capital social para maximizar o sistema de solução de conflitos no Brasil. Rio de Janeiro: FGV, 2012.

HART, Herbet L. A. *O conceito de direito*. 3. ed. Tradução de A. Ribeiro Mendes. Lisboa: Fundação Calouste Gulbenkian, 2001.

IRTI, Natalino. *La edad de La descodificación*. Barcelona: Bosch, 1992.

JAYME, Fernando Gonzaga. Comentários aos arts. 18 e 19. *In*: BONAVIDES, Paulo; MIRANDA, Jorge; AGRA, Walber de Moura. *Comentários à Constituição Federal de 1988*. Rio de Janeiro: Forense, 2009.

JOBIM, Marco Felix. *Cultura, escolas e fases metodológicas do processo*. Porto Alegre: Livraria do Advogado, 2018.

JUSTEN FILHO, Marçal. *Comentários à Lei de Licitações e Contratos Administrativos*. 11. ed. São Paulo: Dialética, 2005.

JUSTEN FILHO, Marçal. Conceito de interesse público e a "personalização" do direito administrativo. *Revista Trimestral de Direito Público*, n. 26, 1999.

JUSTEN FILHO, Marçal. *Curso de direito administrativo*. 10. ed. São Paulo: Revista dos Tribunais, 2014.

JUSTEN FILHO, Marçal. *Curso de direito administrativo*. 12. ed. São Paulo: Revista dos Tribunais, 2016.

JUSTEN FILHO, Marçal. *Curso de direito administrativo*. 8. ed. Belo Horizonte: Fórum, 2012.

KELSEN, Hans. *Teoria pura do direito*. 7. ed. São Paulo: Martins Fontes, 2006.

KIRCH, César do Vale. A alavancagem da AGU para a consolidação e o sucesso da advocacia pública de Estado no Brasil. *In*: GUEDES, Jefferson Carús; SOUZA, Luciane Moessa de (Coord.). *Advocacia de Estado*: questões institucionais para a construção de um Estado de justiça. Belo Horizonte: Fórum, 2009.

KROETZ. Tarcísio de Araújo. Notas sobre equivalência funcional entre o compromisso arbitral e a cláusula compromissória completa. *Revista Brasileira de Arbitragem*, v. 1, n. 3, p. 125-133, jul./set. 2004

LAHOZ, Rodrigo Augusto Lazzari. Modalidades de licitação e procedimentos auxiliares. *In*: NIEBUHR, Joel de Menezes (Coord.). *Nova Lei de Licitações e Contratos Administrativos*. Curitiba: Zênite, 2020. Disponível em: https://www.zenite.com.br/books/nova-lei-de-licitacoes/nova_lei_de_licitacoes_e_contratos_administrativos.pdf. Acesso em: 21 dez. 2020.

LEE, João Bosco. *Arbitragem comercial internacional nos países do Mercosul*. Curitiba: Juruá, 2002.

LEMES, Selma Ferreira; CARMONA, Carlos Alberto; MARTINS, Pedro Batista (Coord.). *Arbitragem*: estudos em homenagem ao Prof. Guido Fernando da Silva Soares. São Paulo: Atlas, 2007.

LEVY, Fernanda Rocha Lourenço. *Guarda de filhos*: os conflitos no exército do poder familiar. São Paulo: Atlas, 2008.

LIEBMAN, Enrico Tullio. *Manual de direito processual civil*. 3. ed. São Paulo: Malheiros, 2005. v. I.

LIMA, Claudio Vianna de. Ensaio sobre os efeitos do uso da expressão convenção de arbitragem na Lei n. 9.307/96. *In*: PUCCI, Adriana Noemi (Coord.). *Aspectos atuais da arbitragem*. Rio de Janeiro: Forense, 2001.

LIMA, Rui Cirne. *Princípios de direito administrativo*. 6. ed. São Paulo: Revista dos Tribunais, 1987.

LIRA, Gerson. A motivação na apreciação do direito. *In*: OLIVEIRA, Carlos Alberto Alvaro de (Org.). *Processo e Constituição*. Rio de Janeiro: Forense, 2004.

MADEIRA, Danilo Cruz. O papel da Advocacia Pública no Estado Democrático de Direito. *Revista Virtual da AGU*, ano 10, n. 107, dez. 2010.

MADUREIRA, Claudio. A ciência jurídica e sua função social. *Derecho y Cambio Social*, v. 42, p. 1-12, 2015. Disponível em: http://www.derechoycambiosocial.com/revista042/A_CIENCIA_JURIDICA_E_SUA_FUN%C3%87AO_SOCIAL.pdf. Acesso em: 2 fev. 2021.

MADUREIRA, Claudio. Administração Pública: agentes estatais, órgãos e entidades. *In*: MADUREIRA, Claudio. *Resumos de direito administrativo*: entre ensino, pesquisa e extensão. Belo Horizonte: Virtualis, 2020.

MADUREIRA, Claudio. *Advocacia Pública*. 2. ed. Belo Horizonte: Fórum, 2016.

MADUREIRA, Claudio. *Direito, processo e justiça*: o processo como mediador adequado entre o direito e a justiça. Salvador: JusPodivm, 2014.

MADUREIRA, Claudio. *Fundamentos do novo processo civil brasileiro*. Belo Horizonte: Fórum, 2017.

MADUREIRA, Claudio. Ilegitimidade da aplicação a agentes estatais de sanções fundadas em simples "erros jurídicos". *Revista Quaestio Iuris*, v. 10, p. 2877-2903, 2017.

MADUREIRA, Claudio. Instituição de procuradorias jurídicas no âmbito dos municípios. *Fórum Municipal & Gestão de Cidades*, v. 5, p. 28-39, 2014.

MADUREIRA, Claudio. Limites e consequências da responsabilização de advogados públicos pareceristas por suas opiniões jurídicas. *In*: GAZOLA, Patrícia; CORREIA, Arícia Fernandes (Org.). Advocacia Pública Municipal do Século XXI. Rio de Janeiro: Ágora21, 2019.

MADUREIRA, Claudio. Poder público, litigiosidade e responsabilidade social. *Fórum Administrativo*, v. 126, p. 9-22, 2011.

MADUREIRA, Claudio. *Resumos de direito administrativo*: entre ensino, pesquisa e extensão. Belo Horizonte: Virtualis, 2020.

MADUREIRA, Claudio. *Royalties de petróleo e Federação*. 2. ed. Belo Horizonte: Fórum, 2019.

MADUREIRA, Claudio. Supremacia do interesse público sobre o privado: uma necessária desconstrução da crítica. *Fórum Administrativo*, v. 161, p. 9-24, 2014.

MADUREIRA, Claudio. Vedações legais à impetração do mandado do segurança: há limites para a aplicação da lei? *Revista da Procuradoria Geral do Município de Vitória*, v. 3, n. 1, jan./dez. 2011.

MADUREIRA, Claudio; CUNHA, Gabriel Sardenberg. Decisões (potencialmente) vinculantes. *In*: PEREIRA, Diogo Abineder Ferreira Nolasco; DEL PUPO, Thais Milani (Org.). *Estudos sobre direito processual*: homenagem ao Professor Dr. Marcellus Polastri Lima. Belo Horizonte: Conhecimento, 2019.

MADUREIRA, Claudio; CUNHA, Gabriel Sardenberg. Eficácia vinculante e jurisprudência persuasiva. *In*: SICA, Heitor; CABRAL, Antônio; SEDLACEK, Frederico; ZANETI JR., Hermes (Org.). *Temas de Direito processual contemporâneo*: III Congresso Brasil-Argentina de Direito Processual. Serra: Milfontes, 2019. v. II.

MADUREIRA, Claudio; MOREIRA, Aline Simonelli; MOREIRA, Aline de Magalhães Grafanassi. Autocomposição, conciliação e mediação no regime do CPC-2015: esforço teórico de sistematização dos conceitos. *In*: SICA, Heitor; CABRAL, Antônio; SEDLACEK, Frederico; ZANETI JR., Hermes (Org.). *Temas de Direito processual contemporâneo*: III Congresso Brasil-Argentina de Direito Processual. Serra: Milfontes, 2019. v. II.

MADUREIRA, Claudio; ZANETI JR., Hermes. Processos estruturais e formalismo-valorativo. *In*: SICA, Heitor; CABRAL, Antônio; SEDLACEK, Frederico; ZANETI JR., Hermes (Org.). *Temas de Direito processual contemporâneo*: III Congresso Brasil-Argentina de Direito Processual. Serra: Milfontes, 2019. v. II.

MADUREIRA, Claudio; ZANETI JUNIOR, Hermes. Formalismo-valorativo e o novo processo civil. *Revista de Processo*, São Paulo, v. 272, 2017.

MAGALHÃES, José Luiz Quadros de. Comentários ao art. 1º. *In*: BONAVIDES, Paulo; MIRANDA, Jorge; AGRA, Walber de Moura. *Comentários à Constituição Federal de 1988*. Rio de Janeiro: Forense, 2009.

MARINONI, Luiz Guilherme (Coord.). *A força dos precedentes*. Salvador: JusPodivm, 2010.

MARINONI, Luiz Guilherme. Elaboração dos conceitos de ratio decidendi (fundamentos determinantes da decisão) e obter dictum no direito brasileiro. *In*: MARINONI, Luiz Guilherme (Coord.). *A força dos precedentes*. Salvador: JusPodivm, 2010.

MARINONI, Luiz Guilherme; ARENHART, Sérgio Cruz; MITIDIERO, Daniel. *Novo Código de Processo Civil comentado*. São Paulo: Revista dos Tribunais, 2015.

MARQUES, Cláudia Lima. O "diálogo das fontes" como método da nova teoria geral do direito: um tributo a Erik Jayme. *In*: MARQUES, Cláudia Lima. *Diálogo das fontes do conflito à coordenação de normas no direito brasileiro*. São Paulo: RT, 2012.

MARTINS, Ives Gandra da Silva; CAMPOS, Diogo Leite de (Coord.). *O direito contemporâneo em Portugal e no Brasil*. São Paulo: Saraiva, 2004.

MARTINS, Ricardo Marcondes. Arbitragem e administração pública: contribuição para o sepultamento do tema. *Revista Trimestral de Direito Público*, São Paulo, n. 54, 2011.

MARTINS, Ricardo Marcondes. *Efeitos dos vícios do ato administrativo*. São Paulo: Malheiros, 2008.

MARTINS, Ricardo Marcondes. Regime estatutário e Estado de direito. *Revista Trimestral de Direito Público*, São Paulo, n. 55, 2011.

MARTINS-COSTA. *A boa-fé no direito privado*: sistema e tópica no processo obrigacional. São Paulo: Revista dos Tribunais, 1999.

MAXIMILIANO, Carlos. *Hermenêutica e aplicação do direito*. Rio de Janeiro: Freitas Bastos, 1957.

MEDAUAR, Odete. *A processualidade no direito administrativo*. 2. ed. São Paulo: Revista dos Tribunais, 2008.

MEDAUAR, Odete. *Direito administrativo moderno*. 19. ed. São Paulo. Revista dos Tribunais, 2015.

MEDAUAR, Odete. *Direito administrativo moderno*. 21. ed. Belo Horizonte: Fórum, 2018.

MEDAUAR, Odete. *O direito administrativo em evolução*. São Paulo: Revista dos Tribunais, 1992.

MEDEIROS, Isaac Kofi. Critérios de julgamento das propostas. *In*: NIEBUHR, Joel de Menezes (Coord.). *Nova Lei de Licitações e Contratos Administrativos*. Curitiba: Zênite, 2020. Disponível em: https://www.zenite.com.br/books/nova-lei-de-licitacoes/nova_lei_de_licitacoes_e_contratos_administrativos.pdf. Acesso em: 21 dez. 2020.

MEIRELLES, Hely Lopes. *Direito administrativo brasileiro*. 16. ed. São Paulo: Revista dos Tribunais, 1991.

MEIRELLES, Hely Lopes. *Direito administrativo brasileiro*. 38. ed. São Paulo: Malheiros, 2012.

MEIRELLES, Hely Lopes. *Direito administrativo brasileiro*. 42. ed. São Paulo: Malheiros, 2016.

MELLO, Bernardo; MALTCHIK, Roberto. Coronavírus: OMS aponta Fiocruz como laboratório de referência nas Américas. *O Globo*, 8 abr. 2020. Disponível em: https://oglobo.globo.com/sociedade/coronavirus-oms-aponta-fiocruz-como-laboratorio-de-referencia-nas-americas-24359839. Acesso em: 3 jan. 2021.

MENDES, Conrado Hübner. Reforma do Estado e agências reguladoras. *In*: SUNDFELD, Carlos Ari (Coord.). *Direito administrativo econômico*. São Paulo: Malheiros, 2000.

MENDES, Gilmar Ferreira. *Jurisdição constitucional*: o controle abstrato de normas no Brasil e na Alemanha. 5. ed. São Paulo: Saraiva, 2005.

MENDES, Gilmar Ferreira; MARTINS, Ives Gandra da Silva. *Controle concentrado de constitucionalidade*: comentários à Lei n. 9868, de 10-11-1999. 2. ed. São Paulo: Saraiva, 2005.

MENDONÇA, Fabiano André de Souza. Comentários aos arts. 131 e 132. *In*: BONAVIDES, Paulo; MIRANDA, Jorge; AGRA, Walber de Moura. *Comentários à Constituição Federal de 1988*. Rio de Janeiro: Forense, 2009.

MESSIAS, Francisco das Chagas Gil. Interesse público e interesse estatal. *Boletim de Direito Administrativo*, São Paulo, v. 20, n. 12, dez. 2004.

MIRANDA, Jorge. *Manual de direito constitucional*. 7. ed. Coimbra: Coimbra Editora, 2003. v. 1.

MIRANDA, Jorge. *Manual de direito constitucional*. 7. ed. Coimbra: Coimbra Editora, 2003. v. 6.

MITIDIERO, Daniel Francisco; ZANETI JÚNIOR, Hermes. *Introdução ao estudo do processo civil* – Primeiras linhas de um paradigma emergente. Porto Alegre: SAFE, 2004.

MITIDIERO, Daniel. *Colaboração no processo civil*: pressupostos sociais, lógicos e éticos. São Paulo: Revista dos Tribunais, 2009.

MITIDIERO, Daniel. *Colaboração no processo civil*: pressupostos sociais, lógicos e éticos. 3. ed. São Paulo: Revista dos Tribunais, 2015.

MITIDIERO, Daniel. *Processo civil e Estado constitucional*. Porto Alegre: Livraria do Advogado, 2007.

MORAES, Alexandre de. Princípio da eficiência e controle jurisdicional dos atos discricionários. *Revista de Direito Administrativo*, Rio de janeiro, v. 243, jan. 2006.

MOREIRA NETO, Diogo de Figueiredo. A responsabilidade do advogado de Estado. *Revista da APES – Temas de direito público, a importância da atuação da advocacia pública para a aplicação do direito*, Salvador, v. 2, 2009.

MOREIRA NETO, Diogo de Figueiredo. As funções essenciais à justiça e as procuraturas constitucionais. *Revista da Procuradoria Geral do Estado de São Paulo*, dez. 1991.

MOREIRA NETO, Diogo de Figueiredo. *Curso de direito administrativo*. 16. ed. Rio de Janeiro: Forense, 2014.

MOURÃO, Carlos Figueiredo. A Advocacia Pública como instituição de controle interno da Administração. *In*: GUEDES, Jefferson Carús; SOUZA, Luciane Moessa de (Coord.). *Advocacia de Estado*: questões institucionais para a construção de um Estado de justiça. Belo Horizonte: Fórum, 2009.

MUÑOZ, Guilhermo Andrés. El interés público es como el amor. *In*: BACELLAR FILHO, Romeu Felipe; HACHEM, Daniel Wunder (Coord.). *Direito administrativo e interesse público*: estudos em homenagem ao Professor Celso Antônio Bandeira de Mello. Belo Horizonte: Fórum, 2010.

NERY JÚNIOR, Nelson. *Princípios do processo civil na Constituição Federal*. 7. ed. São Paulo: Revista dos Tribunais, 2002.

NIEBUHR, Joel de Menezes (Coord.). *Nova Lei de Licitações e Contratos Administrativos*. Curitiba: Zênite, 2020. Disponível em: https://www.zenite.com.br/books/nova-lei-de-licitacoes/nova_lei_de_licitacoes_e_contratos_administrativos.pdf. Acesso em: 21 dez. 2020.

NIEBUHR, Joel de Menezes. Fase Preparatória das Licitações. *In*: NIEBUHR, Joel de Menezes (Coord.). *Nova Lei de Licitações e Contratos Administrativos*. Curitiba: Zênite, 2020. Disponível em: https://www.zenite.com.br/books/nova-lei-de-licitacoes/nova_lei_de_licitacoes_e_contratos_administrativos.pdf. Acesso em: 21 dez. 2020.

NIEBUHR, Joel de Menezes. *Licitação pública e contrato administrativo*. 2. ed. Belo Horizonte: Fórum, 2012.

NIEBUHR, Joel de Menezes. *Licitações e contratos das estatais*. Belo Horizonte: Fórum, 2018.

NIEBUHR, Joel de Menezes. Vigência e regime de transição. *In*: NIEBUHR, Joel de Menezes (Coord.). *Nova Lei de Licitações e Contratos Administrativos*. Curitiba: Zênite, 2020. Disponível em: https://www.zenite.com.br/books/nova-lei-de-licitacoes/nova_lei_de_licitacoes_e_contratos_administrativos.pdf. Acesso em: 21 dez. 2020.

NIEBUHR, Pedro. Licitações sustentáveis. *In*: NIEBUHR, Joel de Menezes (Coord.). *Nova Lei de Licitações e Contratos Administrativos*. Curitiba: Zênite, 2020. Disponível em: https://www.zenite.com.br/books/nova-lei-de-licitacoes/nova_lei_de_licitacoes_e_contratos_administrativos.pdf. Acesso em: 21 dez. 2020.

OLIVEIRA, Carlos Alberto Alvaro de (Org.). *Processo e Constituição*. Rio de Janeiro: Forense, 2004.

OLIVEIRA, Carlos Alberto Alvaro de. *Do formalismo no processo civil*. 3. ed. São Paulo Saraiva, 2009.

OLIVEIRA, José Roberto Pimenta. *Improbidade administrativa e a sua autonomia constitucional*. Belo Horizonte: Fórum, 2009.

OLIVEIRA, Murillo Preve Cardoso de. Meios alternativos de resolução de controvérsias. *In*: NIEBUHR, Joel de Menezes (Coord.). *Nova Lei de Licitações e Contratos Administrativos*. Curitiba: Zênite, 2020. Disponível em: https://www.zenite.com.br/books/nova-lei-de-licitacoes/nova_lei_de_licitacoes_e_contratos_administrativos.pdf. Acesso em: 21 dez. 2020.

OLIVEIRA, Rafael Carvalho Rezende. *Curso de direito administrativo*. 8. ed. Rio de Janeiro: Método, 2020.

OLIVEIRA, Rafael Carvalho Rezende. *Licitações e contratos administrativos*: teoria e prática. 7. ed. Rio de Janeiro: Forense, 2018.

OLIVEIRA, Rafael Carvalho Rezende. *Precedentes no direito administrativo*. Rio de Janeiro: Forense, 2018.

OLIVEIRA, Rafael Sérgio Lima de. O diálogo competitivo do Projeto de Lei de licitação e contrato brasileiro. *Portal L&C*. Disponível em: file:///C:/Users/cpmadureira/Downloads/artigo_download_2-2%20(2).pdf. Acesso em: 3 abr. 2021.

PEREIRA, Diogo Abineder Ferreira Nolasco; DEL PUPO, Thais Milani (Org.). *Estudos sobre direito processual*: homenagem ao Professor Dr. Marcellus Polastri Lima. Belo Horizonte: Conhecimento, 2019.

PIMENTA, Henrique de Souza. *A cooperação no CPC-2015*: colaboração, comparticipação ou cooperação para o processo? Dissertação (Mestrado) – PPGDIR, Ufes, Vitória, 2018. Disponível em: https://repositorio.ufes.br/bitstream/10/8845/1/tese_12175_Henrique%20de%20Souza%20Pimenta.pdf. Acesso em: 4 jan. 2021.

PUCCI, Adriana Noemi (Coord.). *Aspectos atuais da arbitragem*. Rio de Janeiro: Forense, 2001.

QUEIROZ, Cristina. *Direitos fundamentais* – Teoria geral. Coimbra: Coimbra Editora, 2002.

QUINT, Gustavo Ramos da Silva. Regime de execução. *In*: NIEBUHR, Joel de Menezes (Coord.). *Nova Lei de Licitações e Contratos Administrativos*. Curitiba: Zênite, 2020. Disponível em: https://www.zenite.com.br/books/nova-lei-de-licitacoes/nova_lei_de_licitacoes_e_contratos_administrativos.pdf. Acesso em: 21 dez. 2020.

REALE, Miguel. *Lições preliminares de direito*. 24. ed. São Paulo: Saraiva, 1998.

REALE, Miguel. *O direito como experiência*: introdução à epistemologia jurídica. 2. ed. São Paulo: Saraiva, 1992.

RÊGO, Eduardo de Carvalho. Princípios jurídicos previstos no Projeto da Nova Lei de Licitações. *In*: NIEBUHR, Joel de Menezes (Coord.). *Nova Lei de Licitações e Contratos Administrativos*. Curitiba: Zênite, 2020. Disponível em: https://www.zenite.com.br/books/nova-lei-de-licitacoes/nova_lei_de_licitacoes_e_contratos_administrativos.pdf. Acesso em: 21 dez. 2020.

ROCHA, Caio Cesar Vieira; SALOMÃO, Luís Felipe (Coord.). *Arbitragem e mediação*: a reforma da legislação brasileira. São Paulo: Atlas, 2015.

ROCHA, Cármen Lúcia Antunes (Coord.). *Constituição e segurança jurídica*: direito adquirido, ato jurídico perfeito e coisa julgada: estudos em homenagem a José Paulo Sepúlveda Pertence. 2. ed. Belo Horizonte: Fórum, 2009.

ROCHA, Cármen Lúcia Antunes. *O princípio constitucional da igualdade*. Belo Horizonte: Lê, 1990.

ROCHA, Cármen Lúcia Antunes. *Princípios constitucionais da Administração Pública*. Belo Horizonte: Del Rey, 1994.

ROCHA, José de Albuquerque. *A Lei de Arbitragem*: Lei 9.307, de 23. 09.1996: uma avaliação crítica. São Paulo: Malheiros, 1998.

ROCHA, Silvio Luís Ferreira. *Manual de direito administrativo*. São Paulo: Malheiros, 2013.

ROSA JÚNIOR, Luiz Emidgio Franco da. *Direito tributário e financeiro*. Rio de Janeiro: Renovar, 2001.

ROVEDA, Jerônimo Pinotti. A redução das disputas arbitrais e judiciais em face da existência da cláusula de dispute boards nos contratos de construção. *RJLB*, ano 5, n. 1.

SANDER, Frank. *The Pound Conference*: perspectives on Justice in the future. Saint Paul: Leo Levin & Russell R. Wheeler, 1979.

SARMENTO, Daniel (Org.). *Interesses públicos versus interesses privados*: desconstruindo o princípio da supremacia do interesse público. Rio de Janeiro: Lumen Juris, 2005.

SARMENTO, Daniel. Interesses públicos vs. interesses privados na perspectiva da teoria e da filosofia constitucional. *In*: SARMENTO, Daniel (Org.). *Interesses públicos versus interesses privados*: desconstruindo o princípio da supremacia do interesse público. Rio de Janeiro: Lumen Juris, 2005.

SARMENTO, Daniel. *Livres e iguais*: estudos de direito constitucional. Rio de Janeiro: Lumen Juris, 2006.

SCHIER, Paulo Ricardo. Ensaio sobre a supremacia do interesse público sobre o privado e o regime jurídico dos direitos fundamentais. *In*: SARMENTO, Daniel (Org.). *Interesses públicos versus interesses privados*: desconstruindo o princípio da supremacia do interesse público. Rio de Janeiro: Lumen Juris, 2005.

SERPA, Maria de Nazareth. *Teoria e prática de mediação de conflitos*. Rio de Janeiro: Lumen Juris, 1999.

SICA, Heitor; CABRAL, Antônio; SEDLACEK, Frederico; ZANETI JR., Hermes (Org.). *Temas de Direito processual contemporâneo*: III Congresso Brasil-Argentina de Direito Processual. Serra: Milfontes, 2019. v. I.

SILVA FILHO, Derly Barreto. O controle da legalidade diante da remoção e inamovibilidade dos advogados públicos. *Revista dos Tribunais*, São Paulo, ano 89, n. 772, fev. 2000.

SILVA, Almiro do Couto e. Princípios da legalidade da Administração Pública e de segurança jurídica no Estado contemporâneo. *Revista de Direito Público*, v. 20, n. 84, p. 46-63, out./dez. 1987.

SILVA, José Afonso. Constituição e segurança jurídica. *In*: ROCHA, Cármen Lúcia Antunes (Coord.). *Constituição e segurança jurídica*: direito adquirido, ato jurídico perfeito e coisa julgada: estudos em homenagem a José Paulo Sepúlveda Pertence. 2. ed. Belo Horizonte: Fórum, 2009.

SILVEIRA, Paulo Fernando. *Tribunal arbitral*: nova porta de acesso à justiça. Curitiba: Juruá, 2006.

SILVEIRA, Raquel Dias. Princípio da supremacia do interesse público como fundamento das relações de trabalho entre servidores públicos e o Estado. *In*: BACELLAR FILHO, Romeu Felipe; HACHEM, Daniel Wunder (Coord.). *Direito administrativo e interesse público*: estudos em homenagem ao Professor Celso Antônio Bandeira de Mello. Belo Horizonte: Fórum, 2010.

SOUZA, Frederico Pinto de; LOUZADA, Fabiano da Rocha. O modelo das três linhas de defesa para uma gestão eficaz de risco no âmbito do Poder Executivo do Estado do Espírito Santo. *Revista da CGU*, v. 9, n, 15, jul./dez. 2017. Disponível em: https://repositorio.cgu.gov.br/bitstream/1/34389/10/V9.n15_Tr%c3%aas_linhas_de_defesa.pdf. Acesso em: 6 mar. 2021.

SOUZA, Horácio Augusto Mendes de. Novos rumos das parcerias do Estado para muito além da proposta economicamente mais vantajosa: a licitação, o contrato e o convênio como instrumentos do fomento ao desenvolvimento socioeconômico estadual e o exame da juridicidade da fixação, nos editais de licitações para obras e serviços, da absorção, pelos parceiros privados da administração pública, de mão de obra formada por adolescentes e jovens em situação de conflito com a lei. *Revista da Procuradoria PGE/ES*, v. 12, n. 12, p. 85-133, 1º/2º sem. 2012.

SUNDFELD, Carlos Ari (Coord.). *Direito administrativo econômico*. São Paulo: Malheiros, 2000.

SUNDFELD, Carlos Ari. A importância do procedimento administrativo. *Revista de Direito Público*, v. 84, 1987.

SUNDFELD, Carlos Ari; CÂMARA, Jacintho Arruda. O cabimento da arbitragem nos contratos administrativos. *Revista de Direito Administrativo*, v. 248, p. 117-126, maio/ago. 2008.

TARTUCE, Fernanda. *Mediação nos conflitos civis*. Rio de Janeiro: Forense; São Paulo: Método, 2008.

TEMER, Michel. *Elementos de direito constitucional*. 5. ed. São Paulo: Revista dos Tribunais, 1988.

TIBURCIO, Carmen. A arbitragem no direito brasileiro. *Revista Forense*, Rio de Janeiro, v. 96, n. 351, jul./set. 2000.

TORRES, Ronny Charles Lopes de. A responsabilidade do advogado de Estado em sua função consultiva. *In*: GUEDES, Jefferson Carús; SOUZA, Luciane Moessa de (Coord.). *Advocacia de Estado*: questões institucionais para a construção de um Estado de justiça. Belo Horizonte: Fórum, 2009.

TSE firma acordos internacionais para repasse de conhecimento sobre organização de eleições. *Ibrade*. Disponível em: http://www.ibrade.org/2018/04/16/tse-firma-acordos-internacionais-para-repasse-de-conhecimento-sobre-organizacao-de-eleicoes/. Acesso em: 3 jan. 2021.

TUCCI, José Rogério Cruz e. *Precedente judicial como fonte do direito*. São Paulo: Revista dos Tribunais, 2004.

VALENTE, Maria Jovita Wolney. Histórico e evolução da Advocacia-Geral da União. *In*: GUEDES, Jefferson Carús; SOUZA, Luciane Moessa de (Coord.). *Advocacia de Estado*: questões institucionais para a construção de um Estado de justiça. Belo Horizonte: Fórum, 2009.

VALENTE, Maria Jovita Wolney. Procuradoria-Geral Federal: histórico e evolução. *In*: GUEDES, Jefferson Carús; SOUZA, Luciane Moessa de (Coord.). *Advocacia de Estado*: questões institucionais para a construção de um Estado de justiça. Belo Horizonte: Fórum, 2009.

VALOR devolvido pela Lava Jato já ultrapassa os R$4 bilhões. *MPF*, 2 dez. 2019. Disponível em: http://www.mpf.mp.br/pr/sala-de-imprensa/noticias-pr/valor-devolvido-pela-lava-jato-ja-ultrapassa-os-r-4-bilhoes. Acesso em: 3 jan. 2021.

VELLOSO, Carlos Mário da Silva. Arbitragem: indispensabilidade do compromisso arbitral. *Revista Brasileira de Direito Processual*, ano 21, n. 84, p. 11-36, out./dez. 2013.

WALD, Arnold. A modernização da justiça e a arbitragem. *In*: WALD, Arnold. *Direito processual*: inovações e perspectivas: estudos em homenagem ao Ministro Sálvio de Figueiredo Teixeira. São Paulo: Saraiva, 2003.

WALD, Arnold. *Direito processual*: inovações e perspectivas: estudos em homenagem ao Ministro Sálvio de Figueiredo Teixeira. São Paulo: Saraiva, 2003.

WATANABE, Kazuo. Acesso à justiça e meios consensuais de solução de conflitos. *In*: ALMEIDA, Rafael Alves de; ALMEIDA, Tania; CRESPO, Mariana Hernandez (Org.). *Tribunal multiportas*: investindo no capital social para maximizar o sistema de solução de conflitos no Brasil. Rio de Janeiro: FGV, 2012.

WATANABE, Kazuo. O acesso à justiça e a sociedade moderna. *In*: GRINOVER, Ada Pellegrini, DINAMARCO, Cândido Rangel; WATANABE, Kazuo (Coord.). *Participação e processo*. São Paulo: Revista dos Tribunais, 1988.

ZACANER, Weida. *Da convalidação e da invalidação dos atos administrativos*. 2. ed. São Paulo: Malheiros, 2001.

ZAGATTO, Thiago. Cooperativas em contratações públicas e a amplitude da responsabilidade subsidiária da Administração Pública. *Observatório da Nova Lei de Licitações*. Disponível em: http://www.novaleilicitacao.com.br/2020/06/24/cooperativas-em-contratacoes-publicas-e-a-amplitude-da-responsabilidade-subsidiaria-da-administracao-publica/. Acesso em: 28 dez. 2020.

ZAGREBELSKY, Gustavo. *Il diritto mitte* – Legge, diritti, giustizia. Nuova edizione. Torino: Einaudi, 1992.

ZANETI JÚNIOR, Hermes. CPC/15: o ministério público como instituição de garantia e as normas fundamentais processuais. *Revista Jurídica Corregedoria Nacional – A atuação das corregedorias do Ministério Público*, v. 2, 2017.

ZANETI JÚNIOR, Hermes. *O valor vinculante dos precedentes*: teoria dos precedentes normativos formalmente vinculantes. 2. ed. Salvador: JusPodivm, 2016.

ZANETI JÚNIOR, Hermes. Precedentes normativos formalmente vinculantes no processo penal e sua dupla função: pro futuro in malam partem (matéria penal) e tempus regit actum (matéria processual penal). *In*: ROCHA, Claudio Jannotti da; MADUREIRA, Claudio; CARVALHO, Leticia Fabres de; MATTOS, Luciléia da Conceição Fabres de; GONÇALVES, Tiago Figueiredo. *Direito, processo e justiça em debate*: estudos em homenagem ao Professor Thiago Fabres de Carvalho. Curitiba: CRV, 2020.

ZANETI JÚNIOR, Hermes. *Processo constitucional*: o modelo constitucional do processo civil brasileiro. Rio de Janeiro: Lumen Juris, 2007.

ZANETI JÚNIOR, Hermes. Processo constitucional: relações entre processo e constituição. *In*: MITIDIERO, Daniel Francisco; ZANETI JÚNIOR, Hermes. *Introdução ao estudo do processo civil* – Primeiras linhas de um paradigma emergente. Porto Alegre: SAFE, 2004.

Esta obra foi composta em fonte Palatino Linotype, corpo 10
e impressa em papel Offset 75g (miolo) e Supremo 250g (capa)
pela Laser Plus Gráfica, em Belo Horizonte/MG.